THE RUSSIAN–ENGLISH, ENGLISH–RUSSIAN BUSINESS DICTIONARY

THE RUSSIAN–ENGLISH, ENGLISH–RUSSIAN BUSINESS DICTIONARY

Aleksandra Zagorskaya
with Nina Petrochenko

JOHN WILEY AND SONS

Chichester • New York • Brisbane • Toronto • Singapore

This book is a revised and expanded version of *The Big English–Russian Russian–English Business Dictionary* published by Wiley in Moscow in 1993 (ISBN 5-88182-004-5).

Published by John Wiley & Sons Ltd,
Baffins Lane, Chichester,
West Sussex PO19 1UD, England

National 01243 779777
International (+44) 1243 779777

Other Wiley Editorial Offices

John Wiley & Sons, Inc., 605 Third Avenue, New York, NY 10158-0012 USA

Jacaranda Wiley, Ltd, 33 Park Road, Milton, Queensland 4064, Australia

John Wiley & Sons (Canada) Ltd, 22 Worcester Road, Rexdale, Ontario M9W 1L1, Canada

John Wiley & Sons (Asia) Pte Ltd, 2 Clementi Loop #02-01, Jin Xing Distripark, Singapore 0512

Library of Congress Cataloging-in-Publication Data

Zagorskaia, A.P. (Aleksandra Petrovna)
Russian–English, English–Russian business dictionary / by Aleksandra Zagorskaya with Nina Petrochenko.
p. cm.
"Revised and expended version of 'The big English–Russian Russian –English dictionary' published by Wiley in Moscow in 1993 "—T.p. verso.
ISBN 0-471-95785-2 (cloth: acid-free paper)
1. Business Dictionaries—Russian. 2. Russian language—dictionaries—English. 3. Business—Dictionaries. 4. English language—Dictionaries—Russian. Petrochenko, N.P. (Nina Petrovna) II. Title.
HF1002.Z25 1995
650 ' .03—dc20 95-22028
CIP

British Library Cataloguing in Publication Data
A catalogue record for this book is available from the British Library

ISBN 0-471-95785-2

Typeset in 10/11pt SchoolBook Cyrillic by John Wiley & Sons, Moscow, Russia
Printed and bound in Great Britain by Biddles Ltd, Guildford and King's Lynn
This book is printed on acid-free paper responsibly manufactured from sustainable forestation, for which at least two trees are planted for each one used for paper production.

CONTENTS

INTRODUCTION

Barbara Chronowski

The publication of this Russian–English Dictionary is significant and has been eagerly awaited in Russia. It is the first major compendium of business terms and concepts, many of which have been unfamiliar to the Russian-speaking world. This western edition fills a gap on the bookshelves of many westerners planning to do, or already doing, business in the former Soviet Union. Its specific objective is to provide the user with contemporary Russian–English business terms which would not commonly be found in a general dictionary.

As Russia begins to take its place as a serious player in the business world, language has become a critical factor. The west is currently poised to greatly assist the former Soviet Union in its economic development and full participation in the world economy. In order to accomplish this effectively, increasing attention must be paid to the Russian language, which is the fourth most widely spoken language in the world. While Russian speakers are assimilating western business concepts it is important for westerners to learn the Russian language and understand the culture in order to communicate effectively with political leaders, business partners, employees, suppliers and customers. The need is clearly reciprocal as both nations have an increasing need to communicate in mutually comprehensible terms on more levels than ever before. This dictionary should serve as an excellent source for anyone engaged in this exciting joint process.

Since the former Soviet Union was not a major player in international business, the Russian language has lacked an equivalent vocabulary of industrial, commercial and technological terms to that prevailing in the West. Russian linguists have searched their pre-1917 lexicon of commercial and technical terms which might be applicable to the new marketing era, but have come up short. Russian is based on a unique cultural environment and historically has been a rich language for literature, poetry, emotion and expression rather than for industry and commerce. English, on the other hand, is the *lingua franca* of global business and is based on a different set of realities. Business and commerce have indeed been relevant to English-speaking countries for a long time, therefore the language has a very rich vocabulary dedicated to industrial and commercial activities.

Since Russian reality has differed so greatly from western reality, new or technical terms and expressions have been either borrowed from abroad or simply fabricated to suit the Russian purpose. Language reform is fascinating to observe and in Russia it is definitely on a fast track. With dynamic social, political and economic changes taking place a tremendous number of new words are evolving and many of them are spontaneous and unregulated. It is therefore not surprising that many business, computer and scientific terms are being derived from English.

Luckily, the Russian language is quite flexible and welcomes new additions to the language. Words which have been previously unknown to Russians are being imported and russified with Russian pronunciations, shifted accents, and the insertion of prefixes, suffixes and inflected endings. The Russian language is continually being enriched from many sources and additional business words and terms will certainly be added in the future as commercial interaction increases.

While crossing the language barrier is clearly necessary in building rapport, it is important to understand that both sides are essentially learning a new language and are searching for mutually comprehensible terms. Inevitably one must contend with the possibility of subtle nuances and potential misunderstanding. Even though some Russians speak English, many still don't comprehend alien capitalist concepts which are second nature to westerners, so possible mutations and problems can occur. The meanings of some words or concepts, such as efficiency, symbiotic relationship, streamline and challenge can be difficult to convey.

Though Russian is generally an idiomatic language, which makes it more difficult, the good news is that the official business style is more rigid and precise. But since communication styles are different and not always compatible, back translation of materials is always advisable for clarification. The translation of contracts and agreements into Russian and back again into English, by qualified, native translators, allows one to determine whether the presented message is indeed the one that has been intended.

In many circumstances the Russians have found it more efficient to leave a word or concept in its original because it conveys the most precise expression for a particular commercial activity. This can lead to a false sense of security for the western user. Some borrowed words can conjure up different meanings. For example, where the Russian would use the word *amortizatsiya*, which sounds like amortization, the westerner would use the word depreciation. So the challenge to the user is to go beyond the mechanics of translation and word recognition and to make the words meaningful in their proper context.

No one can deny the tremendous influence of Russian on the destiny of the world, and events unfolding in the former Soviet Union will continue to influence world political and economic development. Since international business in the information age requires good communication skills and the building of solid relationships, the most successful westerners will undoubtedly be those who can master the Russian language and raise cross-cultural relationships to a more meaningful level. Hopefully this dictionary will serve as a valuable tool in the communication of shared expectations and in the transformation of the Russian economy into a market-oriented system.

Part 1

RUSSIAN–ENGLISH DICTIONARY

А

абандон — abandonment.

аваль — aval ◇ аваль векселя — surety for a bill.

авалист — surety on a bill.

аванс — advance ◇ 1. **аванс** (в счет платежа) — payment on account; 2. **аванс в форме поставки** — advance as a delivery; 3. **аванс-задаток** — advance as earnest money; 4. **аванс на сумму ...** — advance in the amount of ...; 5. **аванс фрахта** — advance freight, freight advance; 6. **выдать аванс, уплатить аванс кому-л.** — to make (to pay) an advance to somebody; 7. **денежный аванс** — cash advance; 8. **отгрузка в погашение аванса** — shipment in repayment of an advance; 9. **погасить аванс** — to pay off an advance; 10. **предоставить аванс** — to grant an advance; 11. **авансом** — by the way of advance, as an advance, in advance; 12. **получить авансом** — to receive in advance; 13. **авансы, полученные от заказчика** — prepayments.

авансировать — to advance money ◇ **авансированный капитал** — advanced capital.

авансовый — advance ◇ 1. **авансовый платеж** — advance payment; 2. **авансовый счет; депозитный счет** — deposit account.

аварийный — average ◇ 1. **аварийный** (*мор., страх.*) — average; 2. **аварийная гарантия, подписка; аварийный бонд** — average bond; 3. **аварийная диспаша** — average statement; 4. **аварийный взнос** — average payment; 5. **аварийный комиссар** — average commissioner, average surveyor; marine insurance surveyor; 6. **аварийный сертификат, акт осмотра и экспертизы** — survey report.

авария — accident, breakdown, average (*мор., страх.*), **damage, wreck** ◇ 1. **авария общая** — general average; 2. **возмещение аварии, как обычно** — average as customary; 3. **долевой взнос при общей аварии** — general average contribution; 4. **малая авария** — petty average; 5. **оговорка об авариях** — average clause; 6. **потерпеть аварию** — to meet with an accident; 7. **потеря по общей аварии** — general average loss; 8. **свидетельство о повреждении, аварии** — damage certificate; 9. **свободно от всякой аварии** — free of all average; 10. **составить отчет по аварии, составить диспашу** — to adjust the average, to make up the average; 11. **с ответственностью за частную аварию, включая частную аварию** — with average; 12. **страхование со включением случаев частной аварии** — insurance with average; 13. **убыток от общей аварии** — general average loss; 14. **условие "свободно от частной аварии"** — free of particular average; 15. **частная авария** — particular average.

авизо — advice, advice note ⊖ 1. **авизо аккредитива; уведомительное письмо** — letter of advice; 2. **авизо об акцепте** — advice of acceptance; 3. **авизо об оплате тратты** — draft payment advice; 4. **авизо о выставлении тратты** — draft drawing advice; 5. **авизо о платеже** — advice of payment; 6. **авизо о поступлении перевода на счет клиента** — advice on remittance to the client's account; 7. **входящее авизо** — incoming advice; 8. **дебетовое авизо, дебет-нота** — debit advice, debit-note; 9. **инкассовое авизо** — advice of collection; 10. **исходящее авизо** — outgoing advice; 11. **кредитовое авизо, кредит-нота** — credit-note, credit advice; 12. **получение авизо адресатом** — receipt of an advice by an addressee; 13. **предварительное авизо** — preliminary advice; 14. **предъявление авизо банку** — submission of an advice to a bank; 15. **авизованный аккредитив, подтвержденный безотзывный аккредитив** — straight letter of credit, direct letter of credit.

автор — author, writer ⊖ **автор этого письма; пишущий это письмо** — writer.

авторский — author's ◇ 1. **авторский гонорар** — author's emoluments; 2. **авторский гонорар** (*с тиража*) — royalty; 3. **авторское право, издательское право** — copyright; 4. **нарушение авторского права** — breach of copyright; 5. **передача авторского права** — assignment of copyright.

авторитет — authority.

авторитетный — authoritative ◇ 1. **авторитетный источник** — authority; 2. **из авторитетных источников** — from the highest quarters.

авуары — assets, balances, holdings ◇ 1. **авуары в иностранной валюте** — assets in foreign exchange, foreign exchange holdings; 2. **блокированные авуары** — frozen assets; 3. **государственные авуары за границей** — government assets abroad; 4. **иностранные авуары** — balances with foreign banks; 5. **ликвидные авуары** — liquid assets.

агент — agent, broker ◇ 1. **агент арендодателя** — lessor's agent; 2. **агент-банк** — agent bank; 3. **агент генеральный, представитель** — general agent; 4. **агент, действующий от своего имени и за свой счет** — agent doing business on his own behalf, for himself and at his own expense; 5. **агент единственный** — sole agent; 6. **агент зарегистрированный** — chartered agent; 7. **агент коммерческий** — commercial agent; 8. **агент консигнационный** — agent carrying stocks; 9. **агент монопольный** — exclusive agent; 10. **агент морской, судовой** — marine agent; 11. **агент налоговый** — fiscal agent; 12. **агент, не раскрывающий существования принципала** — undisclosed agent; 13. **агент по выдаче ценных бумаг и регистрации трансфертов** — transfer agent; 14. **агент по закупкам** — purchasing agent;

15. **агент по импорту** — import agent; 16. **агент по продаже** — sales agent, selling agent; 17. **агент по продаже товаров, комиссионер** — sales representative; 18. **агент по таможенной очистке импортных грузов, таможенный маклер** — custom house broker; 19. **агент промышленный** — manufactures' agent; 20. **агент-распорядитель** — managing agent; 21. **агент с исключительными правами** — exclusive agent, sole agent; 22. **агент специальный** — special agent; 23. **агент страховой** — insurance agent; 24. **агент судовой** — ship agent; 25. **агент транспортный** — carrier agent; 26. **агент торговый, комиссионер** — commercial agent, dealer, selling agent; 27. **агент фрахтователя** — charterer's agent; 28. **агент экспортный** — agent dealing with exports; 29. **назначать кого-л. агентом** — to appoint somebody as an agent; 30. **обращаться к услугам агента** — to turn to an agent; 31. **только в качестве агента** — as agent only.

агентирование — agency service ◇ 1. **агентирование морское** — agency service for ships; 2. **агентирование судов** — ship's agency service.

агентский — agency ◇ 1. **агентские услуги, обусловленные договором** — agency service specified in a contract; 2. **агентский банк** — agency bank; 3. **агентское вознаграждение** — agency fee.

агентство — agency ◇ 1. **агентство монопольное** — sole agency; 2. **агентство рекламное** — advertising agency, publicity agency; 3. **агентство с исключительными правами** — exclusive agency; 4. **агентство с полным циклом услуг** — full-service agency; 5. **агентство, специализирующееся на справках о кредитоспособности, кредитбюро** — mercantile agency; 6. **агентство специальное** — ad hoc agency, special agency; 7. **агентство страховое** — insurance agency; 8. **агентство торговое** — trade agency; 9. **агентство транспортное** — transport agency, carrier agency; 10. **агентство эксклюзивное** — exclusive agency; 11. **агентство экспедиционное** — forwarding agency, forwarder; 12. **вознаграждение агентства за услуги** — agency fee for services; 13. **оплата услуг, предоставляемых агентством** — agency fee for services; 14. **передавать кому-л. агентство; назначать кого-л. агентом** — to place an agency in somebody's hands; 15. **пользоваться услугами агентства** — make use of the services of an agency; 16. **согласно сообщению агентства Рейтер** — according to Reuter.

адвокат — advocate, attorney, counsel ◇ 1. **адвокат со стороны истца** — counsel for the plaintiff; 2. **видные адвокаты были привлечены к участию в этом процессе** — eminent counsels were briefed this case; 3. **выступать в суде в качестве адвоката истца или в качестве представителя обвинения** — to appear for the prosecution; 4. **контора адвоката** — chambers.

аддендум — addendum.

административный — administrative, managerial ◇ 1. **административно-правовое регулирование** — administrative and legal regulation; 2. **административные расходы** — administration expenses, office expenses; 3. **административный акт** — management report; 4. **административный совет** — board of administration; 5. **в административном порядке** — by administrative means.

администратор — administrator, manager.

администрация — administration, management.

адрес — address ◇ 1. **адрес предприятия** — business address, office address; 2. **по адресу** — at the address.

адресант — sender ◇ **адресант груза** — consignor.

адресат — addressee ◇ 1. **адресат груза** — consignee; 2. **получение авизо адресатом** — receipt of an advice by an addressee.

адресный — address, direct ◇ 1. **адресная книга** — directory; 2. **адресные коммерческие бумаги** — direct paper.

адресовать — to address, to direct ◇ 1. **адресовать письмо** — to address a letter, to direct a letter; 2. **адресовать груз** — to consign a cargo.

ажио — agio.

аккредитация — accreditation.

аккредитив — letter of credit (L/C), sight credit ◇ 1. **аккредитив авизованный** — direct (straight) letter of credit; 2. **аккредитив (кредит), автоматически возобновляемый** — revolving credit, revolving letter of credit; 3. **аккредитив без взноса наличных денег** — collection letter of credit; 4. **аккредитив безотзывный** — irrevocable letter of credit; 5. **аккредитив бланковый** — blank letter of credit; 6. **аккредитив в виде учета банком тратт, выставленных экспортером на покупателя** — negotiation letter of credit; 7. **аккредитив в наличной форме** — cash letter of credit; 8. **аккредитив, выставленный на кого-л.** — letter of credit drawn on smb; 9. **аккредитив делимый** — divisible letter of credit; 10. **аккредитив для оплаты еще неотгруженных товаров** — packing letter of credit; 11. **аккредитив денежный с внесенным покрытием** — paid letter of credit; 12. **аккредитив документарный** — documentary credit, documentary letter of credit; 13. **аккредитив долгосрочный** — long-term letter of credit; 14. **аккредитив компенсационный** — back-to-back letter of credit; 15. **аккредитив неподтвержденный** — unconfirmed letter of credit; 16. **аккредитив отзывной** — revocable letter of credit, revocable credit; 17. **аккредитив переводный** — transferable letter of credit; 18. **аккредитив подтвержденный** — confirmed letter of credit; 19. **аккредитив предварительный** — anticipatory letter of credit; 20. **аккредитив револьверный** — revolving letter of credit; 21. **аккредитив с внесенным покрыти-**

ем — paid letter of credit; 22. **аккредитив с красным условием** — “red clause” letter of credit; 23. **аккредитив с платежом в рассрочку** — instalment letter of credit; 24. **аккредитив сроком действия на ...** — letter of credit valid for ...; 25. **аккредитив товарный, подтоварный кредит** — commercial credit, commercial letter of credit, documentary letter of credit; 26. **аккредитив циркулярный** — circular letter of credit; 27. **аккредитив чистый** — clean letter of credit, open letter of credit; 28. **аккредитив экспортный** — export letter of credit; 29. **выдать аккредитив** — to issue a letter of credit; 30. **открыть аккредитив в банке** — to open a letter of credit with a bank, to establish a letter of credit with a bank; 31. **проценты по аккредитиву** — letter of credit interest; 32. **стоимость аккредитива** — letter of credit value.

аккредитивный — (*adj.* to: **аккредитив)** ◇ 1. **аккредитивное письмо, аккредитив, кредитное письмо** — letter of credit; 2. **аккредитивное письмо для путешественника** — traveller’s letter of credit; 3. **циркулярное аккредитивное письмо, циркуляр; проспект** — circular note.

аккредитовать — to accredit.

аккумулированный — accumulated ◇ **аккумулированные списания** — accumulated deprecation.

аккумулировать — to accumulate.

акт — act; deed, document (*юр.*)**; report, statement** ◇ 1. **акт государственной экспертизы** — inspection report; 2. **акт испытаний** — test report, test certificate; 3. **акт осмотра и экспертизы; аварийный сертификат** — survey report; 4. **акт осмотра** — inspection certificate, inspection report; 5. **акт о конфискации груза таможней** — seizure note; 6. **акт о несоответствии качества** — report of substandard quality; 7. **акт о передаче несостоятельным должником своего имущества в пользу кредитора** — deed of assignment; 8. **акт о передаче прав** — deed of assignment; 9. **акт о передаче; купчая** — deed of conveyance; 10. **акт о протесте** — act of protest, deed of protest; 11. **акт передачи на хранение** — deed of trust; 12. **акт приемки** — acceptance report, acceptance certificate; 13. **акт ревизии** — deed of inspectorship; 14. **акт соглашения** — deed of covenant; 15. **акт сюрвейера** — surveyor’s act; 16. **акт таможенного досмотра** — customs surveyor report; 17. **акт экспертизы** — examination report; 18. **аварийный акт** — general average act, general average statement; 19. **административный акт** — management report; 20. **генеральный акт** — general act; 21. **законодательный акт** — legislative act; 22. **ипотечный акт, закладная** — mortgage deed; 23. **коммерческий акт** — commercial act, carrier’s statement; 24. **нормативный акт** — standard act, normative act; 25. **перераспределительный акт** — deed of transfer; 26. **рекламационный акт** — claim, certificate of damage; 27. **акты делегирован-**

ного законодательства, правила и приказы, имеющие силу закона — Statutory Rules and Orders.

актив — assets ◇ 1. **актив и пассив** — assets and liabilities; 2. **актив и пассив баланса** — statement of assets and liabilities; 3. **доходные активы** — earning assets; 4. **"замороженные" активы, неликвидные активы** — frozen assets; 5. **легко реализуемые активы** — available assets; 6. **ликвидные активы** — liquid assets, short-term assets; 7. **мертвые активы** — dead assets; 8. **неликвидные активы** — fixed assets, long-term assets; 9. **неликвидные активы; долгосрочные инвестиции и долгосрочные ссуды; ценные бумаги с колеблющимся курсом** — risk assets; 10. **превышение актива баланса над пассивом** — active balance, favorable balance, positive balance; 11.**резервные активы** — reserve assets; 12. **сомнительные активы** — doubtful assets; 13. **сумма чистых активов, используемая предпринимателями** *(в бухг. учете США)* — capital account; 14. **трудно реализуемые активы** — slow assets.

активное — active, favorable, positive ◇ 1. **активное сальдо или превышение по текущим операциям** — current surplus; 2. **активное сальдо по клирингу** — favorable clearing balance; 3. **активное сальдо по невидимым статьям экспорта и импорта** — net invisible income; 4. **активное сальдо торгового баланса, активный торговый баланс,** *(превышение стоимости экспорта над стоимостью импорта)* — active balance of trade, export balance, export surplus, trade surplus, positive balance of trade.

акцепт — acceptance ◇ 1. **акцепт для спасения кредита, акцепт за честь** — acceptance supra protest; 2. **акцепт, годный для учета** — eligible acceptance; 3. **акцепт за честь** — acceptance for honour; 4. **акцепт против документов** — acceptance against documents; 5. **акцепт с оговорками** — qualified acceptance; special acceptance; 6. **акцепт счета** — acceptance of a bill; 7. **акцепт тратты** — acceptance of a draft; 8. **банковский акцепт** — banker's acceptance; 9. **безусловный акцепт** — general acceptance; 10. **бланковый акцепт** — acceptance in blank; 11. **вексельный акцепт** — acceptance of bill of exchange; 12. **документы против акцепта** — documents against acceptance (D\A); 13. **долгосрочный акцепт** — long-term acceptance; 14. **инкассо с последующим акцептом** — collection with subsequent acceptance; 15. **краткосрочный акцепт** — short-term acceptance; 16. **молчаливый акцепт** — tacit acceptance; 17. **неполный акцепт, частичное акцептование** — partial acceptance; 18. **ограниченный акцепт** — qualified acceptance; 19. **предварительный акцепт** — preliminary acceptance; 20. **приемлемый банковский акцепт** — eligible banker's acceptance; 21. **снабдить акцептом, акцептовать** — to provide with an acceptance; 22. **условный акцепт; акцепт, содержащий специальные условия** — conditional acceptance; 23. **частичный акцепт** — partial acceptance, special acceptance; 24. **чековый акцепт** — acceptance of a cheque.

акцептант — acceptor.

акцептный — acceptance ◇ 1. **акцептно-рамбурсный кредит** — reimbursement credit; 2. **акцептный банк** — acceptance bank, acceptance house, merchant banker; 3. **акцептный кредит** — acceptance credit; 4. **акцептованная тратта** — acceptance.

акцептование — acceptance ◇ 1. **акцептование для спасения кредита векселедателя** — acceptance for honour; 2. **акцептование опротестованной тратты третьим лицом** — acceptance supra protest, collateral acceptance; 3. **акцептование платежных документов поставщика** — acceptance of a supplier's payment documents; 4. **ввиду неакцептования** — for want of acceptance; 5. **частичное акцептование, неполный акцепт** — partial acceptance; 6. **отказ от акцептования** — nonacceptance, refusal of acceptance; 7. **отказаться от акцептования векселя** — to refuse a bill; 8. **представить к акцептованию** — to present for acceptance; 9. **через ... дней после акцептования** — ... days after acceptance.

акцептованный — of acceptance ◇ 1. **акцептованная торговая тратта** — trade acceptance; 2. **акцептованная тратта должна быть передана на хранение банку Н для передачи ремитенту лишь после осуществления известного условия** — the acceptance is to be placed in escrow with the N Bank; 3. **акцептованный вексель** — bill of acceptance; 4. **быть акцептованным или быть оплаченным** — to meet due honour, to meet with due protection; 5. **тратты, акцептованные банком, векселя, принимаемые банком к учету, первоклассные векселя** — bank paper.

акцептовать — to provide with an acceptance ◇ 1. **акцептовать вексель; оплатить вексель** — to honour a bill, to protect a bill; 2. **акцептовать за честь, уплата для спасения кредита, уплата за честь** — payment supra protest; 3. **акцептовать тратту для спасения кредита какого-л. лица** — to accept a draft for the honour of a person; 4. **акцептовать тратту; оплатить тратту** — to give a draft due protection, to give protection to a bill, to find due protection, to honour a draft; 5. **акцептовать, выкупить, оплатить тратту** — to take up a bill; 6. **не акцептовать вексель; не оплатить вексель** — to dishonor a bill.

акциз — excise ◇ **универсальный акциз** — universal excise.

акцизный — excise ◇ 1. **акцизное управление** — the Excise; 2. **акцизный сбор; взимать, облагать акцизным сбором** — excise duty, excise tax; 3. **взимать, облагать акцизным сбором** — to excise; 4. **таможенные и акцизные пошлины** — customs and excise duties.

акционер — shareholder, stockholder ◇ 1. **книга акционеров** — share register; 2. **первое общее собрание акционеров** — statutory meeting.

акционерный — joint-stock, stock ◇ 1. **акционерная компания, банк с ограниченной ответственностью** — joint-stock company; 2. **акционерная компания, учрежденная на основании особого акта парламента** — statutory company; 3. **акционерная корпорация, акционерное общество** — stock corporation; 4. **акционерное общество, владеющее землей, которую оно продает по частям или сдает в аренду; контролирующее общество** — proprietary company; 5. **акционерное общество, компания** — joint-stock company, stock company; 6. **акционерное общество с ограниченной ответственностью** — limited liability company; 7. **акционерный (коммерческий) банк** — joint-stock bank; 8. **английские акционерные общества с ограниченной ответственностью, капитал которых уменьшен по постановлению суда** — Limited and reduced; 9. **закрытое акционерное общество** — close corporation; 10. **образовать акционерное общество** — to float a company; 11. **публичное акционерное общество** — public company; 12. **учредитель акционерного общества** — company promoter; 13. **учредить акционерное общество** — to form a company.

акционерный капитал — joint stock, share capital, subscribed capital, stock capital, capital stock ◇ 1. **акционерный капитал банка, капитал Английского банка** — bank stock; 2. **акционерный капитал, выпущенный в обращение** — outstanding capital stock; 3. **акционерный капитал, выпущенный компанией** — issued capital; 4. **акционерный капитал компании** — capital of a company; 5. **акционерный капитал корпорации** — corporation stock; 6. **выпущенный акционерный капитал** — issued capital, outstanding capital stock; 7. **выпущенный по подписке акционерный капитал** — subscribed capital; 8. **неоплаченный акционерный капитал, неоплаченная часть акционерного капитала** — unpaid capital, uncalled capital; 9. **оплаченный акционерный капитал; оплаченная часть акционерного капитала** — paid-up capital, paid-in capital; 10. **разводненный акционерный капитал** — watered capital; 11. **уменьшение акционерного капитала** — reduction of share capital.

акция — share, stock ◇ 1. **акции без нарицательной цены; погашенные акции** — shares without par value; 2. **акции без права голоса на собраниях акционеров; безголосые акции** — voteless shares; 3. **акции бесплатные** — bonus shares; 4. **акции, выпускаемые со скидкой с нарицательной цены** — below par stock; 5. **акции гарантированные** — guaranteed stock; 6. **акции, допущенные к обращению, котирующиеся на бирже** — listed stock; 7. **акции и облигации, выпущенные железнодорожными компаниями** — railroads; 8. **акции и облигации, выпущенные страховыми обществами** — insurances; 9. **акции и облигации машиностроительных компаний** — engineerings; 10. **акции и облигации предприятий общественного пользования** — utilities; 11. **акции и облигации судоходных компаний** — shippings; 12. **акции, котирующиеся на Нью-Йоркской бирже** — The American Stock; 13. **акции, котирующиеся на неофициальной бирже** — curb stock; 14. **акции, курсы которых являются показателем состояния фондового рынка** — barometer stock; 15. **акции, не допущенные к обращению на бирже, не котирующиеся на бирже** — unlisted stock; 16. **акции первого выпуска; подлинные акции** — original shares; 17. **акции промышленных предприятий** — industrial shares; 18. **акция на предъявителя, предъявительское свидетельство на акцию** — share warrant; 19. **акция нарицательной стоимостью в 100 долларов** — full-stock; 20. **акция нарицательной стоимостью в 50 долларов** — half-stock; 21. **акция на предъявителя, предъявительская акция** — bearer share, share to bearer; 22. **акция основного капитала** — stock share; 23. **акция, имеющая номинал** — par value stock; 24. **акция, свидетельство на акцию** — share certificate; 25. **акции учредительские** — bonus shares, bonus stock, scrip bonus; 26. **биржевые акции и облигации золотопромышленных компаний** — golds; 27. **быть покрытым акциями; выдерживать купленные акции** — to be long of stock; 28. **вздорожавшие акции** — advanced shares; 29. **владеть акциями какого-л. общества** — to hold shares in a company; 30. **временная акция или облигация, предварительное свидетельство на акцию или облигацию, сертификат на участие в подписке, свидетельство на часть акции** — scrip certificate; 31. **второочередные акции, акции с отсроченным дивидендом**— deferred stock; 32. **выпускать акции или облигации в обращение** — to place an issue; 33. **выпуск бесплатных акций** — bonus issuc, capitalization issue, scrip issue; 34. **депонированные акции** — deposited shares, deposited stock; 35. **держатели акций с отсроченным дивидендом** — deferred shareholders; 36. **директорские акции; акции, дающие особые права в отношении голосования** — management stock; 37. **дробление акций** — stock split; 38. **железнодорожные акции** — rails; 39. **именные акции и облигации** — inscribed stock, registered shares, registered stock; 40. **кумулятивные акции, акции с накопляющимся дивидендом** — accumulative stock; 41. **кумулятивные привилегированные акции, акции с накопляющимся гарантированным дивидендом** — cumulative preference shares, cumulative preferred stock; 42. **нуждаться в акциях для покрытия обязательств** — to be short of stocks; 43. **обыкновенные акции** — common stock, equities, equity shares; 44. **обыкновенные акции класса А; второочередные обыкновенные акции; обыкновенные акции с отсроченным дивидендом, уплачиваемым после выплаты фиксированного дивиденда по акциям класса "В"** — "A" Stock, deferred common stock, deferred ordinary stock; 45. **обыкновен-**

ные акции класса Б — “B” Stock, preferred common stock, preferred ordinary stock; 46. **обыкновенные акции промышленных предприятий** — industrial equities; 47. **основные акции** — common stock, equity stock, ordinary stock; 48. **ординарные акции; акции с нефиксированным дивидендом** — ordinary shares, ordinary stock; 49. **пакет акций** — block of shares; 50. **передача акций, передача облигаций, фондов** — transfer of stock; 51. **переходить на вложение капитала в обыкновенные акции** — to switch into equities; 52. **превратить акции в акционерный капитал** — to convert shares into stock; 53. **привилегированная акция, акция с фиксированным дивидендом** — preference share, preferred share, preference stock; 54. **привилегированные акции** — prior stock, redeemable preferred stock, senior stock; 55. **привилегированные акции, дающие право на дополнительный дивиденд** — participating preference shares; 56. **привилегированные акции или облигации, предлагаемые уже имеющимся акционерам или подписчикам по цене ниже рыночной** — rights; 57. **привилегированные акции, могущие быть выкупленными корпорацией у владельца** — callable preferred stock; 58. **привилегированные акции 1-го класса, облигации, долговые обязательства** — debenture stock; 59. **привилегированные акции, пользующиеся преимуществом перед другими привилегированными акциями** — prior preference stock; 60. **привилегированные обыкновенные акции** — preferred common stock, preferred ordinary shares; 61. **собственные акции в портфеле** — stock in treasure, treasury stock; 62. **учредительские акции** — promoter's stock, promoter's shares, founder's shares, founder's stock.

аллонж — allonge.

амортизационный — amortization ◇ 1. **амортизационное списание стоимости основного капитала** — capital cost amortization; 2. **амортизационные начисления** — depreciation charges; 3. **амортизационные отчисления, относимые на издержки производства** — amortization charged to operation; 4. **амортизационный фонд, фонд погашения, фонд возмещения задолженности** — sinking fund.

амортизация — amortization, sinking ◇ 1. **амортизация при чрезвычайных обстоятельствах** — emergency amortization; 2. **время полной амортизации, продолжительность жизни** — life span; 3. **скидка за амортизацию** — allowance for depreciation; 4. **ускоренная амортизация** — accelerated amortization; 5. **амортизировать, списывать со счета** — to charge off.

анализ — analysis ◇ 1. **анализ баланса** — statement analysis; 2. **анализ баланса предприятия с помощью процентных отношений** — percentage analysis of operations; 3. **анализ доходов и расходов** — income-expenditure analysis; 4. **анализ спроса** —

demand analysis; 5. **анализ финансового состояния** — financial analysis; 6. **анализ экономической эффективности** — cost-effectiveness analysis; 7. **годичный анализ хозяйственной деятельности** — annual audit.

анкета — questionnaire, form ◇ 1. **анкета установленного образца** — questionnaire of a standard type; 2. **заполнить бланк, анкету, формуляр** — to fill out a form, to fill up a form.

аннулировать — to cancel, to annul, to set aside ◇ 1. **аннулированная запродажа** — invalid conditional sale; 2. **аннулирование, отказ, отказ от уплаты** — repudiation; 3. **аннулирование заказа** — cancellation of an order; 4. **аннулирование контракта** — cancellation of a contract, termination of a contract; 5. **аннулирование лицензии** — cancellation of a license, revocation of a license; 6. **аннулировать доверенность, объявить доверенность недействительной** — to cancel a power of attorney; 7. **аннулировать долги** — to cancel a debt; 8. **аннулировать страхование** — to cancel insurance; 9. **"исполнить или аннулировать"** — fill or kill; 10. **могущий быть аннулированным, оспоримый** — voidable.

антимонопольный — antitrust ◇ **антимонопольные законы** — antitrust laws.

апеллировать — to appeal.

апелляционный — appeal ◇ 1. **апелляционная жалоба на решение суда** — appeal from a decision of the court; 2. **апелляционный суд** — court of appeal; 3. **подать апелляционную жалобу на решение; обжаловать решение** — to appeal against a decision.

апелляция — appeal ◇ 1. **документированная апелляция** — documented appeal; 2. **заявленная апелляция** — declared appeal; 3. **обоснованная апелляция** — justified appeal; 4. **отклонить апелляцию** — to dismiss an appeal; 5. **поданная апелляция** — filed appeal; 6. **подать апелляцию** — to give notice of appeal, to lodge an appeal; 7. **удовлетворить апелляцию; решить дело в пользу апеллянта** — to allow an appeal.

арбитр — arbitrator ◇ 1. **единоличный арбитр** — sole arbitrator, single arbitrator; 2. **исполнять обязанности арбитра** — to arbitrate; 3. **назначать арбитра** — to appoint an arbitrator, to nominate an arbitrator; 4. **передать спор на решение арбитров** — to refer (or to submit) the dispute to arbitrators; 5. **решение арбитра** — arbitration award.

арбитраж (*фин.*) **— arbitrage** ◇ 1. **арбитражер** — arbitrageur; 2. **биржевой арбитраж** — arbitrage business; 3. **валютный арбитраж; вексельный арбитраж** — arbitration of exchange, currency arbitration; 4. **двусторонний арбитраж** — simple arbitration of exchange; 5. **косвенный валютный арбитраж** — indirect exchange; 6. **многосторонний валютный арбитраж** — compound arbitration of exchange; 7. **процентный арбитраж с целью стра-**

хования — covered interest arbitrage; 8. **процентный арбитраж** — interest arbitrage; 9. **товарный арбитраж** — arbitrage in goods.

арбитраж (*юр.*) **— arbitration; arbitration commission, arbitration tribunal, court of arbitration, board of arbitration** ◇ 1. **арбитраж по вопросу о качестве** — arbitration on quality; 2. **арбитраж при бирже** — stock market arbitration; 3. **арбитраж при торговой палате** — Chamber of Commerce Arbitration; 4. **арбитражем** — by arbitration; 5. **государственный арбитраж** — state arbitration; 6. **закон об арбитраже** — Arbitration Act; 7. **издержки арбитража, стоимость арбитража** — arbitration fee(s), costs of arbitration; 8. **международный арбитраж** — international arbitration; 9. **Морской арбитраж** — the Maritime Arbitration Commission; 10. **обязательства по арбитражу** — arbitration obligations; 11. **передать спор в арбитраж** — to refer a dispute to arbitration; 12. **передача спора на рассмотрение арбитража; соглашение о передаче спора в арбитраж** — submission to arbitration; 13. **подавать заявление в арбитраж** — to submit a matter to arbitration; 14. **подлежать рассмотрению в арбитраже** — to be a subject to arbitration; 15. **посредством арбитража, арбитражем** — by arbitration; 16. **принудительный арбитраж** — compulsory arbitration; 17. **пункт договора об арбитраже** — arbitration clause; 18. **решать спор посредством арбитража** — to settle the dispute by arbitration; 19. **решение арбитража** — arbitration award; 20. **смешанный арбитраж** — mixed arbitration; 21. **требовать передачи дела в арбитраж** — to claim arbitration.

арбитражный — arbitration ◇ 1. **арбитражная оговорка** — arbitration clause; 2. **арбитражная операция при незначительном отклонении цен или курсов** (*фин.*) — back spread; 3. **арбитражная сделка** — arbitration; 4. **арбитражное производство, процесс рассмотрения дела** — proceedings on the reference; 5. **арбитражное соглашение** — arbitration agreement; 6. **арбитражный суд** — arbitration court, arbitration tribunal.

аренда — lease, rent ◇ 1. **аренда площади** — rent of space; 2. **брать в аренду, внаем** — to take a lease of, to take on lease, to rent; 3. **взять в аренду дом у кого-л.** — to rent a house from smb; 4. **владение на правах аренды; владение; владение недвижимостью; арендованная собственность, земля, дом** — tenancy; 5. **договор аренды** — lease arrangement, lease; 6. **долгосрочная аренда** — long lease, long rent; 7. **краткосрочная аренда** — short lease, short rent; 8. **могущий быть сданным в аренду; внаем; могущий приносить рентный доход** — rentable; 9. **пользование на правах аренды; арендованный** — leasehold; 10. **продать и взять обратно в аренду** — sale and lease back; 11. **сдавать в аренду, сдавать внаем** — to lease, to let out on lease, to give in rent, to rent; 12. **сдавать дом в аренду кому-л.** — to rent a house to smb; 13. **срок аренды, срок найма** — tenancy; 14. **финансовая аренда** — financial lease.

арендатор — tenant, leaseholder, renter ◇ **список арендаторов** — rental.

арендный — lease, rent, rental ◇ 1. **арендная плата; сумма арендной платы; рентный доход; список арендаторов** — rental; 2. **арендное право** — leasehold interest.

арендование — tenancy.

арендованный — leased, rented ◇ 1. **арендованная земельная собственность** — leasehold property; 2. **арендованная собственность, земля, дом** — tenancy; 3. **арендованное имущество** — leaseholds.

арендовать — to lease, to have on lease, to rent.

арест — arrest ◇ 1. **арест на вклад** — block account; 2. **арест груза, арест на груз** — arrest of cargo; 3. **лицо, налагающее арест на имущество** — distrainor; 4. **наложение ареста; конфискация** — seizure; 5. **наложить арест на товар** — to attach goods; 6. **на счет наложен арест** — account attached; 7. **право наложения ареста на товар, преимущественное право на покупку** — right of pre-emption; 8. **приказ о наложении ареста на имущество** — distress warrant; 9. **товар, на который наложен арест** — goods under arrest.

ассигнование — assignation, appropriation, allocation ◇ 1. **ассигнования на содержание вооруженных сил и государственного аппарата, продовольствие, припасы** — supplies; 2. **ассигнования на социальные нужды; ассигнования на культурно-бытовые мероприятия** — welfare allocations; 3. **бюджетные ассигнования** — budgetary appropriations; 4. **дополнительные бюджетные ассигнования** — supplementary estimate; 5. **специальные ассигнования** — special appropriations; 6. **фрахтовое ассигнование** — charterparty assignment.

ассигновать — to assign, to allocate, to appropriate ◇ **ассигновать сумму** — to assign a sum, to vote a sum.

ассортимент — assortment, range ◇ 1. **ассортимент товаров** — assortment of goods, commercial range of goods; 2. **в ассортименте** — in assortment; 3. **продажа принудительного ассортимента, условная продажа** — conditional sale; 4. **широкий ассортимент** — wide range; 5. **экспортный ассортимент** — export range of goods.

ассоциация — association ◇ 1. **ассоциация судовладельцев, действующих на определенных морских линиях** — conference lines; 2. **ассоциация торговцев, банкиров и т.д., министерство торговли, торговая палата, биржа** — Board of Trade; 3. **Международная ассоциация развития** — International Development

Association; 4. **ссудо-сберегательная ассоциация** — savings loan association.

аттестат — testimonial.

аукцион — auction, public sale ◇ 1. **аукционные продажи** — auctions; 2. **аукционный зал, биржа** — organized market; 3. **аукцион пушнины** — fur auction; 4. **выставлять на аукционе; передать на продажу с аукциона** — to put up for auction; 5. **голландский аукцион** — Dutch auction; 6. **продавать с аукциона** — to bring under the hammer, to vendue, to sell by auction; 7. **продажа с аукциона** — auction sale; 8. **товарный аукцион** — goods auction; 9. **снять товар с аукциона, закупать, выкупать** — to buy in, to withdraw goods from a sale.

аукционер — vendue.

аукционист — vendue master ◇ вознаграждение аукционисту — lot money.

аутсайдер — outsider.

афера — fraud, swindle, wildcat ◇ **банк, занимающийся аферами** — wildcat bank.

Б

багаж — luggage, baggage ◇ 1. **досмотр багажа** — luggage examination; 2. **отправить вещи багажом по железной дороге** — to get luggage registered on the railway, to register luggage on the railway; 3. **таможенный досмотр багажа** — luggage inspection.

багажный — luggage, baggage ◇ **багажная квитанция** — luggage ticket, luggage reciept.

база — base, deport ◇ 1. **контейнерная база** — container base, container deport; 2. **монетарная база** — monetary base; 3. **сырьевая база** — source of raw materials; 4. **финансовая база** — financial base.

базис — basis.

базисный — base ◇ 1. **базисная валюта** — base currency; 2. **базисная разница** — basis; 3. **базисная цена** — base price; 4. **базисный год** — base year; 5. **базисный сорт** — base grade, basis; 6. **вес базисной тары** — received tare.

баланс — balance, statement of assets and liabilities ◇ 1. **баланс движения капиталов** — capital balance; 2. **баланс доходов и расходов по капиталовложениям** — balance of income and expenditure; 3. **баланс и отчет о состоянии дел** — statement of affairs; 4. **баланс международной задолженности** — balance of foreign debt; 5. **баланс неторговых поступлений и платежей** —

invisible trade balance; 6. **баланс-нетто** — balanced trade; 7. **баланс официального финансирования** — balance for official financing; 8. **баланс платежей по клиринговым расчетам** — clearing balance; 9. **баланс по торговле и услугам** — balance on goods and services; 10. **актив и пассив баланса** — statement of assets and liabilities; 11. **активный торговый баланс, активное сальдо торгового баланса, превышение вывоза над ввозом, экспортный торговый баланс** — export balance, port surplus, trade surplus, positive balance of trade, active balance of trade; 12. **анализ баланса** — statement analysis; 13. **анализ баланса предприятия с помощью процентных отношений** — percentage analysis of operations; 14. **бухгалтерский баланс** — balance-sheet; 15. **внешнеторговый баланс** — balance of foreign trade; 16. **внешнеторговый платежный баланс** — external payments account; 17. **вывести платежный баланс из дефицита** — to swing the balance of payment out of deficit; 18. **вуалирование баланса, “причесывание” или “подкрашивание” баланса;** *(показ в лучшем виде, затушевывание невыгодных сторон; вуалирование действительности; умение показать товар лицом — букв. декорирование витрины)* — window dressing; 19. **дефицит платежного баланса** — external payments deficit, gap in the balance of payments; 20. **дефицит торгового баланса** — visible trade deficit; 21. **заключительный баланс** — summary account; 22. **компенсационный баланс** — compensation balance; 23. **нарушение баланса** — dislocation of balance; 24. **“невидимые” статьи платежного баланса** — invisibles; 25. **нетто-баланс** — balanced trade; 26. **основные статьи баланса** — balance sheets ratio, principal assets and liabilities; 27. **отдельные от текущих операций статьи платежного баланса; в бухгалтерском учете США** — сумма чистых активов, используемая предпринимателями — capital account; 28. **пассивный торговый баланс; пассивное сальдо торгового баланса** — adverse balance of trade; 29. **пассивный торговый баланс, превышение ввоза над вывозом, пассивное сальдо торгового баланса** — import balance of trade; 30. **пассивный торговый баланс, расхождение между стоимостью экспорта и импорта** — imbalance in trade; 31. **платежный баланс по текущим операциям** — balance on current transactions; 32. **платежный баланс** — balance of payments, foreign balance, external balance, external payments account; 33. **подводить баланс** — to strike the balance; 34. **превышение актива баланса над пассивом** — active balance, favorable balance, positive balance; 35. **предварительный баланс** — preliminary balance; gross balance; 36. **брутто-баланс, приблизительное сальдо** — rough balance; 37. **пробный баланс** — gross balance, trial balance; 38. **расходная часть платежного баланса** — external payments; 39. **расчетный баланс** — balance of claims and liabilities; 40. **расчетный баланс за определенный период времени** — balance over a certain period; 41. **расчетный баланс на определенную дату** — balance as of a given date; 42. **ревизия баланса** — balance sheet audit; 43. **сводный баланс, сводная бухгалтерская отчетность** —consolidated balance sheet; 44. **страна, имеющая отрицательный платежный баланс** — debtor nation; 45. **сумма баланса; общая стоимость имущества** — total assets; 46. **торговый баланс** — trade balance; 47. **экспортный торговый баланс** — export balance.

балансовый — balance ◇ 1. **балансовая стоимость** — book value; 2. **балансовый счет** — balance account.

банк — bank ◇ 1. **банк банков** — bankers' bank; 2. **банк, ведущий дела консорциума; руководство консорциумом** — syndicate manager; 3. **банк взаимного кредита** — mutual credit bank, credit bank; 4. **банк, владеющий контрольным пакетом акций другого банка; банк-учредитель, контролирующий банк** — parent bank; 5. **банк, выдающий аккредитив** — originating bank; 6. **банк данных** — data base, pool of data; 7. **банк денежного рынка** — money market bank; 8. **банк долгосрочного сельскохозяйственного кредита** — land bank; 9. **банк, занимающийся аферами** — wildcat bank; 10. **банк, занимающийся размещением ценных бумаг** — investment bank; 11. **банк-инкассатор** — collecting bank; 12. **банк информации** — data bank; 13. **банк-консорциум** — consortium bank; 14. **банк-корреспондент** — corresponding bank; 15. **банк-кредитор** — creditor bank; 16. **банк, оплачивающий аккредитивы** — advising bank; 17. **банк потребительского кредита** — money trading bank; 18. **банк по финансированию продаж в рассрочку** — finance house; 19. **банк-ремитент** — remitting bank; 20. **банк с ограниченной ответственностью, акционерная компания** — joint stock company; 21. **банк-учредитель** — parent bank; 22. **банк — член расчетной палаты** — clearing bank; 23. **банк — член федеральной резервной системы; банк, входящий в состав расчетной палаты, клиринг-банк** — member bank; 24. **банк, финансирующий фондовые операции** — stock exchange bank; 25. **банк штата** — state bank; 26. **агентский банк** — agency bank; 27. **агент-банк** — agent bank; 28. **акцептный банк** — acceptance bank, acceptance house; 29. **акционерный банк** — joint stock bank; 30. **акционерный коммерческий банк** — joint stock bank; 31. **взаимно-сберегательный банк, доверительно-сберегательный банк** — mutual savings bank; 32. **вклад в банк, депозит** — bank deposit; 33. **внешнеторговый банк** — Export-Import Bank, oversales bank; 34. **гарантия банка** — bank guarantee; 35. **государственный банк; банк штата** — state bank; 36. **депозитный банк** — bank of deposit, deposit bank; 37. **доверительно-сберегательный банк** — mutual savings bank; 38. **Европейский инвестици-**

онный банк — European Investment Bank; 39. **земельный ипотечный банк** — real estate bank; 40. **инвестиционный банк** — investment bank, investment company; 41. **ипотечный банк** — mortgage bank; 42. **клиринг-банк, клиринговый банк, банк — член расчетной палаты** — clearing bank; 43. **коммерческий банк** — business bank, trading bank, credit bank; 44. **консорциум-банк** — *см. банк-консорциум*; 45. **контролирующий банк** — parent bank; 46. **кооперативный банк** — cooperative bank; 47. **кредитно-финансовый внешнеторговый банк** — factoring house; 48. **Межамериканский банк развития** — Inter-American Development Bank (IADB); 49. **Международный банк реконструкции и развития (МБРР)** — International Bank for Reconstruction and Development, World Bank (IBRD); 50. **Международный банк экономического сотрудничества** — International Bank for Economic Cooperation (IBEC); 51.**"набег" на банк** — a run on the bank; 52. **национальный банк, государственный банк** — national bank; 53. **оборот банка; банковские операции** — banking; 54. **подорвать банк** — to break the bank; 55. **расчетный или клиринговый банк** — Clearing Bank; 56. **референсный банк** — reference bank; 57. **сберегательный банк** — savings bank; 58. **смешанный банк** — bank with mixed capital; 59. **торговый банк; акцептный банк** — merchant banker, mercantile bank; 60. **учетный банк** — discount bank, bank of discount; 61. **федеральный банк финансирования** — federal financing bank; 62. **Федеральный резервный банк** — Reserve Bank; 63. **центральный банк** — central bank; 64. **частный банк; операции банка** — banking business; 65. **частный коммерческий банк** — private bank; 66. **экспортно-импортный банк** — eximbank; 67. **эмиссионный, национальный, резервный банк** — bank of issue, issuing bank, issuing house, bank of circulation.

банкир — banker.

банкнота — bank note, soft money ◇ 1. **банкноты** — paper currency; 2. **банкноты в обращении; обращение банкнот** — circulating bank notes; 3. **банкноты доверительные** — fiduciary issue; 4. **банкноты, выпущенные в обращение национальными банками** — bank currency; 5. **федеральные резервные банкноты** — Reserve Banknotes.

банковский — banker's, bank, banking ◇ 1. **банковская книжка** — pass book; 2. **банковская расчетная книжка** — pass book; 3. **банковская расчетная палата** — bankers' clearing house; 4. **банковская ссуда; банковский кредит** — banking accommodation; 5. **банковская ссуда консорциуму** — syndicate loan; 6. **банковская тратта** — banker's draft; 7. **банковская холдинговая компания** — bank holding company; 8. **банковские здания; стоимость банковских зданий** — bank premises; 9. **банковские круги; банки** — banking interests; 10. **банковские опера-**

ции — banking facilities, banking; 11. **банковские референции** — bank references; 12. **банковские услуги, банковские операции** — banking facilities; 13. **банковские услуги; банковская ссуда; банковский кредит** — banking accommodation; 14. **банковский акцепт** — banker's acceptance; 15. **банковский депозит** — bank deposits; 16. **банковский комиссионный сбор** — bank charges; 17. **банковский коэффициент ликвидности** — liquidity ratio, quick ratio; 18. **банковский кредит** — bank credit, banking accommodation; 19. **банковский счет, счет в банке** — bank account; 20. **банковское дело; оборот банка; банковские операции** — banking; 21. **банковый билет, кредитный билет, банкнота** — bank note; 22. **банковые билеты в обращении; векселя в обращении** — circulating medium; 23. **банковый учет** — bank discount.

банкрот — bankrupt, defaulter ◇ 1. **восстановленный в правах банкрот, освобожденный от долгов несостоятельный должник** — discharged bankrupt; 2. **лицо, объявленное по суду банкротом** — adjudged bankrupt, certificated bankrupt; 3. **обанкротиться, разориться** — to become bankrupt, to become insolvent, to fail, to go to smash; 4. **объявить себя банкротом** — to declare oneself bankrupt; 5. **объявление по суду банкротом** — adjudication in bankruptcy; 6. **"объявлен банкротом"** — hammered.

банкротство — bankruptcy, business failure, failure, insolvency, smashup ◇ 1.**банкротство банка** — banking failure; 2. **банкротство предприятия, разорение предприятия** — smashup of a business.

бартер, бартерный — barter ◇ 1. **бартерная сделка** — barter agreement; 2. **бартерный контракт** — barter transaction.

бегство — flight ◇ **бегство капитала за границу** — flight of capital, capital exports, exodus of capital.

бедствие — distress ◇ **стихийное бедствие; форс-мажор** — act of God.

без — ex, without ◇ 1. **без купона** — ex coupon, ex interest; 2. **без дивиденда** — ex dividend; 3. **без оборота** — without recourse; 4. **без оборота на меня** — without recourse to me; 5. **без ущерба для кого-л., чего-л.** — without prejudice to; 6. **подготовка без отрыва от производства** — in-plant training, in-service training, on-the-job training.

безвозмездный — gratitous ◇ **безвозмездно, бесплатно** — free of charge.

бездействующий — inactive, inoperative ◇ **период затишья, бездействия** — slack period.

безнадежный — hopeless ◇ 1. **безнадежные долги** — bad debts; 2. **списывать безнадежные долги** — to write off bad debts.

безоговорочно — without reserve.

безоговорочный — unconditional, unqualified.

безопасность — safety, security.

безопасный — safe ◇ **безопасное вложение капитала** — safe investment.

безотзывный — irrevocable ◇ 1. **безотзывный аккредитив** — irrevocable letter of credit; 2. **подтвержденный безотзывный аккредитив; авизованный аккредитив** — straight letter of credit.

безотлагательный — urgent, pressing ◇ **безотлагательно** — without delay, urgently.

безработица — unemployment ◇ 1. **пособие по безработице** — unemployment benefit; 2. **страхование от безработицы** — unemployment insurance; 3. **структурная безработица** — structural unemployment.

безработный — unemployed ◇ 1. **занятые неполное время** — part-time workers; 2. **общественные работы для безработных** — relief works.

безрезультатно — to no purpose.

безубыточный — break-even ◇ 1. **окупаться; быть безубыточным** — to pay one's way; 2. **работать безубыточно** — to break even.

безусловный — absolute; undoubted, indisputable; unconditional ◇ **безусловный акцепт** — general acceptance.

бенефициар — beneficiary.

бережный — careful ◇ **маркировка о бережном обращении** — mark of precaution.

бесплатный — free of charge, gratitous, rent-free ◇ 1. **бесплатная акция** — scrip bonus; 2. **бесплатно** — free of charge, free of cost; 3. **бесплатные акции, учредительские акции** — bonus stock, bonus shares.

беспошлинный — duty-free, custom free, exempt from duties ◇ 1. **беспошлинные товары** — free imports; 2. **беспошлинный ввоз** — duty-free importation; 3. **условно-беспошлинный ввоз** — conditionally duty-free importation.

бессрочный — without time-limit, open-ended, with no fixed term ◇ 1. **бессрочная ссуда** — loan for indefinite term; 2. **бессрочный вклад, депозит до востребования** — sight deposit, demand deposit.

бизнес — business ◇ 1. **большой бизнес** — big business; 2. **малый бизнес** — small business.

бизнесмен — businessman.

билет — ticket ◇ 1. **билет в один конец** — single ticket; 2. **банковые билеты в обращении; векселя в обращении** — circulating medium; 3. **заказанные заранее билеты и т.п.** — reservations; 4. **казначейские билеты** — legal tender notes; 5. **казначейские билеты; налоговые сертификаты** — Treasury notes; 6. **кредитный билет; банковый билет; банкнота** — bank-note; 7. **поддельный банковый билет** — raised bill; 8. **разменять банковый билет в 1 фунт** — to change a pound note; 9. **билетная касса; контора** — booking-office.

биржа — exchange, broker's board, Change, the house, Board of Trade ◇ 1. **биржа, аукционный зал** — organized market; 2. **биржа труда** — unemployment exchange; 3. **биржа ценных бумаг** — securities exchange; 4. **валютная биржа** — currency market; 5. **заключение сделок вне биржи** — kerb market; 6. **зал биржи, зал заседаний, комната на бирже, где вывешиваются доски с биржевыми котировками** — board room; 7. **зарегистрированная биржа** — registered exchange; 8. **неофициальная биржа** — curb, kerb, outside market, the Street; 9. **Нью-Йоркская фондовая биржа** — Big Board; 10. **покупать вне биржи** — to buy on the curb (kerb); 11. **продавать на неофициальной бирже; продавать после закрытия биржи** — to sell in the Street, to sell on the curb (kerb); 12. **срочная биржа** — terminal market, future exchange; 13. **товарная биржа** — commodity exchange, commodity market, goods exchange; 14. **фондовая биржа** — stock exchange, stock market; 15. **фрахтовая биржа** — freight market; 16. **черная биржа** — black market.

биржевик — stock jobber, stockbroker ◇ **профессиональный биржевик, джоббер** — stock jobber.

биржевой — exchange ◇ 1. **биржевая игра, спекуляция** — speculation; 2. **биржевая продажа** — exchange sale; 3. **биржевая скупка** — exchange acquisition; 4. **биржевая ссуда** — stock exchange loan; 5. **биржевая цена** — exchange price; 6. **биржевое распространение** — exchange distribution; 7. **биржевой бюллетень** — exchange list; 8. **биржевой курс; рыночный учетный процент** — market rate; 9. **биржевой маклер** — stock broker; 10. **биржевой маклер; вексельный маклер; маклер по покупке и продаже иностранной валюты** — exchange broker; 11. **биржевой маклер, обычно осуществляющий операции в операционном зале за свой счет или выполняющий поручения, в которых он имеет долю участия** — floor trader; 12. **биржевой маклер, совершающий операции за собственный счет; торговец ценными бумагами** — stock jobber; 13. **биржевой маклер-спекулянт** — floor trader; 14. **биржевой телеграфный аппарат** — tape machine; 15. **биржевые акции и облигации золотопромышленных компаний** — golds; 16. **биржевые или рыночные котировки** — market quotations; 17. **биржевые операции; операции с иностранной валютой** — exchange business, exchange transactions; 18. **биржевые отношения** — relations on the stock exchange; 19. **биржевые правила** — rules of the exchange; 20. **биржевые сделки** — exchange business, exchange transactions; 21. **неофициальный биржевой маклер** — outside broker; 22. **официальный биржевой маклер** — inside broker; 23. **спекулятивные биржевые сделки; искусственное повышение или понижение курсов; мошеннические спекулятивные биржевые сделки** — stock jobbery; 24. **средние биржевые курсы** — market averages.

бирка — tally, label, tag.

благосостояние — welfare, well-being ◇ **уровень благосостояния** — standard of well-being.

бланк — form, blank ◇ 1. **бланк для заявления, заявка** — application form; 2. **бланк для подтверждения правильности выписки счета** — reconcilement blank; 3. **бланк инкассового поручения по документированной тратте** — documentary bill lodgement form; 4. **бланк, заполняемый в банке при взносе суммы на текущий счет** — paying-in slip, deposit slip; 5. **заполнить бланк, анкету, формуляр** — to fill out a form, to fill up a form.

бланковый — blank, slip ◇ 1. **бланковый аккредитив** — blank credit; 2. **бланковая передаточная надпись** — blank endorsement; 3. **бланковый акцепт** — acceptance in blank; 4. **бланковый кредит, кредит без обеспечения; бланковый аккредитив** — blank credit, clean credit; 5. **бланковый полис** — blanket policy.

блок — block ◇ 1. **блок-полис** — blanket policy; 2. **валютный блок** — currency block; 3. **страховая премия по блок-полису** — blanket rate.

блокада — blockade ◇ 1. **кредитная блокада** — credit blockade; 2. **таможенная блокада** — customs blockade; 3. **торговая блокада** — trade blockade; 4. **финансовая блокада** — financial blockade; 5. **экономическая блокада** — economic blockade.

блокированный — blocked, frozen ◇ 1. **блокированная валюта** — blocked currency; 2. **блокированные кредиты** — frozen credits; 3. **блокированные счета** — blocked balances; 4. **блокированный счет** — frozen account.

богатство — wealth.

бодмерейный — bottomry ◇ 1. **бодмерейный договор** — bottomry bond; 2. **бодмерейный заем** — bottomry loan.

большой — big, great, large ◇ 1. **большая неустойка** — heavy penalty; 2. **большая маржа, значительная разница** — wide margin; 3. **большая часть** — bulk; 4. **больше, выше** — upwards of; 5. **больше чем, выше чем** — up on; 6. **большие расходы** — heavy expenses; 7. **большие количества** — large tonnage; 8. **большие количества, крупные партии** — merchant quantities; 9. **большими партиями, оптом** — by the gross, in the gross; 10. **большое количество срочных дел** — pressure of business; 11. **большое количество; много** — a great number of; 12. **большой портфель заказов; большое количество невыполненных заказов** — long order book; 13. **большой убыток** — severe loss; 14. **в большом количестве** — in quantities, in quantity.

бона — bond ◇ 1. **именная бона** — registered bond; 2. **казначейские боны** — Treasury bonds; 3. **казначейские боны, долгосрочные казначейские векселя, собственные облигации в портфеле** — Treasury bonds; 4. **сберегательная бона** — savings bond.

бонд — bond ◇ **аварийный бонд, аварийная гарантия, подписка** — average bond.

бонификация — bonification ◇ **обратная бонификация** — counter-bonification.

бонус — bonus, surplus dividend.

борт — board ◇ 1. **на борт(у)** — on board, aboard; 2. **на борт(у) судна** — on board vessel, aboard vessel; 3. **свободно на борту, франко борт, ФОБ** — free on board; 4. **франко борт грузового автомобиля** — free on board truck; 5. **франко борт и штивка** — free on board and stowed; 6. **франко борт судна** — free on board vessel; 7. **франко вдоль борта судна, ФАС** — free alongside ship.

бортовой — (*adj. to*: **борт)** ◇ **бортовой коносамент; коносамент на груз, принятый на борт судна** — on board bill of lading.

брак — flaw, defect.

бракераж — inspection, sorting.

браковать — to reject ◇ **забраковать товар** — to reject goods.

брать — to take ◇ 1. **брать внаем, брать в аренду** — to take a lease of, to take on lease; 2. **брать деньги из банка** — to draw on a bank; 3. **брать на комиссию** — to take on sale; 4. **не брать на себя риск, не рисковать** — to be on the safe side; 5. **браться за что-л., поднимать, занимать, принимать, предпринимать, выкупать, оплачивать, приобретать, подписываться на, взять на себя размещение** — to take up.

брокер — broker ◇ 1. **брокер из операционного зала** — floor broker; 2. **брокер, специализирующийся на фрахтовании тоннажа** — chartering agent, shipping broker; 3. **биржевой брокер** — stock broker, exchange broker; 4. **вексельный брокер, вексельный маклер** — bill broker; 5. **двухдолларовый брокер** — two-dollar broker; 6. **независимый брокер** — independent broker; 7. **"слепой" брокер** — blind broker; 8. **страховой брокер** — insurance broker; 9. **судовой брокер, судовой маклер** — ship broker.

брокерский — broker's ◇ 1. **брокерская записка** — broker's contract note; 2. **брокерская записка о совершенной сделке** — bought note, sale note, sold note; 3. **брокерская комиссия, куртаж** — brokerage; 4. **брокерский счет** — discretionary account; 5. **брокерское дело** — broking; 6. **брокерская, комиссионная, маклерская фирма** — commission house.

брутто — gross ◇ 1. **брутто-баланс, приблизительное сальдо** — rough balance; 2. **брутто ставка** — gross premium; 3. **брутто регистровый тоннаж** — gross register tonnage; 4. **брутто тонна** — gross ton; 5. **брутто фрахт** — gross freight; 6. **вес брутто** — gross weight; 7. **вес брутто за нетто** — gross for net; 8. **доход-брутто** — gross yield; 9. **сумма брутто, валовая сумма** — gross amount.

будущий — future, next, forward ◇ 1. **будущая поставка** — future delivery; 2. **будущее встречное удовлетворение** — executory consideration; 3. **будущие убытки, возмещение будущих убытков** — anticipatory damages; 4. **в будущем** — in future; 5. **на будущее время** — for the future.

бум — sensation, racket, boom, boom conditions ◇ 1. **биржевой бум** — stock market boom; 2. **спекулятивный бум** — speculative boom; 3. **экономический бум** — economic boom.

бумага — paper, document ◇ 1. **адресные коммерческие бумаги** — direct paper; 2. **американские ценные бумаги** — dollar stock; 3. **выбросить ценные бумаги на рынок** — to unload securities on the public; 4. **гарантированные ценные бумаги** — gild-edged securities; 5. **гербовая бумага** — stamped paper; 6. **государственная ценная бумага** — government paper; 7. **государственные ценные бумаги; государственные средства** — public funds, public stock; 8. **государственные ценные бумаги; государственный долг** — the stock; 9. **государственные ценные бумаги без права передачи владельцам и другим лицам** — Non-Marketable Stock; 10. **государственные ценные бумаги без указания срока погашения** — undated stock; 11. **государственные ценные бумаги; ценные бумаги, выпущенные публично-правовыми организациями** — public securities; 12. **деловые бумаги, оборотные кредитно-денежные документы, коммерческий вексель** — commercial paper; 13. **держать ценные бумаги на депозите** — to deposit securities; 14. **долгосрочные процентные ценные бумаги** — loan stock; 15. **железнодорожные ценные бумаги, акции** — railroads, railway securities; 16. **золотообрезные ценные бумаги, государственные ценные бумаги; первоклассные ценные бумаги, гарантированные ценные бумаги** — gild-edged securities; 17. **именные ценные бумаги** — registered stock, inscribed stock; 18. **казначейские бумаги, облигации** — Treasury stock, gilt-edged securities; 19. **котирующиеся ценные бумаги; первоклассные или гарантированные ценные бумаги** — gilt-edged securities; 20. **краткосрочные ценные бумаги** — shorts; 21. **неходкие ценные бумаги** — inactive securities; 22. **оборотные ценные бумаги** — negotiable securities; 23. **остаться только на бумаге** — to remain a dead letter; 24. **первоклассные ценные бумаги** — first-class paper, trustee stock, investment stocks, gild-edged securities; 25. **покупать бумаги новых выпусков для их немедленной перепродажи по повышенным ценам, взвинтить курсы бумаг новых выпусков** — to stag the market; 26. **процентные бумаги** — interest bearing securities; 27. **рентные бумаги, государственные бумаги** — rents; 28. **счет ценных бумаг; счет капитала; счет товара** — stock account; 29. **трехпроцентные бумаги** — three-per-cents; 30. **ценные бумаги британского правительства на срок от 5 до 15 лет** — mediums;

31. **ценные бумаги** — capital issues, issues, securities; 32. **ценные бумаги, выпущенные в обращение** — outstanding securities; 33. **ценные бумаги, выпущенные корпорациями, ценные бумаги, выпущенные муниципалитетами** — corporation securities; 34. **ценные бумаги, выпущенные публично-правовыми учреждениями** — public securities; 35. **ценные бумаги, вышедшие в тираж** — drawn securities; 36. **ценные бумаги, допущенные к биржевому обороту** — stock exchange securities, listed securities; 37. **ценные бумаги, зарегистрированные в бухгалтерских книгах на имя какого-л. владельца** — registered securities; 38. **ценные бумаги или товары, свободно обращающиеся на рынке** — floating supply; 39. **ценные бумаги на предъявителя** — securities to bearer; 40. **ценные бумаги, не подлежащие выкупу или погашению** — irredeemables; 41. **ценные бумаги, пользующиеся особенным спросом** — specialties; 42. **ценные бумаги с высоким доходом** — high yielding securities; 43. **ценные бумаги с долгим сроком погашения** — long-dated stocks; 44. **ценные бумаги с колеблющимся курсом, неликвидные активы, долгосрочные инвестиции и долгосрочные ссуды** — risk assets; 45. **ценные бумаги с твердым процентом** — fixed interest securities; 46. **ценные бумаги с фиксированной датой погашения** — dated securities; 47. **ценные бумаги с фиксированным доходом, дающие преимущественное право при выставлении требований** — senior issue.

бумажный — paper ◇ 1. **бумажная прибыль** — paper profit; 2. **бумажно-денежный стандарт** — fiduciary standard; 3. **бумажные денежные знаки, банкноты, вексель, векселя, тратта, тратты, оборотные кредитно-денежные документы, девизы, документ, газета, доклад** — paper; 4. **бумажные деньги, банкноты** — soft money; 5. **бумажные деньги, полностью обеспеченные золотом и серебром** — representative money; 6. **бумажные деньги; бумажное денежное обращение** — paper currency; 7. **необеспеченные бумажные деньги** — uncovered paper money; 8. **ничего не стоящие бумажные деньги** — wildcat currency.

бункер — bunker ◇ **франко бункер** — free bunker.

бухгалтер — accountant, bookkeeper ◇ 1. **бухгалтер-калькулятор** — cost accountant; 2. **бухгалтер-ревизор, ревизор отчетности, контролер отчетности; специалист по проверке отчетности** — auditor; 3. **главный бухгалтер** — chief accountant; 4. **дипломированный общественный бухгалтер; аудитор** — public accountant; 5. **общественный бухгалтер, бухгалтер-эксперт, аудитор** — chartered accountant.

бухгалтерия — accounts department, bookkeeping ◇ 1. **американская бухгалтерия** — tabular bookkeeping; 2. **двойная бухгалтерия** — double entry bookkeeping; 3. **простая бухгалтерия** — single-entry bookkeeping.

бухгалтерский — account, bookkeeping ◇ 1. **бухгалтерская задолженность** — ordinary debts; 2. **бухгалтерская книга** — account book; 3. **бухгалтерский баланс** — balance sheet; 4. **бухгалтерский, статистический, финансовый отчет, расчеты, отчетность, государственный бюджет** — accounts; 5. **вести бухгалтерские книги** — to keep books; 6. **сводная бухгалтерская отчетность; сводный баланс** — consolidated balance sheet; 7. **сделать бухгалтерскую запись, проводку** — to make an entry; 8. **справиться по бухгалтерским книгам** — to consult one's books; 9. **стандарты бухгалтерского учета финансовой деятельности в США** — financial accounting standards.

бык — bull ◇ **рынок "быков"** — bull market.

быстрый — quick, fast, prompt, speedy, rapid ◇ 1. **быстрая поставка** — prompt delivery, speedy delivery; 2. **быстрое падение цен** — break; 3. **быстрый износ** — rapid wear; 4. **находить быстрый сбыт** — to meet with a ready market.

быстро — fast, quickly, rapidly ◇ 1. **быстро** — with dispatch; 2. **быстро продаваться, иметь хороший сбыт** — to meet with a ready sale, to meet a ready market; 3. **как можно быстрее** — fast as can; 4. **надбавки быстро следовали одна за другой** — bidding was very brisk; 5. **быстро изнашивающийся и малоценный товар** — soft goods.

быть — to be ◇ 1. **быть акцептованным или быть оплаченным** — to meet due honour, to find due protection; 2. **быть безубыточным** — to pay one's way; 3. **быть в ведении кого-л.** — to be in charge of; 4. **быть в курсе чего-л.** — to be in touch with; 5. **быть вправе** — to be within one's right; 6. **быть вызванным, обусловленным чем-л.; быть обязанным чему-л.** — to be due to something; 7. **быть в долгу; иметь задолженность; работать с убытком, быть убыточным** — to be in the red; 8. **быть в долгу перед кем-л.** — to be under an obligation to somebody; 9. **быть в состоянии, иметь возможность** — to be in a position; 10. **быть в спросе** — to be sought after; 11. **быть вырученным, сделаться доступным; поступать** — to become available; 12. **быть действительным, оставаться в силе** — to stand good; 13. **быть действительным лишь в том случае, если товар не будет продан до получения ответа** — to be subject to sale; 14. **быть дефицитным, не хватать; поступать в недостаточном количестве** — to be in short supply; 15. **быть должным; быть в долгу перед кем-л.; быть обязанным** — to owe; 16. **быть достаточным для удовлетворения спроса, удовлетворять спрос в достаточном количестве** — to keep up with the demand; 17. **быть заказанным; производиться или строиться по заказу** — to be on order; 18. **быть на готове** — to stand by a bargain; 19. **быть несколько заниженным** — to be on the conservative side; 20. **быть обязанным по контракту** — to be bound by contract; 21. **быть обязательным**

для кого-л. — to be binding upon somebody; 22. **быть ограниченным условием** — to be subject to a condition; 23. **быть ответственным за последствия** — to answer for the consequences; 24. **быть отклоненным** — to meet with a refusal; 25. **быть под запретом** — to be under an embargo; 26. **быть покрытым акциями; выдерживать купленные акции** — to be long of stock; 27. **быть покрытым чем-л.** — to be long of something; 28. **быть полезным** — to be of use; 29. **быть правым** — to be in the right; 30. **быть рентабельным, выгодным** — to pay one's way; 31. **быть связанным обязательством по отношению к кому-л.; быть связанным ценой** — to be tied down to the price; 32. **быть согласным; согласоваться; сходиться** — to be in agreement; 33. **быть устойчивым** — to show a good tone; 34. **быть участником в каком-л. предприятии** — to have a concern in a business; 35. **быть юридически обоснованным** — to hold good in law, to stand good in law; 36. **могущий быть аннулированным, оспоримый** — voidable; 37. **могущий быть переуступленным, купленным, проданным** — negotiable; 38. **могущий быть полученным, купленным, заготовленным; доступный; продажный** — procurable; 39. **могущий быть сданным в аренду, внаем; могущий приносить рентный доход** — rentable.

бюджет — budget ◇ 1. **государственный бюджет** — public finance; 2. **доходный бюджет** — revenue; 3. **исполнение бюджета** — outturn of the budget; 4. **расходный бюджет** — expenditure; 5. **текущий бюджет** — operating budget.

бюджетный — budget ◇ 1. **бюджетные государственные доходы над чертой** — revenue above the line; 2. **бюджетные государственные доходы под чертой** — revenue below the line; 3. **бюджетные государственные расходы над чертой** — expenditure above the line; 4. **бюджетные государственные расходы под чертой** — expenditure below the line; 5. **бюджетные предположения** — budget estimates; 6. **бюджетные расходы** — expenditure on public account; 7. **бюджетные расходы на содержание вооруженных сил и государственного аппарата** — supply expenditure; 8. **бюджетный год, хозяйственный год, финансовый год, торговый отчетный год** — business year, fiscal year; 9. **бюджетный дефицит под чертой, превышение расходов над доходами под чертой** — deficit below the line; 10. **бюджетный набор** — basket of goods, consumer goods basket; 11. **дополнительные бюджетные ассигнования** — Supplementary Estimate.

бюллетень — bulletin, report, list ◇ 1. **биржевой бюллетень** — exchange list; 2. **официальный курсовой бюллетень Лондонской биржи** — Stock Exchange Daily Official List; 3. **переписной бюллетень, переписной лист; опросный лист** — census schedule; 4. **торговый бюллетень** — trade report.

бюро — bureau, office ◇ 1. **бюро записи актов гражданского со-**

стояния — registry office; 2. **бюро обслуживания** — service bureau; 3. **бюро по взысканию просроченных долгов** — debt collection agency; 4. **бюро по регистрации акционерных компаний** — registrar of companies; 5. **бюро рекламы** — advertising office, advertising agency; 6. **бюро услуг** — service centre; 7. **кредитбюро; торговое агентство; справочная контора о кредитоспособности** — mercantile agency; 8. **кредитное информационное бюро; кредит-бюро** — credit information bureau, credit agency; 9. **патентное бюро** — patent office; 10. **техническое бюро** — technical office; 11. **транспортно-экспедиторское бюро** — shipping agency.

бюрократизм — bureaucratism, red tape.

В

вагон — carriage, coach, car (*ам.*) ◇ 1. **товарный вагон, грузовик** — freight car; 2. **франко вагон, франко рельсы** — free on rail.

важный — important, significant ◇ 1. **важная отрасль промышленности** — key industry; 2. **важный фактор** — an important factor; 3. **превосходить по важности, значению, предшествовать, иметь преимущественное значение по сравнению с** — to take precedence of; 4. **считать весьма важным; настаивать на чем-л.** — to make a point of; 5. **условие первостепенной важности** — clause paramount, paramount clause; 6. **эти вопросы важнее других** — these matters take precedence of other matters.

валовой(ый) — gross, gross output ◇ 1. **валовая выручка** — gross proceeds; 2. **валовая выручка от продажи** — gross operating income, gross sale; 3. **валовая прибыль** — gross margin, gross profit, gross return; 4. **валовая продукция** — gross product; 5. **валовая сумма, сумма брутто** — gross amount; 6. **валовая сумма поступлений** — gross returns; 7. **валовая сумма продаж** — gross sale; 8. **валовая цена** — gross quotation; 9. **валовой внутренний продукт** — gross domestic product; 10. **валовой доход** — gross income; 11. **валовой национальный продукт (ВНП)** — gross national product (GNP); 12. **валовый прирост основного капитала (ВНП)** — gross capital formation; 13. **общая валовая стоимость движимого имущества** — gross personalty; 14. **потенциальный валовой национальный продукт** — potential gross national product.

валоризация — valorization.

валюта — currency ◇ 1. **валюта в счет** — value in account; 2. **валюта договора; срок действия договора** — currency of the contract; 3. **валюта платежа** — currency of payment; 4. **валюта статьи 8** — article eight currency; 5. **базисная валюта** — base currency, base grade; 6. **блокированная валюта** — blocked currency; 7. **Евровалюта** — Eurocurrency; 8. **иностранная валюта, девизы** — exchange, foreign exchange, paper exchanges; 9. **национальная валюта** — national currency; 10. **неконвертируемая валюта; неустойчивая валюта** — soft currency; 11. **необратимая валюта** — inconvertible currency; 12. **обесцененная валюта** — depreciated currency; 13. **регулируемая валюта** — managed currency; 14. **резервная валюта** — reserve currency; 15. **свободно конвертируемая валюта** — hard currency; 16. **свободно обратимая иностранная валюта** — freely convertible exchange; 17. **устойчивая валюта** — permanent medium, sound currency.

валютированный — valued ◇ **валютированный полис, таксированный полис** — valued policy.

валютный — currency, exchange, monetary ◇ 1. **валютная змея** — currency “snake”; 2. **валютная зона** — currency area; 3. **валютная компенсация** — monetary compensation; 4. **валютная корзина** — currency basket; 5. **валютная котировка** — quotation currency; 6. **валютная оговорка** — exchange clause, currency clause; 7. **валютная сделка с небанковским партнером** — commercial transaction; 8. **валютная срочная сделка** — forward exchange, future exchange; 9. **валютная часть общих денежных резервов центрального банка, “рабочие” остатки на счетах, резервы** — working balance; 10. **валютное разрешение; разрешение на перевод валюты** — exchange permit; 11. **валютное соглашение; денежное соглашение** — monetary agreement; 12. **валютные ограничения, ограничения в переводе иностранной валюты** — exchange controls, exchange restrictions; 13. **валютные резервы** — first line reserves; 14. **валютный арбитраж; вексельный арбитраж** — arbitration of exchange; 15. **валютный блок** — currency block; 16. **валютный демпинг** — currency dumping; 17. **валютный диапазон** — currency band; 18. **валютный контроль, валютное регулирование** — currency exchange regulation, exchange control; 19. **валютный курс, вексельный курс, курс перевода, обменный курс** — rate of exchange, course of exchange, par of exchange; 20. **валютный опцион** — option of exchange; 21. **валютный паритет** — currency parity, purchasing power parity; 22. **валютный паритет, интервалютарный паритет, вексельный паритет** — par of exchange; 23. **валютный риск** — risk of currency deprecation; 24. **валютный, денежный рынок; рынок ссудного капитала** — money market; 25. **валютный рынок** — currency market; 26. **валютный трансферт** — exchange transfer; 27. **европейская валютная единица (ЭКЮ)** — European Currency Unit (ECU); 28. **косвенная валютная котировка, косвенная котировка валюты** — indirect quatation; 29. **искусственно поддерживае-**

мый валютный курс — pegged exchange; 30. **косвенный валютный арбитраж** — indirect exchange; 31. **Международный валютный фонд (МВФ)** — International Monetary Fund (IMF); 32. **множественный валютный курс** — multiple exchange rate; 33. **многосторонний валютный арбитраж** — compound arbitration of exchange; 34. **плавающий валютный курс** — floating exchange rate; 35. **принудительный валютный курс** — forced rate of exchange; 36. **прямая валютная котировка, прямая котировка валюты** — direct quotation; 37. **срочная валютная сделка на нестандартный срок** — broken period; 38. **фиксированный валютный курс** — fixed exchange rate; 39. **чистые колебания валютного курса** — clean float; 40. **эффективный валютный курс** — effective exchange rate.

варрант — warrant ◇ 1. **складской варрант** — warehouse warrant; 2. **таможенный варрант** — customs warrant.

ваучер — voucher.

вверх — up, upwards ◇ **движение вверх и вниз в пределах установленного лимита** — limit up and down.

ввоз — import, importation ◇ 1. **ввоз ранее вывезенных товаров** — reimportation; 2. **беспошлинный ввоз, беспошлинный ввоз товаров** — duty-free importation; 3. **контингентированный ввоз, контингентирование ввоза** — quantitative regulation of imports; 4. **превышение ввоза над вывозом, пассивный торговый баланс; пассивное сальдо торгового баланса** — import balance of trade; 5. **превышение вывоза над ввозом, активный торговый баланс, экспортный торговый баланс; активное сальдо торгового баланса** — export balance; 6. **условно-беспошлинный ввоз товаров** — conditionally duty-free importation.

ведомость — bill, calculation, list, register, report, sheet, statement ◇ 1. **ведомость выгруженных грузов** — outturn report; 2. **ведомость издержек** — cost sheet; 3. **ведомость наличных товаров** — statement of goods; 4. **ведомость работ** — bill of work; 5. **ведомость рекапитуляции выписки счета; ведомость анализа расхождений остатков двух корреспондирующих между собой счетов** — reconciliation statement; 6. **ведомость судебных издержек, счет расходов** — bill of costs; 7. **дефектная ведомость, счет за ремонт** — repairs bill; 8. **комплектовочная ведомость** — delivery list, list of standard equipment; 9. **оценочная ведомость** — evaluation sheet; 10. **передаточная ведомость** — acceptance register; 11. **платежная ведомость** — pay list, pay roll; 12. **расценочная ведомость** — price breakdown.

ведомство — department.

векселедатель — drawer of a bill, promisor.

векселедержатель — holder of a bill, promisee.

вексель — bill ◇ 1. **вексель, выданный под товар** — mercantile paper; 2. **вексель на инкассо** — bill for collection; 3. **вексель на**

предъявителя — bill to bearer; 4. **вексель на срок; долгосрочный вексель** — time bill; 5. **вексель на срок, установленный торговым обычаем** — bill at usance; 6. **вексель, обеспеченный товарными документами или ценными бумагами** — secured bill; 7. **вексель, подлежащий оплате; документ, подтверждающий обязательство продавца вручить ценные бумаги покупателю; дата платежа** — due bill; 8. **вексель, подлежащий оплате в другом городе** — bill on another place; 9. **вексель со сроком платежа через определенный промежуток времени** — time bill; 10. **вексель с нотариальной отметкой об отказе трассата от его акцепта или оплаты, вексель с отметкой** — noted bill; 11. **вексель с передаточной надписью** — endorsed bill; 12. **вексель срочный** — term bill, time bill; 13. **вексель, срочный при предъявлении** — demand bill; 14. **вексель, срочный через тридцать дней после предъявления** — bill at thirty days' sight; 15. **векселя в обращении, банковые билеты в обращении** — bills in circulation, circulating medium; 16. **векселя к платежу** — bills payable, notes payable; 17. **векселя к получению** — notes receivable, bills receivable; 18. **векселя недостаточно солидных фирм** — third class-paper; 19. **векселя со сроком платежа через определенный промежуток времени** — time paper; 20. **векселя, выданные первоклассными фирмами** — negotiable paper; 21. **векселя, принимаемые банком к учету; первоклассные векселя; тратты, акцептованные банком —** bank paper; 22. **авансовый вексель** — advance bill; 23. **акцептованный вексель, акцепт** — acceptance bill, bill of acceptance; 24. **акцептовать вексель; оплатить вексель** — to honour a bill, to protect a bill; 25. **банковый вексель** — bank bill, banker's bill; 26. **бланковый вексель** — blank bill, bill in blank; 27. **возвратить вексель с протестом** — to return a bill under protest; 28. **встречный вексель** — counter bill; 29. **выставить долгосрочный вексель** — to draw at a long date; 30. **долгосрочные казначейские векселя, казначейские боны, собственные облигации в портфеле** — treasury bonds; 31. **долгосрочный вексель, подлежащий оплате в фунтах стерлингов** — long sterling; 32. **долгосрочный вексель; чрезмерный счет** — long bill; 33. **долгосрочный вексель** — long-term bill; 34. **домицилированный вексель** — domiciled bill; 35. **домицилировать вексель** — to domicile a bill; 36. **домицилировать вексель в таком-то банке** — to make a bill payable at the ... Bank; 37. **дружеский вексель** — accommodation paper, accommodation bill, proforma bill, wind bill; 38. **индоссировать вексель** — to endorse a bill; 39. **инкассировать вексель или счет, получить деньги по векселю или счету** — to collect a bill; 40. **иностранный вексель, девиза** — foreign bill; 41. **казначейские векселя, выпущенные по цене 99 долларов за сто долларов** — treasury bills issued at $ 99 per cent; 42. **казначейский**

вексель — exchequer bill; 43. **казначейский краткосрочный вексель** — treasury bill; 44. **клаузированный вексель** — claused bill of exchange; 45. **коммерческий вексель** — commercial bill; 46. **краткосрочный вексель** — short-term bill; 47. **краткосрочный торговый вексель** — business paper; 48. **не акцептовать вексель; не оплатить вексель** — to dishonor a bill; 49. **необеспеченный вексель** — unsecured note; 50. **неоплаченный вексель** — outstanding bill; 51. **обеспеченный вексель** — collateral note; 52. **обеспечительский вексель** — security bill; 53. **обратный переводный вексель, ретратта, рикамбио** — return draft; 54. **опротестованный вексель** — protested bill; 55. **отозвать вексель** — to withdraw a bill; 56. **первоклассные векселя** — bank paper; 57. **первоклассный вексель** — fine bill; 58. **переводить вексель на какое-л. лицо, индоссировать вексель в пользу какого-л. лица** — to endorse a bill to a person; 59. **переводный вексель, тратта** — bill of exchange; 60. **подтоварные векселя, документированные тратты** — commodity paper, commodity papers; 61. **подтоварный вексель** — commodity bill; 62. **предъявительский вексель** — demand bill, bill at sight; 63. **приемлемые векселя** — eligible bills; 64. **просроченный вексель** — overdue bill; 65. **простой вексель, прямой вексель, соло-вексель; долговое обязательство** — promissory note, note of hand; 66. **простой вексель, срочный по предъявлении** — demand note; 67. **"теплые" казначейские векселя** — hot treasury bills; 68. **торговый вексель** — trade bill; 69. **уплатить по векселю, оплатить счет, покрыть счет** — to settle a bill; 70. **учесть вексель в банке; продать вексель банку** — to negotiate a bill to a bank, to discount a bill; 71. **учтенный вексель** — discounted bill.

вексельный — (*adj. to:* вексель) ◇ 1. **вексельное обращение** — circulation of bills; 2. **вексельные курсы, курсы иностранной валюты** — foreign exchanges; 3. **вексельный акцепт** — acceptance of bill of exchange; 4. **вексельный арбитраж, валютный арбитраж** — arbitration of exchange; 5. **вексельный кредит** — paper credit; 6. **вексельный курс, валютный курс, курс перевода, обменный курс** — rate of exchange; 7. **вексельный маклер, вексельный брокер** — bill broker; 8. **вексельный маклер; биржевой маклер; маклер по покупке и продаже иностранной валюты** — exchange broker; 9. **вексельный паритет, валютный паритет, интервалютарный паритет** — par of exchange; 10. **вексельный портфель** — bill holdings, bills in hand; 11. **вексельный сбор** — bill stamp.

величина — amount, quantity, size ◇ 1. **величина валютной компенсации** — monetary compensation amount; 2. **относительная величина прибыли** — profit margin; 3. **средняя величина, среднее число; авария** — average; 4. **согласиться на среднюю величину, поделить разницу пополам** — to split the difference.

веритель — obligee.

верхний — overhead, top, upper.

вес — weight ◇ 1. **вес брутто за нетто** — gross for net; 2. **вес брутто** — gross weight; 3. **вес в сухом состоянии** — dry weight; 4. **вес нетто, чистый вес** — net weight; 5. **вес с упаковкой** — packed weight; 6. **вес тары базисной** — received tare; 7. **вес тары по тара-тарифу** — schedule tare; 8. **вес тары, превышающий нормальный; сверхтара** — super tare; 9. **вес тары, установленный для отгрузки товара** — original tare; 10. **вес тары, установленный таможенными правилами** — customs tare; 11. **вес тары, установленный таможенным тарифом** — legal tare; 12. **вес тары фактурный** — invoice tare; 13. **вес туши, убойный вес** — dead weight; 14. **вес упаковки, указанный в фактуре** — invoice tare; 15. **вес, указанный в варранте** — warrant weight; 16. **вес, установленный при сдаче товара, выгруженный вес** — outturn weight; 17. **выгруженный вес** — delivered weight, landed weight; 18. **действительный вес тары** — actual tare, real tare; 19. **действительный вес тары всех мест партии товара** — clear tare, net tare; 20. **живой вес** — live weight; 21. **избыточный вес** — excess weight; 22. **излишек веса, перевес** — overweight; 23. **контрольный вес** — check weight; 24. **легальный вес нетто** — legal net weight; 25. **натурный вес** — natural weight; 26. **неполный вес, недовес** — short weight; 27. **отгруженный вес** — shipped weight, shipping weight; 28. **погруженный вес** — shipped weight; 29. **предполагаемый вес тары** — estimated tare; 30. **реальный вес нетто** — actual net weight; 31. **средний вес тары** — average tare; 32. **стандартный вес** — standard weight; 33. **фактический вес** — actual weight; 34. **фактурный вес** — invoice weight.

весовой — (*adj. to:* **weight)** ◇ 1. **весовая спецификация, отвесы** — weight account; 2. **весовой сертификат, отвес** — weight note; 3. **заверенные весовые спецификации, заверенные отвесы** — certified lists of weighing.

весовщик — weighter ◇ **официальный весовщик** — official weighter.

вести — to carry on, to conduct, to keep, to run ◇ 1. **вести бухгалтерские книги** — to keep books; 2. **вести дела** — to run a business; 3. **вести переговоры** — to carry on negotiations, to negotiate; 4. **вести переговоры по соглашению** — to negotiate an agreement; 5. **вести переговоры с кем-л. о чем-л.** — to be in treaty with someone for something, to negotiate with someone for something; 6. **вести переговоры с целью заключения договора** — to negotiate with a view to concluding an agreement; 7. **вести счет; составить счет** — to keep an account; 8. **вестись, выполняться, развиваться** — to be in progress.

весы — balance, a pair of scales, scales ◇ 1. **пробирные весы** —

assay balance; 2. **пружинные весы** — spiral balance, spring balance; 3. **точные весы** — precision balance.

вето — veto ◇ 1. **наложить вето** — to veto, to put a veto; 2. **право вето** — the right of veto.

вещи — things ◇ 1. **отправить вещи багажом по железной дороге** — to get luggage registered on the railway, to register luggage on the railway; 2. **ценные вещи; ценности; драгоценности** — valuables.

вещный — proprietary ◇ **вещное право, имущественное право** — proprietary interest.

взимать — to collect, to levy, to charge to raise (taxes) ◇ 1. **взимать, облагать акцизным сбором** — to excise duty, to excise tax; 2. **взимать пошлины** — to collect duties; 3. **взимать проценты** — to collect interest; 4. **взимать сборы** — to charge fees.

взнос — payment ◇ 1. **взнос инкассо** — collection instalment; 2. **аварийный взнос** — average payment; 3. **возмещение взносов** — reimbursement of fees; 4. **вступительный взнос** — admission fee; 5. **долевой взнос при общей аварии** — general average contribution; 6. **долевой взнос, вклад** — contribution; 7. **ежемесячными взносами** — by monthly instalments; 8. **инкассовый взнос** — collection instalment; 9. **очередной взнос** — instalment; 10. **уплатить взнос за акцию** — to pay a call; 11. **частичный взнос; очередной взнос; часть; партия** — instalment.

взыскать, взыскивать — to exact (from, of); to recover ◇ 1. **взыскать долг** — to recover a debt; 2. **взыскать платеж; принудить к платежу** — to enforce payment; 3. **взыскать убытки; получить компенсацию за убытки** — to recover damages; 4. **взыскать фрахт** — to collect freight; 5. **взыскать наложенным платежом** — to charge forward; 6. **взыскать в судебном порядке; принудительно осуществить посредством иска** — to enforce by action.

взыскание — penalty, punishment; recovery, extraction ◇ 1. **взыскание долгов; инкассирование долгов** — collection of debts; 2. **взыскание убытков** — recovery of damages; 3. **взыскание штрафа** — exaction of a penalty; 4. **взысканная сумма** — recovered sum; 5. **обратить взыскание на кого-л.** — to take recourse against a person; 6. **обратить взыскание на обеспечение** — to enforce a security; 7. **судебное взыскание** — charging order.

вид — appearance, aspect; form, shape; condition, state; view; sight; kind, sort ◇ 1. **в виде; ради, с целью** — by the way of; 2. **в виде аванса** — by the way of an advance; 3. **в виде гарантии от** — as a safeguard against; 4. **в виде задатка** — in earnest; 5. **в виде зачета, вознаграждения за, компенсации за** — as an offset against; 6. **в письменном виде; письменно** — in writing; 7. **в хорошем виде** — in a good condition, in a good state; 8. **ни под каким видом** — on no consideration; 9. **обеспечение в виде акций промышленных предприятий** — industrial collateral.

видимый — visible ◇ 1. **видимое потребление** — apparent consumption; 2. **видимые запасы** — visible supply; 3. **видимый импорт** — visible imports; 4. **"видимая" торговля; экспорт и импорт товаров** — visible trade; 5. **"видимые" статьи; экспорт и импорт товаров** — visible items.

видный — eminent, distinguished, notable, prominent ◇ **видные адвокаты были привлечены к участию в этом процессе** — eminent counsel were briefed this case.

виза — visa ◇ **виза на въезд** — entry visa.

вина — fault, guilt ◇ 1. **виновная сторона** — party in fault; 2. **по вашей вине** — through your fault.

витрина — window, show case ◇ **декорирование витрины;** *(показ в лучшем виде; затушевывание невыгодных сторон; вуалирование действительности; вуалирование баланса; "причесывание" или "подкрашивание" баланса; умение показать товар лицом)* — window dressing.

вклад — deposit, investment; contribution ◇ 1. **вклады на текущие счета** — current account deposit; 2. **вклады; авуары** — holdings; 3. **вклад в банк, депозит** — bank deposit; 4. **вклад в сберегательной кассе** — savings deposit; 5. **вклад до востребования, бессрочный вклад, депозит до востребования** — demand deposit, call deposit, nonfixed deposit; 6. **бессрочный вклад** — sight deposit; 7. **изымать вклады** — to withdraw deposit; 8. **именной вклад** — deposit payable to a particular person; 9. **краткосрочный вклад** — short deposit; 10. **мнимые или фиктивные вклады** — deposit in escrow; 11. **процентный денежный вклад; ссуда до востребования** — call money; 12. **реальные вклады** — primary deposits; 13. **сберегательный вклад** — savings deposit; 14. **срочный вклад** — fixed deposit, time deposit; 15. **существенный вклад** — substantial contribution.

вкладчик — depositor, investor ◇ 1. **товарищ-вкладчик** — limited partner, special partner; 2. **учреждения-вкладчики** — institutional investors.

владелец — owner, possessor, proprietor ◇ 1. **владелец именных акций** — stockholder of record; 2. **владелец лавки, магазина; продавец; рабочий** — shop man; 3. **владелец мелкого предприятия** — small entrepreneur; 4. **владелец предприятия;** *(наниматель; работодатель; предприниматель)* — employer; 5. **владелец склада; рабочий или служащий на складе; оптовый торговец** — warehouseman; 6. **владелец счета** — account holder; 7. **владелец товара** — possessor of the goods; 8. **владелец** *(заведующий)* **товарной пристани;** — wharfinger; 9. **владелец ценных бумаг; инвеститор** — investor.

владеть — to own, to possess, to hold ◇ 1. **владеть акциями какого-л. общества** — to hold shares in a company; 2. **владеть полностью** — to own outright; 3. **владеть товаром в качестве зало-**

годержателя, владеть товаром на праве залога — to hold goods as pledge; 4. **владеть чем-л. в качестве доверительного собственника для кого-л.** — to hold something in trust for someone; 5. **владеть чем-л.** — to be in possession of something.

владение — holding, possession ◇ 1. **владение акциями; доля участия в акционерном капитале** — stockholdings; 2. **вступать во владение** — to take possession; 3. **находиться в чьем-л. владении** — to be in the possession of somebody; 4. **немедленное вступление во владение** — immediate possession; 5. **владение; право собственности** — ownership.

вложение — investment ◇ 1. **безопасное вложение капитала** — safe investment; 2. **переходить на вложение капитала в обыкновенные акции** — to switch into equities.

вложить — to invest ◇ 1. **вложить капитал во что-л.** — to tie up the capital in something; 2. **вложить капитал в предприятие** — to invest capital in an undertaking.

внаем — for rent ◇ 1. **могущий быть сданным в аренду; внаем** — rentable; 2. **сдавать внаем, сдавать в аренду** — to let out on lease, to hire out.

внебалансовый счет — below-line balance account.

внезапный — sudden ◇ **внезапное повышение цен** — bulge.

внешнеторговый — foreign trade, of foreign trade ◇ 1. **внешнеторговый банк** — Export-Import Bank, oversales bank; 2. **внешнеторговый кредит** — external trade credit; 3. **внешнеторговый платежный баланс** — external payments account; 4. **кредитно-финансовый внешнеторговый банк** — factoring house; 5. **свободная внешнеторговая зона** — free trading zone.

внешний — external ◇ 1. **внешний коносамент; коносамент на груз, отправляемый за границу** — outward bill of lading; 2. **внешний натиск на золотой запас** — external drain.

вносить, внести — to carry in, to bring in, to pay in, to enter, to put up ◇ 1. **внести деньги в депозит** — to place money on deposit; 2. **внести деньги на условный счет в ...** — to place money in escrow with ...; 3. **внести статью в счет** — to enter an item in an account; 4. **вносить в список** — to enter in a list; 5. **вносить деньги на хранение в банк** — to deposit money in a bank; 6. **вносить в таблицы** — to tabulate.

внутренний — inner, inside, home ◇ 1. **внутренняя пошлина; городская таможня** — octroi; 2. **внутреннее потребление** — home consumption; 3. **внутренний клиринг** — bank clearing; 4. **внутренняя ревизия** — internal audit; 5. **внутренняя торговля; каботаж** — home trade; 6. **валовой внутренний продукт** — gross domestic product.

внутрифирменная трансфертная цена — transfer price.

возбудить — to excite, to stimulate; to rouse, to arouse, to stir; to raise ◇ 1. **возбудить вопрос** — to start a question; 2. **возбудить**

иск против кого-л. — to claim on a person; 3. **возбудить иск против компании** — to prosecute a company; 4. **возбудить дело против кого-л.** — to bring an action against someone.

возведение пирамиды — pyramiding.

возврат — return, refund, repayment; restitution; reimbursement ◇ 1. **оговорка о возврате** — on returns; 2. **потребовать возврата ссуды** — to call a loan; 3. **продажа или возврат** — sale or return; 4. **произведенный возврат; возвращенный товар, чеки, векселя** — returns; 5. **срочный возврат** — urgent returns.

возвратить — to return, to give back, to restore; to repay, to pay back; to reimburse, to refund ◇ **возвратить вексель с протестом** — to return a bill under protest.

возвратный — repayable ◇ **возвратная пошлина** — drawback duty.

возвращать — to return, to repay, to pay back; to reimburse, to refund.

возвращение — return, repayment ◇ **подлежащий возвращению, уплате, возмещению, выкупу, погашению** — repayable.

воздерживаться — to hold back ◇ **воздерживаться от покупки; удерживать, задерживать; держаться в стороне** — to keep back.

возмещать — to compensate, to make up, to offset.

возмещение — compensation, indemnity, indemnification, refund ◇ 1. **возмещение аварии, как обычно** — average as customary; 2. **возмещение будущих убытков, будущие убытки** — anticipatory damages; 3. **возмещение взносов** — reimbursement of fees; 4. **возмещение ожидаемых убытков, ожидаемые убытки** — prospective damages; 5. **возмещение убытков** — compensation for damages; 6. **возмещение, дополнительное вознаграждение при принятии риска на себя** — risk premium; 7. **возмещение; окупаемость; компенсация** — recoupment; 8. **выплатить денежное возмещение** — to pay damages; 9. **гарантировать возмещение убытка** — to guarantee against loss; 10. **денежное возмещение в виде наказания ответчика** — vindictive damages; 11. **значительная сумма возмещения убытков, значительные убытки** — substantial damages; 12. **ничтожное возмещение убытков** — nominal damages; 13. **подлежащий возмещению, уплате, возвращению, выкупу, погашению** — repayable; 14. **процентное возмещение** — compensation with interest; 15. **страховое возмещение** — insurance indemnity; 16. **требовать возмещения убытков** — to claim damages; 17. **“презренное” возмещение убытков** — contemptuous damages.

возможность — possibility, chance, opportunity, opening ◇ 1. **возможности для капиталовложений** — scope for investment; 2. **выгодная возможность; хорошие перспективы** — a good opening; 3. **иметь возможность** — to be in a position.

возможный — possible, eventual ◇ **возможные убытки** — eventual losses.

вознаграждение — reward, recompense, remuneration, fee, compensation ◇ **1.вознаграждение агентства за услуги** — agency fee for services; 2. **вознаграждение аукционисту** — lot money; 3. **вознаграждение за спасение груза** — salvage on cargo; 4. **вознаграждение за услуги** — fee for services; 5. **агентское вознаграждение** — agency fee; 6. **в виде вознаграждения за, компенсации за** — as an offset against; 7. **дополнительное вознаграждение при принятии риска на себя** — risk premium; 8. **процентное вознаграждение за отсрочку сделки** — carryover price, carryover rate.

восстанавливать, восстановить — to restore, to reestablish ◇ **восстановить, получить возмещение за убытки** — to recover.

восстановление — restoration, renewal, reinstatement, recovery ◇ **восстановление в правах** — restoration of one's rights, rehabilitation.

восстановленный — restored, recovered ◇ 1. **восстановленная цена** — recovery of price; 2. **восстановленный в правах банкрот** — discharged bankrupt.

востребование — claiming, demand ◇ 1. **востребование золота из-за границы; внешний натиск на золотой запас** — external drain; 2. **вклад до востребования, бессрочный вклад** — demand deposit, call deposit, nonfixed deposit; 3. **до востребования** — to be called for, poste restante, general delivery; 4. **письмо до востребования** — a letter to be called for, poste restante, general delivery; 5. **ссуда до востребования** — call loan, loan at call.

востро — vostro ◇ **счет “востро”** — vostro account.

вперед — forward, ahead, in advance ◇ 1. **не продвигаться вперед; топтаться на месте** — to mark time; 2. **продвигаться вперед; делать успехи; увеличиваться, повышаться** — to gain ground; 3. **уплатить вперед** — to pay in advance.

временный — temporary, provisional, acting ◇ 1. **временная акция или облигация; сертификат на участие в подписке; свидетельство на часть акции** — scrip certificate; 2. **временная работа** — time work; 3. **временная расписка** — interim receipt; 4. **временное запрещение** — temporary embargo; 5. **временное свидетельство** — subscription certificate, interim certificate; 6. **временное торговое соглашение** — temporary trade agreement; 7. **временный рабочий; рабочий, не имеющий постоянной работы** — casual worker.

время — time, season ◇ 1. **время на оборот судна в порту** — turnround; 2. **время полной амортизации** — life span; 3. **время стоянки** — lay time; 4. **вспомогательное время, простой, тихий сезон** — dead time; 5. **выгадывать время** — to save time; 6. **в должное время** — in due course; 7. **в непродолжительное время; в непродолжительный срок** — at an early date; 8. **в свое время** — in due course; 9. **короткое время; короткий срок; не-**

полная рабочая неделя; неполное число рабочих часов — short time; 10. на будущее время — for the future; 11. ограниченный по времени приказ брокеру — time order; 12. отрезок времени для фиксации цен по фьючерсным сделкам на бирже — bulge; 13. отставание во времени, запаздывание — time lag; 14. промежуток времени — space of time; 15. согласование во времени; выбор момента; срок; охватываемый период — timing; 16. стояночное время; сталийное время — lay days; 17. требовать времени — to take time.

вручать, вручить — to hand (in, over), to deliver ◇ **вручить повестку кому-л.** — to serve a person with a writ.

вручение — handing, delivery, surrender ◇ 1. **вручение документов** — surrender of documents; 2. **условное формальное вручение** — delivery in escrow.

всеобщий — general, universal, overall ◇ **всеобщая система преференций** — general system of preference.

встречный — contrary, counter- ◇ 1. **встречная торговля** — counter-trade; 2. **встречное исполнение** — reciprocal execution; 3. **встречное предложение, контр-оферта** — counter-offer; 4. **встречное требование, встречный иск** — claim in return, counterclaim, set off; 5. **встречные закупки** — counter-purchases; 6. **встречные перевозки** — cross-hauls; 7. **встречный иск** — counteraction, counterclaim; 8. **встречный план** — counter-plan; 9. **будущее встречное удовлетворение** — executory consideration; 10. **действительное встречное удовлетворение** — valid consideration; 11. **денежное встречное удовлетворение** — money consideration; 12. **достаточное встречное удовлетворение** — good consideration; 13. **исполненное встречное удовлетворение** — executed consideration; 14. **надлежащее встречное удовлетворение** — valuable consideration; 15. **недействительное встречное удовлетворение** — nugatory consideration; 16. **недостаточное встречное удовлетворение** — inadequate consideration; 17. **незаконное встречное удовлетворение** — illegal consideration; 18. **предшествовавшее встречное удовлетворение** — past consideration.

вступать — to enter, to join, to start ◇ 1. **вступать во владение** — to take possession; 2. **вступать в силу** — to come into effect, to go into effect, to take effect; 3. **вступать в строй, в эксплуатацию** — to come into commission, to go into service; 4. **вступить в деловую связь** — to enter into correspondence; 5. **вступить в договор, заключить договор** — to enter into a contract; 6. **вступить в контакт, связаться с организацией** — to contact an organization; 7. **вступить в силу** — to come into operation; 8. **способность вступить в договор; способность совершить договор** — capacity to contract.

вступительный — entrance, introductory; admission ◇ **вступительный взнос** — admission fee.

вступление — entry, joining, introduction ◇ 1. **вступление страхования в силу** — attachment of insurance; 2. **дата вступления в силу** — effective date; 3. **немедленное вступление во владение** — immediate possession.

вторичный — second, secondary ◇ 1. **вторичное предложение ценных бумаг для продажи, вторичное распределение; в США — перераспределение пакета акций вновь созданной компании после предложения их через фирмы, реализующие ценные бумаги** — secondary offering; 2. **вторичный рынок** — secondary market.

второочередной — secondary, not urgent, less important ◇ 1. **второочередные акции; акции с отсроченным дивидендом; учредительские акции** — deferred stock, deferred shares; 2. **второочередные обыкновенные акции; обыкновенные акции класса А; обыкновенные акции с отсроченным дивидендом** — deferred common stock, "A" Stock, deferred ordinary stock; 3. **второочередная ответственность; второстепенная ответственность; условная ответственность; ответственность по гарантии** — secondary liability.

второстепенный — secondary, minor, accessory ◇ 1. **второстепенные вопросы** — side issues; 2. **второстепенная ответственность; условная ответственность; ответственность по гарантии; второочередная ответственность** — secondary liability.

вход — entry, entrance ◇ **вход посторонним воспрещен** — Private.

входить — to enter, to go in, to be a member ◇ 1. **входить в долю** — to go shares; 2. **входить в употребление** — to come into use.

входной пункт — point of entry.

входящий — incoming ◇ 1. **входящая почта** — incoming mail; 2. **входящее авизо** — incoming advice.

выбирать, выбрать — to make a choice, to take out ◇ **выбрать квоту, использовать квоту** — to take up a quota.

выбор — choice, selection, option ◇ 1. **выборы правления** — board elections; 2. **выбор момента; согласование во времени; срок; охватываемый период** — timing; 3. **выбор продавца** — seller's option; 4. **богатый выбор товаров** — a rich assortment of goods; 5. **богатый выбор** — a wide choice; 6. **отсутствие выбора** — Hobson's choice; 7. **по выбору или усмотрению покупателя** — at buyer's option.

выборка — selection, exception ◇ 1. **единица выборки, единица отбора** — sampling unit; 2. **план выборки** — sampling plan.

выборочный — selective ◇ 1. **выборочная проверка** — sample inspection, selective inspection; 2. **выборочное обследование промышленных предприятий, выбранная группа промышленных предприятий** — sample of industrial enterprises; 3. **выборочный метод** — sample method.

вывод — conclusion, inference, deduction; withdrawal ◇ **сделать вывод** — to draw a conclusion, to conclude, to infer.

выводить — to take out, to lead out, to help out, to remove; to conclude ◇ 1. **вывести заключение, сделать вывод** — to draw an inference; 2. **выводить среднее число** — to strike an average.

вывоз — removal, export ◇ 1. **вывоз золота; убыль золота; сокращение золотого запаса** — withdrawal of gold; 2. **вывоз капитала** — export of capital; 3. **вывоз по бросовым ценам; демпинг** — dumping.

выгода — advantage, benefit, gain, profit, interest ◇ 1. **извлечь выгоду; обратить себе на пользу** — to turn to advantage; 2. **с выгодой для всех заинтересованных сторон** — to the benefit of all concerned.

выгодный — advantageous, profitable, remunerative ◇ 1. **выгодная возможность; хорошие перспективы** — a good opening; 2. **выгодный; удобный;** — easy; 3. **выгодное предложение, приемлемое предложение** — a business proposition; 4. **более выгодный, легкий, удобный; более слабый, умеренный, пониженный** — easier; 5. **быть выгодным, рентабельным** — to pay one's way; 6. **оказаться выгодным, прибыльным** — to turn to advantage; 7. **покупать на выгодных условиях; покупать в рассрочку** — to buy on easy terms; 8. **цены, выгодные для покупателей; низкие цены** — buyers' prices; 9. **цены, выгодные для продавца, высокие цены** — sellers' prices.

выгружать — to unload, to unlade, to unship, to disembark, to detrain ◇ 1. **выгружать груз** — to discharge a cargo; 2. **выгружать; выпускать изделия; отказываться** — to turn out.

выгруженный — unloaded ◇ 1. **выгруженный вес; вес, установленный при сдаче товара** — outturn weight, delivered weight; 2. **качество выгруженного товара** — landed quality.

выгрузка — unloading, unshipping, disembarkation, detraining, outturn ◇ **на условиях с выгрузкой на берег** — landed terms.

выдавать, выдать — to hand, to give out, to distribute ◇ 1. **выдать аккредитив** — to issue a letter of credit; 2. **выдать кому-л. доверенность** — to invest a person with power of attorney; 3. **выдать кому-л. общую доверенность** — to furnish a person with full power; 4. **выдать краткосрочное обязательство, взять ссуду на короткий срок** — to borrow short; 5. **выдать на партию несколько коносаментов** — to split a parcel on different bills of lading; 6. **выдать патент** — to grant a patent; 7. **выдать расписку** — to issue a receipt; 8. **выдать ссуду под залог документов** — to lend money on documents; 9. **выдавать ссуду под репортные ценные бумаги, принимать в репорт ценные бумаги** — to take in stock; 10. **выдать ссуду под залог товара** — to take goods in pledge; 11. **выдать ссуду под товар** — to lend money on goods; 12. **выдать товар; сдать или поставить товар; доставить товар** — to deliver the goods.

выданный — distributed ◇ 1. **вексель, выданный под товар** —

mercantile paper; 2. **векселя, выданные первоклассными фирмами** — negotiable paper.

выдача — delivery, distribution, issue, serving out, giving out, payment ◇ 1. **день выдачи заработной платы, день платежа; платежный день** — pay day; 2. **разрешение на выдачу груза** — freight release.

выдвигать — to set forward, to put forward.

выдерживать, выдержать — to bear, to sustain, to stand ◇ 1. **выдержать испытание** — to pass a test, to stand the test; 2. **выдерживать купленные акции, быть покрытым акциями** — to be long of stock; 3. **выдержать конкуренцию** — to meet competition; 4. **выдерживать что-л. в расчете на повышение цены; быть покрытым чем-л.** — to be long of something; 5. **выдерживать; предлагать** — to hold out.

выделять — to mark out.

выжидать — to mark time, to wait for, to bide one's time.

выжидание — waiting, temporizing, expectancy.

вызванный — caused, due to ◇ **быть вызванным, обусловленным чем-л.; быть обязанным чему-л.** — to be due to something.

вызов — call, summons, subpoena (*юр.*).

вызывать — to call, to send for, to summon.

выкладывать — to lay out, to spread out.

выкуп — redemption, redeeming, ransom, repayment ◇ 1. **извещение о выкупе и погашении ценных бумаг** — notice of withdrawal; 2. **объявление о выкупе, объявление о погашении** — redemption notice; 3. **подлежащий выкупу, уплате, возвращению, возмещению, погашению** — repayable; 4. **право выкупа** — call future; 5. **право выкупа заложенного имущества** — equity of redemption; 6. **сделка по выкупу ценных бумаг** — reverse repurchase agreement.

выкупать — to redeem, to ransom, to buy out ◇ 1. **выкупать; закупать; снять свой товар с продажи на аукционе** — to buy in; 2. **выкупать; поднимать; занимать; принимать; предпринимать; браться за что-л.; оплачивать; приобретать; подписываться на; взять на себя размещение** — to take up.

выкупной — redeemable ◇ 1. **выкупная премия** — redemption premium.

выписка — extract, extraction, copying, writing out, abstract ◇ 1. **выписка из счета** — abstract of account; 2. **выписка счета** — statement of account; 3. **сделать выписку из счета** — to make up a statement of account.

выплата — payment ◇ 1. **выплата; расходы, издержки; издержки по обслуживанию судна** — disbursement; 2. **выплаты или пособия по социальному страхованию** — social insurance benefits.

выплачивать — to pay, to pay off, to pay out ◇ 1. **выплачивать;**

оплачивать; возвращать — to pay back; 2. **выплачивать в рассрочку** — to pay by instalments.

выполнить, выполнять — to fulfil, to carry out, to execute, to perform, to implement, to accomplish, to realize ◇ 1. **выполнить заказ** — to execute an order; 2. **выполнить обязательства по продажам** — to meet sales; 3. **выполнить обязательства** — to meet liabilities, to meet one's engagement, to meet commitments; 4. **выполнить плановое или производственное задание, достигнуть намеченной цели** — to hit the target; 5. **выполнить свои обязательства** — to honour one's commitments; 6. **выполняться; развиваться; вестись** — to be in progress; 7. **выполнять инструкции** — to carry out instructions; 8. **срочно выполнить заказ; срочно отправить заказанный товар** — to rush an order.

выполнение — carrying out, discharge, execution, fulfilment, implementation, performance, accomplishment ◇ 1. **выполнение договора** — fulfilment of a contract; 2. **выполнение заказа** — execution of an order; 3. **выполнение обязательств** — carrying out of obligations; 4. **закончить выполнение заказа** — to complete an order; 5. **настаивать на выполнении условий** — to hold to terms; 6. **недостаточное или неполное выполнение; недостаток; недостаточное поступление; снижение; уменьшение** — shortfall; 7. **покрытие для выполнения срочных сделок** — forward cover.

выполняемый — executable, accomplishable ◇ 1. **выполняемая работа** — work on hand; 2. **поручение, выполняемое частями по различным ценам** — split order.

выпуск — issue, output, production ◇ 1. **выпуск банкнот, не покрытых золотом** — fiduciary issue; 2. **выпуск бесплатных акций для распределения среди акционеров компании, обычно пропорционально количеству принадлежащих им акций** — bonus issue; 3. **выпуск бесплатных акций** — bonus issue, capitalization issue, scrip issue; 4. **выпуск долговых обязательств, размещаемых и продаваемых за пределами страны-заемщика** — international debt issue; 5. **выпуск новых акций, распределяемых только между акционерами** — issue to shareholders; 6. **выпуск товаров на рынок** — putting goods on the market; 7. **затраты-выпуск** — input-output; 8. **модель затрат-выпуска** — input-output model; 9. **ордер на выпуск груза из таможни** — customs warrant; 10. **разрешенный к выпуску акционерный капитал** — authorized capital; 11. **свободный выпуск акций** — scrip issue; 12. **согласованный выпуск** — negotiated sale; 13. **сокращать выпуск бумажных денег; снижать цены** — to deflate; 14. **увеличение выпуска банкнот** — expansion of the currency; 15. **цена выпуска** — issue price; 16. **чрезмерно раздутый выпуск ценных бумаг** — overinflating of securities.

выпускать — to issue, to put out, to produce ◇ 1. **выпускать ак-**

ции или облигации в обращение — to place an issue; 2. **выпускать банкноты в обращение** — to issue banknotes; 3. **выпускать заем,** — to place a loan; 4. **выпускать изделия** — to turn out; 5. **выпускать облигации** — to issue bonds; 6. **выпускать товар в продажу** — to put goods on the market, to put goods on sale.

выпущенный — issued ◇ 1. **выпущенный акционерный капитал** — issued capital, outstanding capital stock; 2. **выпущенный по подписке акционерный капитал** — subscribed capital.

выработка — output ◇ **недельная выработка** — weekly production.

выравнивание — evening up.

выравнивать — to even out.

вырученная сумма — proceeds ◇ 1. **вырученная сумма записана в кредит вашего счета** — the proceeds have been credit to your account; 2. **вырученная от продажи товаров сумма** — proceeds of the sale of goods; 3. **держать вырученную сумму в чьем-л. распоряжении** — to hold the proceeds at someone's disposal; 4. **перевод вырученной суммы** — remittance of proceeds; 5. **употребление вырученной суммы или дохода** — application of proceeds.

выручка — proceeds, receipts ◇ 1. **валовая выручка от продажи** — gross operating income, gross sale; 2. **валовая выручка** — gross proceeds; 3. **перевод вырученной суммы** — remittance of proceeds; 4. **предполагаемая выручка; сумма, которая должна быть выручена согласно смете** — estimated proceeds; 5. **сдать выручку от экспорта товаров** — to surrender the export proceeds; 6. **сумма предполагаемой выручки** — estimated proceeds; 7. **употребление вырученной суммы или дохода** — application of proceeds; 8. **чистая выручка; сумма векселя за вычетом дисконта** — net avails; 9. **чистая выручка, чистый доход** — net(t) proceeds.

выслуга, за выслугу лет — for long service ◇ 1. **выплата за выслугу лет** — long-service bonus; 2. **пенсия за выслугу лет** — retirement pay; 3. **увольнять по выслуге лет; переводить на пенсию** — superannuate.

высокий — high, tall ◇ 1. **высокая стоимость займов, дорогие деньги** — dear money; 2. **высокая цена** — high price; 3. **высокая стоимость займов; недостаток денег; денежный голод; стесненный кредит** — money pressure, credit squeeze; 4. **высокое качество** — high quality; 5. **высокие цены; цены, выгодные для продавца** — sellers' prices; 6. **высокий доход** — high income, high yield; 7. **купить по высокой цене** — to buy at a high figure; 8. **предельно высокая себестоимость** — marginal cost; 9. **продаваться по высокой цене** — to fetch a high price; 10. **товар высокого качества** — quality goods; 11. **чрезмерно высокая цена; недоступная цена** — prohibitive price.

выставить, выставлять — to draw; to exhibit, to put up ◇ 1. **вы-**

ставить долгосрочную тратту — to draw at long date; 2. **выставить долгосрочный вексель** — to draw at a long date; 3. **выставить тратту в трех экземплярах** — to issue a bill in a set of three; 4. **выставить тратту в фунтах стерлингов** — to draw in sterling; 5. **выставить тратту на какое-л. лицо на ... долларов сроком на ... дней** — to draw on a person for $ ... at ... days; 6. **выставить тратту сроком на столько-то дней по предъявлении** — to draw at ... days' sight; 7. **выставить тратту** — to issue a bill, to issue a draft, to draw a bill; 8. **выставить тратту, срочную по предъявлении** — to draw at sight, to draw on demand; 9. **выставлять, выписывать** — to write out; 10. **выставлять, приводить, выдвигать** — to put forward; 11. **выставлять на аукционе; передать на продажу с аукциона** — to put up for auction; 12. **выставлять на продажу, напоказ** — to set out; 13. **известить о выставлении тратты** — to advise of a draft.

выставка — exhibition, show; fair.

выход — exit, outlet, way out; withdrawal; yield, output ◇ 1. **выход в отставку; выход на пенсию; изъятие из обращения; выкуп; оплата; оставление работы; выбытие оборудования** — retirement; 2. **выход компаньона из товарищества** — withdrawal of a partner; 3. **выход на рынок** — a break into a new market.

выходное пособие — dismissal wage, terminal wage, gratuity, discharge pay.

выходящий — appearing ◇ 1. **выходящие в тираж облигации** — maturing bonds; 2. **выходящий за установленные пределы** — supermarginal, exceeding the limits.

вычет — deduction ◇ 1. **вычеты из прибыли** — income deduction; 2. **за вычетом 5 процентов, со скидкой в 5 процентов** — less discount of 5 per cent.

вычисление — calculation ◇ **вычисление курса валюты** — calculation of exchange.

вычислять, вычислить — to calculate, to compute, to figure out.

выше — above, over, beyond ◇ 1. **выше паритета; выше нарицательной цены, номинала; с премией** — at a premium, above par; 2. **выше среднего** — above the average; 3. **выше, больше** — upwards of; 4. **изложенное выше** — foregoing; 5. **как указано выше** — as stated above; 6. **немного выше** — a shade higher; 7. **поступления выше прошлогодних** — the receipts are up on those of last year; 8. **при соблюдении сказанного выше** — subject as aforesaid, subject to the foregoing; 9. **продавать выше номинала; продавать выше паритета** — to sell at a premium; 10. **упомянутый выше** — above-mentioned, mentioned above; 11. **цена выше номинала, цена с надбавкой** — premium price.

вышеупомянутый — aforementioned, aforesaid, mentioned above.

Г

габарит — overall dimensions, size.

галантерея — haberdashery, fancy goods ◇ **1. галантерея, галантерейные товары; мелкие скобяные товары** — petty wares; **2. галантерея; предметы роскоши; безделушки; модные товары** — fancies, fancy articles.

гарант — guarantor ◇ **1. гарант займа** — sponsor for a loan; **2. совместный гарант, совместный поручитель; совместная гарантия, поручительство** — joint surety.

гарантийный — of guarantee ◇ **1. гарантийное письмо при подписании чистых коносаментов** — indemnity for clean bills of lading; **2. гарантийное письмо** — letter of guarantee, letter of indemnity, indemnity bond; **3. требование гарантийного взноса, требование уплаты разницы; требование о дополнительном обеспечении** — margin call.

гарантированный — guaranteed ◇ **1. гарантированная цена** — support price; **2. гарантированные акции** — guaranteed stock; **3. гарантированные ценные бумаги;** (золотообрезные ценные бумаги, государственные ценные бумаги; первоклассные ценные бумаги) — gild-edged securities.

гарантировать — to guarantee, to vouch, to secure, to warrant ◇ **гарантировать от убытков** — to guarantee against loss.

гарантия — guarantee, guaranty, warranty ◇ **1. гарантия банка** — bank guarantee; **2. гарантия исполнения** — performance bond; **3. гарантия; ручательство; поручительство; залог** — underwriter, suretyship; **4. аварийная гарантия, подписка; аварийный бонд** — average bond; **5. в виде гарантии от** — as a safeguard against; **6. в качестве гарантии чего-л.; в качестве поручителя за** — as surety for; **7. договор гарантии от убытков** — contract of indemnity; **8. комиссия за гарантию размещения займа или ценных бумаг; комиссия страховому маклеру** — underwriting commission; **9. передаваемая гарантия качества** — floating warranty; **10. подразумеваемая гарантия** — implied warranty; **11. под гарантию; под обеспечение** — on the security of; **12. предлагать гарантию** — to offer guarantee; **13. совместная гарантия, совместный гарант, совместный поручитель; поручительство** — joint surety; **14. ответственность по гарантии; условная ответственность; второочередная ответственность; второстепенная ответственность** — secondary liability.

генеральный — general, basic ◇ **1. генеральный агент, представитель** — general agent; **2. генеральный акт** — general act; **3. генеральный атторней** — Attorney General; **4. генеральный**

груз, смешанный общий груз — general cargo; 5. **генеральный контракт** — general contract; 6. **генеральный подрядчик** — prime contractor; 7. **генеральный полис** — floating policy, open cover policy, open cover, general policy; 8. **генеральный полис; постоянный полис** — running policy; 9. **генеральный представитель** — general agent; 10. **генеральный управляющий** — general manager; 11. **открытая генеральная лицензия** — open general licence.

главный — main, chief, principal, head ◇ 1. **главная контора** — head office, principal office; 2. **главное управление** — head quarters; 3. **главные потребители** — chief users; 4. **главные предметы торговли** — staple commodities; 5. **главный инспектор** — chief inspector; 6. **главный компаньон, глава фирмы** — senior partner.

глава — head, chief; chapter ◇ **глава фирмы, главный компаньон** — senior partner.

год — year ◇ 1. **базисный год** — base year; 2. **бюджетный год** — fiscal year; 3. **в течение года** — in the course of the year; 4. **операционный год** — trading year; 5. **отчетный год** — financial year, year under review; 6. **поступления за год; отчетные данные или итоги операций за год** — annual returns; 7. **финансовый год** — fiscal year, finance year; 8. **хозяйственный год; финансовый год; торговый отчетный год; бюджетный год** — business year; 9. **хозяйственный или производственный год** — working year.

годиться — to be fit for, to serve, to be fitted, to be suited, to be of use.

годный — fit, valid.

годовой — annual, yearly ◇ 1. **годовой анализ хозяйственной деятельности** — annual audit; 2. **годовой доход** — year's purchase, yearly income; 3. **годовой оборот** — annual turnover; 4. **годовой оборот; годовая сумма продаж** — yearly sales; 5. **иметь или приносить годовой доход в 1000 долларов** — to be worth 1,000 $ a year; 6. **годовой расчет, подведение итогов за год** — yearly settlement.

голос — voice, vote ◇ **один голос на каждую акцию** — one vote per share.

голосование — voting ◇ 1. **поставить на голосование** — to put to the vote; 2. **провести голосование** — to take a vote; 3. **тайное голосование** — secret ballot.

гонорар — royalty, fee.

горячий — hot, fervent ◇ 1. **горячие деньги; спекулятивный иностранный капитал** — hot money; 2. **горячие деньги; капитал, вывозимый за границу** — flight capital.

государственный — national, public, state, government ◇ 1. **государственная торговля** — public trading; 2. **государственная**

ценная бумага — government paper; 3. **государственное казначейство; министерство финансов** — the Treasury; 4. **государственные авуары за границей** — government assets abroad; 5. **государственные бумаги; рента; рентные бумаги** — rents; 6. **государственные должности, распределяемые среди сторонников партии, победившей на выборах** — spoils; 7. **государственные доходы** — public revenue; 8. **государственные закупки** — state purchases; 9. **государственные закупки; массовая закупка; закупка большого количества; централизованная закупка; закупка всего товарного запаса или всего производства** — bulk buying; 10. **государственные капиталовложения** — public investments; 11. **государственные облигации, выпущенные в обеспечение уплаты репараций или внешнего долга** — scrip; 12. **государственные отрасли промышленности** — public industries, state industries; 13. **государственные расходы; бюджетные расходы** — expenditure on public account; 14. **государственные ценные бумаги без права передачи владельцами другим лицам** — Non-Marketable Stock; 15. **государственные ценные бумаги без указания срока погашения** — undated stock; 16. **государственные ценные бумаги; государственные средства** — public funds, public stock; 17. **государственные ценные бумаги; государственный долг** — the stock; 18. **государственные ценные бумаги** (золотообрезные ценные бумаги; первоклассные ценные бумаги, гарантированные ценные бумаги) — gild-edged securities; 19. **государственные ценные бумаги; фонды; средства; капитал; платежные средства** — funds; 20. **государственные ценные бумаги; ценные бумаги, выпущенные публично-правовыми организациями** — public securities; 21. **государственный банк** — national bank; 22. **государственный банк; банк штата** — state bank; 23. **государственный бюджет** — public finance; 24. **государственный долг** — national debt; 25. **государственные заказы** — public contracts; 26. **государственный кредит** — public credit; 27. **государственный служащий, чиновник** — civil servant, government employee; 28. **государственный страховой фонд** — National Insurance Fund; 29. **бюджетные государственные доходы над чертой** — revenue above the line; 30. **бюджетные государственные доходы под чертой** — revenue below the line; 31. **бюджетные государственные расходы над чертой** — expenditure above the line; 32. **бюджетные государственные расходы под чертой** — expenditure below the line; 33. **коммунальные и государственные налоги** — rate and taxes; 34. **краткосрочный государственный заем** — floating charge; 35. **краткосрочный государственный долг; текущая задолженность** — floating debt.

государство — state ◇ **подписавшее государство; доверенность на право подписания документов** — signatory power.

готовый — prepared for, finished, ready-made, ready ◇ 1. **готовое платье** — ready-made, ready-to-wear; 2. **готовые изделия** — final goods, finished products, wholly manufactured goods; 3. **готовые части массового производства; запасные части** — fabricated parts; 4. **готовые изделия; товары фабричного производства; промышленные товары** — manufactured goods; 5. **готовый к эксплуатации; готовый к работе; на полном ходу** — in working order; 6. **судно, готовое к плаванию** — a ship in commission.

граница — boundary, border, limit ◇ 1. **платежи за границу; расходная часть платежного баланса** — external payments; 2. **уходящий за границу** — outward bound.

график — schedule ◇ 1. **график отгрузок** — shipping schedule; 2. **график платежей** — schedule of payments; 3. **график поставок** — schedule of deliveries; 4. **график работ** — schedule of work; 5. **календарный график** — schedule.

груз — cargo, freight, goods, load ◇ 1. **груз большой скорости** — express goods; 2. **груз опасный** — dangerous cargo; 3. **груз судна, терпящего бедствие** — distress cargo; 4. **груз, отправляемый за границу** — freight outwards; 5. **груз, фрахт, за который уплачивается по весу** — deadweight cargo; 6. **выгружать груз** — to discharge a cargo; 7. **генеральный груз, смешанный сборный груз** — general cargo; 8. **импортный груз** — inward cargo; 9. **корабельный груз** — shipload; 10. **насыпной, навалочный или наливной груз** — bulk cargo; 11. **невостребованные в срок грузы** — overtime goods; 12. **обратный груз** — homeward cargo, return cargo, measurement cargo; 13. **однородный груз** — uniform cargo; 14. **принимающий грузы для погрузки на линейных условиях** — loading on the berth; 15. **сборный груз; грузы в упаковке** — package cargo, package freight; 16. **сданный на хранение груз** — goods placed in storage; 17. **соответствующим образом упакованный и приготовленный к отправке груз** — stowed; 18. **транзитный груз** — goods in transit; 19. **ценный груз** — valuable cargo; 20. **экспортный груз** — outward cargo.

грузить — to load, to embark ◇ **грузить судно** — to stow a ship.

грузовместимость — cargo capacity ◇ 1. **грузовместимость в обмерных тоннах** — freight tonnage; 2. **грузовместимость для штучных грузов** — capacity in bales; 3. **грузовместимость насыпью** — capacity in grain.

грузовой — cargo, freight ◇ 1. **грузовая шкала** — deadweight scale; 2. **грузовое судно** — cargo carrier, freight carrier; 3. **грузовое судно; товарное судно** — cargo boat, cargo ship; 4. **грузовой план** — cargo plan, capacity plan; 5. **грузовой список** — cargo list; 6. **грузовые документы, представленные с опозданием** — stale documents; 7. **грузовые документы** — shipping document; 8. **мелкие грузовые места, используемые для заполнения свободных пространств в трюме** — broken stowage; 9. **тяжелые грузовые места; тяжеловесы** — heavy goods.

грузооборот — goods turnover, freight turnover, cargo turnover, freight traffic, goods traffic.

грузоотправитель — shipper, consignor.

грузоподъемность — capacity, carrying capacity ◇ 1. **грузоподъемная сила** — lifting capacity; 2. **полная грузоподъемность судна; дедвейт** — deadweight, deadweight capacity, deadweight tonnage.

грузополучатель — consignee, receiver.

группа — group, cluster, bracket ◇ 1. **группа управления** — management group; 2. **выбранная группа промышленных предприятий; выборочное обследование промышленных предприятий** — sample of industrial enterprises.

групповой — group ◇ **групповой коносамент** — groupage bill of lading.

Д

давать — to give ◇ 1. **давать кому-л. деньги взаймы** — to accommodate someone with money; 2. **начать давать прибыль, выпутаться из долгов; покрыть дефицит** — to come out of the red; 3. **не давать согласия** — to withhold one's consent.

давление — pressure ◇ 1. **"давление на медведей"** — bear squeeze; 2. **оказывать давление на рынок** — to force the market.

давность — prescription, remoteness ◇ 1. **десятилетняя давность** — ten years prescription; 2. **исковая давность** — limitation; 3. **право давности** — prescriptive right; 4. **срок давности** — period of limitation.

данные — data ◇ 1. **дополнительные данные** — supplementary data; 2. **исходные данные** — basic data; 3. **окончательные данные** — final data; 4. **первоначальные данные** — primary data; 5. **предварительные данные** — provisional data; 6. **технические данные** — technical data.

дата — date ◇ 1. **дата бухгалтерской записи; дата валютирования, срок векселя** — value date; 2. **дата валютирования** — value date; 3. **дата вступления в силу** — effective date; 4. **дата истечения срока** — maturity date; 5. **дата платежа; документ, подтверждающий обязательство продавца вручить ценные бумаги покупателю; вексель, подлежащий оплате** — due bill, due date; 6. **дата поступления перевода** — remittance date; 7. **дата сдачи, поставки; срок сдачи, поставки; срок доставки** — date of delivery; 8. **заключительная дата** — closing date; 9. **фиксированная дата** — dated date.

датированный — dated ◇ 1. **датированная тратта** — date draft; 2. **датированный сегодняшним числом** — of this date.

дать — to let, to give ◇ 1. **дать истечь сроку действия патента** — to abandon a patent, to let a patent lapse; 2. **дать расчет, увольнять** — to pay off; 3. **дать сведения таможне о судне, команде и грузе при прибытии в порт** — to report a vessel at the custom house; 4. **дать что-л. в виде задатка в знак заключения контракта** — to give something in earnest to bind contract; 5. **не дать ни прибыли, ни убытка; избежать убытка, закончиться без прибыли и убытка** — to break even; 6. **отказаться дать согласие** — to refuse one's consent.

движение — movement, motion ◇ 1. **движение вверх и вниз в пределах установленного лимита** — limit up and down; 2. **движение долгосрочного капитала** — long-term capital movement; 3. **движение капитала, вывозимого за границу** — flight movement of capital; 4. **движение курсов, цен** — price range; 5. **движение населения, рост численности населения** — development of the population, population development; 6. **движение цен** — price development; 7. **естественное движение населения; движение населения** — population movement; 8. **повышательное движение** — upward movement.

движимое — movable ◇ 1. **движимое имущество** — personalty, chattels personal, personal chattels, personal estate, personal property, personal assets, things personal; 2. **общая валовая стоимость движимого имущества** — gross personalty; 3. **общая чистая стоимость движимого имущества** — net personalty; 4. **титул на движимое имущество** — title in personal property.

двойной — double ◇ 1. **двойной опцион, стеллаж, на товарном рынке — сочетание одновременной покупки товара с продажей другого** — straddle, put and call; 2. **двойная бухгалтерия** — double entry bookkeeping.

дебет — debit ◇ 1. **дебет счета** — debit (side) of an account; 2. **дебет-нота** — debit note; 3. **в дебет вашего счета** — to the debit of your account.

дебетовый — debit ◇ 1. **дебетовая запись** — debit entry; 2. **дебетовая карточка** — debit card; 3. **дебетовое авизо, дебет-нота** — debit note, debit advise; 4. **дебетовое сальдо** — balance due, debtor balance; 5. **дебетовый остаток; дебетовое сальдо** — debit balance.

дебитор — debtor ◇ **дебиторы по расчетам, дебиторы, счета дебиторов, неуплаченные суммы, задолженность, неоплаченные долги, которые следует получить компании** — receivables, outstandings, accounts receivable.

дебиторский — debt ◇ **дебиторская задолженность** — debt receivable.

девальвация — devaluation ◇ **конкурентная девальвация** — competitive devaluation.

девиация — deviation ◇ **девиационная оговорка** — deviation clause.

девиза — piece of foreign exchange ◇ 1. **девизы в долларах** — dollar exchange; 2. **девизы, иностранная валюта** — (foreign) exchange, foreign currency, paper exchanges, paper exchanges, foreign bill.

дедвейт — deadweight, deadweight tonnage.

действие — action, operation, effect ◇ 1. **незаконное, неправомерное действие** — wrongful act; 2. **образ действия** — course of action; 3. **обратное действие; обратная сила** — relation back; 4. **оспоримое действие** — voidable act; 5. **процессуальное действие, процесс, судебный процесс, судебное дело, производство, дела, протоколы, труды** — proceedings; 6. **привести в действие, пустить в эксплуатацию, ввести в действие** — to put into operation; 7. **совместное действие, сообща возбужденный иск** — joint action; 8. **спорное действие** — voidable act; 9. **срок действия** — validity.

действительность — reality, validity ◇ **в действительности, в сущности, фактически** — in point of fact, in effect, in reality.

действительный — actual, real, true ◇ 1. **действительная полная гибель** — actual total loss; 2. **действительная производительность, отдача** — effective output; 3. **действительная ценность** — intrinsic value; 4. **действительное встречное удовлетворение** — valid consideration; 5. **действительное предложение** — good tender; 6. **действительные депозиты** — primary deposits; 7. **действительные меры** — effective measures; 8. **действительный вес тары** — actual tare, real tare; 9. **действительный вес тары всех мест партии товара** — clear tare, net tare; 10. **действительный или имеющий силу лишь в случае чего-л., зависящий от чего-л., уступающий место чему-л., подверженный чему-л.** — to be subject to; 11. **действительный экземпляр; экземпляр документа, могущий служить предметом сделки** — negotiable copy.

действующий — ruling ◇ 1. **действующие цены** — ruling prices; 2. **действующий контракт** — the contract in force; 3. **действующий от имени и по поручению принципала агент** — agent doing business for and on behalf of the principal; 4. **действующий от своего имени и за свой счет агент** — agent doing business on his own behalf, for himself and at his own expense; 5. **действующий патент** — patent in force.

декларация — declaration ◇ 1. **декларация на транзитный или реэкспортный груз** — transshipment bond note; 2. **декларация о грузах, не облагаемых пошлиной** — entry for free goods; 3. **декларация о грузах, подлежащих немедленной выгрузке** — entry for home use ex ship; 4. **декларация о грузах, подлежащих хранению в приписных складах** — entry for warehousing, warehouse entry; 5. **декларация о не облагаемых пошлиной транзитных грузах** — transit entry; 6. **декларация по отходу** —

entry outwards, declaration outwards; 7. **декларация по приходу** — entry inwards, declaration inwards; 8. **налоговая декларация** — tax declaration, tax return; 9. **подавать в таможню декларацию о судне** — to enter a ship at the custom house; 10. **предварительная или первоначальная декларация** — prime entry; 11. **предварительная таможенная декларация** — imperfect entry, sight entry; 12. **таможенная декларация** — customs declaration, custom entry; 13. **транзитная декларация** — transit entry.

декларировать — to proclaim, to declare, to lay down ◇ **декларировать товары** — to enter goods.

делать — to do, to make ◇ 1. **делать объявление о чем-л.** — to advertise for something; 2. **делать приготовления, принимать меры** — to make arrangements; 3. **делать сбережения** — to save up; 4. **делать успехи, продвигаться вперед, увеличиваться, повышаться** — to gain ground, to make progress.

делегат — delegate.

делегация — delegation ◇ **торговая делегация** — trade delegation.

дело — affair, business, transaction; matter, question; case, deed, act ◇ 1. **банковское дело** — banking; 2. **большое количество срочных дел** — pressure of business; 3. **брокерское дело** — broking; 4. **возбудить дело против кого-л., предъявить иск к кому-л.** — to bring an action against someone; 5. **инструментальное дело** — tool engineering; 6. **основать дело; открыть дело** — to start a business; 7. **открыть собственное дело** — to set oneself up in business; 8. **отойти от дел** — to withdraw from business; 9. **передавать дело поверенному** — to place the matter into the hands of a solicitor; 10. **перенять дело, принимать на себя ведение дела** — to assume charge of a business; 11. **пересылка дела из одного суда в другой, ремитент** — remitter; 12. **по делу** — Re, re, in re; 13. **по делу Райта против Лонгмена** — Re: Right versus Longman; 14. **прекратить судебное дело** — to withdraw proceeding; 15. **перенять дело, принимать на себя ведение дела** — to assume charge of a business; 16. **проиграть дело, процесс** — to lose an action; 17. **процесс рассмотрения дела; арбитражное производство** — proceedings on the reference; 18. **решить дело в пользу апеллянта, удовлетворить апелляцию** — to allow an appeal; 19. **розничное дело; розничное предприятие** — retail business; 20. **судебное дело** (процесс, судебный процесс, процессуальное действие; производство, дела, протоколы, труды) — proceedings; 21. **сторона, выигравшая дело** — prevailing party; 22. **техническая сторона дела** — technicality; 23. **транспортное дело; транспортная торговля; морская торговля; морские перевозки** — carrying trade; 24. **уладить дело миром** — to compromise an action; 25. **ход дела** — course of business; 26. **ход дел** — trend of affairs; 27. **частное дело, личное дело** — private affair, private business, private matter.

деловой — business ◇ 1. **деловая бумага** — official paper; 2. **деловое соглашение** — business agreement; 3. **деловые бумаги** — commercial paper; 4. **деловые отношения; торговые связи** — business relations.

делькредере — del credere ◇ 1. **комиссионер, берущий на себя делькредере** — del credere agent; 2. **принять на себя делькредере; гарантировать; поручиться за кого-л.** — to stand surety; 3. **принять на себя делькредере** — to stand del credere.

демерредж — demurrage.

демпинг — dump, dumping ◇ **валютный демпинг** — currency dumping.

денежный — money, monetary ◇ 1. **бумажно-денежный стандарт** — fiduciary standard; 2. **бумажное денежное обращение, бумажные деньги, бумажные денежные знаки, банкноты; оборотные кредитно-денежные документы** — paper currency; 3. **денежная единица** — monetary unit; 4. **денежная масса** — money supply, stock of money in the country; 5. **денежная наличность в банках** — cash holding in bank, cash with bank; 6. **денежная наличность; денежная наличность в кассе и банках** — cash assets, cash balance, cash in hand; 7. **денежная наличность; наличность кассы** — balance in hand, cash in vault; 8. **денежная ссуда; заем денег** — money loan; 9. **денежная сумма** — monetary item; 10. **денежное возмещение в виде наказания ответчика** — vindictive damages; 11. **денежное встречное удовлетворение** — money consideration; 12. **денежно-кредитная политика** — monetary policy; 13. **денежное соглашение, валютное соглашение** — monetary agreement; 14. **денежные знаки** — token money; 15. **денежные поступления; выручка; приход; доход** — receipts; 16. **денежные средства, ресурсы, средства** — resources; 17. **денежные ссуды** — money on loan; 18. **денежные суммы, монетные системы** — moneys, monies; 19. **денежный аванс** — cash advance; 20. **денежный аккредитив; аккредитив с внесенным покрытием** — paid letter of credit; 21. **денежный вклад, депонирование денежной суммы** — lodgment; 22. **денежный голод** (безденежье, недостаток денег, высокая стоимость займов) — money pressure, pressure for money; 23. **денежный дивиденд** — cash dividend; 24. **денежный курс; процент по займам; ссудный процент** — money rate; 25. **денежный перевод по почте** — postal order; 26. **денежный перевод** — cash remittance, money order, postal order; 27. **денежный пул** — money pool; 28. **денежный, валютный рынок; рынок ссудного капитала** — money market; 29. **монометаллическая денежная система** — single standard; 30. **погашенное денежное обязательство** — cancelled liability; 31.**процентный денежный вклад; ссуда до востребования** — call money; 32. **расчетная денежная единица** — money of account.

денонсировать — to denounce ◇ **денонсировать договор, отказаться от договора** — to denounce a treaty.

день — day ◇ 1. **день отхода судна** — date of sailing; 2. **день платежа, платежный день, день выдачи заработной платы** — pay day, settlement day; 3. **день сдачи товара и производства платежа** — prompt date; 4. **день уведомления** — notice day; 5. **второй день ликвидационного периода на фондовой бирже** — ticket day; 6. **второй день ликвидационного периода** — name day; 7. **квартирный день** — quarter day; 8. **короткий рабочий день; неполный рабочий день** — short hours; 9. **первый день ликвидационного периода на бирже** — carryover day; 10. **первый день уведомления** — first notice day; 11. **последний день расчетного периода на Лондонской фондовой бирже** — contango day; 12. **через день** — every other day.

деньги — money ◇ 1. **деньги с низкой покупательной силой; дешевые деньги; невысокая стоимость займов; нестесненный кредит** — cheap money, easy money; 2. **деньги, данные взаймы на определенный срок** — time money; 3. **деньги, средство обращения** — circulating medium, medium of circulation; 4. **бумажные деньги, банкноты** — soft money, paper currency; 5. **бумажные деньги, полностью обеспеченные золотом и серебром** — representative money; 6. **"верные" деньги** — smart money; 7. **внести деньги в депозит** — to place money on deposit; 8. **внести деньги на условный счет в ...** — to place money in escrow with ...; 9. **вносить деньги на хранение в банк** — to deposit money in a bank; 10. **горячие деньги** — hot money; 11.**горячие деньги; капитал, вывозимый за границу** — flight capital; 12. **давать кому-л. деньги взаймы** — to accommodate someone with money; 13. **добывать деньги** — to raise the wind; 14. **дорогие деньги; высокая стоимость займов, ограничение кредита** — credit squeeze, dear money, money squeeze; 15. **занимать деньги под большие проценты** — to borrow at high interest; 16. **кредитные деньги** — fiduciary currency; 17. **легкие деньги** — easy money; 18. **металлические деньги** — real money, hard money; 19. **наличные деньги, кассовая наличность** — money in cash, money, cash down, hard cash, money down, ready cash, ready money; 20. **необеспеченные бумажные деньги** — uncovered paper money; 21. **непроизводительно тратить деньги** — to waste money; 22. **ничего не стоящие бумажные деньги** — wildcat currency; 23. **откладывать деньги** — to save money; 24. **отступные деньги; крупная штрафная неустойка** — smart money; 25. **получать деньги в банке** — to draw money from a bank; 26. **получать деньги из банка в фунтах стерлингов; выставить тратту в фунтах стерлингов** — to draw in sterling; 27. **получить деньги по векселю или счету, инкассировать вексель или счет** — to collect a bill; 28. **получить деньги по доверенности** — to draw money by power of attorney; 29. **получить деньги по чеку; разменять чек; выплатить по чеку** — to negotiate a cheque; 30. **получить наличные деньги по чеку** — to change a cheque; 31. **получить свои деньги обратно** — to recover one's money; 32. **предоставить деньги кому-л.** — to provide a person with funds; 33. **приготовлять деньги; резервировать деньги; предусматривать; обеспечивать** — to make provision; 34. **разменные деньги** — subsidiary money; 35. **сберегать деньги, экономить деньги, откладывать деньги** — to save money; 36. **суточные деньги, краткосрочные ссуды биржевым маклерам, однодневные займы** — day-to-day loans, street loans; 37. **тяжелые деньги** — tight money.

департамент — department ◇ **департамент налогов и сборов; финансовое управление** — Revenue Board.

депозит — deposit ◇ 1. **депозиты публично-правовых учреждений** — public deposits; 2. **депозит, банковский депозит, вклад в банк** — bank deposit; 3. **депозит до востребования; бессрочный вклад** — demand deposit; 4. **действительные депозиты** — primary deposits; 5. **импортный депозит** — import deposit.

депозитарий — depositary.

депозитный — deposit ◇ 1. **депозитная квитанция; сохранная расписка; депозитный сертификат** — deposit receipt; 2. **депозитная процентная ставка; процентные ставки продажи депозитов** — deposit rates of interest, deposit ceiling rates of interest; 3. **депозитарная расписка** — depositary receipt; 4. **депозитное свидетельство; депозитная квитанция** — warehouse receipt, depositary receipt; 5. **депозитные операции банков** — deposit banking; 6. **депозитный банк** — bank of deposit, deposit bank; 7. **депозитный сертификат** — deposit certificate, deposit receipt, certificate of deposit; 8. **депозитный счет; авансовый счет** — deposit account.

депозитор — depositor.

депонент — depositor.

депонировать — to deposit.

депонированный — deposited ◇ **депонированные средства** — deposited funds.

депортация — deportation.

депрессия — depression ◇ **глубина депрессии** — depth of the depression.

держатель — holder ◇ 1. **держатели акций с отсроченным дивидендом** — deferred shareholders; 2. **держатель векселя; лицо, которому дано обязательство; кредитор; лицо, получившее простой вексель** — promisee; 3. **держатель облигаций; облигационер** — debenture holder; 4. **компания-держатель; холдинг-компания; компания-учредитель** — holding company.

держать — to keep, to hold ◇ 1. **держать в курсе** — to keep informed; 2. **держать в неизвестности; оттягивать; задерживать,**

откладывать — to keep in suspense; 3. **держать на случай повышения цены** — to hold for a rise; 4. **держать ценные бумаги на депозите** — to deposit securities; 5. **держаться в стороне; удерживать, задерживать; воздерживаться от покупки** — to keep back; 6. **держаться; придерживаться; оставаться верным** — to stand by; 7. **держаться чего-л.; придерживаться чего-л.; соблюдать** — to keep to; 8. **твердо держаться; не сдаваться; причитаться, подлежать уплате** — to stand out for; 9. **цены держатся устойчиво** — prices keep steady.

десяток — ten ◇ **десятки** — dozens, scores.

дефект — defect, blemish ◇ 1. **дефект в конструкции** — defect in design; 2. **ведомость дефектов; счет за ремонт; дефектная ведомость** — repairs bill.

дефицит — deficit, deficiency, shortage, scarcity ◇ 1. **бюджетный дефицит под чертой, превышение расходов над доходами под чертой** — deficit below the line; 2. **дефицит; задолженность; долг; убыток** — the red; 3. **дефицит или пассивное сальдо по текущим операциям** — current deficit; 4. **дефицит платежного баланса** — external payments deficit, gap in the balance of payments; 5. **дефицит торгового баланса** — visible trade deficit; 6. **иметь дефицит** — to run a deficit; 7. **ликвидировать задолженность или дефицит** — to pull oneself out of the red; 8. **покрыть дефицит; выпутаться из долгов; начать давать прибыль** — to come out of the red.

дефицитный — scarce, in a short supply, critical, showing a loss ◇ 1. **быть дефицитным; не хватать; поступать в недостаточном количестве** — to be in short supply; 2. **дефицитное финансирование** — deficit financing.

дефлятор — deflator.

дефляция — disinflation, deflation.

дешевый — cheap, inexpensive, low ◇ 1. **дешевая распродажа** — bargain sale; 2. **дешевые деньги** (деньги с низкой покупательной силой; невысокая стоимость займов; нестесненный кредит) — cheap money, easy money; 3. **продавать дешевле** — to cut under.

деятельность — activities, work, occupation ◇ 1. **ограничить деятельность монополии** — to curb a monopoly, to restrict a monopoly; 2. **сфера деятельности, отрасль торговли; отрасль промышленности** — line of business; 3. **сдерживать экономическую деятельность** — to keep a check on activity.

джоббер — jobber ◇ 1. **джобберская разница между ценой покупателя и продавца** — jobber's turn; 2. **джоббер; профессиональный биржевик** — stockjobber.

диверсификация — diversification ◇ **диверсификация экспорта** — export diversification.

дивиденд — dividend ◇ 1. **дивиденд в форме акций** — stock dividend; 2. **дивиденд в форме денежного обязательства** — scrip dividend; 3. **дивиденд к оплате** — dividend payment; 4. **дивиденд по привилегированным акциям** — preferred dividend; 5. **дивиденд, оплаченный акциями** — stock dividend; 6. **без дивиденда** — ex dividend; 7. **денежный дивиденд** — cash dividend; 8. **добавочный дивиденд, выплачиваемый наличными; премия, выплачиваемая наличными** — cash bonus; 9. **дополнительный дивиденд, экстренный дивиденд, бонус** — surplus dividend, extra dividend; 10. **накопившийся дивиденд** — accumulated dividend; 11. **норма дивиденда** — dividend yield; 12. **общий дивиденд** — ordinary dividend; 13. **объявлять дивиденд** — to declare a dividend; 14. **обычный дивиденд** — ordinary dividend; 15. **оплата дивиденда** — dividend payment; 16. **предварительный дивиденд** — interim dividend, dividend of account; 17. **распределить крупный дополнительный дивиденд; распределить дивиденд в форме бесплатных акций** — to cut the melon; 18. **с дивидендом** — cum dividend.

дивидендный — dividend ◇ 1. **дивидендное ограничение** — dividend restraint; 2. **дивидендное покрытие** — dividend cover; 3. **дивидендный налог** — dividend tax.

дизажио — disagio.

дилер — dealer ◇ 1. **биржевой дилер** — exchange dealer; 2. **официальный дилер** — authorized dealer.

дилерский — dealer ◇ **дилерский кредит** — dealer loan.

димайз-чартер — demise charter.

динамика — the dynamics; movement, action ◇ **изменение динамики цен в сторону повышения** — reversal of the falling price trend.

директор — director, manager, head, principal ◇ 1. **директор-распорядитель** — managing director; 2. **правление директоров** — board of directors.

директорский — directorial ◇ 1. **директорские акции; акции, дающие особые права в отношении голосования** — management stock; 2. **директорский пост; должность члена правления директоров** — seat on the board.

дирекция — board of directors, management.

дисбурсмент — disbursement ◇ **дисбурсментский счет, счет издержек** — disbursement account.

дисконт — discount ◇ 1. **банковский дисконт** — bank discount; 2. **дисконт векселей** — discount of bills.

дисконтер — discount house.

дисконтированный — discounted ◇ **дисконтированный поток наличных средств** — discounted cash flow.

дисконтный — discount ◇ 1. **дисконтная облигация** — discount bond; 2. **дисконтные кредитные обязательства** — discount securities.

дискредитация — discredit.

диспач — dispatch (despatch), dispatch money ◇ **диспач только за досрочную погрузку** — dispatch loading only.

диспаша — average adjustment, average statement ◇ 1. **рассчитывать диспашу** — to adjust average adjustment loss; 2. **составить диспашу, составить отчет по аварии** — to adjust the average, to make up the average.

диспашер — average adjustor, average stater.

диспетчер — dispatcher, controller.

дифференциальный — differential ◇ 1. **дифференциальная пошлина** — differential duty; 2. **дифференциальные ставки зарплаты, различия в зарплате** — wage differentials; 3. **дифференциальный тариф, скользящий тариф** — sliding-scale tariff.

дифференции — differentials.

дифференцированный — differential ◇ **дифференцированный тариф** — differential tariff.

длинный — long ◇ 1. **длинная позиция** — long position; 2. **незастрахованная длинная или короткая позиция** — naked position; 3. **длинный хедж** — long hedge.

дни — days ◇ 1. **грационные дни** — days of grace; 2. **дни отсрочки, льготные дни** — days of respite; 3. **ликвидационные дни** — account days; 4. **льготные дни** — days of grace, days of respite, period of grace; 5. **погожие рабочие дни** — weather working days; 6. **последний день расчетного периода на Лондонской фондовой бирже** — contango day; 7. **рабочие дни** — working days; 8. **расчетные дни** — settlement days; 9. **сплошные дни** — running days.

добавленый — added ◇ **налог на добавленную стоимость** — value-added tax.

добавление — addition, addendum ◇ **в добавление** — in addition.

добавочный — additional, supplementary, extra ◇ 1. **добавочная запись; более поздняя запись** — subsequent entry; 2. **добавочная плата** — extra pay; 3. **добавочная страховая премия** — additional premium; 4. **добавочный дивиденд, выплачиваемый наличными; премия, выплачиваемая наличными** — cash bonus.

добиваться — to try to get, to obtain, to achieve, to secure ◇ 1. **добиваться более высокой производительности труда** — to strive for higher productivity; 2. **добиваться заказов** — to canvass; 3. **добиваться заказов в районе; объезжать район, собирая заказы** — to canvass a district for orders; 4. **добиться высокой производительности труда** — to succeed in increasing the productivity.

добровольный — voluntary, freewill ◇ 1. **добровольная ликвидация; добровольное расформирование или расторжение** — voluntary dissolution, voluntary winding up; 2. **добровольное обще-**

ство — voluntary society; 3. **добровольное страхование** — voluntary insurance; 4. **добровольно** — of one's own accord, voluntarily.

добросовестность — honesty, conscientiousness ◇ **наивысшая добросовестность** — uberrima fides.

доверие — trust, faith, confidence ◇ **нарушение доверия** — breach of trust.

доверенность — warrant, letter of authority, power of attorney ◇ 1. **доверенность на имя ...** — warrant in the name of ...; 2. **доверенность на получение дивидендов** — dividend warrant; 3. **доверенность на право подписания документов** — signatory power; 4. **доверенность с правом поверенного передавать свои полномочия другому лицу** — power of attorney and substitution; 5. **доверенность, выдаваемая адвокату** — warrant of attorney; 6. **выдать кому-л. доверенность** — to invest a person with power of attorney; 7. **выдать кому-л. общую доверенность** — to furnish a person with full power; 8. **действовать в силу доверенности** — to exercise a power of attorney; 9. **аннулировать доверенность** — to cancel a power of attorney; 10. **общая доверенность** — general power of attorney; 11. **объявить доверенность недействительной; аннулировать доверенность** — to cancel a power of attorney; 12. **отменить или уничтожить доверенность** — to withdraw a power of attorney; 13. **по доверенности; через доверенного; через представителя** — by proxy, by attorney; 14. **совершить доверенность** — to execute a power of attorney.

доверительный — confidential, trust ◇ 1. **доверительная собственность, возникающая в силу закона** — constructive trust; 2. **доверительная собственность, установленная по решению суда** — court trust; 3. **доверительно-сберегательный банк** (взаимно-сберегательный банк) — mutual savings bank; 4. **доверительные банкноты** — fiduciary issue; 5. **доверительные операции банков** — bank trust; 6. **доверительный собственник, зарегистрированный как корпорация** — incorporated trustee; 7. **доверительный собственник; попечитель, опекун; куратор; администратор** — trustee.

договариваться, договориться — to negotiate, to treat, to arrange matters, to come to an agreement, to come to understanding ◇ 1. **договориться о чем-л.** — to stipulate for something; 2. **мы договорились о цене** — we have come to an agreement (or understanding) about the price, we agreed on the price; 3. **мы договоримся об этом с судовладельцем** — we will fix it up with the shipowner.

договор — agreement, contract, treaty, pact ◇ 1. **договор аренды** — lease arrangement; 2. **договор будет автоматически продлен** — the agreement will be tacitly extended; 3. **договор гарантии**

от убытков — contract of indemnity; 4. **договор догруза** — berth note; 5. **договор за печатью** — specialty contract, contract under seal; 6. **договор имущественного найма** — contract for lease of property; 7. **договор исключительной лицензии** — exclusive license agreement; 8. **договор купли-продажи** — bargain and sale, contract of purchase; 9. **договор личного найма** — contract of employment; 10. **договор морской перевозки** — contract of affreightment; 11. **договор намерения** — contract of intention; 12. **договор, не имеющий исковой силы; договор, не основанный на встречном удовлетворении** — nude pact; 13. **договор о передаче имущества другому лицу на ответственное хранение и управление** — trust agreement; 14. **договор о торговле и мореплавании** — treaty of commerce and navigation; 15. **договор об учреждении акционерного общества** — memorandum of association; 16. **договор, по которому может быть взыскано исполнение в натуре** — specifically enforceable contract; 17. **договор подряда** — turnkey contract; 18. **договор полной лицензии** — full license agreement; 19. **договор поручения** — contract of agency; 20. **договор поручительства** — contract of guarantee; 21. **договор продажи** — sales contract; 22. **договор простой лицензии** — simple license agreement; 23. **договор страхования** — insurance treaty; 24. **договор строительства под ключ** — turnkey contract; 25. **договор, требующий наивысшей добросовестности** — contract uberrimae fidei; 26. **договоры с централизованным расчетом; срочные контракты** — settlement house contracts; 27. **агентский договор** — agency agreement; 28. **бодмерейный договор** — bottomry bond; 29. **валюта договора; срок действия договора** — currency of the contract; 30. **вступить в договор, заключить договор** — to enter into a contract; 31. **двусторонний договор** — bilateral contract; 32. **денонсировать договор, отказаться от договора** — to denounce a treaty; 33. **долгосрочный договор** — period contract; 34. **заключить договор** — to enter into a pact, to enter into an agreement, to conclude a contract, to sign a contract; 35. **заключить договор страхования, застраховать** — to place cover; 36. **исполнить договор** — to satisfy on agreement; 37. **коллективный договор** — collective bargaining agreement; 38. **консигнационный договор** — consignment agreement; 39. **лицензионный договор** — license agreement; 40. **многосторонний договор** — multilateral contract; 41. **нарушить договор** — to break a contract; 42. **обусловленный договором** — stipulated by a contract, agreed by a contract; 43. **односторонний договор** — unilateral contract; 44. **оспоримый договор** — voidable contract; 45. **отказ от договора** — recession from a contract; 46. **оформление договора; исполнение договора** — execution of a contract; 47. **письменный договор** — written contract, article of an agreement; 48. **подтверж-**

дение договора — confirmation note; 49. **по договору** — by agreement, under a treaty; 50. **преференциальный торговый договор** — preferential agreement; 51.**продлить договор** — to extend a contract; 52. **простой договор** — parol contract, simple contract; 53. **рамковый договор** — frame contract; 54. **расторгнуть договор** — to dissolve an agreement, to conceal a contract; 55. **ратифицировать договор** — to confirm a treaty; 56. **совершить договор; исполнить договор** — to execute a contract; 57. **согласно договору** — as per contract; 58. **составлять договор** — to draw up a contract; 59. **специальный договор** — special contract; 60. **срочный договор** — terminal contract; 61. **типовой договор** — standard contract; 62. **торговый договор на основе взаимности** — reciprocal treaty; 63. **торговый договор** — commercial treaty.

договоренность — agreement, arrangement, understanding ◇ **устная договоренность; словесное соглашение** — verbal understanding.

договорный — contractual, agreed, treaty ◇ 1. **договорная цена** — contract price; 2. **договорное обязательство** — contract; 3. **договорное право** — contract law; 4. **договорный полис, выдаваемый Департаментом гарантии экспортных кредитов** — Export Credits Guarantee Department contracts policy; 5. **договорный порт** — treaty port; 6. **договорный месяц** — contract month; 7. **договорные пошлины, конвенционный тариф** — conventional tariff; 8. **на договорных началах** — on a contractual basis, based on a contract.

доказательство — proof, evidence, argument, testimony ◇ **окончательное доказательство качества** — final proof of quality.

доказывать — to prove, to demonstrate, to contend, to show ◇ **доказывать справедливость претензии; приводить достаточные основания для претензии, иска** — to substantiate a claim.

документ — document ◇ 1. **документ на предъявителя** — bearer instrument; 2. **документ о передаче; документ о переводе ценной бумаги с одного лица на другое; трансферт** — transfer deed; 3. **документ** (*юр.*) — presents; 4. **документ, подтверждающий обязательство продавца вручить ценные бумаги покупателю; вексель, подлежащий оплате; дата платежа** — due bill; 5. **документ, подтверждающий право на имущество** — title deed; 6. **засвидетельствованные документы** — attested documents; 7. **истребование документов; представление документов** — discovery of documents; 8. **документы за наличный расчет** — documents against payment; 9. **документы против акцепта** — documents against acceptance; 10. **документы, относящиеся к этому грузу** — documents covering this cargo; 11. **в конце этого письма или документа** — at the foot hereof; 12. **грузовые документы** — shipping documents; 13. **мы получили ваше письмо**

со всеми приложенными к нему документами — we have received your letter with all documents attached; 14. **наличными против грузовых документов** — cash against shipping documents; 15. **оборотные кредитно-денежные документы** — commercial paper; 16. **оборотный документ; оборотный кредитно-денежный документ** — negotiable instrument, negotiable document; 17. **оборотные кредитно-денежные документы; бумажные денежные знаки; банкноты** — paper currency; 18. **оплатить погрузочные документы** — to retire shipping documents; 19. **оправдательный документ; ваучер; расписка** — voucher; 20. **первичный документ** — basic document; 21. **подписать документ** — to set one's hand to a document; 22. **посылать документы на инкассо** — to send documents for collection; 23. **принять документы на инкассо** — to undertake the collection of the documents; 24. **против документов** — against documents; 25. **против грузовых документов** — against shipping documents; 26. **реквизиты документов** — requisite elements of documents; 27. **судовые документы** — vessel papers; 28. **расчетные документы; суммы, подлежащие уплате;** — payables; 29. **товарораспорядительный документ** — document of title.

документарный — documentary ◇ 1. **документарное инкассо** — documentary collection, documented collection; 2. **документарный аккредитив** — documentary credit.

документированный — documentary, documented ◇ 1. **документированная апелляция** — documented appeal; 2. **документированная тратта** — documentary bill, documentary draft; 3. **документированные тратты, подтоварные векселя** — commodity paper.

долг — debt, duty ◇ 1. **долг, задолженность; дефицит; убыток** — the red; 2. **долги, погашаемые в первую очередь** — preferential debts; 3. **аннулировать долг** — to cancel a debt; 4. **безнадежные долги** — bad debts; 5. **быть в долгу; иметь задолженность; работать с убытком, быть убыточным** — to be in the red; 6. **быть в долгу перед кем-л., быть связанным обязательством по отношению к кому-л.** — to be under an obligation to somebody; 7. **взыскивать долги** — to recover debts; 8. **влезть в долги** — to run into debts; 9. **выплатить долг** — to pay a debt, to settle a debt; 10. **выпутаться из долгов; покрыть дефицит; начать давать прибыль** — to come out of the red; 11. **государственный долг, государственные ценные бумаги** — the stock, national debt; 12. **заплатить долг** — to redeem a debt; 13. **инкассировать долги** — to collect debts; 14. **консолидированный долг; облигационный заем** — bonded debt, consolidated debt, permanent debt; 15. **краткосрочный долг; краткосрочный государственный долг; текущая задолженность** — floating debt; 16. **наделать долгов** — to contract debts; 17. **неуплаченный долг** — active debt, outstanding debt, undischarged debt; 18. **погасить**

долг — to extinguish a debt, to sink a debt, to redeem a debt; 19. **признание долга** — acknowledgement of a debt; 20. **признание долга, который не мог быть востребован по истечении срока давности** — acknowledgement of statute-barred debt; 21. **присужденный долг** — judgement debt; 22. **пролонгация долга** — refunding; 23. **просроченный долг** — stale debt; 24. **реструктурация долга** — debt restructuring; 25. **сомнительный долг** — doubtful debt; 26. **списывать безнадежные долги** — to write off bad debts; 27. **старый долг** — a debt of old standing; 28. **уплатить долг** — to discharge a debt; 29. **условный долг, условное обязательство** — contingent liability.

долговой — (*adj. to:* debt) ◇ 1. **долговая расписка** — IOU (I owe you); 2. **долговое обязательство или переуступка права владения всеми активами компании, используемое в качестве обеспечения кредита** — floating charge; 3. **долговое обязательство, простой вексель, прямой вексель** — promissory note; 4. **долговое обязательство с плавающей ставкой** — floating rate note; 5. **долговое обязательство, обеспеченное закладной** — mortgage debenture; 6. **долговые обязательства, выпускаемые администрацией штата или муниципалитетом, не облагаемые налогом** — general obligation bond; 7. **долговые обязательства, привилегированные акции 1-го класса; облигации** — debenture stock.

долгосрочный — long-term, long-dated ◇ 1. **долгосрочная ссуда** — long loan, long sighted loan, long term loan; 2. **долгосрочное владение; арендованная земельная собственность** — tenement; 3. **долгосрочное планирование; перспективное планирование** — long-range planning; 4. **долгосрочные процентные ценные бумаги** — loan stock; 5. **долгосрочные казначейские векселя; собственные облигации в портфеле; казначейские боны** — treasury bonds; 6. **долгосрочные инвестиции и долгосрочные ссуды; ценные бумаги с колеблющимся курсом; неликвидные активы** — risk assets; 7. **долгосрочный акцепт** — long-term acceptance; 8. **долгосрочный вексель; расписание** — time bill; 9. **долгосрочный вексель, подлежащий оплате в фунтах стерлингов** — long sterling; 10. **долгосрочный вексель; чрезмерный счет** — long bill; 11. **долгосрочный внешний государственный заем сроком от 10 до 45-60 лет** — long loan; 12. **долгосрочный договор** — period contract; 13. **долгосрочный контракт** — long-term contract; 14. **долгосрочный кредит** — long credit.

должник — debtor, obligor, promisor ◇ 1. **должник банка по ссуде** — bank loan-holder; 2. **должник, против которого вынесено решение суда** — judgement debtor; 3. **несостоятельный должник** — insolvent; 4. **несостоятельный должник, освобожденный от долгов; восстановленный в правах банкрот** — discharged bankrupt.

должностной — official ◇ 1. **должностное лицо** — public servant;

2. **должностное лицо; чиновник** — functionary; 3. **должностные обязанности** — functions.

должность — post, position ◇ 1. **должность судьи** — seat on the bench; 2. **по должности, по служебному положению** — ex officio.

должный — due, proper ◇ 1. **должным образом** — properly; 2. **в должное время** — in due time, in due course.

доля — part, portion, lot, share ◇ 1. **доля акционера в средствах предприятия** — stockholder's equity; 2. **доля владельцев обыкновенных акций в средствах предприятия** — equity value of ordinary shares; 3. **доля в консорциуме; доля участия в страховании; участие в консорциуме для гарантии размещения займа или ценных бумаг** — underwriting share; 4. **доля импорта в стоимости капитального оборудования** — import content of investment goods; 5. **доля прибыли** — share of profits; 6. **доля участия** — contribution; 7. **доля участия в акционерном капитале; владение акциями** — stockholdings; 8. **входить в долю** — to go shares.

дом — house ◇ 1. **строящиеся дома** — dwellings under construction; 2. **торговый дом** — trade house; 3. **экспортный дом** — export house.

домицилировать — to domicile ◇ 1. **домицилировать вексель** — to domicile a bill; 2. **домицилировать вексель в таком-то банке** — to make a bill payable at the ... Bank.

доплата — additional payment, additional charge.

дополнение — addition, addendum, complement, supplement ◇ 1. **дополнение к договору** — addendum to a contract, supplement to a contract; 2. **в дополнение** — in addition, extra.

дополнительный — supplementary, complementary ◇ 1. **дополнительная премия** — additional premium; 2. **дополнительная скидка** — extra discount; 3. **дополнительная ставка страховой премии** — extra rate of insurance; 4. **дополнительная уплата фрахта** — extra freight; 5. **дополнительное вознаграждение при принятии риска на себя** — risk premium; 6. **дополнительное обеспечение** — collateral security; 7. **дополнительное требование** — supplementary claim; 8. **дополнительные бюджетные ассигнования** — Supplementary Estimate; 9. **дополнительные издержки обращения** — incremental costs of circulation; 10. **дополнительные льготы и привилегии** — fringe benefits; 11. **дополнительные расходы** — additional expenses, additional charges, extra expenses, extra charges; 12. **дополнительные условия страхования** — insurance rider; 13. **дополнительный дивиденд, экстренный дивиденд, бонус** — surplus dividend, extra dividend; 14. **дополнительный налог на сверхприбыль** — excess profit levy; 15. **дополнительный налог, взимаемый в рамках единой сельскохозяйственной политики ЕЭС по некоторым сельскохозяйственным товарам, импортируемым в Общий ры-**

нок — supplementary levy; 16. **дополнительный платеж, последующий платеж** — subsequent payment; 17. **крупный дополнительный дивиденд** — melon.

дополнять — to complete, to supplement, to add ◇ **взаимно дополнять друг друга** — to be mutually complementary, to supplement each other.

дорогой — dear, expensive, costly ◇ 1. **дорогие деньги; высокая стоимость займов; ограничение кредита** — dear money, credit squeeze, money squeeze; 2. **очень дорогой** — of great worth; 3. **по дорогой цене** — at a high price.

досмотр — examination, inspection ◇ 1. **досмотр багажа** — luggage examination, inspection of luggage; 2. **досмотр груза** — inspection of cargo; 3. **производить таможенный досмотр (судна); обыскивать; перекладывать грузы** — to rummage; 4. **таможенный досмотр** — customs examination; rummage (*мор.*) 5. **таможенный досмотр багажа** — luggage inspection.

досмотровая роспись — customs examination list.

доставлять, доставить — to deliver ◇ **доставить товар; сдать или поставить товар; выдать товар** — to deliver the goods.

доставка — delivery ◇ 1. **доставка неполного количества** — short delivery; 2. **доставка-франко** — free delivered; 3. **доставка водой** — water-bone; 4. **немедленная доставка, немедленная сдача** — prompt delivery; 5. **оплата при доставке, наложенный платеж; уплата при доставке** — cash on delivery, collect on delivery; 6. **срочная доставка** — express delivery, special delivery; 7. **с уплатой при доставке** — payable on delivery.

достаточный — sufficient ◇ 1. **достаточная компенсация** — fair compensation; 2. **достаточная скидка** — fair allowance; 3. **достаточное встречное удовлетворение** — good consideration; 4. **достаточные средства** — ample means; 5. **достаточный запас; довольно хорошее снабжение** — fair supply; 6. **достаточные запасы** — ample supplies; 7. **быть достаточным для удовлетворения спроса, удовлетворять спрос в достаточном количестве** — to keep up with the demand.

достигать — to reach, to attain, to achieve, to mount (to).

достоинство — dignity; merit, quality, virtue; value, denomination ◇ **монеты достоинством в ...** — coins in the denomination of ... .

доступ — access, admission ◇ **свободный доступ —** free access.

доступный — accessible, easy of access, available ◇ 1. **доступные цены** — moderate prices, reasonable prices; 2. **доступный; продажный** — procurable; 3. **сделаться доступным; поступать; быть вырученным** — become available.

доход — income, profit, returns, receipts ◇ 1. **доход; прибыль; заработок; поступления** — earnings; 2. **доход от краткосрочных вложений** — short interest; 3. **доход от монополии, патента и т.п.** — monopoly profit; 4. **доход от налогов** — tax revenue;

5. **доход от обыкновенных акций** — equity earnings; 6. **доход от операций** — operating income, operating profit; 7. **доход от эмиссии, учредительский доход** — capital surplus, paid in surplus; 8. **доход, остающийся после уплаты налогов** — disposable income; 9. **доход-брутто** — gross yield; 10. **доходы будущих лет** — prepaid income; 11. **доходы** — incomings, gains; 12. **бюджетные государственные доходы над чертой** — revenue above the line; 13. **бюджетные государственные доходы под чертой** — revenue below the line; 14. **валовой доход** — gross income; 15. **годовой доход** — year's purchase, yearly income, annual income; 16. **годовой государственный доход** — annual revenue; 17. **государственные доходы** — public revenue; 18. **иметь или приносить годовой доход в 1000 долларов** — to be worth 1,000 $ a year; 19. **курсовой доход или потеря** — exchange gain or loss; 20. **личный доход** — private income; 21. **национальный доход** — national income; 22. **непроизводственный доход; рентный доход** — unearned income; 23. **облагаемый доход** — taxable income; 24. **приносить доход; заслуживать** — to be worth; 25. **приносить процентный доход** — to yield interest; 26. **приносить хороший доход** — to pay well, to yield a fair return; 27. **процентный доход по облигациям** — yield of bonds; 28. **реальный доход, реальная зарплата** — real wages, real income; 29. **рентный доход; сумма арендной платы** — rental; 30. **средний доход; средний размер поступлений** — average returns; 31. **счет доходов** — income account; 32. **употребление дохода** — application of proceeds; 33. **уровень дохода** — bond yield; 34. **учредительский доход** — capital surplus, in surplus; 35. **чистый доход** — net produce, clear profit; 36. **чистый доход, чистая прибыль** — net income, net profit; 37. **чистый доход общества** — net income of society.

доходность — profitableness, remunerativeness ◇ 1. **доходность на момент погашения облигации** — yield to maturity; 2. **повышение доходности капитала** — capital leverage; 3. **реальная доходность** — effective yield.

доходный — profitable, paying, lucrative, remunerative ◇ 1. **доходная облигация** — revenue bond; 2. **доходное предприятие; прибыльная сделка** — profitable business; 3. **доходные активы** — earning assets; 4. **доходные облигации** — income bond; 5. **доходные статьи** — revenues; 6. **промышленная доходная облигация** — industrial revenue bond.

дробный — fractional.

Е

евродоллар — Eurodollar.
еврочек — eurocheck.
единица — unit ◇ 1. **единица выборки, единица отбора** — sampling unit; 2. **единица измерения** — unit of measure; 3. **единица сделки; единица торговли** — unit of trading; 4. **денежная единица** — monetary unit; 5. **европейская валютная единица (ЭКЮ)** — European Currency Unit (ECU); 6. **расчетная денежная единица** — money of account; 7. **расчетная единица** — unit of account.
единообразный — uniform ◇ 1. **единообразная ставка комиссии** — flat commission; 2. **единообразная форма складской расписки** — uniform warehouse receipt; 3. **единообразный закон о продаже товаров** — Uniform Sale of Goods Act.
единственный — only, single, sole ◇ 1. **единственный представитель** — sole agent; 2. **единственный экземпляр тратты; тратта, выставленная в одном экземпляре** — single bill; 3. **единственный экспортер** — the sole exporter.
ежегодный — annual, yearly.
ежедневный — daily, everyday ◇ **ежедневная цена, по которой расчетная палата осуществляет расчеты по всем сделкам между ее членами** — clearing price.
ежемесячный — monthly ◇ 1. **ежемесячная надбавка** — monthly increments; 2. **ежемесячные отгрузки определенного количества товара** — specific monthly shipments; 3. **ежемесячными взносами** — by monthly instalments.
емкость — capacity; volume, content ◇ **емкость рынка** — market capacity.

Ж

жалование — salary.
жаловаться — to complain ◇ **жаловаться на плохое качество товара** — to complain of the bad quality of the goods.
жестокий — severe ◇ **жестокая конкуренция** — severe competition, unfair competition.
жизненный — vital ◇ 1. **жизненный уровень** — scale of living, standard of living; 2. **жизненный цикл продукции** — product life-cycle; 3. **жизненный цикл товара** — commodity life-cycle; 4. **жизненный цикл; цикл развития** — life-cycle.

жизнь — life ◇ 1. **продолжительность жизни; время полной амортизации** — life span; 2. **минимальный уровень жизни** — subsistence level; 3. **события в экономической жизни** — economic developments; 4. **уровень жизни** — level of living.
жирант — endorser.
жират — endorsee.
жиро — giro, endorsement ◇ 1. **жирочек** — girocheque; 2. **счет жиро** — giro account.
журнал — magazine, journal, register.

З

забастовка — **strike** ◇ 1. **итальянская забастовка** — strike on the job; 2. **предупредительная забастовка** — token strike.
заведовать — to manage, to be the head ◇ **заведовать чем-л.; быть в ведении кого-л.** — to be in charge of.
заведование — management, superintendence.
заведующий — manager, chief ◇ 1. **заведующий товарной пристанью** — wharfinger; 2. **заведующий отделением** — branch manager; 3. **заведующий отделом продаж** — sales manager.
заверенный — certified ◇ 1. **заверенная копия; официальная проверка документов; выписка из документа** — vidimus, attested copy; 2. **заверенная фактура** — certified invoice; 3. **заверенные отвесы; заверенные весовые спецификации** — certified lists of weighing; 4. **заверено; удостоверено** — witnessed.
завершать — to bring to a conclusion.
завершенный — completed ◇ **полностью завершенная срочная товарная сделка** — round turn.
завод — works, factory, mill, plant, the shops ◇ 1. **завод-изготовитель** — manufacturing plant; 2. **завод по обработке цветных металлов** — fabricating works; 3. **заводы военного назначения** — emergency facilities; 4. **машиностроительный завод** — machine works; 5. **опытный завод** — pilot factory; 6. **франко-завод; с завода** — ex mill.
заводоуправление — works management.
завышенный — too high ◇ **завышенная цена; завышенный расход; назначать завышенную цену; считать больше, чем следует; перегружать** — overcharge.
задание — task, job ◇ 1. **задание; плановая цифра** — target; 2. **выполнить плановое или производственное задание** — to hit the target; 3. **производственное задание** — work quota.
задаток — deposit, earnest, earnest money ◇ 1. **аванс-задаток** — advance as earnest money; 2. **в виде задатка** — in earnest.

задерживать — to detain, to delay ◇ **1. задерживать, держать в неизвестности; оттягивать; откладывать** — to keep in suspense; **2. задержать возбуждение судебного дела** — to delay proceedings; **3. задерживать; держаться в стороне; воздерживаться от покупки** — to keep back; **4. "задержать до уплаты фрахта"** — stop for freight.

задержка — hold-up, delay ◇ **задержка в сдаче; задержка в доставке** — delay in delivery.

задолжать — to borrow, to be in debt, to run into debt, to owe ◇ **задолжать за несколько кварталов** — to be several quarters in arrear.

задолженность — indebtedness, debts, liabilities ◇ **1. задолженность по налогам и взносам** — arrears; **2. задолженность поставщикам** — merchandise creditors; **3. задолженность; долг; дефицит; убыток** — the red; **4. задолженность рабочим и служащим** — wages and salaries; **5. задолженность; неоплаченные счета; счета дебиторов; неуплаченные суммы** — outstandings; **6. дебиторская задолженность** — debt receivable; **7. иметь задолженность; работать с убытком, быть убыточным** — to be in the red; to be in arrears; **8. кредиторская задолженность; счета кредиторов** — accounts payable; **9. ликвидировать задолженность или дефицит** — to pull oneself out of the red; **10. общая задолженность** — total debt; **11. покупательская задолженность** (*бухг.*)— customers; **12. списать задолженность со счета** — to charge a debt off an account; **13. текущая задолженность; краткосрочный долг; краткосрочный государственный долг** — floating debt, recurring debts.

заем — loan ◇ **1. заем денег** — money loan; **2. заем, обусловленный политическими или экономическими выгодами для заимодавца** — loan with strings; **3. заем средств в своем банке для получения прибыли на разнице в процентных ставках краткосрочных кредитов и овердрафта** — round tripping; **4. заем с твердой процентной ставкой** — fixed rate loan; **5. заем под двойное обеспечение** — loan on collateral; **6. заем, подлежащий погашению в 1990 г.** — 1990 maturing loan; **7. заем, подписка на который еще не закончена** — open loan; **8. займы до востребования** — money at call; **9. займы; кредиты; кредитование** — lending; **10. бодмерейный заем** — bottomry loan; **11. высокая стоимость займов** — dear money, money pressure, money squeeze; **12. гарант займа** — sponsor for a loan; **13. долгосрочный внешний государственный заем, предоставляемый на срок от 10 до 45-60 лет** — long loan; **14. заключение займа** — contraction of a loan; **15. заключить заем** — to negotiate a loan; **16. компенсационный заем** — back to back loan; **17. конверсия займа** — conversion of a loan; **18. консолидированный заем** —

permanent loan; 19. **краткосрочный государственный заем** — floating charge; 20. **краткосрочный заем, краткосрочная ссуда** — short sighted loan, money at a short notice; 21. **льготный заем** — soft loan; 22. **невысокая стоимость займов** — cheap money; 23. **необеспеченный заем** — unsecured loan; 24. **низкая ставка процента по займу** — fine rate; 25. **облигационный заем; консолидированный долг** — bonded debt; 26. **однодневные займы; суточные деньги** — day-to-day loans; 27. **открытый заем** — open loan; 28. **оформленный заем** — completed loan; 29. **погашение займа** — repayment of a loan; 30. **процент займа** — loan interest rate; 31. **процент по займам; денежный курс; ссудный процент** — money rate; 32. **проценты по займам** — service charge on loans; 33. **проценты по краткосрочным займам; доход от краткосрочных вложений** — short interest; 34. **проценты по облигационным займам** — interest on bonds; 35. **размещать заем; выпускать заем** — to place a loan, to float a loan; 36. **сделать заем** — to raise a loan; 37. **стоимость займов; ссудный процент** — cost of borrowing; 38. **трехпроцентный заем** — loan at 3 per cent; 39. **уплата процентов по займу** — current service of a loan.

заемный — loan, debenture, debt ◇ 1. **заемный капитал; ссудный капитал** — loan capital, debenture capital, debt capital; 2. **рынок заемных средств** — loan market, capital market.

заимодавец — creditor, lender.

заимствование — adoption, borrowing ◇ **специальные права заимствования** — special deposits, special drawing rights.

заказ — order ◇ 1. **заказ на товар** — order for goods; 2. **заказ, закрытый по импорту** — closed indent; 3. **заказ по образцу** — sample order; 4. **добиваться заказов** — command; 5. **большой портфель заказов; большое количество невыполненных заказов** — long order book; 6. **выполнение заказа** — execution of an order; 7. **выполнить заказ** — to execute an order; 8. **государственный заказ** — state order, public contract; 9. **дальнейшие заказы** — future orders; 10. **добиваться заказов в районе; объезжать район, собирая заказы** — to canvass a district for orders; 11. **изготовленный на заказ** — custom-built; 12. **иметь много заказов** — to be heavily booked; 13. **крупный заказ** — heavy order; 14. **номер заказа; порядковый номер** — order number, job number; 15. **отменить заказ** — to cancel an order; 16. **по заказу** — against the order; 17. **получить заказ** — to secure an order; 18. **помещать или размещать заказы** — to place business; 19. **портфель заказов** — stock of orders, orders on hand; 20. **правительственные заказы** — orders for Government account; 21. **предлагаемые заказы; предлагаемые сделки** — business on offer; 22. **приступить к исполнению заказа** — to put an order in hand; 23. **пробный заказ** — trial order; 24. **разовый за-**

каз — non-repeat order; 25. **рыночный заказ** — market order; 26. **срочный заказ** — rush order; 27. **твердый заказ** — firm order; 28. **товарный заказ** — market if touched (MIT); 29. **экспортный заказ** — export order.

заказной — made to order, made to measure, registered ◇ **заказное письмо** — registered letter.

заказывать — to order.

заклад — pawning, mortgaging; pledge ◇ 1. **выкупить из заклада, выкупить заложенное имущество** — to redeem a pledge; 2. **в закладе** — in pawn.

закладная — mortgage, bond, hypothec ◇ 1. **закладная с изменяющейся ставкой процента** — variable rate mortgage; 2. **закладная; купчая** — bill of sale; 3. **долговое обязательство, обеспеченное закладной** — mortgage debenture; 4. **закладная; ипотечный акт** — mortgage deed; 5. **складская таможенная закладная** — warehouse bond; 6. **таможенная закладная для перевозки грузов со склада на склад** — removal bond.

закладной — mortgage ◇ **закладной лист; ипотечная облигация** — mortgage bond.

заключать, заключить — to conclude, to infer, to close, to lock up ◇ 1. **заключать; приводить к концу** — to put through; 2. **заключить договор; вступить в договор** — to enter into a contract, to enter into a pact, to enter into an agreement; 3. **заключить заем** — to negotiate a loan; 4. **заключить сделку на продажу товара** — to negotiate a sale; 5. **заключить сделку** — to make a deal; 6. **заключить соглашение; прийти к соглашению** — to drive a bargain, to make a bargain; 7. **заключить страхование** — to effect insurance; 8. **заключить счет** — to close an account; 9. **заключить договор страхования;** (застраховать) — to place cover.

заключение — conclusion, inference, findings; end ◇ 1. **заключение займа** — contraction of a loan; 2. **заключение контракта с лицом, предложившим на торгах самую низкую цену** — adjudication of the contract to the lowest bidder; 3. **заключение контракта** — conclusion of a contract; 4. **заключение о проценте содержащихся примесей** — findings on percentage of impurities; 5. **заключение сделки** — conclusion of a transaction; 6. **заключение счетов, книг** — settlement of accounts; 7. **вести переговоры с целью заключения договора** — to negotiate with a view to concluding an agreement; 8. **вывести заключение, сделать вывод** — to draw an inference; 9. **в заключение** — in conclusion; 10. **рынок для заключения срочных сделок** — forward market.

закон — law, statute ◇ 1. **закон о продаже товаров** — Sale of Goods Act; 2. **закон о торговых договорах 1979 г.** — Trade Agreements Act of 1979; 3. **закон о факторах** — the Factors

Act; 4. **закон, имеющий обратную силу** — retrospective law, retrospective statute; 5. **законы по борьбе с демпингом** — dumping legislation; 6. **законы "голубого неба"** — blue sky laws; 7. **антимонопольные законы** — antitrust laws; 8. **доверительная собственность, возникающая в силу закона** — constructive trust; 9. **единообразный закон о продаже товаров** — Uniform Sale of Goods Act; 10. **законопроект** — draft bill; 11. **замораживание заработной платы на основании закона** — statutory wage freeze; 12. **издать закон** — to issue a law; 13. **нарушение закона** — defiance of the law; 14. **несоблюдение закона** — violation of a law; 15. **правила и приказы, имеющие силу закона; акты делегированного законодательства** — Statutory Rules and Orders; 16. **право, выраженное в законах; законы; статусы** — statute law; 17. **предписанная законом форма** — statutory formality; 18. **соблюдать закон** — to observe the law; 19. **установленное законом извещение** — legal notice; 20. **установленный законом резерв** — legal reserve.

законный — legal, lawful, rightful ◇ 1. **законная отсрочка** — legal adjournment, legal postponement; 2. **законное платежное средство** — lawful money, common tender, lawful tender, legal tender; 3. **законное требование** — legitimate claim; 4. **законные права; закрепленные права** — vested rights; 5. **законный владелец** — rightful owner; 6. **законный размер процентов** — legal rate of interest; 7. **законный собственник; законный владелец** — rightful owner; 8. **законный список** — legal list; 9. **законный; допустимый** — warrantable; 10. **законный; принадлежащий по праву, закону; прикрепленный законным образом; закрепленный законом** — vested, rightful; 11. **законный титул** — good title; 12. **доказать законный титул** — to make a good title.

законодательство — legislation ◇ 1. **законодательство о труде** — labour laws; 2. **акты делегированного законодательства; правила и приказы, имеющие силу закона** — Statutory Rules and Orders; 3. **антитрестовское законодательство** — Antitrust acts; 4. **гражданское законодательство** — civil procedure law.

законодательный — legislative ◇ 1. **законодательная власть** — legislative power; 2. **законодательный; изданный на основании закона; имеющий силу закона; статутный; установленный или предписанный законом; предписанный уставом** — statute.

закрытый — closed ◇ 1. **закрытая позиция** — closed position; 2. **закрытая экономика** — closed economy; 3. **закрытое акционерное общество** — close corporation; 4. **закрытое заседание** — closed meeting; 5. **закрытое голосование** — voting by secret ballot; 6. **закрытые торги** — auction by tender; 7. **закрытый ковернот** — closed cover note; 8. **заказ, закрытый по импорту** — closed indent.

закрывать — to shut, to close, to shut off, to turn off; to cover up; to shut down, to close down ◇ 1. **закрывать на ключ** — to lock; 2. **закрывать собрание** — to close up the meeting, to break up the meeting.

закрытие — closing, shutting; close ◇ 1. **закрытие списков** — lists closed; 2. **закрытие кредита** (требование погашения кредита) — withdrawal of credit; 3. **к закрытию** — at the close; 4. **при закрытии биржи** — at the close of the market.

закулисный — backstage ◇ 1. **закулисные переговоры** — secret negotiations, negotiations behind the scenes; 2. **закулисная сделка** — secret deal; 3. **закулисная сторона** — hidden circumstances.

закупать — to buy, to buy in, to buy up; to lay in stock, to purchase.

закупка — purchase ◇ 1. **встречные закупки** — counter purchases; 2. **государственные закупки** — state purchases; 3. **комиссионные за закупку** — buying commission; 4. **массовая закупка; закупка большого количества; централизованная закупка; государственные закупки; закупка всего товарного запаса или всего производства** — bulk buying; 5. **поддерживаемый закупками** — supported; 6. **оптовые закупки** — wholesale purchases; 7. **поручение на закупку для поддержания цен, курсов** — supporting orders; 8. **экстренная закупка** — emergency purchase.

залог — guarantee, deposit, hypothecation, pledge, security, mortgage ◇ 1. **залог векселя** — bill guarantee; 2. **залог имущества** — property as security; 3. **залог судна** — vessel bond; 4. **владеть товаром на праве залога** — to hold goods as pledge, to hold goods in pledge; 5. **выдать ссуду под залог документов** — to lend money on documents; 6. **выдать ссуду под залог товара** — to take goods in pledge; 7. **застрахованный залог** — insured security; 8. **находящийся в залоге на таможенном складе** — bonded; 9. **оговорка о залоге** — security clause; 10. **переуступить залог** — to assign a pledge; 11. **переуступка прав на залог** — assignment of right to security; 12. **ростовщик, ссужающий деньги под залог** — pawnbroker; 13. **ссуды под залог товаров** — advances against hypothecation of goods; 14. **финансирование проектов под залог коммерческого контракта** — contract financing.

залоговый — mortgage, pledged ◇ 1. **залоговая квитанция** — pawn ticket; 2. **залоговая ставка** — lombard rate; 3. **залоговая стоимость** — hypothecation value; 4. **залоговое обеспечение** — pledged security; 5. **залоговое обязательство** — bail bond; 6. **морское залоговое право** — maritime lien.

заложенный — pledged ◇ 1. **заложенный товар** — pledged goods; 2. **выкупить заложенный товар** — to redeem pledged goods; 3. **выкупить заложенное имущество, выкупить из заклада** — to redeem a pledge; 4. **освобождение товара, заложенного в банке** — bank release; 5. **право выкупа заложенного имущества** — equity of redemption.

заметка — paragraph, review, note, mark.

замена — substitution, replacement ◇ 1. **в замен; в обмен; в оплату** — in return; 2. **соглашение о замене исполнения** (*юр.*), **мировое соглашение** — accord and satisfaction.

заменять, заменить — to substitute, to replace, to take place ◇ **заменить наличный платеж траттой** — to substitute a draft for cash payment.

заместитель — deputy, assistant, substitute ◇ 1. **заместитель заведующего** — assistant manager; 2. **заместитель директора** — deputy director, assistant director; 3. **заместитель председателя** — vice-president, vice-chairman; 4. **быть заместителем** — to be the deputy.

замещать — to act, to deputize, to replace, to substitute, to take the place of.

замещение — substitution ◇ **замещение импорта** — import substitution.

замораживание — freezing, congealment, congelation ◇ 1. **замораживание заработной платы** — wage-freeze; 2. **замораживание заработной платы на основании закона** — statutory wage freeze.

замораживать — to freeze ◇ **замораживать заработную плату** — to freeze wages.

замороженный — frozen ◇ **замороженные средства; замороженные** (неликвидные) **активы** — frozen assets, frozen funds.

заниженный — understated ◇ 1. **быть несколько заниженным** — to be on the conservative side; 2. **фактурирование по заниженным ценам** — underinvoicing.

занимать — to occupy, to take up, to keep, to secure; to borrow ◇ 1. **занимать деньги под большие проценты** — to borrow at high interest; 2. **заниматься чем-л.; работать над чем-л.** — to work at; 3. **заниматься с покупателем** — to attend to a customer.

занимающийся — occupied (in), engaged (in), involed (in) ◇ 1. **банк, занимающийся аферами** — wildcat bank; 2. **банк, занимающийся размещением ценных бумаг** — investment bank; 3. **компания, занимающаяся сухопутными перевозками** — land carrier; 4. **лицо или предприятие, занимающееся переработкой товаров** — processor.

запас — stock, supply, reserve ◇ 1. **запасы израсходованы** — the stocks are used up; 2. **запасы, регулируемые по системе "постоянно возобновляемых размеров"** — "perpetual inventory" system of stocks; 3. **запасы; припасы; универсальный магазин** — stores; 4. **видимые запасы** — visible supply; 5. **доведение запа-**

сов до нормального состояния — inventory adjustment; 6. **достаточный запас; довольно хорошее снабжение** — fair supply; 7. **материальные запасы** — stocks; 8. **накапливать запас** — to stockpile; 9. **накопившиеся запасы** — accumulated stocks; 10. **наличные запасы** — available supplies, supply on hand; 11. **не про запас** (минимальный; ограниченный) — hand-to-mouth; 12. **обильные, достаточные запасы** — ample supplies; 13. **оборот товарных запасов** — merchandise turnover; 14. **отношение товарных запасов к сумме продаж** — ratio of merchandise to sales; 15. **закладка в запас** — allocation to reserve; 16. **переходящие запасы** — carryover stocks; 17. **пополнить запас** — to replenish the stock; 18. **про запас** — in store; 19. **располагать запасами, резервами** — to command reserves; 20. **создать запас** — to lay in a stock; 21.**товарные запасы торгово-промышленных предприятий** — business stocks; 22. **невидимые запасы** — invisible supply.

запасной — spare ◇ 1. **запасной капитал, запасной капитал, помещенный в ценные бумаги** — funded reserve; 2. **запасные части** — fabricated parts, spare parts; 3. **запасный, резервный** — standby.

записка — note ◇ 1. **брокерская записка о совершенной сделке** — bought note, sale note, sold note; 2. **брокерская записка** — broker's contract note; 3. **маклерская записка; письменное извещение брокера о заключенной сделке** — broker's contract note; 4. **памятная записка о сроке платежа** — prompt note; 5. **предварительная страховая записка** — slip.

записанный — recorded ◇ **записанный, зарегистрированный; запротоколированный** — on record.

запись — writing down, booking, record, entry ◇ 1. **дебетовая запись** — debit entry; 2. **добавочная запись; более поздняя запись** — subsequent entry; 3. **исправить ошибочно сделанную запись** — to reverse an entry; 4. **сделать бухгалтерскую запись, проводку** — to make an entry.

запоздавший — belated, delayed, tardy; stale ◇ **запоздавший коносамент** — stale bill of lading.

запрет — prohibition, ban ◇ 1. **быть под запретом** — to be under an embargo; 2. **запрет таможни** — customs ban.

запретительный — prohibitive ◇ 1. **запретительная пошлина** — prohibitive duty; 2. **запретительный закон** — prohibitive law; 3. **запретительный тариф** — prohibitive tariff.

запрещающий — prohibitive.

запрещение — prohibition, distraint, embargo ◇ 1. **временное запрещение** — temporary embargo; 2. **закрепленное уставом запрещение** — embargo set by regulations; 3. **полное запрещение** — complete embargo; 4. **судебное запрещение** — restrictive injunction.

запрос — inquiry, overcharging ◇ 1. **запрос о финансовом положении фирмы** — status inquiry; 2. **запрос, письменный запрос** — letter of inquiry; 3. **послать запрос на товар** — to send an inquiry for goods; 4. **предварительный запрос; предварительное обследование** — tentative inquiry.

зарабатывать — to earn.

заработная плата, зарплата — wage, pay, salary ◇ 1. **заработная плата рабочих и служащих; задолженность рабочим и служащим** — wages and salaries; 2. **заработная плата, требуемая или утверждаемая профсоюзом** — union wages; 3. **зарплата, обеспечивающая лишь прожиточный минимум** — subsistence allowance; 4. **изменение ставок заработной платы в зависимости от движения индекса прожиточного минимума** — adjustment of wage rates to the cost of living index; 5. **классификация основных ставок зарплаты рабочих** — job classification; 6. **комиссия по вопросам заработной платы** — trade board; 7. **общий фонд заработной платы** — total wagebill; 8. **повышение зарплаты в результате переговоров с предпринимателями** — negotiated wage increase; 9. **повышение зарплаты; прибавка к зарплате** — pay rise; 10. **получать оклад, зарплату** — to draw a salary; 11. **прогрессивная система зарплаты** — incentive wage; 12. **различия в зарплате; дифференциальные ставки зарплаты** — wage differentials; 13. **реальная зарплата, реальный доход** — real wages, take-home pay; 14. **регулирование заработной платы** — wage controls; 15. **сдельные ставки заработной платы** — piece rates; 16. **снижение заработной платы** — wage cut; 17. **соглашение с профсоюзом о зарплате и рабочем времени** — pay and hours agreement; 18. **сопротивление повышению зарплаты со стороны предпринимателей** — employer resistance; 19. **требование повышения заработной платы** — wage pressure, wage claim; 20. **требование повышения ставок заработной платы в соответствии с изменением индекса прожиточного минимума** — demand for cost of living raise; 21. **уровень зарплаты, обеспечивающий лишь прожиточный минимум** — subsistence level; 22. **часовая зарплата** — earnings per hour, hourly earnings; 23. **фонд заработной платы** — wage bill, wagebill; 24. **шкала заработной платы** — scale of wages.

заработок — earnings ◇ **легкий заработок** — easy money.

зарегистрированный — registered ◇ 1. **зарегистрированный; запротоколированный** — on record; 2. **зарегистрированный агент** — chartered agent; 3. **зарегистрированный как корпорация; зарегистрированный в качестве юридического лица** — incorporated; 4. **доверительный собственник, зарегистрированный как корпорация** — incorporated trustee; 5. **ценные бумаги, зарегистрированные в бухгалтерских книгах, выпускаемых на имя какого-л. владельца** — registered security.

застой — depression, stagnation ◇ 1. **застой в торговле** — depression of trade; suspension of business; 2. **на рынке царит застой** — the market is idle; 3. **общий застой** — general stagnation.

застрахованный — insured ◇ 1. **застрахованный залог** — insured security; 2. **застрахованный коносамент** — insured bill of lading; 3. **считается застрахованным** — held covered.

застраховать — to insure ◇ 1. **застраховать от поломки** — to insure against breakage; 2. **застраховать, заключить договор страхования** — to place cover, to effect insurance.

затоваривание — overtrading.

затрата — expenditure, disbursement, input ◇ 1. **затраты постоянного капитала** — capital costs; 2. **затраты переменного капитала** — variable capital costs; 3. **затраты-выпуск** — input-output; 4. **капитальные затраты** — capital costs, capital expenditures, capital outlay; 5. **модель затрат-выпуска** — input-output model; 6. **непосредственные трудовые затраты** — direct labour; 7. **первоначальная стоимость; начальные затраты** — initial cost; 8. **прямые затраты** — direct expenses.

затягивание — delay, dragging out ◇ **ускорение или затягивание расчетов по внешнеторговым сделкам** — leads and lags.

зафрахтовать — to freight, to charter.

захват — seizure, capture.

захватывать — to seize, to capture.

защита — protection, coverage, safeguard ◇ 1. **защита путем патентования** — patent coverage; 2. **защита чьих-л. интересов** — safeguards for one's interest; 3. **пошлина для защиты важнейших отраслей промышленности** — key industry duty.

защищать — to protect, to defend, to safeguard ◇ **защищать промышленность** — to safeguard industries.

заявить, заявлять — to declare, to annouce ◇ 1. **заявить патент** — to patent; 2. **заявлять права** — to claim one's rights; 3. **заявить протест** — to enter a protest, to make a protest.

заявка — application, application form ◇ 1. **заявка на патент подана** — patent applied for; 2. **истечение срока подачи заявки** — expiration of the application period; 3. **оформить заявку** — to draw up an application; 4. **патентная заявка** — application for a patent; 5. **получение заявки** — application receipt; 6. **содержание заявки** — application contents.

заявление — application ◇ 1. **заявление в суде о готовности удовлетворить денежные требования истца** — plea of tender; 2. **заявление об изъятии вклада** — notice of withdrawal of funds; 3. **заявление об отказе; фиксация отклонения** — statement of refusal, statement of rejection; 4. **заявление о прекращении платежей** — declaration of bankruptcy; 5. **заявление о таможенном осмотре грузов в неустановленные часы** — overtime request; 6. **заявление о прибывшем импортном товаре** — import entry; 7. **бланк для заявления; заявка** — application form; 8. **исковое заявление** — plaint note, statement of a claim; 9. **подавать заявление в арбитраж** — to submit a matter to arbitration; 10. **подавать заявление** — to submit an application.

заявленный — declared ◇ 1. **заявленная апелляция** — declared appeal; 2. **заявленный отказ** — rejection note.

здоровый — robust, sound, strong.

земля — land ◇ **мелиорация земли, застройка земельных участков** — development of land.

знак — decimal; mark, token ◇ 1. **бумажные денежные знаки** (оборотные кредитно-денежные документы) — paper currency, paper circulation; 2. **в знак чего-л.** — in token of; 3. **дать что-л. в виде задатка в знак заключения контракта** — to give something in earnest to bind contract; 4. **денежные знаки** — token money; 5. **десятичный знак** — place of decimal; 6. **содержание товарного знака** — maintenance of a trade mark; 7. **с точностью до двух десятичных знаков** — to two decimal points; 8. **торговый знак; фабричная марка** — trade mark, trademark; 9. **чек с условным секретным знаком** — marked check.

значительный — considerable, substantial ◇ 1. **значительная разница; большая маржа** — wide margin; 2. **значительная разница между курсом покупателей и курсом продавцов** — wide prices; 3. **значительная сумма возмещения убытков, значительные убытки** — substantial damages; 4. **значительная, солидная сумма; округленная, приблизительная сумма** — round sum; 5. **значительное падение цен** — smart drop in prices; 6. **значительное понижение** — material recession; 7. **значительное увеличение** — useful increase; 8. **значительно разнящиеся курсы при открытии биржи** — wide opening; 9. **значительные количества** — fair quantities; 10. **значительные расходы** — heavy expenses; 11. **значительный импорт** — heavy imports; 12. **продавать по значительно пониженным ценам** — to spoil prices.

золото — gold ◇ 1. **золото центрального банка страны, депонированное в центральном банке другой страны** — earmarked gold; 2. **востребование золота из-за границы; внешний натиск на выпуск банкнот, не покрытых золотом** — fiduciary issue; 3. **запасы золота и иностранной валюты** — international reserves; 4. **изъятие золота; изъятие депонированного золота; расходование золота; вывоз золота; убыль золота; сокращение золотого запаса** — withdrawal of gold; 5. **отлив золота** — a drain of gold; 6. **премия на золото** — gold premium; 7. **рыночная стоимость золота** — market value of gold; 8. **тезаврация золота частными лицами** — private holding of gold; 9. **чистое золото** — fine bullion.

золотодевизный стандарт — gold exchange standard.

золотомонетная оговорка — gold-bullion clause.
золотообрезные ценные бумаги — gild-edged securities.
золотой — gold, golden ◇ 1. **золотая оговорка** — gold clause; 2. **золотое содержание валюты** — gold content of a unit of the currency; 3. **золотой запас** — gold reserves; 4. **золотой резерв** — stock of gold; 5. **золотой сертификат** — gold certificate; 6. **истощение золотого запаса** — a drain on the gold reserves; 7. **натиск на золотой запас изнутри страны** — internal drain; 8. **сокращение золотого запаса** — withdrawal of gold.
золоченый — gilded, gilt.
зона — zone ◇ 1. **зона свободного предпринимательства** — free enterprise zone; 2. **зона свободной торговли** — free trade zone; 3. **валютная зона** — currency area; 4. **свободная внешнеторговая зона** — free trading zone; 5. **свободная зона; порто-франко** — free zone; 6. **свободная промышленная зона** — free industrial zone; 7. **транзитная зона** — transit zone.

И

избыток — surplus, redundancy, abundance, plenty.
избыточный — excess, surplus, redundant ◇ 1. **избыточная ликвидность** — excess liquidity; 2. **избыточные резервы** — excess reserves; 3. **избыточный вес** — excess weight.
известие — news, information ◇ **получить известие** — to receive a word.
известить, извещать — to notify, to inform ◇ 1. **извещать; предупреждать** — to give notice; 2. **известить о выставлении тратты** — to advise of a draft; 3. **известить; сообщить** — to send word.
известный — well-known ◇ 1. **известная фирма** — a firm of repute; 2. **до известной степени** — to a certain degree.
извещение — advice, notification, notice ◇ 1. **извещение об отгрузке** — shipping advice; 2. **извещение о выделении товара для исполнения договора** — notice of appropriation; 3. **извещение о выкупе и погашении ценных бумаг** — notice of withdrawal; 4. **извещение о поставке** — delivery notice; 5. **официальное извещение** — formal notice; 6. **письменное извещение брокера о заключенной сделке, маклерская записка** — broker's contract note; 7. **установленное законом извещение** — legal notice.
извлечь — to extract; to elicit, to evoke ◇ **извлечь выгоду; обратить себе на пользу** — to turn to advantage.

изготавливать, изготовить — to manufacture, to make, to produce ◇ **изготовить заказ** — to execute an order.

изготовитель — manufacturer, maker, producer ◇ **завод-изготовитель** — manufacturing plant, manufacturing works.

изготовление — manufacture ◇ **качество изготовления** — workmanship.

изготовленный — manufactured, produced, made ◇ **изготовленный на заказ** — custom-built.

изделие — article, manufactured article ◇ 1. **изделия обрабатывающей промышленности** — secondary products; 2. **изделия, право производства которых принадлежит одной фирме** — proprietary articles; 3. **изделия; фабрикаты** — manufactures; 4. **выпускать изделия** — to turn out; 5. **готовые изделия** — final goods, finished products, wholly manufactured goods, manufactured goods; 6. **запродажа будущих изделий** — advance sale of products; 7. **полуобработанные изделия; полуфабрикаты** — semi-finished products; 8. **фабричные изделия** — factory-made goods.

издержки — costs, charges ◇ 1. **издержки обращения** — distribution costs, marketing costs; 2. **издержки производства в промышленности** — industrial costs; 3. **издержки производства** — costs of production, inventoriable costs, production costs; 4. **издержки; платежи; переводы** — outgoings; 5. **дополнительные издержки обращения** — incremental costs of circulation; 6. **судебные издержки** — costs, law expenses, sue charges; 7. **таксированные судебные издержки** — taxed costs; 8. **уравнять издержки производства** — to equalize costs of production; 9. **чистые издержки обращения** — pure costs of circulation.

излишек — excess ◇ 1. **излишек веса, перевес** — overweight; 2. **излишек, свободный для предоставления займов** — lendable surplus; 3. **товарные излишки** — surplus of goods.

изменить, изменять — to change, to alter ◇ 1. **изменить к лучшему** — to improve, to amend; 2. **изменить редакцию статьи; пункта** — to change a wording of a clause; 3. **резко изменить тенденцию** — to reverse the tendency.

изменение — change, alteration; amendment, reversal ◇ 1. **изменение динамики цен в сторону повышения** — reversal of the falling price trend; 2. **изменение заказа** — alteration of an order; 3. **изменение настроения** — change in sentiments; 4. **изменение ставок заработной платы в зависимости от движения индекса прожиточного минимума** — adjustment of wage rates to the cost of living index; 5. **изменение цен на рынке, вызванное воздействием внутренних факторов рынка в отличие от внешних факторов предложения и спроса** — technical decline; 6. **внести изменения в конструкцию машины** — to make alterations in the design of the machine; 7. **незначительное измене-**

ние индекса — fractional movement in the index; 8. **рынок без изменения** — pegged market; 9. **цены остаются без изменения на уровне** — prices remain steady at.

изменчивый — changeable, variable.

измерение — measurement ◇ **единица измерения** — unit of measure.

износ — wear ◇ 1. **износ капитального оборудования,** (основного капитала) — capital consumption; 2. **износ** (убыль) **основного капитала** — wear and tear; 3. **моральный износ** — wear; 4. **натуральный износ** — natural wear; 5. **нормальная убыль и нормальный износ** — fair tear and wear; 6. **физический износ** — physical deprecation.

изобретение — invention ◇ **запатентованное изобретение** — registered invention.

изъятие — withdrawal ◇ 1. **изъятие золота** (изъятие депонированного золота; расходование золота; вывоз золота; убыль золота; сокращение золотого запаса) — withdrawal of gold; 2. **изъятие из обращения** (выкуп; оплата; выход в отставку; оставление работы; выход на пенсию; выбытие оборудования) — retirement; 3. **изъятие суммы со счета** — drawing an amount from an account; 4. **заявление об изъятии вклада** — notice of withdrawal of funds; 5. **массовое изъятие вкладов из банка** (набег на банк, наплыв требований в банк) — a run on the bank.

именной — inscribed, registed, nominal ◇ 1. **именная бона** — registered bond; 2. **именная облигация** — registered bond; 3. **именная передаточная надпись** — special endorsement; 4. **именное свидетельство на акцию или акции; акция** — share certificate; 5. **именной вклад** — deposit payable to a particular person; 6. **именной коносамент** — straight bill of lading; 7. **именные акции и облигации** — inscribed stock; 8. **именные ценные бумаги** — registered stock, inscribed stock; 9. **владелец именных акций** — stockholder of record.

иметь — to have ◇ 1. **иметь возможность, быть в состоянии** — to be in a position; 2. **иметь дефицит** — to run a deficit; 3. **иметь желательный результат; подействовать** — to have the desired effect; 4. **иметь или приносить годовой доход в 1000 долларов** — to be worth 1,000 $ a year; 5. **иметь исключительное право продажи какого-л. товара** — to have the exclusive sale of an article; 6. **иметь капитал в один миллион** — to be worth a million; 7. **иметь контрольный пакет акций какой-л. компании** — to have a controlling interest in a company; 8. **иметь много заказов** — to be heavily booked; 9. **иметь плохой сбыт, продаваться с трудом** — to run into heavy selling; 10. **иметь постоянный хороший сбыт** — to command a ready sale; 11. **иметь преимущественное значение по сравнению с; превосходить по важности, значению** — to take precedence of; 12. **иметь преимуществен-**

ное право купить товар — to have an option on the goods; 13. **иметь силу, оставаться в силе** — to hold good; 14. **иметь силу при условии чего-л.; зависеть от; находиться в зависимости от** — to be conditional on; 15. **иметь тенденцию к понижению, слабеть** — to look down; 16. **иметь хороший сбыт, быстро продаваться** — to meet with a ready sale; 17. **иметь что-л. в наличии, располагать чем-л.** — to have something available; 18. **иметься в избытке** — to be in surplus supply; 19. **не иметь на складе; не иметь в наличии** — to be out of stock.

имеющий, имеющийся — having, possessing ◇ 1. **имеющий силу лишь в случае чего-л.; зависящий от чего-л.; уступающий место чему-л.; подверженный чему-л.** — to be subject to; 2. **имеющий обратную силу** — retrospective; 3. **имеющийся в распоряжении, наличный** — on hand; 4. **акция, имеющая номинал** — parvalue stock; 5. **договор, не имеющий исковой силы; договор, не основанный на встречном удовлетворении** — nude contract; 6. **закон, имеющий обратную силу** — retrospective law, retrospective statute; 7. **не имеющий ценности; ничего не стоящий** — worthless; 8. **правила и приказы, имеющие силу закона; акты делегированного законодательства** — Statutory Rules and Orders; 9. **рабочий, не имеющий постоянной работы, временный рабочий** — casual worker; 10. **страна, имеющая отрицательный платежный баланс** — debtor nation; 11. **считать не имеющим силы** — to consider null and void.

импорт — import ◇ 1. **импорт незначительных количеств товара; символический импорт** — token imports; 2. **импорт; статьи импорта** (предметы ввоза) — imports; 3. **ввести сокращение импорта** — to impose on imports; 4. **видимый импорт** — visible imports; 5. **доля импорта в стоимости капитального оборудования** — import content of investment goods; 6. **замещение импорта** — import substitution; 7. **значительный импорт** — heavy imports; 8. **невидимый импорт, невидимые статьи импорта** — invisible imports; 9. **оборот по импорту** — import turnover; 10. **ограничения по импорту** — import restrictions; 11. **сокращение импорта** — import relief; 12. **специальный импорт; импорт товаров для внутреннего потребления** — imports for consumption, retained imports; 13. **стоимость импорта** — value of imports; 14. **экспорт и импорт товаров, "видимая" торговля** — visible trade; 15. **экспорт и импорт товаров, "видимые" статьи** — visible items.

импортер — importer ◇ 1. **нетто-импортер какого-л. товара; страна, являющаяся в конечном итоге импортером какого-л. товара** — net importer of a commodity; 2. **тратты, выставляемые на импортеров** — drawings on importers.

импортный — import ◇ 1. **импортная лицензия** — import licence; 2. **импортная фирма** — firm dealing in imports; 3. **импортное**

покрытие — cover; 4. **импортные квоты** — import quota(s); 5. **импортные пошлины** — import duty; 6. **импортные разрешения** — import approvals; 7. **импортные товары, не оплаченные пошлиной** — imports in bond; 8. **импортный груз** — inward cargo; 9. **импортный депозит** — import deposit; 10. **снятие импортных ограничений** — liberalization of imports; 11. **экспортно-импортная фирма** — export-import firm.

имущественный — proprietary ◇ 1. **имущественное право, вещное право** — proprietary interest; 2. **имущественное страхование** — property insurance; 3. **имущественно-товарная компенсация** — compensation in kind; 4. **имущественные требования; права, являющиеся основанием для искового требования** — chooses in action; 5. **имущественный налог** — assessed tax; 6. **имущественный ценз** — property qualification; 7. **договор имущественного найма** — contract for lease of property.

имущество — property ◇ 1. **имущество несостоятельного должника** — bankrupt's estate; 2. **имущество** (активы, фонды) — assets; 3. **имущество** (вещи) — things, possessions; 4. **имущество** (собственность) — effects; 5. **имущество** (товарная наличность, оборудование) — stock-in-trade; 6. **арендованное имущество** — leaseholds; 7. **выкупить заложенное имущество** — to redeem a pledge; 8. **движимое имущество** — chattels personal, personal chattels, personal estate, personal property, personal assets, things personal; 9. **залог имущества** — property as security; 10. **недвижимое имущество,** — real assets, real estate, real property, things real; 11. **общая валовая стоимость движимого имущества** — gross personalty; 12. **общая стоимость имущества** — total assets; 13. **общая чистая стоимость движимого имущества** — net personalty; 14. **передавать имущество в чье-л. владение** — to vest property in a person; 15. **стоимость имущества за вычетом обязательств; собственный капитал предприятия** — net worth, net assets; 16. **стоимость спасенного имущества** — salvage value; 17. **титул на движимое имущество** — title in personal property; 18. **управлять имуществом** — to administer property.

имя — name ◇ 1. **на наше имя; в нашу пользу** — in our favour; 2. **голосовать от имени кого-л.; действовать в качестве чьего-л. представителя или уполномоченного** — to stand proxy to someone; 3. **действующий от имени и по поручению принципала** — agent doing business for and on behalf of the principal; 4. **действующий от своего имени и за свой счет агент** — agent doing business on his own behalf, for himself and at his own expense; 5. **доверенность на имя ...** — warrant in the name of ...; 6. **от имени кого-л.; на имя кого-л.** — in the name of, on behalf of; 7. **подписывать от чьего-л. имени** — to sign on behalf of someone; 8. **чек на ваше имя** — check in your favour.

инвентаризация — inventory making, stock-taking ◇ 1. **инвентаризация; инвентарь; опись; наличные товары; товарные запасы; запасы; материально-производственные запасы; незавершенное производство** — inventory; 2. **инвентаризация в натуре** — physical stocktaking.

инвентарь — stock, inventory.

инвестированный капитал — vested capital.

инвестирование — investment.

инвестиционный — investment ◇ 1. **инвестиционная компания открытого типа** — open-end investment company; 2. **инвестиционная компания, имеющая фиксированную структуру капитала** — closed-end company; 3. **инвестиционное сотрудничество** — investment cooperation; 4. **инвестиционный банк** — investment bank, invested company; 5. **инвестиционный трест** — investment trust.

инвестиция — investment, capital investment ◇ 1. **инвестиция, капиталовложение** — placement of funds; 2. **интеллектуальные инвестиции** — intangible investment; 3. **компании по инвестициям недвижимости** — real estate investment trust; 4. **краткосрочные инвестиции** — temporary investments; 5. **портфельные инвестиции** — portfolio investments; 6. **реальные инвестиции; прямые инвестиции** — direct investment; 7. **требования к иностранным инвестициям** — investment performance requirements; 8. **финансовые инвестиции** — financial investment.

индекс — index ◇ 1. **индекс импортных цен** — import price index; 2. **индекс конкурентоспособности** — index of competitiveness; 3. **индекс критической оценки** — acid test ratio; 4. **индекс оптовых цен** — wholesale price index, level of commodity prices at wholesale; 5. **индекс потребительских цен** — consumer price index; 6. **индекс прожиточного минимума** — cost of living index; 7. **индекс промышленного производства** — industrial production index; 8. **индекс розничных цен** — retail price index; 9. **индекс средних цен; средняя цена товарной единицы** — unit value; 10. **индекс физического объема; количественный индекс** — quantum index, volume index; 11. **индекс цен на потребительские товары** — consumption price index.

индексация — index-linking, indexation.

индент — indent.

индоссамент — endorsement, indorsement ◇ 1. **индоссамент на чеке** — cheque endorsement; 2. **дружеский индоссамент; дружеская передаточная надпись** — accommodation endorsement; 3. **ограниченный индоссамент** — restrictive endorsement; 4. **полный индоссамент** — endorsement in full.

индоссант — endorser.

индоссатор — endorsee.

индоссировать — to endorse ◇ 1. **индоссировать вексель** — to endorse a bill; 2. **индоссировать вексель в пользу какого-л. лица** — to endorse a bill to a person.

инженер — engineer ◇ 1. **инженер по рационализации; ведущий инженер; инженер-мелиоратор** — development engineer; 2. **инженерно-технические работники** — engineering employees; engineers and technicians, nonproduction workers.

инкассатор — collector ◇ **банк-инкассатор** — collecting bank.

инкассирование — collection, encashment ◇ 1. **инкассирование долгов** — collection of debts; 2. **инкассирование векселя** — collection of a bill; 3. **расходы по инкассированию** — recovery charges; 4. **с прибавлением расходов по инкассированию** — with exchange.

инкассировать — to collect, to encash ◇ 1. **инкассировать долги** — to collect debts; 2. **инкассировать вексель или счет** — to collect a bill; 3. **инкассировать; требовать уплаты** — to call in.

инкассо — collection of payment, encashment ◇ 1. **инкассо с последующим акцептом** — collection with subsequent acceptance; 2. **вексель на инкассо** — bill for collection; 3. **взнос инкассо** — collection instalment; 4. **документарное инкассо** — documentary collection, documented collection; 5. **комиссия за инкассо** — commission for cashing; 6. **подлежит оплате с прибавлением расходов по инкассо** — payable with exchange; 7. **поручение инкассо** — collection order; 8. **посылать документы на инкассо** — to send documents for collection; 9. **принять документы на инкассо** — to undertake the collection of the documents; 10. **расходы по инкассо** — collection charges; 11. **сбор за инкассо** — collection charge; 12. **форма расчета инкассо** — collection payment; 13. **чистое инкассо** — clean collection.

инкассовый — collection ◇ 1. **инкассовое поручение** — letter of collection; 2. **инкассовый взнос** — collection instalment; 3. **бланк инкассового поручения по документированной тратте** — documentary bill lodgement form.

инспектирование — inspection ◇ **предусмотренное при экспорте инспектирование** — scheduled export inspection.

инспектор — inspector ◇ 1. **инспектор классификационного общества, инспектор кораблестроения** (судовой эксперт; контролер; таможенный досмотрщик) — surveyor; 2. **главный инспектор** — chief inspector; 3. **таможенный инспектор** — surveyor of customs.

инстанция — instance.

институт — institute ◇ 1. **институт** (учреждение; объединение) — institute; 2. **кредитно-финансовые институты** — financial institutions.

инструктировать — to instruct, to give instructions.

инструкция — instruction, direction ◇ 1. **инструкции по при-**

менению — directions for use; 2. **выполнять инструкции** — to carry out instructions; 3. **действовать против инструкции** — to contravene instructions; 4. **противоположные инструкции** — instructions to the contrary.

инструментальный — instrumental, tool-making ◇ 1. **инструментальное дело** — tool engineering; 2. **инструментальный цех** — tool shop.

интенсивность — intensity.

интервенция — intervention ◇ 1. **интервенция банка** — banking support; 2. **форвардная интервенция** — forward intervention.

интерес — interest ◇ 1. **защита чьих-л. интересов** — safeguards for one's interest; 2. **противоречие интересов** — clash of interest; 3. **страхуемый интерес** — insurable interest; 4. **учитывать чьи-л. интересы** — to consult somebody's interest.

инфляционный — inflationary ◇ 1. **инфляционная спираль цен** — inflationary price spiral; 2. **инфляционный риск** — price risk.

инфляция — inflation ◇ 1. **инфляция спроса** — demand pull; 2. **необузданная инфляция; гиперинфляция** — runaway inflation; 3. **приостановить инфляцию** — to arrest inflation; 4. **скрытая инфляция; подавленная инфляция** — suppressed inflation.

инфраструктура — infrastructure.

ипотека — mortgage.

ипотечный — mortgage ◇ 1. **ипотечная облигация** — mortgage bond; 2. **ипотечный акт, закладная** — mortgage deed; 3. **ипотечный банк** — mortgage bank; 4. **ипотечный кредит** — mortgage credit, real estate loan; 5. **земельный ипотечный банк** — real estate bank.

иск — action, suit ◇ 1. **иск из нарушения владения** — action of trespass; 2. **иск или ходатайство о признании чего-л. недействительным** — plea of nullity; 3. **иск об убытках** — action for damages; 4. **иск о взыскании** — legal action for recovery; 5. **иск о нарушении прав из патента** — patent suit; 6. **иск о нарушении** — default claim; 7. **иск о неисполнении обязательств** — action for default on obligations; 8. **иск о признании чего-л. недействительным** — action for nullity, nullity suit; 9. **возбудить иск против кого-л.** — to claim on a person; 10. **встречное требование, встречный иск** — claim in return, counter claim, counter action; 11. **обеспечение иска судом** — security for a claim through the court; 12. **обращаться с иском в** — to refer a claim to; 13. **определить обоснованность иска** — to meet a claim; 14. **основной иск, преимущественное требование** — prior claim; 15. **оспаривать иск** — to contest a claim, to meet a claim; 16. **отказать в иске, отклонить иск** — to dismiss an action; 17. **по иску** — at suit; 18. **предъявить иск к кому-л. о чем-л.** — to make a claim against somebody for something, to bring an action against someone; 19. **предъявленный иск** — filed action; 20. **принудительно осуществить посредством иска; взыскать в судебном порядке** — to enforce by action; 21. **цена иска** — claim amount.

искать — to seek.

исковой — plaint, of a claim ◇ 1. **исковая давность** — limitation; 2. **исковое заявление** — plaint note, statement of a claim.

искусственно — artificially ◇ 1. **искусственно поддерживать** (охранять от колебаний) — to peg; 2. **искусственно повысить курс** — to force up the exchange; 3. **искусственно повышать или понижать цены, курсы** — to rig the market; 4. **искусственно поддерживаемый курс** — pegged exchange.

исполнение — fulfilment, execution, discharge ◇ 1. **исполнение бюджета** — outturn of the budget; 2. **исполнение в натуре** — specific performance; 3. **исполнение договора; оформление договора** — execution of a contract, performance of a contract; 4. **исполнение надлежащим образом** — adequate execution; 5. **исполнение обязательства** — discharge of an obligation; 6. **возложить исполнение на кого-л.** — to entrust smb. with the execution; 7. **во исполнение ваших указаний** — in fulfilment of your instructions; 8. **встречное исполнение** — reciprocal execution; 9. **в руках; в исполнении** — in hand; 10. **гарантия исполнения** — performance bond; 11. **досрочное исполнение** — prior execution; 12. **мировое соглашение; соглашение о замене исполнения** — accord and satisfaction; 13. **отсрочить исполнение приговора** — to arrest judgment; 14. **отчисления во исполнение договора** — allocations to execute the contract; 15. **приведение в исполнение судебного решения принудительным путем** — enforcement of judgement; 16. **привести в исполнение исполнительный лист** — to execute a writ; 17. **приводить в исполнение, осуществлять** — to carry into effect; 18. **принятый для исполнения тендер** — awarded tender; 19. **приступить к исполнению заказа** — to put an order in hand.

исполненный — fulfilled, executed.

исполнительный — executive, industrious, careful, thorough, efficient ◇ **исполнительный лист** — writ of execution.

использование — utilization, use ◇ 1. **использование запасов сырьевых материалов** — inroads into raw material stocks; 2. **использование отходов** — waste utilization; 3. **использование средств** — draft on funds; 4. **коэффициент использования** — use factor; 5. **операция по использованию блокированного счета в какой-л. стране для капиталовложений в этой же стране; валютная спекуляция на курсовой разнице** — switch deal.

использовать — to use, to utilize, to make use, to take the most

of, to take advantage, to turn to account, to use up ◇ 1. **использовать квоту; выбрать квоту** — to take up a quota; 2. **использовать полномочия** — to use power; 3. **использовать право удержания** — to exercise a lien; 4. **использовать финансирование по назначению** — to use financing as required; 5. **выгодно использовать** — to use to advantage.

исправлять — to correct, to repair, to mend, to reform, to redress, to make amends ◇ **исправлять** (приводить в порядок, в соответствие) — to adjust.

испытание — test, trial ◇ 1. **испытание для определения коэффициента полезного действия** — efficiency test; 2. **испытание для отправки на экспорт** — export test; 3. **выдержать испытание** — to pass a test, to stand the test; 4. **контрольное испытание** — check test, monitoring test, routine test, test trial; 5. **подвергать испытанию** — to put to the test; 6. **приемное испытание** — purchase trial; 7. **приемочное испытание; официальное испытание** — official test.

истекать — to elapse, to expire, to fall in, to run out.

истец — plaintiff, petitioner, prosecutor.

источник — spring, source ◇ 1. **знать из достоверного источника** — to known on good authority; 2. **из авторитетных источников** — from the highest quarters; 3. **из достоверного источника** — from a reliable source; 4. **источник дохода** — source of income; 5. **источник снабжения** — source of supply; 6. **товар, являющийся источником получения долларов** — dollar earning commodity.

истощать — to exhaust, to wear out, to drain, to run dry, to run out, to drain away.

истощение — exhaustion, emaciation ◇ **истощение золотого запаса** — a drain on the gold reserve.

исчисление — calculation ◇ 1. **в процентном исчислении** — in percentage terms; 2. **в реальном исчислении** — in real terms.

итог — sum, total, result, footing ◇ 1. **в конечном итоге; в итоге** — in the issue; 2. **итог по смете** — estimated total; 3. **подведение итогов за год** — yearly settlement; 4. **подводить итог, подсчитывать** — to total up; 5. **отчетные данные или итоги операций за год** — annual returns; 6. **подводить итог** — to sum up; 7. **частный итог** — subtotal.

К

кабель — cable.
кабельный — cable.
каблограмма — cablegram.
каботаж — cabotage, coasting, coasting-trade ◇ каботаж; внутренняя торговля — home trade.
кадры — personnel, cadre, manpower.
казна — exchequer, treasury, public coffers purse (chest).
казначейский — treasure ◇ 1. **казначейская эмиссия** — government issue; 2. **казначейские билеты** — Treasury notes, legal tender notes; 3. **казначейские боны; долгосрочные казначейские обязательства; собственные облигации в портфеле** — treasury bonds; 4. **казначейские бумаги, облигации** — Treasury stock, gilt-edged securities; 5. **казначейские ноты** — Treasury notes; 6. **казначейские сертификаты** — currency certificates; 7. **казначейский вексель** — exchequer bill; 8. **краткосрочный казначейский вексель** — treasury bill; 9. **"теплые" казначейские векселя; казначейские векселя нового выпуска** — "hot" treasury bills.
казначейство — treasury ◇ 1. **обязательства казначейства США сроком действия от года до 10 лет** — treasury note; 2. **ссуды казначейству для покрытия бюджетных расходов** — ways and means advances.
калькулировать — to calculate.
калькуляция — calculation.
камбист — cambist.
камера — cell, chamber ◇ рефрижераторная камера — cold-storage chamber.
канцелярский — office; formal, dry ◇ канцелярская ошибка, описка — clerical error.
капитал — capital ◇ 1. **капитал** (ценные бумаги) — capital; 2. **капитал и проценты** — principal and interest; 3. **капитал, вывозимый за границу** — flight capital; 4. **капитал, не приносящий дохода** — unapplied funds; 5. **авансированный капитал** — advanced capital; 6. **акционерный капитал банка** — bank stock; 7. **акционерный капитал компании** — capital of a company; 8. **акционерный капитал корпорации** — corporation stock; 9. **акционерный капитал** — joint stock, share capital, subscribed capital, stock capital; 10. **акционерный капитал, выпущенный в обращение** — outstanding capital stock; 11.**акционерный капитал, выпущенный компанией** — issued capital; 12. **бегство капитала** — capital exports, exodus of capital; 13. **вложить ка-**

питал во что-л. — to tie up the capital in something; 14. **вложить капитал в предприятие** — to invest capital in an undertaking; 15. **вывоз капитала** — export of capital; 16. **движение долгосрочного капитала** — long-term capital movement; 17. **движение капитала, вывозимого за границу** — flight movement of capital; 18. **заемный капитал; ссудный капитал** — loan capital, debenture capital, debt capital; 19. **запасной капитал** — funded reserve; 20. **запасный капитал, помещенный в ценные бумаги** — funded reserve; 21. **затраты переменного капитала** — variable capital costs; 22. **износ основного капитала** — wear and tear; 23. **иметь капитал в один миллион** — to be worth a million; 24. **иностранный капитал** — foreign fund; 25. **крупный капитал; крупные концерны; крупные тресты** — big business; 26. **ликвидный капитал** — available capital; 27. **мертвый капитал** — idle capital; 28. **неоплаченный капитал** — called-up capital; 29. **номинальный капитал** — nominal capital; 30. **обладать капиталом** — to be worth; 31. **оборотный капитал** — current assets, circulating capital, floating capital, rolling capital, trading capital, working capital; 32. **оборот капитала** — turnover of capital; 33. **обыкновенный капитал** — ordinary capital; 34. **основной капитал** — original capital, stock of capital, fixed capital, fixed assets; 35. **отлив капитала** — outflow of capital; 36. **подписной капитал** — subscribe capital; 37. **постоянный капитал** — constant capital; 38. **привилегированный капитал с дополнительным правом** — participating preference capital; 39. **прирост основного капитала** — capital formation; 40. **разводненный акционерный капитал** — watered capital; 41. **разрешенный к выпуску акционерный капитал** — nominal capital, registered capital; 42. **резервный капитал** — reserve capital, reserve fund, reserve liability, accumulated surplus, profit and loss surplus, buffer stock; 43. **рисковой капитал** — venture capital; 44. **рынок ссудного капитала** — money market; 45. **свободный капитал** — spare capital; 46. **собственный капитал; уставной капитал** — ownership capital, authorized capital stock; 47. **собственный капитал предприятия** — net worth; 48. **ссудный капитал** (*см. заемный капитал*); 49. **уменьшение акционерного капитала** — reduction of share capital; 50. **уставной капитал; разрешенный к выпуску акционерный капитал** — authorized capital; 51. **фиктивный капитал** — fictitious capital, property capital; 52. **крупный финансовый капитал; крупные финансовые операции; крупное мошенничество** — high finance.

капитализация — capitalization ◇ 1. **без капитализации** — ex cap; 2. **с капитализацией** — cum capitalization.

капитализированный — ploughed, capitalized ◇ **капитализированная прибыль** — ploughed back earnings, ploughed back profit.

капиталовложение — investment ◇ 1. **возможности для капита-**

ловложений — scope for investment; 2. **государственные капиталовложения** — public investments; 3. **длительное капиталовложение** — permanent investment; 4. **меняющееся направление капиталовложений** — shifting investment pattern; 5. **продажа заграничных капиталовложений; сокращение заграничных капиталовложений** — external disinvestment; 6. **фонд капиталовложений с высокой долей риска или общий инвестиционный траст-фонд** — gogo fund.

капиталоемкий — capital intensive.

капиталоемкость — capital intensity.

капитальный — capital ◇ 1. **капитальное строительство** — capital construction, capital development; 2. **капитальные затраты** — capital costs, capital expenditures, capital outlay; 3. **капитальные расходы** — government capital expenditures; 4. **капитальный ремонт** — extensive repairs.

карантин — quarantine ◇ **подвергнуть карантину** — to subject to quarantine.

карантинный — quarantine ◇ 1. **карантинное свидетельство** — bill of health; 2. **карантинный сбор** — quarantine dues, quarantine fees.

карго — cargo.

картелировать — to cartelize.

картель — cartel, trade combination ◇ **картель судовладельцев** — shipping combination.

карточка — card ◇ 1. **дебетовая карточка** — debit card; 2. **карточка образцов** — pattern card, show card; 3. **карточный указатель** — card index; 4. **кредитная карточка** — credit card.

касса — cash-desk, till, booking-office; cash; case, cash department, cash office ◇ 1. **касса для мелких расходов; малая касса; мелкие суммы** — petty cash; 2. **наличность кассы; денежная наличность** — cash in vault; 3. **общество или касса взаимопомощи** — benefit society; 4. **остаток кассы** — cash balance; 5. **ревизия кассы** — cash audit; 6. **сберегательная касса при почтовом отделении** — post office saving bank.

кассация — cassation.

кассовый — cash ◇ 1. **кассовая книга** — cash book, till book; 2. **кассовая премия** — cash bonus; 3. **кассовая сделка** — cash transaction, spot business; 4. **кассовые поступления** — cash receipts; 5. **кассовый отчет** — cash report; 6. **кассовый индекс** — cash ratio; 7. **процент кассовой наличности** — cash ratio.

каталог — catalogue.

категорический — categorical, flat ◇ **категорический отказ** — flat refusal, flat rejection.

категория — category ◇ 1. **относиться к категории, попадать под категорию** — to fall into a category; 2. **распределять по категориям** — to sort out.

качественный — qualitative; of high quality.

качество — quality ◇ 1. **качество во время погрузки** — shipped quality; 2. **качество выгруженного товара** — landed quality; 3. **качество на риск покупателя** — caveat emptor (*лат.*); 4. **качество не соответствует спецификации** — the quality does not correspond with the specification; 5. **качество, пригодное для торговли** — merchantable quality; 6. **высшее качество** — high quality, first quality; 7. **обычное экспортное качество** — shipping quality; 8. **самое низкое качество товара, приемлемое при его поставке по срочному контракту** — sample grade; 9. **справедливое среднее качество сезонных отправок в месте и по времени отправки** — fair average quality of the season's shipment at time and place of shipment; 10. **справедливое среднее качество; по среднему качеству** — fair average quality, medium quality.

квадрат — square.

квалификация — qualification, level of proficiency, professional skill ◇ **работник массовой квалификации** — average worker.

квалифицированный — skilled, trained, qualified.

квитанция — receipt, quittance ◇ 1. **квитанция на мелкие партии груза** — parcel receipt, parcel ticket; 2. **квитанция на предъявителя** — receipt to the bearer; 3. **квитанция об уплате взноса за акцию** — instalment scrip; 4. **багажная квитанция** — luggage ticket; 5. **депозитная квитанция; сохранная расписка; депозитный сертификат** — deposit receipt; 6. **доковая квитанция** — dock receipt; 7. **залоговая квитанция** — pawn ticket; 8. **товарная квитанция, складская расписка** — warehouse-keeper's certificate (receipt), warehouse receipt.

квота — quota ◇ 1. **импортные квоты** — import quota; 2. **использовать квоту; выбрать квоту** — to take up a quota; 3. **общая квота** — global quota, omnibus quota; 4. **тарифная квота** — tariff quota; 5. **экспортные квоты** — export quotas.

классификация — classification ◇ 1. **классификация основных ставок зарплаты рабочих** — job classification; 2. **классификация судов** — vessel rating; 3. **официальная классификация импортных и экспортных товаров** — official import and export list; 4. **таможенная классификация товаров; таможенный тариф** — customs schedule.

класть — to lay.

клаузула — clause, stipulation, condition, proviso.

клиент — client, customer ◇ **ссуды клиентам банка** — advances to customers.

клиринг — clearing ◇ 1. **клиринг по системе двух счетов** — clearing on a double account system; 2. **клиринг-банк; банк** — член расчетной палаты — clearing bank; 3. **внутренний клиринг** — bank clearing; 4. **двусторонний клиринг** — bilateral clearing;

5. **межбанковский клиринг** — bank clearing; 6. **международный клиринг** — agreement currency; 7. **суммы безналичных расчетов между клиринг-банками** — bank clearings; 8. **односторонний клиринг; принудительный клиринг** — unilateral clearing, compulsory clearing; 9. **расчетный или клиринговый банк** — Clearing Bank; 10. **расчеты в форме клиринга** — clearing payments; 11. **технический кредит по двустороннему клирингу** — bilateral clearing credit.

клиринговый — clearing ◇ **клиринговая цена** — clearing price.

книга — book ◇ 1. **книга акционеров** — share register; 2. **книга для регистрации перевода именных ценных бумаг с одного владельца на другого** — register of transfers; 3. **книга трансфертов** — register of transfers; 4. **вести бухгалтерские книги** — to keep books; 5. **кассовая книга** — cash book, till book; 6. **заключение книг, счетов** — settlement of accounts; 7. **проверить торговые книги** — to verify the books; 8. **справиться по бухгалтерским книгам** — to consult one's books; 9. **справочная книга о фирмах** — trade directory; 10. **стоимость по торговым книгам** — book value; 11.**счетная книга; бухгалтерская книга** — account book.

кожа — skin; leather.

колебание — fluctuation ◇ 1. **колебание курса валюты** — fluctuation in exchange; 2. **колебание цен на рынке** — market fluctuation; 3. **зависеть от колебаний рынка** — to be subject to market fluctuations; 4. **небольшие колебания конъюнктуры** — rolling adjustment; 5. **подверженный колебаниям** — liable to variations; 6. **поправка на сезонные колебания** — adjustment for seasonal variations; 7. **пределы колебания** — margin of fluctuation; 8. **резкое колебание конъюнктуры в течение короткого периода** — short-swing change; 9. **резкое колебание; резкая перемена** — swing over; 10. **сезонные колебания** — seasonal fluctuations; 11. **случайные колебания** — change fluctuations, random fluctuations; 12. **с устранением колебания цен** — adjusted for changes in prices; 13. **уменьшить колебание** — to steady the fluctuation; 14. **чистые колебания валютного курса** — clean float.

количество — quantity, amount, number ◇ 1. **количества в процентах следующие** — the percentage are as follows; 2. **количеством; в количестве** — in number; 3. **количество денег в обращении** — money supply; 4. **количество не сходится с фактурой** — the quantity does not agree with the invoice; 5. **количество товара на складе** — storage on hand; 6. **количество, указанное в договоре** — contracted quality; 7. **большие количества** — large tonnage, a great number of, merchant quantities; 8. **большое количество срочных дел** — pressure of business; 9. **большое количество невыполненных заказов, большой портфель заказов** —

long order book; 10. **в большом количестве** — in quantity; 11. **в количествах, кратных чему-л.** — in multiples of; 12. **доставка неполного количества** — short delivery; 13. **значительные количества** — fair quantities; 14. **обязательное минимальное количество, продаваемое по контракту** — trading unit; 15. **партия в количестве ... штук** — consignment consisting of ... pieces; 16. **погруженное количество** — intake quantity; 17. **поступать в недостаточном количестве; быть дефицитным** — to be in short supply; 18. **продажа больших количеств, продажа крупных партий** — volume sales; 19. **производить в больших количествах** — to produce in volume, to produce on the line.

количественный — quantitative ◇ 1. **количественный индекс** — quantum index; 2. **количественные ограничения, контингентирование** — quantitative restrictions.

коллекция — collection ◇ **коллекция образцов** — collection of samples.

комбинация — combination.

комиссар — commissioner ◇ **аварийный комиссар** — average commissioner.

комиссионер — agent, broker, factor, jobber, commission agent, mercantile agent, sales representative ◇ **комиссионер, берущий на себя делькредере** — del credere agent.

комиссионный — commission ◇ 1. **комиссионная палата** — commission house; 2. **комиссионная продажа** — commission sale; 3. **комиссионная фирма** — confirming house; 4. **комиссионная, маклерская или брокерская фирма** — commission house; 5. **комиссионное поручение** — commission order; 6. **комиссионные банку** — bank commission; 7. **комиссионные за закупку** — buying commission; 8. **комиссионные за продажу** — selling commission; 9. **комиссионные** — commitment fee.

комиссия — commission ◇ 1. **комиссия за инкассо** — commission for cashing; 2. **комиссия за предоставление кредита** — facility fee; 3. **комиссия за совершение операций** — commission for service; 4. **комиссия за управление** — management fee; 5. **комиссия за участие** — participation fee; 6. **комиссия по вопросам заработной платы** — trade board; 7. **комиссия за гарантию размещения займа или ценных бумаг; комиссия страховому маклеру** — underwriting commission; 8. **комиссия, взимаемая банком** — banking charges; 9. **комиссия, взимаемая за выполнение поручения от имени участника фондовой биржи** — members rate; 10. **комиссия, выплачиваемая банку за неиспользованную часть кредита** — commitment fee; 11.**брать на комиссию** — to take on sale; 12. **брокерская комиссия** — brokerage; 13. **единообразная ставка комиссии** — flat commission; 14. **рабочая комиссия** — working team; 15. **специализированная ко-**

миссия — ad hoc commission; 16. **уплата комиссии и процентов по займам** — service charge on a loan.

комитент — consignor.

комитет — committee.

коммерческий — commercial ◇ 1. **коммерческая корреспонденция** — commercial correspondence; 2. **коммерческая подделка** — commercial counterfeiting; 3. **коммерческая тайна** — commercial secret; 4. **коммерческий акт** — carrier's statement; 5. **коммерческий банк** — business bank, trading bank; 6. **коммерческий банк, банк взаимного кредита** — credit bank, commercial bank; 7. **коммерческий вексель, оборотные кредитно-денежные документы; деловые бумаги** — commercial paper, commercial bill; 8. **коммерческий риск** — risk of loss; 9. **адресные коммерческие бумаги** — direct paper; 10. **акционерный коммерческий банк** — joint stock bank; 11.**обычный коммерческий сорт** — good ordinary brand; 12. **частный коммерческий банк** — private bank.

компания — company ◇ 1. **компании по инвестициям недвижимости** — real estate investment trust; 2. **компания для финансирования продаж в рассрочку** — instalment credit company, sales finance company; 3. **компания с неограниченной ответственностью ее членов** — unlimited company; 4. **компания с ограниченной ответственностью членов акционерного общества** — limited liability company, company limited; 5. **компания, занимающаяся сухопутными перевозками** — land carrier; 6. **компания, контрольный пакет акций которой принадлежит одному лицу** — one-man company; 7. **компания, организованная на основе правительственной концессии** — chartered company; 8. **компания, распоряжающаяся голосами по акциям своих клиентов** — voting trust; 9. **компания-учредитель; компания, эксплуатирующая патент; контролирующая компания; материнская компания; основное общество** — parent company; 10. **акционерная компания или банк с ограниченной ответственностью** — joint stock company; 11. **акционерная компания, учрежденная на основании особого акта парламента** — statutory company; 12. **акционерное общество, компания** — joint stock company; 13. **“внучатая” компания** — sub-subsidiary; 14. **дочерняя компания; подконтрольная компания** — sub-company, affiliated company, subsidiary company; 15. **дутая компания; фиктивная компания** — bogus company; 16. **“заграничная” компания** — off-shore company; 17. **закрытая компания** — close company, closed company; 18. **инвестиционная компания открытого типа** — open-end investment company; 19. **инвестиционная компания, имеющая фиксированную структуру капитала** — closed end company; 20. **местонахождение компании** — seat of the company; 21. **привилегированная компания**

— chartered company; 22. **привилегированная частная компания** — exempt private company; 23. **рекламная компания** — advertising campaign; 24. **смешанная компания** — mixed company; 25. **судоходные компании** — shipping interests; 26. **трест-компания** — trust company; 27. **финансовая компания** — finance company; 28. **холдинговая банковская компания** — bank holding company; 29. **холдинг-компания; холдинговая компания; компания-держатель; компания-учредитель** — holding company; 30. **частная компания** — private company.

компаньон — partner ◇ 1. **компаньон, не участвующий активно в деле и не известный клиентуре** — dormant partner; 2. **компаньон, не участвующий активно в деле, но фигурирующий как член фирмы** — silent partner; 3. **выход компаньона из товарищества** — withdrawal of partner; 4. **главный компаньон, глава фирмы** — senior partner; 5. **принятие компаньона** — admission of a partner.

компенсационный — compensating, compensatory ◇ 1. **компенсационная** (уравнительная) **пошлина** — countervailing duty; 2. **компенсационная сделка** — compensation deal, compensation transaction; 3. **компенсационная торговля** — compensation trade; 4. **компенсационное финансирование** — compensatory trade; 5. **компенсационный аккредитив** — back-to-back letter of credit; 6. **компенсационный баланс** — compensation balance; 7. **компенсационный заем** — back to back loan; 8. **компенсационный кредит** — back to back credit; 9. **компенсационный тариф** — compensatory tariff; 10. **простой компенсационный контракт** — compensation transaction.

компенсация — compensation, indemnification, indemnity ◇ 1. **компенсации за, в виде зачета, вознаграждения за** — as an offset against; 2. **компенсация за убыток, ущерб** — allowance for damage; 3. **компенсация; возмещение; окупаемость** — recoupment; 4. **величина валютной компенсации** — monetary compensation amount; 5. **имущественно-товарная компенсация** — compensation in kind; 6. **получить компенсацию за убытки** — to recover damages.

компенсировать — to compensate, to make up, to indemnify.

компенсирующий — compensating.

комплекс — complex.

комплексный — complex, composite, combined ◇ **комплексные услуги** — comprehensive service.

комплект — complete set; complement, specified number ◇ 1. **комплект коносаментов, экземпляров переводного векселя** — set of bills; 2. **один экземпляр коносамента из комплекта, состоящего из трех экземпляров** — one part bill of lading out of a set of three.

комплектный — complete.

конверсионная премия — conversion premium.

конверсия — conversion ◇ **конверсия займа** — conversion of a loan.

конвертировать — to convert.

конвертируемый — convertible ◇ 1. **конвертируемая облигация** — convertible bond, convertible debenture; 2. **свободно конвертируемая валюта** — hard currency.

конечный — final, last, terminal; ultimate, eventual ◇ 1. **конечный результат** — the eventual result; 2. **в конечном итоге; в итоге** — in the issue.

конкурент — competitor, rival ◇ **предложение со стороны конкурентов** — competitive supply.

конкурентный — competitive ◇ 1. **конкурентная девальвация** — competitive devaluation; 2. **конкурентный лист** — competitive list.

конкурентоспособность — competitiveness, competitive power, competitive strength ◇ 1. **индекс конкурентоспособности** — index of competitiveness; 2. **показатели конкурентоспособности** — rates of competitiveness; 3. **совокупность критериев количественной оценки уровня конкурентоспособности товара** — rates of competitiveness.

конкурентоспособный — competitive ◇ **конкурентоспособная цена** — competitive price.

конкуренция — competition ◇ 1. **конкуренция на мировом рынке** — competition on the world market; 2. **внутриотраслевая конкуренция** — intraindustry competition; 3. **выдержать конкуренцию** — to meet competition; 4. **жестокая конкуренция** — severe competition; 5. **межотраслевая конкуренция** — interindustry competition; 6. **недобросовестная конкуренция** — unfair competition; 7. **неценовая конкуренция** — nonprice competition; 8. **ожесточенная конкуренция** — cut-throat competition; 9. **оживленная конкуренция** — active competition; 10. **правила конкуренции** — competition rules; 11. **рынок с сильной конкуренцией продавцов** — a highly competitive market; 12. **сильная конкуренция** — keen competition; 13. **ценовая конкуренция** — price competition.

конкурс — contest, competition, procedure in bankruptcy.

конкурсный — competitive ◇ 1. **конкурсная масса** — bankrupt's estate; 2. **конкурсное производство, производство по делам несостоятельных должников** — bankruptcy proceedings.

коносамент — bill of lading ◇ 1. **коносамент на груз, принятый для погрузки** — received for shipment bill of lading; 2. **коносамент на мелкий штучный груз** — omnibus bill of lading; 3. **коносамент складской** — custody bill of lading; 4. **коносамент с оговорками** — claused bill of lading; 5. **коносамент с отметкой "фрахт подлежит уплате грузополучателем"** — Freight Collect bill of lading; 6. **коносамент с отметкой "фрахт уплачен"** —

Freight Paid bill of lading; 7. **бортовой коносамент; коносамент на груз, принятый на борт судна** — on board bill of lading; 8. **внешний коносамент; коносамент на груз, отправляемый за границу** — outward bill of lading; 9. **выдать на партию несколько коносаментов** — to split a parcel on different bills of lading; 10. **"грязный" коносамент** — dirty bill of lading, foul bill of lading; 11. **застрахованный коносамент** — insured bill of lading; 12. **именной коносамент** — straight bill of lading; 13. **морской коносамент** — ocean bill of lading, ship bill of lading; 14. **ордерный коносамент с бланковой передаточной надписью** — bill of lading made to order and endorsed in blank; 15. **ордерный коносамент** — order bill of landing; 16. **переуступить коносамент** — to negotiate a bill of lading; 17. **портовый коносамент** — port bill of lading; 18. **прямой коносамент** — direct bill of lading; 19. **сборный коносамент; групповой коносамент** — groupage bill of lading; 20. **сквозной коносамент; сквозная транспортная накладная** — through bill of lading, transshipment bill of lading; 21. **транспортный коносамент** — consignment note, waybill; 22. **чистый коносамент** — clean bill of lading.

консалтинг — consulting.

консигнант — consignor.

консигнатор — consignee.

консигнационный — consignment ◇ 1. **консигнационная отправка товара** — goods on consignment; 2. **консигнационный агент** — agent carrying stocks; 3. **консигнационный склад** — consignment warehouse.

консигнация — consignment ◇ 1. **отправить на консигнацию** — to ship on consignment; 2. **послать товар на консигнацию** — to send goods on consignment.

консолидация — consolidation.

консолидированный — consolidated ◇ 1. **консолидированная рента, консоли** — bank annuities, consolidated annuities; 2. **консолидированный долг** — consolidated debt, permanent debt; 3. **консолидированный долг; облигационный заем** — bonded debt; 4. **консолидированный заем** — permanent loan; 5. **консолидированный фонд** — Consolidated Fund, consolidated fund.

консорциум — consortium ◇ 1. **консорциум, гарантирующий реализацию займа или размещение новых ценных бумаг** — underwriting syndicate; 2. **консорциум, организованный для размещения ценных бумаг** — distributing syndicate; 3. **подписной консорциум** — underwriting syndicate; 4. **руководство консорциумом** — syndicate manager(s); 5. **участие в консорциуме для гарантии размещения займа или ценных бумаг** — underwriting share.

конструкция — construction ◇ 1. **дефект в конструкции** — defect in design; 2. **разработка новых конструкций** — development engineering.

консультант — consultant ◇ 1. **советоваться с юридическим консультантом** — to consult one's legal adviser; 2. **технический консультант** — technical adviser.

консультация — consultation, advice.

контакт — contact ◇ 1. **вступить в контакт с организацией** — to contact an organization; 2. **деловые контакты** — business contacts; 3. **находиться в контакте с кем-л.; быть в курсе чего-л.** — to be in touch with; 4. **установить контакт** — to get into contact, to get in touch.

контанго — contango.

контейнер — container.

контингент — contingent, quota ◇ 1. **контингенты, установленные с целью получения торговых уступок** — bargaining quotas; 2. **ввозные контингенты** — import quotas; 3. **общий контингент; общая квота** — omnibus quota; 4. **установить контингенты** — to impose bargaining quotas.

контингентирование — quantitative restrictions, quarantine regulations, quantitative regulation of foreign trade ◇ **контингентирование ввоза** — quantitative regulation of imports.

контокоррент — current account.

контокоррентный — (*adj. to:* контокоррент) ◇ 1. **контокоррентный кредит** — current account credit; 2. **контокоррентный счет; контокоррент; текущий счет** — book account; current account, account current.

контора — office, bureau ◇ 1. **контора адвоката; кабинет судьи** — chambers; 2. **контора отделения** — branch office; 3. **акцептная контора, банк** — acceptance house; 4. **билетная контора, касса** — booking-office; 5. **главная контора** — head office, principal office; 6. **справочная контора о кредитоспособности; торговое агентство; кредитбюро** — mercantile agency; 7. **торговая контора, помещение** — place of business; 8. **транспортная контора** — express company; 9. **экспедиторская контора, транспортная контора** — forwarding business.

контрагент — contracting party.

контракт — contract, agreement ◇ 1. **контракт без оговоренного срока действия** — open-end contract; 2. **контракт без оговорки** — contract without reservations; 3. **контракт с заранее согласованной ценой** — flat fee contract; 4. **контракт с корректировкой фиксированной цены** — fix-price contract with redetermination; 5. **контракт с фиксированной начальной ценой, пересматриваемой на определенных этапах выполнения работ** — fix-price-redeterminable prospective contract; 6. **контракт, купленный в расчете на повышение цены** — long contract; 7. **бартерный контракт** — barter transaction; 8. **быть обязанным по**

контракту — to be bound by contract; 9. **глобальный контракт** — prime contract; 10. **двусмысленность в контракте** — ambiguity in contract; 11. **действующий контракт** — the contract in force; 12. **делимый контракт** — severable contract; 13. **долгосрочный контракт** — long-term contract; 14. **досрочно ликвидировать контракт** — to ring out; 15. **заключение контракта с лицом, предложившим на торгах самую низкую цену** — adjudication of the contract to the lowest bidder; 16. **заключение контракта** — conclusion of a contract; 17. **заключить контракт, договор** — to contract; 18. **как обусловлено в контракте** — as agreed upon in the contract; 19. **ликвидировать контракт с отнесением разницы в цене за счет покупателя** — to close out the contract against the buyer; 20. **неликвидированные срочные контракты; открытая позиция** — open position; 21. **объем торговых контрактов** — contract trading volume; 22. **парафирование контракта** — initialling of a contract; 23. **продавать контракт на сторону** — to sell out; 24. **продать контракт на сторону с отнесением разницы за счет первоначального покупателя; ликвидировать контракт в случае невзноса маржи клиентом брокера** — to sell out against the buyer; 25. **простой компенсационный контракт** — compensation transaction; 26. **срочные контракты; договоры с централизованным расчетом** — settlement house contracts; 27. **срочные контракты; фьючерсы; сделки на срок, срочные сделки; товары, покупаемые или продаваемые на срок** — futures; 28. **условия контракта** — terms of contract; 29. **фрахтовый контракт** — charterparty; 30. **фьючерсный контракт "красного месяца"** — red futures contract month.

контрактный — contract ◇ 1. **контрактная цена** — contract price; 2. **контрактный курс** — rate stipulated in contract; 3. **контрактный месяц** — contract month.

контрассигнация — countersign.

контрафакция — counterfeit, counterfeiting, infringement.

контролер — inspector; ticket-collector ◇ **контролер, счетчик, отметчик; таллиман; лицо, продающее товар в рассрочку; лицо, продающее товар по образцам** — tally man.

контролировать — to control, to check.

контролирующий — controlling, checking ◇ 1. **контролирующая (материнская) компания; компания-учредитель; компания** — parent company; 2. **контролирующее общество** — controlling company; 3. **контролирующее общество** (акционерное общество, владеющее землей, которую оно продает по частям или сдает в аренду) — proprietary company; 4. **контролирующий банк** (банк-учредитель) — parent bank.

контроль — control ◇ 1. **валютный контроль, валютное регулирование** — exchange control, currency exchange regulation; 2. **выйти из под контроля** — to get out of hand; 3. **Комитет по**

контролю за соблюдением Британского рекламного кодекса — Code of Advertising Practice Committee; 4. **под контролем** — under the control; 5. **экспортный контроль** — export quotas.

контрольный — control, check ◇ 1. **контрольное испытание** — check test, monitoring test, routine test, test trial; 2. **контрольный пакет** — working control; 3. **иметь контрольный пакет акций какой-л. компании** — to have a controlling interest in a company; 4. **компания, контрольный пакет акций которой принадлежит одному лицу** — one-man company.

контроферта — counter-offer.

контрпредложение — counter-offer, counter-proposition.

контрпретензия — counteraction, counterclaim.

контрсталия — demurrage.

контр-счет — contra account.

конференция — conference.

конфиденциальный — confidential ◇ **лично и конфиденциально** — private and confidential.

конфискация — confiscation, seizure ◇ **акт о конфискации груза таможней** — seizure note.

конфликт — conflict, dispute; clash ◇ 1. **разрешение конфликта** — dispute resolution; 2. **трудовой конфликт** — industrial dispute.

конфликтовать — to clash (with), to come up (against).

концерн — concern ◇ 1. **крупный концерн** — major concern; 2. **крупные концерны; крупный капитал; крупные тресты** — big business; 3. **функционирующий концерн** — going concern.

концессионер — concessionary.

концессия — concession ◇ **компания, организованная на основе правительственной концессии** — chartered company.

конъюнктура — conditions, conjuncture, juncture, state of affairs, state of the market ◇ 1. **конъюнктура рынка** — business condition; 2. **конъюнктура рынка какого-л. товара на основании статистических данных** — statistical position; 3. **конъюнктура рынка полностью поменялась** — a complete change has taken place in the market; 4. **деловая, хозяйственная конъюнктура** — business conditions; 5. **небольшие колебания конъюнктуры** — rolling adjustment; 6. **перемена в конъюнктуре рынка** — turn in the market; 7. **повышательная рыночная конъюнктура** — gaining market; 8. **понижательная конъюнктура рынка; падающие цены** — losing market; 9. **прогноз конъюнктуры** — business forecasting; 10. **резкое колебание конъюнктуры в течение короткого периода** — short-swing change; 11.**рыночная повышательная конъюнктура** — рынок продавца — sellers' market; 12. **ухудшение конъюнктуры; уменьшение деловой активности** — contraction in business conditions; 13. **хозяйственная конъюнктура** — economic conditions.

конъюнктурный — conjuncture ◇ 1. **конъюнктурные исследования** — market investigation; 2. **конъюнктурный период** — market swing.
кооператив — cooperative ◇ 1. **пай в кооперативе** — co-op share; 2. **производственный кооператив** — production co-operative.
кооперативный — co-operative ◇ 1. **кооперативный банк** — co-operative bank; 2. **кредитное кооперативное товарищество; общество взаимного кредита** — mutual loan society.
кооперация — co-operation ◇ 1. **международная кооперация** — international co-operation; 2. **потребительская кооперация** — consumer's co-operative society; 3. **прямая кооперация** — direct co-operation.
копировать — to copy.
копия — copy; duplicate ◇ 1. **копия фактуры** — copy of the invoice; 2. **копия через копирку** — carbon copy; 3. **копия, остающаяся в делах** — office copy; 4. **засвидетельствованная копия, заверенная копия** — attested copy; 5. **согласно прилагаемой копии** — as per copy enclosed.
корешок — counterfoil.
корзина — basket ◇ 1. **валютная корзина, корзина валют** — currency basket; 2. **потребительская корзина, бюджетный набор** — basket of goods, consumer goods basket.
корнер — corner.
короткий — short ◇ 1. **короткая позиция** — short position; 2. **короткий период времени** — spell; 3. **короткий период оживленной торговли** — spell of trading; 4. **короткий период получения больших прибылей** — profitable spell; 5. **короткий неполный рабочий день** — short hours; 6. **короткая (неполная) рабочая неделя** — short time; 7. **короткое покрытие** — covering operations, short covering; 8. **коротко (сжато)** — shortly; 9. **взять ссуду на короткий срок; выдать краткосрочное обязательство** — to borrow short; 10. **в короткий срок** — in the short run; 11. **незастрахованная длинная или короткая позиция** — naked position.
корпорация — corporation ◇ 1. **корпорация, состоящая из совокупности лиц** — aggregate corporation, corporation aggregate; 2. **корпорация, учрежденная путем дарования патента** — corporation created by Letters Patent; 3. **акционерная корпорация; акционерное общество** — stock corporation; 4. **акционерный капитал корпорации** — corporation stock; 5. **единоличная корпорация** — corporation sole; 6. **зарегистрированный как корпорация** (в качестве юридического лица) — incorporated; 7. **опекунская корпорация** — trustee corporation; 8. **публично-правовая корпорация** — public corporation; 9. **регистрация корпорации** — incorporation; 10. **свидетельство о регистрации акционерной корпорации** — articles of incorporation; 11. **устав корпорации** — corporation by-laws; 12. **ценные бумаги, выпущенные корпорациями** — corporation securities.
корреспондент — correspondent; reporter ◇ 1. **корреспондент;**

фирма, связанная с данной фирмой; клиент; заказчик — business friend; 2. **банк-корреспондент** — corresponding bank.

корреспондентский — corresponding ◇ 1. **корреспондентский счет** — corresponding account; 2. **корреспондентское соглашение** — corresponding agreement.

косвенный — indirect ◇ 1. **косвенная валютная котировка** — indirect currency quotation; 2. **косвенные налоги** — indirect taxes; 3. **косвенный валютный арбитраж** — indirect exchange, indirect currency arbitrage; 4. **косвенный налог** — hidden tax.

котировать — to quote.

котировка — quotation ◇ 1. **котировка на рынке, на котором дилер может совершить операцию на крупную сумму** — real market; 2. **котировка облигаций** — bound quotation; 3. **котировка при закрытии биржи, заключительный курс** — closing quotation; 4. **котировка товара с немедленной сдачей** — spot quotation; 5. **валютная котировка** — quotation currency; 6. **косвенная валютная котировка** — indirect quotation; 7. **прямая валютная котировка** — direct quotation; 8. **рыночные или биржевые котировки** — market quotations; 9. **твердая котировка** — firm quote.

коэффициент — coefficient, factor ◇ 1. **коэффициент использования производственных мощностей** — capacity utilization; 2. **коэффициент использования** — use factor; 3. **коэффициент ликвидности, коэффициент покрытия** — current ratio; 4. **коэффициент наличности; кассовый индекс** — cash ratio; 5. **коэффициент обслуживания долга** — debt service ratio; 6. **коэффициент относительной доходности** — earning yield; 7. **коэффициент резерва, процент резерва** — Reserve Ratio; 8. **коэффициент рентабельности** — net profit ratio; 9. **коэффициент соотношения покрытия** — times cover; 10. **банковский коэффициент ликвидности** — liquidity ratio, quick ratio; 11. **оперативный коэффициент** — operating ratio.

крайний — extreme, the last ◇ 1. **крайне низкий уровень; днище; судно** — bottom; 2. **крайняя цена, самая низкая цена** — bottom price, outside price, rock-bottom price; 3. **в случае крайней необходимости** — in a case of emergency.

красный — red ◇ 1. **красная оговорка** — red clause; 2. **красное условие** — red clause; 3. **аккредитив с красным условием** — red clause letter of credit; 4. **фьючерсный контракт "красного месяца"** — red futures contract month.

краткий — short, brief, concise ◇ 1. **краткий статистический обзор** — statistical abstract; 2. **краткое письменное изложение дела; письменные доводы** — brief; 3. **на короткий срок; без покрытия** — short.

краткосрочный — short dated, short-term ◇ 1. **выдать краткосрочное обязательство; взять ссуду на короткий срок** — to borrow short; 2. **краткосрочный капитал** — short-term funds; 3. **краткосрочная подтоварная ссуда** — self-liquidating loan; 4. **краткосрочная ссуда** — loan at short notice, shortly maturing loan, short loan, short sighted loan; 5. **краткосрочная тратта** — short bill, short-date bill, short-sight bill, short-term bill; 6. **краткосрочные займы** — money at short notice; 7. **краткосрочные обязательства** — current liabilities; 8. **краткосрочные ссуды биржевым маклерам; суточные деньги** — street loans; 9. **краткосрочные ценные бумаги** — shorts; 10. **краткосрочный акцепт** — short-term acceptance; 11. **краткосрочный вклад** — short deposit; 12. **краткосрочный государственный заем** — floating charge; 13. **краткосрочный долг; краткосрочный государственный долг; текущая задолженность** — floating debt; 14. **краткосрочный заем** — short sighted loan; 15. **краткосрочный казначейский вексель** — treasury bill; 16. **краткосрочный кредит** — short credit, short term credit; 17. **краткосрочный торговый вексель** — business paper; 18. **получение краткосрочных ссуд; краткосрочные ссуды** — short borrowing; 19. **проценты по краткосрочным займам; доход от краткосрочных вложений** — short interest.

кратный — divisible ◇ 1. **кратное число; сложный; составной; многократный; кратный; многообразный** — multiple; 2. **в количествах, кратных чему-л.** — in multiples of.

крах — crash, bankruptcy, break-up, smash, smashup.

кредит — credit, credit facilities ◇ 1. **кредит без обеспечения; счет по кредиту, открытому без обеспечения** — charge account; 2. **кредит иностранному производителю сырья** — campaign credit, pre-finance credit; 3. **кредит, используемый в случае необходимости; кредит “стендбай”** — standby credit; 4. **кредит на средние сроки** — intermediate credit; 5. **кредит покупателя** — buyer’s credit; 6. **кредит поставщика** — suppliers credit; 7. **кредит по открытому счету** — charge account; 8. **кредит сверх установленного лимита** — supermarginal credit; 9. **кредиты в евровалютах с различными превышениями сверх базовой ставки ЛИБОР для разных сроков кредита** — split spread; 10. **кредиты; кредитование** — lending; 11.**автоматически возобновляемый кредит; автоматически возобновляемый аккредитив** — revolving credit; 12. **акцептно-рамбурсный кредит** — reimbursement credit; 13. **акцептный кредит** — acceptance credit; 14. **банковский кредит** — banking accommodation, bank credit; 15. **бланковый кредит, кредит без обеспечения; бланковый аккредитив** — blank credit, clean credit; 16. **блокированные кредиты** — frozen credits; 17. **вексельный кредит** — paper credit; 18. **возобновляемый кредит** — evergreen credit; 19. **внешнеторговый кредит** — external trade credit; 20. **государственный кредит** — public credit; 21. **дилерский кредит** — dealer loan;

22. **долгосрочный кредит** — long credit; 23. **закрытие кредита; требование погашения кредита** — withdrawal of credit; 24. **закрыть кредит** — to withdraw a credit; 25. **ипотечный кредит; ипотечная ссуда** — mortgage credit, real estate loan; 26. **компенсационный кредит** — back to back credit; 27. **контокоррентный кредит** — current account credit; 28. **краткосрочный кредит** — short credit, short term credit; 29. **крупный кредит** — considerable credit; 30. **ломбардный кредит** — collateral loan; 31.**льготный кредит, заем** — soft loan, soft credit; 32. **нестесненный кредит** — cheap money; 33. **обеспечение кредита** — cover of credit; 34. **онкольный кредит** — loan on call; 35. **остаток кредита; кредитовый остаток; кредитовое сальдо** — credit balance; 36. **отзывной кредит** — revocable credit; 37. **открытый кредит** — open credit; 38. **открыть кредит в банке** — to open a credit with a bank; 39. **открыть кредит в пользу кого-л.** — to lodge a credit in favour of a person; 40. **подтоварный кредит; товарный аккредитив** — commercial credit, credit against goods; 41.**потребительский кредит** — consumer credit; 42. **предоставлять кредиты** — to allot credits; 43. **продажа в кредит** — credit sale; 44. **разрешить кому-л. кредит до ... фунтов** — to trust a person up to ... pounds; 45. **резервный кредит** — standby credit; 46. **ролловер кредит** — rollover credit; 47. **среднесрочный кредит** — intermediate credit; 48. **стесненный кредит; стесненность кредита** — money pressure, tightness of money, credit stringency; 49. **стоимость кредита** — loan value; 50. **страхование кредитов** — credit insurance; 51. **технический кредит по двустороннему клирингу** — bilateral clearing credit; 52. **экспортные кредиты** — export credits.

кредитный — **credit** ◇ 1. **кредитная карточка** — credit card; 2. **кредитная линия** — demand line of credit; 3. **кредитная сторона; кредитовая страница** — credit side; 4. **кредитное информационное бюро; кредит-бюро** — credit information bureau, credit agency; 5. **кредитное кооперативное товарищество; общество взаимного кредита** — mutual loan society; 6. **кредитно-финансовые институты** — financial institutions; 7. **кредитно-финансовый внешнеторговый банк** — factoring house; 8. **кредитные деньги** — fiduciary currency; 9. **кредитные союзы** — credit unions; 10. **кредитный билет; банковый билет; банкнота** — bank note; 11. **кредитный лимит** — line of credit; 12. **кредитный риск** — credit risk, del credere risk; 13. **денежно-кредитная политика** — monetary policy; 14. **дисконтные кредитные обязательства** — discount securities; 15. **оборотные кредитно-денежные документы** — commercial papers, paper currency; 16. **оборотный кредитно-денежный документ** — negotiable document; 17. **финансово-кредитный институт, аккумулирующий денежные средства частных инвесторов путем эмиссии собст-**

венных ценных бумаг и вкладывающий эти деньги в акции и облигации в своей стране и за рубежом — investment company; 18. **экспортно-кредитное страхование** — export credit insurance.

кредитование — crediting, lending ◇ 1. **кредитование в сфере производства** — production crediting; 2. **кредитование под остатки материальных ценностей** — crediting against cash balance; 3. **кредитование с государственной гарантией** — state crediting.

кредитовать — to credit, to finance ◇ **кредитовать чей-л. счет** — to credit a person with an amount.

кредитовый — credit ◇ 1. **кредитовое авизо; кредит-нота** — credit-note; 2. **кредитовое авизо** — credit advise; 3. **кредитовое сальдо счета в банке** (остаток счета в банке) — bank balance; 4. **кредитовая страница** — credit side; 5. **кредитовое уведомление** — credit advice; 6. **кредитовый остаток; кредитовое сальдо** — credit balance.

кредитор — creditor, lender ◇ 1. **кредитор, притязания которого признаны судом** — judgement creditor; 2. **кредитор; лицо, получившее простой вексель; векселедержатель** — promisee; 3. **кредиторы; расчетные документы** — payables; 4. **кредиторы по расчетам; кредиторская задолженность** — accounts payable; 5. **право кредитора** — possessory lien; 6. **привилегированный кредитор** — preferred creditor; 7. **расплатиться с кредиторами** — to settle with creditors.

кредитоспособность — solvency, credit worthiness ◇ 1. **кредитоспособность банка** — credit standing of a bank, solvency of a bank, worthiness of a bank; 2. **кредитоспособность, финансовое положение** — credit standing, financial standing; 3. **оценка кредитоспособности** — credit rating; 4. **рейтинг общей кредитоспособности заемщика** — credit rating; 5. **справочная контора о кредитоспособности; торговое агентство; кредитбюро** — mercantile agency.

кредитоспособный — solvent, trustworthy ◇ **считаться кредитоспособным в размере ...** — to be considered safe for ... .

крепкий — firm, strong.

кризис — crisis, depression, slump ◇ 1. **периодические экономические кризисы** — recurrent economic crises; 2. **преодолеть кризис** — to meet the crisis; 3. **ход кризиса** — course of the crisis; 4. **экономический кризис** — economic crisis.

круглый — round; perfect; whole ◇ 1. **круглая, приблизительная сумма значительная, солидная сумма** — round sum; 2. **круглые цифры; округленные числа** — round figures; 3. **в круглых цифрах** — in round number.

крупный — large, big; large-scale; great, important; prominent, outstanding, major ◇ 1. **крупная штрафная неустойка; отступ-**

ные деньги; "верные" деньги — smart money; 2. **крупное предприятие; крупный концерн** — major concern; 3. **крупное предприятие** — large-scale enterprise; 4. **крупносерийное производство** — long production run; 5. **крупные партии, большие количества** — merchant quantities; 6. **крупный дополнительный дивиденд; дивиденд в форме бесплатных акций; сумма необычайно высоких прибылей на бирже, предназначенных для распределения** — melon; 7. **крупный заказ** — heavy order; 8. **крупный капитал; крупные концерны; крупные тресты** — big business; 9. **крупный кредит** — considerable credit; 10. **крупный пакет акций, полный лот** — round lot; 11. **крупный профсоюз, профсоюз работников всех профессий в какой-л. отрасли промышленности** — crafts union; 12. **продажа крупных партий** — volume sales; 13. **распределить крупный дополнительный дивиденд; распределить дивиденд в форме бесплатных акций** — to cut the melon; 14. **крупный финансовый капитал; крупные финансовые операции; финансовая аристократия; крупное мошенничество** — high finance.

кулиса — coulisse (*бирж.*).

кулисье — coulissier (*бирж.*): — **outsider.**

кумулятивный — cumulative ◇ 1. **кумулятивные акции, акции с накопляющимся дивидендом** — accumulative stock; 2. **кумулятивные привилегированные акции, акции с накопляющимся гарантированным дивидендом** — cumulative preference shares, cumulative preferred stock.

купон — coupon ◇ 1. **купон на получение дивиденда; процентный купон** — dividend warrant; 2. **без купона** — ex coupon, ex interest; 3. **облигация с "полным купоном"** — full-coupon bond.

купчая — deed of purchase ◇ 1. **купчая, акт о передаче** — deed of conveyance; 2. **купчая, закладная** — bill of sale.

купюра — note, bond ◇ **облигации, выпущенные купюрами в 100 долларов** — bonds issued in denomination of $ 100.

курс — course; policy; rate of exchange ◇ 1. **курс для краткосрочных векселей** — short rate; 2. **курс дня** — current rate, rate of the day; 3. **курс иностранной валюты на "черном рынке"** — curb rate; 4. **курс облигаций** — bond rate; 5. **курс пересчета** — rate of conversion; 6. **курс покупателей** — bid quotation, bid; 7. **курс по срочной сделке** — forward rate; 8. **курс премий; размер премий** — option price; 9. **курс продавцов** — asked quotation, selling rate, asked price; 10. **курс стоит высоко** — exchange is high; 11. **курс форвард** — rate of forward; 12. **курс чеков, устанавливаемый банками** — cash rate; 13. **курс чеков; чековый курс** — cheque rate; 14. **курс "черного рынка"** — curb rate; 15. **курс, по которому банк или дилер намереваются совершить операцию** — offered rate; 16. **курсы валюты по срочным**

сделкам — time rate; 17. **курсы девиз на европейские банки** — continental rates; 18. **курсы иностранной валюты; вексельные курсы** — foreign exchanges; 19. **курсы продавцов и покупателей** — asked and bid; 20. **курсы телеграфных переводов, телеграфные переводы** — cables; 21. **курсы ценных бумаг и пр. со значительной разницей между курсом покупателей и курсом продавцов — wide prices;** 22. **курсы ценных бумаг** — stock market values rate; 23. **биржевый курс; рыночный учетный процент** — market rate; 24. **благоприятный курс** — fair rate of exchange; 25. **валютный курс; курс перевода; обменный курс** — rate of exchange, course of exchange, par of exchange; 26. **вексельный курс** — rate of exchange; 27. **взвинтить курсы бумаг новых выпусков; покупать бумаги новых выпусков для их немедленной перепродажи по повышенным ценам** — to stag the market; 28. **денежный курс; процент по займам; ссудный процент** — money rate; 29. **заключительный курс, котировка при закрытии биржи** — closing quotation, closing price; 30. **значительно разнящиеся курсы при открытии биржи** — wide opening; 31. **искусственно повысить курс** — to force up the exchange; 32. **искусственно повышать или понижать цены, курсы** — to rig the market; 33. **искусственно поддерживаемый курс** — pegged exchange; 34. **колеблющийся курс** — variable rate; 35. **контрактный курс** — rate stipulated in contract; 36. **кросс-курс** — cross rate; 37. **множественный валютный курс** — multiple exchange rate; 38. **находится в курсе** — to keep posted up; 39. **неустойчивый курс** — variable exchange; 40. **обменный курс** — exchange rate; 41. **ослабление курса стерлингов** — weakness in sterling; 42. **официальный курс** — official rate; 43. **плавающий валютный курс** — floating exchange rate; 44. **плавающий курс** — floating rate; 45. **повышение цен или курсов на рынке** — bull movement; 46. **потеря на курсе** — loss on exchange, exchange loss; 47. **по курсу в** (по ставке в)— at the rate of; 48. **по курсу, указанному на обороте векселя** — exchange as per endorsement; 49. **принудительный валютный курс** — forced rate of exchange, forced exchange; 50. **регулируемые курсы валюты** — managed exchange rates; 51. **средние биржевые курсы** — market averages; 52. **средний курс** — mean rate; 53. **учетный курс; учетная ставка; учетный процент** — discount rate, rate of discount; 54. **фиксированный валютный курс** — fixed exchange rate; 55. **центральный курс** — central rate; 56. **широкий курс** — wide prices; 57. **эффективный валютный курс** — effective exchange rate.

курсовой — (*adj. to:* курс) ◇ 1. **курсовая разница** — difference in exchange; 2. **курсовая стоимость; рыночная стоимость** — market value; 3. **курсовой доход или потеря** — exchange gain or loss; 4. **официальный курсовой бюллетень Лондонской биржи**

— Stock Exchange Daily Official List; 5. **фондовая курсовая таблица; список акций** — share list.
куртаж — courtage ◇ **куртаж** (брокерская комиссия) — brokerage, broker's charges.

Л

лаж — agio.
легкий — light, easy ◇ 1. **легкие деньги** — easy money; 2. **легко продаваться, быстро продаваться** — to meet a ready market, to meet with a ready sale; 3. **легко реализуемые активы** — available assets; 4. **более легкий, удобный, выгодный; более слабый, умеренный, пониженный** — easier.
лейдейс — lay days.
лента — ribbon; bade, tape ◇ 1. **изоляционная лента** — insulating tape; 2. **мерная лента** — tape line; 3. **обвязывать тесьмой, лентой** — tape; 4. **телеграфная бумажная лента** — (telegraph) tape.
лета — years, age ◇ 1. **государственный заем на срок свыше 10 лет** — long loan; 2. **доходы будущих лет** — prepaid income; 3. **расходы будущих лет, оплаченные заранее расходы** — prepaid expenses, deferred charges; 4. **пенсия за выслугу лет** — retirement pay.
либерализация — liberalization ◇ 1. **либерализация внешнеэкономических связей** — liberalization of foreign economic ties; 2. **либерализация импорта** — liberalization of imports; 3. **либерализация торговли** — liberalization, liberalization of trade.
ЛИБОР (*лондонская межбанковская ставка для займов в евродолларах*) — **LIBOR** (*London Interbank Offered Rate*).
лизинг — leasing ◇ **частичный лизинг** — leveraged lease.
ликвидация — liquidation, winding up, abolition, elimination, settlement (of debts) ◇ 1. **ликвидация контракта** — closing out a contract; 2. **ликвидация по приказу суда; принудительная ликвидация** — winding up by the court; 3. **ликвидация предприятия** — closing down of an enterprise; 4. **ликвидация расчетов в конце месяца** — for end settlement; 5. **ликвидация расчетов в середине месяца** — for mid settlement; 6. **ликвидация расчетов в течение ближайшего ликвидационного периода** — for the settlement; 7. **ликвидация расчетов на фондовой бирже** — stock exchange settlement; 8. **ликвидация сделок на фондовой бирже; ликвидационный период на фондовой бирже** — stock exchange settlement; 9. **ликвидация товарищества** — dissolu-

tion of partnership; 10. **добровольная ликвидация; добровольное расформирование или расторжение** — voluntary winding up, voluntary dissolution; 11. **принудительная ликвидация компании** — compulsory winding up of a company; 12. **принудительная ликвидация** — compulsory liquidation; 13. **приступить к ликвидации; ликвидироваться** — to go into liquidation.

ликвидационные дни — account days.

ликвидировать — to wind up, to liquidate, to close out, to settle, to eliminate, to abolish, to do away with ◇ 1. **досрочно ликвидировать контракт** — to ring out; 2. **ликвидировать задолженность или дефицит** — to pull oneself out of the red; 3. **ликвидировать контракт с отнесением разницы в цене за счет покупателя** — to close out the contract against the buyer; 4. **принудительно ликвидировать сделку** — to squeeze out; 5. **ликвидировать контракт в случае невзноса маржи клиентом брокера, продать контракт на сторону с отнесением разницы за счет первоначального покупателя** — to sell out against the buyer; 6. **ликвидировать счет** — to settle an account.

ликвидность — liquidity ◇ 1. **ликвидность активов** — liquidity of assets; 2. **банковский коэффициент ликвидности** — liquidity ratio, quick ratio; 3. **валютная ликвидность** — currency liquidity; 4. **избыточная ликвидность** — excess liquidity; 5. **коэффициент ликвидности, коэффициент покрытия** — current ratio; 6. **коэффициент ликвидности, отношение оборотных средств к краткосрочным обязательствам** — ratio of current assets to current liabilities.

ликвидный — liquid, ready ◇ 1. **ликвидные активы** — liquid assets, short-term assets; 2. **ликвидный капитал** — available capital; 3. **ликвидный рынок** — liquid market.

лимит — limit ◇ 1. **лимит капитальных вложений** — limit of investment; 2. **лимит кредитования** — credit limit; 3. **лимит расходов** — limit of expenses; 4. **лимит страхования** — limit insurance; 5. **лимит финансирования** — limit of financing; 6. **движение вверх и вниз в пределах установленного лимита** — limit up and down; 7. **кредитный лимит** — line of credit; 8. **лимит ответственности** — limit of liability; 9. **превысить лимит** — to exceed the limit, to go beyond the limit; 10. **сдвиг лимита** — limit move; 11.**стоп-лимит** — stop limit; 12. **торговый лимит** — trading limit; 13. **установить лимит** — to fix a limit.

лимитированный — limited ◇ 1. **лимитированная позиция** — position limit; 2. **лимитированная цена, предельная цена** — price limit.

лимитный — limit ◇ **лимитный приказ** — limit order.

линия — line ◇ 1. **линия воздушного транспорта** — air carrier; 2. **автоматическая линия** — automatic transfer machine, transfer line; 3. **воздушная линия** — airline; 4. **железнодорожная**

линия — railway line; 5. **кредитная линия** — demand line of credit; 6. **поточная линия** — flow line; 7. **“начертить линию”** (*страх.*); **указать часть риска, которую страховщик готов принять на себя** — to write a line; 8. **судоходная линия** — shipping line; 9. **трамповая линия** — tramp service; 10. **транспортная линия** — transport service.

лист — sheet ◇ 1. **закладной лист; ипотечная облигация** — mortgage bond 2. **исполнительный лист об обращении взыскания на товар** — writ of execution against goods; 3. **исполнительный лист** — writ of execution; 4. **калькуляционный лист** — cost sheet; 5. **конкурентный лист** — competitive list; 6. **переписной лист; опросный лист; переписной бюллетень** — census schedule; 7. **расчетный лист** — pay sheet; 8. **талльманский лист** — tally sheet; 9. **упаковочный лист** — packing list.

лицевой — facial ◇ 1. **лицевая сторона** — face; 2. **лицевая сторона векселя** — face of a bill; 3. **лицевой счет** — personal account.

лицензиар — licensor.

лицензиат — licensee.

лицензионный — licensing, license ◇ 1. **лицензионная плата** (плата или отчисления за право пользования патентом, авторским трудом; роялти) — royalty; 2. **лицензионное соглашение** — licensing agreement; 3. **лицензионные платежи** — payments under a licensing agreement; 4. **лицензионный договор** — license agreement; 5. **лицензионный сбор** — import and export licence fee.

лицензирование — licensing ◇ 1. **взаимное лицензирование** — mutual licensing; 2. **договорное лицензирование** — contractual licensing; 3. **пакетное лицензирование** — package licensing; 4. **перекрестное лицензирование** — cross licensing.

лицензия — licence, license ◇ 1. **лицензия без права передачи** — non-transferable licence; 2. **лицензия на ввоз товаров** — export licence; 3. **лицензия на перегрузку товара** — transshipment licence; 4. **договорная лицензия** — contractual licence; 5. **закупленная лицензия** — purchased licence; 6. **индивидуальная лицензия** — individual licence; 7. **импортная лицензия** — import licence; 8. **исключительная лицензия** — exclusive licence; 9. **общая лицензия** — blanket licence; 10. **ограниченная лицензия** — limited licence; 11. **открытая генеральная лицензия** — open general licence; 12. **патентная лицензия** — patent licence; 13. **перекрестная лицензия** — cross licence; 14. **полная лицензия** — full licence; 15. **получить лицензию** — to obtain a licence; 16. **предоставить лицензию** — to grant a licence, to issue a licence; 17. **простая лицензия** — general license; 18. **по лицензии** — under licence; 19. **таможенная лицензия** — customs licence; 20. **экспортная лицензия** — export licence.

лицо — person, face, right side ◇ 1. **лица или фирмы, покупаю-**

щие товар за наличные и страхующие его стоимость путем одновременного заключения сделки по продаже на срок — long the basis; 2. **лицо или предприятие, занимающееся переработкой товаров** — processor; 3. **лицо или сторона, подписавшие документ** — signer; 4. **лицо, воспользовавшееся своим правом удержания** — lien holder; 5. **лицо, давшее обязательство; должник; лицо, выдавшее простой вексель; векселедатель** — promisor; 6. **лицо, дающее гарантию; поручитель; гарант** — warrantor; 7. **лицо, действующее по доверенности другого лица** — private attorney; 8. **лицо, делающее предложение** (оферент) — tenderer, offerer; 9. **лицо, которому дается гарантия или поручительство** — warrantee, guarantee; 10. **лицо, которому дано обязательство** (кредитор; векселедержатель) — promisee; 11. **лицо, которому делается предложение** — offeree; 12. **лицо, которому должны быть переданы грузовые документы в случае отказа покупателя принять их и оплатить** — referee in case of need; 13. **лицо, налагающее арест на имущество** — distrainor; 14. **лицо, объявленное по суду банкротом** — adjudged bankrupt, certificated bankrupt; 15. **лицо, платящее по опротестованному векселю по поручению векселедателя или надписателя; лицо, которому должны быть переданы грузовые документы в случае отказа покупателя принять их и оплатить** — referee in case of need; 16. **лицо, получающее дар, субсидию, пособие; лицо, к которому переходит право на имущество; цессионарий** — person; 17. **лицо, посылающее индент; заказчик** — indentor; 18. **лицо, принимающее в репорт ценные бумаги** — taker-in; 19. **лицо, продающее товар по образцам; лицо, продающее товар в рассрочку; счетчик, отметчик, контролер; присяжный счетчик, таллиман** — tally man; 20. **лицо, расписавшееся на обороте; индоссант; жирант** — endorser; 21. **лицо, регистрирующееся в торговой комиссии и на биржах с целью найти партнеров по торговым сделкам своей фирмы** — registered commodity representative; 22. **лицо, у которого описано имущество** — distrainee; 23. **доверенное лицо** — authorized person; 24. **должностное лицо, чиновник, служащий** — officer, public servant, functionary; 25. **уполномоченнное лицо** — authorized person; 26. **юридическое лицо** — juristic person, legal person.

личный — personal, private ◇ 1. **личная собственность** — private property; 2. **личное дело, частное дело** — private affair, private business, private matter; 3. **личное страхование** — personal insurance; 4. **лично и конфиденциально** — private and confidential; 5. **личный доход** — private income; 6. **личный налог** — general property tax.

лот — lot ◇ 1. **неполный лот** — odd lot; 2. **полный лот; крупный пакет акций** — round lot; 3. **стандартный лот** — regular lot; 4. **точный лот** — even lot.

лоцман — pilot ◇ **морской лоцман** — sea pilot.
лоцманский — pilot's ◇ 1. **лоцманская квитанция** — pilot's bill; 2. **лоцманский сбор** — pilotage dues; 3. **лоцманское дело** — pilotage.
лумпсум — lumpsum ◇ 1. **лумпсум-фрахт** (*страх.*) — lumpsum freight; 2. **лумпсум-чартер** — lumpsum charter.
льгота — privilege, exemption, benefit, grace, preference, reduction ◇ 1. **льготы по новизне** — grace for novelty; 2. **льготы по уплате подоходного налога** — income tax allowance; 3. **дополнительные льготы и привилегии** — fringe benefits; 4. **налоговые льготы за вложение капитала** — investment allowance; 5. **налоговые льготы** — tax incentives; 6. **преференциальные льготы** — preferential advantages; 7. **таможенные льготы** — customs privileges; 8. **тарифные льготы** — tariff preferences; 9. **фрахтовые льготы** — freight reduction; 10. **финансовые льготы** — cost benefits.
льготный — exemption, grace, preferential, privileged, reduced ◇ 1. **льготная оговорка** — exemption clause; 2. **льготные дни; дни отсрочки** — days of respite, days of grace; 3. **льготный железнодорожный тариф** — preferential railroad rates; 4. **льготный заем** — soft loan; 5. **льготный кредит** — soft credit; 6. **льготный срок, льготный период** — period of grace; 7. **льготный тариф** — reduced tariff.
лэндинг — landing charges.

М

магазин — shop, store ◇ 1. **магазин низких цен; дисконтер** — discount house; 2. **магазин с большим количеством однотипных филиалов** — multiple shop; 3. **однотипные магазины** — multiples; 4. **универсальный магазин** — department store, stores.
маклер — broker ◇ 1. **маклер на фондовой бирже** — stock broker; 2. **маклер по покупке и продаже иностранной валюты** — exchange broker; 3. **маклер по сбыту продуктов** — produce broker; 4. **маклер, не являющийся членом биржи** — outside broker; 5. **биржевой маклер** — stock broker; 6. **биржевой маклер, обычно осуществляющий операции в операционном зале за свой счет или выполняющий поручения, в которых он имеет долю участия; биржевой маклер-спекулянт** — floor trader; 7. **биржевой маклер, совершающий операции за собственный счет** — stock jobber; 8. **биржевой маклер; вексельный маклер; маклер по покупке и продаже иностранной валюты** — exchange broker; 9. **вексельный маклер** (брокер) — bill broker;

10. **внебиржевой маклер** — kerb-stone broker, curb broker; 11. **неофициальный биржевой маклер** — outside broker; 12. **официальный биржевой маклер** — inside broker; 13. **страховой маклер** — insurance broker; 14. **судовой маклер, судовой брокер** — ship broker; 15. **таможенный маклер** (агент по таможенной очистке импортных грузов) — custom house broker.

маклерский — broker's ◇ 1. **маклерская, комиссионная или брокерская фирма** — commission house; 2. **маклерская записка; письменное извещение брокера о заключенной сделке** — broker's contract note.

маневр — manoeuvre ◇ **отвлекающий маневр** — red herring.

маневрировать — to manoeuvre ◇ **маневрирование, перевод на запасной путь; переключение** — shunting.

манифест — manifest ◇ **грузовой манифест; судовой манифест** — manifest of cargo.

марка — mark, brand, sign, stamp ◇ 1. **гербовая марка** — revenue stamp; 2. **почтовая марка** — postage stamp; 3. **фабричная марка, торговый знак** — trade mark.

маркер — marker.

маркетинг — marketing.

маркировать — to mark.

маркировка — marking ◇ 1. **маркировка о бережном обращении** — mark of precaution; 2. **грузовая маркировка** — shipping marks; 3. **предупредительная маркировка** — warning instructions; 4. **транспортная маркировка** — transport marking; 5. **четкая маркировка** — legible instructions; 6. **экспортная маркировка** — export marking.

маршрут — route, itinerary ◇ 1. **маршрут перевозки** — route; 2. **маршрут следования** — itinerary of travel; 3. **сквозной маршрут** — through route.

масса — mass ◇ 1. **денежная масса, количество денег в обращении** — money supply, stock of money in the country; 2. **конкурсная масса** — bankrupt's estate.

массовый — mass, popular ◇ 1. **массовая закупка; закупка большого количества; централизованная закупка; государственные закупки; закупка всего товарного запаса или всего производства** — bulk buying; 2. **массовое изъятие вкладов из банка, набег на банк, наплыв требований в банк** — a run on the bank; 3. **массовое производство** — quantity production; 4. **массовые товары** — bulk commodities; 5. **массовый отъезд** — exodus; 6. **пустить в массовое производство** — to put into mass production; 7. **товары массового потребления** — consumer goods.

масштаб — scale ◇ **масштаб цен** — measure of prices, standard of price.

материал — material ◇ 1. **рекламный материал** — advertising matter; 2. **сырой материал, сырье** — raw material.

материалоемкость — per unit consumption of materials.

медведь — bear ◇ 1. **“медведь”; спекулянт, играющий на понижение; играть на понижение** — bear; 2. **“давление на медведей”** — bear squeeze; 3. **“налет медведей”** — bear raid; 4. **“продавать медведя”, играть на понижение; продавать на срок товары, которых нет в наличии** — to sell short.

международный — international ◇ 1. **Международная ассоциация развития** — International Development Association; 2. **Международная расчетная товарная палата** — International Commodities Clearing House; 3. **Международная торговая палата** — International Chamber of Commerce; 4. **международная торговля** — international trade; 5. **международное право** — international law; 6. **международное разделение труда** — international division of labour; 7. **Международный банк реконструкции и развития** — International Bank for Reconstruction and Development; 8. **Международный валютный рынок** — International Monetary Market; 9. **Международный валютный фонд (МВФ)** — International Monetary Fund; 10. **международные торги** — international bid, international tenders; 11. **международный клиринг** — agreement currency; 12. **международный стандарт** — international standard; 13. **баланс международной задолженности** — balance of foreign debt; 14. **Банк международных расчетов** — Bank for International Settlements; 15. **невыполнение международных обязательств** — default on international obligations; 16. **средство международных расчетов; средство обмена** — medium of exchange.

мелкий — small, petty ◇ 1. **мелкие грузовые места, используемые для заполнения свободных пространств в трюме** — broken stowage; 2. **мелкие расходы** — petty expenses; 3. **мелкий ремонт** — minor repairs; 4. **мелкий спекулянт** — scalper; 5. **мелкие скобяные товары** (галантерея, галантерейные товары) — petty wares; 6. **мелкие суммы, касса для мелких расходов** — petty cash; 7. **мелкий торговец, розничный торговец** — petty dealer; 8. **мелковолокнистый** — fine grained.

меморандум — memorandum, insurance memorandum ◇ **меморандум о договоре** — memorandum of agreement.

мена — exchange, barter.

меновый — exchange ◇ 1. **меновая сделка** — bartered exports; 2. **меновая торговля** — barter.

менеджер — manager ◇ **ведущий менеджер** — lead manager.

менеджмент — management.

мера — measure ◇ 1. **мера емкости** — measure of capacity; 2. **меры предосторожности** — measures of precaution; 3. **меры экономии** — economy measures; 4. **меры экономии; сбережения** — economies; 5. **в значительной мере** — in a large measure, to a considerable extent; 6. **действительные меры** —

effective measures; 7. **качество, состояние и мера неизвестны** — quality, condition and measure unknown; 8. **прибегать к мерам** — to resort to measures; 9. **принимать меры** — to take measures, to take steps; 10. **принимать меры против чего-л.** — to provide against; 11.**принимать меры** — to make arrangements; 12. **принять срочные меры** — to take immediate action; 13. **строгие меры** — severe measures; 14. **экстренные или чрезвычайные меры** — emergency measures.

мероприятие — measure, arrangement ◇ 1. **законодательное мероприятие** — legislative enactment; 2. **инвестиционные мероприятия** — investment measures; 3. **коммерческие мероприятия** — commercial measures.

мертвый — dead ◇ 1. **"мертвая рента"** — dead rent; 2. **мертвые активы** — dead assets; 3. **мертвый капитал, капитал, не приносящий дохода** — unapplied funds, idle capital; 4. **мертвый сезон** — dead season; 5. **мертвый фрахт** — dead freight.

место — place, spot, seat ◇ 1. **место, должность** — post; 2. **место доставки** — place of delivery; 3. **место производства товара** — place of manufacture of a commodity; 4. **место происхождения товара** — place of origin of a commodity; 5. **место сдачи, поставки; место доставки** — place of delivery; 6. **быть без места, быть без работы** — to be out of work, to be unemployed; 7. **доходное место** — lucrative appointment, well-paid job; 8. **обозначить место платежа** (домицилировать) — to place, to domicile; 9. **одно место багажа** — package, piece of luggage; 10. **рабочее место** — working place; 11. **франко-место назначения** — carriage free.

местожительство — residence, place of residence ◇ **местожительство, юридический адрес; страна постоянного местожительства; домициль** — place.

местонахождение — location, seat ◇ **местонахождение общества, компании** — seat of the company.

месяц — month ◇ 1. **месяц выполнения срочных контрактов** — delivery month; 2. **договорный месяц** — contract month; 3. **контрактный месяц** — contract month; 4. **рассматриваемый месяц** — month under review; 5. **текущий месяц** — the current month.

месячный — monthly.

металлический — metallic, metal ◇ 1. **металлические деньги** — specie, real money, hard money; 2. **монометаллическая денежная система** — single standard.

механизм — mechanism, gear ◇ **спусковой механизм регулирования** — adjustment trigger.

механический — mechanical, power-driven, automatic ◇ 1. **механическая обработка** — machining; 2. **механический станок** — machine tool; 3. **механическое оборудование** — machinery.

минимальный — minimum ◇ 1. **минимальная цена; минимальный; операционный зал фондовой биржи или товарного рын-**

ка — floor; 2. **минимальное количество** — minimum quantity; 3. **минимальные импортные цены на определенные виды сельскохозяйственных продуктов, устанавливаемые в ЕЭС** — reference price; 4. **минимальные резервы** — minimum reserves; 5. **минимальные цены** — floor prices; 6. **минимальный; ограниченный; не про запас** — hand-to-mouth; 7. **минимальный уровень; минимальный** — floor; 8. **обязательное минимальное количество, продаваемое по контракту** — trading unit; 9. **минимальный уровень жизни** — subsistence level; 10. **установленное минимальное количество товара в контракте** — regular lot.

минимум — minimum ◇ 1. **индекс прожиточного минимума** — cost of living index, index of cost of living; 2. **как минимум** — as a minimum; 3. **прожиточный минимум** — cost of living, living wage.

многоколонный тариф — multiple tariff.

многообразие — variety, diversity.

многосторонний — multilateral ◇ 1. **многосторонний договор** — multilateral contract; 2. **многосторонний валютный арбитраж** — compound arbitration of exchange.

множественность — plurality ◇ **множественность валютных курсов** — multiple rates of exchange.

множественный — plural ◇ **множественный валютный курс** — multiple exchange rate.

могущий — able ◇ 1. **могущий быть переуступленным, купленным, проданным** — negotiable; 2. **могущий быть полученным, купленным, заготовленным; доступный; продажный** — procurable; 3. **могущий быть сданным в аренду; внаем; могущий приносить рентный доход** — rentable; 4. **могущий быть аннулированным; оспоримый** — voidable; 5. **экземпляр документа, могущий служить предметом сделки, действительный экземпляр** — negotiable copy.

модель — model, pattern, type ◇ 1. **конструирование новой модели** — development of a new model; 2. **модель затрат-выпуска** — input-output model.

модернизация — modernization ◇ **модернизация производства** — modernization of production.

модификация — modification.

модный — fashionable, stylish ◇ 1. **модный; высшего качества, фантастический** — fancy; 2. **модные ткани** — fancy fabrics; 3. **модные товары; галантерея** — fancy articles, fancies.

молчаливый — tacit, unspoken, taciturn, silent ◇ 1. **молчаливое соглашение; молчаливое согласие** — tacit agreement; 2. **молчаливо** — tacitly; 3. **молчаливый акцепт** — tacit acceptance.

монета — coin ◇ 1. **монеты достоинством в ...** — coins in the denomination of ...; 2. **звонкой монетой** — in specie; 3. **платеж звонкой монетой** — specie payment; 4. **разменная монета** — token coin; 5. **разменные монеты** — fractional currency.

монетарный — monetary ◇ **монетарная база** — monetary base.

монетный — monetary ◇ 1. **монетная система** — monetary system; 2. **монетные системы; денежные суммы** — moneys; 3. **монетный паритет** — mint par of exchange.

монополия — monopoly ◇ **государственная монополия** — state monopoly.

монопольный — monopolistic, exclusive ◇ 1. **монопольная оговорка** — monopoly clause; 2. **монопольное право** — sole right, monopoly, exclusive rights; 3. **монопольные права и привилегия** — franchises.

моральный — moral, ethical, mental ◇ **моральный износ** — obsolescence.

мораторий — moratorium.

морской — sea, marine, maritime ◇ 1. **морская перевозка** — sea transportation, oversea(s) transportation; 2. **морская торговля, морские перевозки, транспортное дело; транспортная торговля** — carrying trade; 3. **морские риски** — marine risks; 4. **морское залоговое право** — maritime lien; 5. **морское право** — maritime law; 6. **морское страхование; гарантирование размещения** — underwriting; 7. **морской агент, судовой агент** — marine agent; 8. **морской коносамент** — ocean bill of lading, ship bill of lading; 9. **морской порт** — sea port; 10. **морской страховой полис** — marine insurance policy; 11. **условие о морских опасностях** — perils of the sea clause.

муниципалитет — municipality ◇ 1. **муниципалитет** — municipal corporation; 2. **муниципалы** — municipals.

муниципальный — municipal ◇ 1. **муниципальные облигации** — bond anticipatory notes, municipal bonds; 2. **муниципальные облигации для финансирования проектов промышленного развития** — industrial revenue bonds; 3. **муниципальные учреждения** — local authorities.

Н

на борту — aboard ◇ **свободно на борту, франко борт, ФОБ** — free on board.

на плаву — afloat ◇ **всегда на плаву** — always afloat.

навалом — in bulk, a lot of ◇ 1. **навалочный, насыпной или наливной груз** — bulk cargo; 2. **погрузка без упаковки, насыпью, в навалку** — shipment in bulk; 3. **продавать в навалку, без упаковки, насыпью, продавать оптом** — to sell in bulk.

надбавка — addition, increase, surcharge ◇ 1. **надбавка за качество** — quality bonus; 2. **надбавка за риск** — risk premium;

3. **надбавка за экспортное исполнение** — surcharge for export quality; 4. **надбавка к ставкам таможенных пошлин** — surcharge on the rates of customs duties; 5. **надбавка к цене** — bonus to a price; 6. **надбавка, установленная сверх согласованной базовой ставки, напр. ЛИБОР, которую заемщик соглашается выплатить банку, предоставляющему кредит в евровалюте** — lending margins; 7. **надбавки быстро следовали одна за другой** — bidding was very brisk; 8. **ежемесячная надбавка** — monthly increments; 9. **премиальная надбавка** — bonus; 10. **продавать с надбавкой** — to sell a premium, to command a premium; 11. **сезонная надбавка** — seasonal surcharge; 12. **цена с надбавкой; цена выше номинала** — premium price.

надежный — reliable, dependable ◇ 1. **надежное сообщение** — reliable information; 2. **надежное хранение** — safe keeping.

наделать — to make ready, to get ready ◇ **наделать долгов** — to contract debts.

наделять — to allot, to give, to provide (with) ◇ **наделять кого-л. правами** — to vest a person with rights, to vest rights in a person.

надпись — inscription, address ◇ 1. **передаточная надпись** — endorsement; 2. **сделать на векселе передаточную надпись** — to endorse a bill.

наем — hiring, employment, lease rent ◇ 1. **наем рабочей силы** — hiring of labour; 2. **наем судна** — chartering of a vessel; 3. **брать внаем, брать в аренду** — to take a lease of; 4. **плата за наем; нанимать** — hire.

наемный — hired ◇ **наемный труд** — wage labour.

назначать, назначить — fix, set, appoint ◇ 1. **назначить арбитра** — to appoint an arbitrator, to nominate an arbitrator; 2. **назначить агента** — to appoint an agent; 3. **назначить день** — to fix the day; 4. **назначить встречу** — to make an appointment; 5. **назначить кого-л. агентом** — to place an agency in somebody's hands; 6. **назначать торги; открывать подписку на акции или облигации; принимать к рассмотрению предложения** — to invite tenders; 7. **назначить судно для выполнения контракта** — to place a vessel against a contract; 8. **назначить условия** — to quote terms; 9. **назначить цену СИФ** — to quote c.i.f.; 10. **назначить цену** — to quote a price.

назначение — fixing, setting, appointment, assignment ◇ 1. **по назначению** — as required; 2. **порт назначения** — port of destination; 3. **станция назначения** — station of destination; 4. **страна назначения** — country of destination; 5. **товары потребительского назначения** — consumer goods; 6. **франко-место назначения** — carriage free; 7. **фрахт до места назначения, фрахт уплачен** — freight paid; 8. **фрахт, оплачиваемый в порту назначения** — freight forward; 9. **целевое назначение** — designated purpose.

наивысший — the highest, the utmost ◇ 1. **наивысшая добросовестность** — uberrima fides (*лат.*); 2. **договор, требующий наивысшей добросовестности** — contract uberrimae fidei (*лат.*); 3. **лицо, предложившее наивысшую цену** — the highest bidder.

наименование — name, appellation, denomination, designation, title ◇ 1. **наименование отправителя** — name of a consignor; 2. **наименование получателя** — name of a consignee; 3. **наименование товара** — description of goods; 4. **товарное наименование; фирма, название фирмы** — trade name; 5. **фирменное наименование** — firms name.

накладная — bill of lading, delivery note, consignment bill, consignment note ◇ 1. **накладная; транспортная накладная; железнодорожная накладная** — waybill; 2. **накладная, фактура** — bill of parcels; 3. **ж.-д. накладная** — railroad bill of lading; 4. **авиагрузовая накладная —** air waybill; 5. **автодорожная накладная** — road waybill; 6. **грузовая накладная** — invoice; 7. **железнодорожная накладная** — waybill; 8. **речная накладная** — river bill of lading; 9. **сквозная транспортная накладная, сквозной коносамент** — through bill of lading, transshipment bill of lading; 10. **транспортная накладная на груз, отправляемый в порт для экспорта** — domestic bill of lading; 11. **транспортная накладная** — consignment note.

накладные расходы — burden costs, oncost, overhead charges, overhead expenses, overheard costs, overheads.

накопляющийся — accumulative ◇ **акции с накопляющимся дивидендом, кумулятивные акции** — accumulative stock.

налагать — to impose, to inflict ◇ 1. **налагать арест на имущество** — to distrain, to seize the property; 2. **налагать штраф, налагать пеню** — to impose a fine, to fine; 3. **лицо, налагающее арест на имущество** — distrainor.

наличность — cash, cash on hand, amount on hand, presence, availability ◇ 1. **наличность кассы, денежная наличность** — balance in hand, cash in vault; 2. **наличность товаров на складе** — stock; 3. **быть в наличности на складе** — to be in stock; 4. **денежная наличность в банках** — cash holding in banks; 5. **денежная наличность в банке** — cash with (in) bank; 6. **денежная наличность; денежная наличность в кассе и банках** — cash assets, cash balance, cash in hand; 7. **кассовая наличность** — cash on hand; 8. **коэффициент наличности; кассовый индекс** — cash ratio; 9. **поток денежной наличности** — cash flow.

наличный — available, on hand ◇ 1. **наличные** — actuals; 2. **наличные деньги** — cash down, hard cash, money down, ready cash, ready money; 3. **наличные деньги, кассовая наличность** — money in cash; 4. **наличные деньги; наличный расчет** — ready cash; 5. **наличные запасы** — available supplies, supply on hand; 6. **наличные поступления, получение наличными день-**

гами; инкассирование — encashment; 7. **наличные товары** — goods on hand; 8. **наличный запас товаров** — stock; 9. **наличный** (имеющийся в распоряжении) — on hand, available; 10. **наличный платеж** — cash payment; 11. **наличный расчет** — cash payment, payment in cash; 12. **наличный товар** — cash commodity, present goods; 13. **наличный товар** (товар с немедленной сдачей) — spot goods; 14. **наличными без скидки** — net cash; 15. **наличными против грузовых документов** — cash against shipping documents; 16. **ведомость наличных товаров** — statement of goods; 17. **дисконтированный поток наличных средств** — discounted cash flow; 18. **за наличный расчет** — by cash, cash down, in cash; 19. **купить за наличные; купить с условием немедленной сдачи** — to buy outright; 20. **немедленный платеж наличными** — prompt cash, payment spot cash; 21. **оплата товара наличными** — cash-and-carry; 22. **платить наличными без скидки** — to pay net cash; 23. **платить наличными** — to pay down; 24. **покупать за наличные** — to buy for cash; 25. **продажа за наличные** — cash sale; 26. **рынок наличного товара** — cash market, spot market; 27. **склад для отпуска товаров за наличный расчет** — cash and carry warehouse; 28. **товарная наличность, остатки товаров** — stock in hand, stock-in-trade; 29. **уплатить 20% наличными** — to pay 20% down; 30. **цена при уплате наличными без скидки** — net cash; 31. **цена при уплате наличными** — cash price.

налог — **tax** ◇ 1. **налог за пользование каким-л. предметом** — use tax; 2. **налог на денежные переводы за границу** — transfer tax; 3. **налог на добавленную стоимость** — value added tax; 4. **налог на капитал** — capital levy; 5. **налог на наследственное недвижимое имущество; налог на наследство** — succession duty; 6. **налог на наследство, наследственные пошлины** — death duties; 7. **налог на недвижимость** — real estate tax; 8. **налог на нераспределенную прибыль** — undistributed profit tax; 9. **налог на предпринимателей за находящихся у них на службе работников определенных категорий** — selective employment tax; 10. **налог на прибыль корпораций** — corporation income tax; 11. **налог на прибыль предприятия** — company income tax; 12. **налог на прирост капитала** — capital-gains tax; 13. **налог на прирост стоимости** — increment value duty; 14. **налог на продажу импортных товаров** — import turnover tax; 15. **налог на сверхприбыль** — excess profits tax; 16. **налог на товар, подвергнутый обработке** — processing tax; 17. **налог с доходов акционерных компаний** — company income tax; 18. **налог с наследства и дарений** — death and gift tax, legacy tax; 19. **налог с оборота** — receipts tax, sales tax, turnover tax; 20. **департамент налогов и сборов; финансовое управление** — Revenue board; 21. **дивидендный налог** — dividend tax; 22. **до-**

полнительный налог на сверхприбыль — excess profit levy; 23. **дополнительный налог, взимаемый в рамках единой сельскохозяйственной политики ЕЭС по некоторым сельскохозяйственным товарам, импортируемым в Общий рынок** — supplementary levy; 24. **доход от налогов** — tax revenue; 25. **единый земельный налог, единый налог** — single tax; 26. **имущественный налог** — assessed tax; 27. **казначейские билеты; налоговые сертификаты** — Treasury notes; 28. **коммунальные и государственные налоги** — rates and taxes; 29. **косвенные налоги** — indirect taxes; 30. **косвенный налог** — hidden tax; 31. **личный налог** — general property tax; 32. **натуральный налог** — tax in kind; 33. **обложить налогом** — to impose a tax; 34. **освобождать от налогов** — to exempt from taxes; 35. **освобождение от налогов** — immunity from taxation; 36. **подлежать обложению налогом** — to be liable to tax; 37. **подоходный налог** — income tax; 38. **поимущественный налог; налог на доход с недвижимого имущества** — property tax; 39. **промысловый налог** — tax on trade; 40. **прямой налог** — direct tax; 41. **свободный от налога** — tax exempt, tax-free; 42. **снизить налоги** — to cut down the taxes; 43. **уравнительный налог** — equalization tax.

налоговый — tax, fiscal ◇ 1. **налоговая декларация** — tax declaration, tax return; 2. **налоговая скидка при покупке средств производства** — capital allowances; 3. **налоговое бремя; распределение налогового бремени; охват налоговым обложением** — incidence of taxation; 4. **налоговое обложение; налоги; таксация** — taxation; 5. **налоговое право** — fiscal law; 6. **налоговое регулирование** — fiscal regulation; 7. **налоговые гавани (убежища)** — tax havens; 8. **налоговые льготы за вложение капитала** — investment allowance; 9. **налоговые льготы** — tax incentives; 10. **налоговые резервные сертификаты, налоговые сертификаты** — tax anticipation certificates, tax reserve certificates; 11. **налоговые сертификаты США** — U. S. Treasury bills; 12. **налоговые скидки, сделанные при покупке средств производства, используемых компанией** — capital allowance; 13. **налоговый агент** — fiscal agent.

налогообложение — taxation ◇ **пропорциональное налогообложение** — flat taxation, proportional taxation.

налогоплательщик — tax payer.

налогоспособность — taxable capacity, taxing capacity.

наложение — attaching, applying ◇ 1. **наложение ареста; конфискация** — seizure; 2. **наложение штрафа** — imposition of a fine.

наложить — to impose, to inflict ◇ 1. **наложить арест на товар** — to attach goods; 2. **наложить печать; опечатать; запечатать** — to put under seal; 3. **наложить платеж, взыскать наложенным**

платежом — to charge forward; 4. **наложить штраф** — to charge a penalty, to impose a fine; 5. **наложить эмбарго** — to lay an embargo; 6. **на счет наложен арест** — account attached; 7. **приказ о наложении ареста на имущество** — distress warrant.

наложенный платеж — collection on delivery, payment forward, collect on delivery, cash on delivery.

наплыв — rush ◇ 1. **наплыв требований в банк, массовое изъятие вкладов из банка** — a run on the bank; 2. **часы наплыва покупателей, пассажиров и т.п.; часы пик** — rush hours.

направление — direction, trend, tendency, tenor ◇ 1. **направление движения цен, тенденция цен** — trend in prices; 2. **дать направление на работу** — to assign to a job; 3. **меняющееся направление капиталовложений** — shifting investment pattern; 4. **перевозка грузов по любым направлениям** — tramping.

направляющийся в — bound for ◇ **направляющийся на родину; направляющийся в порт приписки** — home bound.

нарастать — accrue, to accumulate, to increase.

нарицательный — nominal, par value ◇ 1. **нарицательная стоимость** — nominal cost; 2. **нарицательная цена, номинал** — par value, face value; 3. **нарицательная цена; номинальная цена; прейскурантная цена до вычета скидки; ничтожная цена** — nominal price; 4. **акции без нарицательной цены; погашенные акции** — shares without par value; 5. **акции, выпускаемые со скидкой с нарицательной цены** — below par stock; 6. **акция нарицательной стоимостью в 100 долларов** — full-stock; 7. **акция нарицательной стоимостью в 50 долларов** — half-stock; 8. **без нарицательной цены** — no par value; 9. **выше паритета; выше нарицательной цены, номинала** — above par; 10. **ниже нарицательной цены, со скидкой** — at a discount; 11. **по нарицательной цене, по паритету, по номиналу** — at par.

народный — national, people's ◇ **народное хозяйство** — national economy.

народонаселение — population ◇ **статистика естественного движения народонаселения** — vital statistics.

наросший — accrued, accumulated ◇ 1. **наросшие проценты** — accumulated interest; 2. **наросшие проценты; начисленные проценты** — accrued interest, accrued charges; 3. **цена, включающая наросшие проценты** — price plus.

нарушение — breach, default, infringement, violation ◇ 1. **нарушение баланса** — dislocation of balance; 2. **нарушение владения недвижимостью** — trespass to land; 3. **нарушение доверия** — breach of trust; 4. **нарушение договора** — breach of contract, violation of the contract; 5. **нарушение закона** — defiance of the law; 6. **нарушение канцелинга** — violation of cancelling; 7. **нарушение кодекса** — violation of regulations; 8. **нарушение срока** — failure to meet a date; 9. **иск из нарушения владения**

— action of trespass; 10. **иск о нарушении прав из патента** — patent suit; 11. **иск о нарушении** — default claim; 12. **пени за нарушение** — fine for violation; 13. **предупреждение о нарушении контракта** — anticipatory breach of contract; 14. **частичное нарушение** — severable breach.

нарушитель — infringer, transgressor ◇ **нарушитель владения; правонарушитель** — trespasser.

нарушить — to infringe, to violate, to break ◇ 1. **нарушить договор** — to break a contract; 2. **нарушить условия договора** — to infringe the terms of the contract.

население — population ◇ 1. **естественное движение населения; движение населения** — population movement; 2. **перепись населения** — population census; 3. **потребительские расходы населения** — consumer spending; 4. **потребление на душу населения** — per capita consumption; 5. **рост численности населения; движение населения** — development of the population, population development; 6. **самодеятельное население** — occupied population, active population.

населять — to people, to populate, to settle, to inhabit.

наследство — inheritance, legacy ◇ 1. **налог на наследство, налог на наследственное недвижимое имущество** — succession duty; 2. **налог на наследство, наследственные пошлины** — death duties; 3. **налог с наследства и дарений** — death and gift tax, legacy tax.

настроение — humor, mood, frame of mind, attitude of mind, sentiments ◇ 1. **настроение рынка бездеятельное, на рынке заключается мало сделок** — the market is inactive; 2. **настроение рынка более устойчивое** — the market is firmer; 3. **настроение рынка вялое** — the market is dull; 4. **настроение рынка повышательное, цены на рынке повышаются** — the market is advancing; 5. **настроение рынка понижательное** — the market is easy; 6. **настроение рынка слабое** — the market is weak; 7. **настроение рынка снова окрепло** — the market is up again; 8. **настроение рынка твердое** — the market is firm; 9. **настроение рынка устойчивое, причем цены проявляют слабую тенденцию к повышению** — the market is very steady; 10. **бездеятельное настроение, слабость; ослабление; понижение** — weakness; 11. **вялое настроение рынка** — trading market; 12. **вялое настроение рынка; понижательное состояние рынка** — depression of the market; 13. **изменение настроения** — change in sentiments; 14. **на рынке вялое настроение** — the market is flat, the market is heavy; 15. **понижательное настроение** — easier tone; 16. **понижательное настроение; понижательная тенденция** — bearish tendency, bearish tone; 17. **преобладающее настроение** — prevailing tone; 18. **твердое настроение** — good tone.

настройка — tuning ◇ **"точная настройка"** — fine tuning.
наступать (наступить) — to mature ◇ 1. **наступать сроку платежа** — to fall due; 2. **когда наступит срок платежа** — when due; 3. **срок уплаты долга наступил** — the debt is due.
наступление (срока) — maturity ◇ 1. **в срок, при наступлении срока** — at maturity; 2. **по наступлении срока платежа** — when due; 3. **тратта, оплаченная до наступления срока** — acceptance under rebate.
насыпью — in bulk ◇ 1. **грузовместимость насыпью** — capacity in grain; 2. **погрузка насыпью, без упаковки, внавалку** — shipment in bulk; 3. **продавать насыпью** (без упаковки, внавалку, оптом) — to sell in bulk.
НАУ счет — NOW account (negotiable order of withdrawal).
находить — to find, to discover, to meet ◇ **находить быстрый сбыт** — to meet with a ready market.
находиться — to be ◇ 1. **находиться в зависимости от; зависеть от; иметь силу при условии чего-л.** — to be conditional on; 2. **находиться в курсе** — to keep posted up; 3. **находиться в контакте с кем-л.; быть в курсе чего-л.** — to be in touch with; 4. **находиться в распоряжении** — to be held; 5. **находиться в чьем-л. владении** — to be in one's possession, to be in the possession of somebody; 6. **находиться на одном и том же уровне** — to be on a plateau.
находящийся — being, staying, remaining ◇ 1. **находящийся в залоге на таможенном складе, обеспеченный облигациями** — bonded; 2. **находящийся вне чего-л.** — outsider; 3. **находящийся на краю; близкий к пределу** — marginal.
наценка — extra charge ◇ 1. **розничная наценка** — makeup; 2. **товарная наценка** — increase of a price; 3. **торговая наценка** — marketing margin; 4. **транспортная наценка** — transportation margin.
национальный — national ◇ 1. **национальная валюта** — national currency; 2. **национальный банк, государственный банк** — national bank; 3. **национальный, резервный, эмиссионный банк** — bank of circulation, bank of issue, issuing bank, issuing house; 4. **национальный доход** — national income; 5. **валовой национальный продукт (ВНП)** — gross national product (GNP); 6. **потенциальный валовой национальный продукт** — potential gross national product; 7. **реальный национальный продукт** — real gross national product.
нация — nation ◇ **Организация Объединенных Наций (ООН)** — United Nations Organization (UNO).
начало — beginning, commencement ◇ **начало; отправление** — starting.
начальный — first, initial ◇ 1. **начальная стоимость; покупная цена; себестоимость** — original cost; 2. **начальная цена** — ini-

tial price; 3. **начальные затраты, первоначальная стоимость** — initial cost.

начисление — charge, extra charge, adding ◇ 1. **начисление процентов** — calculation of interest; 2. **амортизационные начисления** — depreciation charges.

начисленный — added, accrued, charged ◇ **начисленные проценты, наросшие проценты** — accrued charges.

не иметь — to lack, to be out of smth ◇ 1. **не иметь успеха; терпеть неудачу; не удаваться; обманывать ожидания; быть недостаточным; обанкротиться** — to fail; 2. **не иметь на складе; не иметь в наличии** — to be out of stock.

неакцептование — want of acceptance.

неблагоприятный — unfavorable.

невидимый — invisible ◇ 1. **"невидимые запасы"** — invisible supply; 2. **"невидимые" статьи платежного баланса** — invisibles; 3. **невидимый импорт, невидимые статьи импорта** — invisible imports; 4. **невидимый экспорт, невидимые статьи экспорта** — invisible exports; 5. **поступления от невидимых статей экспорта** — invisible earnings.

невыгодность — disadvantage.

невыкупаемый — irredeemable.

невыполнение — non-fulfillment, non-performance, non-execution, failure to carry out, failure to comply with, failure to execute ◇ 1. **невыполнение международных обязательств** — default on international obligations; 2. **в случае невыполнения, несовершения, отсутствия, за неимением** — failing.

недвижимость — real estate, realty ◇ 1. **недвижимость, недвижимое имущество** — real assets, real estate, real property, things real; 2. **налог на недвижимость** — real estate tax; 3. **нарушение владения недвижимостью** — trespass to land; 4. **право на недвижимость** — interest in land.

недействительность — inefficacy, invalidity, nullity ◇ 1. **недействительность договора** — nullity of contract; 2. **недействительность документов** — non-validity of documents.

недействительный — inefficacious, invalid, null, void ◇ 1. **недействительное встречное удовлетворение** — nugatory consideration; 2. **недействительный, не подлежащий передаче** — non-negotiable, not negotiable; 3. **делать недействительным** — to invalidate; 4. **становиться недействительным** — to become void.

недоимка — arrears ◇ **взыскивать недоимки** — to collect arrears.

недопоставка — short delivery.

недостаток — shortcoming, defect, drawback, lack, shortage ◇ 1. **недостаток денег** — money pressure, money stringency, tightness of money; 2. **недостаток; недостаточное или неполное выполнение; недостаточное поступление** — shortfall; 3. **ощущается недостаток в деньгах** — money is tight.

недостаточный — insufficient, inadequate, scanty ◇ 1. **недостаточная производительность; недостаточная мощность** — reduced output; 2. **недостаточное встречное удовлетворение** — inadequate consideration; 3. **недостаточное покрытие** — insufficient funds; 4. **недостаточное поступление; недостаточность, недостаток; недостаточное или неполное выполнение; снижение; уменьшение** — shortfall; 5. **недостаточные средства** — insufficient funds, insufficient means; 6. **недостаточный запас товара** — want of stock.

недостача — shortage, lack, deficiency ◇ 1. **возместить недостачу** — to make up the deficiency; 2. **недостача в весе** — short weight; 3. **недостача в весе в 10 тонн; недовес в 10 тонн** — a deficiency in weight of 10 tons; 4. **недостача в весе составляет 20 фунтов** — the weight falls short by 20 lbs.; 5. **недостача в поставке** — short delivery; 6. **недостача груза** — shortage of cargo; 7. **недостача при сдаче** — short delivery; 8. **недостача товара** — shortage of goods; 9. **скрытая недостача** — concealed loss.

независимый — independent ◇ **независимый брокер** — independent broker.

независимо — independently ◇ 1. **независимо от очереди у причала** — free of turn; 2. **независимо от того, видел ли покупатель товар или не видел** — seen or not seen; 3. **независимо от того, имеется ли свободный причал или нет** — berth or no berth.

независимость — independence ◇ **экономическая независимость; экономическая замкнутость; автаркия; экономическая автономность** — self-sufficiency.

незаработанный — unearned.

незначительный — insignificant, unimportant, negligible, minor, slight ◇ 1. **незначительная прибыль** — a close margin of profit; 2. **незначительное изменение индекса** — fractional movement in the index.

неисполнение — non-execution, non-performance, non-observance ◇ **неисполнение контракта** — non-execution of a contract.

неисполненный — unfulfilled, unexecuted ◇ **неисполненная часть заказа** — unexecuted part of an order.

неконвертируемый — inconvertible ◇ **неконвертируемая валюта** — soft currency.

неликвидный — non-liquid ◇ 1. **неликвидные активы** — long-term assets; 2. **неликвидные активы; замороженные активы** — frozen assets; 3. **неликвидные активы; долгосрочные инвестиции и долгосрочные ссуды; ценные бумаги с колеблющимся курсом** — risk assets.

неликвиды — illiquid assets.

необеспеченный — unprovided for, precarious, needy, unsecured

◇ 1. **необеспеченная ссуда, необеспеченный заем** — unsecured loan; 2. **необеспеченные бумажные деньги** — uncovered paper money; 3. **необеспеченные займы и векселя** — unsecured loans and notes.

неограниченный — unlimited ◇ **неограниченный собственник** — outright owner.

неожиданный — unexpected, sudden ◇ 1. **неожиданное повышение цен или курсов** — spurt; 2. **неожиданная прибыль** — windfall profit; 3. **неожиданная удача** — windfall; 4. **неожиданные обстоятельства** — unexpected developments.

неофициальный — unofficial, informal, off the record ◇ 1. **неофициальная биржа** — kerb (curb), outside market, street market; 2. **неофициальная биржа; улицы поблизости от здания фондовой биржи; внебиржевой оборот** — the Street; 3. **неофициальный биржевой маклер** — outside broker.

неплатеж — non-payment ◇ **в случае неплатежа** — in default of payment.

неплатежеспособность — insolvency.

непокрытый — uncovered ◇ **непокрытые обязательства** — outstanding liabilities.

непредвиденный — unforeseen ◇ 1. **непредвиденный случай; крайняя необходимость; авария** — emergency; 2. **непредвиденные расходы** — incidental expenses, unforeseen expenses, contingencies.

нераспределенный — undistributed ◇ 1. **нераспределенная прибыль** — Rest, unappropriated balance, earned surplus, net surplus, retained earnings, surplus earnings, undistributed profit, undivided profits; 2. **нераспределенная прибыль; резервный капитал** — accumulated surplus, profit and loss surplus.

несдача — failure to deliver.

несколько — several, some, a few ◇ 1. **быть несколько заниженным** — to be on the conservative side; 2. **охватывающий несколько предметов** — omnibus.

несостоятельность — insolvency, failure ◇ 1. **признание несостоятельности** — adjudication in bankruptcy, adjudication order; 2. **формально объявить несостоятельным** — to file a declaration of bankruptcy.

нести — bear, perform ◇ 1. **нести расходы; нести последствия** — to foot the bill; 2. **нести ответственность за убытки** — to bear responsibility for damages; 3. **нести потери; терпеть убытки** — to sustain losses; 4. **нести убыток; принять убыток на свой счет; платить за потерю; нести ответственность за потерю** — to bear a loss; 5. **нести убытки** — to incur losses, to suffer losses.

нетто — net ◇ 1. **нетто-баланс, баланс-нетто** — balanced trade; 2. **нетто-импортер какого-л. товара** — net importer of a commodity; 3. **нетто-процент** — pure interest; 4. **нетто-экспортер какого-л. товара** — net exporter of a commodity; 5. **вес брутто за нетто** — gross for net; 6. **вес нетто** — net weight; 7. **легальный вес нетто** — legal net weight; 8. **реальный вес нетто** — actual net weight; 9. **сумма нетто** — net amount; 10. **цена нетто** (после вычета всех скидок; с которой не делается скидка; не включающая расходы по перевозке, страхованию и пр.) — net price.

неудача — failure, misfortune.

неуплата — non-payment, default of payment, failure to pay ◇ 1. **неуплата в срок** — failure to pay on time; 2. **неуплата задолженности по кредиту** — credit default; 3. **неуплата процентов** — default on interest.

неуплаченный — outstanding ◇ 1. **неуплаченная сумма; невостребованная сумма** — outstanding amount; 2. **неуплаченные суммы; неоплаченные счета; счета дебиторов; задолженность** — outstandings; 3. **неуплаченный долг** — active debt, outstanding debt, undischarged debt.

неуспех — failure, lack of success, setback.

неустойка — penalty, forfeit ◇ 1. **большая неустойка** — heavy penalty; 2. **крупная штрафная неустойка; отступные деньги; “верные” деньги** — smart money.

новация — novation.

новшество — innovation, a new development.

новый — new, modern, fresh ◇ 1. **новое событие; новый фактор; новинка, новшество, нововведение; новое усовершенствование** — a new development; 2. **новые или последние события** — recent developments; 3. **новые поступления** — fresh supplies.

номенклатура — nomenclature.

номер — number ◇ 1. **номер заказа** — job number; 2. **порядковый номер** — order number.

номинал — nominal value, par value ◇ 1. **номинал** (нарицательная цена) — par value, face value; 2. **выше номинала;** (с премией) — at a premium; 3. **выше номинала, паритета, нарицательной цены** — above par; 4. **по номиналу; по паритету; по нарицательной цене** — at par.

номинальный — nominal ◇ 1. **номинальная стоимость** — nominal value; 2. **номинальная цена** — nominal price; 3. **номинальный капитал** (разрешенный к выпуску акционерный капитал; основной капитал; уставный капитал) — nominal capital; 4. **номинальный партнер** — nominal partner; 5. **по номинальной стоимости** — by tale.

норма — norm, standard, rate, quota ◇ 1. **норма выработки** — rate of output; 2. **норма дивиденда** — dividend yield; 3. **норма запуска в производство** — rate of input; 4. **норма накопления** — standard of accumulation; 5. **норма обязательных резервов банков** — standard of emergency funds; 6. **норма прибавочной**

стоимости — rate of surplus value; 7. **норма прибыли** — income yield, rate of profit, rate of return; 8. **норма сбережения** — saving ratio; 9. **дневная норма** — daily work quota; 10. **по норме в; по ставке в; по курсу в; со скоростью в** — at the rate of; 11. **производственные нормы** — production quotas.

нормальный — normal ◇ 1. **нормальная убыль и нормальный износ** — fair tear and wear; 2. **прийти в нормальное состояние** — to be back to right.

норматив — norm, standard.

нотариальный — notarial ◇ 1. **нотариальные пошлины** — notarial charges; 2. **нотариальным порядком** — notarially.

нотариус — notary ◇ **нотариус, оформляющий передачу имущества** — conveyancer.

нотификация — notification.

ноу-хау — know-how.

нуждаться — to need, to want, to require ◇ 1. **нуждаться в акциях для покрытия обязательств** — to be short of stocks; 2. **нуждаться в чем-л.** — to be in want of; 3. **нуждающийся в рабочей силе** — shorthanded.

О

обеспечение — security, guarantee, coverage ◇ 1. **обеспечение в виде акций промышленных предприятий** — industrial collateral; 2. **обеспечение в виде банковской гарантии** — security in the form of a bank guarantee; 3. **обеспечение в форме акций, допущенных к биржевому обороту** — stock exchange collateral; 4. **обеспечение воспроизводства** — guarantee of reproduction; 5. **обеспечение денег** — cover of credit; 6. **обеспечение долга** — security for a debt; 7. **обеспечение задатком** — security by an advance; 8. **обеспечение займа** — security for a loan; 9. **обеспечение иска судом** — security for a claim through the court; 10. **обеспечение кредита** — cover of credit, security for credit; 11. **обеспечение ссуды** — security for a loan; 12. **валютное обеспечение** — currency security; 13. **двойное обеспечение** — collateral; 14. **денежное обеспечение** — cash security; 15. **дополнительное обеспечение** — collateral security; 16. **заем под двойное обеспечение** — loan on collateral; 17. **залоговое обеспечение** — pledged security; 18. **материальное обеспечение** — supply of materials; 19. **обратить взыскание на обеспечение** — to enforce a security; 20. **патентное обеспечение** — patent cover; 21. **под обеспечение; под гарантию** — on the security of;

22. **предоставить обеспечение кредитору** — to secure a creditor; 23. **социальное обеспечение** — social welfare, social security; 24. **социальное обеспечение; пособие по социальному обеспечению** — welfare; 25. **страховое обеспечение** — insurance coverage; 26. **требовать обеспечения** — to demand security; 27. **финансовое обеспечение** — financial security.

обеспеченный — provided with, secured, ensured, covered ◇ 1. **обеспеченный вексель** — collateral note; 2. **обеспеченный облигациями; находящийся в залоге на таможенном складе** — bonded.

обеспечивать, обеспечить — to secure, to cover, to ensure, to assure, to provide (with) ◇ 1. **обеспечивать; предусматривать; приготовлять деньги; резервировать деньги** — to make provision; 2. **обеспечить выполнение** — to ensure the fulfilment; 3. **обеспечить потребности, удовлетворять требованиям** — to meet the requirements, to cover the requirements; 4. **обеспечить потребность в сырье** — to meet the requirements to raw materials; 5. **обеспечить что-л.; заботиться о чем-л.; предусматривать** — to provide for.

обеспечительский вексель — security bill.

обесценение — depreciation, loss of value, devaluation ◇ **обесценение денег** — money depreciation, money devaluation.

обжалование — appeal ◇ 1. **обжалование решения** — appeal against (from) a decision; 2. **без права обжалования** — without right of appeal.

обжаловать — to appeal ◇ **обжаловать решение** — to appeal against a decision, to appeal from a decision.

обзор — survey, review ◇ 1. **краткий статистический обзор** — statistical abstract; 2. **обзор рынка** — market review; 3. **обзор состояния рынка** — market report; 4. **обзор текущей хозяйственной деятельности** — survey of current business.

облагаемый — imposed, levied ◇ 1. **облагаемый доход** — taxable income; 2. **облагаемый налогом, пошлиной; подлежащий обложению налогом, пошлиной** — taxable; 3. **облагаемая стоимость; оценочная стоимость** — ratable value.

облагать, обложить — to impose, to assess, to levy ◇ 1. **облагать акцизным сбором** — to excise; 2. **облагать добавочным налогом** — to surtax; 3. **облагать местным налогом** — to rate; 4. **облагать налогом** — to tax, to impose tax (upon); 5. **облагать штрафом** — to impose a fine (upon), to set a fine (upon), to fine; 6. **облагаться пошлиной** — to be taxable.

облигационер — debenture holder.

облигация — bond ◇ 1. **облигации промышленных предприятий** — industrial bonds; 2. **облигации со сроком погашения в 1995 г.** — debentures due 1995; 3. **облигации участия** — participating bonds; 4. **облигации "с подстилкой"** — cushion bonds; 5. **об-**

лигации, выпускаемые и погашаемые сериями через определенные интервалы — serial bonds; 6. **облигации, выпускаемые муниципальными органами США для финансирования проектов промышленного развития** — industrial revenue bonds; 7. **облигации, выпущенные купюрами в 100 долларов** — bonds issued in denomination of $ 100; 8. **облигации, дающие, сверх процентного дохода, право на участие в распределении прибыли** — participating bonds; 9. **облигации, обеспечиваемые полной закладной на собственность корпорации** — general mortgage bond; 10. **облигации, погашаемые из фонда погашения** — sinking fund bonds; 11. **облигация на предъявителя** — coupon bond; 12. **облигация с окончательным доходом** — flat income bond; 13. **облигация с "полным купоном"** — full-coupon bond; 14. **облигация "ободранная"** — stripped bond; 15. **облигация, погашение которой гарантировано доходами** — revenue bond; 16. **облигация, продаваемая по номинальной цене** — par bond; 17. **облигация** (сертификат таможни для обратного получения импортной пошлины) — debenture bond; 18. **облигации; казначейские бумаги** — Treasure stock, gilt-edged securities; 19. **акции и облигации машиностроительных компаний** — engineerings; 20. **акции и облигации предприятий общественного пользования** — utilities; 21. **акции и облигации судоходных компаний** — shippings; 22. **акции и облигации, выпущенные железнодорожными компаниями** — railway lines; 23. **акции и облигации, выпущенные страховыми обществами** — insurances; 24. **биржевые акции и облигации золотопромышленных компаний** — golds; 25. **временная акция или облигация** — scrip certificate; 26. **выпускать акции или облигации в обращение** — to place an issue; 27. **выпускать облигации** — to issue bonds; 28. **выходящие в тираж облигации** — maturing bonds; 29. **государственные облигации, выпущенные в обеспечение уплаты репараций или внешнего долга** — scrip; 30. **облигационер** (держатель облигации) — debenture holder; 31. **"детская" облигация** — baby bond; 32. **дисконтная облигация** — discount bond; 33. **доходная облигация** — revenue bond, income bond; 34. **ипотечная облигация** — mortgage bond; 35. **именная облигация** — registered bond; 36. **именные акции и облигации** — inscribed stock; 37. **конвертируемая облигация** — convertible bond, convertible debenture; 38. **муниципальные облигации** — bond anticipatory notes, municipal bonds; 39. **обеспеченный облигациями** — bonded; 40. **обычная облигация** — straight bond; 41. **отзывная облигация** — callable bond; 42. **портфельные облигации** — treasury bonds; 43. **преимущественная облигация** — preference bond, preference debenture; 44. **привилегированные акции или облигации, предлагаемые уже имеющимся акционерам или подписчикам**

по цене ниже рыночной — rights; 45. **промышленная доходная облигация** — industrial revenue bond; 46. **серийные облигации** — serial bonds; 47. **собственные облигации в портфеле; казначейские боны; долгосрочные казначейские векселя** — treasury bonds.

обложение (налогом) — taxation, rating ◇ 1. **подлежать обложению налогом** — to be liable to tax; 2. **подлежащий обложению пошлиной** — liable to duty; 3. **прогрессивное обложение** — graduated taxation; 4. **пропорциональное обложение** — flat taxation, proportional taxation.

обмен — exchange ◇ 1. **в обмен на** — in exchange for; 2. **в обмен; в замен; в оплату** — in return; 3. **обмен акций на двойное количество акций** — 2 for 1 split; 4. **свободный обмен фунтов на доллары** — convertibility of the pound.

обменный — exchange ◇ 1. **обменный курс; валютный курс, вексельный курс; курс перевода** — rate of exchange, exchange rate; 2. **обменная сделка на бирже** — exchange for physical.

обменивать — to exchange ◇ **обменивать фунты на доллары; переводить фунты в доллары** — to convert pounds into dollars.

обновление — renewal.

обновлять — to renew, to renovate.

оборот — turnover ◇ 1. **обороты банковской расчетной палаты; суммы безналичных расчетов между клиринг-банками** — bank clearings; 2. **оборот банка** — assets of a bank; 3. **оборот капитала** — turnover of capital; 4. **оборот по импорту** — import turnover; 5. **оборот по экспорту, объем экспортных операций** — export turnover; 6. **оборот судна; время на оборот судна в порту** — turn-round; 7. **оборот товарных запасов** — merchandise turnover; 8. **без оборота на меня** — without recourse to me; 9. **внебиржевой оборот** — street market; 10 **годовой оборот** (годовая сумма продаж) — yearly saled, annual turnover; 11 **налог с оборота** — receipts tax, sales tax, turnover tax; 12. **общий оборот** — total turnover; 13. **торговый оборот; объем операций** — volume of business.

оборотный — circulating, negotiable ◇ 1. **оборотные кредитно-денежные документы; деловые бумаги; коммерческий вексель** — commercial paper; 2. **оборотные кредитно-денежные документы; обращение бумажных денежных знаков; обращение банкнот; бумажные денежные знаки; банкноты** — paper currency; 3. **оборотные средства** — circulating assets, current assets, floating assets; 4. **оборотные ценные бумаги** — negotiable securities; 5. **оборотный документ; оборотный кредитно-денежный документ** — negotiable document, negotiable instrument; 6. **оборотный капитал** — circulating capital, floating capital, rolling capital, trading capital, working capital.

оборудование — equipment, machinery ◇ **оборудование или заводы военного назначения** — emergency facilities.

обоснованный — grounded, based, substantiated ◇ 1. **обоснованная апелляция** — justified appeal; 2. **обоснованный титул, законный титул** — good title; 3. **быть обоснованным** — to hold (to stand) good; 4. **быть юридически обоснованным** — to hold good in law, to stand good in law.

обоснование — basis, ground ◇ **статистическое обоснование** — statistical validity.

обрабатываемый — processed ◇ **обрабатываемый предмет; обрабатываемая деталь** — work piece.

обрабатывающий — manufacturing ◇ **обрабатывающая промышленность** — manufacturing industry.

обработка — manufacture, treatment, process ◇ **обработка грузов** — operations.

образ — shape, form; image; mode, manner ◇ 1. **образ действия** — course of action; 2. **"наилучшим образом"** — at the best, at the market; 3. **обычным образом; на обычных основаниях** — on the usual lines; 4. **соответствующим образом упакованный и приготовленный к отправке груз** — stowed.

образец — model, sample, pattern, specimen, standard ◇ 1. **образец без цены** — sample post, pattern post; 2. **образец подписи** — specimen of signature; 3. **промышленный образец предмета широкого потребления** — utility design; 4. **промышленный образец** — industrial design; 5. **согласованный образец** — agreed upon sample; 6. **средний образец** — unit sample, average sample; 7. **стандартный образец справедливого среднего качества** — fair average quality standard; 8. **типовой образец** — standard sample; 9. **третий образец переводного векселя** — third of exchange; 10. **установленный образец; бланк; формуляр; анкета** — specimen.

образование — formation ◇ **образование или прирост основного капитала** — capital formation.

образовать — to make, to form ◇ **образовать акционерное общество** — to float a company.

обратимость — reversibility, convertibility.

обратимый — reversible; convertible ◇ **свободно обратимая иностранная валюта** — freely convertible exchange.

обратный — reverse, opposite; inverse ◇ 1. **обратная бонификация** — counter-bonification; 2. **обратная премия; сделка с обратной премией** — premium for the put, to put premium; 3. **обратное действие; обратная сила** — relation back; 4. **обратный груз** — homeward cargo, return cargo; 5. **обратный переводной вексель, ретратта, рикамбио** — return draft; 6. **обратный фрахт** — freight home, home freight, homeward freight.

обращать — to turn ◇ 1. **обращать внимание** — to point out, to pay attention; 2. **обращаться; обходиться; пользоваться; поступать; вести переговоры; договариваться; иметь дело; обрабатывать; подвергать действию; обогащать** — to treat; 3. **обращаться к услугам агента** — to turn to an agent; 4. **обращаться с иском в** — to refer a claim to.

обращение — circulation, negotiation ◇ 1. **обращение банкнот** — circulating bank notes; 2. **обращение бумажных денежных знаков; обращение банкнот; оборотные кредитно-денежные документы** — paper currency; 3. **обращение бумажных денежных знаков; обращение банкнот; обращение векселей** — paper circulation; 4. **обращение** (обхождение; режим) — treatment; 5. **вексельное обращение**; 6. **изымать из обращения** — to recall from circulation.

обслуживание — service ◇ **техническое обслуживание** — maintenance facilities, maintenance service.

обслуживающий — serving, attending ◇ 1. **обслуживающие отрасли** — service trades; 2. **обслуживающий персонал** — serving staff, attending staff, serving personnel, attending personnel, attendants, assistants.

обстоятельство — circumstance ◇ 1. **неожиданные обстоятельства** — unexpected developments; 2. **непредвиденное обстоятельство** — unforeseen circumstance, contingency; 3. **при таких обстоятельствах** — under such conditions, under the circumstances; 4. **чрезвычайные обстоятельства; форс-мажор; непреодолимое препятствие** — force majeure.

обусловливать — to stipulate ◇ **обусловливать пошлину** — to fix tax.

обученный — trained ◇ 1. **обученные рабочие** — trained workmen; 2. **обученный персонал** — trained staff.

обучение — instruction, training.

общественный — social, public ◇ 1. **общественное положение** — social position; 2. **общественные работы для безработных** — relief works; 3. **общественный бухгалтер, бухгалтер-эксперт; аудитор** — chartered accountant; 4. **общественный перевозчик** — common carrier; 5. **дипломированный общественный бухгалтер; аудитор** — public accountant.

общество — society, company ◇ 1. **общество взаимного кредита; кредитное кооперативное товарищество** — mutual loan society; 2. **общество или касса взаимопомощи** — benefit society; 3. **общество по страхованию жизни** — life assurance company; 4. **общество с неограниченной ответственностью членов компании** — unlimited company; 5. **акционерное общество** — stock corporation, stock company, joint stock company; 6. **акционерное общество с ограниченной ответственностью** — limited liability company; 7. **закрытое акционерное общество** — close corporation; 8. **контролирующее общество** — controlling company;

9. **контролирующее общество; акционерное общество, владеющее землей, которую оно продает по частям или сдает в аренду** — proprietary company; 10. **образовать акционерное общество** — to float a company; 11. **основное общество; контролирующая компания; материнская компания; компания-учредитель; компания, эксплуатирующая патент** — parent company; 12. **публичное акционерное общество** — public company; 13. **страховое общество** — insurance company; 14. **учредить акционерное общество** — to form a company.

общий — general, common; mutual; aggregate, total ◇ 1. **общая авария** — general average; 2. **общая валовая стоимость движимого имущества** — gross personalty; 3. **общая доверенность** — general power of attorney; 4. **общая задолженность** — total debt; 5. **общая квота; общий контингент** — omnibus quota, global quota; 6. **общая разница, спред** — gross spread; 7. **общая ревизия** — general audit; 8. **общая резолюция по ряду вопросов** — omnibus resolution; 9. **общая система преференций** — general system of preferences; 10. **общая стоимость имущества** — total assets; 11. **общая сумма подписки на полученные заявления составила ...** — the tenders aggregated to ...; 12. **общая сумма потерь, убытков; полная гибель** — total loss; 13. **общая сумма требований** — total claims; 14. **общая сумма фактуры** — invoice amount; 15. **общая твердая сумма; паушальная страховая премия** — lumpsum premium; 16. **общая торговля** — general trade; 17. **общая цена; цена, включающая все расходы** — overhead price, blanket price; 18. **общая чистая стоимость движимого имущества** — net personalty; 19. **общее количество работы и услуг, произведенных предприятием за определенный период времени** — through put; 20. **общее право** — common law; 21. **общие условия поставки** — general conditions of delivery; 22. **общие условия** — general conditions; 23. **общий (обычный) дивиденд** — ordinary dividend; 24. **общий застой** — general stagnation; 25. **общий инвестиционный траст-фонд** — gogo fund; 26. **общий оборот** — total turnover; 27. **общий объем** — total volume; 28. **общий счет** — joint account; 29. **общий таможенный тариф** — general tariff; 30. **общий (простой) тариф** (одноколонный тариф) — general tariff; 31. **общий экспорт; общая ценность вывоза; общий объем вывоза** — total export; 32. **выдать кому-л. общую доверенность** — to furnish a person with full power; 33. **генеральный груз, смешанный общий груз** — general cargo; 34. **накладные расходы; общие расходы; торговые расходы** — overhead charges, overhead expenses; 35. **первое общее собрание акционеров** — statutory meeting.

объединение — pool, union, society, association ◇ 1. **объединение предпринимателей или торговцев, созданное для повышения**

цен — price ring; 2. **объединение профессиональных союзов** — trade council; 3. **объединение спекулянтов, играющих на понижение** — bear pool; 4. **объединение торговцев (картель)** — trade combination; 5. **объединение** (регистрация корпорации) — incorporation; 6. **объединение** (установление; учреждение) — institution.

объем — volume ◇ 1. **объем экспортных операций** — export turnover; 2. **объем операции** — volume of a transaction; 3. **объем операций; торговый оборот** — volume of business; 4. **объем торговых контрактов** — contract trading volume; 5. **объем экспорта** — volume of exports; 6. **объем, занимаемый одной тонной груза в трюме** — stowage factor; 7. **обусловленный объем** — specified volume; 8. **общий объем** — total volume; 9. **общий объем вывоза; общий экспорт; общая ценность вывоза** — total export; 10. **определенный объем** — definite volume; 11. **установленный объем** — established volume.

объемный — by volume, volumetrical ◇ **объемный груз** — measurement cargo.

объявлять — to declare, to announce ◇ 1. **объявлять дивиденд** — to declare a dividend; 2. **объявлять торги на** — to call for bids, to invite bids for, to seek bids; 3. **"объявлен банкротом"** — hammered.

объявление — announcement, advertisement, declaration ◇ 1. **объявление о выкупе, объявление о погашении** — redemption notice; 2. **объявление по суду банкротом** — adjudication in bankruptcy; 3. **делать объявление о чем-л.** — to advertise for something; 4. **окончательное страховое объявление** — closing declaration; 5. **предварительное страховое объявление** — provisional declaration.

объявленный — declared, announced ◇ **лицо, объявленное по суду банкротом** — adjudged bankrupt, certificated bankrupt.

обыкновение — habit, custom ◇ 1. **торговое обыкновение** (торговая практика) — practice of the trade, commercial usage; 2. **торговое обыкновение** (узанс; узанция; торговый обычай) — custom of the trade.

обыкновенный — usual, ordinary, common; commonplace ◇ 1. **обыкновенные акции класса А с отсроченным дивидендом** — "A" Stock, deferred common stock, deferred ordinary stock; 2. **обыкновенные акции класса Б с фиксированным дивидендом; привилегированные обыкновенные акции** — "B" Stock, preferred common stock, preferred ordinary stock, preferred ordinary shares; 3. **обыкновенные акции промышленных предприятий** — industrial equities; 4. **обыкновенные акции, ординарные акции, акции с нефиксированным дивидендом** — ordinary shares, ordinary stock; 5. **обыкновенные акции; акции первого выпуска; основные акции** — common stock, equity stock, ordinary stock, equities, equity shares; 6. **обыкновенный капитал** — ordinary capital; 7. **обыкновенный счет; контокоррент** — account current.

обычай — custom ◇ 1. **торговые обычаи; торговая практика** — custom of the merchants; 2. **торговый обычай; торговое обыкновение; узанс; узанция** — custom of the trade, commercial custom, usage, commercial usage, business usage, trade usage.

обычный — usual, ordinary, common ◇ 1. **обычная добавка к фрахту за пользование грузовым устройством судна** — primage and average accustomed; 2. **обычная облигация** — straight bond; 3. **обычное право купечества; торговые обычаи** — custom of the merchants; 4. **обычное экспортное качество** — shipping quality; 5. **обычный дивиденд; общий дивиденд** — ordinary dividend; 6. **обычный коммерческий сорт** — good ordinary brand; 7. **обычный размер потерь** — initial loss; 8. **обычным образом; на обычных основаниях** — on the usual lines.

обязанный — obliged ◇ 1. **обязанный по договору** — bound by contract; 2. **быть обязанным чему-л.** — to be due to something; 3. **быть обязанным по контракту** — to be bound by contract.

обязанность — duty, responsibility ◇ 1. **должностные обязанности** — functions; 2. **исполняющий обязанности** — acting.

обязательный — compulsory ◇ 1. **быть обязательным для кого-л.** — to be binding upon somebody; 2. **обязательное минимальное количество, продаваемое по контракту** — trading unit; 3. **обязательное страхование** — compulsory insurance; 4. **обязательные резервы банков** — emergency funds.

обязательство — obligation, liability ◇ 1. **обязательства казначейства США сроком действия от года до 10 лет** — treasury note; 2. **обязательства по арбитражу** — arbitration obligations; 3. **обязательства по срочным сделкам** — commitments for future delivery; 4. **обязательства спекулянтов, играющих на понижение, по продажам на срок** — bear commitments; 5. **обязательство в отношении срока поставки** — obligation to meet the delivery date; 6. **обязательство продавца сдать ценные бумаги не позже чем через десять, двадцать, тридцать дней и т.д.** — seller ten, twenty, thirty, ets.; 7. **обязательство эмитента** — purchase fund; 8. **без обязательства** — without engagement; 9. **быть связанным обязательством по отношению к кому-л.; быть в долгу перед кем-л.** — to be under an obligation to somebody; 10. **взять на себя обязательства** — to contract liabilities, to enter into commitments; 11. **выдать краткосрочное обязательство** — to borrow short; 12. **выполнить обязательства по продажам** — to meet sales; 13. **выполнить обязательства** — to meet liabilities, to meet one's engagement, to meet commitments; 14. **выполнить свои обязательства** — to honour one's commitments; 15. **дисконтные кредитные обязательства** — discount securities; 16. **долговое обязательство** (простой вексель; прямой вексель, соло-вексель) — promissory note; 17. **долговое обязательство** (переуступка права владения всеми активами компании, используемое в качестве обеспечения кредита) — floating charge; 18. **долговое обязательство с плавающей ставкой** — floating rate note; 19. **долговое обязательство, обеспеченное закладной** — mortgage debenture; 20. **долговые обязательства** — debenture stock; 21. **долговые обязательства, выпускаемые администрацией штата или муниципалитетом, не облагаемые налогом** — general obligation bonds; 22. **заключающий в себе обязательство** — promissory; 23. **залоговое обязательство** — bail bond; 24. **краткосрочные обязательства** — current liabilities; 25. **непокрытые обязательства** — outstanding liabilities; 26. **освободиться от обязательств по договору** — to contract out of an agreement; 27. **освободить от обязательств** — to allow a waiver; 28. **особые обязательства** — particular covenants; 29. **погашенное денежное обязательство** — cancelled liability; 30. **покрыть свои обязательства; уплатить по обязательствам** — to meet one's obligations; 31. **предъявленное к оплате денежное обязательство** — liability submitted for payment; 32. **прекращение обязательств из договора** — discharge of a contract; 33. **приемлемые обязательства** — eligible liabilities; 34. **принимать на себя обязательства** — to enter into obligations, to incur a liability; 35. **принимать на себя обязательство; связывать себя** — to commit oneself; 36. **содержащий обязательства не повышать низкие пошлины** — binding against increase of low duties; 37. **срочные обязательства** — accrued liabilities; 38. **уплатить по обязательству** — to discharge an obligation; 39. **условное обязательство; условный долг** — contingent liability.

овердрафт — overdraft ◇ **дневной овердрафт** — daylight overdraft.

оговорка — clause, reservation, proviso, stipulation ◇ 1. **оговорка Джейсона** (*мор., страх.*) — Jason clause; 2. **оговорка Объединения лондонских страховщиков относительно кражи целых мест, части мест и недоставки** — Institute Theft, Pilferage and Non-Delivery Clause; 3. **оговорка в коносаменте о падеже перевозимых животных** — mortality clause; 4. **льготная оговорка** — exemption clause; 5. **оговорка об авариях** — average clause; 6. **оговорка об ограничении ответственности страховщика за скопление застрахованных рисков в одном месте** — Location clause; 7. **оговорка об ответственности страховщика по убыткам при столкновении двух судов, принадлежащих одному владельцу** — sister ship clause; 8. **оговорка об участии страховщика в расходах по спасению** — salvage clause; 9. **оговорка о возмещении** — compensation clause; 10. **оговорка о всех**

рисках — all risks clause; 11. **оговорка о залоге** — security clause; 12. **оговорка о наибольшем благоприятствовании** — most favoured nation clause; 13. **оговорка о переходе прав страхователя к страховщику** — subrogation clause; 14. **оговорка о праве отмены льготных таможенных пошлин** — escape clause; 15. **оговорка о праве фрахтователя уступить фрахтовый договор другому лицу** — cession clause; 16. **оговорка о пределе ответственности страховщика по одному судну** — paramount clause, per bottom clause; 17. **оговорка о пролонгации** — continuation clause; 18. **оговорка о расстройстве рейса** — frustration clause; 19. **оговорка о расширенном страховании** — extended cover clause; 20. **оговорка о скользящих ценах** — escalator clause; 21. **оговорки Объединения лондонских страховщиков, относящиеся к страхованию судов и ограничивающие район плавания судов** — Institute Warranties; 22. **оговорки о страховании грузов Объединения лондонских страховщиков** — Institute Cargo Clauses; 23. **арбитражная оговорка** — arbitration clause; 24. **девиационная оговорка** — deviation clause; 25. **золотая оговорка** — gold clause; 26. **золотомонетная оговорка** — gold-bullion clause; 27. **красная оговорка** — red clause; 28. **льготная оговорка** — exemption clause; 29. **монопольная оговорка** — monopoly clause; 30. **расширенная оговорка о страховании грузов Объединения лондонских страховщиков** — Institute Cargo (Extended Cover) Clause; 31. **с оговоркой** — with the proviso.

ограничение — limitation, restriction ◇ 1. **ограничение кредита; дорогие деньги, высокая стоимость займов** — credit squeeze, money squeeze; 2. **ограничения по импорту** — import restrictions; 3. **нетарифные ограничения** — non-tariff restrictions; 4. **валютные ограничения** — exchange controls, exchange restrictions; 5. **дивидендное ограничение** — dividend restraint; 6. **дневные ограничения** — daylight exposure limit; 7. **количественные ограничения, контингентирование** — quantitative restrictions; 8. **снимать ограничения** — to lift restrictions; 9. **снятие импортных ограничений** — liberalization of imports; 10. **снятие торговых ограничений; либерализация торговли** — liberalization.

ограниченный — limited, scanty ◇ 1. **ограниченная ответственность** — limited liability; 2. **ограниченные средства** — limited resources; 3. **ограниченный индоссамент** — restrictive endorsement; 4. **ограниченный; не про запас** — hand-to-mouth; 5. **ограниченный; ограничительный** — restrictive; 6. **ограниченный условием; быть ограниченным условием** — to be subject to a condition; 7. **с ограниченной ответственностью** — Limited.

ограничивать (ограничить) — to limit, to restrict ◇ 1. **ограничить деятельность монополии** — to curb a monopoly; 2. **ограничить**

эмиссию бумажных денег — to restrict the issue of paper money.

однородный — similar, homogeneous, uniform ◇ **однородный груз** — uniform cargo.

одобрение — approval ◇ **послать товар для одобрения** — to send goods on approval.

ожидание — waiting, expectation ◇ 1. **действовать в ожидании изменения конъюнктуры рынка; заранее учитывать возможное повышение или понижение цен** — to discount the market; 2. **не оправдать ожиданий** — to fall short of expectations.

окончательный — final, definitive ◇ 1. **окончательная покупка** — outright purchase; 2. **окончательная цена** — close price, last price; 3. **окончательное страховое объявление** — closing declaration.

окупаемость — recoupment, cover of expenditure ◇ 1. **окупаемость, самоокупаемость** — capacity to pay one's way; 2. **окупаемость капитальных вложений** — recoupment of capital investment; 3. **период окупаемости** — payback period; 4. **срок окупаемости** — recoupment period.

опаздывать — to be late, to be overdue, to be behind time.

оперативный — operative, efficient, active, surgical ◇ **оперативный коэффициент** — operating ratio.

оператор — operator.

операция — operation, dealing ◇ 1. **объем операций; торговый оборот** — volume of business, volume of a transaction; 2. **объем экспортных операций** — export turnover; 3. **операции банка** — banking business; 4. **операции на рынке** — market deals; 5. **операция по использованию блокированного счета в какой-л. стране для капиталовложений в этой же стране** — switch deal; 6. **арбитражная операция при незначительном отклонении цен или курсов** — back spread; 7. **банковские операции** — banking facilities; 8. **биржевые операции; операции с иностранной валютой** — exchange business; 9. **депозитные операции банков** — deposit banking; 10. **доверительные операции банков** — bank trust; 11. **доход от операций** — operating income, operating profit; 12. **переводные операции** — transfer of funds; 13. **производить операции** (работать; действовать) — to operate; 14. **размер операций** — extent of business; 15. **ссудные операции** — loan business; 16. **текущие операции, текущие расчеты** — current account; 17. **товарные операции банков** — commodity transactions of banks; 18. **убыточность операций** — red ink position; 19. **крупные финансовые операции; крупное мошенничество** — high finance; 20. **фондовая операция** — stock exchange transaction, stock broking; 21. **фондовые операции банков** — securities transaction; 22. **форвардная операция** — forward transaction.

операционный — operational ◇ 1. **операционный зал** — floor broker; 2. **операционный год** — trading year.

описание — description ◇ 1. **продажа по описанию** — sale by description; 2. **соответствовать описанию** — to answer the description.

оплата — payment, pay, remuneration ◇ 1. **оплата векселя** — settlement of a bill; 2. **оплата; выход в отставку; оставление работы; выход на пенсию; выбытие оборудования** — retirement; 3. **оплата при доставке** — collect on delivery; 4. **оплата дивиденда; дивиденд к оплате** — dividend payment; 5. **оплата дней, пропущенных по болезни; пособие по болезни** — sick pay; 6. **оплата опротестованной тратты третьим лицом** — payment for honor supra protest; 7. **оплата провозной платы в пункте отправления** — prepayment of charges; 8. **оплата товара наличными** — cash-and-carry; 9. **оплата услуг, предоставляемых агентством** — agency fee for services; 10. **предварительная оплата** — prepayment; 11. **в оплату** — in return; 12. **первоначальная оплата** — down payment; 13. **подлежащий оплате немедленно по предъявлении** — payable on demand; 14. **подлежащий оплате по курсу, указанному на обороте векселя** — payable as per endorsement; 15. **подлежит оплате по указанию** — payable to order; 16. **подлежит оплате предъявителю** — payable to bearer; 17. **подлежит оплате с прибавлением расходов по инкассо** — payable with exchange; 18. **почтовая оплата, сбор; почтовые расходы** — postage; 19. **поштучная оплата; сдельная оплата** — piece wage; 20. **сдельная оплата труда** — payment by the piece; 21. **с оплатой в конце месяца** — per ultimo.

оплатить, оплачивать — to pay, to repay, to return, to pay for ◇ 1. **оплатить вексель** — to honour a bill; 2. **оплатить тратту** — to give a draft due protection, to give protection to a bill, to honour a draft; 3. **оплатить, акцептовать тратту** — to take up a bill; 4. **оплатить погрузочные документы** — to retire shipping documents; 5. **оплатить ссуду** — to meet a loan; 6. **оплатить счет, покрыть счет; уплатить по векселю; оплатить тратту** — to pay a bill, to settle a bill; 7. **не оплатить вексель** — to dishonor a bill.

оплаченный — paid ◇ 1. **оплаченная часть акционерного капитала** — paid up capital, paid in capital; 2. **оплаченные заранее расходы; расходы будущих лет** — prepaid expenses; 3. **оплаченный пошлиной** — duty paid; 4. **оплаченные проценты** — interest charges; 5. **с оплаченным ответом** — prepaid reply.

определение — determination, definition ◇ **определение среднего веса тары** — taring for average.

определенно — definitely, in set terms, specifically.

определенный — definite, appointed, certain, undoubted ◇ 1. **оп-**

ределенный объем — definite volume; 2. **определенный товар; товар** — specific goods.

определить — to define, to determine ◇ 1. **определить обоснованность иска** — to meet a claim; 2. **определить прибыль** — to fix the profit.

опт — wholesale ◇ 1. **оптом, большими партиями** — by the gross, in the gross; 2. **продавать оптом, большими партиями; продавать товар без упаковки, без расфасовки, насыпью, наливом** — to sell in bulk.

оптовый — wholesale ◇ 1. **оптовая стоимость** — wholesale cost; 2. **оптовая торговля** — wholesale business; 3. **оптовая фирма** — wholesale house; 4. **оптовая цена крупных партий товара** — wholesale price; 5. **оптовый торговец** — wholesale dealer, warehouseman.

опцион — option ◇ 1. **опцион на продажу** (обратная премия, сделка с обратной премией) — put; 2. **опцион на продажу** — option for sale; 3. **опцион покупателя** — call option; 4. **опцион продавца** — put option; 5. **валютный опцион** — option of exchange; 6. **двойной опцион** — put and call, option to double.

опытный — experimental; experienced ◇ **опытный завод** — pilot factory.

орган — body, agency; organ, publication ◇ 1. **органы власти** — government bodies; 2. **органы государственной власти; органы самоуправления, органы местной власти; муниципалитеты** — public authorities; 3. **руководящие органы** — the authorities.

организация — organization ◇ 1. **организация по снабжению** — procuring agency; 2. **Международная организация труда** — International Labor Organization; 3. **заинтересованные организации; капиталисты; капитал** — interests; 4. **подрядная организация** — contractor; 5. **правительственная организация** — government agency; 6. **связаться с организацией** — to contact an organization.

организовать — to organize, to arrange ◇ **организовать погашение** — to arrange for repayment.

ордер — order ◇ 1. **ордер на выпуск груза из таможни** — customs warrant; 2. **грузовой ордер** — shipping order; 3. **деливери-ордер** — delivery order; 4. **кассовый ордер** — cash order; 5. **платежный ордер** — payment order; 6. **приходный ордер** — credit slip; 7. **расходный ордер** — debit slip.

ордерный — order ◇ 1. **ордерный коносамент с бланковой передаточной надписью** — bill of lading made to order and endorsed in blank; 2. **ордерный коносамент** — order bill of landing; 3. **ордерный чек** — cheque to order, order cheque.

ординарный — ordinary ◇ **ординарные акции, акции с нефиксированным дивидендом** — ordinary shares, ordinary stock.

орудие — tool.

осведомить, осведомлять — to inform ◇ 1. **осведомляться** — to inquire; 2. **осведомляться о финансовом положении фирмы** — to inquire about the financial standing of a firm; 3. **осведомляться у кого-л.; запрашивать кого-л.; послать запрос кому-л.** — to inquire of a person; 4. **осведомляться о возможности покупки товара** — to inquire for goods.

освободительный — liberation, emancipation ◇ **освободительный приказ суда** — order of discharge.

освободить, освобождать — to free, to liberate ◇ 1. **освободить кого-л. от ответственности** — to discharge a person from a liability; 2. **освободить от обязательств** — to allow a waiver; 3. **освободить от уплаты долга** — to remit a debt; 4. **освободить товар по уплате суммы** — to release goods against payment of; 5. **освободиться, отделаться; отработать** — to work off; 6. **освободиться от обязательств по договору** — to contract out of an agreement; 7. **освобождать от налогов** — to exempt from taxes.

освобождение — release, liberation, emancipation; discharge ◇ 1. **освобождение; погашение долга; расписка** — acquittance; 2. **освобождение от налогов** — immunity from taxation; 3. **освобождение от ответственности** — release from liability; 4. **освобождение от уплаты штрафа** — relief from a fine; 5. **освобождение от штрафа** — remission of penalty; 6. **освобождение товара, заложенного в банке** — bank release; 7. **освобождение; льгота; привилегия** — exemption.

освобожденный — released, discharged ◇ 1. **освобожденный от долгов несостоятельный должник; восстановленный в правах банкрот** — discharged bankrupt; 2. **освобожденный от пошлины** — exempt from duty.

осмотр — examination.

основа — base, basis.

основной — fundamental, basic ◇ 1. **основные акции; обыкновенные акции; акции первого выпуска** — common stock, equity stock, ordinary stock; 2. **основная отрасль промышленности; тяжелая промышленность** — basic industry; 3. **основная сумма и проценты** — capital and interest; 4. **основная сумма** — capital amount; 5. **основная технология** — fundamental techniques; 6. **основное занятие** — chief business; 7. **основное общество** (контролирующая, материнская компания) — parent company; 8. **основной иск** — prior claim; 9. **основной капитал** — original capital, stock capital, capital stock, stock of capital, fixed capital; 10. **основной капитал; основные средства** (товары производственного назначения) — capital goods; 11. **основной поставщик** — principal supplier; 12. **основные средства** — permanent assets, fixed assets, capital assets; 13. **основные средства, переведенные на консервацию** — fixed capital in reserve; 14. **основные статьи баланса** — balance sheets items, principal assets and liabilities; 15. **основные товары** — basic commodities, staple articles; 16. **основные фонды** — capital goods.

особенность — peculiarity, feature.

особый — special, particular, peculiar ◇ 1. **особая плата** — extra charge; 2. **особая скидка** — extra allowance, extra discount; 3. **особые риски** — extra risks; 4. **особые условия, особые обязательства** — particular covenants.

оспаривать — to dispute, to contest ◇ 1. **оспаривать иск; удовлетворить требование, претензию; подготовить возражения против иска** — to meet a claim; 2. **оспаривать претензию, требование, иск** — to contest a claim; 3. **оспаривать чьи-л. права** — to contest person's rights.

останавливать — to stop ◇ **останавливаться; вносить** — to put up.

остановка — stop, halt, stoppage, station ◇ **остановка товара в пути** — stoppage in transit.

остаток — rest, remainder, balance ◇ 1. **остатки на счетах в заграничных банках** — balances with foreign banks; 2. **остатки товаров; товарная наличность** — stock in hand; 3. **остаток в вашу пользу** — balance in your favour; 4. **остаток в нашу пользу** — balance in our favor; 5. **остаток кассы** — cash balance; 6. **остаток кредита; кредитовый остаток; кредитовое сальдо** — credit balance; 7. **остаток на долларовых счетах** (сальдо по расчетам в долларах) — dollar position; 8. **остаток на счету в банке** — bank balance; 9. **остаток на текущем счету, не используемый клиентом в течение продолжительного времени** — dormant balance; 10. **остаток непроданных товаров; товарная наличность; имущество; оборудование** — stock-in-trade; 11. **остаток счета** — balance of an account; 12. **остаток счета в банке; кредитовое сальдо счета в банке** — bank balance; 13. **остаток; сальдо** — net position; 14. **дебетовый остаток; дебетовое сальдо** — debit balance; 15. **перенести остаток** — to carry forward the balance; 16. **переходящий остаток; перенос; репорт** — carryover; 17. **"рабочие" остатки на счетах, резервы, валютная часть общих денежных резервов центрального банка** — working balance; 18. **распродажа остатков** — rummage sale; 19. **распродажа товарных остатков** — stock-taking sale.

остаться — to remain, to stay ◇ 1. **остаться нерешенным; оставаться неоплаченным** — to stand over; 2. **остаться только на бумаге** — to remain a dead letter.

остающийся — remaining ◇ 1. **остающийся без применения** — unapplied; 2. **на остающуюся сумму; что касается остального** — for the rest.

осуществление — realization, accomplishment, implementation, execution ◇ **осуществление плана** — realization of a plan.

осуществить, осуществлять — to carry out, to realize, to fulfil, to

accomplish, to put into practice ◇ 1. **осуществлять последовательные продажи в период повышения рыночных цен** — to scale up; 2. **осуществлять последовательные покупки в период падения цен на рынке при достижении обусловленных изменений в ценах** — to scale down; 3. **осуществлять; приводить в исполнение** — to carry into effect; 4. **осуществить чьи-л. права посредством иска** — to enforce the rights of a person; 5. **принудительно осуществить посредством иска; взыскать в судебном порядке** — to enforce by action.

отбор — selection ◇ **единица отбора** (выборки) — sampling unit.

отборный — selected, choice, picked ◇ 1. **отборные сорта** — choice descriptions; 2. **отборные товары** — choice goods; 3. **отборный товар** — prime goods.

отвергать — to reject, to turn down, to repudiate ◇ **отвергнуть предложение** — to vote down a proposal.

отвес — plumb, plumb-line, plummet ◇ 1. **отвесы** (весовая спецификация) — weight account, weight note; 2. **отвес** (весовой сертификат) — weight certificate; 3. **отвес** (взвешивание) — weighing; 4. **заверенные отвесы; заверенные весовые спецификации** — certified lists of weighing.

ответ — answer, reply ◇ **с оплаченным ответом** — prepaid reply.

ответный — reciprocal, in return, in answer ◇ **ответный** (репрессивный) — retaliatory.

ответственность — responsibility, amenability ◇ 1. **ответственность за риски при перестраховании** — responsibility for risk under reinsurance; 2. **ответственность за убыток, ущерб** — liability for damage; 3. **ответственность лежит на покупателе** — the responsibility rests with the buyer; 4. **ответственность работодателя** — employer's liability; 5. **ответственность совместная и каждого лица за себя** — joint and several liability; 6. **быть ответственным за последствия** — to answer for the consequences; 7. **нести ответственность за убытки** — to bear responsibility for damages; 8. **нести ответственность за потерю; нести убыток; принять убыток на свой счет; платить за потерю** — to bear a loss; 9. **ограниченная ответственность** — limited liability; 10. **освободить кого-л. от ответственности** — to discharge a person from a liability; 11. **привлечь к ответственности** — to make answerable; 12. **признать себя ответственным** — to admit liability; 13. **резервная ответственность акционеров** — reserve liability; 14. **страхование ответственности** — liability insurance; 15. **страховая ответственность** — insurance liability; 16. **с ограниченной ответственностью** — Limited; 17. **с ответственностью за частную аварию, включая частную аварию** — with average; 18. **условная ответственность; ответственность по гарантии; второочередная ответственность; второстепенная ответственность** — secondary liability.

ответственный — responsible; main, crucial ◇ 1. **ответственное хранение** — safekeep; 2. **ответственный во вторую очередь** — secondarily liable; 3. **ответственный в первую очередь** — primarily liable; 4. **считать ответственным за убытки** — to hold responsible in damages.

отвечать, ответить — to respond, to answer, to reply ◇ 1. **ответить на письмо** — to answer a letter; 2. **отвечать цели** — to answer the purpose.

ответчик — defendant, respondent ◇ 1. **возражение ответчика** — points of defence, statement of defence; 2. **доводы в пользу ответчика** — case for the defendant.

отвешивать — to weigh out.

отгрузка — dispatch, shipment ◇ 1. **отгрузка в погашение аванса** — shipment in repayment of an advance; 2. **ежемесячные отгрузки определенного количества товара** — specific monthly shipments; 3. **извещение об отгрузке** — shipping advice; 4. **регулярные отгрузки** — steady shipments.

отдел — department, office ◇ 1. **заведующий отделом продаж** — sales manager 2. **технический отдел** — engineering department.

отделение — branch; devision, section ◇ 1. **отделение фирмы, предприятия** — branch business; 2. **заведующий отделением** — branch manager; 3. **контора отделения** — branch office; 4. **родственное отделение; филиал** — sister branch; 5. **сберегательная касса при почтовом отделении** — post office saving bank; 6. **филиальное отделение** — branch establishment.

отдельный — separate ◇ 1. **отдельная партия** — job lot; 2. **отдельные от текущих операций статьи платежного баланса** — capital account; 3. **отдельными партиями** — in separate lots.

отзыв — opinion, reference; review; recall, call; withdrawal ◇ **отзыв товара** — demand of goods.

отзывной — callable, revocable ◇ 1. **отзывная облигация** — callable bond; 2. **отзывной аккредитив; отзывной кредит** — revocable credit, revocable letter of credit.

отказ — denial, refusal; repudiation; rejection, nonsuit ◇ 1. **отказ в предоставлении тарифных уступок** — denial of tariff concessions; 2. **отказ от акцептования** — nonacceptance, refusal of acceptance; 3. **отказ от договора** — recession from a contract; 4. **отказ от опротестования векселя** — waiver of demand, notice and protest; 5. **в случае отказа от оплаты векселя или от принятия грузовых документов** — in case of need; 6. **заявленный отказ** — rejection note; 7. **категорический отказ** — flat rejection; 8. **фактический отказ, отклонение** — actual rejection.

отказать — to refuse; to reject; to deny ◇ 1. **отказать в иске, отклонить иск** — to dismiss an action; 2. **отказать в принятии груза для перевозки** — to shut out goods; 3. **отказать в требовании; отклонить рекламацию** — to reject a claim; 4. **отказы-**

ваться от; покидать, оставлять — to abandon; 5. **отказаться дать согласие** — to refuse one's consent; 6. **отказаться от акцептования векселя** — to refuse a bill; 7. **отказаться от договора, денонсировать договор** — to denounce a treaty; 8. **отказаться от права удержания** — to waive the lien; 9. **отказаться от претензии** — to abandon a claim; 10. **отказаться от сделки** — to withdraw from a bargain; 11. **отказаться от товара в пользу страховщика** — to abandon goods to the insurer; 12. **отказаться от товара; забраковать товар** — to reject goods.

откладывать — to put aside, to put off, to postpone, to lay over, to set apart, to defer ◇ 1. **откладывать, сохранять** — to put by; 2. **откладывать; отклонять; аннулировать** — to set aside; 3. **откладывать деньги, экономить деньги** — to save money.

отклонение — declining, refusal; rejection ◇ 1. **заявление об отказе; фиксация отклонения** — statement of refusal, statement of rejection; 2. **фактическое отклонение** (фактический отказ) — actual refusal, actual rejection.

отклонять — to reject, to decline, to deny; to set aside; to turn down.

открытый — open ◇ 1. **открытая генеральная лицензия** — open general licence; 2. **открытая позиция; неликвидированные срочные контракты** — open position; 3. **открытая процентная позиция** — interest rate exposure; 4. **открытый заем** — open loan; 5. **открытый ковернот** — open cover note; 6. **открытый кредит** — open credit; 7. **открытый полис** — open cover; 8. **открытый счет** — open account; 9. **открытый чартер** — open charter; 10. **открытый чек, некроссированный чек** — open cheque.

открыть — to open, to clear ◇ 1. **открыть дело** — to start a business; 2. **открыть кредит в банке** — to open a credit with a bank; 3. **открыть кредит в пользу кого-л.** — to lodge a credit in favour of a person; 4. **открыть подписку на заем** — to invite subscriptions for a loan; 5. **открыть собственное дело** — to set oneself up in business; 6. **открыть счет в банке** — to open an account with a bank.

отлив — drain, outflow ◇ 1. **отлив золота** — a drain of gold; 2. **отлив капитала** — outflow of capital.

отложить — to put aside, to put by, to separate, to fall away ◇ 1. **отложить платеж** — to defer payment; 2. **отложить процесс** — to delay an action.

отменительное условие — condition resolutive.

отменять — to abolish, to abrogate, to cancel, to repeal, to call off ◇ 1. **отменить заказ** — to cancel an order, to withdraw an order; 2. **отменить или уничтожить доверенность** — to withdraw a power of attorney.

относительный — comparative, relative ◇ 1. **относительная вели-**

чина прибыли — profit margin; 2. **относительная стоимость** — relative value.

отношение — attitude, concern, relations, proportion ◇ 1. **отношение оборотных средств к краткосрочным обязательствам** (коэффициент ликвидности) — ratio of current assets to current liabilities; 2. **отношение резервов к обязательствам** — proportion of reserves to labilities; 3. **отношение резервов федеральных резервных банков к сумме депозитов и выпущенных банкнот** (процент резерва) — Reserve Ratio; 4. **отношение товарных запасов к сумме продаж** — ratio of merchandise to sales; 5. **биржевые отношения** — relations on the stock exchange; 6. **деловые отношения; торговые связи** — business relations; 7. **в этом отношении** — on this score; 8. **порвать отношения с фирмой** — to sever one's connection with a firm; 9. **разорвать отношения** — to break off relations; 10. **установить отношения** — to enter into relations, to establish relations.

отправка — dispatch, shipping ◇ 1. **отправка, экспедиторская работа** — forwarding; 2. **консигнационная отправка товара** — goods on consignment; 3. **немедленная отправка** — prompt shipment; 4. **отправка на консигнацию** — shipment on consignment; 5. **ускорить отправку** — to hasten dispatch.

отправитель — sender ◇ 1. **отправитель груза** — consignor, shipper; 2. **отправитель, ремитент** — remitter; 3. **отправитель; передатчик** — transmitter.

отправить — to send, to forward, to dispatch ◇ 1. **отправить вещи багажом по железной дороге** — to get luggage registered on the railway, to register luggage on the railway; 2. **отправить на консигнацию** — to ship on consignment; 3. **срочно отправить заказанный товар** — to rush an order.

отправление — sending, departure, performance ◇ 1. **начало; отправление** — starting; 2. **передача; отправление** — transmittal; 3. **почтовое отправление** — mail; 4. **станция отправления** — dispatch station, forwarding station, station of origin.

отрасль — branch ◇ 1. **отрасль промышленности, позволяющая обходиться без импорта** — import-saving industry; 2. **отрасль торговли** — branch of business, line of business; 3. **отрасль торговли; отрасль промышленности; сфера деятельности** — line of business; 4. **важная отрасль промышленности** — key industry; 5. **государственные отрасли промышленности** — public industries, state industries; 6. **обслуживающие отрасли** — service trades; 7. **основная отрасль промышленности; тяжелая промышленность** — basic industry.

отсроченный — deferred ◇ **отсроченная скидка с фрахта** — deferred rebate.

отсрочить — to delay, to defer, to respite, to adjourn, to carry over ◇ 1. **отсрочить исполнение приговора** — to arrest judgment; 2. **отсрочить сделку** — to carry over a transaction.

отсрочка — delay, deferment, respite, adjournment, extension ◇ 1. **отсрочка ввиду чрезвычайных обстоятельств** — postponement due to an emergency; 2. **отсрочка на основании форс-мажорной оговорки** — postponement due to force-majeure clause; 3. **отсрочка платежа** — postponement of payment; 4. **дни отсрочки, льготные дни** — days of respite; 5. **законная отсрочка** — legal adjournment, legal postponement; 6. **предоставить отсрочку на месяц** — to grant a month's grace; 7. **предоставить отсрочку** — to grant a delay; 8. **предоставленная отсрочка** — granted adjournment; 9. **просить отсрочку** — to ask for a delay.

отсутствие — absence, lack ◇ 1. **отсутствие равновесия** — imbalance; 2. **отсутствие титула** — want of title; 3. **в случае отсутствия, невыполнения, несовершения; за неимением** — failing; 4. **за отсутствием, за неимением** — for want of.

отход — departure, sailing; deviation ◇ 1. **день отхода судна** — date of sailing; 2. **использование отходов** — waste utilization; 3. **отходы** — waste products, waste, scrap.

отчет — statement, report, account ◇ 1. **отчет о результатах; счет прибылей и убытков** — income statement, statement of income; 2. **отчет о состоянии счетов** — statement of accounts; 3. **представить счет; представить отчет; отчитаться** — to render an account; 4. **отчет о состоянии дел** — statement of affairs; 5. **еженедельный отчет министерства финансов США** — Treasury Statement; 6. **кассовый отчет** — cash report; 7. **финансовый, бухгалтерский, статистический отчет** (*англ.*); **отчет об исполнении государственного бюджета; государственный бюджет** — accounts; 8. **составить отчет по аварии, составить диспашу** — to adjust the average, to make up the average; 9. **финансовый отчет компании** — financial report of company; 10. **финансовый отчет** — financial statement.

отчетность — bookkeeping, accounts ◇ **сводная бухгалтерская отчетность; сводный баланс** — consolidated balance sheet.

отчетный — report, current, accountable ◇ 1. **отчетные данные или итоги операций за год** — annual returns; 2. **отчетный (бюджетный, финансовый) год** — financial year, year under review; **отчетный (хозяйственный) год** — business year.

отчисление — deduction; allocation, assignment; dismissal ◇ 1. **амортизационные отчисления, относимые на издержки производства** — amortization charged to operation; 2. **отчисление в резерв; закладка в запас** — allocation to reserve; 3. **отчисления во исполнение договора** — allocations to execute the contract; 4. **отчисления в счет оплаты дополнительных расходов** — allocations to cover extra expenses; 5. **отчисления равными суммами** — equal allocations; 6. **процентные отчисления** — percentage allocation.

оферент — offerer; tenderer.

оферта — offer, quotation ◇ 1. **оферта на товар** — offer of goods; 2. **контр-оферта, встречное предложение** — counter offer.

официальный — official ◇ 1. **официальный; должностное лицо; чиновник** — functionary; 2. **официальная классификация импортных и экспортных товаров** — official import and export list; 3. **официальная оценка; таможенная оценка** — official valuation; 4. **официальная процентная ставка** — official discount rate; 5. **официальная ставка** — official bank rate; 6. **официальная учетная ставка** — central bank rate; 7. **официальная цена покупателя перед закрытием биржи** — call rule; 8. **официальное извещение** — formal notice; 9. **официальное сообщение; официальный доклад** — official report; 10. **официальные резервы в иностранной валюте** — official reserves; 11. **официальный биржевой маклер** — inside broker; 12. **официальный дилер** — authorized dealer; 13. **официальный курсовой бюллетень Лондонской биржи** — Stock Exchange Daily Official List; 14. **официальный курс** — official rate; 15. **официальный расчетный счет** — official settlements account; 16. **официальный третейский судья** — official referee; 17. **официальное испытание** — official test.

оформление — appearance; official registration, legalization ◇ **оформление договора; исполнение договора** — execution of a contract.

оформленный — registered officially, legalized ◇ 1. **оформленное банком погашение** — repayment effected by the bank; 2. **оформленный заем** — completed loan.

офф-шор — off-shore ◇ **компания офф-шор** — off-shore company.

охрана — guarding, protection ◇ **охрана прав потребителей** — consumer's right protection.

охранный — safeguard ◇ **предварительное охранное свидетельство** — provisional patent.

оценивать — to estimate, to value ◇ 1. **оцениваться; расцениваться; обладать капиталом; приносить доход; заслуживать** — to be worth; 2. **убытки оцениваются в 500 фунтов** — the losses are estimated at £ 500.

оцененный — estimated, valued ◇ 1. **согласованные и заранее оцененные убытки** — agreed and liquidated damages; 2. **убыток, оцениваемый страхователем исходя из индивидуальных соображений, а не из фактической стоимости имущества** — sentimental damage.

оценка — estimation, estimate; appraisal, appreciation; valuation ◇ 1. **оценка кредитоспособности** — credit rating; 2. **оценка стоимости, ценности** — value appraisement; 3. **оценка товаров, отправляемых фирмами своим филиалам за границей** — intracompany valuations; 4. **оценка финансового положения** — financial rating; 5. **страховая оценка** — insurance appraisal; 6. **таможенная оценка; определение ценности ввозимых това-**

ров — customs valuation; 7. **официальная оценка; таможенная оценка** — official valuation.

оценочный — ratable ◇ 1. **оценочная прибыль** — paper gain; 2. **оценочная (облагаемая) стоимость** — ratable value.

оценщик — valuer, appraiser.

очевидный — obvious, evident, manifest, nude ◇ **очевидный факт** — nude fact.

очистка — clearance ◇ 1. **очистка от пошлин; сделки, оформленные в расчетной палате** — clearance; 2. **очистка от таможенных формальностей** — customs formalities clearance; 3. **производить очистку по отходу** — to clear outwards; 4. **производить очистку по приходу** — to clear inwards; 5. **производить очистку судна на таможне** — to clear a ship at the custom house.

ошибаться — to make mistakes, to be mistaken ◇ **ошибаться** — to be in error.

ошибка — error, mistake ◇ 1. **исключая ошибки** — errors and omissions excepted, errors excepted; 2. **канцелярская ошибка, описка** — clerical error; 3. **ошибка в калькуляции** — error in calculation; 4. **совершать ошибку** — to commit a mistake.

ошибочный — wrong ◇ **исправить ошибочно сделанную запись** (сторнировать) — to reverse an entry.

П

падать — to fall, to drop, to sink ◇ 1. **падать, снижаться в цене** — to give way; 2. **цены не падают, цены стоят на высоком уровне** — prices are hard.

падающий — falling ◇ 1. **падающие цены** — falling market; 2. **падающие цены; понижательная конъюнктура рынка** — losing market.

пай — share ◇ 1. **пай в кооперативе** — co-op share; 2. **вступительный пай** — initial share.

пайщик — shareholder.

пакгауз — warehouse, storehouse entrêport (*фр.*).

пакет — packet, parcel ◇ 1. **пакет акций** — block of shares; 2. **иметь контрольный пакет акций какой-л. компании** — to have a controlling interest in a company; 3. **контрольный пакет** — working control; 4. **крупный пакет акций, полный лот** — round lot.

пакт — pact.

палата — chamber ◇ 1. **банковская расчетная палата** — bankers' clearing house; 2. **железнодорожная расчетная палата** —

Railway Clearing House; 3. **Международная расчетная товарная палата** — International Commodities Clearing House; 4. **Международная торговая палата** — International Chamber of Commerce; 5. **торговая палата** — Board of Trade, Chamber of Commerce; 6. **торгово-промышленная палата** — chamber of commerce and industry.

паника — panic ◇ **финансовая паника** — financial panic.

паритет — parity ◇ 1. **валютный паритет** — currency parity; 2. **выше паритета; выше нарицательной цены, номинала** — above par, at a premium; 3. **интервалютарный паритет; валютный паритет; вексельный паритет** — par of exchange, purchasing power parity; 4. **монетный паритет** — mint par of exchange; 5. **по паритету; по нарицательной цене, по номиналу** — at par; 6. **процентный паритет** — interest parity; 7. **установление фиксированного паритета или центрального курса валюты и окончание его свободного колебания** — pegging.

партия — detachment, party, group; batch, consigment, lot ◇ 1. **партия без упаковки** — consignment in bulk; 2. **партия в количестве ... штук** — consignment consisting of ... pieces; 3. **большими партиями, оптом** — by the gross, in the gross; 4. **крупные партии, большие количества** — merchant quantities; 5. **новая партия** — fresh consignment; 6. **отдельная партия** — job lot; 7. **отдельными партиями** — in separate lots; 8. **первая партия заказанных товаров —** the first instalment of goods ordered; 9. **покупать (продавать) партиями —** to buy (to sell) in lots; 10. **продавать большими партиями** (оптом, без упаковки, без расфасовки, насыпью, наливом) — to sell in bulk; 11. **чартер-партия на рейс в один конец** — single-trip charter.

партнер — patner ◇ **номинальный партнер** — nominal partner.

пассив — liabilities ◇ 1. **актив и пассив баланса** — statement of assets and liabilities; 2. **актив и пассив** — assets and liabilities; 3. **превышение актива баланса над пассивом** — active balance, favorable balance, positive balance.

пассивный — passive ◇ 1. **пассивное сальдо по текущим операциям, дефицит** — current deficit; 2. **пассивный баланс** — unfavourable balance; 3. **пассивный торговый баланс; пассивное сальдо торгового баланса** — adverse balance of trade; import balance of trade; 4. **пассивный торговый баланс, расхождение между стоимостью экспорта и импорта —** imbalance in trade.

патент — patent, licence ◇ 1. **патент на промышленный образец** — design patent; 2. **патент, срок которого истек** — expired patent; 3. **срок действия патента** — patent duration, patent life, patent period; 4. **выдать патент** — to grant a patent; 5. **действующий патент** — patent in force.

патентный — patent ◇ 1. **патентная заявка** — application for a patent; 2. **патентная лицензия** — patent licence; 3. **патентная пошлина** — patent fees.

патентованный — patent, registed ◇ **запатентованное изобретение** — registered invention.

паушальный — lumpsum ◇ 1. **паушальная страховая премия, общая твердая сумма страховой премии** — lumpsum premium; 2. **паушальная цена** — lumpsum price.

пачка — bundle, batch, sheaf, pack, package, parcel.

пени — fine, penalty ◇ **пени за нарушение** — fine for violation.

пенсия — pension ◇ **пенсия за выслугу лет** — retirement pay.

первенство — precedence, priority.

первичный — primary, initial ◇ **первичный документ** — basic document.

первоклассный — first-class, first rate ◇ 1. **первоклассные векселя; векселя, принимаемые банком к учету; тратты, акцептованные банком** — bank paper; 2. **первоклассные товары** — first-class lines; 3. **первоклассные ценные бумаги, золотообрезные ценные бумаги, государственные ценные бумаги; гарантированные ценные бумаги** — gild-edged securities; 4. **первоклассные ценные бумаги** — first-class paper, trustee stock, investment stocks; 5. **первоклассный вексель** — fine bill; 6. **первоклассный риск** — gild-edged risk.

первоначальный — initial, original ◇ 1. **первоначальная оплата** — down payment; 2. **первоначальная стоимость; начальные затраты** — initial cost; 3. **первоначальная стоимость** (покупная цена; себестоимость) — original cost; 4. **предварительная или первоначальная декларация** — prime entry; 5. **первоначальное предложение** — original offer.

первый — first ◇ 1. **первая партия заказанных товаров** — the first instalment of goods ordered; 2. **первое общее собрание акционеров** — statutory meeting; 3. **первый день ликвидационного периода на бирже** — carryover day; 4. **первый день уведомления** — first notice day; 5. **первый экземпляр векселя не оплачивается** — first being unpaid; 6. **первый экземпляр переводного векселя** — first bill of exchange; 7. **в первую очередь, прежде всего** — in the first place; 8. **в первых числах будущего месяца** — early next month.

перевод — remittance, transfer; conversion; translation, interpretation ◇ 1. **перевод валюты; пересчет валюты** — conversion of currency; 2. **перевод вырученной суммы** — remittance of proceeds; 3. **перевод долларов в фунты стерлингов —** conversion of dollars into pounds sterling; 4. **переводы** (расходы; издержки; платежи) — outgoings; 5. **в переводе на** (с точки зрения, исчисленный в) — in ... terms; 6. **денежный перевод по почте** — postal order; 7. **денежный перевод** — cash remittance, money order, postal order; 8. **односторонние переводы денежных сумм**

— transfers involving no quid pro quo of money; 9. **почтовый перевод** — mail transfer; 10. **телеграфный перевод денежных средств** — cable transfer; 11. **телеграфные переводы, курсы телеграфных переводов** — cables; 12. **учтенный банком перевод** — remittance cleared by a bank.

переводить — to transfer, to move, to remit, to convert ◇ 1. **переводить вексель на какое-л. лицо, индоссировать вексель в пользу какого-л. лица** — to endorse a bill to a person; 2. **переводить доллары в фунты стерлингов** — to convert dollars into pounds sterling; 3. **переводить, превращать; приводить к, доводить до** — to reduce to.

переводимый — transferable.

переводный — transferable ◇ 1. **переводный аккредитив** — transferable letter of credit; 2. **переводные операции** — transfer of funds; 3. **переводные счета в фунтах стерлингов** — transferable sterling; 4. **переводный вексель, тратта** — bill of exchange; 5. **переводный счет** — transferable account; 6. **обратный переводный вексель** (ретратта; рикамбио) — return draft.

перевозить — to transport, to convey, to carry, to remove ◇ 1. **перевозить груз по железной дороге** — to carry freight by rail; 2. **перевозить на корабле** — to ship; 3. **перевозить** — to carry over.

перевозка — conveyance, transportation ◇ 1. **перевозка грузов по любым направлениям** — tramping; 2. **перевозка со складов или на склады товаров, не очищенных пошлиной** — trucking in bond; 3. **воздушная перевозка** — air conveyance; 4. **за перевозку не уплачено; стоимость перевозки подлежит уплате получателем** — carriage forward; 5. **морская перевозка** — sea (overseas, marine) transportation; 6. **морские перевозки; транспортное дело; транспортная торговля; морская торговля** — carrying trade; 7. **счет за перевозку грузов** — freight account, freight bill; 8. **транзитные перевозки; транзит, сквозное сообщение** — traffic in transit, through traffic.

перевозчик — carrier ◇ **общественный перевозчик** — common carrier.

переговоры — discussions, negotiatations ◇ 1. **переговоры были безуспешными —** the negotiations have failed; 2. **ведутся переговоры** — negotiations are in progress; 3. **вести переговоры** — to negotiate, to carry on negotiations; 4. **вести переговоры по соглашению** — to negotiate an agreement; 5. **вести переговоры с кем-л. о чем-л.** — to be in treaty with someone for something, to negotiate with someone for something; 6. **вести переговоры с целью заключения договора** — to negotiate with a view to concluding an agreement.

перегружать — to overload, to surcharge; to tranship, to turn over ◇ **перегружать товары под таможенным контролем; перегру-**

жать товары, не подвергающиеся таможенной очистке — to tranship goods under bond.

перегруженный рынок — congested market.

перегрузка — overload, surcharge; reloading, shifting, transfer, transshipment ◇ 1. **перегрузка с баржи на корабль** — transshipment from the lighter to the ship; 2. **лицензия на перегрузку товара** — transshipment licence.

передать (передавать) — to pass, to give, to hand, to refer ◇ 1. **передать на продажу с аукциона, выставлять на аукционе** — to put up for auction; 2. **передавать дело поверенному** — to place the matter into the hands of a solicitor; 3. **передавать имущество в чье-л. владение** — to vest property in a person; 4. **передавать кому-л. агентство; назначать кого-л. агентом** — to place an agency in somebody's hands; 5. **передавать кому-л.; перекладывать на кого-л.** — to pass on to somebody; 6. **передавать; перегружать** — to turn over; 7. **передать спор в арбитраж** — to refer a dispute to arbitration.

передаточный — transmission ◇ 1. **передаточная ведомость** — acceptance register; 2. **передаточная надпись в виде перепоручительской надписи** — endorsement to an endorser; 3. **передаточная надпись только для инкассо; передаточная надпись "валюта на инкассо"** — endorsement for collection; 4. **передаточная надпись, содержащая специальное условие** — qualified endorsement; 5. **безоборотная передаточная надпись** — endorsement without recourse; 6. **бланковая передаточная надпись** — blank endorsement; 7. **дружеская передаточная надпись; дружеский индоссамент** — accommodation endorsement; 8. **именная передаточная надпись** — special endorsement.

передатчик — transmitter.

передача — transfer; handing over; transmission; assignation ◇ 1. **передача авторского права** — assignment of copyright; 2. **передача акций; передача облигаций, фондов** — transfer of stock; 3. **передача; ведение переговоров; переговоры; продажа, переуступка; учет; выплата; обращение** — negotiation; 4. **передача во владение** — transfer; 5. **передача по наследству** — descent; 6. **передача права собственности** — conveyance of property, transfer of ownership; 7. **передача прав** — cession of rights; 8. **передача, сдача, вручение; выдача; уступка; отказ** — surrender; 9. **передача спора на рассмотрение арбитража; соглашение о передаче спора в арбитраж** — submission to arbitration; 10. **передача технологии** — transfer of technology; 11. **передача товаров или денежных средств, хранимых длительное время** — discharging; 12. **без права передачи** — not transferable; 13. **взаимная передача** — reciprocal submission; 14. **не подлежащий передаче** — nonnegotiable, not negotiable; 15. **осуществить передачу прав собственности** — to execute a conveyance; 16. **требовать передачи дела в арбитраж** — to claim arbitration.

переключение — switch.

перемена — change ◇ 1. **перемена в конъюнктуре рынка** — turn in the market; 2. **резкая перемена, резкое колебание** — swing over; 3. **цены на рынке без перемен, но проявляют тенденцию к понижению** — the market is barely steady.

переменный — variable ◇ **переменный капитал** — variable capital.

перемещение — removal.

переоборудование — re-equipment.

переоценка — revaluation.

переписной — census ◇ **переписной лист; переписной бюллетень** — census schedule.

перепись — census ◇ 1. **перепись населения** — population census; 2. **пробная перепись** — pilot census; 3. **частичная или специальная перепись** — partial census.

переплата — surplus payment, over-payment.

перепродажа — resale.

перерасход — over-expenditure, overdraft.

перерасчет — recalculation.

пересмотр — revision, review, reconsider ◇ 1. **пересмотр в сторону повышения (понижения)** — upward (downward) reversion; 2. **пересмотр тарифа в сторону повышения ставок** — upward revision of the tariff; 3. **пересмотр цен** — revision of prices.

перестрахование — reinsurance ◇ 1. **единовременное перестрахование** — contingency reinsurance, extraordinary reinsurance; 2. **ответственность за риски при перестраховании** — responsibility for risk under reinsurance.

перестраховывать — to reinsure, to effect the reinsurance.

перестраховщик — reinsurer.

пересчет — counting again; conversion ◇ 1. **пересчет валюты** — conversion of currency; 2. **в пересчете на доллары** — converted into dollars, in terms of dollars.

пересылать — to send, to remit.

пересылка — remittance ◇ 1. **пересылка дела из одного суда в другой** — remitter; 2. **пересылка по почте бесплатно; пересылка за счет отправителя** — post free; 3. **пересылка по почте оплачена; почтовые расходы оплачены** — post paid; 4. **с включением стоимости пересылки** — postage included.

переуступить — to assign ◇ 1. **переуступить залог** — to assign a pledge; 2. **переуступить коносамент** — to negotiate a bill of lading.

переуступка — assignment, negotiation ◇ 1. **переуступка права владения всеми активами компании или долговое обязательство, используемое в качестве обеспечения кредита** — floating charge; 2. **переуступка выгоды из аккредитива** — assignment of the benefit of the credit; 3. **переуступка прав на залог** — assignment of right to security; 4. **условие о переуступке** — assignment clause.

переучет — rediscount, stocktaking, inventory ◇ 1. **переучет товаров; инвентаризация** — stocktaking; 2. **делать переучет** — to take stock.

перечень — list ◇ 1. **перечень грузов, указанных в коносаментах** — summary of bills of lading; 2. **закрепление перечня беспошлинных товаров** — free list binding.

перечисление — enumeration; transfer, remittance.

период — period ◇ 1. **период затишья, бездействия** — slack period; 2. **период окупаемости** — payback period; 3. **конъюнктурный период** — market swing; 4. **короткий период оживленной торговли** — spell of trading; 5. **короткий период получения больших прибылей** — profitable spell; 6. **ликвидационный период на фондовой бирже; ликвидация сделок на фондовой бирже** — stock exchange settlement; 7. **льготный период; льготный срок, льготные дни** — period of grace; 8. **охватываемый период; выбор момента; согласование во времени; срок** — timing; 9. **первый день ликвидационного периода на бирже** — carryover day; 10. **последний день расчетного периода на Лондонской фондовой бирже** — contango day; 11. **процентный период** — interest time, interest period; 12. **стандартные периоды для депозитов на еврорынке: от "на следующий день" до трех недель** — short dates.

периодический — periodic, recurrent ◇ **периодические экономические кризисы** — recurrent economic crises.

персонал — personnel, staff ◇ 1. **обученный персонал** — trained staff; 2. **средний руководящий персонал** — executive staff.

петиция — petition.

печать — seal ◇ 1. **печать таможни; таможенная пломба** — customs seal; 2. **печать фирмы; штемпель фирмы** — business stamp; 3. **корпоративная печать** — common seal; 4. **наложить печать; опечатать; запечатать** — to put under seal; 5. **оттиск печати** — impression of a seal; 6. **поставить печать, приложить печать, скрепить печатью** — to attach a seal, to affix the seal, to set the seal; 7. **с приложением печати, за печатью, скрепленный печатью** — under seal.

письмо — letter ◇ 1. **письмо о распределении** — allotment letter; 2. **адресовать письмо** — to direct a letter; 3. **аккредитивное письмо для путешественника** — traveller's letter of credit; 4. **гарантийное письмо при подписании чистых коносаментов** — indemnity for clean bills of lading; 5. **гарантийное письмо** — letter of guarantee, letter of indemnity, indemnity bond; 6. **заказное письмо** — registered letter; 7. **настоящим письмом** —

by the present; 8. **ответить на письмо** — to answer a letter; 9. **подтверждаем наше письмо** — we confirm our letter; 10. **рекламационное письмо** — claim, letter of complaint; 11. **рекомендательное письмо** — letter of introduction; 12. **сопроводительное письмо** — covering letter, letter of transmittal; 13. **уведомительное письмо** (авизо аккредитива) — letter of advice; 14. **ценное письмо** — value letter; 15. **циркулярное письмо** — circular letter; 16. **циркулярное аккредитивное письмо; циркуляр** — circular note.

письменный — writing; written ◇ 1. **письменно излагать** — to set down; 2. **письменное извещение** — written proof, proof in writing; 3. **письменное извещение брокера о заключенной сделке; маклерская записка** — broker's contract note; 4. **письменное показание под присягой** — statutory declaration; 5. **письменное согласие** — consent in writing; 6. **письменный договор** — written contract; 7. **письменный заказ; письменный приказ** — written order; 8. **письменный запрос** — letter of inquiry; 9. **в письменном виде; письменно** — in writing; 10. **изложить в письменном виде** — to put in writing.

плавать — to sail, to navigate, to float.

плавающий — floating ◇ 1. **плавающая процентная ставка** — floating interest rate; 2. **плавающий валютный курс** — floating exchange rate, floating rate; 3. **вводить плавающий курс валюты** — to float.

план — plan, programm ◇ 1. **план выборки** — sampling plan; 2. **план отгрузки** — shipping programm; 3. **встречный план** — counter plan; 4. **грузовой план** — cargo plan, capacity plan; 5. **осуществление плана** — realization of a plan.

планирование — planning ◇ 1. **долгосрочное планирование** — long-range planning; 2. **перспективное планирование** — long-range planning.

плановый — planned, systematic ◇ **плановая экономика** — planned economy.

планируемый — planned, anticipated ◇ **планируемые расходы** — anticipated expenses.

плата — payment ◇ 1. **плата за обработку грузов на ж.-д. станции** — terminal charges; 2. **плата за провоз** — payment for carriage of goods; 3. **плата за стоянку в доке** (доковые сборы) — dock dues; 4. **плата за транспортную обработку груза** — handling charges; 5. **плата за хранение груза на станции сверх установленного срока** — railroad demurrage; 6. **плата при доставке; наложенный платеж** — collect on delivery, cash on delivery; 7. **арендная плата; сумма арендной платы** — rental; 8. **добавочная плата** — extra pay; 9. **заработная плата рабочих и служащих; задолженность рабочим и служащим** — wages and salaries; 10. **заработная плата, требуемая или ут-**

верждаемая профсоюзом — union wages; 11. **заработная плата, обеспечивающая лишь прожиточный минимум** — subsistence allowance; 12. **особая плата берется за упаковку** — packing is charged extra; 13. **особая плата** — extra charge; 14. **поштучная плата** — piece wages; 15. **реальная заработная плата** — take-home pay; real wages; 16. **часовая заработная плата** — earnings per hour, hourly earnings.

платеж — **payment** ◇ 1. **платеж должен быть произведен в течение 30 дней** — payment is to be made withing 30 days; 2. **платеж звонкой монетой** — specie payment; 3. **платеж по предъявлении грузовых документов; платеж по предъявлении тратты** — sight payment; 4. **платеж, не отнесенный к определенному долгу** — unappropriated payment; 5. **платежи за границу; расходная часть платежного баланса** — external payments; 6. **платежи, осуществляемые через компьютеризированную расчетную систему** — clearing house funds; 7. **платежи; расходы; издержки; переводы** — outgoings; 8. **платежи центрального банка, сделанные с целью покрыть внешний дефицит и задолженность, связанную с интервенцией** — settlements; 9. **авансовый платеж** — advance payment; 10. **валюта платежа** — currency of payment; 11. **векселя к платежу** — bills payable, notes payable; 12. **взыскать платеж; принудить к платежу** — to enforce payment; 13. **дата платежа** — due date; 14. **день платежа; платежный день, день выдачи заработной платы** — pay day, settlement day; 15. **до срока платежа** — till due; 16. **лицензионные платежи** — payments under a licensing agreement; 17. **наложенный платеж, оплата при доставке** — collect on delivery, cash on delivery, collection on delivery, payment forward; 18. **наложить платеж, взыскать наложенным платежом** — to charge forward; 19. **наступать сроку платежа** — to fall due; 20. **немедленный платеж наличными** — prompt cash; 21. **немедленный платеж; своевременная уплата** — prompt payment; 22. **отложить платеж** — to defer payment; 23. **отнесение платежа к определенному долгу** — appropriation of payment; 24. **отсрочка платежа** — postponement of payment; 25. **платежная ведомость** — pay list, pay roll; 26. **получать платеж** — to receive payments; 27. **последний платеж** — last payment; 28. **последующий платеж; дополнительный платеж** — subsequent payment; 29. **постепенные платежи** — progress payment; 30. **представить к платежу** — to present for payment; 31. **приостановить платеж по чеку, векселю и т.п.; прекратить платежи; обанкротиться** — to stop payment; 32. **производить платеж** — to effect payment; 33. **репарационные платежи** — reparation payments; 34. **страховой платеж** — insurance payment; 35. **с платежом в Нью-Йорке; чеком на Нью-Йорк** — New York funds; 36. **трансфертные платежи** — transfer of payments, transfer payments; 37. **фиксированные платежи** — fixed payments.

платежный — pay ◇ 1. **платежная ведомость** — pay-sheet, payroll; 2. **платежный баланс по текущим операциям** — balance on current account; 3. **платежные средства** — means of payment, funds; 4. **платежный баланс** — balance of payments, foreign balance, external balance, external payments account; 5. **платежный спрос** — effective consumer demand; 6. **платежный день** (день выдачи заработной платы) — pay day; 7. **внешнеторговый платежный баланс** — external payments account; 8. **законное платежное средство** — legal tender, lawful money, common tender.

платежеспособность — solvency, responsibility, paying capacity ◇ **платежеспособность** — business solvency.

платежеспособный — solvent ◇ **платежеспособный спрос** — effective demand.

плательщик — payer ◇ **плательщик налогов** — taxpayer.

платить — to pay ◇ 1. **платить за потерю** — to bear a loss; 2. **платить наличными без скидки** — to pay net cash; 3. **платить наличными** — to pay down; 4. **платить натурой, товарами** — to pay in kind; 5. **платить частями, платить в рассрочку** — to pay by instalments.

пломба — seal ◇ **таможенная пломба; печать таможни** — customs seal.

поверенный — attorney ◇ **поверенный в суде, адвокат** — attorney at law.

повестка — notice, summons, writ ◇ 1. **повестка дня;** 2. agenda, order of the day; 3. **повестка о явке в суд для дачи устных показаний** — subpoena ad testificandum; 4. **повестка о явке в суд с обязательным представлением суду документов** — subpoena duces tecum; 5. **вручить повестку кому-л.** — to serve a person with a writ; 6. **судебная повестка** (требование явиться в суд) — writ of summons.

повреждение — damage, injury ◇ **освидетельствование повреждения** — damage survey.

повышательный — bullish, upward ◇ 1. **повышательная рыночная конъюнктура** — gaining market; 2. **повышательная тенденция** — upward adjustment; 3. **повышательная тенденция приостановилась и цены понижаются** — the market is easier; 4. **повышательное движение** — upward movement; 5. **рыночная повышательная конъюнктура** — sellers' market.

повышать, повышаться — to rise, to advance, to improve, to increase ◇ 1. **повышаться** — to be on the advance, to run up; 2. **повышать квалификацию** — to improve one's skill; 3. **повышать, набивать цены** — to force up prices; 4. **повышать; осуществлять последовательные продажи в период повышения**

рыночных цен — to scale up; 5. **повышаться; продвигаться вперед** — to gain ground; 6. **повышаться; твердеть; крепнуть** — to harden; 7. **повышаться, улучшаться** — to look up; 8. **искусственно повышать или понижать цены, курсы** — to rig the market; 9. **цена на олово повышается** — tin is looking up; 10. **цены повышаются** — prices are going up; 11. **цены продолжают повышаться** — prices keep rising.

повышение — rise, upward movement ◇ 1. **повышение; повышательная тенденция** — upward adjustment; 2. **повышение в цене** — price advance; 3. **повышение доходности капитала** — capital leverage; 4. **повышение зарплаты в результате переговоров с предпринимателями** — negotiated wage increase; 5. **повышение зарплаты; прибавка к зарплате** — pay rise; 6. **повышение ставки банкового учета** — rise in the bank rate; 7. **повышение цены** — recovery of price; 8. **повышение цен или курсов на рынке** — bull movement, bullish demonstration; 9. **внезапное повышение цен** — bulge; 10. **вызвать повышение цен** — to have a bullish effect, to produce a rise in prices; 11. **играть на повышение** — to speculate for the rise; 12. **искусственное повышение или понижение курсов; мошеннические спекулятивные биржевые сделки** — stock jobbery; 13. **новое повышение цены** — new high; 14. **показать повышение цены** — to show an advance in price; 15. **резкое повышение цен** — a sharp rise in prices.

повышенный — heightened, higher ◇ 1. **повышенная цена в период нехватки товара** — scarcity price; 2. **новая повышенная цена; новое повышение цены; новая высшая точка** — new high.

погасить — to liquidate, to pay off, to clear off; to cancel (a stamp) ◇ 1. **погасить аванс** — to pay off an advance; 2. **погасить долг** — to extinguish a debt, to sink a debt, to redeem a debt; 3. **погасить кредит** — to repay credit.

погашенный — cancelled; cleared off, payed off ◇ **погашенные акции, акции без нарицательной цены** — shares without par value.

погашение — redemption, repayment, clearing off, paying off, liquidation ◇ 1. **погашение долга** — discharge of a debt, redemption of a debt, repayment of a debt, liquidation of a debt; 2. **погашение займа** — repayment of a loan; 3. **погашение произведено путем ремитирования** — payment is made by redemption; 4. **в частичное погашение причитающейся суммы (в счет причитающейся суммы)** — on account; 5. **организовать погашение** — arrange for repayment; 6. **отгрузка в погашение аванса** — shipment in repayment of an advance; 7. **оформленное банком погашение** — repayment effected by the bank; 8. **подлежащий погашению** (уплате, возвращению, возмещению, выкупу) —

repayable; 9. **потребовать погашения кредита; закрыть кредит** — to withdraw a credit; 10. **просроченное погашение** — overdue payment; 11. **срочное погашение** — profit repayment.

погрузка — loading, shipment ◇ 1. **погрузка без упаковки, насыпью, в навалку** — shipment in bulk; 2. **железнодорожные погрузки** — car loadings, railway car loadings; 3. **принято для погрузки** — received for shipment.

подавать — to give, to hand in, to submit ◇ 1. **подавать предварительную таможенную декларацию; предварительно декларировать** — to pre-enter; 2. **подавать в таможню декларацию о судне** — to enter a ship at the custom house; 3. **подавать заявление в арбитраж** — to submit a matter to arbitration; 4. **подавать заявление** — to submit an application; 5. **подаваться; уступать** — to give way.

подделка — counterfeit, imitation; fake ◇ **коммерческая подделка** — commercial counterfeiting.

поддельный — counterfeit, imitation, fake, sham, spurious; forged; bogus 1. **поддельная подпись** — fictitious signature, forged signature; 2. **поддельный банковый билет** — raised bill; 3. **поддельный чек** — bogus check.

поддержка — support, backing, seconding, peg ◇ 1. **"ползучая поддержка"** — crawling peg; 2. **"точка поддержки"** — support point.

поддерживаемый — supported, pegged ◇ 1. **искусственно поддерживаемый валютный курс** — pegged exchange; 2. **поддерживаемый закупками** — supported.

поддерживать — to suppot, to back up, to second ◇ 1. **поддерживать; не отступать от соглашения; помогать; быть наготове** — to stand by a bargain; 2. **поддерживать цены или спрос на рынке** — to underpin the market; 3. **поддерживать; стоять за** — to stand for; 4. **поддерживать, удерживаться, оставаться устойчивым** — to keep up; 5. **искусственно поддерживать; охранять от колебаний** — to maintain.

подлинный — genuine, authentic, original ◇ 1. **подлинные акции; акции первого выпуска** — original shares; 2. **с подлинным верно** — certified true copy.

поднимать — to lift, to raise ◇ 1. **поднимать уровень жизни** — to raise the standard of living; 2. **поднимать; занимать; принимать; предпринимать; браться за что-л.; выкупать; оплачивать; приобретать; подписываться на; взять на себя размещение** — to take up.

подписать(ся) (подписывать) — to sign; to subscribe ◇ 1. **подписаться на акции** — to subscribe for shares, to subscribe to stock; 2. **подписаться на сумму** — to subscribe for an amount; 3. **подписать документ** — to set one's hand to a document; 4. **подписывать от чьего-л. имени** — to sign on behalf of someone;

5. **подписывать по доверенности** — to sign “per po”; 6. **подписывать совместно** — to sign jointly; 7. **подписываться на** — to take up.

подписка — subscription ◇ 1. **открывать подписку на акции или облигации** — to invite tenders; 2. **объявить о подписке на акции** — to invite the public to tender for shares; 3. **объявить подписку на акции; распределять акции по подписке** — to offer shares for subscription; 4. **открыть подписку на заем** — to invite subscriptions for a loan; 5. **сполна покрытый по подписке** — fully subscribed.

подписной — subscription, subscribed ◇ 1. **подписной капитал** — subscribed capital; 2. **подписной консорциум** — underwriting syndicate.

подписчик — subscriber.

подпись — signature ◇ 1. **подпись, скрепляющая документ; скрепа** — counter signature; 2. **засвидетельствовать подпись** — to attest a signature, to witness a signature; 3. **за подписью** — over the signature; 4. **за чьей-л. подписью и печатью** — under one’s hand and seal; 5. **поддельная подпись** — fictitious signature; 6. **удостоверить подпись свидетелями, засвидетельствовать подпись** — to witness a signature.

подряд — contract; (*adverb*) **running, in succession, on end.**

подрядчик — contractor ◇ 1. **генеральный подрядчик** — prime contractor; 2. **субподрядчик** — associate contractor.

подсчет — calculation ◇ 1. **подсчет мест груза** — tally of cargo; 2. **по подсчету; итог по смете** — estimated total; 3. **скромные подсчеты** — conservative estimates.

подсчитать — to count up, to calculate, to figure up, to total up.

подтвердить, подтверждать — to confirm, to acknowledge ◇ 1. **подтверждаем наше письмо** — we confirm our letter; 2. **подтвердить получение** — to acknowledge receipt; 3. **подтвердить правильность счета; проверить счет** — to verify an account; 4. **подтвердить цену** — to confirm the price.

подтвержденный — confirmed ◇ 1. **подтвержденный аккредитив** — confirmed letter of credit; 2. **подтвержденный безотзывный аккредитив; авизованный аккредитив** — straight letter of credit.

подтверждение — confirmation, confirmation note ◇ 1. **в подтверждение нашего письма** — in confirmation of our letter; 2. **подтверждение договора** — confirmation note; 3. **подтверждение получения** — acknowledgement of receipt; 4. **продажа с подтверждением** — sale on approval.

подходящий — suitable ◇ **подходящее предложение** — fair offer.

подъем — lifting, ascent, development, upswing.

позиция — position ◇ 1. **близкая срочная позиция** — near position; 2. **длинная позиция** — long position; 3. **закрытая позиция** — closed position; 4. **короткая позиция** — short position;

5. **лимитированная позиция** — position limit; 6. **незастрахованная длинная или короткая позиция** — naked position; 7. **отдаленная срочная позиция** — distant position; 8. **открытая позиция** (неликвидированные срочные контракты) — open position, open trade; 9. **открытая процентная позиция** — interest rate exposure; 10. **покрытая позиция** — covered call write; 11. **удерживать свои позиции** — to hold one's ground.

показание — testimony, evidence ◇ **письменное показание под присягой** — statutory declaration.

показатель — index, showing ◇ 1. **показатели конкурентоспособности** — rates of competitiveness; 2. **показатель "средней продолжительности жизни" кредита** — average life; 3. **количественные и качественные показатели** — quantitative and qualitative indices; 4. **превысить показатели прошлого года** — to exceed last year's showing; 5. **стандартная система показателей качества** — contract grades, contract units; 6. **финансовые показатели** — finance indexation.

показывать (показать) — to show, to display ◇ 1. **показать повышение цены** — to show an advance in price; 2. **показать убыток** — to show a loss.

покрывать, покрыть — to cover ◇ 1. **покрывать убытки** — to cover losses; 2. **покрыть дефицит** (выпутаться из долгов; начать давать прибыль) — to come out of the red; 3. **покрыть расходы; взять на себя расходы** — to defray expenses; 4. **покрыть счет** (оплатить счет, уплатить по векселю) — to settle a bill; 5. **покрыться за счет кого-л.** — to buy in against somebody; 6. **покрыть свои обязательства; уплатить по обязательствам** — to meet one's obligations; 7. **покрыть ссуду, оплатить ссуду** — to meet a loan.

покрытие — cover, covering ◇ 1. **дивидендное покрытие** — dividend cover; 2. **импортное покрытие** — import cover; 3. **короткое покрытие** — covering operations, short covering; 4. **недостаточное покрытие** — insufficient funds; 5. **нет покрытия** — no funds; 6. **покрытие лоцманских и других расходов** — primage and average accustomed; 7. **покрытие для выполнения срочных сделок** — forward cover; 8. **покрытие задолженности по счетам** — settlement of accounts; 9. **покрытие контракта, проданного в расчете на понижение цены** — bear covering; 10. **покрытие по дивидендам** — dividend covers; 11. **покрытие счета; оплата векселя** — settlement of a bill; 12. **процентное покрытие** — interest cover.

покрытый — covered ◇ 1. **быть покрытым чем-л.; выдерживать что-л. в расчете на повышение цены** — to be long of something; 2. **быть покрытым акциями; выдерживать купленные акции** — to be long of stock; 3. **покрытая позиция** — covered call write; 4. **сполна покрыты по подписке** — fully subscribed.

покрышка — covering.

покупатель — buyer, purchaser; customer, client ◇ 1. **неназванный покупатель** — undisclosed buyer; 2. **ответственность лежит на покупателе** — the responsibility rests with the buyer.

покупательный — purchasing ◇ 1. **покупательная способность** (денег) — purchasing power; 2. **покупательная способность** (населения) — purchasing capacity.

покупка — purchase ◇ 1. **выгодная покупка** — bargain; 2. **окончательная покупка** — outright purchase.

покупной — purchased, bought ◇ 1. **покупная цена; первоначальная стоимость; себестоимость** — original cost, first cost; 2. **покупная цена** — buying price.

полезный — useful, profitable ◇ **полезные ископаемые; запасы полезных ископаемых** — mineral wealth.

полис (*страх.*) **— policy** ◇ 1. **полис без указания названия судна** — declaration policy; 2. **полис на условиях "free from particular average"** — f.p.a. policy; 3. **полис страхования жизни** — life policy; 4. **полис страхования на случай смерти** — whole life policy; 5. **полис страхования от всех рисков** — "all risks" policy; 6. **полис страхования от любой утраты или любого повреждения** — "all loss or damage" policy; 7. **полис страхования от огня** — fire policy; 8. **полис страхования судов и грузов** — S.G. policy; 9. **полис с оговоркой о праве страхователя увеличить стоимость застрахованного объекта** — increased value policy; 10. **полис с увеличивающейся стоимостью** — increased value policy; 11. **полис страхования** — insurance policy; 12. **полис, покрывающий действительный имущественный интерес страхователя** — interest policy; 13. **бланковый полис** — blanket policy; 14. **блок-полис** — blanket policy; 15. **валютированный полис, таксированный полис** — valued policy; 16. **генеральный полис** — floating policy, open cover policy, open cover, general policy, running policy; 17. **договорный полис, выдаваемый Департаментом гарантии экспортных кредитов** — Export Credits Guarantee Department contracts policy; 18. **корабельный полис** — fleet policy; 19. **невалютированный полис, нетаксированный полис** — open policy; 20. **открытый полис** — open cover policy, open cover; 21. **постоянный полис** — block policy, running policy, general insurance policy; 22. **разовый полис** — named policy; 23. **смешанный полис** — mixed policy; 24. **страховой полис, дающий право на участие в распределяемой прибыли страхового общества** — participating policy.

политика — politics, policy ◇ 1. **денежно-кредитная политика** — monetary policy; 2. **финансовая политика** — financial policy.

полномочие — authority, power, plenary powers; procuration; proxy ◇ 1. **в пределах чьих-л. полномочий** — within a person's power; 2. **использовать полномочия** — to use power; 3. **круг**

полномочий; компетенция; — terms of reference; 4. **полномочие; доверенность** — power of attorney; 5. **чрезвычайные полномочия** — emergency powers.

полностью — **completly, utterly, fully, in full** ◇ 1. **владеть полностью** — to own outright; 2. **полностью завершенная срочная товарная сделка** — round turn; 3. **полностью, целиком** — wholly, entirely.

полный — **full, complete, absolute** ◇ 1. **полная гибель; общая сумма потерь, убытков** — total loss; 2. **полная грузоподъемность судна; дедвейт** — deadweight tonnage, deadweight; 3. **полная земельная собственность; земельный участок, свободный от уплаты ренты за пользование им** — freehold property; 4. **полная ревизия** — detailed audit; 5. **полная сумма** — full amount; 6. **полная цена** — all-round price; 7. **полное запрещение** — complete embargo; 8. **полное товарищество** — general partnership, ordinary partnership, unlimited partnership; 9. **полный индоссамент** — endorsement in full; 10. **полная лицензия** — full licence; 11. **полный лот; крупный пакет акций** — round lot; 12. **полный расчет** — final settlement; 13. **полный товарищ** — general partner; 14. **действительная полная гибель** — actual total loss; 15. **на полном ходу; готовый к эксплуатации; готовый к работе** — in working order; 16. **облигация с “полным купоном”** — full-coupon bond; 17. **работать на полную мощность** — to work at capacity, capacity operations.

положение — **situation, position, standing** ◇ 1. **положение на рынке** — market position; 2. **положение рынка в данный момент** — actual state of the market; 3. **положение или конъюнктура рынка какого-л. товара на основании статистических данных** — statistical position; 4. **положение, когда предложение превышает спрос на определенном рынке или на определенный вид ценных бумаг** — offered market; 5. **положение** (регламент; устав) — standing orders; 6. **общественное положение** — social position; 7. **осведомляться о финансовом положении фирмы** — to inquire about the financial standing of a firm; 8. **оценка финансового положения** — financial rating; 9. **по служебному положению; по должности** — ex officio; 10. **существующее или существовавшее положение, статус-кво** — status quo; 11. **финансовое положение, кредитоспособность** — credit standing; 12. **финансовое положение, состояние** — financial standing, financial status, financial position.

положительный — **positive** ◇ **положительный результат хранения** — positive carry.

полуфабрикат — **intermediate product** ◇ 1. **полуфабрикаты; полуобработанные изделия** — semi-finished products; 2. **полуфабрикаты; заготовки** — semi-manufactures, semis.

получатель — **recipient, receiver, remittee** ◇ 1. **каждый из двух**

совместных получателей платежа — alternative payee; 3. **только на счет получателя** — account payee only.

получать, получить — to receive, to get, to obtain ◇ 1. **получать деньги в банке** — to draw money from a bank; 2. **получать деньги из банка в фунтах стерлингов; выставить тратту в фунтах стерлингов** — to draw in sterling; 3. **получать и принимать часть акций на первичном рынке** — to take down; 4. **получать из резервов, прибегать к резервам, пользоваться резервами** — to draw on the reserves, to make drawings upon the reserves; 5. **получать оклад, зарплату** — to draw a salary; 6. **получать платеж** — to receive payments; 7. **получать прибыль от сделки** — to profit by a transaction, to profit over a transaction; 8. **получать снабжение, снабжаться** — to draw supplies; 9. **получаться из, происходить вследствие, являться результатом чего-л.** — to result from.

получение — reciept ◇ 1. **получение; полномочие; доверенность; приобретение** — procuration; 2. **получение; превращение в деньги** — realization; 3. **получение авизо адресатом** — receipt of an advice by an addressee; 4. **получение денег по векселю; инкассирование векселя** — collection of a bill; 5. **получение заявки** — application receipt; 6. **получение краткосрочных ссуд** — short borrowing; 7. **получение наличными деньгами; инкассирование; наличные поступления** — encashment; 8. **получение наличными прибыли, образующейся в результате продажи партии ценных бумаг и покупки другой партии по более низкой цене** — take out (*ам.*); 9. **получение средств от финансовых учреждений** — drawdown; 10. **выдать расписку в получении** — to receipt; 11. **векселя к получению; векселя, подлежащие взысканию** — bills receivable, notes receivable; 12. **короткий период получения больших прибылей** — profitable spell; 13. **непосредственное получение; прямые поставки** — direct supplies; 14. **подтвердить получение** — to acknowledge receipt; 15. **подтверждение получения** — acknowledgement of receipt.

польза — use, good, benifit, profit ◇ 1. **в нашу пользу** — in our favour; 2. **в чью-л. пользу** — for the benefit of somebody; 3. **доводы в пользу ответчика** — case for the defendant; 4. **обратить себе на пользу** — to turn to advantage; 5. **остаток в нашу пользу** — balance in our favor; 6. **остаток в вашу пользу** — balance in your favour; 7. **открыть кредит в пользу кого-л.** — to lodge a credit in favour of a person.

пользование — use ◇ 1. **пользование на правах аренды** — leasehold; 2. **предприятие общественного пользования** — public utility corporation, public utility company, public utility.

пользоваться — to use, to make use of ◇ 1. **пользоваться правом** — to enjoy a right; 2. **пользоваться резервами; получать из резервов, прибегать к резервам** — to draw on the reserves, to make drawings upon the reserves; 3. **пользоваться большим спросом; стоять выше номинала; стоять выше паритета** — to sell at a premium; 4. **пользоваться спросом** — to find a market, to be in demand; 5. **пользоваться услугами агентства** — make use of the services of an agency; 6. **пользоваться хорошим спросом** — to find ready purchasers; 7. **продолжать пользоваться спросом** — to continue in demand.

помещать — to place, to put, to locate; to invest; to lodge, to accomadate, to put up ◇ **помещать или размещать заказы** — to place business.

помещение — location; investment; apartment, lodging, place, premises, quarters, room ◇ **торговое помещение; контора** — place of business.

помогать — to help, to assist, to aid; to support ◇ **помогать; поддерживать; быть наготове** — to stand by a bargain.

помощник — assistant ◇ **помощник заведующего; заместитель заведующего; помощник управляющего** — assistant manager, sub-manager.

помощь — aid, assistance, help, support ◇ **помощь в адаптации** — adjustment assistance.

понижательный — bearish, downward ◇ 1. **понижательная конъюнктура рынка; падающие цены** — losing market; 2. **понижательное настроение** — easier tone; 3. **понижательное настроение; понижательная тенденция** — bearish tendency, bearish tone; 4. **понижательное состояние рынка** (вялое настроение рынка) — depression of the market; 5. **понижательная тенденция; понижение** — downward adjustment; 6. **настроение рынка понижательное** — the market is easy.

понижать (понизить) — to lower, to reduce, to adjust downwards, to suffer a decline ◇ 1. **понижаться; ухудшаться** — to go down, to sag; 2. **понижать по определенной шкале** (постепенно понижать; осуществлять последовательные покупки в период падения цен на рынке при достижении обусловленных изменений в ценах) — to scale down; 3. **понизиться, ослабнуть** — to develop weakness; 4. **понизиться в цене** — to sink in price; 5. **понизиться на пункт** — to shed a point; 6. **искусственно повышать или понижать цены, курсы** — to rig the market; 7. **понижаться; отступать; уменьшаться** — to give ground; 8. **хлопок понизился в цене на 1 цент** — cotton is down a cent; 9. **цены понизились** — prices have declined.

понижающийся — downward ◇ **понижающийся; вялый; со снижающимися ценами** — weak.

понижение — fall, lowering, reduction ◇ 1. **понижение; понижательная тенденция** — downward adjustment; 2. **понижение заработной платы** — wage cut; 3. **понижение цен** — reduction in prices, fall in prices.

поощрение — encouragement ◇ **материальное поощрение** — financial incentives.

попортить(ся) — to spoil ◇ **попортиться в пути** — to be spoiled in transit.

поправка — correction, amendment ◇ 1. **поправка на сезонные колебания** — adjustment for seasonal variations; 2. **поправка; регулирование** — adjustment.

порт — port ◇ 1. **порто-франко; вольная гавань, свободная зона** — free zone, free port; 2. **порт назначения** — port of destination; 3. **порт приписки** — port of documentation; 4. **договорный порт** — treaty port; 5. **направляющийся в порт приписки** — home bound.

портовый — port ◇ 1. **портовые сборы** — port charges; 2. **портовые устройства** — port facilities; 3. **портовый коносамент** — port bill of lading.

поручать — to charge with, to entrust with ◇ **поручать ведение дела; давать инструкции; резюмировать, кратко излагать** — to commit.

поручение — commission, message, commit ◇ 1. **поручение биржевому маклеру продать или купить ценные бумаги по наилучшей достижимой цене, в случае, если курс соответственно понизится или повысится до определенного уровня** — stop-loss order, stop-order; 2. **поручение инкассо** — collection order; 3. **поручение на закупку для поддержания цен, курсов** — supporting orders; 4. **поручение на перевозку груза, фрахтование тоннажа** — freight booking; 5. **поручение, выполняемое частями по различным ценам** — split order; 6. **действующий от имени и по поручению принципала** — agent doing business for and on behalf of the principal; 7. **инкассовое поручение** — letter of collection; 8. **комиссионное поручение** — commission order; 9. **одновременное поручение разным маклерам о покупке и продаже фондов или товаров** — match order.

поручитель — guarantee, guarantor; surety; warrantor, bail ◇ 1. **в качестве поручителя за** (в качестве гарантии чего-л.) — as surety for; 2. **совместный поручитель; совместная гарантия, поручительство** — joint surety.

поручительство — guarantee, surety, suretyship, warranty ◇ 1. **поручительство, не ограниченное сроком** — continuing guarantee; 2. **договор поручительства** — contract of guarantee; 3. **совместная гарантия, поручительство** — joint surety.

поручиться — to warrant, to guaranty; to certify ◇ **поручиться за кого-л.** — to act as surety, to stand surety, to stand security for a person.

порядковый — oridinal ◇ **порядковый номер** — oridinal number, index number.

порядок — order; procedure; sequence ◇ 1. **порядок дня; повест-**

ка — order of the day; 2. **порядок отчислений** — order of allocations; 3. **взыскать в судебном порядке; принудительно осуществить посредством иска** — to enforce by action; 4. **в обязательном порядке** — without pay; 5. **в порядке возмещения убытков** — by way of damages; 6. **нотариальным порядком** — notarially; 7. **привести счета в порядок** — to get the accounts square; 8. **статус-кво** — status quo.

послать (посылать) — to send, to dispatch ◇ 1. **послать запрос кому-л.; осведомляться у кого-л.; запрашивать кого-л.** — to inquire of a person; 2. **послать запрос на товар** — to send an inquiry for goods; 3. **послать товар для одобрения** — to send goods on approval; 4. **послать товар на консигнацию** — to send goods on consignment; 5. **посылать документы на инкассо** — to send documents for collection.

последний — last, ultimate; definitive; recent ◇ 1. **последние события** — recent developments; 2. **последний день расчетного периода на Лондонской фондовой бирже** — contango day; 3. **последний платеж** — last payment; 4. **последний срок объявления опциона** — declaration date.

последовательность — succession, sequence.

последовательный — consistent; successive, consecutive ◇ 1. **осуществлять последовательные продажи в период повышения рыночных цен** — to scale up; 2. **осуществлять последовательные покупки в период падения цен на рынке при достижении обусловленных изменений в ценах** — to scale down; 3. **последовательный** (текущий; постоянный; непрерывный) — running.

последствие — consequence, sequel ◇ 1. **быть ответственным за последствия** — to answer for the consequences; 2. **нести последствия** (заплатить по счету; нести расходы) — to foot the bill; 3. **финансовые последствия** — financial implications.

последующий — following, subsequent, procterior; next; consequent ◇ 1. **последующее условие** — condition subsequent; 2. **последующий платеж; дополнительный платеж** — subsequent payment.

посредник — mediator, go-between, intermediate party ◇ **посредник при платежах** — paying agent.

поставка — delivery ◇ 1. **поставка в полном объеме** — delivery in full volume; 2. **поставка наличного товара** (*в США*) — **ценных бумаг в день продажи** — cash delivery; 3. **поставка по требованию** — delivery on call; 4. **поставка равными партиями** — delivery in equal consignments; 5. **поставка франко-автотранспортное средство** — free on truck delivery; 6. **поставка франко-место** — carriage free delivery; 7. **поставки, удовлетворяющие только насущные потребности** — hand-to-mouth deliveries; 8. **аванс в форме поставки** — advance as a delivery; 9. **бу-**

дущая поставка — future delivery; 10. **взаимные поставки** — reciprocal delivery; 11. **дата поставки; срок сдачи, поставки** — date of delivery; 12. **извещение о поставке** — delivery notice; 13. **место поставки; место доставки** — place of delivery; 14. **общие условия поставки** — general conditions of delivery; 15. **обязательство в отношении срока поставки** — obligation to meet the delivery date; 16. **покупать с будущей поставкой, покупать на срок** — to buy ahead; 17. **прекращение поставки** — cessation of delivery; 18. **принимать поставку** — to take delivery; 19. **прямые поставки; непосредственное получение** — direct supplies; 20. **пункты поставки** — delivery points; 21. **репарационные поставки** — reparation deliveries; 22. **цена поставки** — delivery price; 23. **частичная поставка** — partial delivery.

поставщик — supplier, provider; caterer ◇ 1. **задолженность поставщикам** — merchandise creditors; 2. **кредит поставщика** — suppliers credit; 3. **основной поставщик** — principal supplier; 4. **судовой поставщик; шипчандлер** — ship chandler.

постановление — decision; decree, enactment ◇ 1. **постановление местной власти или какой-л. организации; устав** — by-law; 2. **постановление суда об открытии конкурса** — receiving order; 3. **соответствовать постановлениям, условиям** — to comply with the terms; 4. **с соблюдением постановлений и условий, изложенных ниже; на всех условиях, изложенных ниже** — on the following terms and conditions.

постоянный — fixed, running ◇ 1. **постоянные связи на основе общего контракта** — contracting system; 2. **постоянный или генеральный полис** — block policy, running policy; 3. **постоянный капитал** — constant capital; 4. **выраженный в постоянных ценах при помощи индекса розничных цен** — deflated by consumers' price index; 5. **иметь постоянный хороший сбыт** — to command a ready sale; 6. **твердый процент, постоянный процент** — fixed rate of interest.

поступать — to act; to treat, to deal (with smth.); to be forthcoming; to be received ◇ 1. **поступать в недостаточном количестве** — to be in short supply; 2. **поступать; сделаться доступным; быть вырученным** — become available; 3. **поступило на таможенные склады** — entered for warehouse; 4. **предложения должны поступить к ...** — tenders must be in by ... .

поступление — proceeding, earnings, encashment ◇ 1. **поступления выше прошлогодних** — the receipts are up on those of last year; 2. **поступления за год; отчетные данные или итоги операций за год** — annual returns; 3. **поступления иностранной валюты** — exchange earnings; 4. **поступления от невидимых статей экспорта** — invisible earnings; 5. **авизо о поступлении перевода на счет клиента** — advice on remittance to the clients account; 6. **баланс неторговых поступлений и платежей** — invisible trade balance; 7. **валовая сумма поступлений** — gross returns; 8. **дата поступления перевода** — remittance date; 9. **денежные поступления; выручка; приход; доход** — receipts; 10. **кассовые поступления** — cash receipts; 11. **недостаточное поступление; недостаточность, недостаток; недостаточное или неполное выполнение; снижение; уменьшение** — shortfall; 12. **новые поступления** — fresh supplies; 13. **средний размер поступлений; получение наличными деньгами; инкассирование; наличные; средний доход** — average returns.

поступок — cation; act, deed.

посылать — to send, to dispatch ◇ **посылать документы на инкассо** — to send documents for collection.

посылочный — parcel ◇ **почтовая посылочная служба** — parcel post.

потерпеть — to meet (with), to suffer, to stand, to tolerate ◇ **потерпеть аварию** — to meet with an accident.

потеря — loss ◇ 1. **чистая потеря, чистый убыток** — dead loss; 2. **потеря на курсе** — loss on exchange; 3. **потеря по общей аварии** — general average loss; 4. **курсовой доход или потеря** — exchange gain or loss; 5. **нести потери; терпеть убытки** — to sustain losses; 6. **общая сумма потерь, убытков; полная гибель** — total loss; 7. **обычный размер потерь, средний размер потерь за ряд лет** — initial loss; 8. **платить за потерю; нести ответственность за потерю; нести убыток; принять убыток на свой счет** — to bear a loss; 9. **прямые потери** — direct losses; 10. **резерв на покрытие чрезвычайных потерь, резерв предусмотрительности** — contingency reserve.

потерянный — lost ◇ **безвозвратно потерянный** — past recovery.

потеряться — to be lost.

потребитель — consumer, user ◇ 1. **главные потребители** — chief users; 2. **падение потребительского спроса** — consumer resistance; 3. **непосредственный потребитель** — ultimate consumer; 4. **охрана прав потребителей** — consumer's right protection.

потребительский — consumer ◇ 1. **потребительские расходы населения** — consumer spending; 2. **потребительские товары или быстро изнашивающийся и малоценный товар** — soft goods; 3. **потребительские товары; предметы широкого потребления** — consumer goods, articles of consumption, consumer lines, consumer commodities; 4. **потребительский кредит** — consumer credit; 5. **банк потребительского кредита** — money trading bank; 6. **индекс потребительских цен** — consumer price index; 7. **индекс цен на потребительские товары** — consumption price index; 8. **падение потребительского спроса** — sales resistance; 9. **товары потребительского назначения** — consumer goods.

потребление — consumption ◇ 1. **потребление на душу населения**

— per capita consumption; 2. **видимое потребление** — apparent consumption; 3. **внутреннее потребление** — home consumption; 4. **импорт товаров для внутреннего потребления** — imports for consumption; 5. **непродовольственные предметы широкого потребления** — non-food consumer goods; 6. **предметы широкого потребления** — consumer goods, consumer commodities, articles of consumption, consumer lines; 7. **производственное потребление** — industrial consumption; 8. **фонд потребления** — consumption fund.

потребность — want, necessity, need ◇ 1. **обеспечить потребности; удовлетворять требованиям** — to meet the requirements; 2. **поставки, удовлетворяющие только насущные потребности** — hand-to-mouth deliveries; 3. **удовлетворение потребности** — satisfaction of a want.

почта — post, mail ◇ 1. **почта должна прибыть завтра** — the mail is due tomorrow; 2. **входящая почта** — incoming mail; 3. **денежный перевод по почте** — postal order; 4. **отправлять по почте** — to post; 5. **пересылка по почте бесплатно; пересылка за счет отправителя** — post free; 6. **пересылка по почте оплачена** — post paid; 7. **такса за пересылку по почте** — postal rate.

почтовый — postal ◇ 1. **почтовая корреспонденция; должность** — post; 2. **почтовая оплата, сбор; почтовые расходы** — postage; 3. **почтовая посылочная служба** — parcel post.

пошлина — duty ◇ 1. **пошлина “ад валорем”; стоимостный тариф** — ad valorem tariff, ad valorem duty; 2. **пошлина для защиты важнейших отраслей промышленности** — key industry duty; 3. **пошлины смешанного типа; смешанный тариф** — compound tariff; 4. **антидемпинговая пошлина** — dumping duty; 5. **взимание пошлин** — collection of duties; 6. **внутренняя пошлина; городская таможня** — octroi; 7. **возвратная пошлина** — drawback duty; 8. **дифференциальные пошлины** — differential duties; 9. **договорные пошлины; конвенционный тариф** — conventional tariff; 10. **закрепить пошлины, обязываться не повышать пошлины** — to bind duties, to bind tariffs; 11. **запретительная пошлина** — prohibitive duty; 12. **импортные пошлины** — import duty; 13. **импортные товары, не оплаченные пошлиной** — imports in bond; 14. **карательная пошлина** — retaliatory duty; 15. **компенсационная пошлина, уравнительная пошлина** — countervailing duty; 16. **наследственные пошлины; налог на наследство** — death duties; 17. **нотариальные пошлины** — notarial charges; 18. **облагаться пошлиной** — to be taxable; 19. **оплаченный пошлиной** — duty paid; 20. **освобожденный от пошлины** — exempt from duty; 21. **очищать товары от пошлин; распродавать товары** — to clear goods; 22. **патентная пошлина** — patent fees; 23. **подлежащий обло-**

жению пошлиной — liable to duty; 24. **пошлины на товары из стран с обесцененной валютой** — depreciated exchange tax; 25. **специфическая пошлина** — specific duty; 26. **ставка таможенной пошлины** — rate of duty; 27. **таможенная пошлина** — custom duty; 28. **таможенные и акцизные пошлины** — customs and excise duties; 29. **транзитная пошлина** — transit tariff, custom duty, customs, transit duty; 30. **уравнительная пошлина; компенсационная пошлина** — countervailing duty; 31. **устанавливать, обусловливать пошлину** — to fix tax; 32. **фискальная пошлина** — duty for revenue, revenue duty; 33. **цена без включения в нее пошлины** — in bond price; 34. **экспортная пошлина** — export duty.

правило — rule, regulation ◇ 1. **правила и приказы, имеющие силу закона; акты делегированного законодательства** — Statutory Rules and Orders; 2. **правила конкуренции** — competition rules; 3. **правила определения веса тары** — taring regulations; 4. **правило "первым прибыл — первым обслужи"** — fist in, first out; 5. **биржевые правила** — rules of the exchange; 6. **по правилам** — in due form; 7. **установить правило** — to lay down a rule.

правильность — rightness ◇ 1. **подтвердить правильность счета; проверить счет** — to verify an account; 2. **признать правильность претензии; удовлетворить требование** — to allow a claim.

правильный — right, true; correct; regular ◇ **проверено и найдено правильным** — audited and found correct.

правление — board, board of administration ◇ 1. **правление директоров; дирекция** — board of directors; 2. **выборы правления** — board elections; 3. **должность члена правления директоров; директорский пост** — seat on the board; 4. **заседание правления** — board meeting; 5. **председатель правления акционерного общества** — chairman of the company; 6. **председатель правления директоров** — chairman of the board.

право — law, right, power ◇ 1. **права собственности** — proprietary rights; 2. **право владения; традиционные права** — vested interests; 3. **право выкупа заложенного имущества** — equity of redemption; 4. **право выкупа** — call future; 5. **право кредитора удерживать собственность должника** — possessory lien; 6. **право на возмещение и все связанные с этим права** — right to indemnity and all incidental rights; 7. **право на недвижимость** — interest in land; 8. **право на первоочередной возврат инвестированных средств при банкротстве компании** — senior security; 9. **право обращения в свою собственность суммы** — right of appropriation of a sum; 10. **право передоверия** — power of substitution; 11. **право подписки на акции** — stock right; 12. **право покупателя на дополнительную однократную сделку с премией** — call of more; 13. **право преимущественной по-**

купки — first option, right of first refusal; 14. **право продавца удерживать товар** — vendor's lien; 15. **право собственности** — law of property, ownership; 16. **право спасателя на удержание спасенного имущества** — salvage lien; 17. **право справедливости** — the law of equity; 18. **право требовать по суду** — right to enforce; 19. **право удержания имущества в обеспечение уплаты налога** — tax lien; 20. **право участия в голосовании** — voting power, voting right; 21. **право, выраженное в законах; законы** — statute law; 22. **авторское право; издательское право** — copyright; 23. **акт о передаче прав** — deed of assignment; 24. **арендное право** — leasehold interest; 25. **без права** — ex rights; 26. **владеть товаром на праве залога** — to hold goods as pledge; 27. **восстановленный в правах банкрот** — discharged bankrupt; 28. **договорное право** — contract law; 29. **долговое обязательство или переуступка права владения всеми активами компании, используемое в качестве обеспечения кредита** — floating charge; 30. **иметь исключительное право продажи какого-л. товара** — to have the exclusive sale of an article; 31. **иметь преимущественное право купить товар** — to have an option on the goods; 32. **имущественные требования; права, являющиеся основанием для искового требования** — chooses in action; 33. **исключительное право участия в голосовании** — sole voting power; 34. **использовать право удержания** — to exercise a lien; 35. **лишение права заниматься экспортной торговлей** — denial of export privileges; 36. **лишиться права на требование** — to forfeit a claim; 37. **монопольное право** — sole right; 38. **монопольные права и привилегии** — franchises; 39. **морское залоговое право** — maritime lien; 40. **наделять кого-л. правами** — to vest a person with rights, to vest rights in a person; 41. **налоговое право** — fiscal law; 42. **нанести ущерб праву** — to prejudice a right; 43. **не дающий права участия в голосовании** — voteless; 44. **обычное право купечества; торговые обычаи; торговая практика** — custom of the merchants; 45. **оговорка о праве отмены льготных таможенных пошлин** — escape clause; 46. **оговорка о праве фрахтователя уступить фрахтовый договор другому лицу** — cession clause; 47. **оспаривать чьи-л. права** — to contest a person's rights; 48. **осуществить передачу прав собственности** — to execute a conveyance; 49. **осуществить чьи-л. права посредством иска; предъявить иск, основанный на чьих-л. правах** — to enforce the rights of a person; 50. **отказаться от права удержания** — to waive the lien; 51. **охрана прав потребителей** — consumer's right protection; 52. **передача авторского права** — assignment of copyright; 53. **передача права собственности** — conveyance of property, transfer of ownership; 54. **передача прав** — cession of rights; 55. **переуступка прав на залог** —

assignment of right to security; 56. **пользование на правах аренды; арендованный** — leasehold; 57. **пользоваться правом** — to enjoy a right; 58. **поскольку это допускают чьи-л. права** — subject to the rights of a person; 59. **по праву чего-л., в силу** — by right of; 60. **предоставить какой-л. стране право отступить от правил ГАТТ** — to grant a country a waiver; 61. **предъявлять права или претензию на что-л.** — to lay claim to something; 62. **преимущественное право держателей акций сохранять свою долю участия в контроле и капитале компании в случае выпуска дополнительного числа акций** — pre-emptive right; 63. **преимущественное право купить товар** — option on the goods; 64. **преимущественное право на покупку; преимущественное право на покупку государственной земли; право наложения ареста на товар** — right of pre-emption; 65. **преимущественное право при выставлении требований** — senior issue; 66. **преимущественное право удержания** — underlying lien, senior lien; 67. **преимущественное право** (приоритет) — priority; 68. **прецедентное право** — case law; 69. **применить право на покупку или продажу, предоставленное условиями контракта об опционах** — to exercise; 70. **принадлежащие права; законные права; закрепленные права** — vested rights; 71. **принадлежащий по праву; законный; справедливый** — rightful, vested; 72. **свидетельство на право ввоза товаров** — import entitlement; 73. **свидетельство на право получения валюты** — foreign exchange entitlement; 74. **совокупность прав** — collection of rights; 75. **сохранение права** — reservation of a right; 76. **специальные права заимствования** — special deposits, special drawing rights; 77. **с правами покупателя на приобретение акций новых выпусков той же компании** — cum new; 78. **торговое право** — commercial law, law merchant; 79. **эксклюзивное право продажи** — exclusive sale of an article.

правовой — legal ◇ 1. **административно-правовое регулирование** — administrative and legal regulation; 2. **публично-правовая корпорация** — public corporation.

правопреемник — successor.

праймрейт — prime rate, floating prime rate.

практика — practice ◇ 1. **согласно общепринятой практике** — in accordance with the general usage; 2. **судебная практика** — judiciary law; 3. **торговая практика; обычное право купечества; торговые обычаи** — custom of the merchants, practice of the trade.

предварительно — beforehand; as a preliminary ◇ **предварительно декларировать** — pre-enter.

предварительный — preliminary ◇ 1. **предварительная или первоначальная декларация** — prime entry; 2. **предварительная**

премия; сделка с предварительной премией — premium for the call, call premium; 3. **предварительная премия по опционной сделке** — premium for the call; 4. **предварительная таможенная декларация** — imperfect entry, sight entry; 5. **предварительное авизо** — preliminary advice; 6. **предварительное охранное свидетельство** — provisional patent; 7. **предварительное рефинансирование** — advance refunding; 8. **предварительное свидетельство на акцию или облигацию** — scrip certificate; 9. **предварительное страховое объявление** — provisional declaration; 10. **предварительное условие** — condition precedent; 11. **предварительный аккредитив** — anticipatory letter of credit; 12. **предварительный баланс** — gross balance; 13. **предварительный дивиденд** — interim dividend, dividend of account; 14. **предварительный запрос; предварительное обследование** — tentative inquiry; 15. **купить с условием предварительного осмотра и одобрения** — to buy subject to inspection and approval; 16. **купить предварительную премию** — to give for the call; 17. **подавать предварительную таможенную декларацию** — to pre-enter; 18. **продать предварительную премию** — to take for the call.

предел — limit ◇ 1. **пределы колебания** — margin of fluctuation; 2. **пределы снижения импортных пошлин** — peril points; 3. **предел ответственности страховщика по одному судну** — limit per bottom; 4. **в пределах чьих-л. полномочий** — within a person's power; 5. **в пределах, до размера** — to the extent of; 6. **движение вверх и вниз в пределах установленного лимита** — limit up and down; 7. **нижний предел** — hurdle rate; 8. **оговорка о пределе ответственности страховщика по одному судну** — paramount clause, per bottom clause; 9. **установить предел; установить срок** — to set a term, to assign a limit; 10. **цены колебались в пределах от ... до ...** — prices ranged between ... and ... .

предельно — (*adv. to:* **предельный)** ◇ 1. **предельно высокая себестоимость** — marginal cost; 2. **предприятие с предельно высокой себестоимостью продукции** — marginal cost producer.

предельный — marginal, maximum, utmost ◇ 1. **предельная цена** — price limit; 2. **предельный срок** — deadline, time limit; 3. **предельные цены** — controlled prices.

предлагаемый — offered; proposed; suggested ◇ **предлагаемые сделки; предлагаемые заказы** — business on offer.

предлагать, предложить — to offer; to propose; to suggest; to order ◇ 1. **предлагать гарантию** — to offer guarantee; 2. **предложить более выгодные условия; предложить более высокую цену** — outbid; 3. **предложить большую цену** — to bid more.

предложение — offer, tender, offering ◇ 1. **предложение** (котировка; курс; расценка; цена; биржевая цена; оферта) — quotation; 2. **предложение делается без обязательств** — the offer is subject to confirmation; 3. **предложение какой-л. компании о покупке контрольного пакета акций другой компании** — take-over bid; 4. **предложение облигаций займа или ценных бумаг со стороны консорциума** — syndicate offering; 5. **предложение под условием** — conditional tender; 6. **предложение по самой низкой цене** — lowest tender; 7. **предложение превышает спрос** — the supply exceeds the demand; 8. **предложение сдачи** — tender of delivery; 9. **предложение со стороны конкурентов** — competitive supply; 10. **предложение части вновь выпускаемых бумаг потенциальным участникам, минуя размещающий эти бумаги синдикат** — sell down; 11. **предложения должны поступить к ...** — tenders must be in by ...; 12. **бюджетные предложения** — budget estimates; 13. **воспользоваться предложением** — to take advantage of an offer; 14. **встречное предложение, контр-оферта** — counter offer; 15. **вторичное предложение ценных бумаг для продажи, вторичное распределение; в США** — secondary offering; 16. **выдвинуть предложение** — to start a proposal; 17. **действительное предложение** — good tender; 18. **закономерное предложение** — common tender, lawful tender, legal tender; 19. **лицо, делающее предложение; оферент** — offerer, tenderer; 20. **лицо, которому делается предложение** — offeree; 21. **отвергнуть предложение** — to vote down a proposal, to decline an offer; 22. **повседневное предложение** — floating supply; 23. **подходящее предложение** — fair offer; 24. **превышение спроса над предложением на определенном рынке, или на определенный вид ценных бумаг** — offered market; 25. **превышение предложений над спросом** — surplus conditions, sellers over, buyer's over; 26. **приемлемое предложение; выгодное предложение** — a business proposition; 27. **принятие предложения** — acceptance of an offer; 28. **принять предложение** — to close with an offer; 29. **публичное предложение держателей акций одной корпорации акционерам другой корпорации купить акции за наличный расчет или иное обеспечение** — tender offer; 30. **свободное предложение** — free offer, offer without obligation; 31. **совокупное предложение** — aggregate supply; 32. **согласиться на предложение** — to consent to a proposal; 33. **специальное предложение цены на Нью-Йоркской бирже** — special bid; 34. **специальное предложение цены** — special bid; 35. **спрос и предложение** — supply and demand; 36. **спрос несоразмерен с предложением, совершенно несоразмерен с предложением** — the demand is out of proportion to the supply; 37. **твердое предложение** — firm offer; 38. **тендерное предложение** — tender offer.

предмет — object, article, item; subject ◇ 1. **предмет отклонения** — rejected item; 2. **предмет (содержание; существо)** — subject matter; 3. **предметы ввоза** — imports; 4. **предметы вывоза; статьи экспорта** — exports, articles of export; 5. **предметы широкого потребления** — consumer goods, consumer commodities; 6. **предметы роскоши** — fancies; 7. **главные предметы торговли** — staple commodities; 8. **промышленный образец предмета широкого потребления** — utility design; 9. **самый ходовой предмет** — best seller.

предназначать — to intend, to destine; to mean (for); to earmark, to set aside (for).

предназначенный — intended, meant, destined, appropriated ◇ 1. **не предназначенный** — unappropriated; 2. **разрешение на ввоз товаров, предназначенных для реэкспорта** — temporary admission of imports.

предоставить (предоставлять) — to let; to give, to grant ◇ 1. **предоставить аванс** — to grant an advance; 2. **предоставить деньги кому-л.** — to provide a person with funds; 3. **предоставить долгосрочную ссуду** — to lend long; 4. **предоставить какой-л. стране право отступить от правил ГАТТ** — to grant a country a waiver; 5. **предоставить обеспечение кредитору** — to secure a creditor; 6. **предоставить отсрочку на месяц** — to grant a month's grace; 7. **предоставить отсрочку** — to grant a delay; 8. **предоставить скидку** — to grant an allowance; 9. **предоставлять кредиты** — to allot credits; 10. **предоставлять** (сдавать; приготовлять) — to make available.

предоставленный — given, granted ◇ 1. **предоставленная отсрочка** — granted adjournment; 2. **предоставленная скидка** — allowance granted, granted discount.

предостережение — caution, warning ◇ **предостережение; протест; возражение; заявление о приостановке судебного рассмотрения** — caveat.

предосторожность — caution, precaution ◇ **меры предосторожности** — measures of precaution.

предписанный — ordered, directed ◇ **предписанная законом форма** — statutory formality.

предпосылка — precondition ◇ **предпосылка; предварительное условие; непременное условие** — precondition.

предпочитать — to prefer.

предпочтение — preference.

предпочтительный — preferential.

предприниматель — employer, entrepreneur ◇ 1. **предприниматель; владелец предприятия, наниматель; работодатель** — employer, entrepreneur; 2. **объединение предпринимателей или торговцев, созданное для повышения цен** — price ring.

предпринимательство — business undertakings ◇ **зона свободного предпринимательства** — free enterprise zone.

предприятие — enterprise, undertaking ◇ 1. **предприятие общест-**

венного пользования — public utility company, public utility; 2. **предприятие с предельно высокой себестоимостью продукции, мало прибыльное предприятие** — marginal cost producer; 3. **предприятие, занимающееся переработкой товаров** — processor; 4. **предприятие, осуществляющее продажу товаров с рассрочкой платежа** — tally business; 5. **быть участником в каком-л. предприятии** — to have a concern in a business; 6. **венчурное предприятие; рискованное предприятие; коммерческое предприятие** — venture; 7. **владелец мелкого предприятия** — small entrepreneur; 8. **вложить капитал в предприятие** — to invest capital in an undertaking; 9. **возглавлять предприятие** — to be at the head of a business; 10. **все торгово-промышленные предприятия страны** — business population; 11. **выбранная группа промышленных предприятий; выборочное обследование промышленных предприятий** — sample of industrial enterprises; 12. **доходное предприятие** (сделка) — profitable business; 13. **коммунальные предприятия** — public utilities; 14. **крупное предприятие; крупный концерн** — major concern, large-scale enterprise; 15. **отделение предприятия** — branch business; 16. **прибыльное предприятие** — a paying concern; 17. **розничное предприятие** — retail business; 18. **слияние предприятий, находящихся в двух соседних странах** — cross-frontier merger; 19. **слияние разнородных предприятий** — conglomerate merger; 20. **совместное предприятие совладельцев капитала** — equity joint venture; 21. **совместное предприятие** — joint venture; 22. **финансовое состояние предприятия** — financial position.

председатель — chairman ◇ 1. **председатель правления акционерного общества** — chairman of the company; 2. **председатель правления директоров** — chairman of the board.

представитель — agent; representative ◇ 1. **представитель облигационеров** — trustee for debenture holders; 2. **генеральный представитель** — general agent; 3. **действовать в качестве чьего-л. представителя или уполномоченного, голосовать от его имени** — to stand proxy to someone; 4. **единственный представитель** — sole agent; 5. **через представителя; по доверенности** — by proxy.

представительство — agency; representation.

представление — presentation; handing-in; representation; idea, notion, conception ◇ 1. **представление сведений** — submission; 2. **представление документов** — discovery of documents.

представлять — to submit; to present, to offer; to produce.

предъявитель — bearer ◇ 1. **акция на предъявителя** — bearer share, share to bearer; 2. **документ на предъявителя** — bearer instrument; 3. **квитанция на предъявителя** — receipt to the bearer; 4. **облигация на предъявителя** — coupon bond; 5. **подлежит оплате предъявителю** — payable to bearer; 6. **ценные бумаги на предъявителя** — securities to bearer.

предъявительский — bearer ◇ 1. **предъявительский чек** — bearer cheque, cheque to bearer; 2. **предъявительское свидетельство на акцию, акция на предъявителя** — share warrant.

предъявленный — presented; submitted ◇ 1. **предъявленное к оплате денежное обязательство** — liability submitted for payment; 2. **предъявленный иск** — filed action.

предъявление — producing, presentation ◇ 1. **предъявление авизо банку** — submission of an advice to a bank; 2. **платеж по предъявлении грузовых документов; платеж по предъявлении тратты** — sight payment; 3. **подлежащий оплате немедленно по предъявлении** — payable on demand; 4. **по предъявлении** — at sight, on presentation; 5. **через столько-то дней после предъявления** — ... days after sight.

предъявлять, предъявить — to show, to produce ◇ 1. **предъявлять права или претензию на что-л.** — to lay claim to something; 2. **предъявлять требование к кому-л.** — to place demands on somebody.

прежде — before; first; formerly, in former times ◇ 1. **прежде всего, в первую очередь** — in the first place; 2. **покупка прежде других** — pre-emption.

презентация — presentation.

президент — president.

преимущество — advantage; preference ◇ 1. **преимущество в отношении раздела имущества** — preference as to assets; 2. **получить преимущество** — to score an advantage.

преимущественный — primary; preferential ◇ 1. **преимущественная облигация** — preference bond, preference debenture; 2. **преимущественное право держателей акций сохранять свою долю участия в контроле и капитале компании в случае выпуска дополнительного числа акций** — pre-emptive right; 3. **преимущественное право купить товар** — option on the goods; 4. **преимущественное право на покупку; преимущественное право на покупку государственной земли; право наложения ареста на товар** — right of pre-emption; 5. **преимущественное право удержания** — underlying lien, senior lien; 6. **преимущественное право; приоритет** — priority; 7. **преимущественное требование; основной иск** — prior claim; 8. **иметь преимущественное значение по сравнению с** — to take precedence of; 9. **иметь преимущественное право купить товар** — to have an option on the goods; 10. **право преимущественной покупки** — first option, right of first refusal.

прейскурант — price current, price-list.

прейскурантный — list ◇ 1. **прейскурантные цены** — list prices; 2. **прейскурантная цена до вычета скидки; номинальная цена** — nominal price.

прекращать, прекратить — to stop, to cease, to discontinue; to

break off, to sever; to terminate ◇ 1. **прекращать; прекратить действие** — to terminate; 2. **прекращать работу** — to shut down.

прекращение — stopping, cessation, ceasing, discontinuance; suspension, termination ◇ 1. **прекращение действия соглашения; истечение срока соглашения** — termination of an agreement; 2. **прекращение обязательств из договора** — discharge of a contract; 3. **прекращение поставки** — cessation of delivery; 4. **прекращение размена банкнот на золотые монеты** — suspension of specie payments; 5. **прекращение роста цен** — check to prices.

премия — premium, bonus ◇ 1. **премии иностранным контрагентам** — export bonuses; 2. **премия дополнительная** — additional premium; 3. **премия кассовая** — cash bonus; 4. **премия конверсионная** — conversion premium; 5. **премия на золото** — gold premium; 6. **премия по акциям** — share premium; 7. **премия** (*бирж.*)— option money; 8. **премия, выплачиваемая наличными; добавочный дивиденд, выплачиваемый наличными** — cash bonus; 9. **премия, получаемая при продаже акций по цене, превышающей их номинальную стоимость** — share premium; 10. **выкупная премия** — redemption premium; 11. **добавочная страховая премия** — additional premium; 12. **дополнительная ставка страховой премии** — extra rate of insurance; 13. **купить обратную премию** — to take for the put; 14. **купить предварительную премию** — to give for the call; 15. **курс премий; размер премий** — option price; 16. **обратная премия; сделка с обратной премией** — premium for the put, put premium; 17. **паушальная страховая премия, общая твердая сумма страховой премии** — lumpsum premium; 18. **предварительная премия** — call premium; 19. **предварительная премия; сделка с предварительной премией** — premium for the call; 20. **продавец премии** — taker of option money; 21. **продать обратную премию** — to give for the put; 22. **продать предварительную премию** — to take for the call; 23. **скидки и премии к номинальной цене, устанавливаемые за качество товара и за способ его доставки, отличающиеся от оговоренных во фьючерном контракте** — allowances; 24. **страховая премия по блокполису** — blanket rate; 25. **страховая премия** — insurance premium; 26. **с премией; выше номинала; выше паритета** — at a premium; 27. **экспортная премия** — export bounty.

преобладать — to prevail.

преобладающий — prevailing ◇ **преобладающее настроение** — prevailing tone.

преодолевать, преодолеть — to overcome; to get over, to surmount ◇ **преодолеть кризис** — to meet the crisis.

препятствие — obstacle, impediment, hindrance ◇ 1. **непреодоли-**

мое препятствие; форс-мажор; чрезвычайные обстоятельства — force majeure; 2. **чинить препятствия** — to raise difficulties.

препятствовать — to prevent, to hinder, to stem ◇ **препятствовать развитию** — to stem the tide.

преследование — pursuit; chase; persecution ◇ **судебное преследование; обвинение** — prosecution.

преследовать — to prosecute; to pursue, to chase, to be after; to persecute ◇ 1. **преследовать судебным порядком** — to prosecute; 2. **преследовать кого-л. судебным порядком; подать на кого-л. в суд** — to take legal steps against a person.

престиж — prestige, goodwill ◇ **престиж фирмы; добрая воля; благоприятное отношение; репутация; стоимость деловых связей и репутация предприятия; стоимость фирмы, цена фирмы** — goodwill.

претензия — claim, complaint ◇ 1. **претензия к продавцу** — claim against a seller; 2. **претензия о недопоставке товара** — claim over short delivery of goods; 3. **претензия по контракту** — claim under a contract; 4. **более поздние претензии** — subsequent claims; 5. **доказывать справедливость претензии; приводить достаточные основания для претензии, иска** — to substantiate a claim; 6. **обосновывать претензию** — to justify a claim; 7. **основание для жалобы, претензии** — ground for complaint; 8. **оспаривать претензию, иск** — to contest a claim; 9. **отказаться от претензии** — to abandon a claim; 10. **отклонить претензию** — to overrule a clime; 11. **предъявить претензию за неисполнение договора** — to claim default; 12. **предъявлять права или претензию на что-л.** — to lay claim to something; 13. **признать правильность претензии; удовлетворить претензию** — to allow a claim; 14. **рассмотрение претензии** — examination of a claim; 15. **справедливое требование, справедливая претензия** — fair claim; 16. **требования претензии** — nature of a claim; 17. **удовлетворить требование, претензию; подготовить возражения против иска; оспаривать иск** — to meet a claim; 18. **удовлетворить требование; признать правильность претензии** — to allow a claim, to discharge a claim; 19. **урегулирование претензий** — adjustment of claims.

преференция — preference ◇ **общая система преференций** — general system of preferences.

преференциальный — preferential ◇ 1. **преференциальный таможенный тариф; преференциальный режим** — preferential tariff; 2. **преференциальный торговый договор** — preferential agreement.

прецедент — precedent.

прецедентный — precedent ◇ **прецедентное право** — case law.

прибавка — supplement, increase ◇ 1. **прибавка к фрахту; вознаграждение капитану с фрахта** — primage; 2. **повышение зар-**

платы; прибавка к зарплате — pay rise; 3. **прибавка; доплата** — additional charge.

прибыль — profit, gain; return; increase, rise ◇ 1. **прибыль за вычетом подоходного налога; чистая прибыль** — after-tax profit; 2. **прибыль; доход; заработок; поступления** — earnings; 3. **прибыль, соотнесенная с номинальной стоимостью используемого капитала** — percentage earnings; 4. **прибыль; размер прибыли; размер прибыли розничных торговцев** — margin of profit; 5. **бумажная прибыль** — paper profit; 6. **валовая прибыль** — gross margin, gross profit, gross return; 7. **вычеты из прибыли** — income deduction; 8. **избежать убытка, закончиться без прибыли и убытка, не дать ни прибыли, ни убытка** — to break even; 9. **капитализированная прибыль** — ploughed back earnings, ploughed back profit; 10. **короткий период получения больших прибылей** — profitable spell; 11. **начать давать прибыль; выпутаться из долгов; покрыть дефицит** — to come out of the red; 12. **небольшая прибыль** — narrow margin; 13. **незначительная прибыль** — a close margin of profit; 14. **неожиданная прибыль** — windfall profit; 15. **нераспределенная прибыль** — rest, unappropriated balance, earned surplus, net surplus, retained earnings, surplus earnings, undistributed profit, undivided profit; 16. **нераспределенная прибыль; резервный капитал** — accumulated surplus, profit and loss surplus; 17. **норма прибыли** — income yield, rate of profit, rate of return; 18. **определить прибыль** — to fix the profit; 19. **относительная величина прибыли** — profit margin; 20. **отчет о результатах; счет прибылей и убытков** — income statement, statement of income; 21. **оценочная прибыль** — paper gain; 22. **получать прибыль от сделки** — to profit by a transaction, to profit over a transaction; 23. **получать чистую прибыль; очищать от пошлин; уплачивать пошлины** — to clear; 24. **получение наличными прибыли, образующейся в результате продажи партии ценных бумаг и покупки другой партии по более низкой цене** — take out; 25. **получить прибыль** — to realize a profit, to secure a profit; 26. **превращать прибыль в резервный фонд** — to plough back profit into reserves; 27. **продаваться с прибылью** — to sell at a premium; 28. **продавать с прибылью, с надбавкой** — to sell a premium, to sell at a profit; 29. **производственная прибыль; прибыль от непосредственных операций предприятия** — earned income; 30. **распределенная прибыль** — distributed profits; 31. **расчетная прибыль** — pure profit; 32. **реализация прибыли** — profit taking; 33. **резервирование прибылей** — reservation of profits; 34. **сверхприбыль** — excess profit; 35. **счет прибылей и убытков** — loss and gain account, profit and loss account; 36. **участвовать в прибылях** — to share in profits; 37. **участие в прибылях** — profit sharing;

38. **учредительская прибыль** — promotional profit; 39. **чистая прибыль** — net income, net profit; 40. **экстраординарная прибыль** — extra profit.

прибыльный — profitable ◇ 1. **прибыльное предприятие** — a paying concern; 2. **прибыльный; доходный; выгодный; рентабельный; полезный** — profitable; 3. **оказаться прибыльным, выгодным** — to turn to advantage; 4. **прибыльная сделка, предприятие** — profitable business.

прибытие — arrival ◇ 1. **прибытие; входящий; поступающий** — incoming; 2. **ж.-д. уведомление о прибытии груза** — railway advice; 3. **сведения, представляемые капитаном в таможню по прибытии судна** — ship's report.

приватизация — privatization.

привилегированный — preferred; privileged ◇ 1. **привилегированная акция, акция с фиксированным дивидендом** — preference share; 2. **привилегированная компания** — chartered company; 3. **привилегированная частная компания** — exempt private company; 4. **привилегированные акции или облигации, предлагаемые уже имеющимся акционерам или подписчикам по цене ниже рыночной** — rights; 5. **привилегированные акции** — preferred stock; 6. **привилегированные акции, могущие быть выкупленными корпорацией у владельца** — callable preferred stock; 7. **привилегированные акции 1-го класса** — debenture stock; 8. **привилегированные акции** — preference stock, prior stock, redeemable preferred stock, senior stock; 9. **привилегированные акции, дающие право на дополнительный дивиденд** — participating preference shares; 10. **привилегированные акции, пользующиеся преимуществом перед другими привилегированными акциями** — prior preference stock; 11. **привилегированные обыкновенные акции, обыкновенные акции класса Б** — "B" Stock, preferred ordinary stock, preferred common stock, preferred ordinary shares; 12. **привилегированный капитал с дополнительным правом** — participating preference capital; 13. **привилегированный кредитор** — preferred creditor; 14. **кумулятивные привилегированные акции, акции с накопляющимся гарантированным дивидендом** — cumulative preference shares.

привилегия — privilege, benefit, preference ◇ 1. **привилегия** (освобождение; льгота) — exemption; 2. **без привилегий** — ex all; 3. **дополнительные льготы и привилегии** — fringe benefits; 4. **монопольные права и привилегия** — franchises.

привлечь (привлекать) — to draw, to attract ◇ 1. **привлечь к ответственности** — to make answerable; 2. **видные адвокаты были привлечены к участию в этом процессе** — eminent counsel were briefed this case; 3. **товар нас не привлекает** — the goods do not appeal to us.

приглашать — to invite.
приговор — judgment ◇ **отсрочить исполнение приговора** — to arrest judgment.
прием — receiving, reception; admittance; enrolment; method, way, mode ◇ **недобросовестные приемы в торговле** — unfair practices in trade.
приемка — formal acceptance ◇ 1. **приемка-сдача груза** — acceptance of goods; 2. **сдача-приемка партии товара** — acceptance of a consignment of goods.
приемлемый — acceptable, admissible ◇ 1. **приемлемое предложение** — a business proposition; 2. **приемлемые векселя** — eligible bills; 3. **приемлемые обязательства** — eligible liabilities; 4. **приемлемый банковский акцепт** — eligible bankers acceptance.
приемный — receiving; reception ◇ **приемное испытание** — purchase trial.
приемочный — for reception; reception ◇ **приемочное испытание (официальное) испытание** — official test.
признание — recognition, acknowledgement ◇ 1. **признание долга** — acknowledgement of a debt; 2. **признание долга, который не мог быть востребован по истечении срока давности** — acknowledgement of statute-barred debt; 3. **признание несостоятельности** — adjudication in bankruptcy, adjudication order; 4. **признание счета правильным** — approval of an account.
приказ — order ◇ 1. **приказ брокеру купить товар по более низкой или продать по более высокой цене, чем цена, превалирующая на рынке** — resting order; 2. **приказ брокеру, ограниченный по времени** — time order, time limit order; 3. **приказ о наложении ареста на имущество** — distress warrant; 4. **приказ суда, запрещающий распоряжаться каким-л. имуществом; инструкция банка о приостановке платежа по чеку, векселю и т.п.** — stop order; 5. **альтернативный приказ** — alternative order; 6. **лимитный приказ** — limit order; 7. **освободительный приказ суда** — order of discharge; 8. **правила и приказы, имеющие силу закона** — Statutory Rules and Orders; 9. **стоп-приказ** — stop loss order, stop order; 10. **судебный приказ, судебное распоряжение** — order of the court.
приложение — apposition, affixing, enclosure, appendix, supplement, application ◇ 1. **приложение к договору** — appendix to contract; 2. **с приложением печати** (скрепленное печатью) — under seal; 3. **техническое приложение** — technical appendix.
прима-вексель — first bill.
применение — application, use ◇ 1. **применение новой технологии** — application of new technology; 2. **инструкции по применению** — directions for use; 3. **остающийся без применения** — unapplied.
принимать — to admit, to take, to accept ◇ 1. **принимать; пред-**

принимать; принимать (брать на себя) — to take up; 2. **принимать во внимание** — to take into consideration; 3. **принимать в репорт ценные бумаги; выдавать ссуду под репортные ценные бумаги** — to take in stock; 4. **принимать к рассмотрению предложения; назначать торги; открывать подписку на акции или облигации** — to invite tenders; 5. **принимать к учету, учитывать** — to take on discount; 6. **принимать меры против чего-л.; запрещать** — to provide against; 7. **принимать меры; делать приготовления** — to make arrangements; 8. **принимать на себя ведение дела** — to assume charge of a business; 9. **принимать на себя обязательства** — to enter into obligations, to assume liability, to incur a liability; 10. **принимать на себя обязательство; связывать себя** — to commit oneself; 11. **принимать от другого лица** — to take over; 12. **принимать поставку** — to take delivery; 13. **принимать товар** — to accept goods; 14. **принимать часть акций на первичном рынке** — to take down; 15. **принимать явку** — to accept an application.

приносить — to bring, to fetch ◇ 1. **приносить доход** (в 1000долларов в год) — to be worth 1,000 $ a year; 2. **приносить процентный доход** — to yield interest; 3. **приносить проценты** — to carry interest; 4. **приносить хороший доход** — to pay well, to yield a fair return; 5. **могущий приносить рентный доход** — rentable.

принудительный — forced, compulsory ◇ 1. **принудительная ликвидация компании** — compulsory winding up of a company; 2. **принудительная ликвидация** — compulsory liquidation, winding up by the court; 3. **принудительная продажа с торгов** — compulsory sale; 4. **принудительно ликвидировать сделку** — to squeeze out; 5. **принудительно осуществить посредством иска; взыскать в судебном порядке** — to enforce by action; 6. **принудительный валютный курс** — forced rate of exchange; 7. **принудительный клиринг** — compulsory clearing, unilateral clearing; 8. **принудительный курс** — forced rate of exchange, forced exchange; 9. **принудительным путем** — by enforcement; 10. **продажа принудительного ассортимента** — conditional sale.

принудить — to compel, to force, to constrain ◇ **принудить к платежу** — to enforce payment.

принципал — principal ◇ **действующий от имени и по поручению принципала** — agent doing business for and on behalf of the principal.

приоритет — priority ◇ 1. **приоритет заявки** — priority of application; 2. **авторский приоритет** — priority of author.

приплата — extra payment ◇ 1. **приплата в зависимости от размера и качества — extras for size and quality; 2. без всяких приплат** — no extras.

прирост — increase, acceleration ◇ 1. **прирост основного капитала** — capital formation; 2. **прирост стоимости** — increment value; 3. **валовый прирост основного капитала** — gross capital formation.

приспособление — adaptation, accommodation.

пристань — berth, landing-stage, pier, dock ◇ **товарная пристань; набережная** — wharf.

притязание — claim, pretension ◇ 1. **кредитор, притязания которого признаны судом** — judgement creditor; 2. **патентные притязания** — patent claim.

приход — coming, arrival, advent, receipts, inward ◇ 1. **декларация по приходу** — entry inwards, declaration inwards; 2. **приход** (денежные поступления; выручка; доход) — receipts; 3. **производить очистку по приходу** — to clear inwards.

причал — berth, moorage ◇ 1. **независимо от очереди у причала** — free of turn; 2. **независимо от того, имеется ли свободный причал или нет** — berth or no berth; 3. **причал грузовой** — cargo berth; 4. **причал с подъездными железнодорожными путями** — railway berth; 5. **у причала** — on the berth; 6. **франко-причал** — ex quay; 7. **чартер на перевозку грузов судном, находящимся у причала** — berth charter.

причальный — berthing, mooring ◇ 1. **причальная линия** — berthing line; 2. **причальный сбор** — wharfage, berth charge; 3. **причальные условия** — berthing clause.

причитающийся — due ◇ 1. **причитающаяся сумма** — sum owing; 2. **в счет причитающейся суммы; в частичное погашение причитающейся суммы** — on account; 3. **уплатить в счет причитающейся суммы** — to pay on account.

проба — test, sample, standard, trial ◇ **отбор проб** — sampling.

пробирный — assay ◇ 1. **пробирное клеймо** — standard mark, hallmark, mark of assay; 2. **пробирное свидетельство** — assay certificate.

пробный — trial, test, tentative ◇ 1. **пробная перепись** — pilot census; 2. **пробный баланс** — trial balance.

проверить, проверять — to check up, to verify, to check, to test ◇ 1. **проверить правильность счета** — to verify an account; 2. **проверить торговые книги** — to verify the books.

проверка — check, inspection ◇ 1. **проверка ведения бухгалтерского учета** — check of account; 2. **проверка ведения документации** — check of documentation; 3. **проверка качества** — quality check; 4. **проверка кредитоспособности** — verification of credit standing; 5. **проверка материального положения** — means test; 6. **проверка отчетности банка** — bank auditing; 7. **проверка отчетности** (ревизия баланса и отчетности; проверять бухгалтерские книги и отчетность; аудит) — audit; 8. **проверка счетов** — examination of account; 9. **выборочная**

проверка — sample inspection, selective inspection; 10. **при проверке** — on examination.

провоз — carriage, transportation ◇ 1. **провоз оплачен** — carriage paid; 2. **"провоз оплачен до ... "** — delivered, carriage paid to ... .

прогноз — prognosis, forecast ◇ 1. **прогноз конъюнктуры** — business forecasting; 2. **среднесрочный прогноз** — medium term forecasts.

программа — programme ◇ 1. **программа диверсификации** — diversification programme; 2. **программа закупок** — purchasing programme; 3. **программа капитального строительства; строительная программа** — development plan, development programme; 4. **программа финансирования** — programme of financing; 5. **комплексная программа** — comprehensive programme; 6. **сократить программу** — to cut back on programme; 7. **целевая программа** — purpose-oriented programme.

программирование — programming ◇ **финансовое программирование** — financial programming.

прогресс — progress ◇ **социальный прогресс** — social progress.

прогрессивный — progressive ◇ 1. **прогрессивная система зарплаты** — incentive wage; 2. **прогрессивное обложение** — graduated taxation; 3. **прогрессивный; прогрессирующий; постепенный** — progressive.

продавать — to sell ◇ 1. **продавать выше номинальной цены; продавать с надбавкой; продавать с прибылью** — to sell at a premium; 2. **продавать в убыток** — to sell at a sacrifice; 3. **продавать дешевле** — to cut under; 4. **продавать контракт на сторону** — to sell out; 5. **"продавать медведя" — играть на понижение; продавать на срок товары, которых нет в наличии** — to sell short, to sell a bear; 6. **продавать на неофициальной бирже; продавать после закрытия биржи** — to sell in the Street; 7. **продавать на срок** — to sell ahead; 8. **продавать на срок товары, которых нет в наличии** (играть на понижение) — to sell short; 9. **продавать ниже номинальной цены; продавать со скидкой; продавать оптом, большими партиями; продавать товар без упаковки, без расфасовки, насыпью, наливом** — to sell in bulk; 10. **продавать по значительно пониженным ценам** — to spoil prices; 11. **продавать по наиболее выгодной достижимой цене или по наилучшему достижимому курсу** — to sell at best; 12. **продавать с аукциона** — to bring under the hammer, to sell by auction; 13. **продавать с небольшой прибылью** — to scalp; 14. **продавать с убытком** — to sell at a discount; 15. **продавать (ликвидировать)** — to close out; 16. **продаваться по высокой цене** — to fetch a high price; 17. **продаваться по низкой цене** — to be on the bargain counter; 18. **продаваться с надбавкой; продаваться по цене выше номинала или паритета** — to fetch a premium; 19. **продаваться с прибылью** — to sell at a profit; 20. **продаваться с трудом, иметь плохой сбыт** — to run into heavy selling; 21. **быстро продаваться; иметь хороший сбыт** — to meet with a ready sale.

продавец — seller ◇ 1. **продавец; владелец лавки, магазина; рабочий** — shopman; 2. **если продавец не сдает товар** — if the seller fails to deliver the goods; 3. **продавец премии** — taker of option money; 4. **продавец; торговец; торговец в разнос** — vender; 5. **покупатель или продавец, не прибегающий к хеджированию; спекулянт; игрок на бирже** — speculator.

продажа — sale, selling ◇ 1. **продажа** (передача, переуступка) — negotiation; 2. **продажа больших количеств, продажа крупных партий** — volume sales; 3. **продажа в кредит** — credit sale; 4. **продажа в рассрочку** — hire-purchase sale; 5. **продажа в убыток** — sacrifice sale; 6. **продажа заграничных капиталовложений** (сокращение заграничных капиталовложений) — external disinvestment; 7. **продажа за наличные** — cash sale; 8. **продажа или возврат** — sale and return; 9. **продажа на срок без покрытия** — short sale; 10. **продажа на срок; сделка срочная** — terminal transactions, forwards, forward sale, sale for future delivery; 11. **продажа на экспорт** — shipment sale; 12. **продажа по крайне низким ценам** — distress selling; 13. **продажа по описанию** — sale by description; 14. **продажа по частному соглашению** — private sale; 15. **продажа с аукциона** — auction sale; 16. **продажа с подтверждением** — sale on approval; 17. **продажа товара, находящегося в пути** — sale to arrival; 18. **продажа товара** (количество проданного товара; забранный товар; выпуск продукции) — offtake; 19. **продажа товаров в какую-л. страну через другую страну** — switch deal; 20. **продажи в бланк; продажи без покрытия; продажи спекулянтам, играющим на понижение** — uncovered sales; 21. **аукционные продажи** — auctions; 22. **биржевая продажа** — exchange sale; 23. **в продаже** — on offer; 24. **выставлять на продажу, напоказ** — to set out; 25. **договор купли-продажи** — bargain and sale, contract of purchase; 26. **комиссионная продажа** — commission sale; 27. **"на месте продажи"** — point of sale; 28. **осуществлять последовательные продажи в период повышения рыночных цен** — to scale up; 29. **передать на продажу с аукциона** — to put up for auction; 30. **покупка или продажа в рассрочку** — hire-purchase; 31. **принудительная продажа с торгов; продажа с молотка** — compulsory sale; 32. **рекламная продажа** — loss leader; 33. **риск при продаже в кредит или при предоставлении кредита** — del credere risk; 34. **снять свой товар с продажи на аукционе** — to buy in; 35. **совершить продажу** — to effect a sale; 36. **условная продажа; продажа принудительного ассортимента** — conditional sale, tie-in sale.

продажный — selling ◇ **продажная стоимость** — sale value.

продление — prolongation, extension ◇ **продление срока платежа** — extension of the time of payment.

продукт — product ◇ 1. **валовой внутренний продукт** — gross domestic product; 2. **валовой национальный продукт (ВНП)** — gross national product (GNP); 3. **пищевые продукты** — articles of food, provisions; 4. **потенциальный валовой национальный продукт** — potential gross national product; 5. **реальный национальный продукт** — real gross national product.

продукция — product, production, produce, output ◇ 1. **валовая продукция** — gross product, gross output; 2. **второсортная продукция** — seconds; 3. **готовая продукция** — finish products; 4. **импортная продукция** — import products; 5. **конкурентоспособная продукция** — competitive products; 6. **наукоемкая продукция** — high technology products; 7. **реализованная продукция** — marketed products; 8. **сертифицируемая продукция** — certified products; 9. **сравнимая продукция** — comparable produce; 10. **товарная продукция** — marketable products.

проект — project, design, scheme, draft ◇ 1. **проект договора** — draft of contract, draft treaty; 2. **проект контракта** — draft of contract.

производитель — producer ◇ **мелкие и средние производители** — small and medium producers.

производительность — productivity, output, efficiency ◇ 1. **производительность** (общее количество работы, произведенной предприятием за определенный период времени) — through put; 2. **производительность труда** — productivity of labour; 3. **действительная производительность, отдача** — effective output; 4. **еженедельная производительность или выработка** — weekly production; 5. **недостаточная производительность** (недостаточная мощность) — reduced output.

производить — to make, to produce ◇ 1. **производить операции** (разрабатывать; эксплуатировать; работать; действовать; управлять) — to operate; 2. **производиться или строиться по заказу** — to be on order; 3. **производить в больших количествах** — to produce in volume, to produce on the line; 4. **производить очистку по отходу** — to clear outwards; 5. **производить очистку по приходу** — to clear inwards; 6. **производить очистку судна на таможне** — to clear a ship at the custom house; 7. **производить платеж** — to effect payment; 8. **производить расходы** — to incur expenses; 9. **производить страхование** — to cover insurance.

производственный — industrial ◇ 1. **производственная прибыль** (прибыль от непосредственных операций предприятия) — earned income; 2. **производственное потребление** — industrial consumption; 3. **производственные материалы** — working stock; 4. **производственные мощности, не используемые в эко-**

номике или не реализованные компанией — space capacity, special capacity; 5. **производственный год** — working year; 6. **в производственных условиях** — under production conditions.

производство — production, manufacture, execution ◇ 1. **арбитражное производство** — proceedings on the reference; 2. **издержки производства в промышленности** — industrial costs; 3. **издержки производства** — costs of production, inventoriable costs, production costs; 4. **конкурсное производство, производство по делам несостоятельных должников** — bankruptcy proceedings; 5. **крупносерийное производство** — long production run; 6. **массовое производство** — quantity production; 7. **незавершенное производство** — work in progress, goods in process; 8. **отечественное производство** — domestic production; 9. **промышленное производство** — commercial production; 10. **процессуальное производство; дела; протоколы; труды** — proceedings; 11. **пуск в промышленное производство** — industrial input; 12. **расширение производства электрической энергии** — development of electric power; 13. **серийное производство** — lot production; 14. **совместное производство** — joint production.

пролонгационная тратта — renewal bill.

пролонгация — prolongation ◇ 1. **пролонгация долга** — refunding; 2. **пролонгация страхования** — renewal of expiring coverage; 3. **пролонгация тратты** — renewal of a draft.

пролонгировать — to carry over ◇ **пролонгировать тратту** — to accord a respite of payment of a draft, to renew a draft.

промежуток — interval, space, span ◇ **промежуток времени** — space of time.

промежуточный — intermediate, interim, intervening ◇ **промежуточный порт** — intermediate port.

промысел — trade, business ◇ **кустарный промысел** — handicraft industry.

промышленный — industrial ◇ 1. **промышленный агент** — manufactures' agent; 2. **все торгово-промышленные предприятия страны** — business population; 3. **промышленная доходная облигация** — industrial revenue bond; 4. **промышленная стадия** — commercial stage; 5. **промышленное производство** — commercial production; 6. **промышленные товары** (готовые изделия) — manufactured goods; 7. **промышленный образец предмета широкого потребления** — utility design; 8. **промышленный образец** — industrial design; 9. **промышленный цикл** — business cycle, economic cycle; 10. **пуск в промышленное производство** — industrial input; 11. **свободная промышленная зона** — free industrial zone; 12. **торгово-промышленная палата** — chamber of commerce and industry.

промышленность — industry ◇ 1. **государственные отрасли промышленности** — public industries, state industries; 2. **защи-**

щать промышленность — to safeguard industries; 3. **консервная промышленность** — packing industry; 4. **машиностроительная промышленность** — engineering industry, machine-building industry; 5. **надомная промышленность** — cottage industry; 6. **обрабатывающая промышленность** — manufacturing industry; 7. **основная отрасль промышленности; тяжелая промышленность** — basic industry; 8. **отечественная промышленность** — domestic industry, home industry; 9. **отрасль промышленности, позволяющая обходиться без импорта** — import-saving industry; 10. **отрасль торговли; отрасль промышленности; сфера деятельности** — line of business; 11. **промышленность первичной переработки сырья и сельскохозяйственной продукции** — extractive industry; 12. **тяжелая промышленность** — basic industry.

пропуск — admission, omission, laps, blank, gap, pass, permit ◇ 1. **пропуск товаров через границу** — transit of goods across the border; 2. **пропуск товаров через таможню** — customs clearances.

пропускная способность — capacity ◇ 1. **пропускная способность транспорта** — carrying capacity, handling capacity, traffic capacity; 2. **пропускная способность** (производительность, общее количество работ, произведенных предприятием за определенный период времени) — through put.

проспект — booklet, prospectus ◇ 1. **проспект; циркулярное аккредитивное письмо** — circular note; 2. **выставочный проспект** — exhibition prospectus; 3. **рекламный проспект** — advertising prospectus.

просроченный — overdue ◇ 1. **просроченное погашение** — overdue payment; 2. **просроченные проценты** — arrears of interest, past due interest; 3. **просроченный долг** — stale debt.

просрочка — delay ◇ 1. **просрочка платежа** — delay in payment; 2. **просрочка поставки** — delay in delivery; 3. **проценты за просрочку** — interest on arrears.

простой — downtime, standing (idle, lost, dead) time ◇ 1. **простой судна; плата за простой** (контрсталийные деньги; контрсталия; демередж — *мор.*) — demurrage; 2. **простой у рабочих, перерыв в работе** — idle time; 3. **на простое** — on demurrage (*мор.*).

простой — simple, common, ordinary, easy ◇ 1. **простой** (одноколонный тариф) — general tariff; 2. **простая бухгалтерия** — single-entry bookkeeping; 3. **простое товарищество** — society in participation; 4. **простой вексель; прямой вексель** (соло-вексель; долговое обязательство) — promissory note, note of hand; 5. **простой вексель, срочный по предъявлении** — demand note; 6. **простой договор** — parol contract, simple contract; 7. **простой компенсационный контракт** — compensation transaction; 8. **простая лицензия** — general license.

протекционизм — protectionism.

протест — protest, notice of dishonour, notice of protest ◇ 1. **протест векселя** — protest of a bill; 2. **заявить протест** — to enter a protest, to make a protest; 3. **морской протест — sea protest, ships (captain's) protest; 4. протестовать; совершить протест; учинить протест** — to protest.

противоположный — opposite, contrary, opposed ◇ **противоположные инструкции** — instructions to the contrary.

протокол — protocol, report, record of proceedings ◇ 1. **протокол о намерениях** — protocol of intentions; 2. **протокол переговоров** — minutes of negotiations; 3. **протокол приемки** — acceptance protocol.

процедура — procedure ◇ 1. **процедура установления цены на золото на свободном рынке** — gold fix; 2. **таможенная процедура** — procedure of customs.

процент — percentage, rate, interest ◇ 1. **проценты в размере 6 процентов годовых** — interest at 6 per cent per annum; 2. **проценты по аккредитиву** — letter of credit interest; 3. **процент по займам; ссудный процент** — money rate; 4. **проценты по займам** — service charge on loans; 5. **проценты (доходы) по краткосрочным займам** — short interest; 6. **проценты по облигационным займам** — interest on bonds; 7. **проценты за просрочку** — interest on arrears; 8. **проценты** — interest money; 9. **процент займа** — loan interest rate; 10. **процент кассовой наличности** — cash ratio; 11. **процент резерва** (отношение резервов федеральных резервных банков к сумме депозитов и выпущенных банкнот) — Reserve Ratio; 12. **взимать проценты** — to collect interest; 13. **включая проценты, с процентами** — cum interest; 14. **в процентах, в процентном исчислении** — in percentage terms; 15. **законный размер процентов** — legal rate of interest; 16. **исключая проценты, без процентов** — ex interest; 17. **капитал и проценты** — principal and interest; 18. **количества в процентах следующие** — the percentage are as follows; 19. **наросшие проценты; начисленные проценты** — accrued charges, accumulated interest; 20. **на сто процентов; вполне** — one hundred per cent; 21. **основная сумма и проценты** — capital and interest; 22. **подлежащие уплате проценты; оплаченные проценты** — interest charges; 23. **приносящий проценты** — bearing interest; 24. **пять процентов** — five in the hundred; 25. **рыночный учетный процент; частная учетная ставка** — market rate; 26. **сложные проценты** — compound interest; 27. **со скидкой в 5 процентов; за вычетом 5 процентов** — less discount of 5 per cent; 28. **ссудный процент по краткосрочным ссудам** — short-term borrowing cost; 29. **ссудный процент** — cost of borrowing, interest on loan capital, landing rate; 30. **ссудный процент; уплата комиссии и процентов по займам** — service charge on a loan; 31. **с процен-**

тами — cum interest; 32. **твердый процент, постоянный процент** — fixed rate of interest; 33. **уплачивать проценты** — to service interest charges; 34. **учетный процент; курс** — rate of discount, discount rate; 35. **учетный процент для долгосрочных векселей** — long rate.

процентный — interest-bearing ◇ 1. **процентная ставка вклада** — deposit interest rate; 2. **процентная ставка за пролонгацию однодневных ссуд** — renewal rate; 3. **процентная ставка** — call rate, interest rate; 4. **процентное возмещение** — compensation with interest; 5. **процентное вознаграждение за отсрочку сделки** — carryover price, carryover rate; 6. **процентное покрытие** — interest cover; 7. **процентные бумаги** — interest bearing securities; 8. **процентные отчисления** — percentage allocation; 9. **процентные периоды** — interest periods; 10. **процентные ставки продажи депозитов** — deposit ceiling rates of interest; 11. **процентный арбитраж с целью страхования** — covered interest arbitrage; 12. **процентный арбитраж** — interest arbitrage; 13. **процентный денежный вклад; ссуда до востребования** — call money; 14. **процентный доход; интерес** — percentage; 15. **процентный доход по облигациям —** yield of bonds; 16. **процентный купон** — dividend warrant; 17. **процентный паритет** — interest parity; 18. **процентный период** — interest time; 19. **процентный риск** — interest risk; 20. **процентный счет** — interest account; 21. **процентный, приносящий проценты** — bearing interest; 22. **в процентном исчислении, в процентах** — in percentage terms; 23. **депозитная процентная ставка** — deposit rates of interest; 24. **долгосрочные процентные ценные бумаги** — loan stock; 25. **максимальные процентные ставки по депозитным и сберегательным счетам** — deposit ceiling rate; 26. **открытая процентная позиция** — interest rate exposure; 27. **официальная процентная ставка** — official discount rate; 28. **плавающая процентная ставка** — floating interest rate; 29. **приносить процентный доход** — to yield interest; 30. **трехпроцентные бумаги** — three-per-cents; 31. **трехпроцентный заем** — loan at 3 per cent.

процесс — process, trial, legal action, cause, case ◇ 1. **процесс рассмотрения дела** — proceedings on the reference; 2. **процесс регулирования** — adjustment process; 3. **процесс** (судебный процесс; процессуальное действие) — proceedings; 4. **начать судебный процесс против кого-л.; предъявить кому-л. иск** — to institute legal proceedings against a person; 5. **отложить процесс** — to delay an action; 6. **проиграть дело, процесс** — to lose an action.

прямой — direct ◇ 1. **прямая валютная котировка** — direct quotation; 2. **прямое размещение** — direct placement; 3. **прямое соглашение** — express agreement; 4. **прямое сообщение; сквоз-**

ное сообщение; транзитные перевозки — through traffic, direct traffic; 5. **прямое условие** — express condition; 6. **прямой вексель** (соло-вексель; долговое обязательство) — promissory note; 7. **прямой коносамент** — direct bill of lading; 8. **прямой налог** — direct tax; 9. **прямой транзит** — direct transit trade; 10. **прямые затраты** — direct expenses; 11. **прямые инвестиции** — direct investment; 12. **прямые поставки; непосредственное получение** — direct supplies; 13. **прямые потери** — direct losses.

публичный — public ◇ 1. **публичное акционерное общество** — public company; 2. **публично-правовая корпорация** — public corporation; 3. **публичное предложение держателей акций одной корпорации акционерам другой корпорации** — tender offer.

пул — pool ◇ **денежный пул** — money pool.

пункт — point; clause ◇ 1. **пункт ввоза; входной пункт** — point of entry; 2. **пункт договора об обстоятельствах, дающих право на освобождение от ответственности или договорных обязательств** — escape clause; 3. **пункт о столкновении** — running down clause; 4. **пункт о штрафной неустойке** — penalty clause; 5. **пункт, предусматривающий повышение цены** — up price clause; 6. **пункт, предусматривающий понижение цены** — down price clause; 7. **пункты поставки** — delivery points; 8. **входной пункт** — point of entry.

путь — way.

Р

работа — job, work ◇ 1. **работа на полную мощность** — capacity operations; 2. **выполняемая работа** — work on hand; 3. **готовый к работе; на полном ходу** — in working order; 4. **прекращать работу** — to shut down; 5. **общественные работы для безработных** — relief works; 6. **повременная работа; временная работа** — time work; 7. **поденная работа; повременная работа** — work by the day; 8. **поштучная работа; сдельная работа, сдельщина** — work by the piece; 9. **общее количество работ, произведенных предприятием за определенный период времени; пропускная способность, производительность** — through put; 10. **сдельная работа; задание** — job; 11. **условия работы** — operating conditions; 12. **часы работы, служебные часы, присутственные часы** — office hours; 13. **экспедиторская работа; отправка** — forwarding.

работать — to work, to operate ◇ 1. **работать безубыточно** — to break even; 2. **работать в сотрудничестве** — to work in collaboration; 3. **работать или служить у кого-л.** — to be in the employ of somebody; 4. **работать на полную мощность** — to work at capacity; 5. **работать на склад** — to work on stock; 6. **работать над чем-л.** — to work on smth.; 7. **работать сдельно** — to job; 8. **работать с убытком, быть убыточным** — to be in the red.

работник — worker ◇ 1. **работник массовой квалификации** — average worker; 2. **работник по найму; служащий** — employee.

работающий — working ◇ **число работающих, численность рабочих и служащих; трудовые ресурсы** — labour force, work force.

рабочий — worker, workman, working man; working, worker's, labour, work; labourer, wage employee ◇ 1. **рабочий; владелец лавки, магазина; продавец** — shopman; 2. **рабочая бригада; рабочая комиссия** — working team; 3. **рабочая сила; число работающих, численность рабочих и служащих; трудовые ресурсы** — labour force, work force; 4. **рабочая скважина** — development well; 5. **рабочие дни** — working days; 6. **"рабочие" остатки на счетах** (резервы, валютная часть общих денежных резервов центрального банка) — working balance; 7. **рабочий или служащий на складе; владелец склада; управляющий складом; оптовый торговец** — warehouseman; 8. **рабочий физического труда** — manual worker; 9. **временный рабочий; рабочий, не имеющий постоянной работы** — casual worker; 10. **короткий рабочий день; неполный рабочий день** — short hours; 11. **неполная рабочая неделя; неполное число рабочих часов** — short time; 12. **неквалифицированный рабочий; разнорабочий** — general worker; 13. **необученная рабочая сила** — green labour; 14. **нехватка рабочей силы** — manpower tightness; 15. **нуждающийся в рабочей силе** — shorthanded; 16. **обученные рабочие** — trained workmen; 17. **погожие рабочие дни** — weather working days.

равновесие — balance, equilibrium ◇ **нарушать равновесие** — to upset the bal.

развал — disintegration, breakdown ◇ **развал, распад** — breakup.

развивать — to develop ◇ 1. **развивать сотрудничество** — to develop cooperation; 2. **развиваться; вестись** — to be in progress.

развитие — development ◇ 1. **цикл развития** — life-cycle; 2. **препятствовать развитию; становиться на пути** — to stem the tide; 3. **разностороннее развитие экономики** — diversification of the economy; 4. **экономическое развитие** — economic development.

разгрузка — discharge ◇ **разгрузка судна** — unloading of the vessel.

разгружать — to unload.

раздел — division, section, part ◇ **раздел устава** — article of a manual.

разделение — division, split ◇ **международное разделение труда** — international division of labour.

раздутый — exaggerated, inflated ◇ 1. **чрезмерно раздутый выпуск** — overinflation; 2. **чрезмерно раздутый выпуск ценных бумаг** — overinflation of securities.

различие — difference, distinction ◇ **различия в зарплате; дифференциальные ставки зарплаты** — wage differentials.

разменная монета — token coin, small change, fractional currency, subsidiary money.

разменять — to change ◇ 1. **разменять банковый билет в 1 фунт** — to change a pound note; 2. **разменять чек; выплатить по чеку** — to negotiate a cheque.

размер — degree, scale, dimensions, extent, proportions ◇ 1. **размер прибыли; размер прибыли розничных торговцев** — margin of profit; 2. **размер возмещения убытков** — measure of damages; 3. **размер позиции на рынке, при достижении или превышении которого требуется ежедневное представление данных о виде товара, месяце отгрузки, а также о том, является ли эта позиция покрытой или спекулятивной** — reporting limit; 4. **размер скидки в случае досрочной оплаты документированной тратты** — retirement rate of discount; 5. **размер убытков** — extent of damages, measure of damages; 6. **размер операций** — extent of business; 7. **в размере, по норме в; по ставке в; по курсу в; со скоростью в** — at the rate of; 8. **до размера; в пределах** — to the extent of; 9. **законный размер процентов** — legal rate of interest; 10. **размер премий** — option price; 11. **обычный размер потерь, средний размер потерь за ряд лет** — initial loss; 12. **средний размер поступлений** — average returns.

размещать — to place, to put ◇ 1. **размещать заем; выпускать заем** — to place a loan; 2. **размещать заказы** — to place business.

размещение — placing, accommodation, investment, allotment ◇ 1. **географическое размещение** — geographical distribution; 2. **взять на себя размещение** — to take up; 3. **прямое размещение** — direct placement; 4. **частное размещение ценных бумаг** — private placement.

разница — difference ◇ 1. **разница в качестве** — difference in quality; 2. **разница в стоимости между продажей пакета ценных бумаг и покупкой другого пакета по более высокой цене** — payup; 3. **разница между курсом покупателей и курсом продавцов; джобберская разница** — jobber's turn; 4. **разница между курсом покупателя и курсом продавца; общая разница между ценой, полученной эмитентом за выпущенные ценные бумаги и ценой, оплаченной инвестором за эти ценные бумаги** — gross spread; 5. **значительная разница; большая маржа** — wide margin; 6. **играть на разнице** — to speculate in differences; 7. **курсовая разница** — difference in exchange; 8. **общая разница** — gross spread; 9. **разделить разницу пополам** — to split the difference; 10. **устранить разницу** — to equalize the difference.

разногласие — difference ◇ **урегулировать разногласия** — to settle the differences.

разнородный — heterogeneous ◇ **слияние разнородных предприятий** — conglomerate merger.

разносторонний — many-sided, versatile ◇ **разностороннее развитие экономики** — diversification of the economy.

разность — difference, margin ◇ **разность на льготном тарифе** — margin of preference.

разный — different, diverse, various ◇ **разного рода, разного качества** — of every sort.

разработка — working out ◇ 1. **разработка; работа по совершенствованию; подготовительная работа** — development work; 2. **разработка новых конструкций** — development engineering.

разрешать — to allow, to settle, to permit ◇ **разрешить кому-л. кредит до ... фунтов** — to trust a person up to ... pounds.

разрешение — permission; permit, sufferance; solution, settlement ◇ 1. **разрешение на перевод валюты** — exchange permit; 2. **разрешение конфликта** — dispute resolution; 3. **разрешение на ввоз товаров, предназначенных для реэкспорта** — temporary admission of imports; 4. **разрешение на выдачу груза** — freight release; 5. **разрешение на обратный беспошлинный ввоз** — bill of store; 6. **разрешение на перевозку неочищенных от пошлины грузов из одного порта в другой** — bill of sufferance; 7. **разрешение спора** — adjustment of a difference; 8. **разрешение таможни на беспошлинный транзит груза** — transshipment delivery order; 9. **разрешение таможни на вывоз товара из таможенного склада** — bond note; 10. **разрешение таможни на вывоз товара** — customs clearance; 11. **разрешение таможни на выдачу груза со склада** — warehouse-keeper's order; 12. **разрешение таможни на перевоз грузов на другой склад** — transfer permit to another warehouse; 13. **разрешение таможни на погрузку** — permit to lade; 14. **валютное разрешение; разрешение на перевод валюты** — exchange permit; 15. **импортные разрешения** — import approvals.

разрешенный — authorized, permitted ◇ **разрешенный к выпуску акционерный капитал** (основной, уставный капитал) — nominal capital, authorized capital, registered capital.

разряд — discharge; category, rank, sort, grade, class ◇ 1. **относиться к разряду лиц, получающих высокий доход** — to be in the higher income bracket; 2. **разряд; расценка сдельной работы** — job evaluation; 3. **третьесортный; третьеразрядный** — third rate.

рамбурсный — reimbursement ◇ **акцептно-рамбурсный кредит** — reimbursement credit.

ранее — earlier, before, until, formerly, previously, in the past ◇ **ранее обусловленное возобновление** — renewal previously specified.

ранний — early ◇ 1. **более ранний договор** — precontract; 2. **в самый ранний по возможности срок** — at the earliest possible date.

распад — breakup.

расписание — timetable, schedule ◇ **расписание; расписание поездов или движения поездов** — timetable, train schedule.

расписка — receipt ◇ 1. **расписка товарной пристани в приеме товара для отправки; долговая расписка** — IOU (I owe you); 2. **временная расписка** — interim receipt; 3. **выдать расписку** — to issue a receipt; 4. **депозитная квитанция; сохранная расписка; депозитный сертификат** — deposit receipt; 5. **депозитная расписка** — depositary receipt; 6. **единообразная форма складской расписки** — uniform warehouse receipt; 7. **оправдательный документ; расписка; ваучер** — voucher; 8. **под расписку** — against receipt; 9. **складская расписка, товарная квитанция** — warehouse-keeper's certificate, warehouse-keeper's receipt, terminal receipt; 10. **смотровая расписка** — bill of sight; 11. **сохранная расписка** — trust receipt.

распределение — distribution; assessment; assignment ◇ 1. **распределение налогового бремени** (охват налоговым обложением) — incidence of taxation; 2. **распределение по районам** — regional distribution; 3. **распределение; разверстка; размещение** — allotment; 4. **распределение** (классификация) — breakdown; 5. **вторичное распределение** (вторичное предложение ценных бумаг для продажи) — secondary offering; 6. **письмо о распределении** — allotment letter.

распределенный — distributed ◇ **распределенная прибыль** — distributed profits.

распределитель — distributor.

распределять (распределить) — to allot, to distribute; to assess ◇ 1. **распределить крупный дополнительный дивиденд; распределить дивиденд в форме бесплатных акций** — to cut the melon; 2. **распределять акции по подписке, объявить подписку на акции** — to offer shares for subscription; 3. **распределять убытки в диспаше** — to make adjustment of average adjustment losses; 4. **распределять по категориям** — to sort out.

распродажа — sale ◇ 1. **распродажа остатков; распродажа невостребованных грузов** — rummage sale; 2. **распродажа товарных остатков** — stock-taking sale; 3. **дешевая распродажа** — bargain sale.

распространение — spreading, diffusion; dissemination ◇ **биржевое распространение** — exchange distribution.

распространять — to spread, to diffuse; to popularize; to disseminate.

рассмотрение — consideration, scrutiny; examination ◇ 1. **рассмотрение претензии** — examination of a claim; 2. **передача спора на рассмотрение арбитража** — submission to arbitration; 3. **подлежать рассмотрению в арбитраже** — to be a subject to arbitration; 4. **принимать к рассмотрению предложения** — to invite tenders; 5. **при рассмотрении, при проверке** — on examination; 6. **процесс рассмотрения дела; арбитражное производство** — proceedings on the reference; 7. **судья по рассмотрению дел о банкротствах** — registrar in bankruptcy.

рассрочка — by instalments ◇ 1. **платить частями, платить в рассрочку** — to pay by instalments; 2. **покупать на выгодных условиях** — to buy on easy terms; 3. **покупка или продажа в рассрочку** — hire-purchase; 4. **покупка с оплатой в рассрочку** — instalment credit; 5. **продажа в рассрочку** — hire-purchase sale; 6. **торговля с рассрочкой платежа** — tally trade.

расстройство — frustration ◇ 1. **расстройство** (тщетность договора, фрастрейшен) — frustration; 2. **оговорка о расстройстве рейса** — frustration clause.

рассчитать, рассчитывать — to calculate, to count; to dismiss, to sack; to reckon; to expect ◇ 1. **рассчитаться с кем-л.; дать расчет, увольнять** — to pay off; 2. **рассчитывать диспашу** — to adjust average adjustment loss.

рассылать — to send (about, round), to distribute, to circulate.

рассылка — distribution, delivery.

расторгать, расторгнуть — to cancel, to dissolve, to annul, to abrogate ◇ **расторгнуть договор** — to dissolve an agreement.

расторжение — annulment, cancellation, dissolution, abrogation ◇ **добровольная ликвидация** (добровольное расформирование или расторжение) — voluntary dissolution.

расход — expense, expenditure, outlay ◇ 1. **расходы будущих лет** — deferred charges; 2. **расходы доходят до 50 долларов** — the expenses foot to $ 50; 3. **расходы на капитальное строительство** — development expenditures; 4. **расходы подлежат оплате грузополучателем** — charges forward; 5. **расходы по инкассированию** — recovery charges, collection charges; 6. **расходы по отправке груза** — forwarding charges; 7. **расходы по учреждению** — expenses of promotion, promotion money; 8. **расходы, связанные с эмиссией ценных бумаг** — issue costs; 9. **расходы; издержки** — charges; 10. **расходы; издержки; платежи; переводы** — outgoings; 11. **расходы; издержки; судебные издержки** — costs; 12. **административные расходы** — administration expenses, office expenses; 13. **большие расходы** — heavy expenses; 14. **бюджетные государственные расходы над чертой** — expenditure above the line; 15. **бюджетные государственные**

расходы под чертой — expenditure below the line; 16. **бюджетные расходы на содержание вооруженных сил и государственного аппарата** — supply expenditure; 17. **взять на себя расходы; покрыть расходы** — to defray expenses; 18. **государственные расходы; бюджетные расходы** — expenditure on public account; 19. **дополнительные расходы; экстренные расходы** — additional charges, extra charges; 20. **заплатить по счету; нести расходы; нести последствия** — to foot the bill; 21. **значительные расходы** — heavy expenses; 22. **капитальные расходы** — government capital expenditures; 23. **касса для мелких расходов; мелкие суммы** — petty cash; 24. **накладные расходы** — burden costs, overhead charges, overhead costs, overheads; 25. **непредвиденные расходы; случайные расходы** — contingencies, incidental expenses, unforeseen expenses; 26. **не жалеть расходов** — to spare no expense; 27. **оплаченные заранее расходы; расходы будущих лет** — prepaid expenses; 28. **отчисления в счет оплаты дополнительных расходов** — allocations to cover extra expenses; 29. **планируемые расходы** — anticipated expenses; 30. **подлежит оплате с прибавлением расходов по инкассо** — payable with exchange; 31. **потребительские расходы населения** — consumer spending; 32. **почтовые расходы оплачены** — post paid; 33. **почтовые расходы; почтовая оплата, сбор** — postage; 34. **предусмотренные расходы** — stipulated expenses; 35. **принять в расчет непредвиденные расходы** — to allow for contingencies; 36. **производить расходы** — to incur expenses; 37. **сократить расходы** — to cut down expenses, to contract expenses; 38. **сокращать чьи-л. расходы** — to draw in one's expenditure; 39. **сумма расходов** — total of expenses; 40. **счет расходов** — income account, account of charges; 41. **счет расходов** (ведомость судебных издержек) — bill of costs; 42. **с прибавлением расходов по инкассированию** — with exchange; 43. **текущие расходы** — current expenses; 44. **телеграфные расходы** — cable expenses; 45. **торговые расходы** — business expenses; 46. **транспортные расходы** — transport charges; 47. **фиксированные расходы** — fixed charges; 48. **финансовые расходы** — financial charge; 49. **шкала расходов** — scale of charges; 50. **экономить расходы** — to save expense; 51. **эксплуатационные расходы** — running expenses, value in use, maintenance cost, operating costs, operating expenses.

расценивать — to estimate, to value, to assess; to rate, to consider, to regard ◇ расцениваться; обладать капиталом; приносить доход; заслуживать — to be worth.

расценка — valuation; price; wage-rate ◇ расценка сдельной работы; разряд — job evaluation.

расчет — calculation, computation; estimate; settling (with)

◇ 1. **расчеты** (отчетность) — accounts; 2. **расчеты в форме клиринга** — clearing payments; 3. **безналичные расчеты между банками** — bank exchanges; 4. **безналичные расчеты между клиринг-банками в лондонском Сити** — Town Clearing; 5. **безналичные расчеты между провинциальными банками** — Country Cheque Clearing; 6. **дать расчет (увольнять); рассчитаться с кем-л.** — to pay off; 7. **за наличный расчет** — by cash, cash down, in cash; 8. **ликвидация расчетов в конце месяца** — for end settlement; 9. **ликвидация расчетов в середине месяца** — for mid settlement; 10. **ликвидация расчетов в течение ближайшего ликвидационного периода** — for the settlement; 11. **ликвидация расчетов на фондовой бирже** — stock exchange settlement; 12. **наличный расчет; наличные деньги** — ready cash; 13. **неверный расчет** — wrong calculation; 14. **годовой расчет; подведение итогов за год** — yearly settlement; 15. **полный расчет** — final settlement; 16. **принять в расчет непредвиденные расходы** — to allow for contingencies; 17. **сделка за наличный расчет** — cash business; 18. **скидка за наличный расчет** — cash discount, discount for cash; 19. **средство международных расчетов** (средство обмена) — medium of exchange; 20. **текущие расчеты; текущий счет** — current account; 21. **ускорение или затягивание расчетов по внешнеторговым сделкам** — leads and lags; 22. **условия расчетов по сделкам** — settlement terms; 23. **форма расчета инкассо** — collection payment.

расчетный — rated, calculated, designed ◇ 1. **расчетная денежная единица** — money of account; 2. **расчетные документы** — payables; 3. **расчетная единица** — unit of account; 4. **расчетная прибыль** — pure profit; 5. **расчетная цена** — settlement price; 6. **расчетные дни** — settlement days; 7. **расчетный баланс за определенный период времени** — balance over a certain period; 8. **расчетный баланс на определенную дату** — balance as of a given date; 9. **расчетный баланс** — balance of claims and liabilities, balance of payments; 10. **расчетный или клиринговый банк** — Clearing Bank; 11. **банковская расчетная книжка** — pass book; 12. **банковская расчетная палата** — banker's clearing house; 13. **ж.-д. расчетная палата** — Railway Clearing House; 14. **ликвидационные дни, расчетные дни** — account days; 15. **официальный расчетный счет** — official settlements account; 16. **фирма — член расчетной палаты** — clearing member.

расширение — broadening; expansion, extension ◇ 1. **расширение производства электрической энергии** — development of electric power; 2. **резерв для расширения предприятия** — reserve for extension.

расширенный — extended, expanded; broadened, comprehensive

◇ 1. **расширенная оговорка о страховании грузов Объединения лондонских страховщиков** — Institute Cargo Clause; 2. **расширенное страхование** — extended cover; 3. **оговорка о расширенном страховании** — extended cover clause.

рвать, разорвать — to tear, to rend; to break, to sever ◇ 1. **разорвать отношения с фирмой** — to sever one's connection with a firm; 2. **разорвать отношения** — to break off relations.

реализация — realization ◇ 1. **реализация прибыли** — profit taking; 2. **убыток при реализации спасенного имущества** — salvage loss.

реализовать — to realize; to sell ◇ **продавать; ликвидировать; реализовывать** — to close out.

реализованный — realized; sold ◇ 1. **реализованное возобновление** — completed renewal; 2. **легко реализуемые активы** — available assets; 3. **себестоимость реализованной продукции** — cost of products sold, cost of sales.

реализуемость — marketability.

реальный — real ◇ 1. **в реальном исчислении** — in real terms; 2. **реальная доходность** — effective yield; 3. **реальная зарплата** — take-home pay, real wages; 4. **реальные вклады** — primary deposits; 5. **реальные инвестиции; прямые инвестиции** — direct investment; 6. **реальный вес нетто** — actual net weight; 7. **реальный доход** — real income, real wages; 8. **реальный национальный продукт** — real gross national product; 9. **реальный товар** — cash commodity; 10. **сталкиваться с реальными фактами; считаться с реальными фактами** — to face realities.

ревалоризация (*установление цены путем государственных мероприятий*) **— valorization.**

ревизия — audit ◇ 1. **ревизия баланса** — balance sheet audit; 2. **ревизия банковской отчетности** — bank audit; 3. **ревизия кассы** — cash audit; 4. **акт ревизии** — deed of inspectorship; 5. **внешняя ревизия** — independent audit, outside audit; 6. **внутренняя ревизия** — internal audit; 7. **общая ревизия** — general audit; 8. **полная ревизия** — detailed audit.

регистр — register.

регистратор — registrar.

регистратура — registry.

регистрация — registration, registry ◇ 1. **регистрация корпорации** — incorporation; 2. **агент по выдаче ценных бумаг и регистрации трансфертов** — transfer agent; 3. **бюро по регистрации акционерных компаний** — registrar of companies; 4. **книга для регистрации перевода именных ценных бумаг с одного владельца на другого** — register of transfers; 5. **свидетельство о регистрации акционерной корпорации** — articles of incorporation.

регистрировать — to register ◇ **регистрировать** (запротоколировать) — to place on record.

регистровый — register ◇ 1. **брутто регистровый тоннаж** — gross register tonnage; 2. **регистровая вместимость; регистровый тоннаж** — register tonnage.

регламент — regulations; time-limit ◇ **регламент; устав; положение** — standing orders.

регресс — regress, retrogression ◇ 1. **регресс; право регресса; право оборота** — recourse; 2. **регресс; спад; понижение; понижение цен** — setback.

регулирование — regulation, control, adjustment ◇ 1. **регулирование заработной платы** — wage controls; 2. **регулирование ставок заработной платы** — wage control; 3. **регулирование ценообразования, регулирование цен** — price controls; 4. **административно-правовое регулирование** — administrative and legal regulation; 5. **валютное регулирование** — exchange control; 6. **налоговое регулирование** — fiscal regulation; 7. **процесс регулирования** — adjustment process; 8. **спусковой механизм регулирования** — adjustment trigger; 9. **фонд валютного регулирования** — equalization fund, stabilization fund.

регулируемый — controlled, managed, adjustable ◇ 1. **регулируемая валюта** — managed currency; 2. **регулируемые курсы валюты** — managed exchange rates; 3. **регулируемые цены; предельные цены** — controlled prices; 4. **запасы, регулируемые по системе "постоянно возобновляемых размеров"** — "perpetual inventory" system of stocks.

регулярный — regular ◇ 1. **регулярные отгрузки** — steady shipments.

редисконт — rediscount.

реестр — list, roll, register.

режим — regime; routine; conditions; rate ◇ 1. **режим наибольшего благоприятствования** — most favoured national tariff; 2. **режим; обращение; обхождение; обработка; переработка; обогащение** — treatment; 3. **преференциальный таможенный тариф; преференциальный режим** — preferential tariff.

резерв — reserve ◇ 1. **резерв банка, превышающий обязательный резерв; резервный капитал** — surplus reserve; 2. **резерв для оплаты гарантированных обязательств третьих лиц** — guarantee fund; 3. **резерв для расширения предприятия** — reserve for extension; 4. **резерв; запас** — stockpile; 5. **резерв на покрытие чрезвычайных потерь, резерв предусмотрительности** — contingency reserve; 6. **резерв на случай непредвиденных обстоятельств** — contingency reserve; 7. **резерв, образованный путем отчислений из прибылей от операций** — operating surplus; 8. **резервы, "рабочие" остатки на счетах, валютная часть общих денежных резервов центрального банка** — working balance; 9. **валютные резервы** — first line reserves; 10. **золотой резерв** — stock of gold, gold reserve; 11. **избыточные резервы**

— excess reserves; 12. **коэффициент резерва, процент резерва** — Reserve Ratio; 13. **минимальные резервы** — minimum reserves; 14. **норма обязательных резервов банков** — standard of emergency funds; 15. **обязательные резервы банка** — emergency funds; 16. **отношение резервов к обязательствам** — proportion of reserves to liabilities; 17. **отношение резервов федеральных резервных банков к сумме депозитов и выпущенных банкнот; процент резерва** — Reserve Ratio; 18. **отчисление в резерв; закладка в запас** — allocation to reserve; 19. **официальные резервы в иностранной валюте** — official reserves; 20. **получать из резервов, прибегать к резервам, пользоваться резервами** — to draw on the reserves, to make drawings upon the reserves; 21. **прибегнуть к резервам** — to fall back on the reserves; 22. **располагать резервами, запасами** — to command reserves; 23. **свободные резервы** — free reserves; 24. **скрытые резервы** — hidden reserves; 25. **сокращение валютных резервов** (потери на курсе) — exchange loss; 26. **требование резервов депозитов** — reserve requirement; 27. **требуемые резервы** — margin requirements; 28. **установленный законом резерв** — legal reserve.

резервировать — to reserve ◇ 1. **резервировать, откладывать** — to put aside, to lay away; 2. **резервировать (деньги)** — to make provision; 3. **резервировать прибыли** — to reserve profits.

резервирование — reservation ◇ **резервирование прибылей** — reservation of profits.

резервный, резервированный — reserve, spare, standby ◇ 1. **резервная валюта** — reserve currency; 2. **резервная мощность** — idle capacity; 3. **резервная ответственность акционеров** — reserve liability; 4. **резервный, эмиссионный, национальный банк** — bank of circulation, bank of issue, issuing bank; 5. **резервный капитал** — reserve capital, reserve fund, reserve liability, buffer stock, accumulated surplus, profit and loss surplus; 6. **резервный кредит** — standby credit; 7. **резервный фонд** — surplus fund; 8. **резервированная цена; низшая отправная цена** — reserve price; 9. **налоговые резервные сертификаты** — tax anticipation certificates, tax reserve certificates; 10. **Федеральный резервный Банк** — Reserve Bank; 11. **федеральные резервные банкноты** — Reserve Banknotes; 12. **федеральные резервные фонды** — federal funds.

резидент — resident.

резкий — sharp ◇ 1. **резкое колебание конъюнктуры в течение короткого периода** — short-swing change; 2. **резкое колебание; резкая перемена** — swing over; 3. **резкое падение курсов ценных бумаг** — slump of security prices; 4. **резкое повышение цен** — a sharp rise in prices; 5. **резкое понижение курса при открытии биржи** — split opening; 6. **тенденция резко изменилась** — the tendency was reversed.

результат — result ◇ 1. **в результате** (в конечном итоге) — in the issue; 2. **иметь желательный результат; подействовать** — to have the desired effect; 3. **конечный результат** — the eventual result; 4. **отчет о результатах; счет прибылей и убытков** — income statement, statement of income; 5. **положительный результат хранения** — positive carry; 6. **справка о результатах обмера грузовых мест** — measurement account; 7. **убытки в результате уменьшения стоимости товарных запасов** — losses on stock; 8. **финансовые результаты** — finance results; 9. **являться результатом чего-л., получаться из, происходить вследствие** — to result from.

реимпорт — reimport.

реимпортированные товары — reimports.

реинвестиция — reinvestment.

рейс — trip, run; voyage, passage ◇ 1. **рейс в один конец** — single trip; 2. **рейс туда и обратно** — round trip; 3. **оговорка о расстройстве рейса** — frustration clause; 4. **фрахтование на круговой рейс** — round voyage chartering, spot chartering; 5. **чартер-партия на рейс в один конец** — single-trip charter.

рейсовый — trip, voyage ◇ **рейсовый чартер** — trip charter, voyage charter.

рейтинг — rating ◇ **рейтинг общей кредитоспособности заемщика** — credit rating.

реквизит — requisite ◇ 1. **реквизиты документов** — requisite elements of documents; 2. **реквизиты; существенные элементы** — essential elements.

реклама — advertisement, publicity ◇ 1. **бюро рекламы** — advertising office; 2. **информационная реклама** — informative advertising; 3. **мотивирующая реклама** — persuasive advertising; 4. **услуги в области рекламы** — advertising services.

рекламация — reclamation ◇ **отклонить рекламацию** — to reject a claim.

рекламирование — advertising ◇ 1. **рекламирование в местах продажи товаров** — point-of-purchase advertising; 2. **рекламирование по всей стране** — national advertising; 3. **рекламирование средствами информации** — advertising through mass media.

рекламный — advertising ◇ 1. **рекламная компания** — advertising campaign; 2. **рекламная продажа** — loss leader; 3. **рекламное агентство** — advertising agency; 4. **Британский рекламный кодекс** — British Code of Advertising Practice; 5. **Комитет по контролю за соблюдением Британского рекламного кодекса** — Code of Advertising Practice Committee; 6. **услуги в области рекламы** — advertising services.

рекламодатель — advertiser.

рекламировать — to advertise.

рельс — rail ◇ 1. **франко рельсы, франко вагон** — free on rail (f.o.r.); 2. **цена франко рельсы, цена франко вагон, цена фор** — price f.o.r..
ремитент — remitter.
ремонт — repair ◇ 1. **в ремонте** — under repair; 2. **капитальный ремонт** — extensive repairs; 3. **мелкий ремонт** — minor repairs; 4. **счет за ремонт** — repairs bill; 5. **текущий ремонт** — running repairs.
реновация — renovation.
рента — rent ◇ 1. **рента; рентные бумаги** — rents; 2. **"мертвая рента"** — dead rent; 3. **срочная рента, срочный аннуитет** — terminable annuity.
рентный — rentable ◇ 1. **рентные бумаги** — rents; 2. **рентный (непроизводственный) доход** — unearned income; 3. **могущий приносить рентный доход; могущий быть сданным в аренду** — rentable.
рентабельность — profitability ◇ 1. **рентабельность возобновления** — profitability of a renewal; 2. **коэффициент рентабельности** — net profit ratio.
рентабельный — profitable ◇ 1. **рентабельные фрахтовые ставки** — economic freight rates; 2. **быть рентабельным, выгодным** — to pay one's way.
рентинг — renting.
репорт — carryover, contando ◇ 1. **лицо, принимающее в репорт ценные бумаги** — taker-in; 2. **принимать в репорт ценные бумаги; выдавать ссуду под репортные ценные бумаги** — to take in stock.
репутация — repute, reputation ◇ 1. **пользующийся хорошей репутацией** — of good standing.
реституция — restitution.
ресурс — resource ◇ **трудовые ресурсы** (рабочая сила) — labour force, work force.
реторсия — retorsion.
ретратта — redraft, return draft.
рефакция — loss allowance; discount from the price.
референция — reference ◇ **банковские референции** — bank references.
рефинансирование — refunding ◇ **предварительное рефинансирование** — advance refunding.
реципиент — recipient.
решать, решить — to solve; to decide, to determine, to resolve ◇ **решить дело в пользу апеллянта** — to allow an appeal.
решение — decision, determination; judgement, decree; verdict; solution; answer, conclusion ◇ 1. **решение о возмещении** — compensation award; 2. **решение суда в пользу истца вследствие неявки ответчика** — judgement by default; 3. **решение су-**

да в пользу истца — judgement for the plaintiff; 4. **апелляционная жалоба на решение суда** — appeal from a decision of the court; 5. **обжаловать решение, подать апелляционную жалобу на решение** — to appeal against a decision; 6. **приведение в исполнение судебного решения принудительным путем** — enforcement of judgement; 7. **судебное решение** (приговор; присуждение) — adjudication.

реэкспорт — reexport ◇ 1. **декларация на транзитный или реэкспортный груз** — transshipment bond note; 2. **разрешение на ввоз товаров, предназначенных для реэкспорта** — temporary admission of imports.

реэкспортная торговля — entrêport trade.

риск — risk ◇ 1. **риски третьих лиц** — third party risks; 2. **риск предоставления кредитов на слишком большие суммы** — sovereign risk; 3. **риск при продаже в кредит или при предоставлении кредита; кредитный риск** — credit risk, del credere risk; 4. **валютный риск** — risk of currency deprecation; 5. **взять на себя риск** — to take the risk; 6. **исключенные риски** — excepted perils; 7. **коммерческий риск** — risk of loss; 8. **кредитный риск** — credit risk, del credere risk; 9. **не брать на себя риск; не рисковать** — to be on the safe side; 10. **особые риски** — extra risks; 11. **первоклассный риск** — gilt-edged risk; 12. **политический риск** — policy risk; 13. **процентный риск** — interest risk; 14. **региональный риск** — country risk; 15. **совокупный риск** — aggregate risk; 16. **степень риска, при которой инвеститор не желает принимать его на себя** — risk aversion; 17. **страховые риски** — perils insured; 18. **ценовой риск; инфляционный риск** — price risk.

рискованный — risky, venturesome, speculative.

рисковать — to run risks, to take chance, to run the venture ◇ **не рисковать** — to be on the safe side.

розница — retail ◇ **продавать в розницу** — to sell by retail.

розничный — retail ◇ 1. **розничная торговля** — retail trade, retail business; 2. **розничная цена** — consumer price, retail price; 3. **розничное дело; розничное предприятие** — retail business; 4. **розничный торговец** — retail dealer, petty dealer, tradesman.

ростовщик — usurer, moneylender — pawnbroker.

ростовщичество — usury.

роялти — royalty.

рука — hand ◇ 1. **в руках; в исполнении** — in hand; 2. **в собственные руки** — personally.

руководитель — chief, leader, manager.

руководство — guidance, leadership, leaders, governing body ◇ 1. **руководство к действию** — guide to action; 2. **руководство консорциумом** — syndicate manager; 3. **под непосредствен-**

ным руководством — under the direct leadership; 4. **под руководством** — under the direction of.

рулон — roll.

рынок — market ◇ 1. **рынок без изменения** — pegged market; 2. **рынок двусторонний** — either way market; 3. **рынок двухъярусный** — two-tier market; 4. **рынок для заключения срочных сделок** — forward market; 5. **рынок завален этим товаром** — the market is glutted with these goods; 6. **рынок заемных средств** — loan market; 7. **рынок ликвидный** — liquid market; 8. **рынок наличного товара** — spot market; 9. **рынок окреп** — the market gained strength; 10. **рынок покупателя** — buyers' market; 11. **рынок продавца** — bid market, gaining market, sellers' market; 12. **рынок продуктов; торговля продуктами** — produce market; 13. **рынок скота** — stock market; 14. **рынок с понижательной тенденцией; рынок "медведей"** — falling market, bear market; 15. **рынок с сильной конкуренцией продавцов** — a highly competitive market; 16. **рынок ценных бумаг с фиксированным процентным доходом** — bond market; 17. **рынок ценных бумаг, заемных средств** — capital market; 18. **рынок "быков"** — bull market; 19. **рынок "медведей"** — bear market; 20. **рынок, для которого характерна медленная повышательная тенденция** — hardening market; 21. **рынок, на котором дилер может совершить операцию на крупную сумму, или котировка на этом рынке** — real market; 22. **рынок, на котором наблюдается непрерывное понижение цен или курсов** — sagging market; 23. **рынок, на котором спекулянтами продано на срок без покрытия слишком много товара и ценных бумаг** — short market; 24. **валютный рынок** — currency market; 25. **вольный рынок** — open market; 26. **вторичный рынок** — secondary market; 27. **выйти на рынок** — to break into a new market; 28. **вялое настроение рынка** — trading market; 29. **глубина рынка** — depth of market; 30. **господствовать на рынке** — to rule the market; 31. **денежный, валютный рынок; рынок ссудного капитала** — money market; 32. **емкость рынка** — market capacity; 33. **настроение рынка бездеятельное; на рынке заключается мало сделок** — the market is inactive; 34. **настроение рынка более устойчивое** — the market is firmer; 35. **настроение рынка вялое** — the market is dull; 36. **настроение рынка повышательное, цены на рынке повышаются** — the market is advancing; 37. **настроение рынка понижательное** — the market is easy; 38. **настроение рынка слабое** — the market is weak; 39. **настроение рынка снова окрепло** — the market is up again; 40. **настроение рынка твердое** — the market is firm; 41. **настроение рынка устойчивое, причем цены проявляют слабую тенденцию к повышению** — the market is very steady; 42. **на рынке вялое настроение** — the market is flat, the market is heavy; 43. **Общий рынок** — the Common Market; 44. **операции на рынке** — market deals; 45. **перегруженный рынок** — congested market; 46. **покупать или продавать на рынке** — to market; 47. **понижательное состояние рынка** — depression of the market; 48. **свериться с рынком** — to check the market; 49. **сегментация рынка** — segmentation of market; 50. **серый рынок** — grey market; 51. **состояние рынка улучшилось** — the state of the market has improved; 52. **сужение экспортных рынков** — decline of export markets; 53. **учетный рынок** — discount market.

рыночный — market ◇ 1. **рыночная стоимость** — market value; 2. **рыночная повышательная конъюнктура, рынок продавца** — sellers' market, gaining market; 3. **рыночная стоимость золота** — market value of gold; 4. **рыночная стоимость** — market value, commercial value; 5. **рыночная цена** — market price; 6. **рыночная экономика** — market economy; 7. **рыночные или биржевые котировки** — market quotations; 8. **рыночные силы** — market forces; 9. **рыночный заказ** — market order; 10. **рыночный учетный процент** — market rate; 11. **средние рыночные цены или средние биржевые курсы** — market averages; 12. **существующие рыночные цены** — current values, market prices.

рычаг — lever, key factor.

ряд — ряд фирм — a number of firms.

С

с точностью до — to ◇ 1. **с точностью до ближайшего меньшего фунта** — to the next lowest pound; 2. **с точностью до двух десятичных знаков** — to two decimal points.

с ценности — ad valorem.

сальдо — amount of balance, balance, net position ◇ 1. **сальдо внешней задолженности страны** — net foreign liability; 2. **сальдо движения капиталов** — net capital movement; 3. **сальдо к переносу** — balance carried forward; 4. **сальдо по расчетам в долларах, остаток на долларовых счетах** — dollar position; 5. **сальдо счета** — balance of account; 6. **сальдо с переноса** — brought forward; 7. **активное сальдо по клирингу** — favorable clearing balance; 8. **активное сальдо по невидимым статьям экспорта и импорта** — net invisible income; 9. **активное сальдо по текущим операциям** — current surplus; 10. **активное сальдо торгового баланса, активный торговый баланс** — trade surplus, positive balance of trade, active balance of trade; 11. **активное сальдо**

внешнеторгового баланса (превышение вывоза над ввозом) — export balance; 12. **дебетовое сальдо, дебетовый остаток** — debit balance, balance due, debtor balance; 13. **допускаемое сальдо; предел взаимного кредитования по клиринговым расчетам** — swing credit; 14. **кредитовое сальдо счета в банке, остаток счета в банке** — bank balance; 15. **кредитовое сальдо; остаток кредита; кредитовый остаток** — credit balance; 16. **пассивное сальдо по текущим операциям** — current deficit; 17. **пассивное сальдо торгового баланса** — adverse balance of trade; 18. **пассивное сальдо торгового баланса** — import balance of trade; 19. **приблизительное сальдо; брутто-баланс** — rough balance.

сальдовый — balance ◇ **сальдовый сертификат** — balance certificate.

само — - self- ◇ 1. **самодеятельное население** — active population, occupied population; 2. **самоокупаемость** — capacity to pay one's way; 3. **самообеспеченность** (экономическая независимость; экономическая замкнутость) — self-sufficiency; 4. **самостоятельно** — on one's own account; 5. **самоуправляющаяся территория** — self-governing territory; 6. **самофинансирование** — self-finance.

самый — the very, the same, the most ◇ 1. **в самый ранний по возможности срок** — at the earliest possible date; 2. **достигнуть самого низкого уровня** — to reach bottom, to touch bottom; 3. **самая низкая цена; крайняя цена** — bottom price, rock-bottom price; 4. **самого лучшего качества** — the choicest brand; 5. **самое низкое качество товара, приемлемое при его поставке по срочному контракту** — sample grade; 6. **самые благоприятные условия договора; самые низкие цены и самые благоприятные условия платежа** — best terms; 7. **самый ходовой предмет (бестселлер)** — best seller.

санкции — sanctions ◇ 1. **санкции торговые** — trade sanctions; 2. **санкции финансовые** — financial sanctions; 3. **штрафные санкции** — fines; 4. **экономические санкции** — economic sanctions.

сберегательный — saving ◇ 1. **взаимно-сберегательный банк; доверительно-сберегательный банк** — mutual savings bank; 2. **вклад сберегательный** — savings deposit; 3. **сберегательная бона** — savings bond; 4. **сберегательная касса при почтовом отделении** — post office saving bank; 5. **сберегательный банк** — saving bank; 6. **сберегательный счет** — savings account; 7. **ссудо-сберегательная ассоциация** — savings loan association.

сберегать — to save, to preserve; to protect ◇ **сберегать деньги, экономить деньги, откладывать деньги** — to save money.

сбивать — to bring down, to knock down ◇ **сбивать цены** — to undercut, to squeeze down prices, to force down prices.

сбор — dues, tax, duty, fee ◇ 1. **сборы для возмещения таможен-**

ных расходов — charges to cover customs fees; 2. **сборы по установленной таксе** — fees charged at a fixed rate; 3. **сборы, взимаемые сверх пошлины** — extra charges; 4. **сбор за взвешивание** — weighing charges; 5. **сбор за сохранность товаров** — charge for the safekeeping of goods; 6. **сбор за хранение товара на таможенном складе** — bond dues; 7. **сбор за инкассо** — collection charge; 8. **акцизный сбор; взимать, облагать акцизным сбором** — excise taxes, excise duty; 9. **банковский комиссионный сбор** — bank charges; 10. **вексельный сбор** — bill stamp; 11. **взимать сборы** — to charge fees; 12. **гербовый сбор по полисам** — policy duty; 13. **доковые сборы** (плата за стоянку в доке) — dock dues; 14. **железнодорожные сборы; стоимость провоза по железной дороге** — railway charges; 15. **карантинный сбор** — quarantine dues, quarantine fees; 16. **лицензионный сбор** — import and export licence fee; 17. **портовые сборы** — port charges; 18. **почтовый сбор** (почтовая оплата, расходы) — postage; 19. **пристанские сборы; причальный сбор** — wharfage; 20. **причальный сбор** — berth charge; 21. **регистрационный сбор** — registration fee; 22. **таможенные сборы** — customs fees, customs collections; 23. **тоннажный сбор; корабельный сбор** — tonnage dues; 24. **шкала сборов, расходов; тариф** — scale of charges.

сборный — combined ◇ 1. **сборный груз** — package freight; 2. **сборный груз** (грузы в упаковке) — package cargo; 3. **сборный (групповой) коносамент** — groupage bill of lading; 4. **смешанный сборный груз** — general cargo.

сбывать, сбыть — to market, to sell off ◇ 1. **сбыть (освободиться, отделаться; отработать)** — to work off; 2. **сбыть товары** — to work off goods.

сбыт — sale, market ◇ 1. **иметь постоянный хороший сбыт** — to command a ready sale; 2. **иметь хороший сбыт** — to meet with a ready sale, to meet with a ready market; 3. **иметь плохой сбыт** — to run into heavy selling; 4. **трудности сбыта** — marketing difficulties.

сведения — information, intelligence, knowledge ◇ 1. **сведения о принятом на борт или выгруженном грузе** — ship's returns; 2. **сведения, представляемые капитаном в таможню по прибытии судна** — ship's report; 3. **дать сведения таможне о судне, команде и грузе при прибытии в порт** — to report a vessel at the custom house; 4. **доводить до сведения** — to bring to one's notice; 5. **достоверные сведения** — positive information; 6. **собирать сведения** — to institute inquiries.

сверхпоставка — excess delivery.

сверхприбыль — excess profit ◇ 1. **дополнительный налог на сверхприбыль** — excess profit levy; 2. **налог на сверхприбыль** — excess profits tax.

сверхурочно — overtime.
сверять — to collate, to check.
свидетель — witness, eye-witness ◇ 1. **свидетель подписи** — witness to a signature; 2. **свидетель со стороны ответчика** — witness for defendant; 3. **свидетель** (третья сторона) — third person; 4. **удостоверить подпись свидетелями, засвидетельствовать подпись** — to witness a signature.
свидетельство — evidence, testimony, illustration, certificate, licence ◇ 1. **свидетельство или купон на получение дивиденда** (процентный купон) — dividend warrant; 2. **свидетельство на акцию** — share certificate; 3. **свидетельство на долю участия в акционерном капитале компании** — stock certificate; 4. **свидетельство на право ввоза товаров** — import entitlement; 5. **свидетельство на право получения валюты** — foreign exchange entitlement; 6. **свидетельство на часть акции** — stock scrip; 7. **свидетельство об осмотре** — certificate of survey; 8. **свидетельство о заводском испытании** — works test certificate; 9. **свидетельство о повреждении, аварии** — damage certificate, certificate of damage; 10. **свидетельство о происхождении груза, товара** — certificate of origin; 11. **свидетельство о регистрации акционерной корпорации** — articles of incorporation; 12. **свидетельство о штивке** — stowage certificate; 13. **свидетельство о якорных цепях** — cable certificate; 14. **временное свидетельство** — subscription certificate, interim certificate; 15. **депозитное свидетельство; депозитная квитанция** — depositary receipt; 16. **именное свидетельство на акцию или акции; акция** — share certificate; 17. **карантинное свидетельство** — bill of health; 18. **мерительное свидетельство** — tonnage certificate; 19. **предварительное охранное свидетельство** — provisional patent; 20. **предварительное свидетельство на акцию или облигацию; свидетельство на часть акции** — scrip, scrip certificate; 21. **предъявительское свидетельство на акцию** — share warrant; 22. **пробирное свидетельство** — assay certificate; 23. **страховое свидетельство** — certificate of insurance.
свинг — swing (*резкое колебание; неожиданное скачкообразное движение конъюнктуры*).
свитч — switch (*покупка валюты на условиях "спот" и продажа ее на условиях "форвард"*).
свободно — free; freely, easily ◇ 1. **свободно конвертируемая валюта** — hard currency, convertible currency; 2. **свободно на борту, франко борт, ФОБ** — free on board; 3. **свободно обратимая иностранная валюта** — freely convertible exchange; 4. **свободно от всякой аварии** — free of all average.
свободный — free, natural, easy ◇ 1. **свободный; находящийся в распоряжении** — disposable; 2. **свободный обмен фунтов на**

доллары — convertibility of the pound; 3. **свободная внешнеторговая зона** — free trading zone; 4. **свободная зона; порто-франко** — free zone; 5. **свободная промышленная зона** — free industrial zone; 6. **свободное предложение** — free offer, offer without obligation; 7. **свободные резервы** — free reserves; 8. **свободный выпуск акций** — scrip issue; 9. **свободный доступ** — free access; 10. **свободный капитал** — spare capital; 11. **свободный от налога** — tax exempt, tax-free.

своп — swap (*одновременная обменная операция по ценным бумагам; разность в процентных ставках по двум валютам*).

связанный — bound, tied, connected ◇ 1. **связанные ставки таможенного тарифа** — bound rates; 2. **быть связанным обязательством по отношению к кому-л.** — to be under an obligation to somebody; 3. **быть связанным ценой** — to be tied down to the price; 4. **фирма, связанная с данной фирмой; клиент; заказчик** — business friend; 5. **расходы, связанные с эмиссией ценных бумаг** — issue costs.

связывать — to bind, to tie together, to connect ◇ 1. **связывать себя** (принимать на себя обязательство) — to commit oneself; 2. **связаться с организацией** — to contact an organization.

связь — tie, bond, connection, relation, communication ◇ 1. **внешнеэкономические связи** — foreign economic ties; 2. **вступить в деловую связь** — to enter into correspondence; 3. **постоянные связи на основе общего контракта** — contracting system; 4. **производственные связи** — productions ties; 5. **торговые связи; деловые отношения** — business relations; 6. **торговые связи; сделки; торговые дела** — dealings; 7. **тесные связи** — close connections.

сданный — passed, handed over, placed ◇ 1. **могущий быть сданным в аренду, внаем; могущий приносить рентный доход** — rentable; 2. **сданный на хранение груз** — goods placed in storage.

сдавать — to hand over, to pass, to return ◇ 1. **сдавать; приготовлять** — to make available; 2. **сдавать внаем, сдавать в аренду** — to let out on lease, to hire out; 3. **если продавец не сдает товар** — if the seller fails to deliver the goods; 4. **не сдаваться; причитаться, подлежать уплате** — to stand out for; 5. **сдать или поставить товар; доставить товар; выдать товар** — to deliver the goods; 6. **сдать товар на условиях ФОБ Одесса** — to deliver goods f.o.b. Odessa.

сдача — delivery, change ◇ 1. **сдача в определенный срок** — delivery on term; 2. **сдача по частям** — delivery by instalments; 3. **сдача-приемка партии товара** — acceptance of a consignment of goods; 4. **день сдачи товара и производства платежа** — prompt date; 5. **задержка в сдаче; задержка в доставке** — delay in delivery; 6. **место сдачи, поставки; место доставки** — place of delivery; 7. **немедленная сдача; немедленная доставка** — prompt delivery; 8. **неполная сдача; недостача при счете** — short delivery; 9. **предложение сдачи** — tender of delivery; 10. **приемка-сдача груза** — acceptance of goods; 11. **приостановить сдачу** — to hold up delivery, to withhold delivery; 12. **произвести сдачу** — to effect delivery; 13. **срок сдачи, поставки** — date of delivery; 14. **со сдачей или оплатой в конце месяца** — per ultimo; 15. **частичная сдача** — part delivery.

сделать — to make, to do ◇ 1. **сделать вывод** — to draw an inference; 2. **сделать бухгалтерскую запись, проводку** — to make an entry; 3. **сделать выписку из счета** — to make up a statement of account; 4. **сделать заем** — to raise a loan; 5. **сделать на векселе бланковую передаточную надпись** — to endorse a bill in blank; 6. **сделать на векселе нотариальную отметку об отказе трассата от акцепта или уплаты** — to have a bill noted, to note a bill; 7. **сделать предложение по более низкой цене** — to underbid; 8. **сделать скидку в один шиллинг с каждого фунта** — to allow a shilling in the pound; 9. **сделать что-л. в качестве частного лица** — to do something in one's private capacity; 10. **сделаться доступным** — to become available; 11. **сделаться ходким** — to come into favour.

сделка — bargain, transaction ◇ 1. **сделка на срок, срочная сделка** — futures deal, contract for forward delivery, time bargain; 2. **сделка с обратной премией** — premium for the put, put premium; 3. **сделка по выкупу ценных бумаг** — reverse repurchase agreement; 4. **сделка спот; сделка на товар с немедленной сдачей; сделка на реальный товар; кассовая сделка** — spot business, value spot; 5. **сделка с обратной премией; опцион продавца** — put option, option deal for the put, seller's option; 6. **сделка с предварительной премией** — buyer's option, option deal for the call, premium for the call; 7. **сделка за наличный расчет** — cash business; 8. **сделка "оффсет"** — offset contract; 9. **сделка, закрывающая "длинную" или "короткую" позицию** — closing out; 10. **сделки в счет "нового времени"** — new time dealing; 11. **сделки купли-продажи ценных бумаг, совершенные в течение одного ликвидационного периода** — dealing within the account; 12. **сделки на наличный товар; сделка на товар с немедленной сдачей; кассовая сделка** — spot business, spot transactions; 13. **сделки на срок** — trading in futures; 14. **сделки с иностранной валютой; биржевые сделки** — exchange transactions; 15. **сделки с исполнением на следующий день** — regular way; 16. **сделки; торговые дела; торговые связи** — dealings; 17. **бартерная сделка** — barter agreement, barter transaction; 18. **биржевые сделки с иностранной валютой** — exchange business; 19. **валютная сделка с небанковским партнером** — commercial transaction; 20. **валютная срочная**

сделка — forward exchange, future exchange; 21. **внерыночные сделки** — ex pit transactions; 22. **единица сделки; единица торговли** — unit of trading; 23. **заключение сделки** — conclusion of a transaction; 24. **заключить сделку на продажу товара** — to negotiate a sale; 25. **заключить сделку** — to make a deal; 26. **кассовая сделка** — cash transaction; 27. **компенсационная сделка** — compensation transaction, compensation deal; 28. **обменная сделка на бирже** — exchange for physical; 29. **онкольная сделка** — call transaction; 30. **отказаться от сделки** — to withdraw from a bargain; 31. **отсрочить сделку** — to carry over a transaction; 32. **полностью завершенная срочная товарная сделка** — round turn; 33. **предлагаемые сделки** — business on offer; 34. **прибыльная сделка** — profitable business; 35. **принудительно ликвидировать сделку** — to squeeze out; 36. **спекулятивная сделка на разницу; сделка с маржей; сделка с частичной оплатой** — margin business; 37. **спекулятивные (мошеннические) биржевые сделки** — stock jobbery; 38. **срочная валютная сделка на нестандартный срок** — broken period; 39. **срочная сделка** — forward contract, forward operation, forward, terminal transaction; 40. **товарообменные сделки, заключаемые устно в пределах биржевого круга** — execution by outcry; 41. **фрахтовые сделки** — tonnage bookings; 42. **фьючерсные сделки; сделки на срок, срочные сделки** — futures, futures transactions, forward business; 43. **честная сделка** — square deal.

сдельщина — piecework.

сдерживать — to hold in, to keep back, to restrain, to hold in check, to hold back ◇ **сдерживать экономическую деятельность** — to keep a check on activity.

себестоимость — cost, cost price; prime cost ◇ 1. **себестоимость единицы продукции** — unit cost; 2. **себестоимость на единицу товара** — single cost; 3. **себестоимость продукции** — product cost; 4. **себестоимость реализованной продукции** — cost of products sold; cost of sales; 5. **себестоимость сметная** — estimated cost; 6. **себестоимость** (фабричная цена; первоначальная стоимость) — original cost, first cost; 7. **ниже себестоимости** — below cost; 8. **почти по себестоимости** — next to cost; 9. **по себестоимости** — at cost; 10. **предельно высокая себестоимость** — marginal cost; 11. **себестоимость, фактурная цена;** — invoice cost.

сегментация — segmentation ◇ **сегментация рынка** — segmentation of market.

сейф — vault, strong box, safe.

сепаратный — separate.

сервис — service ◇ 1. **послепродажный сервис** — after-sale service; 2. **предпродажный сервис** — before-sale service.

серийный — serial ◇ 1. **серийное производство** — lot production;

2. **серийные облигации** — serial bonds; 3. **серийные скидки** — serial discounts; 4. **крупносерийное производство** — long production run.

сертификат — certificate ◇ 1. **сертификат денежного рынка** — money market certificate; 2. **сертификат на участие в подписке** — scrip certificate; 3. **сертификат таможни для обратного получения импортной пошлины** — customs debenture; 4. **аварийный сертификат; акт осмотра и экспертизы** — survey report; 5. **весовой сертификат, отвес** — weight note; 6. **депозитный сертификат** (сохранная расписка; депозитная квитанция) — deposit receipt; deposit certificate, certificate of deposit; 7. **золотой сертификат** — gold certificate; 8. **казначейские сертификаты** — currency certificates; 9. **налоговые (резервные) сертификаты** — tax anticipation certificates; tax reserve certificates; Treasury notes; 10. **налоговые сертификаты США** — U. S. Treasury bills; 11. **сальдовый сертификат** — balance certificate; 12. **страховой сертификат** — certificate of insurance; 13. **траст-сертификат** — equipment trust certificate.

сертификация — certification ◇ **сертификация продукции** — certification of products.

сеть — net, network, system ◇ 1. **дилерская сеть** — dealer network; 2. **сбытовая сеть** — marketing network; 3. **торговая сеть** — trading network.

сила — force, power, strength ◇ 1. **вступать в силу** — to come into effect, to go into effect, to take effect; to come into operation; 2. **вступление страхования в силу** — attachment of insurance; 3. **в силу статьи 5 договора** — under Clause 5 of the contract; 4. **в силу, по праву чего-л.** — by right of; 5. **грузоподъемная сила** — lifting capacity; 6. **дата вступления в силу** — effective date; 7. **иметь силу при условии чего-л.; зависеть от; находиться в зависимости от** — to be conditional on; 8. **необученная рабочая сила** — green labour; 9. **непреодолимая сила, форс-мажор** — force majeure; 10. **нехватка рабочей силы** — manpower tightness; 11. **нуждающийся в рабочей силе** — shorthanded; 12. **обратная сила** — relation back; 13. **оставаться в силе; быть действительным** — to stand good; 14. **оставаться в силе; иметь силу** — to hold good; 15. **с сохранением в силе; в зависимости от; поскольку это допускается, поскольку иное не содержится** — subject to; 16. **рабочая сила** (число работающих, численность рабочих и служащих; трудовые ресурсы) — labour force, work force; 17. **рыночные силы** — market forces; 18. **текучесть рабочей силы** — labour turnover.

сильный — strong, powerful, hard ◇ **сильное беспокойство** — major concern.

синдикат — syndicate.

система — system ◇ 1. **банковская система** — banking system;

2. **всеобщая система преференций** — general system of preferences; 3. **компьютеризированная система межбанковских расчетов** — clearing house interbank payment system; 4. **кредитная система** — credit system; 5. **монетные системы; денежные суммы** — moneys; 6. **монометаллическая денежная система** — single standard; 7. **общая система преференций** — general system of preferences; 8. **прогрессивная система зарплаты** — incentive wage; 9. **стандартная система показателей качества** — contract grades, contract units; 10. **эмиссионная система** — issue system.

систематический — systematic, methodical ◇ 1. **систематическое увеличение издержек производства** — cost inflation; 2. **систематический указатель** — classified index.

сиф — CIF ◇ 1. **СИФ (стоимость, страхование, фрахт)** — CIF (Cost, Insurance, Freight), c.i.f.; 2. **назначить цену СИФ** — to quote c.i.f.; 3. **СИФ, включая комиссию посредника и расход по учету акцепта покупателя** — cost, insurance, freight, commission and interest; 4. **СИФ, включая комиссию посредника; стоимость, страхование, фрахт и комиссия посредника** — cost, insurance, freight and commission; 5. **СИФ, включая курсовую разницу; стоимость, страхование, фрахт и курсовая разница** — cost, insurance, freight and exchange; 6. **цена СИФ** — price c.i.f.; quotation c.i.f.; 7. **ценность по цене СИФ** — value c.i.f..

сквозной — through ◇ 1. **сквозное сообщение; транзитные перевозки** — traffic in transit; through traffic; 2. **сквозная ставка фрахта** — through freight; 3. **сквозная цена** — through rate; 4. **сквозной комбинированный тариф** — combination through rate; 5. **сквозной коносамент; сквозная транспортная накладная** — through bill of lading; transshipment bill of lading.

скидка — allowance, discount, reduction, rebate ◇ 1. **скидка за амортизацию** — allowance for depreciation; 2. **скидка за влажность** — allowance for moisture; 3. **скидка за досрочную уплату по счету или векселю** — time discount; 4. **скидка за наличный расчет, скидка за платеж наличными, скидка при покупке за наличный расчет** — allowance for cash, cash discount, discount for cash; 5. **скидка за пониженное качество товара** — allowance for goods of inferior quality; 6. **скидка на непредвиденные расходы** — allowance for contingencies; 7. **скидка розничным торговцам с обязательных розничных цен; размер прибыли розничных торговцев** — margin of profit, trade discount; 8. **скидка с веса на тару** — tare allowance; 9. **скидка с веса; скидка на провес** — weight allowance, weight draft; 10. **скидка с исходной цены** — discount off the initial price; 11. **скидка в десять пунктов** — ten points off; 12. **скидки и премии к номинальной цене, устанавливаемые за качество товара и за способ его доставки, отличающиеся от оговоренных во**

фьючерсном контракте — allowances; 13. **дополнительная скидка** — extra discount; 14. **достаточная скидка** — fair allowance; 15. **наличными без скидки** — net cash; 16. **налоговая скидка при покупке средств производства** — capital allowance; 17. **особая скидка** — extra allowance, extra discount; 18. **отсроченная скидка с фрахта** — deferred rebate; 19. **платить наличными без скидки** — to pay net cash; 20. **подлежать скидке** — to be subject to a discount; 21. **предоставить скидку** — to grant an allowance, to allow a discount; 22. **предоставленная скидка** — granted discount, allowance granted; 23. **продавать со скидкой; продавать с убытком** — to sell at a discount; 24. **сделать скидку в один шиллинг с каждого фунта** — to allow a shilling in the pound; 25. **серийные скидки** — serial discounts; 26. **со скидкой в 5 процентов; за вычетом 5 процентов** — less discount of 5 per cent; 27. **со скидкой; ниже нарицательной цены** — at a discount; 28. **цена со скидкой** — discount price.

склад — warehouse ◇ 1. **склады, складское хозяйство** — storage facilities; 2. **склад для отпуска товаров за наличный расчет** — cash and carry warehouse; 3. **склад общего пользования** — public warehouse; 4. **склад; амбар** — storehouse; 5. **количество товара на складе** — storage on hand; 6. **консигнационный склад** — consignment warehouse; 7. **не иметь на складе; не иметь в наличии** — to be out of stock; 8. **перевозка со складов или на склады товаров, не очищенных пошлиной** — trucking in bond; 9. **поступило на таможенные склады** — entered for warehouse; 10. **правительственный склад; таможенный склад** — public stores; 11. **приписной таможенный склад; склад для хранения не оплаченных пошлиной грузов** — bonded warehouse; 12. **работать на склад** — to work on stock; 13. **владелец склада; управляющий складом** — warehouseman; 14. **со склада** — from stock; 15. **франко-склад** — ex store, ex-warehouse.

складировать — to store.

складской — warehouse ◇ 1. **складская расписка; товарная квитанция** — terminal receipt, warehouse-keeper's certificate, warehouse-keeper's receipt; 2. **складская таможенная закладная** — warehouse bond; 3. **складской варрант** — warehouse warrant; 4. **складское хозяйство** — storage facilities.

скользящий — sliding ◇ 1. **скользящая цена** — sliding price; 2. **скользящая шкала; счетная линейка** — sliding scale; 3. **скользящий тариф; дифференциальный тариф** — sliding-scale tariff.

скорость — speed, rate ◇ 1. **со скоростью в** — at the rate of; 2. **груз большой скорости** — express goods; 3. **скорость обращения денег** — velocity of money; 4. **тариф большой скорости** — express rate.

скупать — to buy up ◇ **скупить товар на рынке** — to corner the market.

скупка — buying up, cornering ◇ **биржевая скупка** — exchange acquisition.
слияние — amalgamation, merger ◇ 1. **слияние предприятий, находящихся в двух соседних странах** — cross-frontier merger; 2. **слияние разнородных предприятий** — conglomerate merger.
слишком — too ◇ **слишком низкая цена; преуменьшенный расход; взять или назначить слишком низкую цену; считать меньше, чем следует; недогрузить** — undercharge.
служащий — servant, salaried man, white-collar worker ◇ 1. **служащий; должностное лицо** — officer; 2. **служащий; работник по найму** — employee; 3. **служащий на складе** — warehouseman; 4. **служащие** — salary earners; 5. **государственный служащий, чиновник** — civil servant, government employee.
служба — employ, service ◇ 1. **гражданская служба** — civil service; 2. **почтовая посылочная служба** — parcel post; 3. **эксплуатационная служба** — operational service.
случай — case, occasion, chance, opportunity, accident ◇ 1. **держать на случай повышения цены** — to hold for a rise; 2. **резерв на случай непредвиденных обстоятельств** — contingency reserve.
случайность — contingency.
случайный — accidental, casual, fortuitous, incidental, random ◇ 1. **случайные колебания** — change fluctuations, random fluctuations; 2. **случайные расходы** — incidental expenses.
смета — estimate ◇ 1. **итог по смете, по подсчету** — estimated total; 2. **смета затрат на производство** — estimate of production costs; 3. **смета расходов; калькуляция себестоимости** — calculation of costs.
сметный — estimate ◇ 1. **сметная калькуляция стоимости** — cost estimating; 2. **сметные предположения** — estimates.
смысл — sense, meaning, implication ◇ **по смыслу** — by implication.
снабжать — to provide, to supply ◇ **снабжать кого-л. деньгами** — to put someone in funds.
снабжение — supply, provision ◇ 1. **довольно хорошее снабжение** — fair supply; 2. **источник снабжения** — source of supply; 3. **материально-техническое снабжение** — material and technical supply; 4. **организация по снабжению** — procuring agency; 5. **получать снабжение** — to draw supplies.
снижать — to reduce, to decrease, to cut ◇ 1. **снижаться, падать в цене** — to give way; 2. **снижать цены** — to bring down, to cut prices, to put down; 3. **снижать цены, сбивать цены** — to squeeze down prices, to force down prices; 4. **снизиться; понизиться** — to suffer a decline; 5. **снизить налоги** — to cut down the taxes; 6. **цены несколько снизились после полудня** — prices eased during the afternoon; 7. **цены снизились, цены более умеренные** — prices are easier.

снижение — reduction, decline, decrease, shortfall ◇ 1. **снижение заработной платы** — wage cut; 2. **снижение цены** — price cut; 3. **снижение цен** — price cutting, decline in prices; 4. **снижение, понижение** — down-drift; 5. **неуклонное снижение** — steady decline; 6. **пределы снижения импортных пошлин** — peril points; 7. **рост или снижение текущих доходов, вызванных получением прибыли или наличием убытков в связи с операциями по погашению задолженности** — redemption yield.

собирать — to collect ◇ **собирать сведения** — to institute inquiries.

собственник — owner, proprietor, possessor ◇ 1. **доверительный собственник; попечитель, опекун; куратор; администратор** — trustee; 2. **владеть чем-л. в качестве доверительного собственника для кого-л.** — to hold something in trust for someone; 3. **доверительный собственник, зарегистрированный как корпорация** — incorporated trustee; 4. **законный собственник; законный владелец** — rightful owner; 5. **класс собственников** — the proprietary classes; 6. **неограниченный собственник** — outright owner.

собственность — property, ownership ◇ 1. **собственность в долях** — common property; 2. **собственность на товар** — property in the goods; 3. **арендованная земельная собственность** — leasehold property; 4. **доверительная собственность, возникающая в силу закона** — constructive trust; 5. **доверительная собственность, установленная по решению суда** — court trust; 6. **интеллектуальная собственность** — intellectual property; 7. **передача права собственности** — conveyance of property, transfer of ownership; 8. **полная земельная собственность; земельный участок, свободный от уплаты ренты за пользование им** — freehold property; 9. **права собственности** — proprietary rights; 10. **право собственности** — law of property.

собственный — own ◇ 1. **собственные акции в портфеле** — stock in treasure, treasure stock; 2. **собственные облигации в портфеле** — treasury bonds; 3. **собственный (уставной) капитал** — ownership capital, authorized capital stock; 4. **открыть собственное дело** — to set oneself up in business.

совет — council, advise, counsel ◇ **административный совет** — board of administration.

советоваться — to consult ◇ 1. **советоваться с юрисконсультом** — to consult one's legal adviser; 2. **советоваться с юристом** — to take legal advice.

советник — adviser, counsellor ◇ **торговый советник** — commercial counsellor.

совладелец — joint owner, partner ◇ 1. **совладелец** — joint proprietor; 2. **совладелец; совладелец судна** — part owner; 3. **сов-**

местное предприятие совладельцев капитала — equity joint venture.

совместный — joint ◇ 1. **совместное действие** — joint action; 2. **совместное предприятие совладельцев капитала** — equity joint venture; 3. **совместное предприятие** — joint venture; 4. **совместно** — in common; 5. **совместные усилия; взаимодействие** — teamwork; 6. **совместный гарант, совместный поручитель; совместная гарантия, поручительство** — joint surety; 7. **каждый из двух совместных получателей платежа** — alternative payee; 8. **ответственность совместная и каждого лица за себя** — joint and several liability; 9. **подписывать совместно** — to sign jointly.

совокупность — the aggregate, totality, the sum total ◇ 1. **совокупность критериев количественной оценки уровня конкурентоспособности товара** — rates of competitiveness; 2. **совокупность прав** — collection of rights.

согласие — consent, assent, concord, accord ◇ 1. **без согласия покупателя** — without the buyer's consent; 2. **молчаливое согласие** — tacit agreement; 3. **не давать согласия** — to withhold one's consent; 4. **отказаться дать согласие** — to refuse one's consent; 5. **по взаимному согласию** — by mutual agreement; 6. **с обоюдного согласия** — by mutual consent.

согласиться, соглашаться — to consent, to agree ◇ 1. **соглашаться с** — to fall in with; 2. **соглашаться; быть согласным** — to be in agreement; 3. **согласиться на предложение** — to consent to a proposal; 4. **согласиться на среднюю величину, поделить разницу пополам** — to split the difference.

согласно — in accord, in harmony, according to ◇ 1. **согласно (данным, сообщению)** — according; 2. **согласно договору** — as per agreement, as per contract; 3. **согласно общепринятой практике** — in accordance with the general usage; 4. **согласно прилагаемой копии** — as per copy enclosed; 5. **согласно сообщению агентства Рейтер** — according to Reuter.

согласование — agreement, concordance, reconciliation ◇ 1. **согласование во времени** — timing; 2. **согласование** (примирение; улаживание) — reconcilement.

согласованный — co-ordinated, concerted; agreed ◇ 1. **согласованная цена** — agreed price; 2. **согласованные и заранее оцененные убытки** — agreed and liquidated damages; 3. **согласованный выпуск** — negotiated sale; 4. **согласованный образец** — agreed upon sample.

согласовывать — to co-ordinate, to make agree, to reconcile.

соглашение — agreement, understanding ◇ 1. **соглашение должника с кредиторами** — arrangement with creditors, deed of arrangement, settlement with creditors; 2. **соглашение между гарантами** — agreement amongst underwriters; 3. **соглашение**

о выполнении доверительных функций — trusteeship; 4. **соглашение о передаче спора в арбитраж** — submission to arbitration; 5. **соглашение об организации консорциума** — syndicate agreement; 6. **соглашение об экономическом сотрудничестве** — economic complementation agreement; 7. **соглашение о кредитовании** — credit agreement; 8. **соглашение о покупке или продаже нескольких видов товаров или услуг за паушальную сумму** — package deal; 9. **соглашение о покупке ранее проданного** — repurchase agreement; 10. **соглашение о порядке таможенных формальностей** — customs formalities observation agreement; 11. **соглашение о предоставлении исключительных прав агенту** — exclusive agency agreement; 12. **соглашение о приостановке каких-л. действий; соглашение о невостребовании долгов** — standstill agreement; 13. **соглашение о продаже лицензий и патентов** — licence and patent agreement; 14. **соглашение о продаже** — agreement to sell; 15. **соглашение о сотрудничестве** — working agreement; 16. **соглашение о тарифах** — tariff agreement; 17. **соглашение с профсоюзом о зарплате и рабочем времени** — pay and hours agreement; 18. **арбитражное соглашение** — arbitration agreement; 19. **валютное соглашение; денежное соглашение** — monetary agreement; 20. **временное торговое соглашение** — temporary trade agreement; 21. **Генеральное соглашение по тарифам и торговле** — General Agreement on Tariff and Trade; 22. **деловое соглашение** — business agreement; 23. **достигнуто соглашение о нижеследующем** — it is agreed as follows; 24. **заключить соглашение; прийти к соглашению** — to drive a bargain, to make a bargain, to strike a bargain; 25. **компромиссное соглашение об уплате 25 пенсов за каждый причитающийся фунт** — composition of 25 pence in the pound; 26. **корреспондентское соглашение** — corresponding agreement; 27. **лицензионное соглашение** — licensing agreement; 28. **мировое соглашение; соглашение о замене исполнения** — accord and satisfaction; 29. **молчаливое соглашение; молчаливое согласие** — tacit agreement; 30. **не отступать от соглашения; помогать; поддерживать; быть наготове** — to stand by a bargain; 31. **полюбовное соглашение** — voluntary settlement; 32. **прийти к соглашению с кредиторами** — to settle with creditors; 33. **прийти к соглашению** — to come to an arrangement; 34. **прямое соглашение** — express agreement; 35. **словесное соглашение** — verbal agreement; 36. **стабилизационные соглашения** — commodity stabilization agreements; 37. **таможенное соглашение** — custom(s) agreement; 38. **требовать заключения соглашения с профсоюзом по целому ряду вопросов** — to claim a package; 39. **устное соглашение; устное соглашение о сохранении цен на определенном уровне; устное соглашение об учреждении монополии**

— gentlemen's agreement; 40. **частное соглашение** — private agreement.

содействие — assistance, help, good offices ◇ 1. **Агентство содействия международному развитию** — Agency for International Development; 2. **содействие торговле** — encouragement of trade.

содержание — content; maintenance, keeping, upkeep; matter, substance ◇ 1. **содержание вашего письма нас удивило** — the contents of your letter have surprised us; 2. **содержание заявки** — application contents; 3. **содержание соглашения** — subject of an agreement; 4. **содержание товарного знака** — maintenance of a trade mark; 5. **содержание** (предмет; существо) — subject matter; 6. **золотое содержание валюты** — gold content of a unit of the currency.

содержимое — contents ◇ 1. **содержимое неизвестно** — contents unknown; 2. **состояние содержимого неизвестно** — condition of contents unknown.

сокращать — to shorten, to reduce, to cut down ◇ 1. **сокращать выпуск бумажных денег** — to deflate; 2. **сокращать расходы** — to contract expenses, to cut down expenses; 3. **сокращаться** — to fall back.

сокращение — shorting, reduction, cutting down, cutback ◇ 1. **сокращение валютных резервов** (потери на курсе) — exchange loss; 2. **сокращение заграничных капиталовложений** — external disinvestment; 3. **сокращение золотого запаса** (изъятие золота) — withdrawal of gold; 4. **сокращение импорта** — import relief; 5. **сокращение капиталовложений** (продажа или реализация капиталовложений) — disinvestment; 6. **сокращения биржевых терминов в телеграммах** — tape abbreviation; 7. **ввести сокращение импорта** — to impose on imports.

соло-вексель — note of hand, promissory note.

сообща — together ◇ 1. **действовать сообща** — to pool interest; 2. **сообща возбужденный иск; совместное действие** — joint action.

сообщение — report, information, communication ◇ 1. **официальное сообщение; официальный доклад** — official report; 2. **прямое сообщение** — direct traffic; 3. **согласно сообщению агентства Рейтер** — according to Reuter; 4. **сквозное сообщение** (транзитные перевозки) — traffic in transit, through traffic; 5. **этому сообщению отказываются верить** — the report is discredited.

соответствие — accordance, conformity, compliance, correspondence ◇ 1. **в соответствии с** — up to, in line with; 2. **в соответствии с образцом** — up to sample; 3. **действовать в соответствии со статьей** — to act according to an article; 4. **приводить в соответствие** — to bring into line.

соответствовать — to correspond, to conform ◇ 1. **не соответствовать** — to come short; 2. **соответствовать описанию** — to answer the description; 3. **соответствовать постановлениям, условиям** — to comply with the terms.

сорт — kind, variety, sort ◇ 1. **сорт товара** — line of goods; 2. **базисный сорт** — base grade; 3. **более низкие сорта хлопка** — lower grades of cotton; 4. **второго сорта, второсортный** — second-best, second-rate, second-chop; 5. **высший сорт, высшее качество** — first quality, top grade; 6. **наиболее ходкие сорта** — the sorts most in favour; 7. **обычный коммерческий сорт** — good ordinary brand; 8. **отборные сорта** — choice descriptions; 9. **разбирать по сортам; распределять по категориям** — to sort out; 10. **средний сорт; среднее качество** — medium quality; 11. **ходкий сорт** — current quality.

сортамент — assortment.

сортировать — to assort, to sort ◇ **сортировать, разбирать по сортам; распределять по категориям** — to sort out.

сортировочный — sorting ◇ **сортировочная станция; ж.-д. парк** — railway-yard.

состав — composition, compound.

составлять, составить — to amount to, to be, to draw up, to form, to constitute ◇ 1. **составить счет** — to keep an account; 2. **составить отчет по аварии, составить диспашу** — to adjust the average, to make up the average; 3. **составлять договор** — to draw up a contract; 4. **составлять список** — to make out a list.

составной — component, constitutive; compound, composite ◇ **составной индекс 500 обыкновенных акций, котируемых на Нью-Йоркской фондовой бирже, который публикуется агентством Standard & Poor's** — stand poor's.

сотрудничество — co-operation, collaboration ◇ 1. **инвестиционное сотрудничество** — investment cooperation; 2. **работать в сотрудничестве с** — to work in collaboration with; 3. **экономическое сотрудничество** — economic complementation.

сохранение — conservation, preservation, reservation ◇ **сохранение права** — reservation of a right.

сохранный — safe ◇ **сохранная расписка; депозитный сертификат; депозитная квитанция** — deposit receipt, trust receipt.

сохранять — to keep, to preserve, to maintain, to retain ◇ **сохранять** (откладывать) — to put by.

социальный — social ◇ 1. **социальное обеспечение** — social welfare, welfare; 2. **социальное страхование** — social insurance.

союз — union, alliance ◇ 1. **кредитные союзы** — credit unions; 2. **"неполноценный союз"** — "bobtail pool"; 3. **профессиональный союз работников всех профессий в какой-л. отрасли промышленности** (крупный профсоюз) — crafts union; 4. **профессиональный союз работников узкой профессии** — craft union;

5. **профессиональный союз с ограниченным числом членов** — closed union; 6. **профессиональный союз, тред-юнион; профсоюз** — trade union; 7. **таможенный союз** — custom union.

спад — slump, recession ◇ 1. **спад; понижение; понижение цен** — setback; 2. **спад деловой активности** — business recession.

спасение — rescue, salvation ◇ **спасение имущества; спасение судна или груза** — salvage.

спасатель — lifesaver, rescuer ◇ **судно-спасатель** — rescue-boat, salvage vessel.

спекулировать — to speculate (in), to profiteer (in), to profit (by) ◇ 1. **спекулировать на повышении** — to be long; 2. **спекулировать на бирже** — to play the market; 3. **спекулировать ценными бумагами** — to stag.

спекулянт — speculator, profiteer ◇ 1. **спекулянт бумагами** — stag; 2. **спекулянт, совершающий сделки с премией** — option operator; 3. **спекулянт** (игрок на бирже; покупатель или продавец, не прибегающий к хеджированию) — speculator; 4. **спекулянты, играющие на понижение** — shorts; 5. **биржевой маклер-спекулянт** — floor trader; 6. **мелкий спекулянт** — scalper; 7. **объединение спекулянтов, играющих на понижение** — bear pool.

спекулятивный — speculative, wildcat ◇ 1. **спекулятивная сделка на разницу; сделка с маржей; сделка с частичной оплатой** — margin business; 2. **спекулятивные биржевые сделки; искусственное повышение или понижение курсов; мошеннические спекулятивные биржевые сделки** — stock jobbery.

спекуляция — speculation, profiteering, jobbery ◇ 1. **спекуляция; рискованное дело** — gamble; 2. **валютная спекуляция на курсовой разнице** — switch deal; 3. **спекуляция в больших размерах** — heavy speculation; 4. **спекуляция на повышение** — bull operation, bull speculation; 5. **спекуляция на понижение** — bear operation, bearish operation, bearish speculation.

специалист — specialist.

специальный — special ◇ 1. **специальная упаковка** — extra packing; 2. **специальное агентство** — ad hoc agency, special agency; 3. **специальное предложение цены на Нью-Йоркской бирже** — special bid; 4. **специальное предложение цены** — special bid; 5. **специальные права заимствования** — special deposits, special drawing rights; 6. **специальный агент** — special agent; 7. **специальный договор; договор за печатью** — special contract; 8. **специальный импорт; импорт товаров для внутреннего потребления** — import for consumption, retained imports; 9. **специальный счет** — separate account; 10. **специальная перепись** — partial census.

спецификация — specification ◇ 1. **спецификация груза; счет за фрахт** — freight note; 2. **спецификация качества, технические**

условия — specification of quality; 3. **весовая спецификация, отвесы** — weight account; 4. **заверенные весовые спецификации** — certified lists of weighing.

специфический — specific ◇ **специфическая пошлина** — specific duty.

спираль — spiral ◇ 1. **спираль цен** — spiral price; 2. **инфляционная спираль цен** — inflationary price spiral.

списание — writing off ◇ 1. **списанные со счета суммы** — write-offs; 2. **аккумулированные списания** — accumulated depreciations; 3. **амортизационное списание стоимости основного капитала** — capital cost amortization.

список — list, record ◇ 1. **список акций** — share list; 2. **список арендаторов; арендная плата; сумма арендной платы; рентный доход** — rental; 3. **список пассажиров; накладная; транспортная накладная; железнодорожная накладная** — waybill; 4. **составлять список** — to make out a list; 5. **список грузов** — cargo sheet; 6. **список импортных товаров, не облагаемых таможенной пошлиной в данной стране** — free list; 7. **список с дополнениями** — cumulative list; 8. **список участников торгов** — tender list; 9. **список экспортных товаров** — export list; 10. **список экипажа** — ship list; 11. **вносить в список** — to enter in a list; 12. **грузовой список** — cargo list; 13. **законный список** — legal list.

списывать — to write off, to copy off ◇ 1. **списать задолженность со счета** — to charge a debt off an account; 2. **списывать безнадежные долги** — to write off bad debts; 3. **списывать со счета; амортизировать** — to charge off; 4. **частично списывать** — to write down.

спонсор — sponsor.

спор — argument, argumentation, controversy, dispute ◇ 1. **передать спор в арбитраж** — to refer a dispute to arbitration; 2. **передача спора на рассмотрение арбитража; соглашение о передаче спора в арбитраж** — submission to arbitration; 3. **разрешение спора** — adjustment of a difference; 4. **уладить или урегулировать спор** — to settle a dispute.

спорный — questionable, disputable, debatable, arguable, moot, at issue ◇ 1. **спорное действие** — voidable act; 2. **спорный вопрос** — the matter in dispute, moot point, issue, vexed question; 3. **спорный момент** — point at issue, controversial point.

способность — ability, aptitude, facility, capacity ◇ 1. **(пропускная) способность; мощность** — through put, capacity, handling capacity; 2. **способность вступить в договор; способность совершить договор** — capacity to contract; 3. **покупательная способность денег** — purchasing power of money; 4. **покупательная способность** — purchasing power.

спот — spot (*цена, по которой производится продажа валюты или товара с немедленной или очень быстрой поставкой*) ◇ 1. **сделка спот** — spot business, value spot, spot transaction; 2. **цена спот** — spot price.

справедливость — justice, equity, fairness ◇ 1. **доказывать справедливость претензии; приводить достаточные основания для претензии, иска** — substantiate a claim; 2. **право справедливости** — the law of equity.

справедливый — just, true, correct, rightful ◇ 1. **справедливое среднее качество сезонных отправок в месте и по времени отправки** — fair average quality of the season's shipment at time and place of shipment; 2. **справедливое среднее качество** — fair average quality; 3. **справедливое требование, справедливая претензия** — fair claim.

справка — information, reference ◇ 1. **справка о результатах обмера грузовых мест** — measurement account; 2. **материалы для справки** — reference data; 3. **наводить справки о ком-л., о чем-л.** — to inquire about a person, a thing; 4. **наводить справки** — to institute inquiries.

справочный — inquiry, reference ◇ 1. **справочная книга; адресная книга** — directory; 2. **справочная книга о фирмах** — trade directory; 3. **справочные издания** — reference works; 4. **справочная контора о кредитоспособности** — mercantile agency.

справочник — reference book ◇ 1. **справочник; справочная книга; адресная книга** — directory; 2. **телефонный справочник** — telephone directory.

спред — spread ◇ 1. **спред** (*биржевая спекуляция, проводимая с целью извлечения прибыли от изменения обычных соотношений между котировками на различные сроки поставки одного и того же товара*) — spread; 2. **спред, общая разница** — gross spread.

спрос — demand ◇ 1. **спрос и предложение** — supply and demand; 2. **спрос на каучук небольшой** — rubber is easy; 3. **спрос несоразмерен с предложением, совершенно не соразмерен с предложением** — the demand is out of proportion to the supply; 4. **спрос на каучук медленно повышается** — rubber is hardening; 5. **быть в спросе** — to be sought after; 6. **довольно оживленный спрос** — fair demand; 7. **инфляция спроса** — demand pull; 8. **накопившийся спрос** — deferred demand; 9. **на свинец существует большой спрос** — lead is much sought after; 10. **на этот товар в данный момент нет спроса** — these goods are out of favour now; 11. **на этот товар мало спроса** — there is little inquiry for these goods; 12. **на рынке заметно ослабление спроса** — the market is off; 13. **оживленный спрос** — active demand; 14. **платежеспособный спрос** — effective demand; 15. **платежный спрос** — effective consumer demand; 16. **под-**

держивать цены или спрос на рынке — to underpin the market; 17. **пользоваться спросом** — to find a market, to be in demand; 18. **пользоваться хорошим спросом** — to find ready purchasers; 19. **пользоваться большим спросом; стоять выше номинала; стоять выше паритета** — to sell at a premium; 20. **продолжать пользоваться спросом** — to continue in demand; 21. **слабый спрос** — slack demand; 22. **совокупный спрос** — aggregate demand; 23. **удовлетворить спрос в достаточном количестве** — to keep pace with the demand, to keep up with the demand; 24. **удовлетворить спрос** — to satisfy the demand; 25. **эти товары пользуются большим спросом** — these articles are in great favour.

сравнимый — comparable ◇ **сравнимая продукция** — comparable produce.

средний — middle, medium, average, mean ◇ 1. **средняя цена товарной единицы** — unit value; 2. **среднее качество** — average quality; 3. **среднее число; средняя величина** — average; 4. **средние рыночные цены или средние биржевые курсы** — market averages; 5. **средний вес тары** — average tare; 6. **средний доход; средний размер поступлений** — average returns; 7. **средний курс** — mean rate; 8. **средний образец** — average sample; 9. **средний размер потерь за ряд лет** — initial loss; 10. **средний руководящий персонал** — executive staff; 11. **средний сорт; среднее качество** — medium quality; 12. **средний срок платежа** — equated time of payment; 13. **средний срок** — average due date; 14. **средняя цена** — average price; 15. **выше среднего** — above the average; 16. **в среднем** — on the average; 17. **справедливое среднее качество сезонных отправок в месте и по времени отправки** — fair average quality of the season's shipment at time and place of shipment; 18. **справедливое среднее качество; по среднему качеству** — fair average quality.

среднесрочный — medium-term ◇ 1. среднесрочный кредит — medium-term credit; 2. **среднесрочный прогноз** — medium term forecasts.

средство — means; medium ◇ 1. **средства** (капитал) **платежные средства** — funds; 2. **средства** (фонды, активы) — assets; 3. **средства производства** — investment goods, producers' goods; 4. **средства труда** — instruments of labour; 5. **денежные средства; ресурсы** — resources; 6. **средство международных расчетов; средство обмена** — medium of exchange; 7. **средство обращения; деньги** — circulating medium, medium of circulation; 8. **платежные средства** — means of payment; 9. **государственные средства** — public funds; 10. **денежные средства** — means, resources; 11. **депонированные средства** — deposited funds; 12. **достаточные средства** — ample means; 13. **заем**

средств в своем банке, для получения прибыли на разнице в процентных ставках краткосрочных кредитов и овердрафта — round tripping; 14. **законное платежное средство** — legal tender, lawful money; 15. **закономерное предложение** — common tender, lawful tender, legal tender; 16. **"замороженные" средства, активы** — frozen assets, frozen funds; 17. **использование средств** — draft on funds; 18. **основные средства; товары производственного назначения** — capital goods; 19. **недостаточные средства** — insufficient means; 20. **нет средств** — no effect; 21. **оборотные средства** — circulating assets, current assets, floating assets, current assets; 22. **ограниченные средства** — limited resources; 23. **основные средства, основной капитал** — fixed assets, fixed capital, permanent assets; 24. **основные средства, основные фонды** — capital assets; 25. **основные средства, переведенные на консервацию** — fixed capital in reserve; 26. **превышение средств предприятия над его обязательствами** — equity in assets; 27. **пускать средства в оборот** — to convert funds over; 28. **способы и средства; средства для покрытия бюджетных расходов** — ways and means; 29. **транспортные средства** — means of conveyance, transport facilities; 30. **федеральные средства, федеральные резервные фонды** — federal funds.

срок — time, term, date, period ◇ 1. **срок действия договора** — currency of the contract; 2. **срок; охватываемый период; выбор момента; согласование во времени** — timing; 3. **сроки погашения срочных сделок** — forward maturities; 4. **срок векселя** — tenor of a bill; 5. **срок векселя; дата бухгалтерской записи; дата валютирования** — value date; 6. **срок давности** — period of limitation; 7. **срок действия векселя** — currency of a bill; 8. **срок действия лицензии** — validity of licence; 9. **срок действия патента** — patent duration, patent life, patent period; 10. **срок кредитования** — crediting period; 11. **срок окупаемости** — recoupment period; 12. **срок оплаты векселя** — time of maturity; 13. **срок платежа по векселю** — day on which a bill becomes due; 14. **срок платежа** — date of payment, due date, term of payment; 15. **срок полезности** — useful life; 16. **срок счета** — term of validity of an account; 17. **срок уплаты долга наступил** — the debt is due; 18. **срок уплаты процентов** — interest date; 19. **срок погашения; срок действия долгового обязательства** — maturity; 20. **в короткий срок** — in the short run; 21. **в непродолжительный срок** — at an early date; 22. **в самый ранний по возможности срок** — at the earliest possible date; 23. **в срок, при наступлении срока** — at maturity; 24. **срок сдачи, поставки; срок доставки** — date of delivery; 25. **дать истечь сроку действия патента** — to abandon a patent, to let a patent lapse; 26. **до срока платежа** — till due; 27. **за-**

кончить срок — to complete to schedule; 28. **продавать на срок товары, которых нет в наличии** — to sell short; 29. **когда наступит срок платежа, по наступлении срока платежа** — when due; 30. **конкретный срок** — specific date; 31. **короткий срок** — short time; 32. **льготный срок, льготные дни; льготный период** — period of grace; 33. **наступать сроку платежа** — to fall due; 34. **на долгий срок; долгосрочный** — at long date; 35. **на срок в** — for a term of; 36. **наступить сроку; сделаться срочным; подлежать погашению или оплате** — to mature; 37. **невостребованные в срок грузы** — overtime goods; 38. **покупать на срок** (покупать с будущей поставкой) — to buy ahead; 39. **покупка на срок** — forward purchase, purchase for future delivery, time purchase; 40. **последний срок объявления опциона** — declaration date; 41. **поставить в требуемый или установленный срок** — to meet the delivery date; 42. **предельный срок** — deadline, time limit; 43. **продавать на срок** — to sell ahead; 44. **раньше срока** — before maturity, prior to the maturity; 45. **средний срок платежа** — equated time of payment; 46. **средний срок** — average due date; 47. **ссужать на долгий срок** — to lend long; 48. **установить срок; установить предел** — to set a term.

срочный — prompt, intermediate, urgent, due, fixed-date ◇ 1. **срочная биржа** — terminal market, future exchange; 2. **срочная валютная сделка на нестандартный срок** — broken period; 3. **срочная доставка** — express delivery, special delivery; 4. **срочная запродажа** — speedy sale, urgent sale; 5. **срочная рента, срочный аннуитет** — terminable annuity; 6. **срочная сделка** — forward contract; 7. **срочная ссуда** — term loan; 8. **срочное погашение** — profit repayment; 9. **срочное фрахтование** — prompt chartering; 10. **срочно выполнить заказ; срочно отправить заказанный товар** — to rush an order; 11. **срочные договоры** — terminal contracts; 12. **срочные контракты; договоры с централизованным расчетом** — settlement house contracts; 13. **срочные обязательства** — accrued liabilities; 14. **срочные сделки; сделки на срок** — forward business, forward operations, future deals, contracts for forward delivery, forwards, terminal transactions; 15. **срочный вклад** — fixed deposit, time deposit; 16. **срочный возврат** — urgent returns; 17. **срочный заказ** — rush order; 18. **близкая срочная позиция** — near position; 19. **большое количество срочных дел** — pressure of business; 20. **валютная срочная сделка** — forward exchange, future exchange; 21. **вексель, срочный при предъявлении** — demand bill; 22. **вексель, срочный через тридцать дней после предъявления** — bill at thirty days' sight; 23. **выставить тратту, срочную по предъявлении** — to draw at sight, to draw on demand; 24. **неликвидированные срочные контракты** (открытая позиция) — open position; 25. **отдаленная сроч-**

ная позиция — distant position; 26. **полностью завершенная срочная товарная сделка** — round turn; 27. **принять срочные меры** — to take immediate action.

ссуда — loan ◇ 1. **ссуда временно свободных денежных средств** — loan of funds temporarily available; 2. **ссуда до востребования** — call money, call loan, loan at call; 3. **ссуда на определенный срок** — time loan; 4. **ссуда на складированные товары** — warehouse loan; 5. **ссуда под проценты** — loan at interest; 6. **ссуда под ценные бумаги** — advance against securities; 7. **ссуда, не покрытая обеспечением** — straight loan; 8. **ссуда, предоставленная на определенный срок** — time loan; 9. **ссуды казначейству для покрытия бюджетных расходов** — ways and means advances; 10. **ссуды клиентам банка** — advances to customers; 11. **ссуды под залог товаров** — advances against hypothecation of goods; 12. **банковская ссуда консорциуму** — syndicate loan; 13. **банковская ссуда; банковский кредит** — banking accommodation; 14. **бессрочная ссуда** — loan for indefinite term; 15. **биржевая ссуда** — stock exchange loan; 16. **взять ссуду на короткий срок; выдать краткосрочное обязательство** — to borrow short; 17. **выдать ссуду под залог документов** — to lend money on documents; 18. **выдать ссуду под залог товара** — to take goods in pledge; 19. **выдавать ссуду под репортные ценные бумаги** — to take in stock; 20. **выдать ссуду под товар** — to lend money on goods; 21. **денежная ссуда; заем денег** — money loan; 22. **долгосрочная ссуда** — long loan, long-term loan, long sighted loan; 23. **долгосрочные ссуды** — risk assets; 24. **ипотечная ссуда** — real estate loan; 25. **краткосрочная подтоварная ссуда** — self-liquidating loan; 26. **краткосрочная ссуда** — loan at short notice, shortly maturing loan, short borrowing, shortsighted loan; 27. **краткосрочные ссуды биржевым маклерам; суточные деньги** — street loans; 28. **ломбардная ссуда, ломбардный кредит** — collateral loan; 29. **необеспеченная ссуда, необеспеченный заем** — unsecured loan; 30. **онкольная ссуда** — loan at call; 31. **подтоварная ссуда** — advance secured on merchandise; 32. **покрыть ссуду, оплатить ссуду** — to meet a loan; 33. **получить ссуду под ценные бумаги** — to hypothecate securities; 34. **получить ссуду под что-л.** — to raise money on a thing; 35. **предоставить долгосрочную ссуду** — to lend long; 36. **срочная ссуда** — term loan.

ссудный — loan ◇ 1. **ссудные операции** — loan business; 2. **ссудный заемный, капитал** — loan capital; 3. **ссудный процент по краткосрочным ссудам** — short-term borrowing cost; 4. **ссудный процент** — cost of borrowing, interest on loan capital, landing rate; 5. **ссудный процент; уплата комиссии и процентов по займам** — service charge on a loan; 6. **ссудный счет** — loan account; 7. **ссудо-сберегательная ассоциация** — savings loan association.

ссужать — to lend, to loan ◇ **ссужать на долгий срок** — to lend long.

стабилизация — stabilization ◇ **стабилизация курса валюты** — stabilization of exchange.

стабилизационный — stabilization ◇ **стабилизационные соглашения** — commodity stabilization agreements.

ставка — rate ◇ 1. **ставка банкового учета** — bank rate; 2. **ставка таможенной пошлины** — rate of duty; 3. **вынужденные низкие ставки** — distress rates; 4. **депозитная процентная ставка; процентные ставки продажи депозитов** — deposit ceiling rates of interest, deposit rates of interest; 5. **долговое обязательство с плавающей ставкой** — floating rate note; 6. **дополнительная ставка страховой премии** — extra rate of insurance; 7. **единообразная ставка комиссии** — flat commission; 8. **залоговая ставка** — lombard rate; 9. **картельная фрахтовая ставка** — conference rate; 10. **классификация основных ставок зарплаты рабочих** — job classification; 11. **максимальные процентные ставки по депозитным и сберегательным счетам** — deposit ceiling rate; 12. **низкая ставка процента по займу** — fine rate; 13. **официальная ставка** — official bank rate; 14. **официальная учетная ставка** — central bank rate, official discount rate; 15. **плавающая процентная ставка** — floating interest rate; 16. **понижение учетной ставки** — reduction in the discount rate; 17. **"по обусловленной ставке"** — board order; 18. **процентная ставка вклада** — deposit interest rate; 19. **процентная ставка за пролонгацию однодневных ссуд** — renewal rate; 20. **процентная ставка** — call rate, interest rate; 21. **дифференциальные ставки зарплаты** — wage differentials; 22. **рентабельные фрахтовые ставки** — economic freight rates; 23. **связанные ставки таможенного тарифа** — bound rates; 24. **сдельные ставки заработной платы** — piece rates; 25. **сквозная ставка фрахта** — through freight; 26. **тарифные ставки; таможенные ставки** — tariff rates; 27. **учетная ставка Английского банка** — Bank Rate, the Rate, Bank rate of discount; 28. **учетная ставка; учетный процент; курс** — rate of discount, discount rate; 29. **фрахтовая ставка; цена фрахта** — freight rate; 30. **фрахтовые ставки за перевозки от Одессы до одного из портов между Гамбургом и Антверпеном** — rates from Odessa to Hamburg — Antwerp range; 31. **частная учетная ставка; рыночный учетный процент** — market rate, private discount rate, private rate of discount.

ставить — to put, to set ◇ **ставить на прикол** — to lay up in ordinary.

стагнация — stagnation.

стагфляция — stagflation.

стажер — trainee.

стандарт — standard ◇ 1. **стандарты бухгалтерского учета финансовой деятельности в США** — financial accounting standards; 2. **бумажно-денежный стандарт** — fiduciary standard; 3. **золотодевизный стандарт** — gold exchange standard; 4. **международный стандарт** — international standard; 5. **на уровне стандарта, качества стандартного сорта** — up to the standard; 6. **общепринятый стандарт** — working standard.

стандартизация — standardization.

стандартный — standard ◇ 1. **стандартный лот** — regular lot; 2. **стандартная система показателей качества** — contract grades, contract units; 3. **стандартные периоды для депозитов на еврорынке от "на следующий день" до трех недель** — short dates; 4. **стандартный образец справедливого среднего качества** — fair average quality standard.

станция — station ◇ 1. **станция назначения** — station of destination; 2. **станция отправления** — dispatch station, forwarding station, station of origin; 3. **гидроэлектростанция** — waterpower plant; 4. **пограничная станция** — border station; 5. **сортировочная станция; ж.-д. парк** — railway-yard.

старший — chief, senior.

старшинство — seniority, priority.

статистика — statistics ◇ **статистика естественного движения народо-населения** — vital statistics.

статистический — statistical ◇ 1. **краткий статистический обзор** — statistical abstract; 2. **статистический отчет** — accounts; 3. **статистическая территория** — statistical territory; 4. **статистическое обоснование** — statistical validity.

статус — status ◇ 1. **статусы; право, выраженное в законах; законы** — statute law; 2. **статус-кво; то же положение; тот же порядок; существующее или существовавшее положение** — status quo.

статут (*устав, положение о правах и обязанностях каких-л. лиц или органов; в Англии и некоторых др. странах — название закона*) **— statute.**

статья — article, clause, item ◇ 1. **статьи импорта** — imports; 2. **статьи экспорта** — exports; 3. **статья договора; письменный договор** — article of an agreement; 4. **статья о забастовках** — strike clause; 5. **статьи движения капиталов; статьи платежного баланса, отдельные от текущих операций** — capital account, capital items; 6. **"видимые" статьи; экспорт и импорт товаров** — visible items; 7. **внести статью в счет** — to enter an item in an account; 8. **вышеприведенная статья** — above article; 9. **в силу статьи 5 договора** — under Clause 5 of the contract; 10. **действовать в соответствии со статьей** — to act according to an article; 11. **доходные статьи** — revenues; 12. **изменить редакцию статьи; пункта** — to change the wording of a clause;

13. **невидимые статьи экспорта** — invisible exports; 14. **невидимые статьи импорта** — invisible imports; 15. **"невидимые" статьи платежного баланса** — invisibles; 16. **основные статьи баланса** — balance sheets ratio, principal assets and liabilities; 17. **уравновешивающая статья** — balancing item.

стенд — stand ◇ **выставочный стенд** — exhibition stand.

степень — degree, extent ◇ 1. **до известной степени** — to a certain degree; 2. **степень риска, при которой инвестор не желает принимать его на себя** — risk aversion.

стерлинг — sterling ◇ **с выплатой в фунтах стерлингов** — effective sterling.

стивидор — stevedore ◇ **стивидоры; фирма, выполняющая стивидорные работы** — stevedores.

стимул — incentive ◇ **экономический стимул** — economic incentive.

стимулирование — stimulation ◇ **стимулирование торговли** — promotion of trade.

сто — hundred.

стоимость — cost, value ◇ 1. **стоимостью в** — to the value; 2. **стоимостью, равной десятикратному годовому доходу** — at 10 years' purchase; 3. **стоимость аккредитива** — letter of credit value; 4. **стоимость банковских зданий** — bank premises; 5. **стоимость в; за счет чего-л.; ценой чего-л.** — at the cost of; 6. **стоимость доставки** — cost of delivery; 7. **стоимость займов; ссудный процент** — cost of borrowing; 8. **стоимость импорта** — value of imports; 9. **стоимость имущества за вычетом обязательств; собственный капитал предприятия** — net worth, net assets; 10. **стоимость и фрахт; КАФ** — cost and freight; 11. **стоимость кредита** — loan value; 12. **стоимость обработки** — value added; 13. **стоимость отгруженного товара** — shipped value; 14. **стоимость перевозки подлежит уплате получателем** — carriage forward; 15. **стоимость по таможенной оценке** — official value; 16. **стоимость по торговым книгам** — book value; 17. **стоимость провоза по железной дороге; ж.-д. сборы** — railway charges; 18. **стоимость провоза** — freight charges; 19. **стоимость спасенного имущества; сумма, которую можно выручить за имущество в случае его немедленной реализации** — salvage value; 20. **стоимость товаров, купленных по контракту** — contract value; 21. **стоимость чеков и векселей, оплаченных банками за счет вкладчиков** — bank debits; 22. **стоимость** — breakup value; 23. **стоимость, страхование, фрахт и комиссия посредника; СИФ, включая комиссию посредника** — cost, insurance, freight and commission; 24. **стоимость, страхование, фрахт и курсовая разница; СИФ, включая курсовую разницу** — cost, insurance, freight and exchange; 25. **стоимость и фрахт; условие КАФ** — cost and freight; 26. **стоимость, страхование,**

фрахт; условие СИФ — cost, insurance, freight; 27. **балансовая стоимость** — book value; 28. **высокая стоимость займов; недостаток денег; денежный голод; стесненный кредит** — money pressure, credit squeeze, money squeeze, dear money; 29. **залоговая стоимость** — hypothecation value; 30. **курсовая стоимость; рыночная стоимость** — market value; 31. **невысокая стоимость займов; нестесненный кредит** — cheap money; 32. **номинальная стоимость** — nominal value; 33. **общая валовая стоимость движимого имущества** — gross personalty; 34. **общая стоимость имущества** — total assets; 35. **общая чистая стоимость движимого имущества** — net personalty; 36. **оптовая стоимость** — wholesale cost; 37. **относительная стоимость** — relative value; 38. **оценочная стоимость; облагаемая стоимость** — ratable value; 39. **первоначальная стоимость; себестоимость** — initial cost, original cost; 40. **повысить стоимость по торговым книгам** — to write up; 41. **поштучная стоимость** — cost by piece; 42. **по номинальной стоимости** — by tale; 43. **превышение стоимости экспорта над стоимостью импорта, активное сальдо, активный торговый баланс** — export surplus; 44. **продажная стоимость** — sale value; 45. **рыночная стоимость** — market value, commercial value; 46. **с включением стоимости пересылки** — postage included; 47. **удельная стоимость** — specific cost.

стояночное время — lay days.

страна — country, land ◇ 1. **страна назначения** — country of destination; 2. **страна, имеющая отрицательный платежный баланс** — debtor nation; 3. **страна, являющаяся в конечном итоге импортером какого-л. товара; нетто-импортер какого-л. товара** — net importer of a commodity; 4. **страны, производящие сырье** — primary producing countries.

страхование — insurance ◇ 1. **страхование действительно с того момента, когда товар вывезен со склада** — the insurance attaches from the goods leave the warehouse; 2. **страхование кредитов** — credit insurance; 3. **страхование на случай возникновения чрезвычайных обстоятельств** — insurance on a contingency basis; 4. **страхование ответственности** — liability insurance; 5. **страхование от безработицы** — unemployment insurance; 6. **страхование от всех рисков** — all risk insurance; 7. **страхование от несчастных случаев** — accident insurance; 8. **страхование со включением случаев частной аварии** — insurance with average; 9. **аннулировать страхование** — to cancel insurance; 10. **добровольное страхование** — voluntary insurance; 11. **заключить страхование** — to effect insurance; 12. **имущественное страхование** — property insurance; 13. **личное страхование** — personal insurance; 14. **обязательное страхование** — compulsory insurance; 15. **производить страхование**

— to cover insurance; 16. **расширенное страхование** — extended cover; 17. **социальное страхование** — social insurance; 18. **стоимость, страхование, фрахт и комиссия посредника; СИФ, включая комиссию посредника** — cost, insurance, freight and commission; 19. **стоимость, страхование, фрахт и курсовая разница; СИФ, включая курсовую разницу** — cost, insurance, freight and exchange; 20. **стоимость, страхование, фрахт; СИФ** — cost, insurance, freight; 21. **экспортно-кредитное страхование** — export credit insurance.

страхователь — insurant.

страховка — insurance.

страховой — insurance ◇ 1. **страховая ответственность** — insurance liability; 2. **страховая оценка** — insurance appraisal; 3. **страховая премия по блок-полису** — blanket rate; 4. **страховая премия** — insurance premium; 5. **страховая сумма** — sum insured; 6. **страховое возмещение** — insurance indemnity; 7. **страховое общество** — insurance company; 8. **страховое свидетельство; страховой сертификат** — certificate of insurance; 9. **страховой платеж** — insurance payment; 10. **страховой полис, дающий право на участие в распределяемой прибыли страхового общества** — participating policy; 11. **страховой талон, предварительная страховая записка** — slip; 12. **страховые платежи** — insurance payments; 13. **страховые риски** — perils insured; 14. **государственный страховой фонд** — National Insurance Fund; 15. **добавочная страховая премия** — additional premium; 16. **предварительное страховое объявление** — provisional declaration.

страховщик — insurer ◇ **Объединение лондонских страховщиков** — Institute.

структура — structure, composition ◇ **структура торговли** — pattern of trade.

структурный — structure ◇ **структурная безработица** — structural unemployment.

субаренда — sublease.

сублицензия — sublicence.

сублицензиар — sublicencor.

сублицензиат — sublicensee.

суброгация — subrogation.

субподряд — subcontract.

субподрядчик — subcontractor.

субсидия — subsidy, grant, bounty ◇ **экспортные и другие субсидии производящим отраслям в рамках ЕЭС** — restitutions.

субсчет — subaccount.

субчартер — subcharter.

суд — court, justice, trail ◇ 1. **апелляционный суд** — court of appeal; 2. **арбитражный суд** — arbitration court, arbitration tribunal; 3. **поверенный в суде** — attorney at law; 4. **подать на кого-л. в суд, преследовать кого-л. судебным порядком** — to take legal steps against a person; 5. **право требовать по суду** — right to enforce; 6. **решение суда в пользу истца** — judgement for the plaintiff.

судебный — judicial, legal ◇ 1. **судебное решение; приговор; присуждение** — adjudication; 2. **судебный процесс; судебное дело; процессуальные судебные издержки** — costs; 3. **судебная повестка** — writ of summons; 4. **судебная практика** — judiciary law; 5. **судебное взыскание** — charging order; 6. **судебное запрещение** — restrictive injunction; 7. **судебное преследование** — prosecution; 8. **судебные издержки** — law expenses; 9. **судебный приказ, судебное распоряжение** — order of the court; 10. **таксированные судебные издержки** — taxed costs.

судно — boad, ship, vessel ◇ 1. **судно, готовое к плаванию** — a ship in commission; 2. **грузить судно** — to stow a ship; 3. **грузовое судно; товарное судно** — cargo boat, cargo carrier, freight carrier, cargo ship; 4. **однотипное судно; судно того же владельца** — sister ship; 5. **промптовое судно** — prompt ship, prompt vessel; 6. **франко строп судно, с судна** — ex ship.

судья — judge ◇ 1. **третейский судья** — referee; 2. **судья по рассмотрению дел о банкротствах** — registrar in bankruptcy; 3. **должность судьи** — seat on the bench; 4. **контора адвоката; кабинет судьи** — chambers; 5. **официальный третейский судья** — official referee.

сумма — amount, sum ◇ 1. **сумма арендной платы; рентный доход; список арендаторов** — rental; 2. **сумма баланса; общая стоимость имущества** — total assets; 3. **сумма банкнот, выпущенных эмиссионными властями** — note issue; 4. **сумма брутто; валовая сумма** — gross amount; 5. **сумма векселя за вычетом дисконта; чистая выручка** — net avails; 6. **сумма возмещения убытков** — amount payable on settlement, indemnity sum; 7. **сумма к переносу; перенос суммы; сумма с переноса** — amount brought forward, amount carried forward; 8. **сумма нетто** — net amount; 9. **сумма обязательств за вычетом стоимости легко реализуемого имущества** — net liabilities; 10. **сумма предполагаемой выручки** — estimated proceeds; 11. **сумма расходов** — total of expenses; 12. **"сумма рынка"** — market amount; 13. **сумма счета** — invoice sum; 14. **сумма фактуры** — amount of invoice; 15. **сумма чистых активов, используемая предпринимателями (в бухг. учете США)** — capital account; 16. **сумма, которая должна быть выручена согласно смете** — estimated proceeds; 17. **сумма, которую можно выручить за имущество в случае его немедленной реализации** — salvage value; 18. **суммы безналичных расчетов между клиринг-банками** — bank clearings; 19. **суммы, подлежащие получению;**

счета дебиторов, дебиторы; неоплаченные долги, которые следует получить компании — receivables; 20. **суммы, подлежащие уплате** — payables; 21. **ассигновать сумму; утвердить сумму** — to vote a sum, to assign a sum; 22. **валовая сумма поступлений** — gross returns; 23. **валовая сумма продаж** — gross sale; 24. **вернуть сумму** — to refund a sum; 25. **взысканная сумма** — recovered sum; 26. **в счет причитающейся суммы; в частичное погашение причитающейся суммы** — on account; 27. **годовая сумма продаж** — yearly sales; 28. **денежные суммы** — monies; 29. **денежные суммы** — moneys; 30. **занести сумму на чей-л. кредит; записать сумму в кредит счета кого-л.** — to credit a person with an amount, to credit an amount to a person, to pass an amount to the credit of a person's account; 31. **значительная сумма возмещения убытков, значительные убытки** — substantial damages; 32. **значительная, солидная сумма; округленная, приблизительная сумма** — round sum; 33. **изъятие суммы со счета** — drawing an amount from an account; 34. **мелкие суммы** — petty cash; 35. **на остающуюся сумму; что касается остального** — for the rest; 36. **на сумму** — to the amount of; 37. **неуплаченные суммы; задолженность** — outstandings; 38. **неуплаченная сумма; невостребованная сумма** — outstanding amount; 39. **общая сумма подписки на полученные заявления составила ...** — the tenders aggregated to ...; 40. **общая сумма потерь, убытков; полная гибель** — total loss; 41. **общая сумма требований** — total claims; 42. **общая сумма фактуры** — invoice amount; 43. **общая твердая сумма страховой премии** — lumpsum premium; 44. **основная сумма и проценты** — capital and interest; 45. **подписаться на сумму** — to subscribe for an amount; 46. **полная сумма** — full amount; 47. **получить сумму с депозита** — to draw on deposit; 48. **причитающаяся сумма** — sum owing; 49. **страховая сумма** — sum insured; 50. **твердая сумма фрахта** — lump freight; 51. **чистая сумма продаж** — net sale.

суммарный — total, summary.

суперарбитр — umpire, chief arbitrator.

суперкарго — supercargo.

существенный — essential, material; considerable; important, substantial, vital ◇ 1. **существенные убытки** — heavy losses; 2. **существенные элементы; реквизиты** — essential elements; 3. **существенный вклад** — substantial contribution.

существо — essence; subject matter ◇ 1. **по существу** — on the substance (of); 2. **по существу** (с фактической точки зрения) — on points of fact.

существование — existence; life ◇ **средства к существованию; пропитание** — subsistence.

существующий — existing, current ◇ 1. **существующая рыночная**

цена — market price; 2. **существующая цена; цена дня** — current price; 3. **существующее или существовавшее положение; статус-кво; то же положение; тот же порядок** — status quo; 4. **существующие цены, существующие рыночные цены** — current values; 5. **существующие цены, общераспространенные цены** — prevailing prices.

сфера — sphere; realm ◇ **сфера деятельности; отрасль торговли; отрасль промышленности** — line of business.

счет — account, bill, invoice ◇ 1. **счет востро** — vostro account; 2. **счет в банке; банковский счет** — bank account, banking account; 3. **счет движения долгосрочных капиталов** — long term capital account; 4. **счет для учета движения краткосрочных капиталов в платежном балансе** — short term capital account; 5. **счет доходов** — income account; 6. **счет жиро** — giro account; 7. **счет закрыт** — account closed; 8. **счет за перевозку грузов** — freight account, freight bill; 9. **счет за ремонт; дефектная ведомость** — repairs bill; 10. **счет за фрахт** — freight note; 11. **счет издержек, дисбурсментский счет** — disbursement account; 12. **счет капитала; статьи движения капиталов; статьи платежного баланса, отдельные от текущих операций** — capital account; 13. **счет кассы** — cash account; 14. **счет кредиторов; кредиторы по расчетам; кредиторская задолженность** — accounts payable; 15. **счет не сходится** — the account does not tally; 16. **счет переходящих сумм** — suspense account; 17. **счет по кредиту, открытому без обеспечения; кредит без обеспечения** — charge account; 18. **счет прибылей и убытков** — loss and gain account, profit and loss account, income statement, statement of income; 19. **счет расходов** — account of charges; 20. **счет расходов; ведомость судебных издержек** — bill of costs; 21. **счет ссуд** — advance account; 22. **счет ценных бумаг; счет капитала; счет товара** — stock account; 23. **счет "востро"** — vostro account; 24. **счет "лоро"** — loro account; 25. **счет "ностро"** — nostro account; 26. **счет, на котором имеется расписка продавца в получении суммы счета** — receipted invoice; 27. **счета дебиторов, дебиторы; неоплаченные долги, которые следует получить компании** — receivables, accounts receivable; 28. **балансовый счет** — balance account; 29. **блокированные счета** — blocked balances; 30. **блокированный счет** — frozen account; 31. **брокерский счет** — discretionary account; 32. **валюта в счет** — value in account; 33. **вести счет; составить счет** — to keep an account; 34. **владелец счета** — account holder; 35. **внебалансовый счет** — below-line balance account; 36. **внешние счета; счета по внешним расчетам** — external accounts; 37. **выписка из счета** — abstract of account; 38. **выписка счета** — statement of account; 39. **в счет причитающейся суммы** — on account; 40. **депозитный счет; авансовый счет** — deposit account; 41. **закрыть, заключить счет** — to close an account; 42. **записать на счет** — to carry to account; 43. **заплатить по счету; нести расходы; нести последствия** — to foot the bill; 44. **за мой счет** — at my expense; 45. **за чей-л. счет** — at one's cost; 46. **инкассировать счет или вексель** — to collect a bill; 47. **исправить счет** — to adjust an account; 48. **контр-счет** — contra account; 49. **корреспондентский счет** — corresponding account; 50. **на счет наложен арест** — account attached; 51. **на этот счет; в этом отношении** — on this score; 52. **"НАУ" счет; текущий счет, приносящий доход** — negotiable order of withdrawal, NOW account; 53. **неверный расчет** — wrong calculation; 54. **неоплаченные счета; счета дебиторов; неуплаченные суммы; задолженность** — outstandings; 55. **неоплаченный счет** — account in arrears; 56. **недостача при счете** — short delivery; 57. **общий счет** — joint account; 58. **оплатить счет, покрыть счет; уплатить по векселю; оплатить тратту** — to pay a bill, to settle a bill; 59. **остаток счета** — balance of an account; 60. **открытый счет** — open account; 61. **открыть счет в банке** — to open an account with a bank; 62. **официальный расчетный счет** — official settlements account; 63. **переводные счета в фунтах стерлингов** — transferable sterling; 64. **переводный счет** — transferable account; 65. **покрыться за счет кого-л.** — to buy in against somebody; 66. **получено в счет причитающейся суммы** — received on account; 67. **поставить на счет** — to charge to account; 68. **представить счет; представить отчет; отчитаться** — to render an account; 69. **привести счета в порядок** — to get the accounts square; 70. **признать счет правильным** — to approve of an account; 71. **проверить счет; подтвердить правильность счета** — to verify an account; 72. **пропустить счет, утвердить счет** — to pass an account; 73. **процентный счет** — interest account; 74. **разблокировать счета** — to release a blocked account; 75. **расплатиться по счету; ликвидировать счет** — to settle an account; 76. **сберегательный счет** — savings account; 77. **состояние счета** — state of the account; 78. **специальный счет** — separate account; 79. **списывать со счета; амортизировать** — to charge off; 80. **срок счета** — term of validity of an account; 81. **ссудный счет** — loan account; 82. **за счет чего-л.; стоимость в; ценой чего-л.** — at the cost of; 83. **текущий счет; контокоррентный счет; контокоррент; текущие операции, текущие расчеты** — current account, account current; 84. **только на счет получателя** — account payee only; 85. **уплатить в счет причитающейся суммы** — to pay on account; 86. **уравнять счет** — to balance the account; 87. **фальсифицировать счета** — to tamper with accounts; 88. **фиктивный счет; ориентировочный счет** — proforma account; 89. **чрезмерный счет; долгосрочный вексель** — long bill; 90. **чековый счет** — checking account.

счетный — account ◇ 1. **счетная линейка** — sliding scale; 2. **счетная книга; бухгалтерская книга** — account book.
счетоводство — bookkeeping.
сырье — raw materials, raw stuff ◇ **сырье, сырые материалы** — primary goods.
сюрвейер — surveyor.

Т

таблица — table ◇ 1. **располагать в виде таблицы; вносить в таблицы** — tabulate; 2. **сводная таблица** — summary table; 3. **фондовая курсовая таблица; список акций** — share list.
табличный — tabular ◇ **табличные данные** — tabular data.
таймшит — time-sheet.
тайна — secret ◇ **коммерческая тайна** — commercial secret.
такса — rate, tariff ◇ **такса за пересылку по почте** — postal rate.
таксированный — valued, fixed ◇ 1. **таксированный полис, валютированный полис** — valued policy; 2. **таксированные судебные издержки** — taxed costs.
талон — talon ◇ **страховой талон, предварительная страховая записка** — slip.
таможенный — custom(s) ◇ 1. **таможенная декларация** — customs declaration, custom entry; 2. **таможенная закладная для перевозки грузов со склада на склад** — removal bond; 3. **таможенная классификация товаров; таможенный тариф** — customs schedule; 4. **таможенная оценка; определение ценности ввозимых товаров** — customs valuation; 5. **таможенная оценка, официальная оценка** — official valuation; 6. **таможенная очистка** — customs clearance; 7. **таможенная пломба, печать таможни** — customs seal; 8. **таможенная пошлина** — custom(s) duty; 9. **таможенная процедура** — procedure of customs; 10. **таможенная территория** — custom(s) territory, customs area; 11. **таможенное соглашение** — custom(s) agreement; 12. **таможенное удостоверение на возврат таможенных пошлин** — customs debenture; 13. **таможенное управление; таможня** — the Customs; 14. **таможенные и акцизные пошлины** — customs and excise duties; 15. **таможенные пошлины** — customs; 16. **таможенные сборы** — customs fees; 17. **таможенные формальности** — custom house formalities; 18. **таможенный досмотрщик** — customs surveyor; 19. **таможенный досмотр багажа** — luggage inspection; 20. **таможенный инспектор** — surveyor of customs; 21. **таможенный маклер; агент по таможен-**

ной очистке импортных грузов — custom house broker; 22. **таможенный сбор** — customs collection; 23. **таможенный склад, правительственный склад** — public stores; 24. **таможенный союз** — customs union; 25. **таможенный тариф** — customs tariff; 26. **таможенный чиновник** — revenue officer; 27. **подавать предварительную таможенную декларацию; предварительно декларировать** — to pre-enter; 28. **вес тары, установленный таможенными правилами** — customs tare; 29. **вес тары, установленный таможенным тарифом** — legal tare; 30. **общий таможенный тариф** — general tariff; 31. **очистка от таможенных формальностей** — customs formalities clearance; 32. **перегружать товары под таможенным контролем; перегружать товары, не подвергающиеся таможенной очистке** — to tranship goods under bond; 33. **поступило на таможенные склады** — entered for warehouse; 34. **предварительная таможенная декларация** — imperfect entry, sight entry; 35. **преференциальный таможенный тариф; преференциальный режим** — preferential tariff; 36. **приписной таможенный склад; склад для хранения не оплаченных пошлиной грузов** — bonded warehouse; 37. **сборы для возмещения таможенных расходов** — charges to cover customs fees; 38. **сбор за хранение товара на таможенном складе** — bond dues; 39. **связанные ставки таможенного тарифа** — bound rates; 40. **складская таможенная закладная** — warehouse bond; 41. **соглашение о порядке таможенных формальностей** — customs formalities observation agreement; 42. **упростить таможенную процедуру** — to ease customs formalities.

таможня — **the Customs, custom house** ◇ 1. **железнодорожная таможня** — railway custom house; 2. **морская таможня** — maritime custom house; 3. **пограничная таможня** — border custom house; 4. **акт о конфискации груза таможней** — seizure note; 5. **дать сведения таможне о судне, команде и грузе при прибытии в порт** — to report a vessel at the custom house; 6. **запрет таможни** — customs ban; 7. **облигация; сертификат таможни для обратного получения импортной пошлины** — debenture bond; 8. **ордер на выпуск груза из таможни** — customs warrant; 9. **печать таможни; таможенная пломба** — customs seal; 10. **подавать в таможню декларацию о судне** — to enter a ship at the custom house; 11. **производить очистку судна на таможне** — to clear a ship at the custom house; 12. **разрешение таможни на беспошлинный транзит груза** — transshipment delivery order; 13. **разрешение таможни на вывоз товара из таможенного склада** — bond note; 14. **разрешение таможни на вывоз товара** — customs clearance; 15. **разрешение таможни на выдачу груза со склада** — warehouse-keeper's order; 16. **разрешение таможни на перевоз грузов на другой**

склад — transfer permit to another warehouse; 17. **разрешение таможни на погрузку** — permit to lade; 18. **сведения, представляемые капитаном в таможню по прибытии судна** — ship's report; 19. **удостоверение таможни на право обратного получения импортной пошлины** — customs debenture.

тантьема — bonus ◇ **тантьемы, наградные персоналу** — employees bonus.

тара — tare ◇ 1. **тара-тариф** — schedule of usual tare weights; 2. **вес базисной тары** — received tare; 3. **вес тары по тара-тарифу** — schedule tare; 4. **вес тары, превышающий нормальный; сверх тара** — super tare; 5. **вес тары, установленной для отгрузки товара** — original tare; 6. **вес тары, установленный таможенными правилами** — customs tare; 7. **вес тары, установленный таможенным тарифом** — legal tare; 8. **действительный вес тары** — real tare; 9. **предполагаемый вес тары** — estimated tare; 10. **средний вес тары** — average tare; 11. **фактурный вес тары** — invoice tare.

тариф — tariff, table of rates, scale of charges ◇ 1. **тариф большой скорости** — express rate; 2. **тариф для создания выгодных условий для переговоров** — tariff for bargaining purposes; 3. **тариф ЕЭС** — common community tariff; 4. **тариф на транзитные грузы** — transit rates; 5. **тариф ставок комиссионного вознаграждения** — schedule of commission charges; 6. **тариф, шкала сборов, расходов** — scale of charges; 7. **автономный тариф** — autonomous tariff; 8. **Генеральное соглашение по тарифам и торговле** — General Agreement on Tariff and Trade; 9. **гибкий тариф** — flexible tariff; 10. **двухколонный тариф** — double-column tariff; 11. **дифференцированный тариф** — differential tariff; 12. **ж.-д. тариф для экспортных грузов** — railroad export rates; 13. **запретительный тариф** — prohibitive tariff, reduced tariff; 14. **импортный тариф** — import tariff; 15. **карательный тариф** — retaliatory tariff; 16. **комбинированный тариф** — combination rate; 17. **компенсационный тариф** — compensatory trade; 18. **конвенционный тариф, договорные пошлины** — conventional tariff; 19. **льготный железнодорожный тариф** — preferential railroad rates; 20. **льготный тариф** — reduced tariff, revenue tariff; 21. **международный тариф** — international tariff; 22. **многоколонный тариф** — multiple tariff; 23. **налоговый тариф** — tax rates; 24. **общий таможенный тариф** — general tariff; 25. **общий тариф, простой тариф** — general tariff; 26. **одноколонный тариф** — single-line tariff; 27. **преференциальный таможенный тариф; преференциальный режим** — preferential tariff; 28. **связанные ставки тарифа таможенного** — bound rates; 29. **сквозной тариф** — through rate; 30. **сквозной комбинированный тариф** — combination through rate; 31. **скользящий тариф; дифференциаль-**

ный тариф — sliding-scale tariff; 32. **смешанный тариф, пошлины смешанного типа** — compound tariff; 33. **соглашение о тарифах** — tariff agreement; 34. **стоимостный тариф, пошлина ад валорем** — ad valorem tariff; 35. **таможенный тариф, таможенная классификация товаров** — customs schedule; 36. **таможенный тариф** — customs tariff; 37. **тара-тариф** — schedule of usual tare weights; 38. **транзитный тариф** — transit tariff; 39. **транспортный тариф** — transportation rate; 40. **фискальный тариф, фискальные пошлины** — single-column tariff; 41. **экспортный тариф** — export tariff.

тарифный — tariff ◇ 1. **тарифная квота** — tariff quota; 2. **тарифная ставка** — tariff rate.

твердо — firmly, firm ◇ 1. **твердо придерживаться, настаивать на** — to stand to; 2. **твердо держаться; не сдаваться; причитаться, подлежать уплате** — to stand out for.

твердый — hard, firm, strong, steadfast, stable ◇ 1. **заем с твердой процентной ставкой** — fixed rate loan; 2. **настроение рынка твердое** — the market is firm; 3. **общая твердая сумма страховой премии** — lumpsum premium; 4. **твердая котировка** — firm quote; 5. **твердая сумма фрахта** — lump freight; 6. **твердая цена** — firm price; 7. **твердое настроение** — good tone; 8. **твердое предложение** — firm offer; 9. **твердые цены** — fixed prices; 10. **твердый оклад** — stated salary; 11. **твердый процент, постоянный процент** — fixed rate of interest.

тезаврирование, тезаврация — hoarding ◇ 1. **прекращение тезаврирования; освобождение от излишних товарных запасов** — dehoarding; 2. **тезаврация золота частными лицами** — private holding of gold.

текущий — current, routine ◇ 1. **текущая задолженность, краткосрочный долг; краткосрочный государственный долг** — floating debt, recurring debt; 2. **текущая хозяйственная деятельность** — current business; 3. **текущая цена, существующая цена; цена дня** — current price; 4. **текущая эмиссия** — current issue; 5. **текущие дела** — current affairs, routine affairs, current business; 6. **текущие операции, текущие расчеты** — current account; 7. **текущие расходы** — current expenses; 8. **текущие расходы, эксплуатационные расходы** — operating costs, operating expenses; 9. **текущие события** — current developments; 10. **текущие счета за границей** (остатки на счетах в заграничных банках) — balances with foreign banks; 11. **текущий долг** (краткосрочные государственные займы) — unfunded debt; 12. **текущий ремонт** — running repairs; 13. **текущий счет** — checking account; 14. **текущий счет; контокоррентный счет** — current account, book account; 15. **текущий** (обыкновенный) **счет** — account current; 16. **текущий счет, приносящий доход** — negotiable order of withdrawal, NOW account.

телеграмма — telegram, wire, cable, telex ◇ 1. **телеграммой** — by telegram, by wire, by cable, by telex; 2. **адрес для телеграмм** — telegraphic address.

телеграфировать — to telegraph, to cable, to wire ◇ 1. **телеграфировать клером** — to cable in clear; 2. **телеграфировать по телетайпу** — to telex.

телеграфный — telegraphic, cable ◇ 1. **телеграфное извещение, уведомление** — telegraphic advice, cable advice; 2. **телеграфный перевод** — telegraphic transfer, cable transfer.

тенденция — tendency, adjustment, trend, bias, run ◇ 1. **тенденция к повышению** — bullish tendency; 2. **тенденция к понижению или дальнейшему понижению цен** — weaker tendency in prices; 3. **тенденция к понижению** — bearish tendency, downtrend, falling tendency; 4. **тенденция резко изменилась** — the tendency was reversed; 5. **тенденция рынка** — market trend; 6. **тенденция рыночных цен** — the run of the market; 7. **тенденция цен к большей устойчивости, тенденция к некоторому повышению цен** — stronger tendency in prices; 8. **тенденция цен, направление движения цен** — trend in prices; 9. **иметь тенденцию к понижению, слабеть** — to look down; 10. **повышательная тенденция, повышение** — upward adjustment; 11. **повышательная тенденция приостановилась и цены понижаются** — the market is easier; 12. **повышательная тенденция приостановилась и цены понижаются; цены понижаются** — the market is easier; 13. **понижательная тенденция, понижательное настроение** — bearish tendency, bearish tone; 14. **понижательная тенденция, понижение** — downward adjustment; 15. **проявлять тенденцию к** — to exhibit a tendency to, tend to.

тендер, тендерный — tender, bid ◇ 1. **тендер, принятый для исполнения** — awarded tender; 2. **тендерное предложение** — tender offer; 3. **международный тендер** — international tender.

теплый — warm, mild, affectionate, hearty, cordial, sympathetic ◇ **"теплые" казначейские векселя** — hot treasury bills.

терминал — terminal ◇ 1. **контейнерный терминал** — container terminal; 2. **морской терминал** — marine terminal.

территория — territory ◇ 1. **подопечная территория** — trust territory; 2. **самоуправляющаяся территория** — self-governing territory; 3. **статистическая территория** — statistical territory; 4. **таможенная территория** — customs territory, customs area.

терять — to lose, to shed, to fail, to decline, to weaken.

техника — technique, engineering, materiel, equipment, machinery ◇ **техника безопасности** — safety measures, accident prevention.

технический — technical, industrial ◇ 1. **инженерно-технические работники** — engineering employee; 2. **техническая сторона дела** — technicality; 3. **техническая фирма** — engineers; 4. **тех-**

нические термины; технические условия — technical terms; 5. **технические условия для обеспечения безопасности** — safety specifications; 6. **технические условия** — standard specifications, technical condition; 7. **технические условия; спецификация** — specification of quality; 8. **технический консультант** — technical adviser; 9. **технический кредит по двустороннему клирингу** — bilateral clearing credit; 10. **технический отдел** — engineering department; 11. **техническое обслуживание** — maintenance facilities, maintenance service.

технология — technology ◇ 1. **основная технология** — fundamental techniques; 2. **передача технологии** — transfer of technology.

титул — title, title deed ◇ 1. **титул на движимое имущество** — title in personal property; 2. **доказать законный титул** — to make a good title; 3. **обоснованный титул, законный титул** — good title; 4. **оспоримый титул** — voidable title; 5. **отсутствие титула** — want of title.

товар — commodity, article, goods ◇ 1. **товар высокого качества** — quality goods; 2. **товар достался лицу, предложившему наивысшую цену** — the goods were allotted to the highest bidder; 3. **товар, запрещенный к ввозу** — prohibited imports; 4. **товар, запрещенный к вывозу** — prohibited exports; 5. **товар нас не привлекает** — the goods do not appeal to us; 6. **товар на пробу** — goods on approval; 7. **товар, на который наложен арест** — goods under arrest; 8. **товар с немедленной сдачей; товар по кассовым сделкам; наличный товар; цена товара по кассовым сделкам** — spot goods, spots; 9. **товар, снятый в пути для хранения** — storage in transit; 10. **товар, являющийся источником получения долларов** — dollar earning commodity; 11. **товары, в отношении которых требуется возврат таможенных пошлин** — drawback goods; 12. **товары в пути; транзитный груз** — goods in transit; 13. **товары длительного пользования** — durable goods; 14. **товары потребительского назначения** — consumer goods; 15. **товары производственного назначения** — capital goods; 16. **товары, продающиеся в стандартной упаковке** — package goods; 17. **товары, сложенные на таможенном складе и не оплаченные пошлиной** — bonded goods; 18. **товары такого рода** — goods of such nature; 19. **товары фабричного производства; промышленные товары; готовые изделия** — manufactured goods; 20. **товары, экспорт которых сократился** — export items of contraction; 21. **товары, экспорт которых увеличился** — export items of expansion; 22. **ассортимент товаров** — assortment of goods; 23. **беспошлинные товары** — free imports; 24. **биржевые товары** — exchange goods; 25. **богатый выбор товаров** — a rich assortment of goods; 26. **возвращенный товар, чеки, векселя; произведенный возврат** —

returns; 27. **второсортный товар, второсортная продукция** — seconds; 28. **вывезти товар со склада** — to withdraw goods from a warehouse; 29. **галантерея, галантерейные товары; мелкие скобяные товары** — petty wares, small ware; 30. **если продавец не сдает товар** — if the seller fails to deliver the goods; 31. **жизненный цикл товара** — commodity life-cycle; 32. **заложенный товар** — pledged goods; 33. **запроданный товар** — sold goods; 34. **застрахованный товар** — insured goods; 35. **импортные товары** — imported goods; 36. **импортные товары, не оплаченные пошлиной** — imports in bond; 37. **качество выгруженного товара** — landed quality; 38. **конкурентоспособный товар** — competitive goods; 39. **консигнационный товар** — consignment goods; 40. **момент перехода товара через границу** — time of commodity crossing a frontier; 41. **модные товары** (галантерея, предметы роскоши) — fancies, fancy articles; 42. **наличные товары** — goods on hand, cash commodity, present goods; 43. **наличный товар; товар с немедленной сдачей; товар по кассовым сделкам; цена товара по кассовым сделкам** — spot goods, spots; 44. **на этот товар в данный момент нет спроса** — these goods are out of favour now; 45. **на этот товар мало спроса** — there is little inquiry for these goods; 46. **недостаточный запас товара** — want of stock; 47. **независимо от того, видел ли покупатель товар или не видел** — seen or not seen; 48. **непринятый товар; товар обанкротившегося владельца** — distress goods; 49. **обращение товаров** — bills in circulation; 50. **определенный товар; товар, определенный индивидуальными признаками** — specific goods; 51. **освидетельствованные товары** — certificated stocks; 52. **освободить товар по уплате суммы** — to release goods against payment of; 53. **освобождение товара, заложенного в банке** — bank release; 54. **основные товары** — basic commodities, staple articles; 55. **остановка товара в пути** — stoppage in transit; 56. **отборные товары** — choice goods, prime goods; 57. **отзыв товара** — demand of goods; 58. **отказаться от товара в пользу страховщика** — to abandon goods to the insurer; 59. **отказаться от товара; забраковать товар** — to reject goods; 60. **первоклассные товары** — first-class lines; 61. **перегружать товары под таможенным контролем; перегружать товары, не подвергающиеся таможенной очистке** — to tranship goods under bond; 62. **послать запрос на товар** — to send an inquiry for goods; 63. **послать товар для одобрения** — to send goods on approval; 64. **послать товар на консигнацию** — to send goods on consignment; 65. **поставка наличного товара** — cash delivery; 66. **потребительские товары, быстро изнашивающийся и малоценный товар** — soft goods; 67. **потребительские товары; предметы широкого потребления** — consumer goods, articles of consumption, consumer lines; 68. **пред-**

ставительские товары — official goods, souvenirs and refreshments; 69. **принимать товар** — to accept goods; 70. **продовольственные товары; пищевые продукты** — provisions; 71. **распродавать товары; очищать товары от пошлин** — to clear goods; 72. **реальный товар** — cash commodity; 73. **реимпортированные товары** — reimports; 74. **реэкспортные товары** — reexport goods; 75. **сбыть товары** — to work off goods; 76. **сдать или поставить товар; доставить товар; выдать товар** — to deliver the goods; 77. **сдать товар на условиях ФОБ Одесса** — to deliver goods f.o.b. Odessa; 78. **скупить товар на рынке** — to corner the market; 79. **снять свой товар с продажи на аукционе** — to buy in; 80. **снять товар с аукциона** — to withdraw goods from a sale; 81. **сорт товара** — line of goods, line of merchandise; 82. **срочно отправить заказанный товар, срочно выполнить заказ** — to rush an order; 83. **транзитные товары** — transit goods; 84. **удерживать у себя товар** — to retain possession of the goods; 85. **умение показать товар лицом** — window dressing; 86. **уцененный товар** — marked-down goods; 87. **фирменные товары** — branded articles; 88. **ходкий товар** — go-go stock, saleable article; 89. **штучный товар; ткани в кусках** — piece of goods; 90. **эти товары легко продаются** — these goods command a ready sale; 91. **эти товары пользуются большим спросом** — these articles are in great favour; 92. **экспортные товары** — export goods.

товарищ — partner, companion ◇ 1. **товарищ-вкладчик** — limited partner, limited partner, special partner; 2. **полный товарищ** — general partner.

товарищество — partnership ◇ 1. **товарищество на вере; коммандитное товарищество** — limited partnership; 2. **выход компаньона из товарищества** — withdrawal of partner; 3. **капитал товарищества** (акционерный капитал) — joint stock; 4. **кредитное кооперативное товарищество** (общество взаимного кредита) — mutual loan society; 5. **ликвидация товарищества** — dissolution of partnership; 6. **полное товарищество** — general partnership, ordinary partnership, unlimited partnership; 7. **простое товарищество** — society in participation.

товарность — ratio of commodity output to the total output, marketability, marketable value.

товарный — goods, commodity, marketable ◇ 1. **товарная биржа** — commodity exchange, commodity market; 2. **товарная квитанция** — warehouse-keeper's certificate, warehouse-keeper's receipt; 3. **товарная наличность; остаток непроданных товаров; имущество; оборудование** — stock-in-trade, stock in hand; 4. **товарная пристань; набережная** — wharf; 5. **товарное судно** — cargo boat, cargo ship; 6. **товарные запасы торгово-промышленных предприятий** — business stocks; 7. **товарные из-**

лишки — surplus of goods; 8. **товарные операции банков** — commodity transactions of banks; 9. **товарный аккредитив** — commercial letter of credit, documentary letter of credit; 10. **товарный вагон; грузовик** — freight car; 11. **товарный знак** — trade mark; 12. **товарное наименование** — trade name; 13. **имущественно-товарная компенсация** — compensation in kind; 14. **содержание товарного знака** — maintenance of a trade mark.

товаровед — commodity researcher, goods manager, expert on merchandise, commodity expert.

товарообмен — exchange of commodities, barter, exchanges ◇ 1. **товарообменная торговля** — barter trade; 2. **товарообменные сделки** — barter transections; 3. **товарообменные сделки, заключаемые устно в пределах биржевого круга** — execution by outcry.

товарооборот — commodity circulation, commodity turnover, trade turnover.

товароотправитель — forwarder of goods, consignor.

товарополучатель — recipient of goods, consignee.

товаропроизводитель — commodity producer.

товарораспорядительный документ — document of title.

тонна — ton ◇ 1. **большая английская тонна, длинная тонна** — long ton, English ton; 2. **короткая тонна, малая тонна** — short ton; 3. **брутто-регистровые тонны** — gross register tons; 4. **метрическая тонна** — metric ton; 5. **обмерная тонна** — cargo ton, measurement ton; 6. **регистровая тонна** — register ton; 7. **фрахтовая тонна** — cargo ton, measurement ton.

тоннаж, тоннажный — tonnage, space, ship room ◇ 1. **тоннажный сбор; корабельный сбор** — tonnage dues; 2. **брутто-регистровый тоннаж** — gross register tonnage; 3. **долларовый тоннаж** — dollar tonnage; 4. **регистровый тоннаж, регистровая вместимость** — register tonnage.

торги — auction, bidding, open market, tenders ◇ 1. **закрытые торги** — auction by tender; 2. **международные торги** — international bid, international tenders; 3. **назначать торги; открывать подписку на акции или облигации; принимать к рассмотрению предложения** — to invite tenders; 4. **объявить торги на что-л.** — to put out something to tender, to call for bids, to invite bids for, to seek for bids; 5. **принудительная продажа с торгов** (продажа с молотка) — compulsory sale; 6. **список участников торгов** — tender list.

торговый — commercial, merchant, mercantile, shopping ◇ 1. **торговая делегация** — trade delegation; 2. **торговая палата** — Chamber of Commerce; 3. **торговая фирма** — business firm; 4. **торговая ярмарка** — trade fair; 5. **торговое агентство; кредитбюро; справочная контора о кредитоспособности** — mercantile agency; 6. **торговое качество** — merchantable quality; 7. **торговое обыкновение; узанс; узанция; торговый обычай** — custom of the trade, commercial usage, practice of the trade; 8. **торговое помещение; контора** — place of business; 9. **торговое право** — commercial law, law merchant; 10. **торгово-промышленная палата** — chamber of commerce and industry; 11. **торговое соглашение** — trade agreement; 12. **торговые дела, связи, сделки** — dealings; 13. **торговые обычаи, торговая практика, обычное право купечества** — custom of the merchants; 14. **торговые расходы** — business expenses; 15. **торговые расходы, накладные расходы, общие расходы** — overhead charges, overhead expenses; 16. **торговые связи, деловые отношения** — business relations; 17. **торговый агент; комиссионер** — commercial agent, selling agent; 18. **торговый баланс** — trade balance; 19. **торговый баланс, в котором ценность экспорта равна ценности импорта** — balanced trade; 20. **торговый банк** — mercantile bank; 21. **торговый банк; акцептный банк** — merchant banker (*англ.*); 22. **торговый барьер** — trade barrier; 23. **торговый бюллетень** — trade report; 24. **торговый вексель** — trade bill; 25. **торговый договор на основе взаимности** — reciprocal treaty; 26. **торговый договор** — commercial treaty; 27. **торговый дом** — trade house; 28. **торговый знак; фабричная марка** — trade mark, trademark; 29. **торговый лимит** — trading limit; 30. **торговый оборот** — volume of business; 31. **торговый отчетный год** — business year; 32. **торговый советник** — commercial counsellor; 33. **активный торговый баланс, экспортный торговый баланс; активное сальдо торгового баланса** — export balance, export surplus; 34. **краткосрочные торговые векселя** — business paper(s); 35. **Международная торговая палата** — International Chamber of Commerce; 36. **пассивный торговый баланс; пассивное сальдо торгового баланса** — adverse balance of trade, import balance of trade, imbalance in trade; 37. **преференциальный торговый договор** — preferential agreement; 38. **экспортный торговый баланс; активное сальдо торгового баланса** — export balance.

торговец — **trader, merchant, dealer, tradesman** ◇ 1. **торговец в разнос, продавец** — vender; 2. **торговец ценными бумагами, биржевой маклер, совершающий операции за собственный счет** — stock jobber; 3. **мелкий торговец, розничный торговец** — petty dealer; 4. **оптовый торговец** — wholesale dealer; 5. **оптовый торговец, рабочий или служащий на складе; владелец склада; управляющий складом** — warehouseman; 6. **розничный торговец** — retail dealer, tradesman.

торговля — **trade, commerce** ◇ 1. **торговля идет вяло** — trade in slack; 2. **торговля продуктами** — produce market; 3. **торговля с рассрочкой платежа** — tally trade; 4. **торговля уменьшилась**

— trade is declining; 5. **"видимая" торговля; экспорт и импорт товаров** — visible trade; 6. **внеевропейская торговля** — extra-European trade; 7. **внешняя торговля** — external trade; 8. **внутренняя торговля; каботаж** — home trade; 9. **встречная торговля** — countertrade; 10. **главные предметы торговли** — staple commodities; 11. **государственная торговля** — public trading; 12. **единица торговли, единица сделки** — unit of trading; 13. **застой в торговле** — depression of trade; 14. **зона свободной торговли** — free trade zone; 15. **качество, пригодное для торговли** — merchantable quality; 16. **компенсационная торговля** — compensation trade; 17. **либерализация торговли, снятие торговых ограничений** — liberalization; 18. **недобросовестные приемы в торговле** — unfair practices in trade; 19. **общая торговля** — general trade; 20. **оптовая торговля** — wholesale business; 21. **осенняя торговля** — fall trade; 22. **отрасль торговли** — branch of business, line of business; 23. **посредническая торговля** — intermediate trade; 24. **признаки улучшения торговли** — signs of better trade; 25. **приостановка торговли; застой в торговле** — suspension of business; 26. **розничная торговля** — retail trade, retail business; 27. **содействие торговле** — encouragement of trade; 28. **транзитная торговля; реэкспортная торговля** — entreport trade; 29. **транспортная торговля; транспортное дело; морская торговля; морские перевозки** — carrying trade; 30. **угнетенное состояние торговли** — commercial distress; 31. **условия торговли** — terms of trade; 32. **характер торговли; структура торговли** — pattern of trade; 33. **часы торговли в магазинах** — shop hours.

торгпред — trade representative.

торгпредство — trade representation, trade delegation.

точный — exact, precise, accurate, punctual ◇ 1. **"точная настройка"** — fine tuning; 2. **точный лот** — even lot; 3. **с точностью до ближайшего меньшего фунта** — to the next lowest pound; 4. **с точностью до двух десятичных знаков** — to two decimal points.

трамп — tramp ◇ **трамповое судоходство** — tramp navigation.

транзит, транзитный — transit ◇ 1. **транзит; транзитные перевозки** — through traffic, traffic in transit; 2. **транзитом; в пути** — in transit; 3. **прямой транзит** — direct transit trade; 4. **разрешение таможни на беспошлинный транзит груза** — transshipment delivery order.

транзитный — transit ◇ 1. **транзитная декларация** — transit entry; 2. **транзитная зона** — transit zone; 3. **транзитный груз** — goods in transit; 4. **транзитная пошлина** — transit due, transit duty, transit tariff; 5. **транзитная торговля; реэкспортная торговля** — entreport trade; 6. **декларация на транзитный или реэкспортный груз** — transshipment bond note; 7. **декларация**

о не облагаемых пошлиной транзитных грузах — transit entry.

транспорт, транспортный — transport, transportation ◇ 1. **транспорт** *(перенос на другую страницу в бухг.)* — carrying forward; 2. **транспортная контора** — express company; 3. **транспортная накладная** — consignment note; 4. **транспортная накладная на груз, отправляемый в порт для экспорта** — domestic bill of lading; 5. **транспортная накладная** — waybill; 6. **транспортное дело (перевозки); транспортная торговля** — carrying trade; 7. **транспортные расходы** — transport charges; 8. **транспортные средства** — means of conveyance, transport facilities; 9. **покупка транспортных услуг** — transportation purchases; 10. **сквозная транспортная накладная** — through bill of lading; 11. **транспортная (экспедиторская) контора** — forwarding business.

транспортировать — to transport, to convey ◇ **транспортировать** *(перенести на другую страницу в бухг.)* — to carry forward.

транспортировка — transportation, transport.

трансферт, трансфертный — transfer ◇ 1. **трансферт прибыли** — transfer of profit; 2. **трансферт** *(документ о передаче, о переводе ценной бумаги с одного лица на другое)* — transfer deed; 3. **трансфертные платежи** — transfer of payments, transfer payments; 4. **трансфертный чек** — transfer ticket; 5. **банковский трансферт** — bank transfer; 6. **валютный трансферт** — exchange transfer; 7. **внутрифирменная трансфертная цена** — transfer price; 8. **книга трансфертов** — register of transfers; 9. **индоссаментный трансферт** — transfer by endorsement.

трассат — drawee.

трассант — drawer ◇ 1. **трассант, векселедатель** — drawer of a bill; 2. **трассант, чекодатель** — drawer of a cheque.

трассировать — to draw ◇ **трассировать кого-л. на сумму ... сроком на** — to draw on smb. for the amount of ... at.

трассирование — drawing.

траст — trust ◇ 1. **траст-сертификат** — equipment trust certificate; 2. **общий инвестиционный траст-фонд, фонд капиталовложений с высокой долей риска** — gogo fund.

трата — expenditure, expense, waste of.

тратить — to spend, to waste ◇ 1. **непроизводительно тратить деньги** — to waste money; 2. **непроизводительно тратиться** — to run to waste.

тратта — draft, bill ◇ 1. **тратта, выставленная в банк на другой банк** — bank draft; 2. **тратта, выставленная в долларах** — dollar draft; 3. **тратта, выставленная в одном экземпляре; единственный экземпляр тратты** — single bill, sola bill; 4. **тратта, выставленная на банк или банком, банковый билет, банкнота** — bank bill; 5. **тратта, выставленная на банк и подлежащая**

оплате по предъявлении — bankers' sight; 6. **тратта на определенный срок** — time draft; 7. **тратта, оплаченная до наступления срока** — acceptance under rebate; 8. **тратта, переводной вексель** — bill of exchange; 9. **тратта с дополнительными условиями** — claused bill; 10. **тратта с платежом по предъявлении** — demand draft; 11. **тратта, срок которой считается от числа, которым она датирована** — date draft; 12. **тратта сроком на ... дней на сумму ...** — draft at ... days for ...; 13. **тратта, срочная через три месяца от даты акцепта** — bill at three months sight; 14. **тратта, срочная через три месяца от даты трассирования** — bill at three months date; 15. **тратта, срочная через три месяца** — bill at three months; 16. **тратта, срочная немедленно по предъявлении** — demand draft, bill at sight; 17. **тратта, срочная по предъявлении** — presentation draft, cash order, sight bill; 18. **тратты, акцептованные банком** — bank paper; 19. **тратты, выставляемые на импортеров** — drawings on importers; 20. **тратты и чеки, представляемые банком в расчетную палату** — bank clearings; 21. **акцептованная торговая тратта** — trade acceptance; 22. **акцептовать тратту; оплатить тратту** — to give a draft due protection, to give protection to a bill, to honour a draft, to take up a bill; 23. **банковская тратта** — banker's draft, bankers draft; 24. **выставить тратту** — to issue a bill, to issue a draft, to draw a bill, to issue a draft; 25. **выставить тратту, срочную по предъявлении** — to draw at sight, to draw on demand; 26. **датированная тратта** — date draft; 27. **документированная тратта** — documentary bill, documentary draft; 28. **документированные тратты, подтоварные векселя** — commodity paper; 29. **домицилированная тратта** — addressed bill; 30. **заменить наличный платеж траттой** — to substitute a draft for cash payment; 31. **известить о выставлении тратты** — to advise of a draft; 32. **краткосрочная тратта** — short bill, short-date bill, short-sight bill, short-term bill; 33. **континентальная тратта** — continental bill; 34. **недокументированная тратта** — clean bill of exchange, clean draft; 35. **оплатить тратту, оплатить счет** — to pay a bill; 36. **платеж по предъявлении тратты, платеж по предъявлении грузовых документов** — sight payment; 37. **пролонгационная тратта** — renewal bill; 38. **пролонгировать тратту** — to accord a respite of payment of a draft, to renew a draft; 39. **чистая тратта; тратта, не сопровождаемая грузовыми документами** — clean bill.

требование — **demand, request, requirement, claim, aspirations, wants, desires, order, requisitions** ◇ 1. **требование явиться в суд** — writ of summons; 2. **требование гарантийного взноса, требование уплаты разницы; требование о дополнительном обеспечении** — margin call; 3. **требование закона в отношении резерва банков** — reserve requirements for banks; 4. **требова-**

ние или иск, которому истекла давность — stale demand; 5. **требование об уплате взноса за акции** — call on shares; 6. **требование погашения кредита** (закрытие кредита) — withdrawal credit; 7. **требование резервов депозитов** — reserve requirement; 8. **требование увеличения заработной платы** — wage claim, wage pressure; 9. **требование повышения ставок заработной платы в соответствии с изменением индекса прожиточного минимума** — demand for cost of living raise; 10. **требование уплаты** — application for payment; 11. **требования компании к держателям акций о выплате определенных денежных сумм в соответствии с вложенным капиталом** — calls; 12. **требования к иностранным инвестициям** — investment performance requirements; 13. **требования претензии** — nature of a claim; 14. **требования сдачи валютной выручки** — surrender requirements; 15. **встречное требование, встречный иск** — claim in return, counter claim; 16. **дополнительное требование** — supplementary claim; 17. **законное требование** — legitimate claim; 18. **зачет встречного требования** — offsetting of claim; 19. **требование о зачете суммы; встречное требование** — set off; 20. **имущественные требования; права, являющиеся основанием для искового требования** — chooses in action; 21. **общая сумма требований** — total claims; 22. **оспаривать требование, иск** — to contest a claim; 23. **отказать в требовании; отклонить рекламацию** — to reject a claim; 24. **поставка по требованию** — delivery on call; 25. **предъявлять требование к кому-л.** — to place demands on somebody; 26. **преимущественное требование; основной иск** — prior claim; 27. **связывающие требования** — tying requirements; 28. **справедливое требование, справедливая претензия** — fair claim; 29. **удовлетворять требованиям рынка** — to suit the market; 30. **удовлетворять требованиям; обеспечить потребности** — to meet the requirements.

требовать — to demand, to need, to call for, to require, to summons ◇ 1. **требовать возмещения убытков** — to claim damages; 2. **требовать времени** — to take time; 3. **требовать заключения соглашения по целому ряду вопросов** — to claim a package; 4. **требовать обеспечения** — to demand security; 5. **требовать передачи дела в арбитраж** — to claim arbitration; 6. **требовать уплаты** — to call in; 7. **требовать уценки** — to demand a cut in price.

трест — trust ◇ 1. **образование треста** — organization of a trust; 2. **развитие трестов** — formation of trusts, development of trusts.

третий — third ◇ 1. **третий образец переводного векселя** — third of exchange; 2. **третья сторона** — third party; 3. **третья сторона; свидетель** — third person; 4. **риски третьих лиц** — third party risks.

третейское решение — arbitration.

третейский суд — arbitration tribunal.

третейский судья — referee ◇ официальный третейский судья — official referee.

третьесортный, третьеразрядный — third rate.

трех — three-, of three ◇ 1. трехпроцентные бумаги — three-percents; 2. **трехпроцентный заем** — loan at 3 per cent; 3. **в трех экземплярах** — in a set of three.

трехстороннее соглашение — escrow.

трибунал — tribunal.

труд — labor, labour, work, trouble, difficulty ◇ 1. труды, дела, протоколы — proceedings; 2. **биржа труда** — unemployment exchange; 3. **Международная организация труда** — International Labor Organization; 4. **международное разделение труда** — international division of labour; 5. **наемный труд** — wage labour; 6. **продаваться с трудом** — to run into heavy selling; 7. **сдельная оплата труда** — payment by the piece; 8. **средства труда** — instruments of labour.

трудность — difficulty, trouble, obstacle ◇ трудности сбыта — marketing difficulties.

трудовой — working, labour ◇ 1. трудовой конфликт — industrial dispute; 2. **трудовой стаж** — time record; 3. **трудовые отношения в промышленности** — industrial relations; 4. **трудовые ресурсы** (рабочая сила; число работающих, численность рабочих и служащих) — labour force, work force; 5. **старшинство; трудовой стаж** — seniority; 6. **непосредственные трудовые затраты** — direct labour.

трудоемкий — labour intensive, labour-intensive, laborious.

трудоемкость — labour intensity, labour-intensiveness, laboriousness.

туризм — tourism, hiking, mountaineering, boating, cruising.

туристский — tourist's, traveller's ◇ туристский чек, дорожный чек — traveller's cheque, international cheque.

тяжелый — heavy, hard, difficult ◇ 1. тяжелая промышленность — basic industry; 2. **тяжелые грузовые места; тяжеловесы** — heavy goods; 3. **тяжелые деньги** — tight money.

тяжеловес — heavyweight ◇ 1. тяжеловесы, тяжелые грузовые места — heavy goods; 2. **длинномеры и тяжеловесы** — long and heavy goods.

убыль — drain, diminution, decrease, losses, subsidence ◇ 1. **убыль; изнашивание; износ; износ основного капитала** — wear and tear; 2. **убыль золота; изъятие золота; изъятие депонированного золота; расходование золота; вывоз золота; сокращение золотого запаса** — withdrawal of gold; 3. **нормальная убыль и нормальный износ** — fair tear and wear.

убыток — loss, damage, sacrifice ◇ 1. **убытки в результате уменьшения стоимости товарных запасов** — losses on stock; 2. **убытки оцениваются в 500 фунтов** — the losses are estimated at £ 500; 3. **убытки, согласованные и заранее оцененные** — agreed and liquidated damages; 4. **убыток; задолженность; долг; дефицит** — the red; 5. **убыток от неисполнения обязательств** — loss through default; 6. **убыток от общей аварии** — general average loss; 7. **убыток при реализации спасенного имущества** — salvage loss; 8. **убыток, оцениваемый страхователем исходя из индивидуальных соображений, а не из фактической стоимости имущества** — sentimental damage; 9. **убыточность операций** — red ink position; 10. **большой убыток** — severe loss; 11. **взыскание убытков** — recovery of damages; 12. **взыскать убытки; получить компенсацию за убытки** — to recover damages; 13. **возместить убытки лица** — to indemnify a person; 14. **возместить ущерб** — to make restitution; 15. **возместить убыток** — to make good a loss; 16. **возмещение будущих убытков, будущие убытки** — anticipatory damages; 17. **возмещение ожидаемых убытков, ожидаемые убытки** — prospective damages; 18. **возможные убытки** — eventual losses; 19. **в порядке возмещения убытков** — by way of damages; 20. **гарантировать возмещение убытка** — to guarantee against loss; 21. **договор гарантии от убытков** — contract of indemnity; 22. **работать с убытком, быть убыточным; быть в долгу; иметь задолженность** — to be in the red; 23. **значительные убытки, значительная сумма возмещения убытков** — substantial damages; 24. **избежать убытка; закончиться без прибыли и убытка; не дать ни прибыли, ни убытка** — to break even; 25. **нести ответственность за убытки** — to bear responsibility for damages; 26. **нести убыток; принять убыток на свой счет** — to bear a loss; 27. **нести убытки** — to incur losses, to suffer losses; 28. **ничтожное возмещение убытков** — nominal damages; 29. **общая сумма потерь, убытков** — total loss; 30. **ответственность за убыток, ущерб** — liability for damage; 31. **показать убыток** — to show a loss; 32. **покрывать убытки** — to cover losses; 33. **понесенные убытки** — losses sustained; 34. **"презренное" возмещение убыт-**

ков — contemptuous damages; 35. **принести убыток** — to yield a loss; 36. **продавать в убыток** — to sell at a sacrifice; 37. **продавать с убытком; продавать ниже номинальной цены; продавать со скидкой** — to sell at a discount; 38. **продажа в убыток** — sacrifice sale; 39. **распределять убытки в диспаше** — to make adjustment of average adjustment losses; 40. **согласованные и заранее оцененные убытки** — agreed and liquidated damages; 41. **считать ответственным за убытки** — to hold responsible in damages; 42. **терпеть убытки** — to sustain losses; 43. **требовать возмещения убытков** — to claim damages; 44. **характер ущерба или убытка** — nature of demand; 45. **чистая потеря, чистый убыток** — dead loss.

убыточность — unprofitableness ◇ **убыточность операций** — red ink position.

уведомление — letter of advice, notification, information ◇ 1. **день уведомления** — notice day; 2. **ж.-д. уведомление о прибытии груза** — railway advice; 3. **кредитовое уведомление** — credit advice; 4. **первый день уведомления** — first notice day.

увеличение — gain, increase, augmentation, expansion ◇ 1. **увеличение выпуска банкнот** — expansion of the currency; 2. **значительное увеличение** — useful increase; 3. **систематическое увеличение издержек производства** — cost inflation; 4. **стремление к увеличению коэффициента ликвидности банков** — liquidity squeeze.

увеличивать — to increase, to enlarge, to augment, to rise, to magnify ◇ 1. **увеличивать; ускорять** — to step up; 2. **увеличиваться, повышаться; продвигаться вперед; делать успехи** — to gain ground.

уверение — assurance, protestation.

уверенность — assurance, confidence, certitude.

увольнение — release, discharge, dismissal, retiring, pensioning off.

увольнять — to discharge, to dismiss, to fire ◇ 1. **увольнять** (по выслуге лет) — to superannuate; 2. **увольнять** (дать расчет) — to pay off.

удваивать — to double, to redouble.

удвоение — doubling, redoubling.

удерживать — to retain, to hold, to keep ◇ 1. **удерживать, задерживать; держаться в стороне; воздерживаться от покупки** — to keep back; 2. **удерживать свои позиции** — to hold one's ground; 3. **удерживать у себя товар** — to retain possession of the goods; 4. **удерживаться (оставаться устойчивым)** — to keep up.

удержание — keeping, retention, deduction, lien ◇ 1. **удовлетворить требование лица, осуществляющего право удержания** —

to discharge somebody's lien; 2. **использовать право удержания** — to exercise a lien; 3. **отказаться от права удержания** — to waive the lien; 4. **после удержания налога** — after tax.

удовлетворять — to satisfy, to content, to comply, to supply, to victual, to stock ◇ 1. **удовлетворить апелляцию; решить дело в пользу апеллянта** — to allow an appeal; 2. **удовлетворить претензию** — to allow a claim; 3. **удовлетворить спрос** — to satisfy the demand; 4. **удовлетворить требование лица, осуществляющего право удержания** — to discharge somebody's lien; 5. **удовлетворить требование, претензию** — to meet a claim; 6. **удовлетворить требование; признать правильность претензии** — to allow a claim, to discharge a claim; 7. **удовлетворять апелляцию; решить дело в пользу апеллянта** — to allow an appeal; 8. **удовлетворять спрос в достаточном количестве, быть достаточным для удовлетворения спроса** — to keep up with the demand, to keep pace with the demand; 9. **удовлетворять спрос** — to satisfy the demand; 10. **удовлетворять требованиям рынка** — to suit the market; 11. **удовлетворять требованиям; обеспечить потребности** — to meet the requirements.

удовлетворение — satisfaction, gratification ◇ 1. **удовлетворение потребности** — satisfaction of a want, satisfaction of a requirement; 2. **удовлетворение спроса** — satisfaction of the demand; 3. **будущее встречное удовлетворение** — executory consideration; 4. **действительное встречное удовлетворение** — valid consideration; 5. **денежное встречное удовлетворение** — money consideration; 6. **достаточное встречное удовлетворение** — good consideration; 7. **исполненное встречное удовлетворение** — executed consideration; 8. **надлежащее встречное удовлетворение** — valuable consideration; 9. **недействительное встречное удовлетворение** — nugatory consideration; 10. **недостаточное встречное удовлетворение** — inadequate consideration; 11. **незаконное встречное удовлетворение** — illegal consideration; 12. **предшествовавшее встречное удовлетворение** — past consideration.

удостоверение — certification, certificate, attestation, identification, authentication ◇ 1. **удостоверение подлинной подписи** — authentication of a signature; 2. **удостоверение таможни на право обратного получения импортной пошлины** — customs debenture; 3. **в удостоверение чего** — in witness whereof; 4. **регистрационное удостоверение** — registration certificate; 5. **таможенное удостоверение на возврат таможенных пошлин** — customs debenture.

удостоверено — certified, witnessed.

удостоверить — to attest, to certify, to make sure, to witness ◇ 1. **удостоверить подпись свидетелями** — to witness a signature; 2. **настоящим удостоверяется** — this is to certify.

узанс — custom of the trade.

узансный срок — usance.
указание — indication, instruction, directions ◇ 1. **указание на отнесение в дебет счета стоимости товаров в сумме 100 долларов** — to goods $100; 2. **в соответствии с вашими указаниями** — in accordance with your instructions; 3. **во исполнение ваших указаний** — in fulfilment of your instructions; 4. **подлежит оплате по указанию** — payable to order; 5. **телеграмма с указанием погруженного количества** — a telegram stating the quantity loaded.
указанный — stated, mentioned, indicated ◇ 1. **вес упаковки, указанный в фактуре** — invoice tare; 2. **вес, указанный в варранте** — warrant weight; 3. **количество, указанное в договоре** — contracted quality; 4. **перечень грузов, указанных в коносаментах** — summary of bills of lading; 5. **подлежащий оплате по курсу, указанному на обороте векселя** — payable as per endorsement; 6. **по курсу, указанному на обороте векселя** — exchange as per endorsement.
указатель — index, directory, guide ◇ 1. **указатель фирм; справочная книга о фирмах** — trade directory; 2. **карточный указатель** — card index; 3. **систематический указатель** — classified index.
укладка (груза) — stowage.
укладывать — to stow.
улица — street ◇ **улицы поблизости от здания фондовой биржи; неофициальная биржа; внебиржевой оборот** — the Street.
улучшение — improvement, amelioration ◇ **признаки улучшения торговли** — signs of better trade.
улучшать — to improve, to look up, to ameliorate, to amend.
ультимо — ultimo.
уменьшать — to reduce, to diminish, to decrease, to lessen, to cut down ◇ 1. **уменьшать, снимать** — to take off; 2. **уменьшаться, отступать, понижаться** — to give ground, to adjust downwards; 3. **уменьшаться, сокращаться** — to fall back; 4. **уменьшить колебание** — to steady the fluctuation.
уменьшение — reduction, diminution, decrease, lessening ◇ 1. **уменьшение акционерного капитала** — reduction of share capital; 2. **уменьшение деловой активности; ухудшение конъюнктуры** — contraction in business conditions; 3. **уменьшение, понижение** — downturn; 4. **уменьшение сбережений** — shortfall of savings.
универсальный — universal, multipurpose ◇ 1. **универсальная фирма** — all-purpose firm; 2. **универсальный акциз** — universal excise; 3. **универсальный магазин** — department store; 4. **универсальный магазин, запасы; припасы** — stores.
упаковка — packing ◇ 1. **упаковка за счет покупателя** — packing extra; 2. **безвозвратная упаковка** — nonreturnable packing;

3. **без упаковки** — unpacked; 4. **заводская упаковка** — original packing; 5. **многоразовая упаковка** — returnable packing; 6. **обыкновенная упаковка** — standard packing; 7. **продавать без упаковки, насыпью, в навалку; продавать оптом** — to sell in bulk; 8. **специальная упаковка** — extra packing; 9. **транспортная упаковка** — freight packing.

упаковочный лист — packing list.

упаковывать — to pack, to put up.

уплата — payment, paying, discharge, cover ◇ 1. **уплата; возвращение; возмещение; выкуп; погашение** — repayment; 2. **уплата в полное погашение долга** — payment in full of all demands; 3. **уплата для спасения кредита, уплата за честь, акцептование за честь** — payment supra protest; 4. **уплата капитального долга и процентов по государственному долгу** — debt service; 5. **уплата комиссии и процентов по займам, ссудный процент** — service charge on a loan; 6. **уплата при доставке, наложенный платеж** — cash on delivery; 7. **уплата процентов по займу** — current service of a loan; 8. **в уплату за что-л.** — in payment for; 9. **дополнительная уплата фрахта** — extra freight; 10. **немедленная (своевременная) уплата** — prompt payment; 11. **освободить от уплаты долга** — to remit a debt; 12. **освободить товар по уплате суммы** — to release goods against payment of; 13. **освобождение от уплаты штрафа** — relief from a fine; 14. **отказ от уплаты; аннулирование** — repudiation; 15. **подлежать уплате, причитаться** — to stand out for; 16. **подлежащие уплате проценты; оплаченные проценты** — interest charges; 17. **подлежащий уплате, возвращению, возмещению, выкупу, погашению** — repayable; 18. **покупать с уплатой полной стоимости** — to buy outright; 19. **с уплатой при доставке** — payable on delivery; 20. **требовать уплаты; инкассировать** — to call in.

уплатить, уплачивать — to pay, to discharge, to disburse ◇ 1. **уплатить взнос за акцию** — to pay a call; 2. **уплатить вперед** — to pay in advance; 3. **уплатить в счет причитающейся суммы** — to pay on account; 4. **уплатить за сверхурочную работу** — to pay for overtime; 5. **уплатить по обязательству** — to discharge an obligation; 6. **уплатить по обязательствам** — to meet one's obligations; 7. **уплатить по чеку** — to honour a cheque; 8. **уплатить в счет причитающейся суммы** — to pay on account; 9. **уплатить долг** — to discharge a debt; 10. **уплатить 20% наличными** — to pay 20% down; 11. **уплачивать проценты** — to service interest charges.

уплачено — paid, discharged, disbursed ◇ **за перевозку не уплачено; стоимость перевозки подлежит уплате получателем** — carriage forward.

уполномоченный — attorney, representative, plenipotentiary ◇ 1. **действовать в качестве чьего-л. представителя или упол-**

номоченного, голосовать от его имени — to stand proxy to someone; 2. **таможенный уполномоченный** — customs inspector.

употребление — usage, use, application ◇ 1. **употребление вырученной суммы или дохода** — application of proceeds; 2. **бывший в употреблении, подержанный** — secondhand, used; 3. **входить в употребление** — to come into use.

употреблять — to use, to make use, to apply, to take, to make use of.

управление — management, administration, government, control, office, directorate, board, department ◇ 1. **управление долгом** — debt management; 2. **управление железной дороги** — railway board; 3. **акцизное управление** — the Excise; 4. **главное управление** — head quarters; 5. **группа управления** — management group; 6. **департамент налогов и сборов; финансовое управление** — Revenue Board; 7. **заводоуправление** — works management; 8. **комиссия за управление** — management fee; 9. **отраслевое управление** — sectoral management; 10. **таможенное управление; таможня** — the Customs.

управлять — to rule, to govern, to manage, to operate, to administer ◇ 1. **управлять имуществом** — to administer property; 2. **управлять конкурсной массой** — to administer a bankrupt's estate.

управляющий — manager, steward, administer ◇ 1. **управляющий конкурсной массой** — trustee of bankrupt's estate; 2. **управляющий конкурсной массой; куратор** — assignee in bankruptcy; 3. **управляющий складом; рабочий или служащий на складе; владелец склада; оптовый торговец** — warehouseman; 4. **генеральный управляющий** — general manager; 5. **помощник управляющего, помощник заведующего** — sub-manager.

уравнение; уравнивание — equalization, equation ◇ **уравнение стоимости производства** — equalization of costs difference.

уравнивать, уравнять — to equalize, to balance ◇ 1. **уравнять издержки производства** — to equalize costs of production; 2. **уравнять счет** — to balance the account.

уравнительный — equalizing, levelling ◇ 1. **уравнительная пошлина; компенсационная пошлина** — countervailing duty; 2. **уравнительный налог** — equalization tax.

урегулирование — regulating, regulation, settlement, settling, adjustment ◇ **урегулирование претензий** — adjustment of claims.

урегулировать — to regulate, to settle, to adjust ◇ 1. **урегулировать спор** — to settle a dispute; 2. **урегулировать разногласия** — to settle the differences.

уровень — level, standard ◇ 1. **уровень благосостояния** — standard of well-being; 2. **уровень внутренних цен** — national price level; 3. **уровень дохода** — bond yield; 4. **уровень жизни** — level of living; 5. **уровень зарплаты, обеспечивающий лишь прожиточный минимум; минимальный уровень жизни** — subsistence level; 6. **уровень цены, при отклонении от которой в любую сторону может нарушиться нормальное функционирование рынка** — resistance barrier; 7. **уровень цен** — price plateau; 8. **достигнуть самого низкого уровня** — to reach bottom, to touch bottom; 9. **жизненный уровень** — scale of living; 10. **крайне низкий уровень** — bottom; 11. **находиться на одном и том же уровне** — to be on a plateau; 12. **на уровне; вплоть до; в соответствии с** — up to; 13. **на рекордном уровне** — at record; 14. **на уровне нормы, стандарта, качества стандартного сорта** — up to the standard.

урожай — harvest, yield, crop ◇ **урожай был плохой** — the crops failed.

ускорение — acceleration, speeding-up ◇ **ускорение или затягивание расчетов по внешнеторговым сделкам** — leads and lags.

ускоренный — rapid, accelerated, speeded up ◇ **ускоренная амортизация** — accelerated amortization.

ускорить, ускорять — to hasten, to quicken, to accelerate, to expedite, to speed up, to precipitate ◇ **ускорить отправку** — to hasten dispatch.

условие — condition, term, clause, contract, agreement, stipulation ◇ 1. **условие КАФ — стоимость и фрахт** — cost and freight; 2. **условие СИФ — стоимость, страхование, фрахт** — cost, insurance, freight; 3. **условие ФИО** — free in and out; 4. **условие в кредитном соглашении, по которому невыполнение заемщиком своих обязательств по любому другому кредитному соглашению будет рассматриваться как невыполнение обязательств по данному соглашению** — cross default; 5. **условие об ответственности страховщика за убытки, происшедшие во время хранения товара на складе** — bailee clause; 6. **условие о возмещении страховщиком издержек страхователя по предупреждению гибели груза и по взысканию убытков с третьих лиц** — sue and labour clause; 7. **условие о возмещении страховщиком убытков, происшедших от скрытых дефектов в корпусе или машине судна** — Inchmaree Clause; 8. **условие о морских опасностях** — perils clause, perils of the sea clause; 9. **условие о переуступке** — assignment clause; 10. **условие о повышении или понижении цены** — rise and fall clause; 11. **условие о производстве платежа векселем** — draft terms; 12. **условие первостепенной важности** — clause paramount, paramount clause; 13. **условие страхования со склада на склад** — warehouse clause; 14. **условие о фрахтовой ставке и порядке уплаты фрахта** — freight clause; 15. **условие “свободно от частной аварии”** — free of particular average; 16. ус-

ловия договоров купли-продажи, страхования, транспортировки и др. — terms; 17. **условия контракта** — terms of contract; 18. **условия купли-продажи** — purchase and/or sale terms; 19. **условия обслуживания судна в данном порту** — custom of port; 20. **условия платежа** — terms of payment; 21. **условия "под ключ"** — turnkey terms; 22. **условия работы** — operating conditions; 23. **условия расчетов по сделкам** — settlement terms; 24. **условия торговли по доходам** — income terms of trade; 25. **условия торговли по текущим операциям** — terms of trade on current account; 26. **условия торговли** — terms of trade; 27. **быть ограниченным условием** — to be subject to a condition; 28. **взаимное условие** — condition concurrent; 29. **возобновление на новых условиях** — renewal on new terms; 30. **в производственных условиях** — under production conditions; 31. **для создания выгодных условий для переговоров** — for bargaining purposes; 32. **дополнительные условия страхования** — insurance rider; 33. **иметь силу при условии чего-л.** — to be conditional on; 34. **заставить кого-л. принять условия** — to bring a person to terms; 35. **красное условие** — red clause; 36. **линейные условия** — berth terms; 37. **настаивать на выполнении условий** — to hold to terms; 38. **на следующих условиях** — on the following conditions; 39. **на условиях с выгрузкой на берег** — landed terms; 40. **общие условия поставки** — general conditions of delivery; 41. **общие условия** — general conditions; 42. **особые условия, особые обязательства** — particular covenants; 43. **отлагательное условие** — condition suspensive; 44. **отменительное условие** — condition resolutive; 45. **подчиниться условиям** — to submit to terms; 46. **последующее условие** — condition subsequent; 47. **предварительное условие** — condition precedent; 48. **предложение под условием** — conditional tender; 49. **причальные условия** — berthing clause; 50. **при условии если** — on condition; 51. **при условии штрафа** — subject to a penalty; 52. **при условии; в том случае, если** — subject to; 53. **прямое условие** — express condition; 54. **самые благоприятные условия договора; самые низкие цены и самые благоприятные условия платежа** — best terms; 55. **соблюдать условия контракта** — to keep to terms of the contract; 56. **соответствовать условиям** — to comply with the terms; 57. **с соблюдением постановлений и условий, изложенных ниже; на всех условиях, изложенных ниже** — on the following terms and conditions; 58. **с условием предупреждения за три месяца** — subject to 3 months' notice; 59. **технические условия** — standard specifications, technical condition, technical terms; 60. **технические условия для обеспечения безопасности** — safety specifications.

условный — conditional, conventional, relative ◇ 1. **условный**

счет — escrow; 2. **условная ответственность; ответственность по гарантии; второочередная ответственность; второстепенная ответственность** — secondary liability; 3. **условная продажа** — tie-in sale; 4. **условная продажа; продажа принудительного ассортимента** — conditional sale; 5. **условное обязательство; условный долг** — contingent liability; 6. **условное формальное вручение** — delivery in escrow; 7. **условный акцепт; акцепт, содержащий специальные условия** — conditional acceptance.

условно — conditionally ◇ **условно-беспошлинный ввоз товаров** — conditionally duty-free importation.

услуга — service ◇ 1. **услуги в области рекламы** — advertising services; 2. **агентские услуги** — agency services; 3. **банковские услуги** — banking facilities; banking accommodation(s); banking services; financial services; 4. **бесплатные услуги** — free services; 5. **коммунальные услуги** — public service; 6. **коммунальные услуги (сооружения)** — public utilities; 7. **комплексные услуги** — comprehensive service; 8. **консультационные услуги** — consultation services; 9. **обращаться к услугам агента** — to turn to an agent; 10. **оказывать услуги** — to render service; 11. **платные услуги** — paid services; 12. **пользоваться услугами агентства** — to make use of the services of an agency; 13. **посреднические услуги** — intermediary services; 14. **транспортно-экспедиторские услуги** — forwarding services; 15. **транспортные услуги** — transportation services.

устав — regulations, statutes, charter, manual, by-law ◇ 1. **устав акционерного общества** — charter of a joint stock company; 2. **устав ассоциации, объединения** — articles of association; 3. **устав корпорации** — corporation by-laws; 4. **устав; положение; регламент** — standing orders; 5. **закрепленное уставом запрещение** — embargo set by regulations; 6. **раздел устава** — article of a manual.

уставной — registered ◇ 1. **уставный капитал; основной капитал; номинальный капитал**— nominal capital; 2. **уставной капитал, разрешенный к выпуску капитал** — registered capital, authorized capital; 3. **уставной капитал, собственный капитал** — ownership capital; 4. **невыпущенная часть уставного акционерного капитала** — potential stock.

устанавливать, установить — to place, to mount, to install, to rig up, to set, to fix, to establish, to determine, to ascertain ◇ 1. **устанавливать нормы, правила** — to lay down rules; 2. **устанавливать, обусловливать пошлину** — to fix tax; 3. **установить время** — to fix the time; 4. **установить деловые отношения** — to establish business relations; 5. **установить цену** — to fix a price.

установление — establishment, ascertainment, fixing ◇ 1. **установление фиксированного центрального курса валюты или**

паритета и окончание его свободного колебания — pegging; 2. **установление; учреждение; общество; объединение** — institution; 3. **процедура установления цены на золото на свободном рынке** — gold fix.

установленный — established, fixed, prescribed ◇ 1. **установленное законом извещение** — legal notice; 2. **установленное минимальное количество товара в контракте** — regular lot; 3. **установленные часы работы** — stated office hours; 4. **установленный законом резерв** — legal reserve; 5. **установленный образец** — form; 6. **установленный объем** — established volume.

устный — verbal, oral, spoken ◇ 1. **устная договоренность; словесное соглашение** — verbal understanding; 2. **устное соглашение (о сохранении цен на определенном уровне, об учреждении монополии)** — gentlemen's agreement.

устойчивость — steadiness, firmness, stability, strength ◇ 1. **удерживаться, оставаться устойчивым; поддерживать** — to keep up; 2. **устойчивость курса** — firmness of exchange; 3. **платежеспособность; финансовая устойчивость** — business solvency; 4. **тенденция цен к большей устойчивости, тенденция к некоторому повышению цен** — stronger tendency in prices; 5. **финансовая устойчивость, платежеспособность** — business solvency.

устойчивый — steady, firm, stable, steadfast ◇ 1. **устойчивая валюта** — permanent medium, sound currency; 2. **устойчивые цены; повышающиеся цены** — strong prices; 3. **более устойчивый** — firmer; 4. **быть устойчивым** — to show a good tone; 5. **довольно устойчивый** — fairly steady; 6. **удерживаться, оставаться устойчивым, поддерживать** — to keep up; 7. **цены держатся устойчиво** — prices keep steady; 8. **цены остаются устойчивыми** — prices keep up; 9. **цены остаются устойчивыми** — prices remain firm.

уступать — to let, to have, to cede, to yield, to give in, to give way, to concede, to abate, to take off.

уступка — concession, cession, abatement, reduction ◇ 1. **уступка в цене** — price concession; 2. **уступка патента** — cession of a patent; 3. **уступка права** — ceding of a right.

утверждать, утвердить — to affirm, to maintain, to assert, to contend, to allege, to asseverate, to sanction, to approve, to confirm, to validate, to claim ◇ 1. **утвердить счет, пропустить счет** — to pass an account; 2. **утвердить сумму** — to vote a sum.

утверждение — assertion, statement, affirmation, asseveration, allegation, approval, ratification, confirmation, probate, maintain ◇ 1. **утверждение договора, пакта** — ratification, confirmation; 2. **утверждение завещания** — probate.

утрата — loss, disability, disablement ◇ **утрата имущества** — loss of a property.

уход — maintenance ◇ **уход за машиной** — maintenance of the machine.

уходящий — outgoing ◇ **уходящий за границу** — outward bound.

уцененный — cut-price, marked-down ◇ **уцененный товар** — marked-down goods.

уценка — cut in price, price reduction ◇ 1. **соразмерная уценка** — adequate price reduction; 2. **требовать уценки** — to demand a cut in price.

участие — participation, collaboration, sharing ◇ 1. **участие в акционерном капитале** — shareholding; 2. **участие в голосовании; голосование; участие в общем собрании акционеров** — voting; 3. **участие в прибылях** — profit sharing; 4. **участие в расходах** — share in expenses; 5. **денежное участие** — financial participation; 6. **доля участия в страховании, доля в консорциуме** — underwriting share; 7. **исключительное право участия в голосовании** — sole voting power; 8. **комиссия за участие** — participation fee; 9. **не дающий права участия в голосовании** — voteless; 10. **облигации участия** — participating bonds; 11. **право участия в голосовании** — voting power, voting right; 12. **участие в консорциуме для гарантии размещения займа или ценных бумаг; доля участия в страховании** — underwriting share.

участвовать — to take part, to collaborate, to participate ◇ **участвовать в прибылях** — to share in profits.

участник — participant, participator, sharer, member, partner ◇ 1. **участник договора, подрядчик** — contractor; 2. **участник голосования, избиратель** — voter; 3. **участники группы, занимающейся размещением ценных бумаг** — selling group members; 4. **участник в несении доли убытков** — contributor; 5. **участник рынка** — market participant; 6. **участник торгов** (оферент) — tenderer; 7. **быть участником в каком-л. предприятии** — to have a concern in a business; 8. **привлечь участников** — to secure interests; 9. **список участников торгов** — tender list.

участок — lot, plot, strip, parcel, part, section, area, sector, zone, district ◇ 1. **застройка земельных участков; мелиорация земли** — development of land; 2. **земельный участок, свободный от уплаты ренты за пользование им** — freehold property.

учет — calculation, stock-taking, accounting, registration, discount, discounting ◇ 1. **учет векселей** — bills discounting; 2. **учет** (переуступка) — negotiation; 3. **учет спроса** — demand records; 4. **банковый учет** — bank discount; 5. **бухгалтерский учет** — bookkeeping; 6. **денежный учет** — money accounting; 7. **принимать к учету** — to take on discount.

учетный — discount, rate ◇ 1. **учетная ставка Английского банка** — Bank Rate, the Rate, Bank rate of discount; 2. **учетная**

ставка — rate of discount, discount rate; 3. **учетное окно** — discount window; 4. **учетный банк** — discount bank, bank of discount; 5. **учетный процент для долгосрочных векселей** — long rate; 6. **учетный процент** — discount rate; 7. **учетный рынок** — discount market; 8. **официальная учетная ставка** — central bank rate; 9. **понижение учетной ставки** — reduction in the discount rate; 10. **рыночный учетный процент** — market rate; 11. **частная учетная ставка; рыночный учетный процент** — market rate; 12. **частная учетная ставка** — private discount rate, private rate of discount.

учитывать — take, take into account, take stock, discount ◇ 1. **учитывать, принимать к учету** — to take on discount; 2. **учитывать чьи-л. интересы** — to consult somebody's interest; 3. **заранее учитывать возможное повышение или понижение цен** — to discount the market.

учредитель — founder, constituter, parent, promoter ◇ 1. **учредитель акционерного общества** — company promoter; 2. **банк-учредитель, банк, владеющий контрольным пакетом акций другого банка** — parent bank; 3. **компания-учредитель; компания, эксплуатирующая патент** — parent company; 4. **компания-учредитель, холдинг-компания** — holding company.

учредительский, учредительный — promotional, deferred ◇ 1. **учредительские акции** — bonus shares, founders share, bonus stock, deferred stock, promoter's shares, promoter's stock; 2. **учредительский доход, доход от эмиссии** — capital surplus, paid in surplus; 3. **учредительская прибыль** — promotional profit.

учреждение — founding, establishment, setting up, institution, establishment, office ◇ 1. **учреждения-вкладчики** — institutional investors; 2. **муниципальные учреждения** — local authorities; 3. **получение средств от финансовых учреждений** — drawdown; 4. **расходы по учреждению** — expenses of promotion, promotion money.

ущерб — damage, loss, detriment; prejudice (*юр.*) ◇ 1. **без ущерба для кого-л.** — without prejudice to; 2. **возместить ущерб** — to repair a damage, to make restitution; 3. **в ущерб кому-л.** — to the prejudice of; 4. **компенсация за убыток, ущерб** — allowance for damage; 5. **нанести ущерб праву** — to prejudice a right; 6. **невосполнимый ущерб** — irreparable damage; 7. **ответственность за убыток, ущерб** — liability for damage; 8. **характер ущерба или убытка** — nature of demand.

фабрика — factory, mill, plant, shops ◇ 1. **фабрика, завод по обработке цветных металлов** — fabricating works; 2. **консервная фабрика, мясохладобойня** — packing house, packing plant.

фабрикаты — manufactures, finished product.

фабриковать — to manufacture, to produce, to fabricate.

фабричный — industrial, manufacturing ◇ 1. **фабричная марка, торговый знак** — trade mark, trademark; 2. **фабричная цена, покупная цена, себестоимость** — first cost; 3. **фабричные изделия** — factory-made.

факт — fact, case ◇ 1. **по вопросам факта; с фактической точки зрения, по существу** — on points of fact; 2. **сталкиваться с реальными фактами; считаться с реальными фактами** — to face realities.

фактический — factual, real, actual ◇ 1. **фактическая цена** — actual price; 2. **фактический отказ, отклонение** — actual rejection, actual refusal; 3. **с фактической точки зрения, по существу** — on points of fact.

фактор — factor ◇ 1. **фактор долговременного действия** — long-term factor; 2. **фактор кратковременного действия** — short-term factor; 3. **фактор, стимулирующий спрос** — supporting factor; 4. **важный фактор** — an important factor; 5. **новый фактор, новшество** — a new development; 6. **получить перевес, оказаться решающим фактором** — to turn the scales.

факторинг — factoring.

фактура — invoice, bill ◇ 1. **фактура, накладная** — bill of parcels; 2. **фактура-спецификация** — invoice-specification; 3. **выписать фактуру** — to make out an invoice; 4. **заверенная фактура** — certified invoice; 5. **количество не сходится с фактурой** — the quantity does not agree with the invoice; 6. **коммерческая фактура** — commercial invoice; 7. **консульская фактура** — consular invoice; 8. **копия фактуры** — copy of the invoice; 9. **общая сумма фактуры** — invoice amount; 10. **окончательная фактура** — final invoice; 11. **предварительная фактура** — provisional invoice; 12. **примерная фактура** — proforma invoice; 13. **сумма фактуры** — amount of invoice; 14. **фактурная цена** — invoice cost; 15. **фактурный вес тары** — invoice tare.

фактурирование — invoicing ◇ **фактурирование по завышенным ценам** — overinvoicing.

фактурировать — invoice ◇ **"отфактурировать обратно"** — to invoice back.

фальсифицировать — falsify, forge, adulterate, tamper ◇ **фальсифицировать счета** — to tamper with accounts.

фас — fas, f.a.s. ◇ **ФАС, франко вдоль борта судна** — free alongside ship.

фиксация — fixation, fixing ◇ **фиксация цен** — fixing of prices.

фиктивный — fictitious, fake, sham ◇ 1. **фиктивная компания, дутая компания** — bogus company; 2. **фиктивные или мнимые вклады** — deposit in escrow, derivative deposit; 3. **фиктивный капитал** — fictitious capital, property capital; 4. **фиктивный счет; ориентировочный счет** — proforma account.

филиал — branch, branch office, subsidiary ◇ 1. **филиал, родственное отделение** — sister branch; 2. **филиал, филиальное отделение** — branch establishment; 3. **филиал банка** — branch of a bank; 4. **филиал компании** — subsidiary; 5. **филиал фирмы** — branch of a company.

финансирование — financing ◇ 1. **финансирование проектов под залог коммерческого контракта** — contract financing; 2. **финансирование с государственной гарантией** — financing with public guarantee; 3. **финансирование торговли** — trade financing; 4. **банковское финансирование** — bank financing; 5. **безвозвратное финансирование** — irrevocable financing; 6. **государственное финансирование** — state financing; 7. **дефицитное финансирование** — deficit financing; 8. **долгосрочное финансирование** — long-term financing; 9. **долевое финансирование** — participation financing; 10. **использовать финансирование по назначению** — to use financing as required; 11. **совместное финансирование** — joint financing; 12. **среднесрочное финансирование** — intermediate-term financing; 13. **цель финансирования** — aim of financing.

финансовый — financial ◇ 1. **финансовая аренда** — financial lease; 2. **финансовая аристократия; крупный финансовый капитал; крупные финансовые операции; крупное мошенничество** — high finance; 3. **финансовая блокада** — financial blockade; 4. **финансовая инвестиция** — finance investment; 5. **финансовая компания** — finance company; 6. **финансовая паника** — financial panic; 7. **финансовая политика** — financial policy; 8. **финансовая устойчивость** — business solvency; 9. **финансовое дело** — finance; 10. **финансовое значение; финансовые последствия** — financial implications; 11. **финансовое положение** — financial status; 12. **финансовое положение, состояние; кредитоспособность** — credit standing; financial standing, financial position; 13. **финансовое программирование** — financial programming; 14. **финансовое состояние предприятия** — financial position; 15. **финансовое состояние** — financial condition; 16. **финансовое управление, департамент налогов и сборов** — Revenue Board; 17. **финансово-кредитный институт, аккумулирующий денежные средства частных инвесторов и вкладывающий эти деньги в акции и облигации в своей стра-**

не и за рубежом — investment company; 18. **финансовые затруднения** — financial pressure; 19. **финансовые инвестиции** — financial investment; 20. **финансовые показатели** — finance indexation; 21. **финансовые расходы** — financial charge; 22. **финансовые результаты** — finance results; 23. **финансовый год, бюджетный год** — fiscal year, finance year; business year; 24. **финансовый отчет компании** — financial report, financial report of a company; 25. **финансовый отчет** — financial statement; 26. **финансовый (бухгалтерский) отчет** — accounts; 27. **"финансовый тормоз" — метод оказания воздействия на частный сектор экономики путем увеличения государственных доходов за счет доходов и денежных средств частного сектора** — fiscal drag; 28. **кредитно-финансовые институты** — financial institutions; 29. **кредитно-финансовый внешнеторговый банк** — factoring house.

финансовое дело — finance.

финансы — finances, money ◇ 1. **министр финансов США** — Secretary to the Treasury; 2. **министерство финансов, государственное казначейство** — the Treasury.

фирма — firm, company ◇ 1. **фирма была превращена в акционерное общество** — the firm was converted into a limited company; 2. **фирма-консигнант** — foreign consignor; 3. **фирма-лицензиар** — licensor firm; 4. **фирма, название фирмы; товарное наименование** — trade name; 5. **фирма, не выполняющая требований профсоюза в отношении ставок заработной платы** — unfair firm; 6. **фирма получила чистую прибыль в 500 долларов** — the firm cleared $ 500; 7. **фирма считается совершенно надежной** — the firm is considered perfectly sound; 8. **фирма — член расчетной палаты** — clearing member; 9. **фирма, связанная с данной фирмой, корреспондент, клиент; заказчик** — business friend; 10. **фирма-экспортер** — exporting firm; 11. **агентская фирма** — agency company; 12. **брокерская фирма** — broker's firm; 13. **внешнеторговая фирма** — foreign trade company; 14. **глава фирмы, главный компаньон** — senior partner; 15. **известная фирма** — a firm of repute; 16. **импортная фирма** — firm dealing in imports; 17. **инжиниринговая фирма** — engineering firm; 18. **консультационная фирма** — consulting firm; 19. **комиссионная фирма** — confirming house; 20. **комиссионная, маклерская или брокерская фирма** — commission house; 21. **конкурирующая фирма** — rival firm; 22. **консальтинговая фирма** — professional consultants; 23. **лизинговая фирма** — leasing company; 24. **лица или фирмы, покупающие товар за наличные и страхующие его стоимость путем одновременного заключения сделки по продаже на срок** — long the basis; 25. **маркетинговая фирма** — marketing firm; 26. **оптовая фирма** — wholesale house; 27. **осведомляться о фи-**

нансовом положении фирмы — to inquire about the financial standing of a firm; 28. **отделение фирмы, предприятия** — branch business; 29. **поместить заказ у фирмы** — to place an order with a firm; 30. **подрядная фирма** — contractor; 31. **порвать отношения с фирмой** — to sever one's connection with a firm; 32. **по просьбе фирмы А.** — at the instance of Messrs. A.; 33. **посредническая фирма** — agency; 34. **посылочная фирма** — mail-order house; 35. **рекламная фирма** — advertising firm; 36. **ряд фирм** — a number of firms; 37. **сбытовая фирма** — marketing firm; 38. **солидная фирма** — safe house; 39. **стивидоры; фирма, выполняющая стивидорные работы** — stevedores, stevedoring company; 40. **страховая фирма** — insurance company; 41. **строительная фирма** — constructional engineers; 42. **техническая фирма** — engineers; 43. **торговая фирма** — business firm, trade firm; 44. **транспортно-экспедиторская фирма** — forwarding firm; 45. **туристическая фирма** — travel company; 46. **указатель фирм; справочная книга о фирмах** — trade directory; 47. **универсальная фирма** — all-purpose firm; 48. **штемпель фирмы; печать фирмы** — business stamp; 49. **экспедиторская фирма** — forwarding business; 50. **экспортно-импортная фирма** — export-import firm; 51. **эта фирма обанкротилась в прошлом году** — this firm failed last year.

фискальный — fiscal ◇ 1. **фискальная пошлина** — duty for revenue, revenue duty; 2. **фискальный тариф, фискальные пошлины** — single-column tariff.

фоб — fob, f.o.b., f.o.b. vessel (*ам.*) ◇ 1. **ФОБ, свободно на борту, франко борт** — free on board, free on board vessel (*ам.*); 2. **ФОБ Нью-Йорк** — f.o.b. vessel New York; 3. **сдать товар на условиях ФОБ Одесса** — to deliver goods f.o.b. Odessa.

фонд — fund, stock ◇ 1. **фонд валютного регулирования** — equalization fund, stabilization fund; 2. **фонд валютных отчислений** — currency fund; 3. **фонд взаимный** — mutual fund; 4. **фонд денежного рынка** — money market fund; 5. **фонд для стабилизации валюты** — stabilization fund; 6. **фонд заработной платы** — wage bill, wagebill; 7. **фонд капиталовложений с высокой долей риска или общий инвестиционный траст-фонд** — gogo fund; 8. **фонд накопления** — accumulation fund; 9. **фонд погашения, фонд возмещения задолженности, амортизационный фонд** — redemption fund, sinking fund; 10. **фонд потребления** — consumption fund; 11. **фонд развития производства** — production development fund; 12. **фонды, актив, активы, средства, авуары, имущество** — assets; 13. **амортизационный фонд** — amortization fund; 14. **банковские фонды** — funds of a bank; 15. **валютный фонд** — currency fund; 16. **государственный страховой фонд** — National Insurance Fund; 17. **денежный фонд** — cash fund; 18. **замороженный фонд** — frozen capital;

19. **иностранные фонды; иностранный капитал** — foreign funds; 20. **консолидированный фонд** — Consolidated Fund, consolidated fund; 21. **кредитные фонды** — credit resources; 22. **ликвидные фонды** — liquid fund; 23. **Международный валютный фонд** — International Monetary Fund; 24. **основные фонды, основные средства** — capital assets, fixed assets; 25. **основные фонды** — capital goods; 26. **паевой фонд** — co-op share fund; 27. **передача фондов, акций; передача облигаций** — transfer of stock; 28. **превращать прибыль в резервный фонд** — to plough back profit into reserves; 29. **производственные фонды** — production assets; 30. **резервный фонд** — reserve fund, surplus fund; 31. **реновация основных фондов** — renovation; 32. **страховой фонд** — insurance fund; 33. **уставный фонд** — authorized capital; 34. **федеральные резервные фонды, федеральные средства** — federal funds.

фондовый — (*прил. к фонд*) ◇ 1. **фондовая биржа** — stock exchange, stock market; 2. **фондовая курсовая таблица; список акций** — share list; 3. **фондовая операция** — stock exchange transaction; 4. **фондовые операции банков** — securities transaction; 5. **фондовые операции** — stock broking; 6. **Нью-Йоркская фондовая биржа** — Big Board.

форма — form ◇ 1. **форма расчета инкассо** — collection payment; 2. **аванс в форме поставки** — advance as a delivery; 3. **дивиденд в форме акций** — stock dividend; 4. **дивиденд в форме денежного обязательства** — scrip dividend; 5. **единообразная форма складской расписки** — uniform warehouse receipt; 6. **обеспечение в форме акций, допущенных к биржевому обороту** — stock exchange collateral; 7. **по форме; в надлежащей форме** — in due form; 8. **предписанная законом форма** — statutory formality; 9. **расчеты в форме клиринга** — clearing payments.

формально — nominally, formally ◇ **формально объявить несостоятельным** — to file a declaration of bankruptcy.

формальность — formality ◇ 1. **формальности, технические детали** — technicalities; 2. **очистка от таможенных формальностей** — customs formalities clearance; 3. **таможенные формальности** — custom house formalities.

формуляр — record of service, library card, record card ◇ **заполнить бланк, анкету, формуляр** — to fill out a form, to fill up a form.

форс-мажор — act of God, force majeure ◇ **отсрочка на основании форс-мажорной оговорки** — postponement due to force-majeure clause.

франко, франко- — free, ex ◇ 1. **франко баржа** — free into barge; 2. **франко борт, свободно на борту, ФОБ** — free on board; 3. **франко борт грузового автомобиля** — free on board truck; 4. **франко борт и штивка** — free on board and stowed; 5. **фран-**

ко борт судна — free on board vessel; 6. **франко бункер** — free bunker; 7. **франко вагон** — free on car, free on truck, free on rail; 8. **франко вагон граница** — free on rail to the frontier; 9. **франко вдоль борта судна, ФАС** — free alongside ship; 10. **франко гавань** — free harbour; 11. **франко док** — free dock; 12. **франко железнодорожная платформа** — free on truck; 13. **франко железнодорожная станция назначения** — free carriage to ...; 14. **франко завод, с завода** — ex mill; 15. **франко место назначения** — carriage free; 16. **франко место нахождения** — loco; 17. **франко набережная** — free on quay; 18. **франко получатель** — free receiver; 19. **франко пристань** — ex quay; 20. **франко причал** — ex quay; 21. **франко рельсы, франко вагон** — free on rail; 22. **франко склад** — free warehouse, ex store, ex-warehouse; 23. **франко строп судна в порту разгрузки** — free overside; 24. **франко строп судно, с судна** — ex ship; 25. **франко судно** — ex ship; 26. **вольная гавань, порто-франко** — free port; 27. **доставка франко** — free delivered; 28. **поставка франко автотранспортное средство** — free on truck delivery; 29. **поставка франко место** — carriage free delivery; 30. **свободная зона; порто-франко** — free zone.

франшиза — franchise.

фрахт — freight ◇ 1. **фрахт, за который уплачивается по весу, груз** — deadweight cargo; 2. **фрахт в один конец** — outgoing freight; 3. **фрахт, плата за провоз, грузооборот** — freight turnover; 4. **фрахт подлежит уплате грузополучателем в порту назначения** — collect freight; 5. **фрахт уплачен в порту погрузки** — freight prepaid; 6. **фрахт уплачен; фрахт до места назначения** — freight paid; 7. **фрахт, оплачиваемый в порту назначения** — freight forward; 8. **фрахт, уплачиваемый в порту выгрузки** — forward freight; 9. **аванс фрахта** — advance freight, freight advance; 10. **"взыскать фрахт"** — collect freight, freight collect; 11. **дополнительная уплата фрахта** — extra freight; 12. **"задержать до уплаты фрахта"** — stop for freight; 13. **мертвый фрахт** — dead freight; 14. **обратный фрахт** — freight home, home freight, homeward freight; 15. **сквозная ставка фрахта** — through freight; 16. **стоимость и фрахт; КАФ** — cost and freight; 17. **стоимость, страхование, фрахт и комиссия посредника; СИФ, включая комиссию посредника** — cost, insurance, freight and commission; 18. **стоимость, страхование, фрахт и курсовая разница; СИФ, включая курсовую разницу** — cost, insurance, freight and exchange; 19. **стоимость, страхование, фрахт; СИФ** — cost, insurance, freight; 20. **счет за фрахт, спецификация груза** — freight note; 21. **твердая сумма фрахта** — lump freight; 22. **условие КАФ** — стоимость и фрахт — cost and freight; 23. **условие СИФ — стоимость, страхование, фрахт** — cost, insurance, freight.

фрахтование — freight, chartering ◇ 1. **фрахтование на круговой рейс** — round voyage chartering, spot chartering; 2. **фрахтование по генеральному контракту** — general contract chartering; 3. **фрахтование срочное** — prompt chartering, spot chartering; 4. **фрахтование тоннажа, поручение на перевозку груза** — freight booking; 5. **брокер, специализирующийся на фрахтовании тоннажа** — chartering agent.

фрахтовый — freight ◇ 1. **фрахтовая ставка; цена фрахта** — freight rate; 2. **фрахтовое ассигнование** — charterparty assignment; 3. **фрахтовые сделки; сделки на фрахтование судов** — tonnage bookings; 4. **фрахтовые ставки за перевозки от Одессы до одного из портов между Гамбургом и Антверпеном** — rates from Odessa to Hamburg — Antwerp range; 5. **фрахтовый контракт** — charterparty; 6. **картельная фрахтовая ставка** — conference rate; 7. **рентабельные фрахтовые ставки** — economic freight rates.

фрахтователь — charterer.

фрахтовать — to charter, to freight.

фрахтовка — freightage.

фригольд — freehold.

фьючерс — futures.

Х

характер — disposition, character, temper, nature bulge ◇ 1. **характер торговли; структура торговли** — pattern of trade; 2. **характер ущерба или убытка** — nature of demand.

хедж — hedge, selling hedge ◇ **хедж длинный** — long hedge.

хеджирование — hedging.

хеджировать — to hedge.

ходатайство — application, solicitation, petition, plea ◇ **иск или ходатайство о признании чего-л. недействительным** — plea of nullity.

ходатайствовать — to solicit, to petition, to apply ◇ **объявить себя несостоятельным должником; ходатайствовать об учреждении конкурса** — to file one's petition in bankruptcy.

хозяйственный — economic, household ◇ 1. **хозяйственная, деловая конъюнктура** — business conditions; 2. **хозяйственная конъюнктура** — economic conditions; 3. **хозяйственный год; финансовый год; торговый отчетный год; бюджетный год** — business year; 4. **хозяйственный или производственный год** — working year.

хозяйство — economy, keeping, farm ◇ 1. **народное хозяйство** — national economy; 2. **сельское хозяйство** — rural economy, agriculture; 3. **склады, складское хозяйство** — storage facilities.

холдинг — holding ◇ 1. **холдинг-трест, холдинговый трест** — holding trust; 2. **холдинг-компания; компания-держатель; компания-учредитель** — holding company.

холдинговый — holding ◇ 1. **холдинговая банковская компания** — bank holding company; 2. **холдинговая компания** — holding company; 3. **холдинговый трест, холдинг-трест** — holding trust.

хранение — keeping, custody, storing, storage ◇ 1. **хранение товаров на таможенном складе** — bonded storage; 2. **хранение, надежное хранение** — safe keeping; 3. **акт передачи на хранение** — deed of trust; 4. **вносить деньги на хранение в банк** — to deposit money in a bank; 5. **ответственное хранение** — safekeep; 6. **расходы на хранение** — storage (expenses); 7. **сбор за хранение товара на таможенном складе** — bond dues; 8. **сданный на хранение груз** — goods placed in storage.

хранилище — depository, depot, storehouse, repository ◇ **хранилище, признанное пригодным для осуществления через него фактических поставок по контрактам** — regular warehouse.

Ц

цель — aim, goal, object, end, purpose ◇ 1. **цель финансирования** — aim of financing; 2. **арбитраж процентный с целью страхования** — covered interest arbitrage; 3. **вести переговоры с целью заключения договора** — to negotiate with a view to concluding an agreement; 4. **достигнуть намеченной цели; выполнить плановое или производственное задание** — to hit the target; 5. **привходящая цель** — incidental object; 6. **с целью** — for the purpose.

цена — price, worth, value, cost ◇ 1. **цена базисная** — basis price; 2. **цена без включения в нее пошлины** — in bond price; 3. **цена без включения в нее** — price exclusive of; 4. **цена без упаковки** — packing not included; 5. **цена валовая** — gross quotation; 6. **цена, включающая пошлину** — duty-paid price, duty paid price; 7. **цена, включающая стоимость перевозки, страхования и разные мелкие расходы** — gross quotation; 8. **цена восстановленная** — recovery of price; 9. **цена выпуска** — issue price; 10. **цена для оптовых покупателей** — trade price; 11. **цена заключительная** — closing values; 12. **цена иска** — claim amount; 13. **цена локо, цена франко место нахождения товара, цена на месте нахождения товара** — loco price; 14. **цена мирового рынка** — world market price; 15. **цена на олово повышается** — tin is looking up; 16. **цена на условии стоимость и фрахт** — price c. and f.; 17. **цена нетто; цена после вычета всех скидок; цена, с которой не делается скидка; цена, не включающая расходы по перевозке, страхованию и пр.** — net price; 18. **цена облигации, включая наросшие проценты** — price plus; 19. **цена общая** — blanket price, overhead price; 20. **цена отнюдь не высока** — the price is by no means high; 21. **цена подскочила до** — the price jumped to ...; 22. **цена покупателя** — buyer's price; 23. **цена покупателя и продавца** — bid and asked; 24. **цена покупная** — first cost; 25. **цена поставки; цена, включая доставку** — delivery price; 26. **цена, по которой держатель опциона может купить или продать соответствующую ценную бумагу** — exercise price; 27. **цена, по которой могут быть выкуплены американские облигации, как правило, по номиналу или с незначительной премией** — call price; 28. **цена по срочной сделке** — forward quotation; 29. **цена, предлагаемая покупателем; курс покупателей** — bid price; 30. **цена, предложенная на торгах** — tender price; 31. **цена при закрытии биржи, заключительный курс** — closing price; 32. **цена при открытии биржи** — opening price; 33. **цена при уплате наличными без скидки** — net cash; 34. **цена при уплате наличными** — cash price; 35. **цена продавца** — seller's price; 36. **цена расчетная** — settlement price; 37. **цена СИФ** — price c.i.f., quotation c.i.f.; 38. **цена со скидкой** — discount price; 39. **цена спот** — spot price; 40. **цена с баржи; цена франко баржа** — price ex lighter; 41. **цена с дивидендом** — cum dividend; 42. **цена с надбавкой** — premium price; 43. **цена с надбавкой, цена выше номинала** — premium price; 44. **цена с немедленной сдачей, цена спот** — spot price; 45. **цена с приплатой** — cost plus price; 46. **цена товара по кассовым сделкам; наличный товар; товар с немедленной сдачей; товар по кассовым сделкам** — spot goods; 47. **цена товаров, покупаемых розничным торговцем у оптовика для дальнейшей продажи** — trade price; 48. **цена, требуемая продавцом; курс продавцов** — asked price; 49. **цена фактурная** — invoice price; 50. **цена франко** — price of free; 51. **цена франко борт, цена ФОБ** — price f.o.b.; 52. **цена франко вдоль борта судна, цена ФАС** — price f.a.s.; 53. **цена франко рельсы, цена франко вагон, цена ФОР** — price f.o.r.; 54. **цена фрахта, фрахтовая ставка** — freight rate; 55. **ценой чего-л., стоимость в, за счет чего-л.** — at the cost of; 56. **цены держатся устойчиво** — prices keep steady; 57. **цены колебались в пределах от ... до ...** — prices ranged between ... and ...; 58. **цены могут быть изменены** — prices are subject to alteration; 59. **цены на медь се-**

годня гораздо выше цен, по которым ранее были заключены срочные сделки — copper is very short to-day; 60. **цены на неофициальной бирже, цены по внебиржевым сделкам** — kerb prices, street prices; 61. **цены на рынке без перемен, но проявляют тенденцию к понижению** — the market is barely steady; 62. **цены на рынке понижаются; на рынке заметно ослабление спроса** — the market is off; 63. **цены несколько снизились после полудня** — prices eased during the afternoon; 64. **цены обязательно упадут** — prices are bound to fall; 65. **цены остаются без изменения на уровне** — prices remain steady at; 66. **цены остаются устойчивыми** — prices keep up, prices remain firm; 67. **цены повышаются** — prices are going up; 68. **цены понижаются** — prices are falling; 69. **цены понизились** — prices have declined; 70. **цены по срочным сделкам** — terminal prices; 71. **цены продолжают повышаться** — prices keep rising; 72. **цены разнятся в зависимости от размера** — prices vary according to size; 73. **цены снизились, цены более умеренные** — prices are easier; 74. **цены стоят на высоком уровне; цены не падают** — prices are hard; 75. **цены, выгодные для покупателей; низкие цены** — buyers' prices; 76. **цены, выгодные для продавца, высокие цены** — sellers' prices; 77. **цены, незначительно отличающиеся одна от другой** — close prices; 78. **без нарицательной цены** — no par value; 79. **без резервированной цены, по достижимой цене, безоговорочно** — without reserve; 80. **биржевая цена** — exchange price; 81. **бросовая цена** — dumping price; 82. **быть связанным ценой** — to be tied down to the price; 83. **внешнеторговая цена** — foreign trade price; 84. **внутрифирменная трансфертная цена** — transfer price; 85. **вызвать повышение цен** — to have a bullish effect, to produce a rise in prices; 86. **вызвать понижение цен** — to have a bearish effect, to reverse the upward movement; 87. **выраженный в постоянных ценах при помощи индекса розничных цен** — deflated by consumers' price index; 88. **высокая цена** — high price; 89. **выше нарицательной цены, номинала, выше паритета** — above par; 90. **гарантированная цена** — support price; 91. **государственная цена** — state price; 92. **движение цен** — price development, price range; 93. **двойные цены** — dual pricing; 94. **держать на случай повышения цены** — to hold for a rise; 95. **договариваться о цене** — to agree on the price; 96. **договорная цена** — contract price; 97. **дутая цена** — fancy price; 98. **единая цена** — flat price; 99. **ежедневная цена, по которой расчетная палата осуществляет расчеты по всем сделкам между ее членами** — clearing price; 100. **заводская цена** — manufacturer's price; 101. **заключительная цена** — closing price, closing value; 102. **значительное падение цен** — smart drop in prices; 103. **зональная цена** — zone price; 104. **изменение динамики цен в**

сторону повышения — reversal of the falling price trend; 105. **изменение цен на рынке, вызванное воздействием внутренних факторов рынка, в отличие от внешних факторов предложения и спроса** — technical decline; 106. **импортная цена** — import price; 107. **искусственно повышать или понижать цены, курсы** — to rig the market; 108. **клиринговая цена** — clearing price; 109. **колебание цен на рынке** — market fluctuation; 110. **конкурентоспособная цена** — competitive price; 111. **контрактная цена** — contract price; 112. **крайняя цена** — outside price; 113. **крайняя цена, самая низкая цена** — bottom price; 114. **купить по высокой цене** — to buy at a high figure; 115. **лимитированная цена** — price limit; 116. **льготная цена** — reduced price; 117. **любой ценой; по любой цене** — at any cost; 118. **максимальная цена была снижена** — the ceiling was reduced; 119. **максимальная цена** — price ceiling, ceiling price; 120. **масштаб цен** — measure of prices, standard of price; 121. **минимальные импортные цены на определенные виды сельскохозяйственных продуктов, устанавливаемые в ЕЭС** — reference price; 122. **минимальные цены** — floor prices; 123. **монопольная цена** — monopoly price; 124. **надбавка к цене** — bonus to a price; 125. **назначить цену СИФ** — to quote c.i.f.; 126. **нарицательная цена** — face value; 127. **нарицательная цена, номинал** — par value, face value; 128. **низкая цена** — low price, Panic price; 129. **новая повышенная цена; новое повышение цены; новая высшая точка** — new high; 130. **номинальная цена; нарицательная цена; прейскурантная цена до вычета скидки; ничтожная цена** — nominal price; 131. **общая цена** — blanket price; 132. **общая цена; цена, включающая все расходы** — overhead price; 133. **одинаковая цена** — flat price; 134. **окончательная цена** — close price, last price; 135. **оптовая цена, оптовая цена крупных партий товара** — wholesale price; 136. **официальная цена покупателя перед закрытием биржи** — call rule; 137. **падающие цены** — falling market; 138. **падающие цены** (понижательная конъюнктура рынка) — losing market; 139. **падение цен** — fall in prices; 140. **паритетная цена** — parity price; 141. **паушальная цена (цена на круг)** — lumpsum price; 142. **повысится в цене** — to score an advance; 143. **повышать, набивать цены** — to force up prices; 144. **повышение в цене** — price advance; 145. **повышение цены** — recovery of price; 146. **повышение цен или курсов на рынке** — bull movement; 147. **повышение цен** — bullish demonstration; 148. **повышенная цена в период нехватки товара** — scarcity price; 149. **поддержание цен при перепродаже товаров; поддержание розничных цен** — resale price maintenance; 150. **поддержание цен, гарантирование цен** — support of price; 151. **поддерживать цены или спрос на рынке** — to underpin the market;

152. **подтвердить цену** — to confirm the price; 153. **позиционная цена** — itemized price; 154. **покупная цена** — buying price, purchase price; 155. **покупная цена; себестоимость, первоначальная стоимость** — original cost; 156. **полагать, что цены на медь повысятся** — to take bullish view of copper; 157. **полная цена** — all-round price; 158. **понижение рыночных цен** — roll back; 159. **понижение цен приостановилось, и цены проявляют тенденцию к повышению; цены проявляют тенденцию к повышению** — the market is steadier; 160. **понижение цен** — downturn in prices, sagging off of prices; 161. **понижение цен, регресс; спад; понижение** — setback; 162. **понизиться в цене** — to sink in price; 163. **постепенно с увеличивающейся скоростью повышающиеся или падающие цены** — spiralling price; 164. **по нарицательной цене, по номиналу, по паритету** — at par; 165. **по умеренной цене; за умеренную плату** — at a moderate charge; 166. **по цене дня** — at value; 167. **предельная цена** — price limit; 168. **предложение по самой низкой цене** — lowest tender; 169. **предложить большую цену** — to bid more; 170. **прейскурантные цены** — list prices; 171. **прекращение роста цен** — check to prices; 172. **приостановить понижение цен** — to arrest the downward movement; 173. **продаваться по высокой цене** — to fetch a high price; 174. **продаваться по низкой цене** — to be on the bargain counter; 175. **продаваться по цене выше номинала или паритета** — to fetch a premium; 176. **продавать выше номинальной цены; продавать с надбавкой; продавать с прибылью** — to sell a premium; 177. **продавать ниже номинальной цены** — to sell at a discount; 178. **продавать по значительно пониженным ценам** — to spoil prices; 179. **продавать по наиболее выгодной достижимой цене или по наилучшему достижимому курсу** — to sell at best; 180. **продажа по крайне низким ценам** — distress selling; 181. **продажная цена** — sale price; 182. **расчетная цена** — settlement price; 183. **реализационная цена** — selling price; 184. **регулирование ценообразования, цен** — price controls; 185. **регулируемые цены; предельные цены** — controlled prices; 186. **резервированная цена; низшая отправная цена** — reserve price; 187. **резкое повышение цен** — a sharp rise in prices; 188. **розничная цена** — consumer price, retail price; 189. **рыночная цена** — market price; 190. **самая низкая цена; крайняя цена** — bottom price, rock-bottom price; 191. **самые благоприятные условия договора; самые низкие цены и самые благоприятные условия платежа** — best terms; 192. **сезонная цена** — seasonal price; 193. **сквозная цена** — through rate; 194. **скользящая цена** — sliding price; 195. **скользящие цены** — sliding-scale prices; 196. **сметная цена** — estimate price; 197. **снижаться, падать в цене** — to give way; 198. **снижать цены** — to bring down, to cut

prices, to put down; 199. **снижать цены, сбивать цены** — to squeeze down prices, to force down prices; 200. **согласованная цена** — agreed price; 201. **сопоставимая цена** — comparable price; 202. **специальное предложение цены** — special bid; 203. **спираль цен** — spiral price; 204. **средние рыночные цены или средние биржевые курсы** — market averages; 205. **средняя цена** — average price; 206. **существующая рыночная цена** — market price; 207. **существующие цены** — current values; 208. **существующие цены, общераспространенные цены** — prevailing prices; 209. **сходная цена** — fair price; 210. **тарифная цена** — tariff price; 211. **твердая цена** — firm price, fixed price; 212. **текущая цена, существующая цена; цена дня** — current price; 213. **торговая цена** — trade price; 214. **уровень внутренних цен** — national price level; 215. **уровень цены, при отклонении от которой в любую сторону может нарушиться нормальное функционирование рынка** — resistance barrier; 216. **уровень цен** — price plateau; 217. **установить цену** — to fix a price; 218. **устойчивые цены; повышающиеся цены** — strong prices; 219. **фабричная цена, себестоимость** — first cost, factory list price; 220. **фактическая цена** — actual price; 221. **фактурная цена** — invoice cost; 222. **чрезмерно высокая цена; недоступная цена** — prohibitive price; 223. **широкие цены** — wide prices; 224. **экспортная цена** — export price.

ценз — qualification ◇ 1. **избирательный ценз** — electoral qualification; 2. **имущественный ценз** — property qualification; 3. **образовательный ценз** — educational qualification.

ценность — value ◇ 1. **ценности, в которые вложен резервный капитал** — reserve fund investments; 2. **ценности; драгоценности** — valuables; 3. **ценность импортных товаров по внутренним ценам в стране отправления** — foreign value of imported merchandise; 4. **ценность импортных товаров по экспортным ценам в стране отправления** — export value of imported merchandise; 5. **ценность по цене СИФ** — value c.i.f.; 6. **ценность по цене ФОБ** — value f.o.b.; 7. **ценность товара для целей таможенного обложения** — tariff value; 8. **ценность экспорта, стоимость экспорта** — value of exports; 9. **валютные ценности** — currency values; 10. **в ценностном выражении** — in terms of value; 11. **действительная ценность** — intrinsic value; 12. **не имеющий ценности; ничего не стоящий** — worthless; 13. **заложенные ценности** — mortgaged values; 14. **имущественные ценности** — property; 15. **материальные ценности** — material values; 16. **общая ценность вывоза** (общий экспорт) — total export; 17. **оценка стоимости, ценности** — value appraisement; 18. **партия фондовых ценностей, пользующаяся на рынке повышенным спросом** — glamour stock; 19. **с ценности** (с объявленной цены; со стоимости) — ad valorem; 20. **товарно-материальные ценности** — commodities and materials.

ценные бумаги — issues, capital issues, securities, stock ◇ 1. **ценные бумаги британского правительства на срок от 5 до 15 лет** — mediums; 2. **ценные бумаги** — capital issues, issues, securities; 3. **ценные бумаги, выпущенные в обращение** — outstanding securities; 4. **ценные бумаги, выпущенные корпорациями; ценные бумаги, выпущенные муниципалитетами** — corporation securities; 5. **ценные бумаги, выпущенные публично-правовыми учреждениями** — public securities; 6. **ценные бумаги, вышедшие в тираж** — drawn securities; 7. **ценные бумаги, допущенные к биржевому обороту** — stock exchange securities; 8. **ценные бумаги, зарегистрированные в бухгалтерских книгах, выпускаемых на имя какого-л. владельца** — registered security; 9. **ценные бумаги или товары, свободно обращающиеся на рынке; в частности, количество ценных бумаг или товаров, имеющихся в наличии для немедленной продажи на рынке ценных бумаг или товаров** — floating supply; 10. **ценные бумаги, котирующиеся на бирже; ценные бумаги, допущенные к биржевому обороту** — listed securities; 11. **ценные бумаги на предъявителя** — securities to bearer; 12. **ценные бумаги, не подлежащие выкупу или погашению** — irredeemables; 13. **ценные бумаги, пользующиеся особенным спросом** — specialties; 14. **ценные бумаги с высоким доходом** — high yielding securities; 15. **ценные бумаги с долгим сроком погашения** — long-dated stocks; 16. **ценные бумаги с колеблющимся курсом, ссуды** — risk assets; 17. **ценные бумаги с твердым процентом** — fixed interest securities; 18. **ценные бумаги с фиксированной датой погашения** — dated securities; 19. **ценные бумаги с фиксированным доходом, дающие преимущественное право при выставлении требований** — senior issue; 20. **"активные" ценные бумаги** — active securities; 21. **государственная ценная бумага** — government paper, public stock; 22. **государственные ценные бумаги без права передачи владельцами другим лицам** — Non-Marketable Stock; 23. **государственные ценные бумаги без указания срока погашения, недатированные ценные бумаги** — undated stock; 24. **государственные ценные бумаги (государственные средства)** — public funds; 25. **государственные ценные бумаги** (государственный долг) — the stock; 26. **государственные ценные бумаги** (фонды; платежные средства) — funds; 27. **государственные ценные бумаги; ценные бумаги, выпущенные публично-правовыми организациями** — public securities; 28. **держать ценные бумаги на депозите** — to deposit securities; 29. **долгосрочные процентные ценные бумаги** — loan stock; 30. **допуск ценных бумаг на биржу** — listing; 31. **ж.-д. ценные бумаги** — railroads, railway securities; 32. **золотообрезные ценные бумаги, государственные ценные бумаги; перво-**

классные ценные бумаги, гарантированные ценные бумаги — gilt-edged securities; 33. **именные ценные бумаги** — registered stock, inscribed stock; 34. **котирующиеся ценные бумаги; первоклассные или гарантированные ценные бумаги** — gilt-edged securities; 35. **краткосрочные ценные бумаги** — shorts; 36. **недатированные ценные бумаги, государственные ценные бумаги без указания срока погашения** — undated stock; 37. **нерыночные ценные бумаги** — Non-Marketable Stock; 38. **неходкие ценные бумаги** — inactive securities; 39. **оборотные ценные бумаги** — negotiable securities; 40. **первоклассные ценные бумаги** — first-class paper, trustee stock, investment stocks; 41. **поставка ценных бумаг в день продажи** — cash delivery; 42. **рынок ценных бумаг, заемных средств** — capital market.

ценный — valuable ◇ 1. **ценные вещи; ценности; драгоценности** — valuables; 2. **ценный груз** — valuable cargo; 3. **очень ценный; очень дорогой** — of great worth.

ценовой — price ◇ 1. **ценовая конкуренция** — price competition; 2. **"ценовой круг"** — price ring; 3. **ценовой риск** — price risk.

ценообразование — pricing, price formation ◇ **регулирование ценообразования, цен** — price controls.

центнер (1/20 тонны) — hundredweight — cwt(s) ◇ 1. **английский центнер, большой центнер** — long cwt.; 2. **американский центнер** — short cwt.; 3. **метрический центнер (1/10 тонны)** — metrical quintal.

центр — centre ◇ 1. **центр международной торговли** — world trade centre; 2. **коммерческий центр** — commercial centre; 3. **консигнационный центр** — consignment centre; 4. **расчетный центр** — financial settlements centre; 5. **торговый центр** — centre of trade; 6. **торговый центр** (большой магазин) — emporium.

централизованный — centralized ◇ 1. **централизованная закупка** (закупка большого количества) — bulk buying; 2. **централизованное управление** — centralized direction.

центральный — central ◇ 1. **центральный банк** — central bank; 2. **центральный курс** — central rate.

цессионарий — cessionary.

цессия — cession.

циркулировать — circulate ◇ **циркулирующий (находящийся в обороте)** — current.

циркуляр — circular, instruction, circular note; circular letter.

циркулярный — circular ◇ 1. **циркулярное аккредитивное письмо** — circular note; 2. **циркулярное письмо** — circular letter; 3. **циркулярный аккредитив** — circular letter of credit.

циркуляция — circulation.

цифра — figure, cipher, number ◇ 1. **в круглых цифрах** — in round numbers; 2. **круглые, округленные цифры**— round figures.

Ч

чартер — charter ◇ 1. **чартер, в котором обусловлена твердая сумма фрахта** — lumpsum charter; 2. **чартер на перевозку грузов судном, находящимся у причала** — berth charter; 3. **чартер на условиях "loaded, stowed, trimmed and discharged free of expense to the vessel"** — net charter; 4. **чартер-партия** — charter party; 5. **чартер-партия на рейс в один конец** — single-trip charter; 6. **генеральный чартер** — general charter; 7. **димайз-чартер** — demise charter; 8. **линейный чартер** — berth charter; 9. **лумпсум чартер** — lumpsum charter; 10. **открытый чартер** — open charter; 11. **рейсовый чартер** — trip charter, single-trip charter, voyage charter; 12. **речной чартер** — river charter; 13. **специальный чартер** — special charter; 14. **тайм-чартер** — time charter.

час — hour, time ◇ 1. **часы, в которые открыта биржа, присутственные часы на бирже** — official hours, hours of exchange; 2. **часы пик, часы наплыва покупателей, пассажиров и т.п.** — rush hours; 3. **часы работы, служебные часы, присутственные часы** — office hours; 4. **часы торговли в магазинах** — shop hours; 5. **часы, установленные для производства рыночных или биржевых операций** — market hours; 6. **неполное число рабочих часов** — short time; 7. **установленные часы работы** — stated office hours.

часовой — hour's, hour ◇ 1. **часовая зарплата** — earnings per hour, payment by the hour, hourly earnings; 2. **почасовой** — by the hour.

частично — partly ◇ 1. **частично безработные** — part-time workers; 2. **частично списывать** — to write down.

частичный — partial ◇ 1. **частичная загрузка** — part cargo; 2. **частичная или специальная перепись** — partial census; 3. **частичный лизинг** — leveraged lease; 4. **частичная поставка** — partial delivery; 5. **частичное акцептование, неполный акцепт** — partial acceptance; 6. **частичная сдача** — part delivery; 7. **частичное нарушение** — severable breach; 8. **частичное эмбарго** — embargo on certain import goods; 9. **частичный акцепт, акцепт с оговорками** — special acceptance; 10. **частичный взнос; очередной взнос; часть; партия** — instalment; 11. **в частичное погашение причитающейся суммы, в счет причитающейся суммы** — on account.

частный — private, particular ◇ 1. **частная авария** — particular average; 2. **частная компания** — private company; 3. **частная учетная ставка; рыночный учетный процент** — market rate; 4. **частная учетная ставка** — private discount rate, private rate of discount; 5. **частное размещение ценных бумаг** — private placement; 6. **частное соглашение** — private agreement; 7. **частное дело, личное дело** — private affair, private business, private matter; 8. **частный итог** — subtotal; 9. **частный коммерческий банк** — private bank; 10. **привилегированная частная компания** — exempt private company.

часть — part ◇ 1. **часть груза** — part of cargo; 2. **часть груза, не принятая на судно; недогруз** — short shipment; 3. **частями** — in parts; 4. **запасные части** — spare parts; 5. **невыпущенная часть уставного акционерного капитала** — potential stock; 6. **неоплаченная часть акционерного капитала** — callable capital, variable capital; 7. **неотъемлемая часть договора** — integral part of a contract; 8. **оплаченная часть акционерного капитала, оплаченный акционерный капитал** — paid up capital, paid in capital; 9. **пропорциональная часть фрахта** — pro rata freight; 10. **расходная часть платежного баланса, платежи за границу** — external payments; 11. **сменные (запасные) части** — replacement parts.

чек — cheque, check ◇ 1. **чеки и тратты, представляемые банком в расчетную палату** — bank clearings; 2. **чек, выставленный в одном экземпляре** — sola check; 3. **чек, выставленный одним банком на другой** — bankers' cheque; 4. **чек на банк в Лондонском Сити** — town cheque; 5. **чек на ваше имя** — check in your favour; 6. **чек на предъявителя** — bearer cheque, cheque to the bearer; 7. **чек, оплаченный банком, на который он выставлен; не подлежит обращению** — cancelled cheek; 8. **чек открытый; некроссированный чек** — open cheque; 9. **чек с надписью банка о принятии к платежу** — certified cheque; 10. **чек с условным секретным знаком** — marked check; 11. **чеком на Нью-Йорк, с платежом в Нью-Йорке** — New York funds; 12. **акцептованный чек** — accepted cheque; 13. **банковский чек** — bank cheque; 14. **бланковый чек** — blank cheque; 15. **выписать чек на банк на 1000 $** — to draw cheque on a bank for $ 1,000; 16. **дорожный чек** — circular cheque; 17. **жирочек** — girocheque; 18. **именной чек** — cheque payable to smb; 19. **индоссамент на чеке** — cheque endorsement; 20. **иностранный чек** — foreign cheque; 21. **кроссированный чек** — crossed cheque; 22. **курс чеков** — cheque rate; 23. **курс чеков в Лондоне на Нью-Йорк** — London cheque rate on New York; 24. **опротестованный чек** — bad cheque, dishonored cheque; 25. **ордерный чек** — cheque to order, order cheque; 26. **открытый чек, некроссированный чек** — open cheque; 27. **перечеркнутый чек** — crossed cheque; 28. **поддельный чек** — bogus check; 29. **получить деньги по чеку; разменять чек; выплатить по чеку** — to negotiate a cheque; 30. **получить наличные деньги по чеку** — to change a cheque; 31. **предъявительский чек** — bearer cheque, cheque to bearer; 32. **расчетный чек** — cheque in settlement; 33. **трансфертный чек** — transfer ticket; 34. **туристский чек** — traveler's check, international cheque; 35. **уплатить по чеку** — to honour a cheque.

чековый — check, checking ◇ 1. **чековая книжка** — checkbook; 2. **чековый курс, курс чеков** — cheque rate; 3. **чековый счет** — checking account.

чекодатель — drawer of a cheque.

чекодержатель — holder of a cheque.

черта — line, boundary, precinct, trait, feature ◇ 1. **бюджетные государственные доходы над чертой** — revenue above the line; 2. **бюджетные государственные доходы под чертой** — revenue below the line; 3. **бюджетные государственные расходы над чертой** — expenditure above the line; 4. **бюджетные государственные расходы под чертой** — expenditure below the line; 5. **бюджетный дефицит под чертой** (превышение расходов над доходами) — deficit below the line; 6. **над чертой** — above the line; 7. **под чертой** — below the line.

честь — honour, regard, respect ◇ 1. **акцепт за честь, акцепт для спасения кредита** — acceptance supra protest, acceptance for honour; 2. **уплата за честь, акцептовать за честь, уплата для спасения кредита** — payment supra protest.

четверть — quarter ◇ **четверть доллара, 25 центов** — quarter.

число — number, figure, date ◇ 1. **число работающих, численность рабочих и служащих** — labour force, work force; 2. **выводить среднее число** — to strike an average; 3. **в первых числах будущего месяца** — early next month; 4. **датированный сегодняшним числом** — of this date; 5. **на данное число** — to date; 6. **округленные числа, круглые цифры** — round figures.

чистый — clean, net, pure, straight, neat, clear ◇ 1. **чистая выручка; сумма векселя за вычетом дисконта** — net avails; 2. **чистая потеря** — dead loss; 3. **чистая прибыль; чистый доход** — net income, net profit; 4. **чистая прибыль, прибыль за вычетом подоходного налога** — after-tax profit; 5. **чистая стоимость** — net cost; 6. **чистая сумма продаж** — net sale; 7. **чистая тратта; тратта, не сопровождаемая грузовыми документами** — clean bill; 8. **чистое золото** — fine bullion; 9. **чистое инкассо** — clean collection; 10. **чистые издержки обращения** — pure costs of circulation; 11. **чистые колебания валютного курса** — clean float; 12. **чистый аккредитив** — clean letter of credit, open letter of credit; 13. **чистый вес** — net weight; 14. **чистая вместимость судна** — net tonnage; 15. **чистый доход общества** — net income of society; 16. **чистый доход** — net produce, clear profit; 17. **чистый доход; чистая прибыль** — net income, net profit; 18. **чистый коносамент** — clean bill of lading; 19. **чистый убыток** — dead loss; 20. **общая чистая стоимость движимого имущества**

— net personalty; 21. **фирма получила чистую прибыль в 500 долларов** — the firm cleared $ 500.

член — member, fellow ◇ 1. **член без права голоса** — nonvoting member; 2. **член биржи** — member of the exchange; 3. **член Нью-Йоркской фондовой биржи, торгующий акциями в свою пользу** — competitive trader; 4. **член правления** — member of the board; 5. **член страхового объединения Ллойда** — underwriter at Lloyd's; 6. **банк — член федеральной резервной системы** (*ам.*); **банк — член расчетной палаты** — member bank; 7. **полноправный член** — full(-fledged) member; 8. **постоянный член** — permanent member.

членство — membership.

чрезмерно — over ◇ 1. **чрезмерно высокая цена** — prohibitive price; 2. **чрезмерно раздутый выпуск** — overinflation; 3. **чрезмерно раздутый выпуск ценных бумаг** — overinflation of securities.

чрезмерный — excessive ◇ **чрезмерная цена** — excessive price.

Ш

широкий — wide ◇ 1. **широкий курс** — wide prices; 2. **непродовольственные предметы широкого потребления** — non-food consumer goods; 3. **предметы широкого потребления** — consumer goods, consumer commodities.

шкала — scale ◇ 1. **шкала заработной платы** — scale of wages; 2. **шкала качества** — contract grades; 3. **шкала сборов, расходов** — scale of charges; 4. **грузовая шкала** — deadweight scale; 5. **понижать по определенной шкале** — to scale down; 6. **скользящая шкала** — sliding scale.

штамп — seal, stamp, punch, cliche ◇ **штамп предприятия** — seal of the enterprise.

штат — state, stuff, establishment ◇ **сократить штат** — to reduce the staff.

штатный — regular, permanent ◇ 1. **штатная должность** — established post; 2. **штатный работник** — permanent employee; 3. **штатный состав** — authorized establishment.

штемпель — stamp ◇ 1. **штемпель банка** — stamp of the bank; 2. **штемпель перевозчика** — reception stamp of a carrier; 3. **почтовый штемпель** — postage stamp.

штивка — stowage ◇ 1. **свидетельство о штивке** — stowage certificate; 2. **франко борт и штивка** — free on board and stowed.

штраф — penalty, fine ◇ 1. **взыскание штрафа** — exaction of a penalty; 2. **денежный штраф** — fine; 3. **договорный штраф** — contractual fine; 4. **наложить штраф** — to charge a penalty, to impose a fine; 5. **освобождение от уплаты штрафа** — relief from a fine; 6. **освобождение от штрафа** — remission of penalty.

штрафной — penalty, penal ◇ 1. **крупная штрафная неустойка; отступные деньги; "верные" деньги** — smart money; 2. **пункт о штрафной неустойке** — penalty clause.

штрафовать — fine.

штука — piece, thing, unit.

штучный, поштучный — piece ◇ 1. **штучный товар; ткани в кусках** — piece of goods; 2. **грузовместимость для штучных грузов** — capacity in bales; 3. **коносамент на мелкий штучный груз** — omnibus bill of lading; 4. **поштучная** (сдельная) **оплата** — piece wage; 5. **поштучная работа** (сдельщина) — work by the piece; 6. **поштучная стоимость** — cost by piece; 7. **поштучная плата** — piece wages.

Э

экземпляр — copy, specimen ◇ 1. **экземпляр коносамента** — copy of bill of lading; 2. **экземпляр тратты** — single bill, sola bill; 3. **выставить тратту в трех экземплярах** — to issue a bill in a set of three; 4. **в двух экземплярах** — in duplicate; 5. **в трех экземплярах** — in triplicate; 6. **в четырех экземплярах** — in quadruplicate; 7. **действительный экземпляр; экземпляр документа, могущий служить предметом сделки** — negotiable copy; 8. **единственный экземпляр** — single copy; 9. **комплект экземпляров переводного векселя** — set of bills; 10. **один экземпляр коносамента из комплекта, состоящего из трех экземпляров** — one part bill of lading out of a set of three; 11. **первый экземпляр** — fist copy; 12. **первый экземпляр векселя не оплачивается** — first being unpaid; 13. **первый экземпляр переводного векселя** — first bill of exchange; 14. **последний экземпляр** — last copy; 15. **по одному экземпляру** — single copies; 16. **тратта, выставленная в одном экземпляре; единственный чек, выставленный в одном экземпляре** — sola check.

экономика — economy ◇ 1. **закрытая экономика** — closed economy; 2. **мировая экономика** — world economy; 3. **национальная экономика** — national economy; 4. **плановая экономика** — planned economy; 5. **разностороннее развитие экономики** — diversification of the economy; 6. **рыночная экономика** — market economy.

экономить — to economize, to use sparingly, to husband, to save ◇ 1. **сберегать деньги, экономить деньги, откладывать деньги** — to save money; 2. **экономить расходы** — to save expense.

экономический — economic ◇ 1. **экономическая независимость; экономическая замкнутость; экономическая автономность** — self-sufficiency; 2. **экономическая эффективность** — economic effectiveness; 3. **экономический кризис** — economic crisis; 4. **экономическое развитие** — economic development; 5. **сдерживать экономическую деятельность** — to keep a check on activity.

экономия — saving, economy ◇ 1. **экономия расходов** — saving of expense; 2. **экономия материалов** — saving of material; 3. **валютная экономия** — currency saving; 4. **меры экономии** — economy measures; economies.

экономность — thrift, economy.

экспансия — expansion.

экспедитор — forwarding agent, dispatcher, forwarder, head clerk, shipping agent ◇ 1. **экспедитор груза** — freight forwarder; 2. **генеральный экспедитор** — general forwarding agent.

экспедиторский — forwarding ◇ 1. **экспедиторская контора, транспортная контора** — forwarding business; 2. **экспедиторская работа; отправка** — forwarding; 3. **экспедиторская фирма** — forwarding business.

эксперт — expert ◇ 1. **эксперт по маркетингу** — marketing expert; 2. **эксперт по перевозке грузов** — traffic expert; 3. **эксперт по экономическим вопросам** — economic expert; 4. **бухгалтер-эксперт, аудитор** (общественный бухгалтер) — chartered accountant; 5. **главный эксперт** — examiner-in-chief; 6. **коммерческий эксперт** — commercial expert; 7. **патентный эксперт** — patent examiner; 8. **судовой эксперт, инспектор классификационного общества, инспектор кораблестроения** — ship's surveyor; 9. **торговый эксперт** — commercial expert; 10. **транспортный эксперт** — transport expert.

экспертиза — examination, examination by experts, inspection ◇ 1. **акт государственной экспертизы** — inspection report; 2. **акт осмотра и экспертизы** — survey report; 3. **акт экспертизы** — examination report; 4. **банковская экспертиза** — bank expert examination; 5. **государственная экспертиза** — state examination; 6. **независимая экспертиза** — independent examination; 7. **техническая экспертиза** — technical examination.

эксплуатация — exploitation, exploiting, operation, running, maintenance ◇ 1. **вступать в эксплуатацию, в строй** — to come into commission; 2. **готовый к эксплуатации; готовый к работе; на полном ходу** — in working order; 3. **пустить в эксплуатацию** (ввести в действие) — to put into operation.

эксплуатационный — operational, operation ◇ 1. **эксплуатацион-**

ная служба — operational service; 2. **эксплуатационное бурение** — development drilling; 3. **эксплуатационные расходы** — running expenses, value in use, maintenance cost; 4. **эксплуатационные расходы** (текущие расходы) — operating costs, operating expenses.

экспонат — exhibit ◇ 1. **выставочный экспонат** — display unit; 2. **действующий экспонат** — working exhibit.

экспорт — export ◇ 1. **экспорт и импорт товаров, "видимая" торговля** — visible trade; 2. **экспорт и импорт товаров, "видимые" статьи** — visible items; 3. **экспорт товаров и услуг** — export of goods and services; 4. **диверсификация экспорта** — export diversification; 5. **испытание для отправки на экспорт** — export test; 6. **невидимый экспорт, невидимые статьи экспорта** — invisible exports; 7. **оборот по экспорту** — export turnover; 8. **общий экспорт** (общий объем вывоза) — total export; 9. **объем экспорта** — volume of exports; 10. **предметы вывоза; статьи экспорта** — exports; 11. **предусмотренное при экспорте инспектирование** — scheduled export inspection; 12. **продажа на экспорт** — shipment sale; 13. **товары, экспорт которых сократился** — export items of contraction; 14. **товары, экспорт которых увеличился** — export items of expansion; 15. **традиционный экспорт** — traditional export.

экспортер — exporter ◇ **нетто-экспортер какого-л. товара** — net exporter of a commodity.

экспортный — export ◇ 1. **экспортная лицензия; лицензия на ввоз товаров** — export licence; 2. **экспортная пошлина** — export duty; 3. **экспортная премия** — export bounty; 4. **экспортно-импортная фирма** — export-import firm; 5. **экспортно-кредитное страхование** — export credit insurance; 6. **экспортные дотации** — export refunds, export subsidy; 7. **экспортные и другие субсидии производящим отраслям в рамках ЕЭС** — restitutions; 8. **экспортные квоты** — export quotas; 9. **экспортные кредиты** — export credits; 10. **экспортный агент** — agent dealing with exports; 11. **экспортный груз** — outward cargo; 12. **экспортный дом** — export house; 13. **экспортный контроль** — export quotas; 14. **экспортный торговый баланс** (активное сальдо торгового баланса) — export balance; 15. **объем экспортных операций** — export turnover; 16. **обычное экспортное качество** — shipping quality; 17. **сужение экспортных рынков** — decline of export markets.

экспресс — express.

эмбарго — embargo ◇ 1. **наложить эмбарго на** — to lay an embargo on; 2. **снимать эмбарго** — to take off an embargo; 3. **частичное эмбарго** — embargo on certain import goods.

эмиссия — issue ◇ 1. **эмиссия бумажных денег** — currency issue; 2. **эмиссия бумажных денег; эмиссия банкнот; сумма банкнот,**

выпущенных эмиссионными властями — note issue; 3. **эмиссия текущая** — current issue; 4. **доход от эмиссии, учредительский доход** — capital surplus, paid in surplus; 5. **казначейская эмиссия** — government issue; 6. **ограничить эмиссию бумажных денег** — to restrict the issue of paper money; 7. **расходы, связанные с эмиссией ценных бумаг** — issue costs.

эмиссионный — **issue, emissive** ◇ 1. **эмиссионная система** — issue system; 2. **эмиссионный банк** — issuing house; 3. **эмиссионный, национальный, резервный банк** — bank of circulation, bank of issue, issuing bank, issuing house.

эффективность — effectiveness, efficiency, efficacy, efficaciousness ◇ 1. **эффективность капиталовложений** — efficiency of investments; 2. **эффективность производства** — industrial efficiency; 3. **экономическая эффективность** — economic effectiveness.

эффективный — effective ◇ 1. **эффективный валютный курс** — effective exchange rate; 2. **принять эффективные меры** — to take effective measures.

Ю

юридический — juridical, legal, juristical ◇ 1. **юридическая доктрина, согласно которой в особых случаях суверенное государство не может быть преследуемо в судебном порядке** — sovereign immunity; 2. **юридический адрес** — legal address, juridical address; 3. **юридическое лицо** — juristic person, artificial person; 4. **быть юридически обоснованным** — to hold good in law, to stand good in law; 5. **зарегистрированный в качестве юридического лица, зарегистрированный как корпорация** — incorporated; 6. **с юридической точки зрения** — for the legal purpose.

юрисконсульт — legal advisor.

юрист — lawyer, jurist ◇ 1. **запросить мнение юриста, получить заключение юриста** — to take counsel's opinion; 2. **советоваться с юристом** — to take legal advice.

Я

ярлык — tag, label, yarlyk, edict.

ярмарка — fair ◇ 1. **весенняя ярмарка** — spring fair; 2. **всемирная ярмарка** — world fair; 3. **международная ярмарка** — international fair; 4. **осенняя ярмарка** — autumn fair; 5. **оптовая ярмарка** — wholesale fair; 6. **специализированная ярмарка** — specialized fair; 7. **торговая ярмарка** — trade fair; 8. **традиционная ярмарка** — traditional fair.

ящик — case, box ◇ 1. **ящик, выложенный жестью** — tin-lined case, case lined with tin; 2. **ящики, пригодные для морской перевозки** — cases suitable for sea transportation; 3. **упаковочный ящик** — packing case; 4. **упаковывать в ящики** — to pack in cases, to box.

Part 2

ENGLISH-RUSSIAN DICTIONARY

abandon — отказываться от; покидать, оставлять ◇ 1. **to abandon a claim (a right)** — отказаться от претензии (права); 2. **to abandon goods to the insurer** — отказаться от товара в пользу страховщика.

abandonment — абандон (*акт отказа грузо- или судовладельца от своего застрахованного имущества в пользу страховщика — страх.*).

aboard — на судне; на борту; в вагоне (*ам.*); **на судно** (*ам.*); **на борт; в вагон.**

abstract — извлечение; резюме; выписка ◇ 1. **abstract of account** — выписка из счета; 2. **statistical abstract** — краткий статистический обзор.

accept — принимать; соглашаться; акцептовать ◇ 1. **to accept goods** — принимать товар; 2. **to accept a draft for the honour of a person** — акцептовать тратту для спасения кредита какого-л. лица (*в случае, если переводной вексель не оплачен и опротестован, то для спасения репутации трассанта тратта может быть акцептована и оплачена третьим лицом, чье имя не указано на векселе*).

acceptance — принятие; приемка; акцепт; акцептование; акцептованная тратта ◇ 1. **acceptance of an offer** — принятие предложения; 2. **acceptance bank** — акцептный банк (*осуществляет кредитование внешней торговли под обеспечение тратт*); 3. **acceptance credit** — акцептный кредит (*метод кредитования международной торговли путем предоставления банковского кредита экспортеру или импортеру; возможен в виде: во-первых, кредитной линии, когда клиент выставляет в пределах оговоренной суммы тратты на свой банк, который их акцептует, после чего они могут быть проданы, поскольку банковский акцепт дает право получить обязательный расчет по купленному векселю; во-вторых, документарного акцептного кредита, когда импортер открывает в своем банке аккредитив в пользу экспортера по предъявлении им товарных документов, что позволяет экспортеру быстро получать платеж*); 4. **acceptance for honour** — акцептование для спасения кредита векселедателя (*в случае, если переводной вексель не оплачен и опротестован, то для спасения репутации трассанта тратта может быть акцептована и оплачена третьим лицом, чье имя не указано на векселе*); 5. **acceptance in blank** — бланковый акцепт; 6. **acceptance house** — акцептный банк, контора (*финансовая организация, предостав-*

ляющая кредит под вексельное обеспечение); 7. **acceptance of bill of exchange** — вексельный акцепт (*согласие на оплату векселя, оформленное в виде соответствующей надписи акцептанта на векселе; используется в международных расчетах*); 8. **acceptance of a supplier's payment documents** — акцептование платежных документов поставщика; 9. **acceptance supra protest** — акцептование опротестованной тратты третьим лицом (*см. acceptance for honour*); 10. **banker's acceptance** — банковский акцепт (переуступаемая срочная *тратта, выставленная на банк и им акцептованная; одна из форм предоставления банковского кредита импортеру*), 11. **conditional acceptance** — условный акцепт; акцепт, содержащий специальные условия; 12. **documents against acceptance (DA)** — документы против акцепта (*условие о выдаче покупателю грузовых документов после акцептования им тратты; применяется в международной торговле*); 13. **general acceptance** — безусловный акцепт; 14. **long-term acceptance** — долгосрочный акцепт; 15. **partial acceptance** — неполный акцепт, частичное акцептование; 16. **qualified acceptance** — акцепт с оговорками; 17. **refusal of acceptance** — отказ от акцептования; 18. **short-term acceptance** — краткосрочный акцепт; 19. **special acceptance** — акцепт с оговорками; частичный акцепт (*согласие на оплату расчетных документов или принятие предложения при выполнении определенного условия; согласие на уплату только части указанной в расчетных документах суммы*); 20. **tacit acceptance** — молчаливый акцепт (*платежное требование считается акцептированным, если покупатель не отказался от оплаты в течение срока акцепта*); 21. **trade acceptance** — акцептованная торговая тратта; 22. **to present for acceptance** — представить к акцептованию; 23. **to provide with an acceptance** — акцептовать; 24. **nonacceptance** — отказ от акцептования.

acceptor — акцептант.

accident — случай; случайность; несчастный случай; авария; катастрофа ◇ 1. **accident insurance** — страхование от несчастных случаев; 2. **to meet with an accident** — потерпеть аварию.

accommodate — приспособлять; снабжать (with); выдать ссуду; предоставить кредит; оказывать услугу ◇ **to accommodate someone with money (with loan)** — давать кому-л. деньги взаймы.

accommodation — приспособление; удобство; ссуда; кредит (credit accommodation); услуга ◇ 1. **accommodation bill** — дружеский (безденежный) вексель (*безденежные, не связанные с реальной коммерческой сделкой векселя; выписываются контрагентами друг на друга с целью получения денег путем учета таких векселей в банках*); 2. **accommodation endorsement** —

дружеский индоссамент; дружеская передаточная надпись; 3. **accommodation paper** — дружеский вексель (*подписывается одним лицом с передачей обязательств по нему другому лицу; лицо, подписавшее вексель, становится его гарантом, но не имеет права на получение по нему средств; если акцептант не может заплатить по такому векселю, то ответственность за платеж переходит на гаранта, считаются первоклассными векселями — англ.*).

accord — согласие; соглашение; соответствовать; согласовать(ся); оказывать; давать; предоставлять ◇ 1. **accord and satisfaction** — мировое соглашение; соглашение о замене исполнения (*юр.*); 2. **of one's own accord** — добровольно; 3. **to be in accord with someone** — соглашаться с кем-л.; 4. **to accord permission** — дать разрешение.

according — согласно; по; согласно данным, сообщению; с разбивкой по; в зависимости от ◇ 1. **according to Reuters** — согласно сообщению агентства Рейтер; 2. **prices vary according to size** — цены разнятся в зависимости от размера.

account — счет; отчет; запись на счет; основание; причина; соображение; внимание; значение; важность ◇ 1. **account attached** — на счет наложен арест (*надпись банка на возвращенном чеке, векселе*); 2. **account book** — счетная книга; бухгалтерская книга; 3. **account closed** — счет закрыт (*надпись банка на возвращенном чеке, векселе*); 4. **account current** — текущий счет (*служит для хранения денежных средств и осуществления расчетов предприятиями и организациями*); обыкновенный счет; контокоррент (*единый счет, на котором учитываются все операции банка с клиентами и в дебет которого записываются ссуды, а в кредит — суммы, поступающие от клиента*); 5. **account days** — ликвидационные дни, расчетные дни (*дни завершения расчетов по заключенным сделкам на бирже*); 6. **account holder** — владелец счета; 7. **account of charges** — счет расходов; 8. **accounts** — расчеты; отчетность; финансовый, бухгалтерский, статистический отчет; государственный бюджет (*англ.*); 9. **accounts payable**—счета кредиторов; кредиторская задолженность (*временно привлеченные денежные средства и подлежащие возврату в пределах сроков оплаты счетов и обязательств*); 10. **accounts receivable** — счета дебиторов; 11. **accruing an amount to an account** — зачисление суммы на счет; 12. **advance account** — счет ссуд; 13. **balance account** — балансовый счет (*реальные денежные средства на счете*); 14. **balance of account** — сальдо счета; 15. **bank account** — счет в банке, банковский счет; 16. **below-line balance account** — внебалансовый счет (*используется для учета ценностей, а также документов и поручений, не относящихся к активам и пассивам банков: резервные фонды денежных биле-*

тов и монеты, срочные обязательства ссудозаемщиков, расчетные документы, принятые банком на инкассо, аккредитивы к оплате и пр.); 17. **block account** — арест на вклад (*приостановка операций по выдаче денег со счета вкладчика; осуществляется по письменному требованию судебного или следственного органа*); 18. **capital account** — счет капитала (предприятия); статьи движения капиталов (*в платежном балансе);* статьи платежного баланса, отдельные от текущих операций (*инвестиции, средства на депозитных счетах, экономическая помощь др. странам);* 19. **charge account** — счет по кредиту, открытому без обеспечения; кредит без обеспечения (*предоставляется постоянным клиентам в магазине, ресторане и др. по счету, открытому без немедленного подтверждения кредитоспособности клиента; может быть лимитирован — ам.*); 20. **charge a debt off an account** — списать задолженность со счета; 21. **checking account** — чековый счет (*ам.*); 22. **contra account** — контр-счет (*балансирующий счет; введение контр-счета обычно связано с необходимостью уменьшить искусственно* завышенную *сумму, зачисленную на основные балансовые счета, с тем чтобы обеспечить более точную информацию о размере баланса; примерами контр-счета являются, напр. накопленные амортизационные отчисления, резерв по сомнительным долгам*); 23. **current account** — текущий счет; текущие операции, текущие расчеты (*статьи в платежном балансе по торговле, фрахту, получению и уплате процентов и т. п.*); 24. **current account credit** — кредит контокоррентный (*выдается в пределах лимита банка без обеспечения или под ценные бумаги; расчет раз в квартал по сальдо счета*); 25. **deposit account** — депозитный счёт (*срочный вклад или текущий счет*); 26. **discretionary account** — брокерский счет (*счет, по которому его владельцу, брокеру или банку предоставляется доверенность на совершение операций по другому счету от имени его владельца в полном объеме, либо в пределах установленного лимита*); 27. **drawing an amount from an account** — изъятие суммы со счета; 28. **eligible bankers acceptance** — приемлемый банковский акцепт (в *США приемлемым считается такой, если банк-акцептант может его продать, не создавая предписываемых резервов или федеральный банк примет такой акцепт в качестве обеспечения при предоставлении кредита*); 29. **external payments account** — (*бирж.*) внешнеторговый платежный баланс (*соотношение между валютными поступлениями и платежами данной страны за определенный период, отражает все внешнеэкономические связи*), 30. **for the account** — с ликвидацией расчетов в течение ближайшего ликвидационного периода; 31. **giro account** — счет жиро (счет безналичных расчетов); 32. **interest**

account — процентный счет; 33. **joint account** — общий счет (*соглашение между фирмами о распределении риска и финансовой ответственности при приобретении на рынке ценных бумаг или подписке на новую эмиссию ценных бумаг*); 34. **loan account** — ссудный счет; 35. **long term capital account** — счет движения краткосрочных капиталов (*термин, применяемый для того, чтобы отделить в платежном балансе капиталовложения, государственные расходы и поступления из-за границы от движений краткосрочного капитала или "горячих денег"; вместе со счетом текущих операций он составляет исходный платежный баланс страны*), 36. **loro account** — счет "лоро" (*счета, открываемые банком своим банкам-корреспондентам, на которые вносятся все суммы, получаемые или выдаваемые по их поручению; в банковской переписке — корреспондентский счет третьего банка, открытый у банка-корреспондента данного кредитного учреждения*); 37. **money of account** — расчетная денежная единица; 38. **nostro account** — счет "ностро" (*счет банка, открытый у банка-корреспондента, на котором отражаются взаимные платежи, условия его ведения оговариваются при установлении корреспондентских отношений*); 39. **NOW (negotiable orders of withdrawal) account** — "Нау" счет (*занимает промежуточное положение между сберегательными и текущими счетами; их владельцы — физические лица и некоммерческие организации — имеют право при уведомлении за 30 дней выписывать "обращающиеся приказы об изъятии" и использовать их наравне с чеками*); 40. **on account** — *в счет причитающейся суммы; в частичное погашение причитающейся суммы;* 41. **open account** — открытый счет (*одна из форм расчета между продавцом и покупателем, при котором при отгрузке товара продавец заносит сумму задолженности в дебет счета, открытого им на имя покупателя; в обусловленные контрактом сроки покупатель погашает свою задолженность; используется при расчетах с постоянными контрагентами*); 42. **orders for Government account** — правительственные заказы; 43. **savings account** — сберегательный счет; 44. **special account** — конто-сепарато (*отдельный счет*); 45. **term of validity of an account** — срок счета; 46. **transferable account** — переводный счет; 47. **vostro account** — счет востро (*счет банка-корреспондента в данном кредитном учреждении*); 48. **to balance the account** — уравнять счет; 49. **to carry to account** — записать на счет; 50. **to keep an account** — вести счет; составить счет; 51. **to make up a statement of account** — сделать выписку из счета; 52. **to open an account with (in) a bank** — открыть счет в банке; 53. **to pay (to receive) on account** — уплатить (получить) в счет причитающейся суммы; 54. **to settle an account** — расплатиться по счету; ликвидировать счет; 55. **val-**

ue in account — валюта в счет (*фраза в тексте тратты, означающая, что тратта выставлена в счет общей задолженности трассата, а не в связи с продажей товара*); 56. **vostro account** — счет "востро" (ведется банком за границей в местной валюте. банк, помещающий на этот счет средства, будет ссылаться на него как на счет "ностро").

accountant — бухгалтер; счетовод; ревизор отчетности ◇ 1. **chartered accountant** — общественный бухгалтер, бухгалтер-эксперт (*член ассоциации Institute of Chartered Accountants*), аудитор (*англ.*); 2. **public accountant** — дипломированный общественный бухгалтер; аудитор (*ам.*); 3. **cost accountant** — бухгалтер-калькулятор.

accounting — учет; калькуляция ◇ **cost accounting** — калькуляция себестоимости; калькуляция издержек производства.

accretion — прирост; приращение; разрастание; увеличение фонда (активов) за счет роста основного капитала и начисленных процентов.

accrue — нарастать; добавляться; накопляться ◇ 1. **accrued charges** — наросшие проценты; начисленные проценты; 2. accrued interest — наросшие проценты; начисленные проценты (*сумма процентов, образовавшаяся с даты последней выплаты по купону облигации или с момента выпуска ценной бумаги, приносящей проценты; при продаже ценной бумаги накопленные проценты учитываются в составе ее цены*); 3. **accrued liabilities** — срочные обязательства.

accumulate — накапливать; аккумулировать; скопляться ◇ 1. **accumulated dividend** — накопившийся (но не выплаченный) дивиденд; 2. **accumulated deprecation** — аккумулированные списания (*общая сумма списаний от даты приобретения активов до текущего момента*); 3. **accumulated interest** — наросшие проценты; 4. **accumulated stocks** — накопившиеся запасы; 5. **accumulation** — накопление; 6. **accumulation fund** — фонд накопления (*часть национального дохода, направляемая на расширение производства, развитие непроизводственной сферы, прирост запасов*).

accumulative — накопляющийся ◇ **accumulative stock** — кумулятивные акции, акции с накопляющимся дивидендом (*дающие право на получение неуплаченного дивиденда за прошлые годы до уплаты его по другим акциям*).

acknowledg(e)ment — признание; подтверждение; извещение о получении; расписка ◇ 1. **acknowledgement of a debt** — признание долга; 2. **acknowledgement of receipt** — подтверждение получения; 3. **acknowledgement of statute-barred debt** — признание долга, который не мог быть востребован по истечению срока давности (*6 лет для обычного долга и 12 для долга с подтверждением*).

acquittance — освобождение (*от ответственности, обязательства*); **погашение долга; расписка.**

act — действие; поступок; дело; закон; акт; документ; действовать; поступать ◇ 1. **act of God** — стихийное бедствие; форс-мажор (*события, чрезвычайные обстоятельства, которые не могут быть предусмотрены и предотвращены; обычно контрактами не предусматривается ответственность за форс-мажорный ущерб*); 2. **Antitrust acts** — антитрестовское законодательство; 3. **general act —** генеральный акт (*документ, которым оформляется приемка импортных грузов российским портом от судна по количеству мест, весу и качеству; по импортным грузам, поставленным на условиях СИФ, этот документ подтверждает выполнение обязательств иностранного поставщика*); 4. **Sale of Goods Act** — закон о продаже товаров (*англ.*); 5. **Trade Agreements Act of 1979** — закон о торговых договорах 1979 г. (*дает возможность, американской стороне заключать торговые договора, требующие изменения законов США*); 6. **voidable act** — спорное действие; 7. **acting** — исполняющий обязанности.

action — действие; мероприятие; выступление; иск; исковое требование; (судебное) **дело;** (судебный) **процесс** ◇ 1. **to take immediate action** — принять срочные меры; 2. **action for damages** — иск об убытках; 3. **to bring an action against someone —** предъявить иск к кому-л., возбудить дело против кого-л.; 4. **to compromise an action** — уладить дело миром; 5. **to dismiss an action** — отказать в иске, отклонить иск; 6. **to lose (to win) an action** — проиграть (выиграть) дело, процесс; 7. **chooses (things) in action** — имущественные требования; права, являющиеся основанием для искового требования (*акции, патенты, долги и т. п.*); 8. **counter action** — встречный иск (*самостоятельное исковое требование ответчика к истцу для совместного рассмотрения с иском, который был первоначально предъявлен ответчику*); 9. **filed action** — предъявленный иск.

actual — действительный; фактический; текущий; существующий в данное время ◇ 1. **actual price** — фактическая цена (*цена, по которой фактически совершается сделкам на фондовом рынке — цена, на которую согласились покупатель и продавец*); 2. **actual state of the market** — положение рынка в данный момент; 3. **actual total loss** — действительная полная гибель (*застрахованного объекта — страх.*); 4. **actuals** — наличные (фактически существующие) товары (*могут быть поставлены с оплатой наличными как немедленно, так и в обусловленные сроки*).

additional — добавочный; дополнительный ◇ 1. **additional charge** — прибавка; доплата; 2. **additional charges —** дополнительные расходы; 3. **additional premium** — добавочная страховая премия.

adjournment — отсрочка (*исполнения платежных обязательств*); **перерыв** ◇ 1. **granted adjournment** — предоставленная отсрочка; 2. **legal adjournment** — законная отсрочка.

adjudication — судебное решение; приговор; присуждение ◇ 1. **adjudication in bankruptcy** — признание несостоятельности; 2. **adjudication of the contract to the lowest bidder** — заключение контракта с лицом, предложившим на торгах самую низкую цену; 3. **adjudication order —** признание несостоятельности (*ам.*).

adjust — исправлять; улаживать; приспосабливать; уточнять; согласовывать, выравнивать; приводить в соответствие; регулировать; выверять; приводить в порядок ◇ 1. **to adjust an account** — исправить счет; 2. **to adjust downwards** — уменьшать; понижать (о ценах); 3. **adjusted for changes in prices** — с устранением колебания цен (об индексах); 4. **adjustable** — регулируемый.

adjustment — исправление; улаживание; урегулирование; уточнение; приспособление; корректив; поправка; регулирование; выверка; согласование; приведение в соответствие; изменение ◇ 1. **adjustment assistance —** помощь в адаптации (*финансовая, технологическая и др. помощь фирмам в форме кредитов, налоговых льгот и т. п.; рабочим* (*путем обучения*) *в приспособлении к изменившимся экономическим условиям*); 2. **adjustment of an account** — исправление счета; 3. **adjustment of claims —** урегулирование претензий; 4. **adjustment of a difference** — разрешение спора; 5. **adjustment for seasonal variations (for price changes)** — поправка на сезонные колебания (на изменение цен); 6. **adjustment of supplies to current demand** — приведение поставок или запасов в соответствие с текущим спросом; 7. **adjustment of wage rates to the cost of living index** — изменение ставок заработной платы в зависимости от движения индекса прожиточного минимума 8. **adjustment process** — процесс регулирования (*меры по регулированию системы международных платежей и расчетов; выравнивание курса валюты, изменение структуры государственных расходов, введение валютных ограничений и т. п.*); 9. **adjustment trigger** — спусковой механизм регулирования (*объективный критерий, обуславливающий необходимость регулирования курса валюты или изменения экономической политики*); 10. **to adjust average adjustment loss** — рассчитывать диспашу; 11. **average adjustment** — диспаша (*расчет убытка при общей аварии, падающего на грузы, судно и фрахт и распределяемого между грузо- и судовладельцами.*); 12. **downward adjustment** — понижение (цены); понижательная тенденция; 13. **upward adjustment —** повышение (цены); повышательная тенденция; 14. **to make adjustment of average adjustment losses** — распределять убытки в диспаше 15. **rolling adjustment** — небольшие колебания конъюнктуры.

administer — управлять ◇ 1. **to administer a bankrupt's estate** — управлять конкурсной массой (*т. е. совокупностью имущества несостоятельного должника*); 2. **to administer property** — управлять имуществом.

administration — управление; администрация; правительство (*в США*); **отправление** (*правосудия*) ◇ 1. **administration expenses** — административные расходы; 2. **board of administration** — административный совет.

admission — допущение; признание; доступ; вход ◇ 1. **admission fee** вступительный взнос; 2. **admission of a partner** — принятие компаньона.

ad valorem — с ценности; с объявленной цены; со стоимости; "ад валорем" ◇ **ad valorem duty** — пошлина "ад валорем" (*взимается в процентном отношении к ценности товара*).

advance — успех; прогресс; улучшение; повышение; повышение цены; надбавка (на аукционе); **аванс; ссуда; предварение** ◇ 1. **advance against securities —** ссуда под ценные бумаги; 2. **advance as a delivery** аванс в форме поставки; 3. **advance as earnest money** — аванс-задаток; 4. **advance freight —** аванс фрахта (*стоимость фрахтования, выплачиваемая для покрытия расходов в порту погрузки, для того, чтобы грузоотправитель мог индоссировать коносамент, а получатель — получить товар на условиях немедленной поставки*); 5. **advance in the amount of ...** — аванс на сумму в ...; 6. **advance payment** — авансовый платеж; 7. **advance refunding** — предварительное рефинансирование (*продление срока выплаты государственного долга до его истечения*); 8. **advance secured on merchandise** — подтоварная ссуда (*оплата части товара в кредит под обеспечение будущих поставок*); 9. **advances to customers** — ссуды клиентам банка; 10. **cash advance** денежный аванс; 11. **freight advance** — аванс фрахта; 12. **shipment in repayment of an advance** — отгрузка в погашение аванса; 13. **to be on the advance** — повышаться (о ценах); 14. **to grant an advance** — предоставить аванс; 15. **to pay in advance** — уплатить вперед; 16. **to pay off an advance** — погасить аванс; 17. **ways and means advances —** (*англ.*) ссуды казначейству для покрытия бюджетных расходов.

advantage — преимущество; выгода; польза ◇ 1. **to take advantage of an offer** — воспользоваться предложением; 2. **to the best advantage** — наилучшим образом, наивыгоднейшим образом; 3. **to turn to advantage** извлечь выгоду; обратить себе на пользу; 4. **to use to advantage** — выгодно использовать.

advertise — информировать; объявлять; рекламировать ◇ 1. **to advertise for something** — делать объявление о чем-л.; 2. **ad-**

vertising — рекламирование (*использование средств массовой информации, специальных печатных изданий, плакатов и др. приемов для распространения информации о фирме и ее товарах среди потенциальных клиентов с целью увеличения сбыта*); 3. **advertising agency** — рекламное агентство (*посредническая организация, предоставляющая своим клиентам услуги по планированию, организации и осуществлению рекламы, размещению ее в прессе, на радио и телевидении*); 4. **advertising campaign** — рекламная компания; 5. **advertising office** — бюро рекламы; 6. **advertising services** — услуги в области рекламы; 7. **advertising through mass media** — рекламирование средствами информации; 8. **British Code of Advertising Practice** — Британский рекламный кодекс (*направлен на создание легальной, честной рекламы; его соблюдение контролируется особым комитетом*); 9. **Code of Advertising Practice Committee** — Комитет по контролю за соблюдением Британского рекламного кодекса; 10. **informative advertising** — информационная реклама (*информация о существовании и качестве товаров, публикуется обычно в технических журналах*); 11. **national advertising** — рекламирование по всей стране; 12. **persuasive advertising** — мотивирующая реклама (*ее цель — всеми возможными способами склонить к покупке независимо от потребностей покупателя*); 13. **point-of-purchase advertising** — рекламирование в местах продажи товаров; 14. **advertisement** — объявление; реклама (*целенаправленное воздействие на потребителя с помощью средств информации для продвижения товаров на рынке сбыта*).

advertiser — лицо, дающее объявление; рекламодатель; журнал или газета с объявлениями.

advice — извещение; уведомление; авизо; совет; консультация ◇ 1. **advice on (money) remittance to the clients account** — авизо о поступлении перевода на счет клиента (*официальное уведомление банка о поступлении перевода на счет клиента*); 2. **credit (debit) advice** — кредитовое (дебетовое) уведомление; 3. **draft drawing advice** — авизо о выставлении тратты (*уведомление о выставлении переводного векселя при акцептной форме расчетов*); 4. **draft payment advice** — авизо об оплате тратты (*уведомление поставщика об оплате получателем переводного векселя в акцептном банке*); 5. **incoming advice** — входящее авизо; 6. **letter of advice** — авизо аккредитива; уведомительное письмо; 7. **outgoing advice** — исходящее авизо; 8. **preliminary advice** предварительное авизо; 9. **receipt of an advice by an addressee** — получение авизо адресатом; 10. **submission of an advice to a bank** предъявление авизо банку; 11. **shipping advice** — извещение об отгрузке.

afloat — на воде; на плаву; в плаву; в обращении (о векселях и других оборотных документах) ◇ **always afloat** — всегда на плаву (*условие в чартер-партии*).

agency — агентство; представительство; организация; посредничество ◇ 1. **agency bank** — агентский банк (*одна из форм проникновения иностранных банков на рынок США; такой банк не имеет права предоставлять кредит или принимать депозиты от своего имени, действуя как агент "материнского" банка*); 2. **agency fee** — агентское вознаграждение (*оплата услуг агента по действующим тарифам или условие агентского договора*); 3. **agency fee for services** — вознаграждение агентства за услуги; 4. **Agency for International Development (AID)** Агентство содействия международному развитию (*отвечает за управление программами помощи США в развитии стран "третьего мира"*); 5. **agency service specified (stipulated) in a contract** — обусловленные договором агентские услуги; 6. **ad hoc agency** — специальное агентство (организация или представительство, созданное для реализации конкретной цели); 7. **contract of agency** — договор поручения; 8. **exclusive agency** — агентство эксклюзивное (*агентство или представительство с исключительными правами*); 9. **exclusive agency agreement** — соглашение о предоставлении исключительных прав агенту; 10. **government agency** — правительственная организация; 11. **make use of the services of an agency** — пользоваться услугами агентства; 12. **ship's agency service** — агентирование судов (*обслуживание судов в порту морским агентом по поручению судовладельца и от его имени; обычно это оформление судовых и грузовых документов, выполнение таможенных и портовых формальностей, организация погрузо-разгрузочных работ, сдача-приемка грузов, ремонтные судовые работы, снабжение судна топливом, водой, продовольствием и т. п.*); 13. **sold through agency of a broker** — продано через посредство маклера; 14. **special agency** — специальное агентство.

agent — агент; представитель; посредник; поверенный ◇ 1. **agent bank** — агент-банк (*банк, уполномоченный членами международного кредитного синдиката как гарант интересов этого синдиката на весь срок кредита; организация, которой поручен выпуск облигаций*); 2. **agent carrying stocks** — консигнационный агент (*агент по продаже партий товара за границей*); 3. **agent dealing with exports** — экспортный агент; 4. **agent doing business for and on behalf of the principal** — агент, действующий от имени и по поручению принципала; 5. **agent doing business on his own behalf, for himself and at his own expense** — агент, действующий от своего имени и за свой счет; 6. **as agent only** — только в качестве агента (*приписка по-*

сле подписи агента или маклера); 7. **chartered agent** — зарегистрированный агент; 8. **commercial agent** — торговый агент; 9. **commission agent** — комиссионер (*посредник в торговых сделках; лицо, выполняющее за особое вознаграждение торговые поручения от своего имени, но за счет комитента*); 10. **exclusive agent** — агент с исключительными правами; 11. **forwarding agent** — экспедитор (*лицо, занимающееся отправкой или рассылкой чего-л.*); 12. **general agent —** генеральный (или общий) представитель (*уполномоченный действовать в интересах принципала — хозяина товара, руководителя фирмы — в любых вопросах коммерции*); 13. **managing agent** — агент-распорядитель; 14. **manufacturer's agent** — агент промышленный (*занимается сбытом в определенной местности товаров нескольких неконкурирующих фирм; обычно по договору обязуется не реализовать товары дешевле указанного нижнего предела цены, в других местностях и на вывоз, не продавать конкурирующие товары; не дает гарантий по поставляемым товарам, не получает платежи и не продает в кредит*); 15. **marine agent** — агент морской, судовой (осуществляет обслуживание судов и представляет интересы судовладельца); 16. **selling agent** — агент торговый (*продает товары одного или нескольких предприятий по договору на рынках с высокой конкуренцией; сам устанавливает цены и условия сбыта, может торговать изделиями конкурентов, очень тщательно изучает рынок*); 17. **sole agent** — единственный представитель; 18. **special agent** — специальный агент (агент, уполномоченный действовать по узкому кругу вопросов); 19. **ticket** agent — кассир; 20. **to turn to an agent** — обращаться к услугам агента.

aggregate — совокупность; соединение; агрегат; составлять в общем (сумму, количество); **общий; собранный вместе; совокупный** ◇ 1. **aggregate demand** — совокупный спрос (*общий объем спроса на товары и услуги*); 2. **aggregate risk** — совокупный риск (*полная ответственность банка перед клиентом по двум одновременно совершаемым сделкам: кассовой и форвардной*); 3. **aggregate supply** — совокупное предложение (*предложение товаров и услуг, производимых внутри страны и импортируемых, для удовлетворения совокупного спроса*).

agio — ажио (*приплата к установленному курсу или нарицательной цене; разница между курсами валют*); **лаж.**

agree — соглашаться; условливаться; договариваться; быть, находиться в соответствии; согласовываться; сходиться ◇ 1. **to agree on the price** — договариваться о цене; 2. **agreed price** — согласованная цена; 3. **as agreed upon in the contract** — как обусловлено в контракте; 4. **it is agreed as follows** — достигнуто соглашение о нижеследующем; 5. **the quantity does not**

agree with the invoice — количество не сходится с фактурой (*счетом, выписываемым на имя покупателя и удостоверяющим фактическую поставку товаров или услуг и их стоимость*); 6. **agreed and liquidated damages** — убытки согласованные (оговоренные) и заранее оцененные (*включаются в договор для гарантирования их возмещения*).

agreement — согласие; договор; соглашение; агентское соглашение ◇ 1. **agreement amongst underwriters —** соглашение между гарантами; 2. **agreement currency** — международный клиринг (*расчеты по внешней торговле и др. экономическим отношениям на основе международных платежных соглашений*); 3. **agreement to sell** — соглашение о продаже; 4. **as per agreement** — согласно договору; 5. **barter agreement** — бартерная сделка (*экспортно-импортная операция по обмену определенного количества одного или нескольких товаров на эквивалентное по стоимости или цене количество другого товара; может носить как двусторонний, так и многосторонний характер*); 6. **business agreement** — деловое соглашение; 7. **by agreement** — по договору; 8. **by mutual agreement** — по взаимному согласию; 9. **to be in agreement** — соглашаться; быть согласным; согласоваться; сходиться; 10. **to come to an agreement —** прийти к соглашению; 11. **credit agreement** — соглашение о кредитовании; 12. **custom(s) agreement** — таможенное соглашение; 13. **customs formalities observation agreement** — соглашение о порядке таможенных формальностей; 14. **to dissolve an agreement** — расторгнуть договор; 15. **to enter into an agreement** — заключить договор; 16. **exclusive license agreement** — договор исключительной лицензии (*соглашение о сохранении за лицензиаром права, предусмотренного простой лицензией, за исключением оговоренных в договоре условий и определенной территории*); 17. **full license agreement —** договор полной лицензии (*лицензиар утрачивает право, предусмотренное простой лицензией, на весь срок действия соглашения, по истечении срока действия договора или при наступлении оговоренных условий в пределах этого срока лицензиар в полном объеме вновь обретает права на предмет соглашения*); 18. **gentlemen's agreement** — устное соглашение; устное соглашение о сохранении цен на определенном уровне; устное соглашение об учреждении монополии; 19. **license agreement** — лицензионный договор (*один ид видов внешнеэкономических сделок, согласно которому лицензиар обязуется предоставить другой стороне право на использование объекта промышленной собственности — изобретение, промышленный образец, товарный знак, — на определенный срок и на установленных условиях, включая определение территории и объема производства, — основные обязанности лицензиара состоят,* *как правило, в обеспечении лицензиату возможностей реализации предоставленных договором прав путем передачи оговоренного объема технической документации, оказания технической помощи в освоении лицензии, поставки сырья и т. д.; основная обязанность лицензиата — своевременное осуществление лицензионных платежей*); 20. **license and patent agreement —** соглашение о продажа лицензий и патентов; 21. **to negotiate an agreement —** вести переговоры по соглашению; 22. **pay and hours agreement —** соглашение с профсоюзом о зарплате и рабочем времени; 23. **preferential (trade) agreement —** преференциальный торговый договор (*соглашение о предоставлении исключительных и преимущественных прав продажи определенных видов товаров*); 24. **private agreement —** частное соглашение; 25. **simple license agreement —** договор простой лицензии (*соглашение, устанавливающее условия передачи прав промышленной собственности: на изобретение, промышленный образец, товарный знак, — предполагающее сохранение за лицензиаром права на самостоятельное использование предмета соглашений и выдачи лицензии и сублицензий третьим лицам*); 26. **subject of an agreement —** содержание соглашения; 27. **working agreement —** соглашение о сотрудничестве.

ahead — вперед; впереди ◇ 1. **ahead of schedule (of time) —** досрочно; 2. **to buy ahead** — покупать с будущей поставкой, покупать на срок; 3. **to sell ahead** — продавать на срок.

allocation — ассигнование; распределение; размещение; отчисление; выделенное количество ◇ 1. **allocations to cover extra expenses** — отчисления в счет оплаты дополнительных расходов; 2. **allocations to execute the contract —** отчисления во исполнение договора; 3. **allocation to reserve —** отчисление в резерв; закладка в запас; 4. **equal allocations** — отчисления равными суммами; 5. **order of allocations** — порядок отчислений; 6. **percentage allocation** — процентные отчисления.

allonge — аллонж (листок, прилагаемый к векселю для дополнительных индоссаментов).

allot — распределять (акции, суммы); **разверстывать; назначать** ◇ 1. **to allot credits** — предоставлять кредиты; 2. **the goods were allotted to the highest bidder** — товар достался лицу, предложившему наивысшую цену; 3. **allotment** — распределение; разверстка; размещение (*порядок распределения вновь выпущенных акций в зависимости от спроса; в США — распределение ценных бумаг среди участников синдиката, осуществляющего их выпуск*); 4. **allotment letter** — письмо о распределении (*извещение адресата о количестве выделенных ему акций; такое письмо является ценным и может служить временным или постоянным сертификатом*).

allow — допускать; разрешать; позволять; признавать; предоставлять (кредит, скидку); (*с предлогом* **for**) **принимать во внимание; учитывать; брать поправку на что-л.** ◇ 1. **to allow an appeal** — удовлетворять апелляцию; решить дело в пользу апеллянта; 2. **to allow a claim** — признать правильность претензии; удовлетворить претензию; 3. **to allow a discount** — предоставить (сделать) скидку; 4. **to allow a shilling in the pound** — сделать скидку в один шиллинг с каждого фунта.

allowance — разрешение; допущение; скидка; принятие в расчет; поправка (for — на); пособие; прибавка (к зарплате); **допуск; припуск** ◇ 1. **allowance for cash** — скидка за платеж наличными; 2. **allowance for depreciation** — скидка за амортизацию; 3. **allowance for goods of inferior quality** — скидка за пониженное качество товара; 4. **allowance for moisture** — скидка за влажность; 5. **allowance granted** — предоставленная скидка; 6. **family allowance** — семейное пособие (выплачиваемое многодетным служащим); 7. **capital allowance** — налоговые скидки, сделанные при покупке средств производства, используемых компанией; 8. **income tax allowance** — льготы по уплате подоходного налога (*система разрабатывается в каждом государстве, направлена на защиту различных категорий населения и стимулирование определенных видов деятельности*); 9. **investment allowance** — налоговые льготы за вложение капитала; 10. **prenatal allowance** — пособие по беременности и родам; 11. **tare allowance** — скидка с веса на тару (*делается при определении веса товаров*); 12. **allowances** — скидки и премии к номинальной цене, устанавливаемые за качество товара и за способ (место) его доставки, отличающиеся от оговоренных во фьючерсном контракте.

amortization (amortization) — амортизация; (*бухг.*) **списание; погашение; выкуп** ◇ 1. **amortization charged to operation** — амортизационные отчисления, относимые на издержки производства; 2. **accelerated amortization** — ускоренная амортизация; 3. **capital cost amortization** — амортизационные списания стоимости основного капитала; 4. **emergency amortization** — амортизация при чрезвычайных обстоятельствах.

amount — сумма; количество; итог ◇ 1. **amount brought forward** — сумма с переноса; перенос суммы (*бухг.*); 2. **amount carried forward** — сумма к переносу; перенос суммы; 3. **amount of balance** — сальдо (остаток при заключении счета, переносимый на новую страницу бухгалтерской книги); 4. **amount of invoice** — сумма фактуры (*счета на отправленный или отпущенный покупателю товар, содержащего подробные данные о роде, количестве и стоимости товара и обозначение всех относимых за счет покупателя расходов*); 5. **amount payable on settlement** — сумма возмещения убытков; 6. **full amount** — полная сумма; 7. **gross amount** — сумма брутто (*валовой доход без вычета расходов*); валовая сумма; 8. **market amount** — “сумма рынка” (*сумма, обычно принимаемая за минимальную для совершения операций на рынке, особенно на валютном*); 9. **net amount** — сумма нетто (*чистый доход, за вычетом всех расходов*); 10. **to the amount of** — на сумму.

answer — отвечать; соответствовать; подходить; (с предлогом for) быть ответственным за; ручаться за; ответ; возражение ответчика ◇ 1. **to answer a letter** — ответить на письмо; 2. **to answer for the consequences** — быть ответственным за последствия; 3. **to answer (to) the description** — соответствовать описанию; 4. **to answer (to) the purpose** — отвечать цели; 5. **to make answerable** — привлечь к ответственности.

appeal — апелляция; апелляционная жалоба; апеллировать; подавать апелляционную жалобу; привлекать ◇ 1. **appeal from a decision of the court** — апелляционная жалоба на решение суда; 2. **court of appeal** — апелляционный суд; 3. **declared appeal** — заявленная апелляция; 4. **documented appeal** — документированная апелляция; 5. **filed appeal** — поданная апелляция; 6. **the goods do not appeal to us** — товар нас не привлекает; 7. **justified appeal** — обоснованная апелляция; 8. **to allow an appeal** — удовлетворить апелляцию; решить дело в пользу апеллянта (*лица, подавшего апелляционную жалобу*); 9. **to appeal against a decision** — подать апелляционную жалобу на решение; обжаловать решение; 10. **to dismiss an appeal** — отклонить апелляцию; 11. **to give notice of appeal** — подать апелляцию.

application — заявление; заявка; просьба; обращение; требование; применение; использование ◇ 1. **application contents** — содержание заявки; 2. **application for a patent** — патентная заявка; 3. **application for payment** — требование (письменное) уплаты; 4. **application form** — бланк для заявления; заявка (*специальный бланк, заполняемый при предложении ценных бумаг для продажи*); 5. **application receipt** — получение заявки; 6. **to accept an application** — принимать заявку; 7. to **draw up an application** — оформить заявку; 8. **expiration of the application period** — истечение срока подачи заявки; 9. **to submit (hand in) an application** — подавать заявление.

appreciation — оценка; понимание; повышение ценности, стоимости основного капитала, ценных бумаг, курса валюты.

appropriation — ассигнование; назначение; выделение (*для определенной цели*); **предназначение товара для исполнения договора; присвоение; обращение в свою собственность** ◇ 1. **appropriation of payment** — отнесение платежа к определенному долгу (*если должник имеет не одну задолженность, кредитор определяет, к какой из них отнести платеж*); 2. **notice of ap-**

propriation — извещение о выделении товара для исполнения договора; 3. **right of appropriation of** a **sum** — право обращения в свою собственность суммы.

approval — одобрение; утверждение; санкционирование; разрешение ◇ 1. **approval of an account —** признание счета правильным; 2. **goods on approval** — товар на пробу (*покупка товара с правом возвращения его обратно продавцу*); 3. **sale on approval** — продажа с подтверждением (*продажа с сохранением права покупателя отказаться от товара, если покупатель не удовлетворен его качеством*); 4. **to send goods on approval** — послать товар для одобрения (*с предоставлением покупателю права покупки или отказа по его усмотрению*); 5. **import approvals —** импортные разрешения.

arbitrage — арбитраж (*фин.*); **арбитражная сделка** ◇ 1. **covered interest arbitrage** — арбитраж процентный с целью страхования (*получение займа в валюте с последующей конверсией ее в другую и продажей по срочному контракту*); 2. **arbitrageur** — арбитражер (лицо, занимающееся арбитражными операциями).

arbitration — третейский суд; (*юр., фин.*) **арбитраж** ◇ 1. **Arbitration Act** — закон об арбитраже 1950 г., (*регулирует условия направления дел в арбитраж и его деятельность в Англии*); 2. **arbitration agreement** — арбитражное соглашение; 3. **arbitration clause** — арбитражная оговорка (*условие договора, исключающее возможность обращения одной из заинтересованных сторон в суд для разрешения спора, подпадающего под действие этого договора, если одна из сторон обратится а суд, то последний должен отказаться от рассмотрения дела по просьбе другой стороны*); 4. **arbitration court** — арбитражный суд (*постоянно действующий третейский суд при Торгово-промышленной палате*); 5. **arbitration obligations** — обязательства по арбитражу; 6. **arbitration of exchange** — валютный арбитраж (*операции по покупке и продаже валюты, проводимые с целью получения прибыли от разницы курсов валюты на рынках различных стран*); 7. **arbitration on quality** — арбитраж по вопросу о качестве; 8. **to be subject to arbitration** — подлежать рассмотрению в арбитраже; 9. **Chamber of Commerce Arbitration** — арбитраж при торговой палате (*англ.*); 10. **to claim arbitration —** требовать передачи дела в арбитраж; 11. **compound arbitration of exchange** — многосторонний валютный арбитраж; 12. **mixed arbitration —** смешанный арбитраж (*как по вопросам факта, так и по вопросам права*); 13. **to refer a dispute to arbitration** — передать спор в арбитраж; 14. **simple arbitration of exchange —** двусторонний арбитраж; 15. **stock market arbitration —** арбитраж при бирже; 16. **to submit a matter to arbitration —** подавать заявление в арбитраж.

arbitrator — третейский судья; арбитр.

arrangement — устройство; приведение в порядок; соглашение; договоренность; меры; мероприятия; распоряжения; приготовления; планы; классификация ◇ 1. **arrangement with creditors** — соглашение с кредиторами; 2. **to come to an arrangement** — прийти к соглашению; 3. **deed of arrangement** — соглашение с кредиторами; 4. **lease (leasing) arrangement** — договор аренды (*договор имущественного найма, по которому арендодатель предоставляет арендатору имущество во временное пользование за определенную плату; договор может предусматривать последующий выкуп арендованного имущества*); 5. **to make an arrangement** — сговориться, условиться; 6. **to make arrangements** — принимать меры; делать приготовления

arrear — просрочка (платежа); **задолженность; отставание; долги; неуплаченные** (просроченные) **суммы по счетам** ◇ 1. **arrears of interest** — просроченные проценты; 2. **account in arrears** — неоплаченный счет; 3. **interest on arrears** — проценты (*пени*) за просрочку.

arrest — задержание; арест; задерживать; приостанавливать ◇ 1. **to arrest judg(e)ment** — отсрочить исполнение приговора; 2. **to arrest inflation** — приостановить инфляцию; 3. **to arrest the downward movement** — приостановить понижение цен; 4. **goods under arrest** — товар, на который наложен арест.

article — предмет (торговли); **товар; статья** (договора); **раздел** (контракта); **пункт; параграф** ◇ 1. **article eight currency** — валюта статьи 8 (*в Международном валютном фонде — "главная" свободно конвертируемая валюта*); 2. **article of an agreement** — статья (или пункт) договора; письменный договор; 3. **article of a manual** — раздел устава; 4. **above article** — вышеприведенная (вышеуказанная) статья; 5. **to act according to an article** — действовать в соответствии со статьей; 6. **saleable article** — ходкий товар; 7. **articles of association** — устав (*свод правил, регулирующий основные моменты деятельности организации, определяющий ее цели и задачи, принципы образования и деятельности*); 8. **articles of consumption** — потребительские товары; 9. **articles of food** — пищевые продукты; 10. **articles of incorporation** — свидетельство о регистрации акционерной корпорации (*ам.*).

assessment — обложение (налогом); **сумма обложения; оценка.**

asset — имущество; статья актива (*бухг.*); **покрытие; статья закона** ◇ 1. **assets** — актив (*баланса*); активы; средства; фонды; авуары (*в широком смысле слова — всякие активы, имущество, за счет которых могут быть произведены платежи и погашение обязательств их владельцем; в узком смысле — средства банка; денежные средства, иностранная валюта, ценные бумаги, золото, чеки, векселя, переводы, аккредитивы, ко-*

торыми производятся платежи и погашения, или ликвидная часть активов, включая денежные средства, находящиеся в банке, легко реализуемые ценные бумаги, которыми их владелец может распоряжаться, — в международных расчетах — вклады в зарубежные банки, в иностранной валюте); имущество; 2. **assets and liabilities** — актив и пассив; 3. **available assets** — легко реализуемые (*или ликвидные*) активы; 4. **capital assets** — основные средства, основные фонды (*средства производства — производственные здания, сооружения, земля, машины и оборудование, переносящие свою стоимость на производимый товар по частям*); 5. **current assets** — оборотные средства (*денежные средства компании, используемые на финансирование текущей деятельности*); 6. **dead assets** — мертвые активы (*активы компании, не приносящие дохода; обычно включаются в категорию "обесценившихся активов"*); 7. **doubtful assets** — сомнительные активы; 8. **earning assets** — доходные активы (*активы, приносящие банку, корпорации доход*); 9. **fixed assets** — основные средства; 10. **frozen assets** — "замороженные" средства, активы (*остатки на счетах или кредиты, временно блокированные или замороженные вследствие предъявления судебных исков или обострения политической обстановки*); 11. **government assets abroad** — государственные авуары за границей; 12. **liquid (quick) assets** — ликвидные активы; 13. **long-term assets** — неликвидные активы; 14. **net assets** — стоимость имущества за вычетом обязательств; 15. **personal assets** — движимое имущество; 16. **principal assets and liabilities** — основные статьи баланса (*основные показатели балансового отчета фирмы; уровень ликвидности, соотношение объема валовой прибыли и величины оборота, чистой и валовой прибыли, кредитов и величины оборота и др.*); 17. **real assets** — недвижимое имущество; 18. **risk assets** — неликвидные активы; долгосрочные инвестиции и долгосрочные ссуды; ценные бумаги с колеблющимся курсом; 19. **statement of assets and liabilities** — актив и пассив баланса (*актив отражает состояние, размещение и использование средств, пассив — показывает источники их образования*); 20. **shor-term assets** — ликвидные активы; 21. **statement of assets and liabilities** — (*ам.*) баланс; 22. **total assets** — сумма баланса; общая стоимость имущества.

assign — передавать; переуступать (*собственность, право*); **назначать; определять; ассигновать; предназначать; правопреемник;** (*юр.*) **цессионарий** ◇ 1. **to assign a limit** — установить предел (лимит); 2. **to assign a sum** — ассигновать сумму.

assignment — передача; переуступка (*имущества, права*); **уступка требования; цессия; акт о передаче имущества или права; назначение; ассигнование; предназначение** ◇ 1. **assignment**

clause — условие о переуступке (*в страховом полисе*); 2. **assignment of the benefit of (under) the credit** — переуступка выгоды из аккредитива; 3. **assignment of copyright** — передача авторского права; 4. **deed of assignment** — акт о передаче прав.

association — объединение; соединение лиц; общество; союз; ассоциация ◇ 1. **articles of association —** (*англ.*) устав (*внутренней организации акционерного общества — свод правил, регулирующий основные моменты деятельности организации, определяющий ее цели и задачи, принципы образования и деятельности*); 2. **savings loan association** — ассоциация ссудо-сберегательная (*учреждение, привлекающее сберегательные вклады и предоставляющее средства для строительства домов под залог*).

assortment — ассортимент; сортимент; выбор; сортировка ◇ **a rich assortment of goods** — богатый выбор товаров.

assume — принимать на себя; предполагать; допускать ◇ 1. **to assume charge of a business** — принимать на себя ведение дела; перенять дело; 2. **to assume liability (risk)** — принимать на себя обязательство (риск).

assurance — уверение; уверенность; страхование (*преимущественно страхование жизни*) ◇ **life assurance company** — общество по страхованию жизни.

assured — страхователь.

assuror — страховщик.

at and from — "в и от" (*условие морского страхования, по которому риск считается открытым как до отхода судна из порта, так и во время его нахождения в пути — страх.*).

attach — прикреплять; присоединять; прилагать (to — к); налагать арест; быть действительным; начинаться; наступать (*о страховании, страховом риске*) ◇ 1. **to attach goods** — наложить арест на товар; 2. **to attach a seal** — приложить печать, скрепить печатью; 3. **the insurance attaches from the goods leave the warehouse** — страхование действительно (*или ответственность страховщика начинается*) с того момента, когда товар вывезен со склада; 4. **we have received your letter with all documents attached** — мы получили ваше письмо со всеми приложенными к нему документами (*корр.*).

attachment — прикрепление; скрепление печатью; наложение ареста; вступление в силу (*страх.*) ◇ **attachment of insurance** — вступление страхования в силу.

attest — свидетельствовать; удостоверять; подтверждать ◇ 1. **to attest a signature** — засвидетельствовать подпись; 2. **attested copy** — заверенная копия; 3. **attested documents** — засвидетельствованные документы.

attorney—уполномоченный; доверенный; поверенный (в суде); **юрист; адвокат** ◇ 1. **Attorney General** — генеральный атторней (*главный юрисконсульт правительства и член кабинета министров в Англии*); министр юстиции (США); 2. **attorney at law** — поверенный в суде, адвокат; 3. **by attorney** — по доверенности; через доверенного; 4. **to draw money by power of attorney** — получить деньги по доверенности; 5. **letter (warrant) of attorney** — доверенность; 6. **power of attorney** — полномочие; доверенность (*юридический документ, уполномочивающий одно лицо действовать от имени другого в целом или в определенных целях, или на определенный срок*); 7. **private attorney (attorney in fact)** — лицо, действующее по доверенности другого лица.

auction — аукцион; публичная продажа; торги; продавать с аукциона ◇ 1. **auction by tender** — закрытые торги; 2. **auction sale** — продажа с аукциона; 3. **Dutch auction** — голландский аукцион (*публичная продажа, при которой аукционист называет цену, постепенно снижая ее до тех пор, пока не найдется покупатель*); 4. **to put up for (to, on, at) auction** — выставлять на аукционе; передать на продажу с аукциона; 5. **to sell by (at** — *ам.*) **auction** — продавать с аукциона; 6. **auctions** — аукционные продажи.

audit — проверка отчетности; ревизия баланса и отчетности; проверять бухгалтерские книги и отчетность; ревизовать баланс и отчетность; аудиторская служба; аудиты ◇ 1. **audited and found correct** — проверено и найдено правильным; 2. **annual audit** — годичный анализ хозяйственной деятельности; 3. **balance sheet audit** — ревизия баланса; 4. **bank audit** — ревизия банковской отчетности; 5. **detailed audit** — полная ревизия; 6. **general audit** — общая ревизия; 7. **independent audit** — внешняя ревизия; 8. **internal audit** — внутренняя ревизия.

auditor — бухгалтер-ревизор, ревизор отчетности, контролер отчетности; специалист по проверке отчетности.

authority — власть; полномочие; доверенность; орган; управление; авторитет; авторитетный источник; разрешение ◇ 1. **authorities** — власти; 2. **local authorities** — муниципальные учреждения; 3. **public authorities** — органы государственной власти; органы самоуправления, органы местной власти; муниципалитеты; 4. **to know on good authority** — знать из достоверного источника.

authentication — удостоверение подлинности, засвидетельствование подлинности ◇ **authentication of a signature** — удостоверение подлинной подписи.

available — имеющийся в распоряжении; наличный; доступный; достижимый; могущий быть использованным; действительный; годный ◇ 1. **available capital** — ликвидный капитал; 2. **available supplies** — наличные запасы; 3. **become available** — сделаться доступным; поступать; быть вырученным; 4. **to**

have something available — располагать чем-л.; иметь что-л. в наличии; 5. **to make available** — предоставлять; сдавать; приготовлять.

average — среднее число; средняя величина; авария (*мор.*) ◇ 1. **average adjuster** — диспашер (*специалист по оценке убытков по общей аварии и их распределению между участниками рейса*); 2. **average as customary** — возмещение аварии, как обычно; 3. **average bond** — аварийная гарантия, подписка, аварийный бонд (*обязательство грузополучателя уплатить свою долю общеаварийных расходов согласно диспаше*); 4. **average clause** — оговорка об авариях; 5. **average commissioner** — аварийный комиссар; 6. **average due data** — средний срок; 7. **average life** — показатель "средней продолжительности жизни" кредита (*срок действия кредита с учетом его погашений или выплат в фонд возмещения*); 8. **average payment** — аварийный взнос; 9. **average price** — средняя цена; 10. **average sample —** средний образец; 11. **average statement (adjustment)** — диспаша (*расчет убытков по общей аварии и их распределение между участниками рейса*); 12. **average stater** — диспашер (*ам.*); 13. **above (below) the average** — выше (ниже) среднего; 14. **to adjust the average** — составить отчет по аварии, составить диспашу; 15. **general average** — общая авария (*ущерб и убытки вследствие произведенных намеренно и сознательно чрезвычайных расходов или частичных повреждений в целях спасения от общей грозящей опасности транспортных средств и груза; убытки распределяются пропорционально их стоимости между владельцами*); 16. **general average loss** — убыток от общей аварии; 17. **fair average quality** — справедливое среднее качество; по среднему качеству (*условие в продажах зерна и некоторых других товаров*); 18. **free of particular average** — условие "свободно от частной аварии (*стандартное условие страхования судов и грузов; в этом случае убытки от частной аварии не подлежат возмещению, возмещаются убытки от общей аварии, полной гибели судна, пропажи без вести, столкновения судов*); 19. **to make up the average** — составить отчет по аварии, составить диспашу; 20. **on the average** — в среднем; 21. **particular average** — частная авария (*случайные убытки от ненамеренного повреждения транспортного средства или груза во время перевозки; их несет потерпевшая сторона или тот, на кого падает ответственность за причиненный убыток*); 22. **petty average** — малая авария; 23. **with (particular) average** — с ответственностью за частную аварию, включая частную аварию (*стандартное условие морского страхования грузов, по которому страховщик принимает на себя ответственность за полную гибель застрахованного груза, частичные убытки и убытки по общей аварии*).

B

balance — равновесие; остаток; сальдо; баланс; сальдо банковского счета; счет в банке; текущий счет ◇ 1. **balance account** — балансовый счет (*реальные денежные средства на счете*); 2. **balance as of a given date** — расчетный баланс на определенную дату; 3. **balance brought forward** — сальдо с переноса (*с предыдущей страницы*); 4. **balance carried forward** — сальдо к переносу (*на следующую страницу*); 5. **balance certificate** — сальдовый сертификат (*выдается вместо акционерного сертификата при продаже части указанных в нем акций*); 6. **balance due** — дебетовое сальдо; 7. **balance for official financing** — баланс официального финансирования (*отражает изменение государственных резервов с учетом предоставленных и полученных правительством займов; в Англии — включает в себя баланс текущих счетов, общую сумму капиталовложений и др. потоки капитала, статью "ошибки и пропуски" в балансе*); 8. **balance in hand** — денежная наличность; наличность кассы; 9. **balance in our (your) favor** — остаток в нашу (вашу) пользу (*корр.*); 10. **balance of an account** — остаток счета; 11. **balance of claims and liabilities** — расчетный баланс (*соотношение на какую-л. дату требований и обязательств, не зависимо от сроков наступления платежей*); 12. **balance of foreign debt** — баланс международной задолженности (*соотношение требований и обязательств страны*); 13. **balance of income and expenditure (debits and credits)** — баланс доходов и расходов по капиталовложениям; 14. **balance of payments** — платежный баланс (*соотношение между поступлениями средств на счет и платежами по обязательствам*); 15. **balance (of payments) on current account** — платежный баланс по текущим операциям (*часть платежного баланса, включает торговый баланс, баланс услуг и некоммерческих платежей*); 16. **balance (of payments) on current transactions** — платежный баланс по текущим операциям; 17. **balance on goods and services** — баланс по торговле и услугам; 18. **balance over a certain period** — расчетный баланс за определенный период времени; 19. **balance sheet** — бухгалтерский баланс (*форма бухгалтерской отчетности, характеризующая в обобщенных денежных показателях средства предприятия, фирмы и т. п.; в активе отражены средства предприятия и их размещение, в пассиве — источники этих средств на определенную дату; является основным источником анализа финансового состояния фирмы*); 20. **balance sheet ratio** — основные показатели структуры баланса (*основные показатели балансового отчета фирмы; уровень ликвидности, соотношение объема валовой прибыли и величины оборота, чистой и валовой прибыли, кредитов и величины оборота и др.*); 21. **balanced trade** — баланс-нетто (*торговый баланс, в котором ценность экспорта равна ценности импорта*); 22. **active balance** — превышение актива баланса над пассивом; 23. **active balance of trade (of payments)** — активный торговый (*платежный*) баланс; активное сальдо торгового (*платежного*) баланса; 24. **adverse balance of trade (of payments)** — пассивный торговый (платежный) баланс; пассивное сальдо торгового (платежного) баланса; 25. **amount of balance** — сальдо; 26. **bank balance** — остаток на счету в банке; 27. **blocked balances** — блокированные счета; 28. **cash balance** — остаток кассы; 29. **capital balance** — баланс движения капиталов (*показывает соотношение экспорта и импорта государственных и частных капиталов и кредитов, в том числе прямые и портфельные капиталовложения, вклады в банках, коммерческие кредиты, специальные операции и др.*); 30. **to carry forward the balance** — перенести остаток; 31. **clearing balance** — баланс платежей по клиринговым расчетам (*баланс безналичных расчетов по платежным обязательствам или взаимным требованиям компаний*); 32. **compensation balance** — компенсационный баланс (*выраженная в процентах часть коммерческого кредита, которую заемщик обязан держать в банке в качестве депозита*); 33. **consolidated balance sheet** — сводный баланс (*характеризующий важнейшие пропорции формирования и использования финансовых ресурсов народного хозяйства*); 34. **dislocation of balance** — нарушение баланса; 35. **export balance (of trade)** — превышение вывоза над ввозом, активный торговый баланс, экспортный торговый баланс; активное сальдо торгового баланса; 36. **external balance** — платежный баланс; 37. **external payments account** — внешнеторговый платежный баланс (*соотношение между валютными поступлениями и платежами данной страны за определенный период, отражает все внешнеэкономические связи*); 38. **favorable balance** — превышение актива баланса над пассивом; 39. **foreign balance** — платежный баланс (*внешнеторговый — поступление валюты от экспорта и платежи по импорту товаров*); 40. **import balance of trade** — превышение ввоза над вывозом, пассивный торговый баланс; пассивное сальдо торгового баланса; 41. **invisible trade balance** — баланс неторговых поступлений и платежей (*платежи и поступления по транспортным и страховым операциям, связи, комиссионным операциям, туризму, потребительским переводам, лицензиям и т. п.*); 42. **positive balance** — превышение актива баланса над пассивом; 43. **to**

strike the balance — подвести баланс; 44. **trade balance** — торговый баланс (*характеризует экспорт и импорт товаров, публикуется по данным таможенной статистики*); 45. **balances with foreign banks** — остатки на счетах в заграничных банках, текущие счета за границей, иностранные авуары.

bank — банк; класть в банк; держать деньги в банке ◇ 1. **bank annuities** — консолидированная рента, консоли (*вид облигации государственного займа в Великобритании*); 2. **bank auditing** — проверка отчетности банка; 3. **bank balance** — кредитовое сальдо счета в банке, остаток счета в банке; 4. **bank bill** — тратта, выставленная на банк или банком (*считается более надежной, учитывается с меньшей скидкой за банковские услуги*); банковый билет, банкнота; 5. **bank clearing** — межбанковский (*внутренний*) клиринг (*безналичные расчеты между банками путем зачета взаимных требований и обязательств юридических лиц через расчетную плату*); 6. **bank clearings** — чеки и тратты (*переводные векселя*), представляемые банком в расчетную плату; 7. **bank credit** — кредит банковский (*предоставляется банками и специальными институтами в виде денежных ссуд; обслуживает обращение и накопление капитала*); 8. **bank currency** — банкноты, выпущенные в обращение национальными банками; 9. **bank deposit** — депозит, вклад в банк (*денежные суммы, помещенные на хранение в банк от имени клиента, в отчетности отражаются как пассивы*); 10. **bank discount** — банковый учет (*покупка банками векселей до истечения их срока*); 11. **bank draft** — тратта, выставленная в банк на другой банк; 12. **bank exchanges** — безналичные расчеты между банками (*через расчетную плату*); 13. **Bank for International Settlements (BIS)** — Банк международных расчетов, БМР (*международная организация, обеспечивающая международные клиринговые расчеты и коммерческое кредитование центральных банков ведущих капиталистических стран; является акционерной организацией, 3/4 акций которой принадлежат центральным банкам различных стран, остальные акции не предоставляют право голоса их держателям, — покупает, продает и хранит золото центральных банков, ценные бумаги, предоставляет и получает ссуды центральных банков, выступает гарантом по крупным международным займам*); 14. **bank guarantee —** гарантия банка; 15. **bank holding company —** холдинговая банковская компания (*в США компания, владеющая каким-л. банком или контролирующая его деятельность; Совет управляющих Федеральной резервной системы США контролирует деятельность таких компаний*); 16. **bank of circulation** (*ам.*) — эмиссионный, национальный, резервный банк (*агент правительства по обслуживанию госбюджета наделён* *монопольным правом выпуска банкнот; регулирует денежное обращение и валютный курс; хранит золото-валютные резервы, временно свободные и обязательные резервы других банков; предоставляет им кредиты*); 17. **bank of deposit** — депозитный банк (*производит кредитно-расчетные и доверительные операции за счет привлеченных депозитов, принимает вклады от населения*); 18. **bank of discount** — учетный банк; 19. **bank of issue** — эмиссионный, национальный, резервный банк (*см.* bank of circulation); 20. **bank paper** — векселя, принимаемые банком к учету; первоклассные векселя; тратты, акцептованные банком (*учитываются с более высоким дисконтом — разницей между ценой ценных бумаг в настоящий момент и на момент погашения или ценой номинала*); 21. **bank rate** — ставка банкового учета (*официально устанавливаемый центральным банком страны процент, взимаемый банком при учете векселей*); 22. **Bank rate** — учетная ставка Английского банка; 23. **Bank rate of discount** — учетная ставка Английского банка; 24. **bank release** — освобождение товара, заложенного в банке (*разрешение на получение товара покупателем после осуществления платежа по векселю*); 25. **bank return** — публикация о состоянии счетов банка (*краткий отчет центрального банка, отражающий его финансовое положение, публикуется еженедельно*); 26. **bank statement** — публикация о состоянии счетов банка; 27. **bank stock** — акционерный капитал банка, капитал Английского банка (*англ.*); 28. **bank trust** — доверительные операции банков (*операции по управлению имуществом и выполнению иных услуг в интересах клиентов на правах доверенного лица*); 29. **acceptance bank** — банк акцептный (*осуществляет кредитование внешней торговли под обеспечение тратт*); 30. **advising (notifying) bank** — банк, оплачивающий аккредитивы (*выдающий деньги по письменным поручениям одного банка другому об оплате торговых документов, выплате денег из забронированных средств*); 31. **agency bank** — агентский банк (*одна из форм проникновения иностранных банков на рынок США, такой банк не имеет права предоставлять кредит или принимать депозиты от своего имени, действует как агент материнского" банка*); 32. **agent bank** — агент-банк (*банк, уполномоченный членами международного кредитного синдиката как гарант интересов этого синдиката на весь срок кредита, — организация, которой поручен выпуск облигаций*); 33. **assets of a bank** — активы банка; 34. **business bank** — коммерческий банк (*кредитует промышленные, торговые и др. предприятия*); 35. **central bank** — центральный банк (*осуществляет руководство всей кредитной системой страны, проводник денежно-кредитной политики государства, хранит резервы и* *временно свободные средства др. банков, предоставляет им кредиты*); 36. **Clearing Bank** — расчетный или клиринговый банк (*банк, входящий в состав Лондонской расчетной палаты*); 37. **clearing bank** — банк клиринговый; клиринг-банк (*член расчетной палаты, входящий в национальную систему взаимного зачета платежей по чекам*); 38. **commercial bank** — банк коммерческий (*банковское учреждение, специализирующееся на приеме депозитов, краткосрочном кредитовании и расчетном обслуживании клиентов, занимается также посредническими операциями; бывают частные и государственные*); 39. **consortium bank** — банк-консорциум (*специализированный банк, акционерами которого являются в равных долях несколько других банков; как правило, создается для проведения крупномасштабных финансовых операций на еврорынках*); 40. **cooperative bank** — кооперативный банк (*созданный товаропроизводителями на долевых паях, для удовлетворения взаимных потребностей в кредита*); 41. **corresponding bank** — банк-корреспондент (*банк, состоящий в деловых отношениях с др. банками и выполняющий по их поручениям определенные финансовые операции*); 42. **credit standing of a bank** — кредитоспособность банка; 43. **Export-Import Bank** — (*ам.*) внешнеторговый банк; 44. **investment bank** — инвестиционный банк (*банк, занимающийся размещением ценных бумаг*); 45. **issuing bank** — эмиссионный, национальный, резервный банк (*см. bank of circulation*); 46. **joint-stock bank** — акционерный банк; 47. **land bank** — банк долгосрочного сельскохозяйственного кредита; 48. **member bank** — банк-член федеральной резервной системы (*ам.*); банк, входящий в состав расчетной палаты, клиринг-банк; 49. **merchant bank** — торговый банк (*банк, первоначально специализировавшийся на финансировании международной торговли и обладавший значительным количеством информации о стране, с которой имел дело, — а в настоящее время действует также как эмитент акций, облигаций, привлекая кредиты, акционерный капитал, работая с векселями и иностранной валютой; выступает как консультант компаний; некоторые торговые банки проводят операции с драгоценными металлами*); 50. **money trading bank** — банк потребительского кредита (*функционирует за счет кредита коммерческих банков, выдачи кратко- и среднесрочных ссуд на приобретение товаров длительного пользования*); 51. **mortgage bank** — банк ипотечный (*специализируется на выдаче ссуд под залог недвижимости*); 52. **mutual savings bank** — (*ам.*) банк взаимно-сберегательный (*сберегательное учреждение, являющееся универсальным и работающее с широким кругом лиц; такие банки принимают сберегательные депозиты отдельных вкладчиков и размещают основную* *часть их средств в кредиты на приобретение недвижимости; имеют право открывать текущие счета своим клиентам*); банк доверительно-сберегательный (*англ.*); 53. **national bank** — национальный банк (*частный коммерческий банк — ам.*); государственный банк; 54. **originating bank** — банк, выдающий аккредитив (*открывающий по поручению покупателя аккредитив в другом банке в пользу продавца*); 55. **overseas bank** — внешнеторговый банк; 56. **parent bank** — банк-учредитель (*банк, владеющий контрольным пакетом акций другого банка и контролирующий его деятельность*); 57. **reference bank** — референсный банк (*банк, ставка по кредитам которого используется при определении процентной ставки по финансовым инструментам, имеющим плавающую процентную ставку*); 58. **Reserve Bank** — Федеральный резервный Банк (*акционерный банк, часть федеральной резервной системы США, выполняет функцию центрального банка в округе*); 59. **a run on the bank** — "набег" на банк (*наплыв требований в банк, массовое изъятие вкладов из банка*); 60. **saving bank** — сберегательный банк; 61. **solvency of a bank** — кредитоспособность банка; 62. **state bank** — государственный банк; банк штата (*ам.*); 63. **worthiness of a bank** — кредитоспособность банка; 64. banknote — кредитный билет; банковый билет; банкнота (*беспроцентные обязательства, выпускаемые государственными или частными эмиссионными банками, основной вид кредитных денег, выпускаются для покрытия государственных расходов, ссудных операций банков и обеспечиваются золотом, товарными документами и другими ценностями*).

banker — банкир; банк ◇ 1. **banker's acceptance** — банковский акцепт (*переуступаемая срочная тратта, выставленная на банк и им акцептованная; одна из форм предоставления банковского кредита импортеру*); 2. **bankers' bank** — банк банков (*название, применяемое к Английскому банку, федеральным резервным и крупным банкам США, ведущим операции с мелкими банками*); 3. **bankers' cheque** — чек, выставленный одним банком на другой; 4. **bankers' clearing house** — банковская расчетная палата; 5. **banker's draft — банковская** тратта; 6. **bankers' sight** — тратта, выставленная на банк и подлежащая оплате по предъявлении.

banking — банковское дело; оборот банка; банковские операции ◇ 1. **banking accommodation** — банковские услуги; банковская ссуда; банковский кредит; 2. **banking account** — счет в банке; 3. **banking business** — банк; частный банк; операции банка; 4. **banking charges** — комиссия, взимаемая банком; 5. **banking failure** — банкротство банка; 6. **banking support** — интервенция банка; 7. **deposit banking** — депозитные операции банков.

bankrupt — банкрот; несостоятельный должник; обанкротивший-

ся; несостоятельный; неплатежеспособный; делать банкротом ◇ 1. **adjudged bankrupt — лицо, объявленное по суду банкротом;** 2. **discharged bankrupt** — восстановленный в правах (*освобожденный от долгов*) банкрот; 3. **bankrupt's estate** — конкурсная масса (*имущество несостоятельного должника*).

bankruptcy — банкротство; несостоятельность ◇ 1. **bankruptcy proceedings** — конкурсное производство, производство по делам несостоятельных должников; 2. **adjudication in bankruptcy** — объявление по суду банкротом; 3. **assignee in bankruptcy** — управляющий конкурсной массой; куратор; 4. **declaration of bankruptcy** — заявление о прекращении платежей; 5. **to file a declaration of bankruptcy** — формально объявить несостоятельным.

bargain — сделка; соглашение; договор о покупке; выгодная покупка; дешевая покупка; биржевая сделка (*англ.*)**; торговаться о цене; договариваться; вести переговоры** ◇ 1. **bargain and sale** — (*юр.*) договор купли-продажи (*торговый документ, содержит условия, на которых одна сторона, продавец, передает другой стороне, покупателю, какой-л. товар, знания, опыт, результаты творческой деятельности, оказывает услуги, выполняет работы за определенную оплату, — подробно оговариваются права и обязанности сторон с учетом особенностей производимых работ, товаров, сроков и видов их поставки*); 2. **bargain sale** — дешевая распродажа; 3. **time bargain** — сделка на срок; срочная сделка (*биржевая сделка на поставку товара через указанный срок — от нескольких месяцев до 1-2 лет — по цене, зафиксированной в контракте, — заключается обычно в расчете на перепродажу контракта и получения прибыли*); 4. **to be on the bargain counter** — продаваться по низкой цене; 5. **to drive a bargain** — заключить соглашение; прийти к соглашению; 6. **to make a bargain** — заключить соглашение; прийти к соглашению; 7. **to strike a bargain** — заключить соглашение; прийти к соглашению; 8. **to withdraw from a bargain** — отказаться от сделки; 9. **collective bargaining agreement** — коллективный договор; 10. **for bargaining purposes** — для создания выгодных условий для переговоров; 11. **to impose bargaining quotas** — установить контингенты (*предельные нормы ввоза, вывоза или транзита некоторых товаров в определенные страны с целью получения торговых уступок или заключения более выгодного торгового договора*).

barter — бартер; мена; товарообменная сделка; меновая сделка; вести меновую торговлю; менять; обменивать ◇ 1. **barter agreement** — договор мены; товарообменное соглашение; 2. **barter trade** — меновая торговля; 3. **barter transaction** — бартерная сделка (*экспортно-импортная операция по обмену определенного количества товара на эквивалентное по стои-*

мости или цене количество другого товара); 4. **bartered exports (imports)** — товарообменный экспорт (импорт). **base — основа, базис, фундамент** ◇ 1. **base currency** — базисная валюта (*валюта, по отношению к которой котируются др. валюты в данной стране или фин. центре*); 2. **base grade** — базисный сорт (*сорт товара, рассматриваемый в контракте в качестве стандартного*); 3. **base year** — базисный год; 4. **base price** — базисная цена (*принимаемая в качестве базы для определения индекса цен международной торговли в целом и по отдельным группам товаров; цена изделия с известными фиксированными параметрами, принимаемого за образец при определении внешнеторговой цены данной продукции*).

basic — основной; первичный; исходный ◇ 1. **basic commodities** — основные товары (*основные продукты*); 2. **basic data** — исходные даты; 3. **basic industry** — основная отрасль промышленности; тяжелая промышленность.

basis — базис; основа; основание; базисная разница, базис (*бирж.*); **базисный сорт.**

basket — корзина; набор товаров и услуг ◇ 1. **basket of goods** — бюджетный набор; 2. **consumer goods basket** — бюджетный набор; 3. **currency basket** — "корзина валют" (*набор валют, средневзвешенный курс которых берется за основу при установлении расчетной валютной единицы*).

bear — (*бирж.*) **спекулянт, играющий на понижение; "медведь"; играть на понижение** ◇ 1. **bear commitments** — обязательства спекулянтов, играющих на понижение, по продажам на срок; 2. **bear covering** — покрытие контракта, проданного в расчете на понижение цены; 3. **bear market** — рынок с понижательной тенденцией; рынок "медведей" (*рынок, на котором цены в целом падают и наблюдается тенденция ускорения этого падения*); 4. **bear operation** — спекуляция на понижение; 5. **bear raid** — "налет медведей" (*активная продажа "без покрытия", проводимая крупными торговцами с целью понизить уровень цен с тем, чтобы выгодно купить товар по более низким ценам*); 6. **bear squeeze** — "давление на медведей" (*меры, официально принимаемые центральными банками для того, чтобы на валютных рынках оказать давление на спекулянтов, играющих на понижение цен без покрытия; банки поддерживают уровень курсов валюты, чтобы спекулянты, вместо покупки по низкому курсу, были вынуждены покупать валюту по ценам более высоким, чем цены ее продажи, и тем самым понесли потери; такая ситуация может создаваться и на других рынках, напр., товарном, однако без официального вмешательства*); 7. **to sell a bear** — "продавать медведя" (*играть на понижение — бирж.*); продавать на срок товары (*ценные бумаги*), которых нет в наличии.

bearish — (*бирж.*) **понижательный** ◇ 1. **bearish operation** — спекуляция на понижение; 2. **bearish speculation** — спекуляция на понижение; 3. **bearish tendency** — понижательное настроение; понижательная тенденция; 4. **bearish tone** — понижательное настроение; понижательная тенденция; 5. **to have a bearish affect** — вызвать понижение цен.

beneficiary — бенефициар (*лицо, получающее имущество, права или иную выгоду на основании какого-л. документа; лицо, на имя которого открыт аккредитив; получатель платежа по аккредитиву*).

benefit — польза; выгода; прибыль; льгота; привилегия; пособие; страховое пособие; извлекать пользу, выгоду; приносить пользу; помогать ◇ 1. **for the benefit of somebody** — в чью-л. пользу; 2. **fringe benefits** — дополнительные (*к зарплате*) льготы и привилегии; 3. **social insurance benefits** — пособия или выплаты по социальному страхованию; 4. **to the benefit of all concerned** — с выгодой для всех заинтересованных сторон; 5. **unemployment benefit** — пособие по безработице.

berth — (*мор.*) **причал; место у причала; пристань; койка; спальное место; поставить на якорь; стать на якорь** ◇ 1. **berth charge** — причальный сбор; 2. **berth or no berth** — независимо от того, имеется ли свободный причал или нет (*мор.*); 3. **berth terms** — линейные условия (*о погрузке и выгрузке*); 4. **loading on the berth (placed on the berth)** — принимающий грузы для погрузки на линейных условиях; 5. **on the berth** — у причала (*о судне, готовом к погрузке или разгрузке*); 6. **railway berth** — причал с подъездными железнодорожными путями; 7. **berthing clause** — причальные условия (*об ответственности сторон за простой судна в ожидании причала*).

bid — **предложение цены; надбавка к цене** (*на аукционе*); **заявка** (*на торгах*); **торги; предлагать цену** (*о покупателе на аукционе, о подрядчике на торгах*); **набавлять цену** (*на аукционе*); **принимать участие в торгах; тендер** ◇ 1. **bid and asked** — цена покупателя и продавца (*наибольшая цена, которую покупатель согласен уплатить в настоящее время за ценную бумагу или товар; наименьшая цена, по которой в это время продавцы согласны продать эту ценную бумагу или товар*); 2. **bid market** — рынок продавца (*повышательная конъюнктура товарного рынка, когда спрос значительно превышает предложение, происходит рост цен и числа заключаемых сделок на бирже*); 3. **bid price** — цена, предложенная покупателями; курс покупателей; 4. **bid (quotation)** — курс покупателя (*наибольшая цена, которую готов уплатить покупатель за предлагаемый товар или ценные бумаги*); 5. **asked and bid (quotations)** — курс, предложенный продавцами и покупателями (*бирж.*); 6. **special bid** — специальное предложение цены (*ме-*

тод заполнения приказа о покупке большого числа акций в операционном зале Нью-Йоркской фондовой биржи; лицо, предлагающее цену, выплачивает специальную комиссию брокеру, выступающему от его имени, продавец комиссию не платит; специальное предложение делается по фиксированной цене, не могущей быть ниже цены, по которой производилась последняя продажа ценных бумаг, или их текущей рыночной цены в зависимости от того, какая из них выше в данный момент); 7. **take-over bid** — предложение какой-л. компании о покупке контрольного пакета акций другой компании; 8. **to bid more (less)** — предложить большую (*меньшую*) цену; 9. **to call for bids** — объявлять торги на; 10. **to invite bids for** — объявлять торги на; 11. **to seek bids** — объявлять торги на.

bidding — предложение цены; надбавка к цене (*на аукционе*); **торги** ◇ **bidding was very brisk** — надбавки быстро следовали одна за другой (*на аукционе*).

bill — счет; выписка счета; список; расходы; затраты; стоимость; вексель (переводный); тратта; свидетельство; декларация; банкнота; законопроект; билль; афиша; плакат; выписывать (выставлять) счет, фактуру, накладную ◇ 1. **bill at sight** — тратта, срочная немедленно по предъявлении; 2. **bill at thirty (sixty) days' sight** — вексель, срочный через тридцать (*шестьдесят*) дней после предъявления; 3. **bill broker** — вексельный маклер, вексельный брокер (*посредник, специализирующийся на заключении вексельных сделок на бирже; выступает, как правило, по поручению и за счет клиентов или от своего имени, но за счет доверителей*); 4. **bill for collection** — вексель на инкассо; 5. **bill holdings** — вексельный портфель; 6. **bill guarantee** — залог векселя; 7. **bill of acceptance** — акцепт, акцептованный вексель (*имеющий надпись банка-акцептанта о согласии на его оплату*); 8. **bill of costs** — счет расходов; ведомость судебных издержек; 9. **bill of exchange** — переводный вексель (*безусловный приказ одного лица другому по предъявлении этого документа или в назначенный срок уплатить определенную сумму денег предъявителю или указанному в документе лицу*), тратта (*выписывается кредитором, векселедержателем и является приказом должнику — трассату, об уплате определенной суммы третьему лицу — ремитенту — в указанный срок*); 10. **bill of health** — карантинное (*санитарное*) свидетельство; 11. **bill of parcels** — фактура; накладная (*счет на отправленный или отпущенный покупателю товар, содержащий подробные данные о виде, количестве и стоимости товара и обозначение всех относимых на счет покупателя расходов*); 12. **bill of sale** — закладная; купчая; 13. **bill of sight** — смотровая расписка (*документ, представляемый импортером в таможню для досмотра груза*); 14. **bill of store** —

разрешение на обратный беспошлинный ввоз; 15. **bill of sufferance** — разрешение на перевозку неочищенных от пошлины грузов из одного порта в другой; 16. **bill stamp** — вексельный сбор; 17. **accommodation bill** — дружеский вексель (*выписываются сторонами друг на друга без реальной продажи товара для получения денег путем учета этих векселей в банке*); 18. **addressed bill** — домицилированная тратта (*переводный вексель, на котором акцептантом указано место платежа*); 19. **bank bill** — тратта, выставленная на банк или банком (*считается более надежной, учитывается с меньшим дисконтом*); 20. **clean bill (of exchange)** — чистая тратта; тратта, не сопровождаемая грузовыми документами; 21. **claused bill (of exchange)** — тратта с дополнительными условиями (*вексель, в котором указаны особые условия его оплаты*); 22. **collection of a bill** — инкассирование векселя (*получение денег по векселю*); 23. **continental bill** — тратта континентальная (*переводный вексель, подлежащий оплате на континенте Европы*); 24. **currency of a bill** — срок действия векселя (*период между выпиской и оплатой векселя; если вексель принимается к оплате после визирования, срок его действия начинается с момента акцептования*); 25. **demand bill** — вексель, срочный при предъявлении; 26. **drawer of a bill** — векселедатель; трассант; 27. **first bill of exchange** — первый экземпляр (*образец*) переводного векселя; 28. **foreign bill** — иностранный вексель; девиза (*платежные средства в иностранной валюте, предназначенные для международных расчетов*); 29. **noted bill** — вексель с отметкой (*вексель с нотариальной отметкой об отказе трассата от его акцепта или оплаты*); 30. **security bill** — обеспечительский вексель; 31. **sight bill** — тратта, срочная по предъявлении; 32. **time bill** — вексель со сроком платежа через определенный промежуток времени; 33. **to dishonor a bill** — не акцептовать вексель; не оплатить вексель; 34. **to endorse (indorse) a bill** — индоссировать вексель (поставить передаточную надпись на обороте векселя); 35. **to honour a bill** — акцептовать вексель; оплатить вексель; 36. **to protect a bill** — акцептовать вексель; оплатить вексель; 37. **trade bill** — торговый вексель (вексель, выписываемый и акцептируемый торговцами, обычно учитывается банками по изменяющимся учетным ставкам); 38. **treasury bill** — краткосрочный казначейский вексель (*краткосрочная ценная правительственная бумага, сроком не более года, регулярно поступающая в обращение; основа денежно-кредитной политики государства — англ.*); 39. **wage bill** — фонд заработной платы; 40. **bills discounting** — учет векселей (*покупка банком векселей до истечения их срока, сумма, выплачиваемая держателю, уменьшается на проценты, взимаемые за учет векселей*); 41. **bills outstanding**

— неоплаченные векселя; 42. **bills receivable** — векселя к получению; векселя, подлежащие взысканию.

bill of lading коносамент; транспортная накладная ◇ 1. **bill of lading made to order and endorsed in blank** — ордерный коносамент с бланковой передаточной надписью; 2. **clean bill of lading** — чистый коносамент (*фиксирует состояние товара в момент доставки его на борт судна по условиям ФОБ*); 3. **direct bill of lading** — прямой коносамент (*на груз, не подлежащий перегрузке*); 4. **dirty bill of lading** — "грязный" коносамент (*коносамент, в котором сделаны оговорки о состоянии или качестве перевозимого товара*); 5. **domestic bill of lading** — транспортная накладная на груз, отправляемый в порт для экспорта; 6. **foul bill of lading** — "грязный" коносамент (*см.* dirty bill of lading); 7. **Freight Collect bill of lading** — коносамент с отметкой **Freight Collect** (*фрахт подлежит уплате грузополучателем*); 8. **Freight Paid bill of lading** — коносамент с отметкой **Freight Paid** (*фрахт уплачен*); 9. **groupage bill of lading** — сборный коносамент; групповой коносамент (*на несколько грузов, предназначенных для различных грузополучателей*); 10. **insured bill of lading** — застрахованный коносамент (*сочетает в себе транспортный документ и страховой полис, служит доказательством приема груза к перевозке и одновременно удостоверяет его страхованием применяется при перевозках грузов в контейнерах*); 11. **ocean bill of lading** — морской коносамент; 12. **on board bill of lading** — бортовой коносамент; коносамент на груз, принятый на борт судна; 13. **order bill of landing** — ордерный коносамент (*обеспечивает выдачу груза по приказу отправителя, получателя или банка*); 14. **outward bill of lading** — внешний коносамент; коносамент на груз, отправляемый за границу; 15. **port bill of lading** — портовый коносамент (*выписывается на груз, принятый для погрузки на судно, еще не прибывшее в порт*); 16. **received for shipment bill of lading** — коносамент на груз, принятый для погрузки; 17. **ship bill of lading** — морской коносамент; 18. **straight bill of lading** — именной коносамент (*выписанный на определенное лицо*); 19. **through bill of lading** — сквозной коносамент; сквозная транспортная накладная (*выдается в тех случаях, когда груз доставляется по назначению не одним судном, а с перевалкой на другое судно или иной транспорт; перевозка грузов по этому документу осуществляется либо одним перевозчиком, обслуживающим ряд пересекающихся между собой регулярных линий, либо по договоренности нескольких перевозчиков о совместной доставке товаров; наиболее широко используется при контейнерных перевозках*); 20. **transshipment bill of lading** — сквозной коносамент; сквозная транспортная накладная.

big — большой; крупный; взрослый ◇ 1. **big business** — крупный капитал; крупные концерны; крупные тресты; 2. **the Big Five** — Большая пятерка (*пять английских банковских монополий*); 3. **the Big Three** — Большая тройка (*три крупнейших учетных дома в Лондоне*).

bind (bound) — вязать; связывать; обязывать ◇ 1. **to bind duties** — закрепить пошлины, обязываться не повышать пошлины; 2. **to bind tariffs** — закрепить пошлины, обязываться не повышать пошлины; 3. **free list binding** — закрепление перечня беспошлинных товаров; 4. **to be bound by contract** — быть обязанным по контракту.

binding — связь; обвязка; обшивка; оковка; обязательство; переплет; связующий; обязывающий; обязательный ◇ 1. **binding against increase of low duties** — содержащий обязательства не повышать низкие пошлины; 2. **to be binding upon somebody** — быть обязательным для кого-л.

blanket — общий; полный; всеохватывающий ◇ 1. **blanket policy** — блок-полис (*в Великобритании — страховой полис, покрывающий ущерб, нанесенный товарам и имуществу различными непредвиденными обстоятельствами; в США — полис, покрывающий страхование от огня двух или нескольких объектов*); 2. **blanket price** — общая цена (*за весь купленный товар, состоящий из материалов или предметов разных сортов, размеров и т. д.*); 3. **blanket rate** — страховая премия по блок-полису.

block — кряж; масса; большое количество; пакет (*ценных бумаг*); **блок, объединение; квартал** (*города*); **жилищный массив** ◇ 1. **block of shares** — пакет акций; 2. **block policy** — постоянный или генеральный полис (*ам.*).

board — борт (*судна*); **совет; комитет; управление; департамент; коллегия; министерство; правление директоров** ◇ 1. **board elections** — выборы правления; 2. **board meeting** — заседание правления (совета, комитета и т. д.); 3. **board of directors** — правление директоров (акционерного общества); 4. **Board of Trade** — министерство торговли (в Англии); торговая палата; ассоциация торговцев, банкиров и т. д.; биржа (в США); 5. **board order** — "по обусловленной ставке" (*поручение брокеру о покупке или продаже в случае, если цены достигнут определенного уровня*); 6. **board room** — зал заседаний; зал биржи; комната на бирже, где вывешиваются доски с биржевыми котировками; 7. **Big Board (big board)** — Нью-Йоркская фондовая биржа.

border — граница; край; кайма ◇ **border station** — пограничная станция.

bogus — поддельный; фиктивный ◇ 1. **bogus check** — поддельный чек (*ам.*); 2. **bogus company**—дутая компания; фиктивная компания.

bond — облигация; долговое обязательство; бона; залог; заклад-

ная; гарантия ◇ 1. **bond anticipatory notes (BANs)** — муниципальные облигации (*краткосрочные кредитные обязательства властей штата или муниципалитетов, выпускаемые с целью привлечь средства для финансирования каких-л. проектов; проценты по этим облигациям освобождены от обложения федеральным налогом; делятся на две основные категории; общего характера и специальные*); 2. **bond dues** — сбор за хранение товара на таможенном складе; 3. **bond market** — рынок ценных бумаг с фиксированным процентным доходом (*основной или вторичный рынок ценных бумаг, выпущенных различными эмитентами*); 4. **bond note** — разрешение таможни на вывоз товара из таможенного склада; 5. **bond quotation** — установление курсовой цены облигаций; 6. **bond rate** — курс облигаций (*по которому облигации государственных займов продаются и покупаются на бирже*); 7. **bond yield** — уровень дохода (*уровень ежегодного дохода по облигации, выраженный в процентах к ее цене; различают три вида процентного дохода; номинальный, текущий и итоговый доход, полученный на конец срока действия облигации*); 8. **average bond** — аварийная гарантия, подписка (*обязательство грузополучателя уплатить свою долю общеаварийных расходов согласно диспаше*); аварийный бонд; 9. **baby bond** — "детская" облигация (*облигация, эмитированная с номиналом меньше стандартного, общепринятого в 1 тыс. дол.; сберегательная облигация, номинал которой составляет 500 дол., 100 дол., 25 дол.; обычно продаются с дисконтом из-за относительно ограниченного интереса к ним на рынке*); 10. **bail bond** — залоговое обязательство (*долговая расписка, закладная, представляемая в суд для снятия ареста с судна — мор.*); 11. **bottomry bond** — бодмерейный договор (*документ, подтверждающий залог судна и груза в качестве обеспечения ссуды, экстренно необходимой для завершения перевозки при невозможности использовать другие способы получения денег*); 12. **callable bond** — отзывная облигация (*облигация, которая может быть погашена до наступления срока погашения по заранее обусловленной цене; облигации такого вида до известной степени страхуют заемщика от возможных потерь в случае снижения процентных ставок после продажи облигаций*); 13. **convertible bond** — конвертируемая облигация (*выпускается под заемный капитал с правом ее конверсии через определенный срок по заранее установленной цене в обычные или привилегированные акции*); 14. **coupon bond** — облигация на предъявителя (*облигация с купоном, который является свидетельством права держате-*

ля облигации на получение процентов); 15. **cushion bonds** — облигации “с подстилкой” (*облигации с высокой купонной ставкой и умеренной премией при продаже; подлежат обратной покупке, если их цена опускается ниже уровня цены, по которой могут быть проданы сравнимые ценные бумаги, но без права обратной покупки; облигации с высокой купонной ставкой предоставляют инвестору защиту на случай снижающейся конъюнктуры*); 16. **debenture bond** — облигация; сертификат таможни для обратного получения импортной пошлины; 17. **full-coupon bond** — облигация с “полным купоном” (*облигация с доходом по купону, равным текущей рыночной ставке, и, соответственно, продаваемая по номиналу*); 18. **industrial revenue bond** — промышленная доходная облигация (*выпускаются муниципальными органами США для финансирования проектов промышленного развития; некоторые из них не облагаются налогами*); 19. **junk bonds** — “макулатура” (*облигации с высокой степенью риска, выпускаемые корпорациями, которые имеют низший рейтинг кредитоспособности заемщиков, отчасти носят спекулятивный характер, используются только для инвестиций — ам.*); 20. **mortgage bond** — закладной лист; ипотечная облигация; 21. **municipal bonds** — муниципальные облигации (*см.* bond anticipatory notes); 22. **participating bonds** — облигации участия (*дающие, сверх процентного дохода, право на участие в распределении прибыли компании, их выпустившей*); 23. **registered bond** — именная бона (*именная государственная облигация*); 24. **removal bond —** таможенная закладная для перевозки грузов со склада на склад; 25. **revenue bond** — доходная облигация (*облигации, погашение которых гарантировано стабильными доходами, напр., государственные, муниципальные*); 26. **savings bond** — сберегательная бона (*облигации сроком на 7-10 лет, являются именными и не могут быть переуступлены*); 27. **serial bonds** — серийные облигации (*облигации, выпускаемые сериями с разными сроками погашения, чаще всего — облигации, выпускаемые муниципальными властями*); 28. **straight bond** — обычная облигация (*владелец ее не является членом акционерного общества и не имеет права голоса; в акцию не конвертируется*); 29. **stripped bond** — “ободранная” облигация (*облигация, которая первоначально была эмитирована с приложенными процентными купонами, но от которой они отделены; процентные купоны могут быть изъяты с целью погашения или оказаться предметом самостоятельной куплипродажи, — иногда облигации продаются без права на получе-*

ние процентов); 30. **treasury bonds —** портфельные облигации (*разрешенные к выпуску, но еще не выпущенные облигации какой-л. корпорации — ам.*); 31. **Treasury bonds** — казначейские боны (*средне- и долгосрочные государственные обязательства на предъявителя; доход выплачивается по купонам, реализуются среди физических лиц*); 32. **warehouse bond** — складская таможенная закладная; 33. **bonded —** обеспеченный облигациями; находящийся в залоге на таможенном складе (*до уплаты пошлины*); 34. **bonded debt** — консолидированный долг; облигационный заем; 35. **bonded goods** — товары, сложенные на таможенном складе и не оплаченные пошлиной.

bonus — премия; вознаграждение; дополнительная скидка; бонус; тантьема; добавочный дивиденд ◇ 1. **bonus issue** — выпуск бесплатных акций для распределения среди акционеров компании (*обычно пропорционально количеству принадлежащих им акций*); 2. **bonus stock** — бесплатные акции (*форма выплаты высокого дивиденда*); учредительские акции (*только для учредителей акционерного общества, дают преимущественные права*); 3. **bonus to a price** — надбавка к цене (*устанавливается в зависимости от особых требований покупателя, в частности при выполнении специального, индивидуального заказа, за повышенное качество товара, предоставление дополнительных услуг и т. д.*); 4. **cash bonus** — премия, выплачиваемая наличными; добавочный дивиденд, выплачиваемый наличными; 5. **employees bonus** — наградные персоналу; тантьемы; 6. **export bonuses** — премии иностранным контрагентам.

book — книга; счетная, бухгалтерская книга; заносить в книгу; зарегистрировать; выдавать, размещать заказы; резервировать; бронировать ◇ 1. **book** — бук (*обозначение дилерами ситуации, когда возможность продать или купить иностранную валюту полностью исчерпана*); 2. **book account** — контокоррент; текущий счет (*единый счет, на котором учитываются все операции банка с клиентами*); 3. **bookkeeping** — счетоводство; бухгалтерия; 4. **book value** — балансовая стоимость (*величина активов корпорации, определенная по бухгалтерской отчетности*); 5. **long order book** — большой портфель заказов; большое количество невыполненных заказов; 6. **pass book** — банковская книжка; 7. **booking-office** — билетная касса; контора (гостиницы); 8. **freight booking** — поручение на перевозку груза, фрахтование тоннажа; 9. **to be heavily booked** — иметь много заказов.

borrow — занимать; занимать деньги; заимствовать; брать взаймы ◇ 1. **to borrow at high interest** — занимать деньги под большие проценты; 2. **to borrow short** — взять ссуду на короткий срок; выдать краткосрочное обязательство; 3. **cost of borrowing** — стоимость займов; ссудный процент.

bottom — **крайне низкий уровень** (цен, курсов); **днище** (судна); **судно** ◇ 1. **bottom price** — самая низкая цена; крайняя цена; 2. **in one bottom** — на одном судне; 3. **limit per bottom** — предел ответственности страховщика по одному судну (*страх.*); 4. **rock-bottom price** — самая низкая цена; крайняя цена; 5. **to reach bottom** — достигнуть самого низкого уровня; 6. **to touch bottom** — достигнуть самого низкого уровня.

bottomry — **бодмерея** (*денежный заем под залог судна или судна и груза*) ◇ 1. **bottomry bond (bottomry contract)** — бодмерейный договор (*см. статью "bond"*) 2. **bottomry loan** — бодмерейный заем.

bound — обязательный; вынужденный; направляющийся (*о судне — мор.*) ◇ 1. **prices are bound to fall** — цены обязательно упадут; 2. **bound for** — направляющийся в; 3. **home bound** — направляющийся на родину; направляющийся в порт приписки; 4. **inward bound** — возвращающийся из плавания; 5. **outward bound** — уходящий за границу.

bounty — субсидия; поощрительная премия (*правительственная*) ◇ **export bounty** — экспортная премия.

bracket — группа; категория; разряд; рубрика ◇ **to be in the higher (tower) income bracket** — относиться к разряду лиц, получающих высокий (низкий) доход.

branch — отделение; филиал; отрасль; ответвление ◇ 1. **branch business** — отделение фирмы, предприятия; 2. **branch establishment** филиальное отделение; 3. **branch line** — железнодорожная ветка; 4. **branch of business** — отрасль торговли.

brand — клеймо; фабричная марка; торговый знак; марка; сорт; качество; клеймить; выжигать клеймо ◇ **good ordinary brand** — обычный коммерческий сорт.

breach — нарушение; разрыв (отношений) ◇ 1. **breach of contract** — нарушение договора; 2. **breach of trust** — нарушение доверия.

break — прорыв; трещина; быстрое падение цен; партия чая (продаваемая на аукционе); ломать(ся); разбивать(ся); нарушать; разрывать; прекращать (отношения); разорять(ся); подрывать; обанкротиться ◇ 1. **breakdown** — авария; поломка; распределение; разбивка; классификация; провал; неудача; 2. **breakup** — развал, распад; 3. **breakup value** — стоимость (имущества); 4. **to break the bank** — подорвать банк; 5. **to break the contract** — нарушить договор; 6. **to break even** — работать безубыточно; 7. **break-even** — безубыточный; 8. **the break-even point for such lathes is 75-100 machines** — количество, при котором производство таких станков становиться рентабельным, составляет 75-100 машин.

brief — краткое письменное изложение дела; письменные доводы; короткий; краткий; сжатый; поручать ведение дела (адвокату); давать инструкции (адвокату); резюмировать, кратко излагать ◇ 1. **to hold a brief for somebody —** выступать в суде со стороны кого-л., 2. **in brief** — вкратце; 3. **eminent counsel were briefed in this case —** видные адвокаты были привлечены к участию в этом процессе.

broker — брокер; маклер; агент; посредник ◇ 1. **broker's board** — биржа (*ам.*); 2. **broker's charges** — куртаж (*комиссионное вознаграждение брокеру*); 3. **broker's contract note** — маклерская записка; письменное извещение брокера о заключенной сделке; 4. **blind broker** — "слепой" брокер (*выступает от своего имени, не раскрывая имен клиентов, такие брокеры не допускаются на рынок федеральных фондов и срочных евродепозитов*); 5. **custom house (customhouse) broker** — таможенный маклер; агент по таможенной очистке импортных грузов; 6. **exchange broker** — маклер по покупке и продаже иностранной валюты; 7. **floor broker** — брокер из операционного зала (*брокер, биржевой маклер, выполняющий поручения членов фондовой биржи за комиссионное вознаграждение*); 8. **independent broker** — независимый брокер (*брокер, работающий в операционном зале Нью-йоркской фондовой биржи и выполняющий распоряжения других брокеров или фирм, не прибегая к услугам членов фондовой биржи*); 9. **inside broker** — официальный биржевой маклер; 10. **outside broker** — неофициальный биржевой маклер; 11. **stock broker (stockbroker)** — маклер на фондовой бирже; 12. **two-dollar broker** — двухдолларовый брокер (*брокер, член фондовой биржи, который выполняет инструкции за других брокеров, особенно когда рынок очень активен или в момент открытия, когда многочисленные инструкции накопились со вчерашнего дня, работает на брокеров, занятых выполнением первоочередных инструкций, или на фирмы, не имеющие партнеров среди членов биржи, находящихся а операционном зале, при возникновении этого вида услуг комиссия, которую брал такой брокер, составляла 2 доллара за сотню акций*); 13. **brokerage** — куртаж (*комиссионное вознаграждение брокеру*); брокерская комиссия; 14. **broking** — брокерское дело.

budget — бюджет; финансовая смета; предусматривать в бюджете; ассигновать ◇ **budget estimates** — бюджетные предложения.

bulge — внезапное повышение цен (носящее временный характер).

bulk — масса; объем; большая часть; основная часть ◇ 1. **bulk buying —** массовая закупка; закупка большого количества; централизованная закупка; государственные закупки; закупка всего товарного запаса или всего производства; 2. **bulk cargo** — насыпной, навалочный или наливной груз; 3. **bulk commodities** — массовые товары; 4. **bulk purchase** — (*см.* bulk buying); 5. **bulk sale** — (*см.* bulk buying); 6. **to sell (to buy) in bulk** — продавать (покупать) оптом, большими партиями; продавать товар без упаковки, без расфасовки, насыпью, наливом.

bull — бык; спекулировать на повышение (*бирж.*) ◇ 1. **bull market** — рынок "быков" (рынок, где наблюдается тенденция возможного повышения цен в результате высокого спроса); 2. **bull movement** — повышение цен или курсов на рынке; 3. **bull operation** — спекуляция на повышение; 4. **bull speculation** — спекуляция на повышение.

bullish — повышающийся; повышательный (*бирж.*) ◇ 1. **bullish demonstration** — повышение цен (курсов); 2. **to have a bullish affect** — вызвать повышение цен; 3. **to take bullish view of copper (tin, zinc, etc.) —** полагать, что цены на медь (олово, цинк и т. д.) повысятся.

business — дело; занятие; деятельность; профессия; торговля; торгово-промышленная деятельность; хозяйственная деятельность ◇ 1. **business conditions** — деловая, хозяйственная конъюнктура (*сложившаяся обстановка, совокупность условий и признаков, характеризующих состояние экономики*); 2. **business cycle** — промышленный (экономический) цикл; 3. **business expenses** — торговые расходы; 4. **business failure —** банкротство (*установленная судом неспособность должника платить по своим обязательствам*); 5. **business firm** — торговая фирма; 6. **business forecasting** — прогноз конъюнктуры; 7. **business friend** — корреспондент (*лицо, фирма или банк, выполняющие деловые поручения для другого лица или учреждения*); фирма, связанная с данной фирмой; клиент; заказчик; 8. **business on offer** — предлагаемые сделки; предлагаемые заказы; 9. **business papers** — краткосрочные торговые векселя (*основанные на торговых сделках обязательства по оплате партии товара, поставленной на определенных условиях*); 10. **business relations —** деловые отношения; торговые связи; 11. **business stocks** — товарные запасы торгово-промышленных предприятий (*ам.*); 12. **business year** — хозяйственный год; финансовый год; торговый отчетный год; бюджетный год; 13. **forward business** — срочные сделки; сделки на срок (*биржевая сделка на поставку товара через указанный срок, от нескольких месяцев до 1-2 лет, по цене, зафиксированной в контракте; заключается обычно в расчете на перепродажу контракта и получения прибыли*); 14. **forwarding business** — экспедиторская фирма; 15. **future business** — срочные сделки; сделки на срок (*см.* forward business); 16. **line of business** — отрасль торговли; отрасль промышленности; сфера деятельности; 17. **retail business** — розничная торговля; 18. **spot business** — сделки на наличный товар; сделка на товар с немедленной сдачей; кассовая сделка (сделка с условием расчета и выполнения на второй рабочий день от ее совершения); 19. **volume of**

business — объем операций; торговый оборот; 20. **wholesale business** — оптовая торговля.

bust — крах; банкротство; обанкротиться.

buy (bought) — покупать (of, from — у) ◇ 1. **to buy ahead** — покупать заранее; покупать на срок; 2. **to buy for cash —** покупать за наличные; 3. **to buy in** — закупать; выкупать; снять свой товар с продажи на аукциона (*когда предлагаемые цены недостаточно высоки*); 4. **to buy in against somebody** — покрыться за счет кого-л. (*в случае непоставки товара продавцом купить товар на бирже с отнесением разницы за счет нарушителя контракта — бирж.*); 5. **to buy out — выкупать;** 6. **to buy out right** — покупать с уплатой полной стоимости; 7. **to buy up** — скупать.

buyer — покупатель ◇ 1. **buyer's market** — рынок покупателя (*ситуация на рынке, когда предложение товара превышает спрос на него по существующим ценам, в результате чего цены падают*); 2. **buyer's option** — сделка с предварительной премией; предварительная премия (*приобретаемое при уплате известной премии право купить ценные бумаги или товары по установленной цене в течение определенного времени — бирж.*); 3. **buyer's over** — превышение спроса над предложением; 4. **at (in) buyer's option** — по выбору или усмотрению покупателя; 5. **exclusive buyer** — покупатель, обладающий исключительными правами на покупку товара.

by-law (bye-law) — постановление местной власти или какой-л. организации (*акционерного общества, ассоциации и т. п.*); устав; инструкция.

C

calculation — вычисление; калькуляция; предположение (*ам.*) ◇ 1. **calculation of costs** — смета расходов; калькуляция себестоимости (*исчисление в денежном выражении затрат на производство и реализацию продукции, работ и услуг*); 2. **calculation of exchange** — вычисление курса валюты; 3. **error in calculation** — ошибка в калькуляции.

cable — кабель; трос; канат; якорная цепь; каблограмма; телеграмма; кэйбл; телеграфировать (*по кабелю*) ◇ 1. **cable certificate** — свидетельство о якорных цепях; 2. **cable expenses** — телеграфные расходы; 3. **cable transfer** — телеграфный перевод денежных средств; 4. **cables** — курсы телеграфных переводов, телеграфные переводы (*в публикуемых валютных котировках*); 5. **by cable** — по телеграфу; по кабелю.

call — вызов; спрос (*на товар*); **требование** (*об уплате денег*); **сделка с предварительной премией; опцион; отрезок времени для фиксации цен по фьючерсным сделкам на бирже; вызывать** ◇ 1. **call deposit** — вклад до востребования; 2. **call future** — право выкупа (*право эмитента выкупить по обусловленной цене часть выпущенных им облигаций до истечения срока выкупа*); 3. **to call in** — требовать уплаты (*долгов*); инкассировать (*банк получает долги по различным документам от имени своих клиентов*); 4. **call loan** — ссуда до востребования (*подлежащая возврату по первому требованию*); 5. **call money** — процентный денежный вклад (*на внутренних финансовых рынках и еврорынке выплачивается вкладчику по его требованию*); ссуда до востребования (*денежный заем, подлежащий возврату по первому требованию*); 6. **call of more** — право покупателя на дополнительную однократную сделку с премией; 7. **call on shares** — требование об уплата взноса за акции; 8. **call premium** — предварительная премия; 9. **call price** — цена, по которой могут быть выкуплены американские облигации, как правило, по номиналу или с незначительной премией; 10. **call rate** — процентная ставка (*по онкольным, краткосрочным ссудам, возвращаемым по первому требованию*); 11. **call rule** — официальная цена покупателя перед закрытием биржи (*действует до открытия биржи на следующий день*); 12. **to give (to take) for the call** — купить (*продать*) предварительную премию; 13. **loan at (on) call** — ссуда до востребования (*подлежащая возврату по первому требованию*); 14. **margin call** — требование о дополнительном обеспечении (*если цены на срочном товарном рынке или рынке ценных бумаг изменяются в направлении, противоположном прогнозу торговца или спекулянта, то последний может получить требование о внесении дополнительного залога с целью поддержать внесенное ранее обеспечение*); 15. **premium for the call** — предварительная премия по опционной сделке; 16. **callable capital** — неоплаченный капитал (*часть основного акционерного капитала, еще не оплаченная акционерами, но подлежащая оплате в установленные сроки, законодательством предусматриваются жесткие санкции и оплата убытков в связи с просрочкой платежа, неоплата акций в течение дополнительного срока влечет их аннулирование, в этом случае уже внесенные акционером суммы не возвращаются*); 17. **to be called for** — до востребования (*надпись на конверте*); 18. **calls** — требования компании к держателям акций о выплате определенных денежных сумм в соответствии с вложенным капиталом; 19. **callable bond** — отзывная облигация.

cambist — **камбист** (*лицо, занимающееся вексельными операциями, дилер на валютной бирже*).

cancel — **аннулировать; отменять; сделать недействительным; погашать; вычеркивать** ◇ 1. **to cancel a debt** — аннулировать долги; 2. **to cancel an order** — отменить заказ; 3. **to cancel a power of attorney** — объявить доверенность недействительной; аннулировать доверенность; 4. **cancelled cheque** — чек, оплаченный банком на который он выставлен; не подлежит обращению.

canvass — **добиваться заказов** ◇ **to canvass a district for orders** — добиваться заказов в районе; объезжать район, собирая заказы.

capacity — **способность; емкость; производительность; пропускная способность; мощность; эффект; способность; правоспособность; дееспособность** (*юр.*); **звание; должность; профессия** ◇ 1. **capacity in bales** — грузовместимость для штучных грузов; 2. **capacity in grain** — грузовместимость насыпью; 3. **capacity operations** — работа на полную мощность (*с полной нагрузкой*); 4. **capacity plan** — грузовой план; 5. **capacity to contract** — способность вступить в договор; способность совершить договор; 6. **capacity to pay one's way** — окупаемость, самоокупаемость; 7. **capacity utilization** — коэффициент использования производственных мощностей (*компании, отрасли производства, экономики; важный показатель экономической активности*); 8. **in the capacity of** — в качестве; 9. **legal capacity** — правоспособность; 10. **measure of capacity** — мера емкости; 11. **to act in one's individual capacity** — действовать в качества физического лица; 12. **to work at (to) capacity** — работать на полную мощность (*с полной отдачей*); 13. **underemployed capacity** — неиспользованная мощность.

capital — **капитал; основной капитал; акционерный капитал; ценные бумаги; основная сумма; главный; превосходный** ◇ 1. **capital account** — отдельные от текущих операций статьи платежного баланса (*инвестиции, средства на депозитных счетах, экономическая помощь др. странам*); в *бухг.* учете США — сумма чистых активов, используемая предпринимателями; 2. **capital accumulation** — накопление или приращение основного капитала; 3. **capital allowances** — налоговая скидка при покупке средств производства; 4. **capital and interest** — основная сумма и (наросшие) проценты; 5. **capital amount** — основная сумма; 6. **capital balance** — баланс движения капиталов (*показывает соотношение экспорта и импорта государственных и частных капиталов и кредитов, а том числе прямые и портфельные капиталовложения, вклады в банках, коммерческие кредиты, специальные операции и др.*); 7. **capital consumption** — снашивание основного капитала; 8. **capital**

construction — капитальное строительство; 9. **capital cost amortization** — амортизационное списание стоимости основного капитала; 10. **capital costs** — затраты капитальные (*производственные затраты на технологическое оборудование, здания, сооружения и т. д.*); затраты постоянного капитала; 11. **capital expenditures** — капитальные затраты; 12. **capital exports** — бегство капитала (*отток капитала из страны, перемещение в течение небольшого промежутка времени в большом объеме краткосрочных ссудных капиталов за границу в связи с более высокой ставкой банковского процента, возможностью получения выигрыша от курсового соотношения, нестабильного валютного положения а стране и др.*); 13. **capital formation** — образование или прирост основного капитала (*увеличение стоимости активов к моменту их продажи по сравнению с первоначальной*); 14. **capital-gains tax** — налог на прирост капитала; 15. **capital gearing** — гиринг (*соотношение между различными видами капитала компании; резервный, заемный, образованный от продажи привилегированных, обыкновенных акций; характеризует уровень выплат по различным обязательствам; компания с большим удельным весом капитала по обыкновенным акциям имеет более низкий гиринг; чем разнообразнее задействованные капиталы, тем выше гиринг компании*); 16. **capital goods** — основные фонды (*производственные здания, сооружения, машины и оборудование, переносящие свою стоимость на производимый товар по частям*); 17. **capital leverage** — повышение доходности капитала (*обеспечение компанией дополнительного дохода акционерам путем привлечения заемных средств*); 18. **capital market** — рынок ценных бумаг, заемных средств (*осуществляет операции по среднесрочному и долгосрочному финансированию*); 19. **capital of a company** — акционерный капитал компании (*совокупность индивидуальных капиталов, объединенных посредством выпуска и размещений акций и облигаций*); 20. **capital surplus** — доход от эмиссии; учредительский доход (*доход от эмиссии бумаг по ценам выше номинальных*); 21. **advanced capital** — авансированный капитал; 22. **authorized capital** — уставной капитал (*определен уставом, включает номинальную стоимость выпущенных акций, вложения гос. средств, частные паевые взносы*); разрешенный к выпуску акционерный капитал; 23. **circulating capital** — оборотный капитал (*стоимость средств производства и рабочей силы, целиком переносящаяся в процессе производства на продукт*); 24. **constant capital** — постоянный капитал (*стоимость средств производства, переносится на стоимость товара по частям*); 25. **debenture capital** — заемный капитал (*средства акционерного общества, полученные от размещения облига-*

ций); 26. **export of capital** — вывоз капитала (*экспорт капитала в другие страны частными корпорациями и государством как в предпринимательской форме, так и в виде ссудного капитала*); 27. **fictitious capital** — фиктивный капитал (*представлен в ценных бумагах, превышает сумму действительного капитала, участвующего в хозяйственной деятельности*); 28. **fixed capital** — основной капитал; 29. **floating capital** — оборотный капитал; 30. **issued capital** — акционерный капитал, выпущенный компанией (*часть номинального капитала, на которую выпущены акции* (*паи*) *для распределения между пайщиками компании; компания не обязана выпускать акции на весь номинальный капитал*); 31. **loan capital** — ссудный капитал (*денежный капитал, предоставляемый в ссуду его собственником на время, на условиях возвратности, за плату в виде процента*); капитал заемный (*образуется за счет средств от выпуска облигаций и банковского кредита*); 32. **nominal capital** — капитал номинальный (*установленная учредителями сумма, на которую предполагается выпустить акции*); 33. **ownership capital** — капитал собственный (*средства, полученные от выпуска и продажи акций, и резервный фонд*); 34. **paid-up capital** — оплаченный акционерный капитал; оплаченная часть акционерного капитала; 35. **property capital** — фиктивный капитал; 36. **reserve capital** — капитал резервный (*часть выпущенного, но не оплаченного капитала, которую общее собрание компании решило истребовать только в случае ликвидации, не может быть переведен в действующий капитал без разрешения суда*); 37. **share capital** — акционерный капитал (*образуется за счет эмиссии акций*); 38. **stock capital** — акционерный капитал (*образуется за счет эмиссии акций*); 39. **subscribed capital** — выпущенный по подписке акционерный капитал (*часть номинального капитала, на которую выпущены акции для распределения между пайщиками компании по подписке; в свободную продажу не поступают*); 40. **turnover of capital** — оборот капитала (*процесс движения авансированного капитала, когда вся первоначальная стоимость возвращается в денежной форме*); 41. **unpaid capital** — неоплаченная часть акционерного капитала; 42. **uncalled capital** — неоплаченная часть акционерного капитала; 43. **variable capital** — переменный капитал (стоимость рабочей силы); 44. **venture capital** — спекулятивный капитал, вложение капитала с риском (*средства, вложенные в компании, новые предприятия, что связано с определенным риском на первой стадии их деятельности; особенно характерен для прогрессивных в техническом отношении отраслей экономики*); 45. **vested capital** — капитал инвестированный (*долгосрочное вложение капитала в различные отрасли национальной эко-*

номики и за границей, а также в ценные бумаги, основные фонды с целью получения прибыли); 46. **watered capital** — разводненный капитал (*выпуск акций на сумму, значительно превышающую реальную стоимость активов компании*); 47. **working capital** — оборотный капитал.

capitalization — превращение в капитал; капитализация ◇ **cum capitalization** — с капитализацией (*условия выпуска акций, согласно которому их покупатель имеет право приобретать акции новых выпусков той же компании*).

car — вагон; автомобиль ◇ 1. **car loadings** — железнодорожные погрузки; 2. **freight car** — товарный вагон.

card — билет; карточка; ярлык; прикреплять ярлыки к кипам ◇ 1. **card index** — карточный указатель; 2. **credit card** — кредитная карточка (*карточка или купонная книжка с номером, именем владельца, образцом его подписи, сроком действия, используемая при займах и покупках товаров; при такой форме расчетов банк берет на себя риск немедленной оплаты товаров и услуг, купленных владельцем карточки*); 3. **debit card** — дебетовая карточка (*дает прямой доступ к счету в банке; используется для совершения наличных расчетов посредством терминала*); 4. **pattern card** — карточка образцов; 5. **show card** — карточка образцов.

cargo — груз; карго; полный однородный груз ◇ 1. **cargo boat** — грузовое судно; товарное судно; 2. **cargo capacity** — грузовместимость; 3. **cargo list** — грузовой список (*перечень грузов, подлежащих погрузке на данное судно, составляется при перевозке нескольких партий генеральных грузов*); 4. **cargo plan** — грузовой план (*план размещения грузов в грузовых помещениях судна с учетом свойств грузов, полного использования провозной способности судна, разумной организации грузовых работ в портах погрузки и выгрузки, обеспечения мореходности судна*); 5. **cargo sheet** — список грузов; 6. **cargo ship** — грузовое судно; товарное судно; 7. **cargo turnover** — грузооборот (*порта*); 8. **dangerous cargo** — опасный груз (*такой, который при неправильном обращении может стать причиной ущерба для судна или имущества, гибели или ухудшения здоровья людей; при погрузке без соответствующего уведомления капитан имеет право выгрузить его в любом месте, уничтожить или обезвредить без уплаты какого-л. возмещения грузовладельцу, а отправитель должен оплатить все расходы в связи с предпринятыми капитаном действиями и возместить убытки, причиненные этим грузом другому имуществу; капитан имеет право предпринять подобные действия к опасным грузам, погруженным с его ведома, если в пути они стали угрожать безопасности судна или другого груза*); 9. **general cargo** — генеральный груз, смешанный сборный груз; 10. **home-**

ward cargo — обратный груз; 11. **inward cargo** — импортный груз; 12. **outward cargo** — экспортный груз; 13. **return cargo** — обратный груз.

carriage — вагон; перевозка; транспорт; провоз; стоимость перевозки ◇ 1. **carriage forward** — за перевозку не уплачено; стоимость перевозки подлежит уплате получателем; 2. **carriage free** — франко-место назначения (*далее указывается наименование железнодорожной станции, на которой все права на товар и ответственность за его дальнейшее продвижение, включая все расходы, переходят с продавца на покупателя; до этого места расходы по транспортировке, погрузке, страховке покрываются за счет продавца и не оплачиваются покупателем*); 3. **carriage paid** — провоз оплачен; 4. **delivered, carriage paid to (DCP)** — "провоз оплачен до ..." (*это условие применяется при перевозках несколькими видами транспорта; продавец обязан заключить договор перевозки до согласованного пункта, передать товар первому перевозчику, а покупатель несет все остальные расходы, кроме оплаты фрахта*).

carrier — перевозчик; возчик; транспортное общество; транспортное судно ◇ 1. **carrier's statement** — коммерческий акт (*документ, удостоверяющий обнаружение в пункте назначения недостачи, повреждения или порчи груза*); 2. **cargo carrier** — грузовое судно; 3. **oil carrier** — танкер, нефтевоз; 4. **timber carrier** — лесовоз.

carry — везти; перевозить; нести; приносить (*доход, проценты*); **доводить; иметь в продаже; торговать** (*ам.*); **удерживать товар** (*до уплаты покупателем его стоимости — бирж.*) ◇ 1. **carryover** — переходящий остаток; (*бухг.*) перенос; (*бирж.*) репорт (*отсрочка сделки*); 2. **carryover day** — первый день ликвидационного периода на бирже (когда стороны договариваются об отсрочке сделок); 3. **carryover price** — процентное вознаграждение за отсрочку сделки; 4. **carryover rota** — процентное вознаграждение за отсрочку сделки; 5. **carryover stocks** — переходящие запасы; 6. **to carry interest** — приносить проценты; 7. **to carry into effect** — приводить в исполнение, осуществлять; 8. **to carry on negotiations** — вести переговоры; 9. **to carry out instructions** — выполнять инструкции; 10. **to carry over** — перевозить; (*бухг.*) переносить на другую страницу; пролонгировать; отсрочить; 11. **to carry over a transaction** — (*бирж.*) отсрочить сделку (*перенести прием ценных бумаг на определенный срок*); 12. **carrying trade** — транспорт, транспортное дало; 13. **amount carried forward** — сумма к переносу (*бухг.*).

cartel — картель (*соглашение между производителями или потребителями одноименной продукции, предусматривающее взаимные обязательства по соблюдению и поддержанию устанавливаемых цен на соответствующие виды продукции, со-*

гласованных квот производства, разграничение основных районов сбыта, обмену производственной и коммерческой информацией и т. п.; не всегда оформляются официально, часто существуют негласно; фирмы, вступившие в это соглашение сохраняют полную самостоятельность).

cartelize — **картелировать, объединить в картель; картелированный товар.**

case — **ящик; коробка; случай; обстоятельство; дело; вопрос; доводы; аргументы; факты; доказательства; судебное дело; прецедент** ◇ 1. **in case of need** — в случае необходимости; в случае отказа от оплаты векселя или от принятия грузовых документов; 2. **case for the defendant (the plaintiff)** — доводы в пользу ответчика (истца); 3. **case for wage claims** — основания или аргументы в пользу требования повышения заработной платы; 4. **case law** — прецедентное право.

cash — **наличные деньги; наличный расчет; получить деньги** (по чеку, векселю и т. п.) ◇ 1. **cash account** — счет кассы; 2. **cash advance** — денежный аванс (*выдается в счет предстоящих платежей за материальные ценности, выполненные работы и оказанные услуги*); 3. **cash against shipping documents** — наличными против грузовых документов; 4. **cash-and-carry** — оплата товара наличными (в розничной торговле — *ам.*); 5. **cash assets** — денежная наличность; денежная наличность в кассе и банках; 6. **cash audit** — ревизия кассы; 7. **cash balance** — денежная наличность; денежная наличность в кассе и банках; 8. **cash book** — кассовая книга; 9. **cash bonus** — премия кассовая (*премия, выплачиваемая наличными; добавочный дивиденд, выплачиваемый наличными*); 10. **cash business** — сделка (сделки) за наличный расчет; 11. **cash commodity** — наличный товар; 12. **cash delivery** — поставка наличного товара; в США — ценных бумаг в день продажи; 13. **cash department** — касса; 14. **cash discount** — скидка при покупке за наличный расчет; 15. **cash dividend** — дивиденд денежный (*выплачиваемый в виде наличной денежной суммы*); 16. **cash down** — за наличный расчет; 17. **cash flow** — поток денежной наличности (*сумма доходов до уплаты налогов и амортизационных отчислений*); 18. **cash in (on) hand** — денежная наличность; денежная наличность в кассе и банках; 19. **cash market** — рынок наличного товара; 20. **cash on delivery** — наложенный платеж; уплата при доставке; 21. **cash price** — цена при уплате наличными (*цена на рынке наличных сделок; в оптовой торговле может означать также платеж в течение определенного короткого срока*); 22. **cash rate** — курс чеков, устанавливаемый банками; 23. **cash ratio** — коэффициент наличности; кассовый индекс (*отношение суммы наличности и аналогичных активов к сумме обязательства применительно к* *банкам — отношение наличности к общей сумме обязательств по депозитам*); 24. **cash receipts** — кассовые поступления; 25. **cash remittance** — денежный перевод; 26. **cash report** — кассовый отчет; 27. **cash sale** — продажа за наличные; 28. **cash transaction** — кассовая сделка (*операция с ценными бумагами на фондовой бирже, которые оплачиваются и передаются покупателю, как правило, в день заключения сделки; разновидность валютных операций на валютном рынке*); 29. **cash with(in) bank** — денежная наличность в банке; 30. **by cash** — за наличный расчет; 31. **in cash** — за наличный расчет; 32. **net cash** — цена при уплате наличными без скидки; 33. **petty cash** — малая касса; мелкие суммы; 34. **prompt cash** — немедленный платеж наличными; 35. **ready cash** — наличные деньги; наличный расчет.

caveat — **предостережение; протест; возражение; заявление о приостановке судебного рассмотрения** (*юр.*) ◇ **caveat emptor** — качество на риск покупателя (*буквальный перевод с латинского: "пусть покупатель будет осмотрителен"*)

ceiling — **предел; максимум; максимальная цена; максимальное количество; максимальный** ◇ 1. **the ceiling was reduced** — максимальная цена была снижена; 2. **ceiling price** — максимальная цена.

census — перепись ◇ 1. **census schedule** — переписной лист; опросный лист; 2. **partial census** — частичная или специальная перепись; 3. **population census** — перепись населения.

certificate — **удостоверение; свидетельство; сертификат; выдавать письменное удостоверение** ◇ 1. **certificate of damage** — свидетельство о повреждении (выгруженного товара); 2. **certificate of deposit** — сертификатный депозит (*свидетельство о депонировании денежных средств, удостоверяющее право вкладчика на получение депозита; широко распространены срочные депозитные сертификаты, где указаны сроки изъятия и причитающиеся проценты; могут быть проданы третьим лицам*); 3. **certificate of insurance** — страховое свидетельство; страховой сертификат; 4. **certificate of origin** — свидетельство о происхождении груза, товара (*удостоверяет место изготовления товара, выдается торговой палатой для определения пошлины*); 5. **certificate of survey** — свидетельство об осмотре (выгруженного товара); 6. **assay certificate** — пробирное свидетельство (*удостоверяет пробу драгоценных металлов*); 7. **balance certificate** — сертификат сальдовый (*выдается вместо акционерного сертификата при продаже части указанных в нем акций*); 8. **deposit certificate** — депозитный сертификат (*документ на право владения определенными вложенными в банк средствами и получения по ним оговоренного процента*); 9. **equipment trust certificate** — траст-сертификат *(ценная бумага или облигация, выпускаемая главным образом в США, для оплаты покупки нового оборудования в авиации, на железных дорогах и т. п.; в качестве ее обеспечения выступает это оборудование; право собственности принадлежит кредитору до момента погашения суммы долга)*; 10. **gold certificate** — золотой сертификат (*свидетельство о депонировании золота в банке, свободно меняется на золото, либо денежный эквивалент по рыночной цене*); 11. **interim certificate** — временное свидетельство; 12. **money market certificate** — сертификат денежного рынка (*депозитные сертификаты сроком на 6 месяцев, эмитируемые банками и сберегательными институтами США с минимальным номиналом IOOOO$, ставка по которым привязана к ставке процента*); 13. **share certificate** — акция; свидетельство на акцию; 14. **stock certificate** — акция; свидетельство на долю участия в акционерном капитале компании; 15. **warehouse-keeper's certificate** — складская расписка; товарная квитанция (*документ, свидетельствующий о праве на владение товаром, хранящимся на товарном складе — англ.*); 16. **certificated bankrupt** — лицо, объявленное по суду банкротом; 17. **certificated stocks** — освидетельствованные товары (*проверенные на качество и признанные годными для поставок по срочным контрактам*); 18. **tax anticipation certificates** — налоговые резервные сертификаты (*ам.*); 19. **tax reserve certificates** — налоговые резервные сертификаты (*обмениваются на наличность в любое время; при использовании для уплаты налогов, процент по ним увеличивается*).

certify — **удостоверять; заверять** ◇ 1. **certified cheque (check)** — чек с надписью банка о принятии к платежу; 2. **certified invoice** — заверенная фактура; 3. **this is to certify** — настоящим удостоверяется.

cessation — **прекращение; остановка.**

cession — **уступка; передача; уступка требования; цессия** (*уступка требования а обязательстве другому лицу; передача своих прав*) ◇ 1. **cession clause** — оговорка о праве фрахтователя уступить фрахтовый договор другому лицу (в чартер-партии); 2. **cession of rights** — передача прав.

chairman — председатель ◇ 1. **chairman of the board** — председатель совета директоров (в акционерных обществах); 2. **chairman of the company** — председатель правления акционерного общества.

chamber — **палата; камера** ◇ 1. **chamber of commerce** — торговая палата; 2. **chamber of commerce and industry** — торгово-промышленная палата; 3. **chambers** — контора адвоката; кабинет судьи.

change — **перемена; изменение; сдача; разменная монета; ме-**

нять(ся); изменять(ся); обменивать; разменивать ◇ 1. **Change ('Change)** — биржа; 2. **to change hands** — переходить в другие руки; 3. **to change a cheque** — получить наличные деньги по чеку; 4. **to change a pound note** — разменять банковый билет в 1 фунт; 5. **a complete change has taken place in the market** — конъюнктура рынка полностью поменялась.

charge — руководство; цена; сбор; начисление; расход; ипотека; дебет; долговое обязательство; налог; обвинение; назначать цену; взыскивать; относить, записать на счет; дебетовать; обвинять ◇ 1. **charge account** — кредит по открытому счету (*при расчетах между постоянными контрагентами; предоставляется постоянным клиентам в магазине, ресторане и др. по счету, открытому без немедленного подтверждения кредитоспособности клиента; может быть лимитирован — ам.*); 2. **charge for the safekeeping of goods** — сбор за сохранность товаров; 3. **to charge forward** — наложить платеж, взыскать наложенным платежом; 4. **to charge off** — списывать со счета; амортизировать; 5. **to charge to account** — поставить на счет; 6. **at a moderate charge** — по умеренной цене; за умеренную плату; 7. **to be in charge of** — заведовать чем-л.; быть в ведении кого-л.; 8. **floating charge** — краткосрочный государственный заем; 9. **free of charge** — бесплатно; 10. **service charge on loans** — проценты по займам (*их величина зависит от срока, размера, обеспеченности ссуды*); 11. **the sum has been placed to your charge** — сумма отнесена на ваш счет (на ваш дебет); 12. **to bring a charge of ... against** — обвинять кого-л. в чем-л.; 13. **charges — расходы**; издержки; 14. **charges forward** — расходы подлежат оплате грузополучателем; 15. **bank charges** — банковский комиссионный сбор; 16. **broker's charges** — куртаж (*комиссионное вознаграждение брокеру*); 17. **deferred charges** — расходы будущих лет; 18. **depreciation charges** — амортизационные начисления (*средства на воспроизводство основных фондов или основного капитала*); 19. **extra charges** — сборы, взимаемые сверх пошлины; 20. **fixed charges** — фиксированные расходы (*издержки по операциям или производственные издержки, носящие фиксированный характер и не связанные с изменением уровня производства*); 21. **forwarding charges** — расходы по отправке груза; 22. **overhead charges** — накладные расходы (затраты на хозяйственное обслуживание производства и управление); 23. **charging order** — судебное взыскание (арест товаров должника в пользу кредитора с правом продажи при неуплате долга в установленный срок).

charter — патент; привилегия; устав; чартер, чартер-партия (*мор.*); **давать привилегию; фрахтовать; сдавать внаем** (судно) **по чартеру** ◇ 1. **berth charter** — чартер на перевозку грузов судном, находящимся у причала; 2. **demise charter** — димайз-чартер (*договор о фрахтовании судна на срок, в течение которого фрахтователь становится фактическим владельцем судна и принимает на себя все расходы по судну, включая зарплату экипажа*); 3. **net charter** — чартер на условиях "loaded, stowed, trimmed and discharged free of expense to the vessel" ("*судно не несет расходы по погрузке, укладке, размещению и выгрузке груза*"); 4. **open charter** — чартер открытый (*договор, в котором не указаны ни род груза, ни порт назначения*); 5. **time charter** — таймчартер (*договор о фрахтовании судна на срок*); 6. **trip charter** — рейсовый чартер; 7. **voyage charter** — рейсовый чартер; 8. **general contract chartering** — фрахтование по генеральному контракту (*фрахтование, по которому судовладелец обязуется в течение определенного времени перевезти обусловленное количество груза, выделяя для перевозки судно оговоренной грузоподъемности; используется, в основном, для перевозки массовых сухих грузов*); 9. **prompt chartering** — фрахтование срочное (*договор перевозки, в соответствии с которым судно должно быть готово к погрузке сразу же или в течение нескольких дней после заключения фрахтовой сделки*); 10. **round voyage chartering** — фрахтование на круговой рейс (*фрахтование на рейс между двумя или более портами, при котором все судно или его часть предоставляется в распоряжение фрахтователя для перевозки груза в прямом и обратном направлении с возвращением в район первоначального отправления*); 11. **spot chartering** — фрахтование на круговой рейс; 12. **chartered company** — компания, организованная на основе правительственной концессии; 13. **chartering agent** — брокер, специализирующийся на фрахтовании тоннажа; 14. **charter party** — фрахтовый контракт (*контракт, по которому фрахтователь получает в свое распоряжение судно для перевозки грузов по определенному маршруту или на определенный срок; такой контракт может быть принят банком в качестве обеспечения платежа по кредиту, предоставленному судовладельцу*); 15. **charter party assignment** — фрахтовое ассигнование (*договор, по которому сумма, предназначенная для выплаты судовладельцу, вносится в банк в обеспечение предоставленного ему кредита, часто для постройки судна*).

check — препятствие; остановка; задержка; контроль; проверка; багажная квитанция; номерок; корешок; чек (*ам.*) ◇ 1. **check to prices** — прекращение роста цен; 2. **to check up** — проверять; 3. **to keep a check on activity** — сдерживать экономическую деятельность; 4. **to keep (to hold) in check** — сдерживать; 5. **checkbook** — чековая книжка; 6. **checking account** — текущий счет (*позволяет клиенту вносить и получать необходимые суммы в любое время*).

cheque — чек ◇ 1. **cheque endorsement** — индоссамент на чеке (*передаточная надпись на обороте чека, удостоверяющая переход его к другому лицу*); 2. **cheque rate** — курс чеков; чековый курс; 3. **cheque to bearer** — предъявительский чек (*чек, выписанный на предъявителя, не используется в международных расчетах*); 4. **cheque to order** — ордерный чек (*выписывается в пользу определенного лица или по его приказу; чекодержатель может передать его новому владельцу с помощью индоссамента*); 5. **bad cheque** — опротестованный чек; 6. **bearer cheque** — предъявительский чек (*см.* cheque to beare); 7. **crossed cheque** — кроссированный чек (*перечеркнутый на лицевой стороне — общее кроссирование — оплачивается любому банку или клиентам банка плательщика*); 8. **dishonored cheque** — опротестованный чек; 9. **drawer of a cheque** — чекодатель; трассант (кредитор); 10. **open cheque** — чек открытый; некроссированный чек (*оплачивается наличными и по безналичному расчету*); 11. **order cheque** — ордерный чек (*чек, выписанный в пользу определенного лица*); 12. **town cheque** (*англ.*) — чек на банк в Лондонском Сити; 13. **traveller's cheque** — туристский чек (*платежный документ, средство международных расчетов неторгового характера*).

chief — глава; руководитель; начальник; главный; основной ◇ 1. **chief business** — основное занятие; 2. **chief inspector** — главный инспектор.

choice — выбор; альтернатива; отборный; лучший ◇ 1. **choice goods** — отборные товары; 2. **Hobson's choice** — отсутствие выбора (*только одно предложение*); 3. **to make a choice** — выбирать, отбирать; 4. **take your choice** — выберите по своему усмотрению; 5. **we have no choice but** — нам ничего другого не остается, как; 6. **a wide (poor) choice** — богатый (*бедный*) выбор; 7. **the choicest brand** — самого лучшего качества.

circular — циркуляр; циркулярное письмо; циркулярный; круглый ◇ 1. **circular cheque** — дорожный чек; 2. **circular latter** — циркулярное письмо; 3. **circular latter of credit** — циркулярный аккредитив; 4. **circular note** — циркуляр; проспект; циркулярное аккредитивное письмо.

circulate — циркулировать; обращаться; распространять(ся) ◇ 1. **circulating assets** — оборотные средства (*денежные средства компании, используемые на финансирование текущей деятельности*); 2. **circulating bank notes** — банкноты в обращении; обращение банкнот; 3. **circulating capital** — оборотный капитал (*стоимость средств производства и рабочей силы, целиком переносящаяся в процессе производства на продукт*); 4. **circulating medium** — банковые билеты в обращении; (*ам.*) векселя в обращении.

circulation — циркуляция; обращение; распространение ◇ 1. **cir-**

culation of bills — вексельное обращение; 2. **circulation of commodities** — обращение товаров; 3. **bills in circulation** — векселя в обращении; 4. **to withdraw from circulation** — изъять из обращения.

claim — требование; претензия; притязание; рекламация; иск; утверждение; заявление; требовать; предъявлять претензию; возбуждать иск; утверждать; заявлять ◇ 1. **claim against (on) a seller** — претензия к продавцу; 2. **claim(ed) amount** — цена иска; 3. **to claim damages** — требовать возмещения убытков; 4. **to claim default** — предъявить претензию за неисполнение договора; 5. **claim in return** — встречное требование, встречный иск; 6. **to claim on (against) a person** — возбудить иск против кого-л.; 7. **claim over short delivery of goods** — претензия о недопоставке товара; 8. **claim under (based on) a contract** — претензия по контракту; 9. **to allow a claim** — удовлетворить требование; признать правильность претензии; 10. **to contest (to dispute) a claim** — оспаривать требование, иск; 11. **counter claim** — встречное требование; встречный иск; 12. **to discharge a claim** — удовлетворить требование; признать правильность претензии; 13. **to forfeit a claim** — лишиться права на требование; 14. **to justify a claim** — обосновывать претензию; 15. **legitimate claim** — законное требование; 16. **to make a claim against (on) somebody for something** — предъявить иск к кому-л. о чем-л.; 17. **to meet a claim** — удовлетворить требование, претензию; подготовить возражения против иска; оспаривать иск; 18. **nature of a claim** — требования претензии; 19. **offsetting of claim** — зачет встречного требования (*погашение в пределах равных сумм взаимных платежных обязательств двух или нескольких юридических и физических лиц; цель зачетов — сокращение взаимной задолженности, ускорение расчетов и экономия платежных средств; банк, выдавая ссуду, может удерживать из нее задолженность заемщика по другим ссудам, сроки возврата которых наступили; зачитываются, как правило, однородные платежи, сроки возврата которых уже наступили*); 20. **prior claim** — преимущественное требование; основной иск; 21. **to refer a claim to** — обращаться с иском в; 22. **to reject a claim** — отказать в требовании; отклонить рекламацию; 23. **wage claim** — требование увеличения заработной платы.

claimant — истец; претендент (*юр.*).

clash — столкновение; конфликт; сталкиваться ◇ 1. **clash of interest** — противоречие интересов; 2. **clash of opinions** — расхождение во взглядах.

clause — статья; пункт; условие; оговорка; клаузула ◇ 1. **clause paramount** — условие первостепенной важности (*условие в коносаменте о подчинении коносамента Гаагским правилам*);

2. **arbitration clause** — арбитражная оговорка (*условие договора, исключающее возможность обращения одной из заинтересованных сторон в суд для разрешения спора, попадающего под действие этого договора; если одна из сторон обратится в суд, то последний должен отказаться от рассмотрения дела по просьбе другой стороны*); 3. **bailee clause** — условие об ответственности страховщика за убытки, происшедшие во время хранения товара на складе; 4. **continuation clause** — оговорка о пролонгации (*полиса, чартера и т. п.*); 5. **escalation clause** — оговорка о скользящих ценах (*условие в договоре об установлении окончательной цены в зависимости от издержек производства, уровня зарплаты рабочим*); 6. **escalator clause** — оговорка о скользящих ценах (*см.* escalation clause); 7. **escape clause** — оговорка о праве отмены льготных таможенных пошлин (*в договорах, заключаемых США с другими странами*); 8. **escape clause** — пункт договора об обстоятельствах, дающих право на освобождение от ответственности или договорных обязательств; 9. **exchange clause** — валютная оговорка (*условие международных кредитных, платежных, торговых и др. соглашений для страхования от риска обесценения валютного платежа*); 10. **exemption clause** — льготная оговорка (*включается в контракт по продаже товаров, снимает ответственность с продавца за нарушение гарантии или несоответствие кондиции, или за то и другое*); 11. **extended cover clause** оговорка о расширенном страховании; 12. **gold clause** (*фин.*) — золотая оговорка; 13. **gold bullion clause** (*фин.*) — золотомонетная оговорка; 14. **Inchmaree Clause** — условие о возмещении страховщиком убытков происшедших от скрытых дефектов в корпусе или машине судна; 15. **Institute Cargo Clauses** — оговорки о страховании грузов Объединения лондонских страховщиков; 16. **Institute Cargo (Extended Cover) Clause** — расширенная оговорка о страховании грузов Объединения лондонских страховщиков; 17. **Institute Theft, Pilferage and Non-Delivery Clause** — оговорка Объединения лондонских страховщиков относительно кражи целых мест, части мест груза и непоставки; 18. Jason Clause — оговорка Джейсона (Ясона) (*ограждает интересы судовладельцев от последствий скрытых и заблаговременно не обнаруженных дефектов судна — мор., страх.*); 19. **location clause** — оговорка об ограничении ответственности страховщика за скопление застрахованных рисков в одном месте (*страх.*); 20. **mortality clause** (*мор.*) — оговорка в коносаменте о падеже перевозимых животных; 21. **paramount clause** — оговорка о пределе ответственности страховщика по одному судну; условие первостепенной важности (*см.* **clause paramount**); 22. **penalty clause** — пункт о штрафной неустойке (*пункт в до-*

говоре, где указывается конкретная сумма штрафа, которую обязана выплатить сторона, нарушившая договор); 23. **par bottom clause** оговорка о пределе ответственности страховщика по одному судну; 24. **red clause** (*фин.*) — красное условие (*условие аккредитива, согласно которому банк соглашается выплатить авансом часть суммы аккредитива против представления, вместо коносамента, складской расписки или другого подобного документа*); 25. **red clause** (*страх.*) красная оговорка (*оговорка Объединения лондонских страховщиков; такие оговорки, напечатанные красным шрифтом, приклеиваются к страховому полису*); 26. **rise and fall clause** — условие о повышении или понижении цены; 27. **running down clause** — пункт о столкновении (*оговорка в страховом полисе об ответственности страховщика за убытки от столкновения судна с другими судами*); 28. **under Clause 5 of the contract** — в силу статьи 5 договора; 29. **claused bill of exchange** — вексель клаузированный (*вексель, в котором указаны особые условия его оплаты*).

clean — чистый ◊ 1. **clean bill of exchange** — недокументированная тратта (*тратта, к которой не приложены грузовые документы*); 2. **clean bill of lading** — чистый коносамент (*фиксирует состояние товара в момент доставки его на борт судна по условиям ФОБ; не содержит каких-л. оговорок перевозчика, порочащих груз; необходимость предъявления чистого коносамента является обычным условием договора купли-продажи, без соблюдения которого продавец не может получить причитающиеся ему за товар платежи*); 3. **clean collection** — чистое инкассо (*инкассирование векселей, чеков и платежных документов*); 4. **clean draft** — недокументированная тратта (*см.* clean bill of exchange); 5. **clean float** — чистые колебания валютного курса (*колебания курса валюты на валютных рынках при отсутствии официальной поддержки или вмешательства*); 6. **clean letter of credit** — чистый аккредитив (*аккредитив, выплата по которому производится без предоставления продавцом отгрузочных документов*); 7. **clean credit** — бланковый кредит (*без обеспечения*).

clear — чистый (*о прибыли*); **свободный; лишенный; очищать(ся); расчищать; распродавать; получать чистую прибыль; очищать от пошлин; уплачивать пошлины** ◊ 1. **to clear goods** — распродавать товары; очищать товары от пошлин; 2. **the firm cleared $ 500** — фирма получила чистую прибыль в 500 долларов; 3. **to clear a hip at the custom house** — производить очистку судна на таможне; 4. **to clear inwards** — производить очистку по приходу (*судна*); 5. **to clear outwards** — производить очистку по отходу (*судна*).

clearance — очистка; очистка от пошлин; сделки, оформленные

в расчетной палате ◇ **customs formalities clearance** — очистка от таможенных формальностей.

clearing — очистка от пошлин; клиринг; безналичные расчеты между банками; клиринговое соглашение; расчеты по биржевым сделкам ◇ 1. **clearing balance** — баланс платежей по клиринговым расчетам (*баланс безналичных расчетов по платежным обязательствам или взаимным требованиям компаний*); 2. **clearing bank** — клиринг-банк; банк — член расчетной палаты (*входит в национальную систему взаимного зачета платежей по чекам*); 3. **clearing house funds** — платежи, осуществляемые через компьютеризированную расчетную систему; 4. **clearing house interbank payment system (CHIPS)** — компьютеризированная система межбанковских расчетов (*связывает членов Нью-йоркской расчетной палаты и др. клиентов*); 5. **clearing member** — фирма-член расчетной палаты; 6. **clearing price** — ежедневная цена, по которой расчетная палата осуществляет расчеты по всем сделкам между ее членами; 7. **clearing on a double account system** — клиринг по системе двух счетов; 8. **clearing payments** — расчеты в форме клиринга (*взаимный зачет платежей по чекам в рамках одного государства*); 9. **clearing price** — ежедневная цена, по которой расчетная палата осуществляет расчеты по всем сделкам между ее членами; 10. **bank clearing** — внутренний клиринг (*расчеты между банками путем зачета взаимных денежных требований юридических лиц данной страны*); 11. **bank clearings** — обороты банковской расчетной палаты; суммы безналичных расчетов между клиринг-банками; 12. **banker's clearing house** — банковская расчетная палата (*осуществляет расчеты по заключенным на фондовой и товарной биржах сделкам и контроль за их исполнением*); 13. **bilateral (multilateral) clearing** — двусторонний (*многосторонний*) клиринг; 14. **bilateral clearing credit** — технический кредит по двустороннему клирингу; 15. **Country Cheque Clearing** — (*англ.*) безналичные расчеты между провинциальными банками; 16. **compulsory clearing** — принудительный клиринг; 17. **favorable clearing balance** — активное сальдо по клирингу; 18. **Town Clearing** (*англ.*) — безналичные расчеты между клиринг-банками в лондонском Сити; 19. **unilateral clearing** — односторонний клиринг; принудительный клиринг.

close — закрытие; конец; заключение; тесный; близкий; тщательный аккуратный; точный; незначительный; закрывать(ся); заключать; кончать; закрытие биржи ◇ 1. **close company** — закрытая компания в Англии (*фирма, контролируемая не более, чем пятью лицами, обычно находящимися в родственных отношениях; акции такой компании распределяются между ее членами и не поступают в свободную продажу*); 2. **close con-**

nections — тесные связи; 3. **close margin of profit** — незначительная прибыль; 4. **close price** — окончательная цена; 5. **at the close** — “к закрытию” (*приказ брокеру совершить сделку перед самым закрытием биржи*); 6. **to close an account (the books)** — закрыть, заключить счет (*бухг.*); 7. **to close out** — продавать; ликвидировать; реализовывать (*ценные бумаги*); 8. **to close out the contract against the buyer (the seller) —** ликвидировать контракт с отнесением разницы в цене за счет покупателя (*продавца*); 9. **to ctose with the offer (the terms)** — принять предложения (*условия*); 10. **closed** — закрытый, 11. **closed cover note —** закрытый ковернот (*документ, выдаваемый страховым брокером, когда страхование совершено как окончательное*); 12. **closed economy** — закрытая экономика (*в теории — полностью изолированная от международной торговли; отсутствие экспорта, импорта или движения капитала; на практике — экономика с жесткими ограничениями, налагаемыми на торговлю и движение капитала* 13. **closed end (investment) company** — инвестиционная компания, имеющая фиксированную структуру капитала (*компания имеет определенное и неизменное число акций, поступающих в продажу на вторичном рынке и на подлежащих погашению до момента ликвидации компании*); 14. **closed indent** — закрытый заказ по импорту (*в нем указывается конкретный поставщик-экспортер*); 15. **closed position** закрытая позиция (*завершение расчетов по сделке; покупка товара или ценных бумаг после их продажи и наоборот*); 16. **lists closed** — закрытие списков (*список заявок на приобретение по подписке выпускаемых ценных бумаг; закрывается на дату, установленную организаторами выпуска*); 17. **closing out** — сделка, закрывающая “длинную” или “короткую” позицию; 18. **closing price (rate, quotation)** — заключительная цена (*диапазон цен, курсов, котировок, зарегистрированных на бирже перед ее закрытием*); 19. **closing values** — заключительные цены (*цены в момент закрытия биржи*).

collaboration — сотрудничество; совместная работа ◇ **to work in collaboration** — работать в сотрудничестве.

collateral — второстепенный; побочный; обеспечение; дополнительное обеспечение ◇ 1. **collateral acceptance** — акцептование опротестованной тратты третьим лицом (*для спасения кредита лица, выдавшего тратту*); 2. **collateral loan** — ломбардная ссуда, ломбардный кредит (*краткосрочный кредит под залог легко реализуемого движимого имущества, а также депонированных в банке ценных бумаг, биржевых товаров*); 3. **collateral security**—дополнительное (побочное) обеспечение.

collect — собирать; забирать; получать деньги (*по векселям или другим документам*); **инкассировать; взимать** ◇ 1. **collect**

freight — “взыскать фрахт” (*отметка в коносаменте, по которой фрахт подлежит уплате грузополучателем в порту назначения*); 2. **collect on delivery** — наложенный платеж; оплата при доставка; 3. **to collect a bill** — получить деньги по векселю или счету, инкассировать вексель или счет; 4. **to collect debts** — инкассировать долги; 5. **to collect interest** — взимать проценты; 6. **collecting bank** — банк-инкассатор.

collection — собирание; совокупность; собрание; коллекция; получение денег (*по векселям или по другим документам*); **инкассирование; инкассо; взыскание** ◇ 1. **collection charge** — сбор (вознаграждение) за инкассо; 2. **collection charges** — расходы по инкассо; 3. **collection installment** — инкассовый взнос (*взнос по документу, подлежащему оплате в срок и предъявляемому должнику банком*); 4. **collection of a bill** — получение денег по векселю (счету); инкассирование векселя (счета); 5. **collection of debts** — взыскание долгов; инкассирование долгов; 6. **collection of duties** — взимание пошлин; 7. **collection of rights** — совокупность прав; 8. **collection of samples** — коллекция образцов; 9. **collection on delivery** — наложенный платеж; 10. **collection order** — поручение инкассо; 11. **collection payment** — форма расчета инкассо; 12. collection with subsequent **acceptance** — инкассо с последующим акцептом; 13. **bills for collection** — векселя на инкассо (*принятые или сданные*); 14. **clean collection** — чистое инкассо (*инкассирование векселей, чеков и платежных документов*); 15. **documented collection** — документарное инкассо (*инкассирование коммерческих документов; счетов, отгрузочных и страховых документов*); 16. **debt collection agency** — бюро по взысканию просроченных долгов; 17. **to send (to forward) documents for collection** — посылать документы на инкассо; 18. **to undertake the collection of the documents** — принять документы на инкассо.

combination — комбинация; соединение; сочетание; союз; монополистическое объединение (картель, синдикат) ◇ **combination rate** — комбинированный тариф; 2. **combination through rate** — сквозной комбинированный тариф; 3. **trade combination** — объединение торговцев; картель (*соглашение, предусматривающее определенные обязательства по соблюдению и поддержанию цен на соответствующие виды продукции, разграничение основных районов сбыта, обмену производственной и коммерческой информацией*).

command — заказ (вместо более употребительного **order**); **стоить; приносить; давать** ◇ 1. **these goods command a ready sale** — эти товары легко продаются; 2. **lead commands a high price** — за свинец можно выручить высокую цену; 3. **to command a premium** — продается с надбавкой; 4. **to command reserves** — располагать резервами, запасами.

commercial — торговый; коммерческий; производимый в больших количествах; промышленный; достаточный для торговли ◇ 1. **commercial agent** — торговый агент; комиссионер (*посредник в торговых сделках; лицо, исполняющее за определенное вознаграждение торговые поручения*); 2. **commercial bill —** коммерческий вексель (*возникающий на основе торговой сделки*); 3. **commercial counsellor** — торговый советник; 4. **commercial counterfeiting —** коммерческая подделка (*производство и маркетинг товаров, копирующих товары известных фирм, но имеющих поддельный товарный знак*); 5. **commercial credit** — товарный аккредитив (*используется в расчетах между продавцом и покупателем во внутреннем и международном торговом обороте, выплаты по нему производятся против товарных документов*); подтоварный кредит (*предоставляется в вексельной форме или по открытому счету в виде отсрочки платежа за проданные товары*); 6. **commercial custom** — торговый обычай (*наиболее распространенные условия данной сферы торговли*); 7. **commercial law** — торговое право; 8. **commercial paper** — оборотные кредитно-денежные документы (*тратты, чеки, долговые обязательства; простые или переводные векселя корпорации, правительственного агентства или холдинг-компании, как правило, не имеющие специального обеспечения, но подкрепленные неиспользованными банковскими кредитными линиями, имеют срок действия до 270 дней; продаются с дисконтом к номиналу непосредственно инвестору или дилерам, которые в свою очередь продают их инвесторам*); 9. **commercial production** — промышленное (*массовое*) производство; 10. **commercial secret** — коммерческая тайна (*сведения, известные только непосредственным участникам торговой операции и не подлежащие разглашению; утечка такой информации может нанести убыток одной из сторон*); 11. **commercial stage** — промышленная стадия; 12. **commercial transaction** — валютная сделка с небанковским партнером; 13. **commercial treaty** — торговый договор; 14. **commercial usage —** торговое обыкновение, узанс, узанция (наиболее распространенные общепринятые условия заключения сделок в данной сфере торговли).

commission — комиссия (*группа лиц или орган*); **поручение; комиссия; комиссионный договор; комиссия** (*вознаграждение*); **комиссионные; комиссионное вознаграждение** ◇ 1. **commission agent** — комиссионер (*посредник в торговых сделках; лицо, исполняющее за определенное вознаграждение торговые поручения от своего имени, но за счет комитента*); 2. **commission for cashing (commission for collecting)** — комиссия за инкассо; 3. **commission for service** — комиссия за совершение операций; 4. **commission house —** комиссионная, маклерская или брокерская фирма (*осуществляет срочные сделки и сделки на наличный товар по поручению клиентов за комиссионные, размер которых определяется на договорной основе*); 5. **Commission of the European Community** — Комиссия Европейского сообщества (*исполнительный орган Совета министров ЕС, наделенный наднациональными правами по вопросам экономической политики*); 6. **commission order** — комиссионное поручение; 7. **commission sale** — комиссионная продажа; 8. **ad hoc commission** — специализированная комиссия; 9. **bank commission** — комиссионные банку; 10. **buying commission** — комиссионные за закупку; 11. **sailing commission** — комиссионные за продажу; 12. **a ship in commission** — судно, готовое к плаванию; 13. **to come into commission** — вступать в строй, в эксплуатацию; 14. **out of commission** — в неисправности.

commit — поручать; вверять; совершать; налагать обязательство ◇ 1. **to commit a mistake** — совершать ошибку; 2. **to commit oneself** — принимать на себя обязательство; связывать себя.

commitment — обязательство ◇ 1. **commitment fee** — комиссия, выплачиваемая банку за неиспользованную часть кредита; 2. **commitments for future delivery** — обязательства по срочным сделкам; 3. **to enter into commitments** — взять на себя обязательства; 4. **to meet commitments** — выполнять обязательства.

commodity — товар ◇ 1. **commodity exchange** — товарная биржа (*организационная форма оптовой, в т.ч. международной торговли массовыми товарами, с устойчивыми и четкими качественными параметрами, реализуемыми по образцам и стандартам; установлен минимальный размер партии; заключаются, в основном, срочные сделки*); 2. **commodity life-cycle** — жизненный цикл товара (*совокупность взаимосвязанных процессов от начала внедрения на рынке конкретного товара до его окончательного ухода из сферы потребления*); 3. **commodity market** — товарная биржа (*см.* commodity exchange); 4. **commodity papers** — подтоварные векселя (*основанные на торговых сделках обязательства по оплате партии товара, поставленного на определенных условиях; форма коммерческого кредита*); 5. **commodity stabilization agreements** — стабилизационные соглашения (*международные соглашения между производителями, а в некоторых случаях потребителями, заключенные с целью стабилизации производства и цен на товары*); 6. **commodity transactions of banks** — товарные операции банков (предоставление банками ссуд под залог товаров и товарных документов, осуществление товарно-комиссионных операций и продажи товаров); 7. **cash commodity** — реальный товар; 8. **staple commodities** — главные предметы торговли.

common — общий; долевой (*юр.*); простой; обыкновенный; общественный ◇ 1. **common carrier** — общественный перевозчик (*железная дорога, пароходное общество и т. п.*); 2. **common law** — общее право; 3. **the Common Market** — Общий рынок, ЕЭС (*региональная западноевропейская интеграционная группировка 12 государств, создавшая единый внутренний рынок ЕЭС, проводящая единую торговую политику, унифицировавшая национальные фин. системы*); 4. **common property** — собственность в долях; 5. **common stock** — обыкновенные акции (*доход по ним зависит от прибыли предприятия и распределяется между акционерами пропорционально вложенному капиталу*); 6. **in common**—совместно.

company — общество; компания ◇ 1. **company income tax** — налог на прибыль предприятия (*прямой налог на прибыль*); 2. company limited — компания с ограниченной ответственностью (*ее члены являются независимыми юридическими лицами с правом заключения сделок; ответственность по обязательствам компании ограничена номинальной стоимостью имеющихся у каждого члена акций*); 3. **company promoter** — учредитель акционерного общества; 4. **affiliate company** — дочерняя компания (*является юридическим лицом, самостоятельно ведет хозяйственную деятельность; материнское предприятие осуществляет контроль, так как владеет частью акций, но не несет никакой ответственности по обязательствам дочерней фирмы*); 5. **bogus (or bubble) company** — дутая, фиктивная компания; 6. **chartered company** — привилегированная компания (*компания, организованная на основе правительственной концессии*); 7. **close company** (*англ.*), **closed company** (*ам.*) — закрытая компания (*в Англии — фирма, контролируемая не более чем пятью лицами, обычно находящимися в родственных отношениях*); 8. **closed end (investment) company** — инвестиционная компания, имеющая фиксированную структуру капитала (*компания имеет определенное и неизменное число акций, поступающих в продажу на вторичном рынке*); 9. **exempt private company** — привилегированная частная компания (*имеет более жесткие требования к будущим членам компании, их численности, управлению и выплате процентов по акциям и ссудам*); 10. **finance company** — финансовая компания (предоставляет денежные кредиты, в основном для покупок а рассрочку); 11. **holding company** — холдинговая компания (*владеющая контрольным пакетом акций другой компании и контролирующая ее деятельность; такая форма организации компании часто используется для проведения единой политики и контроля за соблюдением общих интересов больших корпораций*); 12. **insurance company** — страховое общество; 13. **investment com-**

pany — инвестиционный банк (*банк, занимающийся размещением ценных бумаг*); 14. **joint stock company** — акционерное общество, компания (*объединение организаций и отдельных лиц, капитал которого образуется путем выпуска и размещения акций, облигаций, вкладов, кредитов; высшим органом управления является собрание акционеров*); 15. **limited liability company** — компания с ограниченной ответственностью членов акционерного общества; 16. **mixed company** — смешанная компания (*предприятие с частными и государственными капиталами; предприятие, капитал которого принадлежит предпринимателям или государственным учреждениям двух или более стран*); 17. **off-shore company** — оффшорная компания (*безналоговая компания, действующая в юрисдикции малых стран; остров Мен, Гибралтар, Бермуды, Люксембург, Ирландия, Гонконг, Панама, — но не имеющая право осуществлять экономическую деятельность на территории той страны, где она зарегистрирована; может быть создана только иностранным гражданином в форме общества с ограниченной ответственностью с уставным капиталом не менее 100 фунтов стерлингов; в компании должно быть не менее двух акционеров и не менее двух номинальных директоров; деятельность компании облагается фиксированной ставкой государственного налога, — в ней не ведется бухгалтерский учет* (*достаточно представления годового отчета*), *компания может не иметь штатных сотрудников по месту юридического адреса, но использовать услуги секретарских фирм предусмотрена безналоговая передача капитала наследникам; личность владельца и все операции компании строго конфиденциальны; некоторые фирмы используют такие компании как "налоговые убежища"*). 18. **one-man company** — компания, контрольный пакет акций которой принадлежит одному лицу; 19. **open-end investment company** — инвестиционная компания открытого типа (*имеет постоянно меняющийся капитал, так как их акции свободно продаются и покупаются по ценам, соответствующим текущей рыночной стоимости их активов*); 20. **parent company** — основное общество; контролирующая, материнская компания (*компания, владеющая контрольным пакетом акций в других компаниях, но в отличие от холдинговой компании сама может проводить те или иные операции, производить определенные товары*); 21. **private company** — частная (*закрытая*) компания (*имеет ограниченное число членов с лимитированным правом на передачу своих акций; не имеет права объявлять публичную подписку на акции*); 22. **public company** — публичное (открытое) акционерное общество; 23. **sales finance company** — компания по финансированию продаж в рассрочку (*ам.*)

24. **stock company** — акционерное общество (*основная организационная форма крупного предприятия; образуется объединением различных индивидуальных капиталов с помощью выпуска акций и облигаций; высший орган управления — собрание акционеров*); 25. **subsidiary company** — дочерняя, подконтрольная компания (*см.* affiliate company); 26. **trust company** — траст-компания (*один из видов коммерческих банков в США*); 27. **unlimited company** — общество с неограниченной ответственностью членов компании.

comparable — сравнимый; сопоставимый ◇ 1. **comparable price** — сопоставимая цена (*цены какого-л. определенного года или на определенную дату, принимаемые за базу при сопоставлении в стоимостном выражении объема производства, товарооборота и др. экономических показателей*); 2. **comparable produce** — сравнимая продукция (*все виды продукции, выпускаемые отраслью, предприятием в этом году, массовое и серийное производство которых освоено в базовом году; к ним относят и продукцию с частичными изменениями, внесенными в данном году, если это не вызвало утверждения нового стандарта или технических условий*).

compensation — возмещение; компенсация; вознаграждение ◇ 1. **compensation award** — решение о возмещении; 2. **compensation balance** — компенсационный баланс (*выраженная в процентах часть коммерческого кредита, которую заемщик обязан держать в банка в качестве депозита*); 3. **compensation clause** — оговорка о возмещении; 4. **compensation deal** — компенсационная сделка (*разновидность внешнеторговых соглашений, при которых стоимость товара оплачивается поставками других товаров*); 5. **compensation in kind** — имущественно-товарная компенсация; 6. **compensation trade** — компенсационная торговля (*при которой экспортер дает свое согласие на получение в счет платежа товаров из страны-импортера*); 7. **compensation transaction** — компенсационная сделка (*см.* compensation deal); контракт простой компенсационный (*предусматривает взаимную поставку товаров на равную стоимость по заранее согласованным ценам; обычно заключаются на значительное число позиций; иногда предусматривает неконвертируемое денежное сальдо*); 8. **compensation with interest** — процентное возмещение.

compensatory — компенсирующий; компенсационный ◇ 1. **compensatory financing** — компенсационное финансирование (*предусматриваемое МВФ краткосрочное финансирование страны-члена МВФ для компенсации колебаний в стоимости экспорта, вызванных не зависящими от данной страны обстоятельствами*); 2. **compensatory tariff** — компенсационный тариф; 3. **compensatory trade** — компенсационная торговля (*си-*

стема торговли, при которой экспортер дает свое согласие на получение в счет платежа товаров из страны импортера).

competition — соревнование; конкуренция ◇ 1. **competition on the world market** — конкуренция на мировом рынке; 2. **competition rules** — правила конкуренции (*согласованные в рамках различных международных организаций нормы по контролю за ограничительной деловой практикой и защите конкуренции*); 3. **active competition** — оживленная конкуренция; 4. **animated competition** — оживленная конкуренция; 5. **cutthroat competition** — ожесточенная конкуренция; 6. **intraindustry competition** — внутриотраслевая конкуренция (между аналогичными товарами, удовлетворяющими одну и ту же потребность, но различающимися по цене, качеству и ассортименту); 7. **interindustry competition** — межотраслевая конкуренция (*функциональная, т. е. рассматриваются товары, удовлетворяющие различные потребности, и борьба идет за платежеспособный спрос населения и потребности производства*); 8. **keen competition** — острая конкуренция; 9. **nonprice competition** — неценовая конкуренция (*предложение товаров более высокого качества, с большей надежностью, сроком службы и т. п., обеспечение послепродажного обслуживания*); 10. **price competition** — ценовая конкуренция (*продажа товаров и услуг по более низким ценам*); 11. **severe competition** — жестокая конкуренция; 12. **unfair competition** — недобросовестная конкуренция (*нарушение принятых на рынке норм и правил конкуренции; демпинг; установление контроля над деятельностью конкурента с целью прекращения его деятельности; дискриминационные цены или коммерческие условия, тайные сговоры и картели; подделки и т. п.; в большинстве стран запрещена законодательно*).

competitive — соперничающий; конкурирующий; конкурентоспособный ◇ 1. **competitive devaluation** — конкурентная девальвация (*девальвация национальной валюты с целью повышения конкурентоспособности национального экспорта*); 2. **competitive list** — конкурентный лист (*документ, обобщающий информацию о технико-экономических показателях, качестве, цене и коммерческих условиях при реализации товара*); 3. competitive power — конкурентоспособность; 4. **competitive price** — конкурентоспособная цена; 5. **competitive strength** — конкурентоспособность; 6. **competitive trader** — член Нью-Йоркской фондовой биржи, торгующий акциями в свою пользу; 7. **a highly competitive market** — рынок с сильной конкуренцией продавцов; 8. **competitiveness** — конкурентоспособность; 9. **rates of competitiveness** — совокупность критериев количественной оценки уровня конкурентоспособности товара.

complement — дополнение; штат; личный состав; дополнять; слу-

жить дополнением ◇ 1. **complementary** — дополняющий; дополнительный; добавочный; 2. **to be complementary** — взаимно дополнять друг друга; 3. **complementation** — дополнение; 4. **economic complementation agreement** — соглашение об экономическом сотрудничестве.

composition — состав; структура; компромиссное соглашение ◇ **composition of 25 pence in the pound** — компромиссное соглашение об уплате 25 пенсов за каждый причитающийся фунт.

compound — смесь; состав; соединение; смешивать; составлять; приходить к компромиссному соглашению ◇ 1. **compound interest** — сложный процент; 2. **compound tariff** — смешанный тариф.

compulsory — принудительный; обязательный ◇ 1. **compulsory insurance** — обязательное страхование (*когда это предписано законодательством*); 2. **compulsory liquidation** — принудительная ликвидация; 3. **compulsory sale** — принудительная продажа с торгов; продажа с молотка.

concern — отношение; касательство; предприятие; концерн; участие; интерес; забота; беспокойство; важность; значение; касаться; иметь отношение; заботиться, беспокоиться; интересоваться ◇ 1. **major concern** — крупное предприятие; крупный концерн; сильное беспокойство; 2. **a paying concern** — прибыльное (доходное, рентабельное) предприятие; 3. **to have a concern in a business** — быть участником в каком-л. предприятии; 4. **the parties concerned** — участвующие стороны.

concession — уступка; концессия (*договор о передаче в эксплуатацию на определенный срок принадлежащих государству или местным органам власти природных богатств, предприятий и др. хозяйственных объектов; предприятие, организованное на основе такого договора*) ◇ **concessionary** — концессионер.

conclusion — заключение; окончание; вывод ◇ 1. **conclusion of a contract** — заключение контракта; 2. **conclusion of a transaction** — заключение сделки (*момент возникновения взаимных прав и обязанностей торговцев, — в мировой торговой практике существуют нормы, регулирующие порядок заключения сделок*); 3. **in conclusion** — в заключение; 4. **to bring to a conclusion** — завершать, заканчивать.

condition — условие; существенное условие (*англ., юр.*); **положение; состояние; конъюнктура** ◇ 1. **condition concurrent** — взаимное условие (*юр.*) 2. **condition of contents unknown** — состояние содержимого неизвестно; 3. **condition precedent** — предварительное условие (*юр.*); 4. **condition resolutive** — отменительное (резолютивное) условие (*юр.*); 5. **condition subsequent** — последующее условие (*юр.*); 6. **condition suspensive** — отлагательное (суспенсивное) условие (*юр.*); 7. **in good (bad) condition** — в хорошем (плохом) состоянии; 8. **on condition (that)** —

при условии если; 9. **quality, condition and measure unknown** — качество, состояние и мера неизвестны; 10. **technical condition —** технические условия; 11. **conditions** — условия; состояние; обстоятельства; конъюнктура (совокупность условий в их взаимосвязи; совокупность признаков, характеризующих текущее состояние экономики; экономическая ситуация на рынке в определенный момент времени); 12. **boom conditions** — бум; 13. **business (economic) condition(s)** — состояние или конъюнктура рынка; 14. **general conditions** — общие условия; 15. **general conditions of delivery** — общие условия поставки (правила, регулирующие отношения между организациями разных государств по внешнеторговой поставке; не имеют нормативного характера); 16. **on the following conditions** — на следующих условиях; 17. **quiet conditions** — затишье; 18. **surplus conditions** — превышение предложений над спросом; 19. **under production conditions** — в производственных условиях; 20. **under such conditions** — при таких обстоятельствах.

conditional — условный ◇ 1. **conditional sale —** условная продажа; продажа принудительного ассортимента; 2. **to be conditional (up)on — зависеть** от; находиться в зависимости от; иметь силу при условии чего-л.; 3. **conditionally** — условно; 4. **conditionally duty-free importation** — условно-беспошлинный ввоз товаров.

conference — **конференция, совещание; картельное соглашение** ◇ 1. **conference lines** — ассоциация судовладельцев, действующих на определенных морских линиях (*в ее рамках приняты стандартные тарифные ставки и правила обслуживания клиентов, установлена регулярность рейсов*); 2. **conference rata** — картельная фрахтовая ставка.

confidential — **конфиденциальный; секретный; доверительный; пользующийся доверием** ◇ 1. **private and confidential** — лично и конфиденциально (*надпись на письмах — корр.*); 2. **strictly confidential** — строго секретный.

confirm — **подтверждать; утверждать; санкционировать; ратифицировать** ◇ 1. **to confirm the price** — подтвердить цену; 2. **to confirm a treaty** — ратифицировать договор; 3. **we confirm our letter** — подтверждаем наше письмо (*корр.*); 4. **confirmed letter of credit** — подтвержденный аккредитив (*имеющий гарантию банка, через который будет производиться оплата аккредитива, о выплате указанной в нем суммы вне зависимости от поступления средств из банка, в котором аккредитив был открыт*).

confirmation — **подтверждение; утверждение; санкционирование; ратифицирование** ◇ 1. **confirmation note** — подтверждение (*письменное*); 2. **in confirmation of our letter (telegram, telephone conversation)** — в подтверждение нашего письма (нашей телеграммы, нашего разговора по телефону — *корр.*).

conjuncture — **стечение обстоятельств; конъюнктура** (*совокупность условий в их взаимосвязи; совокупность признаков, характеризующих текущее состояние экономики; экономическая ситуация на рынке в определенный момент времени*).

consent — **согласие; соглашаться** ◇ 1. **to consent to a proposal** — согласиться на предложение; 2. **by mutual consent** — с обоюдного согласия; 3. **without the buyer's consent** — без согласия покупателя.

conservative — **консервативный; реакционный; умеренный; скромный; осторожный; заниженный** ◇ 1. **conservative estimates** — скромные подсчеты; 2. **to be on the conservative side** — быть несколько заниженным (*о подсчетах, цифрах*).

consideration — **рассмотрение; обсуждение; соображение; возмещение, компенсация; встречное удовлетворение** (*юр.*) 1. **after (upon) consideration** — по обсуждении; 2. **executed consideration** — исполненное встречное удовлетворение; 3. **executory consideration** — будущее встречное удовлетворение; 4. **good consideration** — достаточное встречное удовлетворение; 5. **illegal consideration** — незаконное встречное удовлетворение; 6. **inadequate (inadequacy of) consideration** — недостаточное встречное удовлетворение; 7. **in consideration of** — принимая во внимание; 8. **money consideration** — денежное встречное удовлетворение; 9. **nugatory consideration** — недействительное встречное удовлетворение; 10. **on (under) no consideration** — ни под каким видом; 11. **past consideration** — предшествовавшее встречное удовлетворение; 12. **to be under consideration** — рассматриваться; 13. **to take into consideration** — принимать во внимание; 14. **valid consideration** — действительное встречное удовлетворение; 15. **valuable consideration** — надлежащее встречное удовлетворение.

consignment — груз; партия товаров; консигнация ◇ 1. **consignment bill** — накладная; 2. **consignment consisting of ... pieces** — партия в количестве ... штук; 3. **consignment in bulk —** партия без упаковки; 4. **consignment note** — транспортная накладная; 5. **consignment warehouse** — консигнационный склад; 6. **acceptance of a consignment of goods** — сдача-приемка партии товара; 7. **delivery in equal consignments** — поставка равными партиями; 8. **fresh consignment** — новая партия; 9. **goods on consignment** — консигнационная отправка товара (*владелец товара отправляет его своему комиссионеру за границу для продажи*); 10. **to send goods on consignment** — послать товар на консигнацию (*послать товар комиссионеру для продажи со склада*); 11. **consignor** — грузоотправитель; комитент (*сторона в договоре комиссии, поручающая др. стороне совершить за вознаграждение одну или несколько сделок*).

consolidate — укреплять(ся); объединять(ся); консолидировать

◇ 1. **consolidated annuities** — консолидированная рента (*консоли — государственные процентные бумаги, впервые консолидированные в один заем в 1751 г. — англ.*); 2. **consolidated balance sheet** — сводная бухгалтерская отчетность; сводный баланс (*система показателей, характеризующая важнейшие пропорции формирования и использования финансовых ресурсов народного хозяйства, корпорации в целом, дает наиболее полную характеристику состояния дел корпорации*) 3. **consolidated debt** — консолидированный долг (*часть общей суммы государственной задолженности, образующейся в результате выпуска долгосрочных займов, продления сроков действия кратко- и среднесрочных займов, объединения ранее выпущенных средне- и краткосрочных займов в один долгосрочный заем*); 4. **consolidated fund** консолидированный фонд (*счета казначейства Англии, на которые поступают доходы от налогообложения, идущие затем на финансирование правительственных расходов*); 5. **consolidation** — консолидация (*объединение — вложение прибылей, полученных от торговли спекулятивными акциями, в более надежные акции; замена национальной валюты в валютных резервах страны на новые международные денежные активы; слияние или объединение двух и более фирм или компаний в США, — метод бухгалтерского учета, используемый при подготовке отчета*).

construction — конструкция; строительство; стройка; здание; строение; толкование ◇ 1. **dwellings under construction** — строящиеся дома; 2. **construction of the contract** — толкование договора.

consult — советоваться; совещаться; справляться; учитывать; принимать во внимание ◇ 1. **to consult one's legal adviser —** советоваться с юрисконсультом; 2. **to consult one's books** — справиться по бухгалтерским книгам; 3. **to consult somebody's interest** — учитывать чьи-л. интересы; 4. **consulting** — консалтинг (*деятельность по консультированию по вопросам экономической деятельности организаций; исследования и прогнозирования рынков, движения цен, разработке технико-экономических обоснований инновационной деятельности, разработка экспортной стратегии, повышение эффективности деятельности организации и т. п.*); 5. **professional consultants** — консалтинговая фирма.

consumer — потребитель ◇ 1. **Consumer Association** — Общество Потребителей (*независимая организация, защищающая права покупателя; проверяет качество потребительских товаров, публикует рекомендации для потребителей, готовит предложения для правительственных органов по делам торговли*); 2. **consumer commodities** — потребительские товары; предметы широкого потребления; 3. **consumer credit** — потребительский кредит (*существует в денежной и товарной форме для удовлетворения потребительских нужд населения; заемщиками являются физические лица*); 4. **consumer goods —** потребительские товары (*предназначены для удовлетворения личных или семейных потребностей, состоят из товаров длительного и краткосрочного пользования, бытовых услуг*); предметы широкого потребления; 5. **consumer price index** — индекс потребительских цен (*отражает динамику стоимости корзины потребительских товаров и услуг; основной показатель уровня инфляции*); 6. **consumer prices** — розничные цены; 7. **consumer spending** — потребительские расходы населения (*сумма расходов населения на товары и услуги первой необходимости, показатель экономической активности*); 8. **non-food consumer goods** — непродовольственные предметы широкого потребления; 9. **consumer's right protection** — охрана прав потребителей (*общественное движение и административно-правовая деятельность государства по защите интересов и прав потребителей*).

consumption — потребление; расход ◇ 1. **consumption fund** — фонд потребления (*часть национального дохода, предназначенная для удовлетворения потребностей населения и содержания непроизводственной сферы*); 2. **consumption price index** — индекс цен на потребительские товары (*отражает динамику стоимости корзины потребительских товаров и услуг; основной показатель уровня инфляции*); 3. **apparent consumption** — видимое потребление; 4. **capital consumption —** снашивание основного капитала; износ капитального оборудования; 5. **home consumption** — внутреннее потребление; 6. **industrial consumption** — производственное потребление; 7. **import for consumption** — импорт специальный (*общий импорт минус реэкспорт, импорт товаров для внутреннего потребления*); 8. **per capita consumption** — потребление на душу населения.

contact — **контакт; связь; связываться; установить деловую связь; вступить в контакт** ◇ **to contact an organization** — вступить в контакт, связаться с организацией.

contango — **рапорт** (*отсрочка расчета по фондовой сделке при игре на повышение; надбавка к цене, взимаемая продавцом за такую отсрочку; на валютном рынке — продажа иностранной валюты за национальную с обязательством ее покупки через определенный срок по более высокому курсу*); **контанго** (*надбавка к цене наличного товара или к котировке ближних сроков при заключении сделки на более отдаленные сроки — бирж.*) ◇ **contango day** — последний день расчетного периода на Лондонской фондовой бирже (*последний день, когда могут быть перенесены сроки поставки*).

content — **вместимость; емкость; содержимое, содержание** (часто pl. **contents)** ◇ 1. **contents unknown** — содержимое неизвестно (*надпись на коносаментах, накладных*); 2. **the contents of your letter have surprised us** — содержание вашего письма нас удивило (*корр.*); 3. **import content of investment goods** — доля импорта в стоимости капитального оборудования; 4. **gold content of a unit of the currency** — золотое содержание валюты.

contest — оспаривать; спор ◇ 1. **to contest a claim** — оспаривать претензию, иск; 2. **to contest a person's rights** — оспаривать чьи-л. права.

contingency — случайность; непредвиденное обстоятельство ◇ 1. **contingency reserve** — резерв на случай непредвиденных обстоятельств (*создается на специальном счете, является бухгалтерским отражением суммы возможной потери*); 2. **contingencies** — случайности; непредвиденные расходы; 3. **allowance for contingencies** — скидка на непредвиденные расходы; 4. to allow for contingencies — принять в расчет непредвиденные расходы.

contingent — контингент; случайный; возможный; условный; непредвиденный ◇ **contingent liability** — условное обязательство; условный долг.

contract — контракт; договор; заключить контракт, договор; принимать на себя обязательство; сокращать ◇ 1. **contract financing** — финансирование проектов под залог коммерческого контракта; 2. **contract for lease of property** — договор имущественного найма; 3. **contract grades (units)** — шкала качества (*стандартная система показателей качества товара, поставляемого по срочным контрактам, включает шкалу качества для выплаты премий и неустоек*); 4. **contract law** договорное право; 5. **contract month** — контрактный месяц (*месяц, когда истекает срок действия срочного контракта*); 6. **contract of affreightment —** договор морской перевозки (*соглашение, устанавливающее условия перевозки грузов и пассажиров морем, — обычно включает условия погрузки, выгрузки, права, обязанности, пределы ответственности сторон, порядок уплаты фрахта и разрешения споров; заключается в письменном виде*); 7. **contract of agency** — договор поручения; 8. **contract of employment (of service)** — договор личного найма; 9. **contract of guarantee** — договор поручительства; 10. **contract of indemnity** — договор гарантии от убытков; 11. **contract of intention** — договор намерения (*устанавливает намерения контрагентов заключить соглашение без твердых обязательств*); 12. **contract of purchase (of sale)** — договор купли-продажи (*торговый документ, содержит условия, на которых одна сторона — продавец, передает другой стороне — покупателю, какой-л. товар, знания, опыт, результаты творческой деятельности, оказывает услуги, выполняет* *работы за определенную оплату; подробно оговариваются права и обязанности сторон с учетом особенностей производимых работ, товаров, сроков и видов их поставки*); 13. **contract price** — договорная цена (*цена, фиксируемая в контракте; как правило, является коммерческой тайной, может быть зафиксирована на определенном уровне в момент подписания контракта в согласованные в контракте сроки или быть скользящей*); 14. **contract trading volume** — объем торговых контрактов (*число контрактов на поставку товаров, заключенных в течение определенного времени*); 15. **contract under seal** — договор за печатью; 16. **contract value** — стоимость товаров, купленных (проданных) по контракту; 17. **contract without reservations** — контракт без оговорки; 18. **addendum to contract** — дополнение к договору (*см.* supplement to contract); 19. **ambiguity in contract** — двусмысленность в контракте (*уточненное толкование спорных пунктов контракта дается арбитражем*); 20. **anticipatory breach of contract** — предупреждение о нарушении контракта (*уведомление одной из сторон о будущем неисполнении договора; контрагент должен сразу обратиться в суд*); 21. **appendix to contract** — приложение к договору (*содержит дополнительные, уточняющие условия, подробные показатели качества товара, технические характеристики, особые условия перевозки, требования к маркировке и упаковке и т. п.*); 22. **as per contract** — согласно договору; 23. **bilateral contract** — договор двусторонний (*содержит взаимно согласованные права и обязанности контрагентов; большинство торговых договоров являются двусторонними*); 24. **bound by contract** — обязанный по договору; 25. **breach of contract** — нарушение договора; 26. **broker's contract note** — брокерская записка (*посылаемая покупателю записка о совершенной сделке*); 27. **draft of a contract** — проект договора; 28. **fix-price contract with redetermination** — контракт с корректировкой фиксированной цены; 29. **fix-price-redeterminable prospective contract** — контракт с фиксированной начальной ценой, пересматриваемой на определенных этапах выполнения работ; 30. **flat fee contract** — контракт с заранее установленной ценой; 31. **frame contract** — договор рамочный (содержит лишь основные согласованные условия, которые не считаются окончательными и подлежат последующему уточнению а ходе выполнения соответствующих работ, поскольку точно определить их объем и стоимость во время заключения сделки затруднительно); 32. **general contract chartering** — фрахтование по генеральному контракту (*фрахтование, по которому судовладелец обязуется в течение определенного времени перевезти обусловленное количество груза, выделяя для перевозки судно оговоренной грузоподъемности;*

используется, в основном, для перевозки массовых сухих грузов); 33. **initialing of a contract** — парафирование контракта; 34. **long-term contract** — долгосрочный контракт; 35. **multilateral contract** — договор многосторонний (*договор с участием трех или более сторон; заключается обычно при осуществлении товарообменных операций, сооружении объектов, создании совместных предприятий*); 36. **nude contract** — договор, не имеющий исковой силы; договор, не основанный на встречном удовлетворении; 37. **open-end contract** — контракт без оговоренного срока действия; 38. **parol contract** — простой договор (в устной форме); 39. **performance of a contract** — исполнение договора; 40. **period contract** — долгосрочный договор; 41. **prime contract** — глобальный контракт (*содержит широкий диапазон взаимных обязательств и общую их стоимость, может быть предусмотрено подписание отдельных, более конкретных контрактов в рамках обязательств по глобальному контракту; может заключаться без указания цен на образцы, услуги, комплектующие, но должен содержать сроки согласования цен и методику их определения*); 42. **red futures contract month** — фьючерсный контракт "красного месяца" (*поставка по нему назначается в месяце, отстоящем более чем на год от даты заключения сделки*); 43. **settlement house contracts** — договоры с централизованным расчетом (*контракты, расчет по которым производится через расчетную палату*); 44. **simple contract** — простой договор (*в устной форме*); 45. **special contract** — договор специальный (*заключается на проектирование, монтажные работы, техническое обслуживание, поставку специализированной продукции и т. п.; содержит особые условия, относящиеся только к данному соглашению*); 46. **standard contract** — договор (контракт) типовой (*содержит ряд унифицированных условий сделок, изложенных в письменной форме, разработанных крупными экспортерами, импортерами, международными организациями на поставку определенных товаров или групп товаров, которые используются большинством контрагентов; примерный договор в виде готового документа*); 47. **supplement to contract** — дополнение к договору (*обычно изменяет существенные условия договора, может подписываться сторонами одновременно с основным договором или позднее, в ходе исполнения договора или после, напр., о поставке дополнительного количества товара*); 48. **terminal contract — договор** (контракт) срочный (*операции купли-продажи с платежами в определенный соглашением срок по курсу, зафиксированному в момент сделки*); 49. **turnkey contract** — договор подряда; договор строительства под ключ (*договор о строительстве и оборудовании предприятия со сдачей полностью готового объекта; генеральный подрядчик самостоя-*

тельно заключает договоры с субподрядчиками); 50. **to break a contract** — нарушить договор; 51. **to contract debts** — наделать долгов; 52. **to contract expenses** — сокращать расходы; 53. **to contract liabilities** — взять на себя обязательства; 54. **to contract out of an agreement** — освободиться от обязательств по договору; 55. **unilateral contract** — договор односторонний (*содержит обязанности только одной стороны и право требования другой; встречаются гораздо реже, к ним относятся договоры займа, дарения и др.*); 56. **contracted quality** — количество, указанное в договоре; 57. **contracting system** — постоянные связи на основе общего контракта.

contraction — **сжатие; сокращение; заключение** ◇ 1. **contraction in business conditions** — уменьшение деловой активности; ухудшение конъюнктуры 2. **export items of contraction** — товары, экспорт которых сократился (*стат.*); 3. **contraction of a loan** — заключение займа; 4. **contractor** — подрядчик (*фирма, выполняющая строительно-монтажные работы на основании договоров подряда на капитальное строительство, несет ответственность за выполнение всех договорных работ*); участник договора; 5. **associate contractor** — субподрядчик (*организации, привлекаемые генеральным подрядчиком для выполнения специальных работ на объекте*); 6. **prime contractor** — генеральный подрядчик (*несет ответственность за весь комплекс работ, предусмотренных договором вне зависимости от того, выполнены они собственными силами или субподрядчиком*).

contribute — **вносить; платить долю; содействовать** ◇ 1. **contribution** — долевой (*пропорциональный*) взнос, вклад (*страх.*); 2. **general average contribution** — долевой взнос при общей аварии; 3. **contributor** — участник в несении доли убытков (по общей аварии — *страх.*); содействующий.

control — **управление; контроль; регулирование; надзор; власть; контрольное управление; управлять; распоряжаться; контролировать; регулировать** ◇ 1. **exchange controls** — валютные ограничения (*вводятся для ограничения определенных видов сделок, связанных с иностранной валютой, между гражданами данной страны; могут распространятся на ввоз-вывоз драгоценных металлов; поддерживают курс валюты, валютное положение страны*); 2. **price controls** — регулирование ценообразования, цен; 3. **wage control** — регулирование ставок заработной платы; 4. **controlled prices** — регулируемые цены; предельные цены; 5. **controlling company**—контролирующее общество.

conversion — **конверсия; превращение; перевод (перерасчет); обмен; преобразование; переработка** (*тех.*); **присвоение** (*юр.*); ◇ **conversion of a loan** — конверсия займа.

convert — **конвертировать; превращать; переводить (пересчитывать); преобразовывать** (*тех.*); **переделывать; перерабатывать; присваивать** (*юр.*); ◇ 1. **converted timber** — пиломатериалы;

2. **the firm was converted into a limited company** — фирма была превращена в акционерное общество; 3. **to convert pounds into dollars** — обменивать фунты на доллары; переводить фунты в доллары; 4. **convertibility** — обратимость; 5. **convertibility of the pound (of sterling)** — обратимость фунта стерлингов; свободный обмен фунтов на доллары.

conveyance — перевозка; доставка; перевозочное средство; акт о передаче права собственности; передача собственности (*юр.*) ◇ 1. **conveyance of property** — передача права собственности; 2. **air conveyance** — воздушная перевозка; 3. **dead of conveyance** — акт о передаче; купчая (*договор купли-продажи недвижимости, оформленный в нотариальном порядке*); 4. **means of conveyance** — транспортные средства; 5. **conveyancer** — нотариус, оформляющий передачу имущества.

copy — копия; экземпляр; снимать копию; копировать ◇ 1. **copy of the invoice** — копия фактуры (*счета на отправленный или отпущенный покупателю товар, содержащий подробные данные о виде, количестве и стоимости товара и обозначение всех относимых за счет покупателя расходов*); 2. **as per copy enclosed** — согласно прилагаемой копии 3. **attested copy** — засвидетельствованная (*заверенная*) копия; 4. **carbon copy** — копия через копирку; 5. **office copy** — копия, остающаяся в делах; 6. **copy of bill of lading** — экземпляр коносамента (*товарораспорядительного документа, выдаваемого перевозчиком, удостоверяющего принятие груза к перевозке с обязательством доставить его по назначению и выдать законному держателю; содержит краткое описание товаров и условий перевозки; отправляется получателю груза*); 7. **copyright** — авторское право (*часть национального гражданского права и раздел международного частного права, регулирующий права авторов произведений науки, литературы и искусства; носит строго территориальный характер и признается действительным в другой стране только в случае заключения между этими двумя государствами договора о признании и охране соответствующих прав или на началах взаимности*); издательское право.

corner — корнер (*приобретение контроля над поставками товаров, ценных бумаг на бирже с целью воздействия на их цены путем спекулятивной скупки товара в одни руки; биржевыми правилами такие действия запрещены*); **спекулятивная скупка товара; группа скупщиков спекулянтов; скупать товар со спекулятивными целями** (*бирж*) ◇ to corner the market — скупить товар на рынке (*со спекулятивным целями*).

corporation — объединение; союз; общество; соединение лиц (*юр.*), **корпорация; акционерная корпорация; акционерное общество** (*ам.*); **муниципалитет** ◇ 1. **corporation aggregate** — корпорация, состоящая из совокупности лиц; 2. **corporation by-laws** — устав корпорации; 3. **corporation created by Letters**

Patent (by Charter) — корпорация, учрежденная путем дарования патента (*привилегии*); 4. **corporation income tax** — налог на прибыль корпораций (*налог на доходы юридических лиц; взимается на основе налоговой декларации по пропорциональным ставкам от облагаемой прибыли*); 5. **corporation sole** — единоличная корпорация; 6. **corporation stock** — акционерный капитал корпорации (*ее собственность, которой распоряжаются через контрольный пакет акций; средства от выпуска акций и облигаций*); 7. **aggregate corporation** — корпорация, состоящая из совокупности лиц; 8. **close corporation** — закрытое акционерное общество (*с ограниченным числом участников, не имеющих права продавать свои акции без согласия других акционеров; не может объявлять публичную подписку на акции*); 9. **Finance Corporation for Industry** — Корпорация для финансирования промышленности (*англ.*); 10. **municipal corporation** — муниципалитет; 11. **public corporation** — публично-правовая корпорация; 12. **public utility corporation** — предприятие общественного пользования (*по производству электроэнергии, газа, городское транспортное предприятие и т. п. — ам.*); 13. **stock corporation** — акционерная корпорация; акционерное общество (*объединение организаций и отдельных лиц, капитал которого образуется путем выпуска и размещения акций, облигаций, вкладов, кредитов; высшим органом управления является собрание акционеров*); 14. **trustee corporation** — корпорация опекунская (*корпорация, осуществляющая права доверительной собственности — контроль и управление переданным имуществом в интересах третьих лиц*).

correspond — соответствовать; сходиться; согласоваться; переписываться ◇ 1. **the quality does not correspond with (to) the specification** — качество не соответствует спецификации; 2. **your statement of account does not correspond with our books** — ваша выписка счета не сходится с нашими книгами; 3. **corresponding account** — корреспондентский счет (*счет, на котором отражаются расчеты, произведенные одним кредитным учреждением по поручению и за счет другого на основе заключенного корреспондентского договора*); 4. **corresponding agreement** — корреспондентское соглашение (*соглашение между кредитными учреждениями об осуществлении платежей и расчетов одним из них по поручению и за счет других*); 5. **corresponding bank** — банк-корреспондент (*банк, состоящий в деловых отношениях с др. банками и выполняющий по их поручениям определенные финансовые операции*).

correspondence — соответствие; переписка; корреспонденция; письма ◇ 1. **commercial correspondence** — коммерческая корреспонденция; 2. **to enter into correspondence —** вступить в деловую связь 3. **correspondent** — корреспондент.

cost — **цена; стоимость; себестоимость; стоить** ◇ 1. **cost accounting** — калькуляция себестоимости; 2. **cost and freight (c. and f.)** — стоимость и фрахт; (*условие продажи, в силу которого цена включает расходы по фрахту*); 3. **cost by piece** — поштучная стоимость; 4. **cost estimating** — сметная калькуляция стоимости (*плановые, исчисленные в денежном выражении затраты на производство, реализацию продукции, услуги плюс прибыль*); 5. **cost, insurance, freight (c.i.f.)** — стоимость, страхование, фрахт; СИФ (*условие продажи, а силу которого цена включает расходы по страхованию и фрахту*); 6. **cost, insurance, freight and commission (c.i.f. and c.)** — стоимость, страхование, фрахт и комиссия посредника; СИФ, включая комиссию посредника; 7. **cost, insurance, freight, commission and interest (c.i.f.c. and i.)** — СИФ, включает комиссию посредника и расход по учету акцепта покупателя; 8. **cost, insurance, freight and exchange (c.i.f.and e.)** — стоимость, страхование, фрахт и курсовая разница; СИФ, включая курсовую разницу; 9. **cost of borrowing** — ссудный процент (*плата кредитору за пользование ссуженными деньгами или материальными ценностями; зависит от величины, срока и характера ссуды*); 10. **cost of living** — прожиточный минимум (*минимум жизненных средств, необходимых для подержания жизнедеятельности работника и его семьи, воспроизводства рабочей силы*); 11. **cost of living index** — индекс прожиточного минимума (*индекс цен и тарифов фиксированного набора товаров и услуг, взвешенных по структуре семейных расходов*); 12. **cost of products sold** — себестоимость реализованной продукции; 13. **cost of sales** себестоимость реализованной продукции; 14. **cost plus price** — цена с приплатой (условие продажи, в силу которого к существующей цене добавляется определенный процент; практикуется в период резких колебаний цены); 15. **at cost** — по себестоимости; 16. **at any cost** — любой ценой; по любой цене; 17. **at one's cost** — за чей-л. счет; 18. **at the cost of** — стоимость в; за счет чего-л.; ценой чего-л.; 19. **below cost** — ниже себестоимости; 20. **first cost** — фабричная цена (*материальные издержки плюс оплата труда плюс общезаводские расходы*); покупная цена; себестоимость (*фабричная цена плюс издержки на реализацию*); 21. **free of cost** — бесплатно; 22. **invoice cost** — фактурная цена; себестоимость; 23. **next to cost** — почти по себестоимости; 24. **product cost** — себестоимость продукции (*выраженные в денежной форме текущие затраты предприятий на производство и реализацию продукции*); 25. **short-term borrowing cost** — ссудный процент по краткосрочным ссудам; 26. **specific cost** — удельная стоимость; 27. **unit cost** — себестоимость единицы продукции; 28. **wholesale cost** — оптовая стоимость (*используется в расче-*

тах между изготовителями товара и оптовыми торговцами); 29. **costs** — расходы; издержки; судебные издержки; 30. **costs of production** — издержки производства; 31. **burden costs** — накладные расходы (*расходы на хозяйственное обслуживание производства и управления; включаются в себестоимость продукции*); 32. **capital costs** — капитальные затраты (*производственные затраты на технологическое оборудование, здания, сооружения и т. д.*); 33. **distribution costs** — издержки обращения; 34. **incremental costs of circulation** — дополнительные издержки обращения (*связаны с продолжением процесса производства в сфере обращения, увеличивают стоимость товаров*); 35. **industrial costs** — издержки производства в промышленности; 36. **inventoriable costs** — издержки производства; 37. **issue costs** — расходы, связанные с эмиссией ценных бумаг; 38. **marketing costs** — издержки обращения; 39. **overheard costs** — накладные расходы (*расходы на управление и хозяйственное обслуживание производства*); 40. **production costs** — издержки производства; 41. **pure costs of circulation** — чистые издержки обращения (*обусловлены актом купли-продажи товаров*); 42. **taxed costs** — таксированные судебные издержки; 43. **variable capital costs** — затраты переменного капитала; 44. **with costs** — с возложением судебных издержек на сторону, проигравшую дело; 45. **costing** — калькуляция издержек производства.

coulisse — кулиса (*институт неофициальных биржевых маклеров в биржевом обороте; место совершения спекулятивных сделок с ценностями, которые часто не котируются на бирже*); неофициальная фондовая биржа; неофициальные биржевые маклеры ◇ **coulissier** — кулисье (*неофициальный маклер, заключающий спекулятивные биржевые сделки*).

counter-bonification — обратная бонификация (*скидка с цены на худшее качество товара по сравнению с обусловленным*).

counterfeit — подделка; поддельный; подложный; подделывать ◇ **counterfeiting** — контрафакция (*использование фирмами товарных знаков уже зарекомендовавших себя изделий других компаний, что вводит в заблуждение покупателей относительно происхождения товара*).

counterpart — копия; дубликат; соответствие; эквивалент; коллега; собрат; товарищ по занятию, профессии.

countertrade — встречная торговля.

countervail — компенсировать; уравновешивать ◇ **countervailing duty** — уравнительная пошлина; компенсационная пошлина.

course — курс; курс (судна, самолета); ход; течение; линия поведения, действия ◇ 1. **course of action** — образ действия; 2. **course of business** — ход дела; 3. **course of the crisis** — ход кризиса; 4. **course of exchange** — валютный курс (*цена денежной единицы одной страны, выраженная в денежной единице др. страны; на его колебание влияют состояние платежного баланса, степень обесценения денег, отток или приток в страну краткосрочных капиталов и пр.*); 5. **course of dealing** — ход деловых отношений; 6. **in due course** — в должное время; 7. **in the course of the year** — в течение года.

covenant — **договор** (*юр.*); **договор за печатью; обязательство** (*вытекающее из договора за печатью*); **заключать договор** ◇ **particular covenants** — особые условия, особые обязательства.

cover — **крышка; оболочка; конверт; переплет; уплата** (*по счету, векселю*); **покрытие; денежное покрытие; страхование; средство защиты** (*юр.*); **покрывать; обеспечить покрытие; страховать; относиться к; распространяться на; охватывать** ◇ 1. **cover** — импортное покрытие (*обеспеченность импорта страны золотом или валютными резервами в течение определенного периода*); 2. **to cover insurance —** производить страхование; 3. **to cover losses** — покрывать убытки; 4. **cover note** — ковернот (*временное свидетельство о страховании выдаваемое брокером страхователю до выдачи страхового полиса*); 5. **cover of credit** — обеспечение денег (*совокупность материальных условий, способствующих стабильности денежного обращения*); 6. **cover of credit** — обеспечение кредита (*товарно-материальные ценности и затраты производства, служащие для кредитора залогом полного и своевременного возврата должником полученных в ссуду средств и уплаты причитающихся процентов*); 7. **closed cover note** — закрытый ковернот (*выдаваемый брокером, когда страхование совершено как окончательное*); 8. **dividend cover(s)** — дивидендное покрытие (*число, показывающее во сколько раз прибыль компании превышает сумму выплачиваемых ею дивидендов*); 9. **extended cover** — расширенное страхование; 10. **interest cover** — процентное покрытие (*способность заемщика заплатить сумму процентов по наступившим платежам из имеющихся финансовых ресурсов*); 11. **open cover** — открытый полис (*не оплаченный гербовым сбором, по которому страховщик обязуется впоследствии выдать полис, оплаченный гербовым сбором*); 12. **open cover note** — открытый ковернот (*когда требуются дополнительные инструкции страхователя или генеральный или открытый полис*); 13. **open cover policy** — генеральный полис (*при страховании оговаривается предполагаемая стоимость страхуемых товаров; страховая премия определяется после окончательного уточнения стоимости товаров — мор., страх.*); 14. **times covered** — коэффициент соотношения покрытия (*показывает во сколько раз доходы компании, превосходят сумму дивидендов*); 15. **covered call write** — покрытая позиция (*продажа прав на покупку определенных ценных бумаг за другие, находящиеся в собственности продавца этих прав*); 16. **covered interest arbitrage** — процентный арбитраж с целью страхования (*получение займа в валюте с последующей конверсией ее в другую и продажей по срочному контракту*).

covering — покрышка; оболочка; короткое покрытие (*бирж.*) ◇ 1. **covering letter** — сопроводительное письмо; 2. **covering note** (*англ.*) — ковернот (*временное свидетельство о страховании, выдаваемое брокером страхователю до выдачи страхового полиса*); 3. **covering operations** — короткое покрытие; 4. **documents covering this cargo** — документы, относящие к этому грузу; 5. **short covering** — короткое покрытие.

crawling peg — "ползучая поддержка" (*метод, с помощью которого возможно устойчивое повышение или понижение валютных курсов*).

credit — кредит; кредитный; аккредитив; кредитовый; вера; доверие; кредитовать (счет); **верить; доверять** ◇ 1. **credit advice** — кредитовое авизо (*письмо, уведомляющее получателя о кредитовых записях по счетам, исполнении других расчетных операций*); 2. **credit against goods** — подтоварный кредит; 3. **credit agency** — кредитное информационное бюро; кредит-бюро; 4. **to credit an amount to a person** — записать сумму в кредит счета кого-л.; кредитовать чей-л. счет; 5. **credit balance** — остаток кредита; кредитовый остаток; кредитовое сальдо; 6. **credit bank** — банк взаимного кредита; коммерческий банк; 7. **credit information bureau** — кредитное информационное бюро; кредит-бюро; 8. **credit insurance** — страхование кредитов; 9. **credit-note** — кредитовое авизо (*см. credit advice*); кредит-нота; 10. **to credit a person with an amount** — записать сумму в кредит счета кого-л.; кредитовать чей-л. счет; 11. **credit rating** — рейтинг общей кредитоспособности заемщика (*в США такими оценками занимаются специальные экспертные агентства*); 12. **credit risk** — кредитный риск (*риск невыполнения заемщиком принятых обязательств, риск неплатежеспособности или банкротства клиента или партнера по сделке; нейтрализуется тщательным изучением финансового положения и репутации заемщика или контрагента, требованием гарантий*); 13. **credit sale** — продажа в кредит (*с отсрочкой платежа*); 14. **credit side** — кредитная сторона; кредитовая страница; 15. **credit unions** — кредитные союзы (*финансовые кооперативные организации в США, объединяющие частные лица по какому-л. общему признаку, напр., лица наемного груда или проживающие в одной местности, предоставляют своим членам потребительский кредит с условием погашения его в рассрочку*); 16. **acceptance credit** — акцептный кредит (*метод кредитования международной торговли* *путем предоставления банковского кредита экспортеру или импортеру; возможен в виде: кредитной линии, когда клиент выставляет в пределах оговоренной суммы тратты на свой банк, который их акцептует, после чего они могут быть проданы, поскольку банковский акцепт дает право получить обязательный расчет по купленному векселю; документарного акцептного кредита, когда импортер открывает в своем банке аккредитив в пользу экспортера по предъявлении им товарных документов, что позволяет экспортеру быстро получать платеж*); 17. **back to back credit** — кредит компенсационный (*внешнеторговый кредит, открытый банком за счет другого кредита; импортер представляет в банк соответствующие документы в качестве основания для открытая кредита экспортеру, такой кредит может служить гарантией нового кредита экспортеру*); 18. **bank credit** — банковский кредит (*предоставляется банками и специальными институтами в виде денежных ссуд; обслуживает обращение и накопление капитала*); 19. **blank credit** — бланковый кредит, кредит без обеспечения; бланковый аккредитив (*без указания суммы*); 20. **buyer's credit** — кредит покупателя (*разновидность финансирования экспорта; средне- и долгосрочный кредит, предоставляемый банком продавца непосредственно иностранному покупателю на сумму до 85% контракта, что позволяет ему расплатиться с экспортером*); 21. **campaign credit** — кредит иностранному производителю сырья; 22. **commercial credit** — подтоварный кредит; товарный аккредитив; 23. **considerable credit** — крупный кредит; 24. **current account credit** — контокоррентный кредит (*выдается в пределах лимита банка без обеспечения или под ценные бумаги, расчет раз в квартал по сальдо счета*); 25. **del credere risk** — кредитный риск (*см.* credit risk); 26. **demand line of credit** — кредитная линия (*договор с банком о предоставлении кредита по первому требованию*); 27. **evergreen credit** — кредит возобновляемый (*кредит без конкретной фиксированной даты погашения, — банк имеет право раз в год трансформировать его в срочный кредит*); 28. **export credit** — кредиты экспортные (*в основном вексельные, предоставляются иностранным фирмам и государствам для закупки ими товаров в стране-кредиторе в виде фирменного кредита экспортера импортеру-покупателю или финансового кредита, предоставляемого банком либо государством*); 29. **external trade credit** — внешнеторговый кредит (*продажа товаров и услуг с отсроченным платежом или временной передачей денег и материальных ценностей на условиях возврата с уплатой определенного процента; может быть фирменным и банковским*); 30. **in-**

stallment credit — покупка с оплатой в рассрочку (*метод покупки товаров в кредит, предусматривающий выплату их стоимости и процентов за кредит по частями; купленный товар остается собственностью продавца до тех пор, пока не будет выплачена последняя часть, тем самым товар является обеспечением кредита*); 31. **intermediate credit** — кредит на средние сроки (*предоставляется на сроки от двух до семи лет*); 32. **letter of credit** — аккредитив (*письменное поручение кредитного учреждения другому об оплате торговых документов или выплате денег из забронированных средств*); 33. **letter of credit value** — стоимость аккредитива; 34. **long(-term) credit** — долгосрочный кредит (*предоставляется для обеспечения расширенного воспроизводства основного капитала*); 35. **mortgage credit** — ипотечный кредит (*кредит под залог недвижимости*); 36. **mutual credit bank** — банк взаимного кредита; 37. **negotiation letter of credit** — аккредитив с обязательством акцептовать тратты; 38. **open credit** — открытый кредит (*коммерческий кредит, используется при расчетах между постоянными контрагентами; суммы задолженностей относят на дебет счета покупателя, погашение без гарантии*); 39. **paper credit** — вексельный кредит; 40. **pre-finance credit** — кредит иностранному производителю сырья; 41. **public credit** — государственный кредит; 42. **reimbursement credit** — акцептно-рамбурсный кредит (*краткосрочное банковское кредитование торговых операций; осуществляется с помощью выставляемого продавцом на банк, указанный покупателем, переводного векселя и учета его в банке продавца до акцепта; банк, на который выставлен вексель, акцептует его и получает товаросопроводительные документы, которые передает покупателю против обязательства по уплате последним суммы, указанной в векселе*); 43. **revocable credit** — отзывной кредит (*предоставляется под переводный вексель, может быть отозван в любое время без предварительного уведомления*); 44. **revolving credit** — автоматически возобновляемый кредит; автоматически возобновляемый аккредитив (*то же, что контокоррентный кредит*); 45. **rollover credit** — ролловер кредит (*разновидность средне- и долгосрочных кредитов, предоставляемых по плавающим процентным ставкам*); 46. **short(-term) credit** — краткосрочный кредит (*до одного года, обеспечивает кругооборот оборотного капитала*); 47. **sight credit** — аккредитив (*вид банковского счета, дающий право выставлять на банк тратты, срочные по предъявлении*); 48. **soft credit** — льготный кредит; 49. **standby credit** — резервный кредит; 50. **suppliers credit** — кредит поставщика (*кредит экспортера импортеру, предоставляемый чаще всего на основе аккредитива или под векселя без права оборота*);

51. **crediting against cash balance** — кредитование под остатки материальных ценностей; 52. **crediting period** — срок кредитования (*период пользования банковскими ссудами*); 53. **production crediting** — кредитование в сфере производства; 54. **state crediting** — кредитование с государственной гарантией.

creditor — кредитор; кредиторы ◇ 1. **merchandise creditors** — задолженность поставщикам (*статья баланса*); 2. **preferred creditor** — привилегированный кредитор (*имеет право на платеж или удовлетворение своего требования к должнику прежде, чем другие; ранжирование кредиторов по их привилегиям часто оговаривается в уставе должника и имеет особое значение при урегулировании вопросов, возникших в связи с банкротством фирмы-должника*).

crisis (pl. crises) — кризис ◇ 1. **economic crisis** — экономический кризис; 2. **recurrent economic crises** — периодические экономические кризисы.

cross — пересекать; перечеркивать; кроссировать ◇ 1. **cross default** — условие в кредитном соглашении, по которому невыполнение заемщиком своих обязательств по любому другому кредитному соглашению будет рассматриваться как невыполнение обязательств по данному соглашению; 2. **cross rate** — кросс-курс (*обменный курс двух валют, установленный через курс каждой к третьей валюте, обычно к доллару США*); 3. **crossed cheque** — перечеркнутый (кроссированный) чек (*перечеркнутый на лицевой стороне двумя чертами чек* (*общее кроссирование*); *оплачивается любому банку или клиентам банка плательщика, имеющим у него счета*).

cum — с; включая ◇ 1. **cum dividend** — с дивидендом (*о продаваемой акции, по которой покупатель может получить дивиденд — стат.*); 2. **cum interest** — с процентами; 3. **cum new** — с правами покупателя на приобретение акций новых выпусков (*о продаваемых акциях той же компании*).

cumulative — накопленный; накопляющийся; кумулятивный; нарастающий; совокупный ◇ 1. **cumulative list** — список с дополнениями; 2. **cumulative preference shares** — кумулятивные привилегированные акции, акции с накопляющимся гарантированным дивидендом (*если дивиденд по таким акциям не может быть выплачен за какие-л. годы, он накопляется до тех пор, пока акционерное общество не сможет его выплатить*); 3. **cumulative preferred stock** — кумулятивные привилегированные акции, акции с накопляющимся гарантированным дивидендом (*ам.*).

curb — приостановление; сдерживание; ограничение; неофициальная фондовая биржа (*ам.*); **сдерживать; обуздывать** ◇ 1. **curb broker** — внебиржевой маклер; 2. **curb rate** — курс “черного рынка”; 3. **curb stock** — акции, котирующиеся на неофициальной бирже (*но не допущенные к обороту на Нью-Йоркской фондовой бирже*); 4. **to sell (to buy) on the curb** — покупать (продавать) вне биржи.

currency — обращение; денежное обращение; средства обращения; валюта; деньги; продолжительность; срок действия ◇ 1. **current area** — валютная зона; 2. **currency band** — валютный диапазон (*пределы допустимых колебаний курса валюты*); 3. **currency basket** — валютная корзина (*набор валют, средневзвешенный курс которых берется за основу при установлении расчетной валютной единицы, напр., ЭКЮ*), 4. **currency block** — валютный блок; 5. **currency certificates** — казначейские сертификаты; 6. **currency clause** — валютная оговорка; 7. **currency dumping** — валютный демпинг; 8. **currency exchange regulation** — валютный контроль; 9. **currency market** — валютный рынок (*система устойчивых экономических и организационных отношений по операциям купли-продажи иностранных валют и платежных документов в иностранной валюте; обычно привязаны к крупным банковским и валютным центрам*); 10. **currency of a bill** — срок действия векселя (*период между выпиской и оплатой векселя; если вексель принимается к оплате после визирования, срок его действия начинается с момента акцептования*); 11. **currency of the contract** — валюта договора; срок действия договора; 12. **currency of payment** — валюта платежа (*валюта, в которой по согласованию сторон происходит фактическая оплата товаров по внешнеторговой сделке или погашение международного кредита, иногда предусматривается право выбора валюты платежа одним из контрагентов; при несовпадении валюты платежа с валютой, в которой установлена цена сделки, в договоре должен быть определен курс пересчета*); 13. **currency parity** — валютный паритет (*законодательно устанавливаемое соотношение между двумя валютами, являющимися основой валютного курса*); 14. **currency "snake"** — валютная змея (*установленное соотношение курсов валют ФРГ, Франции, Бельгии, Голландии, Дании, Швеции, Норвегии и возможные предельные отклонения*); 15. **agreement currency** — международный клиринг; 16. **article eight currency** — валюта статьи 8 (*в Международном валютном фонде — "главная" свободно конвертируемая валюта*); 17. **base currency** — базисная валюта (*валюта, по отношению к которой котируются все другие валюты в данной стране или финансовом центре*); 18. **blocked currency** — блокированная валюта (*валюта, циркуляция которой контролируется правительством; используется для платежей только внутри страны*); 19. **conversion of currency** — перевод валюты; пересчет валюты; 20. **convertible currency** — свободно конвертируемая валюта; 21. **depreciated**

currency — обесцененная валюта; 22. **European Currency Unit (ECU)** — европейская валютная единица — ЭКЮ (*расчетная единица, являющаяся основой европейской валютной системы, — ее величина определяется на базе "корзины валют" стран, входящих в ЕЭС*); 23. **foreign currency** — девизы (*платежные средства — переводы, чеки, аккредитивы, выставленные на иностранные банки, платежные требования, поручения и векселя, подлежащие оплате за рубежом, а также иностранные банковские билеты и монеты*); 24. **hard currency** — свободно конвертируемая валюта (*свободно обмениваемая на любую другую иностранную валюту*); дефицитная валюта (*для данной страны*); 25. **managed currency** — регулируемая валюта; 26. **paper currency** — бумажные деньги; бумажное денежное обращение; 27. **quotation currency** — валютная котировка (*установление курсов иностранных валют в соответствии с действующими законодательными нормами и сложившейся практикой; котировку производят государственные и крупнейшие коммерческие банки*); 28. **reserve currency** — резервная валюта (*принимается к платежу во всем мире, используется центральными банками для международных расчетов*); 29. **soft currency** — неконвертируемая валюта.

current — циркулирующий; находящийся в обороте; текущий; существующий; теперешний ◇ 1. **current account** — текущий счет (*служит для хранения денежных средств и осуществления расчетов между предприятиями, организациями*); контокоррентный счет; контокоррент (*единый счет, на котором учитываются все операции банка с клиентом*); 2. **current assets** — оборотные средства, оборотный капитал; 3. **current deficit** — дефицит или пассивное сальдо по текущим операциям (*в платежном балансе*); 4. **current liabilities** — краткосрочные обязательства; 5. **current price** — текущая цена, существующая цена; цена дня; 6. **current quality** — ходкий сорт; 7. **current rate** — курс дня; 8. **current ratio** — коэффициент ликвидности, коэффициент покрытия (*в анализе баланса*); 9. **current surplus** — превышение или активное сальдо по текущим операциям (*в платежном балансе*); 10. **current values** — существующие цены.

custom — обычай; клиентура; покупатели; заказы; таможня ◇ 1. **custom-built** — изготовленный на заказ; 2. **custom(s) collection** — таможенный сбор (*дополнительные сборы, взимаемые сверх таможенной пошлины, обычно связаны с оплатой услуг таможни*); 3. **custom declaration** — таможенная декларация (*документ, содержащий сведения о перемещаемых за границу грузах*); 4. **custom(s) duty** — таможенная пошлина (*налог на пропускаемые через границу товары при их транзите, ввозе и вывоза*); 5. **custom house** — таможня (*государственная* *служба, отвечающая за обложение налогом, сбор пошлин и контроль за всеми экспортируемыми и импортируемыми товарами и транзитными перевозками*); 6. **custom of the merchants** — обычное право купечества; торговые обычаи; торговая практика; 7. **custom of port (COP)** — условия обслуживания судна в данном порту (*условия погрузки, разгрузки, улаживания таможенных формальностей и т. п.*); 8. **customs of the trade** — торговое обыкновение; узанс (*общепринятые условия заключения сделок в определенных сферах торговли*); 9. **customs union** — таможенный союз (*соглашение группы стран о взаимной отмене таможенных тарифов и установлении единой тарифной политики по отношению к третьим странам*); 10. **customs** — таможенные пошлины; 11. **the Customs** — таможенное управление; таможня (*государственная служба, отвечающая за обложение налогом, сбор пошлин и контроль за всеми экспортируемыми и импортируемыми товарами и транзитными перевозками*); 12. **customs and excise duties** — таможенные и акцизные пошлины; 13. **customs area** — таможенная территория 14. **customs ban** — запрет таможни; 15. **customs clearance** — разрешение таможни на вывоз (ввоз) товара (груза); 16. **customs debenture** — удостоверение таможни на право обратного получения импортной пошлины (*в случае реэкспорта импортных товаров*); 17. **custom(s) entry** — таможенная декларация; 18. **customs examination list** — досмотровая роспись (*таможенный документ, которым оформляется взимание таможенной пошлины*); 19. **custom(s) free** — беспошлинный; 20. **customs fees** — сборы таможенные (*сборы для возмещения таможенных расходов; взимаются в связи с ввозом, вывозом или транзитом товаров для покрытия услуг таможни; оформление таможенных документов, хранение и складирования товаров, санитарный контроль и др.; иногда вводятся в протекционистских целях*); 21. **customs surveyor** — таможенный досмотрщик; 22. **customs tariff** — таможенный тариф (*систематизированный по группам перечень облагаемых пошлинами товаров, беспошлинных, запрещенных к ввозу, вывозу или транзиту, а также ставок таможенных пошлин*); 23. **customs warrant** — ордер на выпуск груза из таможни; 24. **customer** — покупатель; заказчик; клиент; 25. **customers** — покупатели; клиенты; покупательская задолженность (статья баланса).

cut — снижение; сокращение; урезка; рубка (леса); **профиль; сечение; резать; сокращать; снижать; рубить** (лес) ◇ 1. **to cut prices** — снижать цены; 2. **to cut back on programme** — сократить программу; 3. **to cut down** — рубить (лес); сокращать; 4. **to cut down expenses** — сокращать расходы; 5. **to cut off** — отрезать; выключать; 6. **to cut under** — продавать дешевле (других фирм); 7. **price cut** — снижение цены.

D

damage — ущерб; вред; повреждение; убыток; убытки; дефект; поломка; авария; (pl.) **возмещение ущерба, убытков; денежное возмещение; портить, наносить ущерб** ◇ 1. **damage certificate** — свидетельство о повреждении, аварии; 2. **damage survey** — освидетельствование повреждения; 3. **allowance (compensation) for damage** — компенсация за убыток, ущерб; 4. **liable to damage** — подверженный порче; 5. **liability for damage** — ответственность за убыток, ущерб; 6. **sentimental damage** — убыток, оцениваемый страхователем исходя из индивидуальных соображений, а не из фактической стоимости имущества (*страх.*); 7. **action for damages** — иск о денежном возмещении, иск об убытках; 8. **agreed and liquidated damages** — согласованные (оговоренные) и заранее оцененные убытки (*включаются в договор для гарантирования их возмещения*); 9. **anticipatory damages** — возмещение будущих убытков, будущие убытки; 10. **by way of damages** — в порядке возмещения убытков; 11. **contemptuous damages** — "презренное" возмещение убытков (*символический размер возмещения, назначаемый судом в случае, если представленное на рассмотрение дело является незначительным, пустым*); 12. **extent of damages** — размер убытков; 13. **irreparable damage** — невосполнимый ущерб; 14. **legal action for damages** — иск о денежном возмещении, иск об убытках; 15. **measure of damages** — размер убытков; 16. **prospective damages** — возмещение ожидаемых убытков, ожидаемые убытки; 17. **recovery of damages** — взыскание убытков; 18. **substantial damages** — значительная сумма возмещения убытков, значительные убытки; 19. **vindictive damages** — денежное возмещение в виде наказания ответчика; 20. **to assess damages** — установить сумму денежного возмещения; 21. **to claim damages** — требовать возмещения убытков; 22. **to bear responsibility for damages** — нести ответственность за убытки; 23. **to pay damages** — выплатить денежное возмещение.

date — дата; дань; число; срок; датировать ◇ 1. **date draft** — тратта, срок которой считается от числа, которым она датирована; 2. **date of payment** — срок платежа; 3. **date of sailing** — день отхода судна; 4. **dated date** — фиксированная дата (*дата, с которой начинается начисление процентов по облигациям нового выпуска — ам.*); 5. **dated securities** — ценные бумаги с фиксированной датой погашения; 6. **at an early date** — в непродолжительное время; в непродолжительный срок; 7. **at long (short) date** — на долгий (короткий) срок; долгосрочный (краткосрочный); 8. **at the earliest possible date** — в самый ранний по возможности срок; 9. **closing date** — заключительная дата (*последний срок, в который грузы могут быть приняты для погрузки на судно*); 10. **due date** — срок платежа; 11. **effective data** — дата вступления в силу; 12. **failure to meet a date** — нарушение срока; 13. **of even (of the same) date** — от того же числа; 14. **of this date** — датированный сегодняшним числом; 15. **out of date** — устарелый; 16. **specific date** — конкретный срок; 17. **short-date bill** — краткосрочная тратта (*подлежит оплате по требованию или в течение очень короткого периода*); 18. **to date** — на данное число; до настоящего времени; 19. **up to date** — современный; новейший; 20. **up to this date** — до настоящего дня; 21. **value date** — дата валютирования (*дата поставки средств в урегулирование сделки на валютном рынке*); 22. **long dated** — долгосрочный; 23. **short dated** — краткосрочный.

day — день; срок ◇ 1. **day on which a bill becomes (falls) due** — срок платежа по векселю; 2. **day order** — "в течение дня" (*биржевой приказ на покупку или продажу товара по определенной цене в течение только одного дня; в случае невыполнения приказа он автоматически аннулируется*); 3. **days after acceptance**—через ... дней после акцептования; 4. **... days after sight** — через ... дней после предъявления (или акцептования); 5. **days of grace** — грационные (*льготные*) дни (*для уплаты по векселю*); 6. **day-to-day loans** — однодневные займы; суточные деньги (*ссуда, предоставляемая банком вексельному биржевому брокеру для покупки переводных векселей, подлежит возврату в течение дня, обычно — возобновляется; в случае, если денежная сумма не возвращается в срок, брокер обязан уплатить официально установленный Английским банком для подобных случаев процент, последний выше процентных ставок клиринговых банков*); 7. **account days** — ликвидационные дни (*день завершения расчетов по заключенным сделкам — бирж.*); 8. **every other day** — через день; 9. **pay day** — день платежа (*последний день ликвидационного периода (бирж.); платежный день, день выдачи заработной платы*); 10. **rate of the day** — курс дня; 11. **settlement day** — день платежа (*последний день ликвидационного периода (бирж.); платежный день, день выдачи заработной платы*); 12. **the other day** — на днях; недавно; 13. **settlement days** — расчетные дни (*4 дня в середине месяца и 4 дня в конце месяца, когда осуществляются расчеты по сделкам на бирже*); 14. **weather working days** — погожие рабочие дни (*все дни, кроме воскресений и праздников, когда погода не мешает погрузке и выгрузке судна; согласно этому условию из времени стоянки исключаются ненастные дни — мор.*); 15. **working days** — рабочие дни (*дни производства грузовых работ; праздничные и воскресные дни к ним не* *относятся и по этому условию в дни стоянки не включаются — мор.*).

dead — мертвый ◇ 1. **dead assets** — мертвые активы (*активы компании, не приносящие дохода; обычно включаются в категорию "обесценившихся активов"*); 2. **dead freight** — мертвый фрахт (*плата за зафрахтованную, но не использованную кубатуру или грузоподъемность судна — мор.*); 3. **dead loss** — чистая потеря, чистый убыток; 4. **dead rent** — "мертвая рента" (*в горном деле выплачивается арендатором шахты независимо от того, находится шахта в эксплуатации или законсервирована*); 5. **dead season** — мертвый сезон; 6. **dead time** — тихий сезон; простой (машины); вспомогательное время; 7. **deadline** — предельный срок (*для подачи заявлений, заявок и т. п.*); 8. **deadweight** — дедвейт, полная грузоподъемность судна (*когда оно нагружено до максимальной отметки; складывается из веса груза, пресной воды, топлива в бункерах и измеряется обычно в тоннах по 2240 фунтов — мор.*); 9. **deadweight cargo** — груз, фрахт, за который уплачивается по весу (а не по объему); 10. **deadweight scale** — грузовая шкала.

deal — количество; сделка; соглашение; торговать; иметь дело ◇ 1. **compensation deal** — компенсационная сделка (*разновидность внешнеторговых соглашений, при которых стоимость товара оплачивается поставками других товаров*); 2. **futures deal** — сделка на срок, срочная сделка (*операции купли-продажи с платежами в определенный соглашением срок по курсу, зафиксированному в момент сделки — бирж.*); 3. **a good (a groat) deal of** — много; 4. **to make (to close) a deal** — заключить сделку; 5. **dealing** — сделка; операция; 6. **dealing within the account** — сделки купли-продажи ценных бумаг, совершенные в течение одного ликвидационного периода; 7. **new time dealing** — сделки в счет "нового времени" (*сделки на Лондонской фондовой бирже, заключаемые в течение двух дней, предшествующих новому расчетному периоду; позволяют получать отсрочку платежа по сделке до следующего расчетного дня*); 8. **dealings** — сделки; торговые дела; торговые связи.

dealer — дилер (*биржевой торговец, посредник в торговых сделках купли-продажи ценных бумаг, товаров и валюты, заключающий сделки от своего имени и за свой счет*); **биржевик; торговец** ◇ 1. **dealer loan** — дилерский кредит (*однодневный кредит, предоставляемый дилеру под залог*); 2. **authorized dealer** — официальный дилер (*банк или др. финансовый институт, уполномоченный правительством или центральным банком на совершение валютных операций*); 3. **wholesale (retail) dealer** — оптовый (розничный) торговец.

dealing — сделка; операция ◇ **dealings** — сделки; торговые дела; торговые связи.

debenture — облигация; долговое обязательство; таможенное удостоверение на возврат таможенных пошлин ◇ 1. **debenture capital** — заемный капитал (*средства акционерного общества, полученные от размещения облигаций*); 2. **debenture holder** — держатель облигаций; облигационер; 3. **debentures due 1995** — облигации со сроком погашения в 1995 г.; 4. **debenture stock** — привилегированные акции 1-го класса (*дивиденд по которым уплачивается раньше дивиденда по всем другим акциям — ам.*); 5. **convertible debenture** — конвертируемые облигации (*выпускаются под заемный капитал с правом конверсии их через определенный срок по заранее установленной цене в обычные или привилегированные акции*); 6. **mortgage debenture** — долговое обязательство, обеспеченное закладной; 7. **customs debenture** — таможенное удостоверение на возврат таможенных пошлин.

debit — дебет; дебетовое сальдо; записать в дебет ◇ 1. **debit advice** — дебетовое авизо (*используется при осуществлении международных банковских расчетных операций*); 2. **debit balance** — дебетовый остаток; дебетовое сальдо; 3. **debit card** — дебетовая карточка (*пластмассовая пластина, напоминающая кредитную карточку, используется покупателем для осуществления наличных расчетов с использованием терминала*); 4. **debit entry** — дебетовая запись; 5. **debit-note —** дебет-нота, дебетовое авизо (*извещение, посылаемое банком клиенту в случае перерасхода сумм на его счете*); 6. **bank debits** — стоимость чеков и векселей, оплаченных банками за счет вкладчиков.

debt — долг ◇ 1. **debt capital** — заемный капитал (*деньги, полученные за счет кредита или займа, которые должны быть возвращены кредитору полностью с выплатой определенного процента в заранее установленный срок*); 2. **debt management** — управление долгом (*контроль и регулирование государством долга по уровню процентной ставки, форме собственности и срокам погашения ценных бумаг*); 3. **debt receivable** — дебиторская задолженность (*сумма долгов, причитающихся предприятию от юридических и физических лиц в итоге хозяйственных взаимоотношений между ними*); 4. **debt restructuring —** реструктурация долга (*изменение в условиях долгового контракта, в соответствии с которым кредитор предоставляет должнику какую-л. уступку или преимущество, т. е. льготу; напр., кредитор может согласиться на увеличение сроков погашения, временно отсрочить некоторые очередные платежи или принять меньший платеж, чем положено*); 5. **debt service** — уплата капитального долга и процентов по государственному долгу; 6. **debt service ratio** — коэффициент обслуживания долга (*показатель, характеризующий издержки, которые несет страна в связи с обслуживанием внешнего долга и, в част-*

ности, государственного долга, долга частных предпринимателей, а также долга, гарантированного государством, — эти издержки, включая выплату процента и погашение основной суммы долга, соотносятся с экспортными поступлениями; допустимый размер таких издержек не может превышать 20% экспортных поступлений; данный показатель может применяться и для характеристики затрат на обслуживание долга корпорации); 7. **active debt** — неуплаченный долг; 8. **consolidated debt** — консолидированный долг (*часть общей суммы государственной задолженности, образующейся в результате выпуска долгосрочных займов, унификации ранее выпущенных кратко- и среднесрочных займов и т. п.*); 9. **doubtful (dubious) debt** — сомнительный долг; 10. **floating debt** — текущая задолженность; 11. **judgement debt** — присужденный долг; 12. **outstanding debt** — неуплаченный долг; 13. **redemption of a debt** — погашение долга; 14. **repayment of a debt** — погашение долга; 15. **to pay a debt** — выплатить долг; 16. **to settle a debt** — выплатить долг; 17. **total debt** — общая задолженность; 18. **undischarged debt** — неуплаченный долг; 19. **bad debts** — безнадежные долги; 20. **to contract debts** — наделать долгов; 21. **to run into debts** — влезть в долги.

debtor — должник; дебитор; дебиторы (*левая сторона бухгалтерской книги*) ◇ 1. **debtor balance** — дебетовое сальдо; 2. **debtor nation** — страна, имеющая отрицательный платежный баланс.

declaration — заявление; декларация; объявление; исковое заявление истца (*юр.*) ◇ 1. **declaration date** — последний срок объявления опциона (*дата, установленная директорами биржи, на которую дивиденды объявляются либо “обычными” либо “экстра”*); 2. **declaration inwards** — декларация (таможенная) по приходу; 3. **declaration outwards** — декларация (таможенная) по отходу; 4. **declaration policy** — полис без указания названия судна (*страх.*); 5. **closing declaration** — окончательное страховое объявление; 6. **customs declaration** — таможенная декларация (*заявление, содержащее необходимые для таможенного контроля сведения о товарах, личных вещах и др. предметах, перемещаемых через государственную границу; составляется импортером, экспортером, владельцем вещей или представителями этих лиц и содержит такие сведения, как наименование предметов, их стоимость и количество, наименование экспортера, импортера и перевозчика, тип и номер транспортного средства, страна происхождения товара, условия поставки и вид сделки; форма Т. Д. определяется внутренним законодательством или международными договорами; нарушение порядка декларирования влечет за собой задержание товаров, а в отдельных случаях может привести к приостановлению экспортно-импортных операций*); 7. **provisional declaration**

— предварительное страховое объявление; 8. **tax declaration** — налоговая декларация (*официальное заявление плательщика налога о полученных им за истекший период доходах и распространяющихся на них налоговых скидках и льготах*).

declare — заявлять; объявлять; предъявлять вещи, облагаемые пошлиной (на таможне) ◇ 1. **to declare a dividend** — объявлять дивиденд; 2. **to declare oneself bankrupt** — объявить себя банкротом.

decline — падение; снижение; понижение; уменьшаться; понижаться; снижаться; отклонять; отказывать(ся) ◇ 1. **decline in prices** — снижение цен; 2. **decline of export markets** — сужение экспортных рынков; 3. **to suffer a decline** — снизиться; понизиться; 4. **prices have declined** — цены понизились; 5. **trade is declining** — торговля уменьшилась; 6. **to decline an offer** — отклонить предложение.

deduction — вычитание; вычет; удержание; скидка ◇ **income deduction** — вычеты из прибыли.

deed — дело; действие; документ за печатью, договор за печатью, акт (*юр.*) ◇ 1. **dead of arrangement** — соглашение должника с кредиторами (*заключается с целью предотвращения банкротства до получения заявления о банкротстве или после, если суд не возражает; в первом случае это соглашение касается только конкретных кредиторов, во втором — всех без исключения*); 2. **deed of assignment** — акт о передаче несостоятельным должником своего имущества в пользу кредитора (*разновидность соглашения должника с кредиторами, по которому должник передает всю свою собственность в пользу кредитора*); 3. **deed of conveyance** — акт передачи, купчая (*документ, согласно которому право владения недвижимым имуществом передается от одного физического или юридического лица другому в результате покупки или дарения; форма этого документа определяется местными законами, напр., в США законами штата, в котором находится эта собственность*); 4. **deed of covenant** — акт соглашения (*правильно оформленный договор о том, что лицо, его подписавшее, согласно уплатить определенную сумму денег конкретному лицу или организации в установленный срок*); 5. **deed of inspectorship** — акт ревизии (*в случае, когда бизнесмен является несостоятельным должником и возможным банкротом, он может передать управление своим делом кредиторам, которые назначают инспекторов для управления компанией либо с целью продолжения дел, либо для их полного прекращения*); 6. **deed of transfer** — перераспределительный акт (*документ, дающий право компании перераспределять акции среди акционеров*); 7. **deed of trust** — акт передачи на хранение; 8. **mortgage deed** — ипотечный акт, закладная; 9. **title deed** — титул (*документ, *подтверждающий право на имущество, товар, переходящий от продавца к покупателю согласно условиям продажи*); 10. **transfer dead** — документ о передаче; документ о переводе ценной бумаги с одного лица на другое; трансферт (*перевод иностранной валюты, золота из одной страны в другую; денег из одного финансового учреждения в другое; передача права собственности на именные ценные бумаги*).

default — невыполнение обязанностей или обязательств; неисполнение договора; нарушение; неуплата; отсутствие; недостаток; неявка в суд; не выполнять своих обязанностей, обязательств; прекратить платежи; не явиться по вызову в суд ◇ 1. **action for default on obligations** — иск о неисполнении обязательств; 2. **default claim** — иск о нарушении; 3. **default of payment** — неуплата; 4. **default on interest** — неуплата процентов; 5. **default on international obligations** — невыполнение международных обязательств; 6. **credit default** — неуплата задолженности по кредиту; 7. **judg(e)ment by default** — решение суда в пользу истца вследствие неявки ответчика.

defer — откладывать; отсрочивать ◇ 1. **to defer payment** — отложить платеж; 2. **deferred charges** — расходы будущих лет; 3. **deferred shares** — второочередные акции; акции с отсроченным дивидендом (*выплаты по ним производятся только после выплат дивиденда по первоочередным акциям*); учредительские акции; 4. **deferred stock** — второочередные акции; акции с отсроченным дивидендом; учредительские акции (*ам.*).

defiance — игнорирование; пренебрежение ◇ **defiance of the law (the rules)** — нарушение закона (правил).

deficiency — дефицит; недостаток; недостача, нехватка ◇ 1. **a deficiency in weight of 10 tons** — недостача в весе в 10 тонн; недовес в 10 тонн; 2. **to make up the deficiency** — возместить недостачу.

deficit — дефицит; недочет ◇ 1. **deficit below the line (below-line deficit)** — бюджетный дефицит под чертой, превышение расходов над доходами под чертой (*англ.*); 2. **deficit financing** — дефицитное финансирование (*бюджетная политика, приводящая к образованию дефицита и к увеличению потребности правительства в средствах для его покрытия; может проводится правительством преднамеренно или являться результатом бесконтрольного роста расходов*); 3. **external payments deficit** — дефицит платежного баланса; 4. **visible trade deficit** — дефицит торгового баланса.

deflate — сокращать выпуск бумажных денег; снижать цены (*ам.*) ◇ 1. **deflated by consumers' price index** — выраженный в постоянных ценах при помощи индекса розничных цен; 2. **deflation** — дефляция (*изъятие из обращения части наличных денег путем увеличения налогов и обязательных резервов коммерчес-*

ких банков, повышения учетной ставки, расширения продажи государственных ценных бумаг, сокращения государственных расходов; спад, снижение деловой активности); 3. **deflator** — дефлятор (*показатель расхождения между реальным и номинальным валовым национальным продуктом; характеризует общий уровень инфляции в экономике страны*).

defray — оплачивать ◇ **to defray expenses** — взять на себя расходы; покрыть расходы.

degree — ступень; степень; градус; качество, сорт ◇ 1. **by degrees** — постепенно; 2. **to a certain degree** — до известной степени.

dehoarding — прекращение тезаврирования; освобождение от излишних товарных запасов.

delay — задержка; опоздание; промедление; отсрочка; отлагательство; задерживать; медлить; откладывать ◇ 1. **to ask for a delay** — просить отсрочку; 2. **to grant a delay** — предоставить отсрочку; 3. **without delay** — безотлагательно; 4. **to delay an action** — отложить процесс.

del credere (delcredere) — делькредере (*поручительство комиссионера за выполнение покупателем его финансовых обязательств*) ◇ 1. **del credere agent** — комиссионер, берущий на себя делькредере; 2. **to stand del credere** — принять на себя делькредере.

delegate — делегат; представитель; делегировать; уполномочивать; передавать (полномочия).

delegation — делегирование; делегация; депутация ◇ **trade delegation** — торговая делегация.

deliver — доставлять; сдавать; поставлять; формально вручить (акт, договор и т. п.) ◇ 1. **to deliver the goods** — сдать или поставить товар; доставить товар; выдать товар (со склада или судна); 2. **to deliver goods f.o.b. (c.i.f.) Odessa** — сдать товар на условиях ФОБ (СИФ) Одесса.

delivery — доставка; сдача; поставка; передача, формальное вручение (акта, договора и т. п. — *юр.*); **выдача** ◇ 1. **delivery by installments** — сдача по частям; 2. **delivery month** — месяц выполнения срочных контрактов; 3. **delivery note** — накладная (*счет на отправленный или отпущенный покупателю товар, содержащий подробные данные о виде, количестве и стоимости товара и обозначение всех относимых за счет покупателя расходов*); 4. **delivery notice** — извещение о поставке (*письменное извещение расчетной палаты о намерении продавца поставить физический товар против открытой им короткой позиции по срочной сделке*); 5. **delivery on call** — поставка по требованию (*по отзыву*); 6. **delivery order** — деливери-ордер (*документ, содержащий распоряжение о выдаче товара со склада или о выдаче части груза по коносаменту в порту назначения, обязателен для перевозчика только в случае согла-*

сия последнего, что должно быть подтверждено соответствующей надписью на этом документе); 7. **delivery points** — пункты поставки (*пункты, определяемые товарными биржами, куда могут быть поставлены товары или финансовые инструменты, проданные по срочным контрактам*); 8. **delivery price** — цена поставки (*устанавливается расчетными палатами на поставку товара по срочному контракту*); 9. **carriage free delivery** — поставка франко-место (*условия поставки по которому расходы по транспортировке товара до места назначения, погрузке, страховке совершаются за счет продавца и не оплачиваются покупателем*); 10. **cessation of delivery** — прекращение поставки; 11. **cost of delivery** — стоимость доставки; 12. **date of delivery** — дата сдачи, поставки; срок сдачи, поставки; срок доставки; 13. **delay in delivery** — задержка в сдаче; задержка в доставке; 14. **express (special) delivery** — срочная доставка; 15. **free on truck delivery** — поставка франко-автотранспортное средство (*условие поставки, по которому продавец должен доставить и погрузить товар на автотранспортное средство; затем все права и ответственность за дальнейшую транспортировку товара переходят к покупателю*); 16. **part delivery** — частичная сдача; 17. **payable on delivery** — с уплатой при доставке; 18. **reciprocal delivery** — взаимные поставки; 19. **short delivery** — доставка неполного количества; 20. **special delivery** — срочная доставка; 21. **to effect delivery** — произвести сдачу; 22. **to take delivery (of goods)** — принимать поставку (*товара*).

demand — требование; спрос; требовать, предъявлять требование ◇ 1. **demand deposit** — депозит до востребования; бессрочный вклад (*банковский депозит, который может быть изъят вкладчиком по первому его требованию*); 2. **demand draft** — тратта (*переводной вексель*), срочная немедленно по предъявлении; 3. **demand line of credit** — кредитная линия (*договор с банком о предоставлении кредита по первому требованию*); 4. **demand of goods** — отзыв товара (*распоряжение покупателя поставщику об отгрузке товара*); 5. **demand pull** — инфляция спроса (*ситуация, когда платежеспособный спрос на товары опережает их предложение*); 6. **to demand security** — требовать обеспечения; 7. **active (brisk) demand** — оживленный спрос; 8. **aggregate demand** — совокупный спрос (*общий обьем спроса на товары и услуги в экономике*); 9. **deferred demand** — накопившийся отложенный спрос; 10. **effective demand** — платежеспособный спрос (*спрос на товары и услуги, обеспеченный денежными средствами покупателей*); 11. **fair demand** — довольно оживленный спрос; 12. **payable on demand** — подлежащий оплате немедленно по предъявлении (*по первому требованию*); 13. **supply and demand** — спрос и предложение; 14. **the supply exceeds the demand** — предложение превышает спрос; 15. **to be in (great, small, steady) demand** — пользоваться (*большим, малым, постоянным*) спросом; 16. **to continue in demand** — продолжать пользоваться спросом; 17. **to demand a cut (reduction, markdown) in price** — требовать уценки; 18. **to demand security** — требовать обеспечения; 19. **to place demands on somebody** — предъявлять требование к кому-л.; 20. **to satisfy the demand** — удовлетворять спрос.

demurrage — плата за простой (*судна, вагона*); **контрсталийные деньги; простой судна; контрсталия** (*пеня, взыскиваемая за каждый из контрсталийных дней, то есть за те дни, на которые судно может быть, согласно договору, задержано в порту в ожидании погрузки или выгрузки сверх обусловленного для производства этих операций времени, т. е. сверх сталийных дней*); **демередж** (*денежное возмещение по согласованной ставке, уплачиваемое судовладельцу фрахтователем за простой судна под грузовыми операциями сверх установленного договором фрахтования времени*) ◇ **on demurrage** — на простое.

denial — отрицание; опровержение; отказ в предоставлении ◇ 1. **denial of tariff concessions** — отказ в предоставлении тарифных уступок; 2. **denial of export privileges** — лишение права заниматься экспортной торговлей.

denomination — название; наименование; нарицательная стоимость; достоинство; купюра; деноминация ◇ 1. **bonds issued in denomination of $ 100** — облигации, выпущенные купюрами в 100 долларов; 2. **coins in the denomination of ...** — монеты достоинством в ....

denounce — денонсировать (отказаться от договора) ◇ **to denounce a treaty** — отказаться от договора, денонсировать договор.

department—отдел; департамент; ведомство; министерство; department store — универсальный магазин (*ам.*).

deposit — задаток; залог; депозит, взнос (*в обеспечение иска, явки в суд и т. п.*); **вклад** (*в банк*), **депозит; давать задаток, обеспечение; депонировать; вносить на хранение** ◇ 1. **deposit account** — депозитный счет; авансовый счет; 2. **deposit bank** — депозитный банк (*производит кредитно-расчетные и доверительные операции за счет привлеченных депозитов, принимает вклады от населения*); 3. **deposit banking** — депозитные операции банков (*операции, формирующие банковские ресурсы; по текущим счетам и вкладам, корреспондентским договорам, переучету и перезалогу*); 4. **deposit ceiling rate** — максимальные процентные ставки по депозитным и сберегательным счетам (*устанавливаются Советом управляющих Федеральной Резервной Системы США, Федерацией корпораций по страхованию депозитов, правлением Федерального банка жилищного кредитования и администрацией Национального* *кредитного союза для коммерческих, взаимно-сберегательных банков, кредитных ассоциаций и сберегательных союзов, гарантом которых является ФРС США*); 5. **deposit certificate —** депозитный сертификат (*документ на право владения определенными вложенными в банк средствами и получения по ним оговоренного процента*); 6. **deposit in escrow** — мнимые или фиктивные вклады (*зачисленные в депозиты кредиты, не сопровождающиеся реальным взносом денежных средств, предоставленные банками своим клиентам*); 7. **deposit interest rate** — процентная ставка вклада; 8. **deposit payable to a particular person** — именной вклад; 9. **deposit rates of interest —** депозитная процентная ставка (*максимальная процентная ставка по депозитным и сберегательным счетам в коммерческих и взаимно-сберегательных банках, кредитных ассоциациях и сберегательных союзах, гарантом которых является ФРС США*); 10. **deposit receipt** — депозитная квитанция; сохранная расписка; депозитный сертификат (*документ на право владения определенными вложенными в банк средствами и получения по ним оговоренного процента*); 11. **deposit payable to a particular parson** — именной вклад (*вклад, зарегистрированный на определенное лицо; любые операции с таким вкладом могут быть осуществлены только по прямому поручению вкладчика или по поручению его доверенного лица*); 12. **bank deposits** — банковский депозит (*денежные суммы частных и юридических лиц, помещенные на хранение в банк, в банковской отчетности отражаются как пассивы*); 13. **bank of deposit** — депозитный банк (*производит кредитно-расчетные и доверительные операции за счет привлеченных депозитов, принимает вклады от населения*); 14. **call deposit** — вклад до востребования; 15. **certificate of deposit (CD)** — депозитный сертификат (*свидетельство о срочном процентном вкладе в коммерческом банке, условия которого обычно публикуются и пересматриваются только для очень крупных вкладов*); 16. **current account deposit** — вклады на текущие счета; 17. **demand deposit** — вклад до востребования, бессрочный вклад (*подлежащий возврату по первому требованию вкладчика*); 18. **derivative deposit** — мнимые или фиктивные вклады (*зачисленные в депозиты кредиты, предоставленные банками своим клиентам*); 19. **fixed deposit** — срочный вклад (*подлежит погашению в установленную дату с уплатой процентов, фиксированных на весь процентный период*); 20. **import deposit** — импортный депозит (*инструмент ограничения импорта путем требования от импортера заранее внести часть стоимости ввозимых товаров в конвертируемой валюте*); 21. **nonfixed deposit** — вклад до востребования; 22. **primary deposits** — реальные вклады; 23. **public deposits** — депозиты публично-правовых учреждений (*денежные средства или ценные бумаги, отданные на хранение в банки и сберкассы, финансово-кредитные институты; вклады в банки и сберкассы; записи в банковских книгах, подтверждающие требования клиентов к банку*); 24. **savings deposit** — сберегательный вклад (*вклад в сберегательной кассе, внесенный физическим лицом, на неопределенный срок под процент*); 25. **short deposit** — краткосрочный вклад; 26. **sight deposit** — бессрочный вклад (*см.* demand deposit); 27. **special deposits** — специальные депозиты (*форма резервных требований, контролируемых центральным банком страны, напр., банком Англии, в соответствии с которыми банки должны держать определенный процент своих депозитов в центральном банке*); 28. **special drawing right (SDR)** — специальные права заимствования (*особые резервные активы, созданные МВФ и распределенные путем записи по счетам центральных банков стран-членов МВФ пропорционально их квотам*); 29. **time deposit** — срочный вклад (*подлежит выдаче после установленной даты с уплатой процентов, фиксированных на весь процентный период*); 30. **to deposit money in a bank** — вносить деньги на хранение в банк; 31. **to deposit securities** — держать ценные бумаги на депозите; 32. **to draw on deposit** — получить сумму с депозита; 33. **to place money on deposit** — внести деньги в депозит.

depositary (depository) — лицо, которому вверены депозиты; депозитарий; склад; хранилище ◇ **depositary receipt** — депозитная расписка, свидетельство (*документ, подтверждающий право его владельца на средства, размещенные на депозите*).

depositor — депонент (*гражданское или юридическое лицо, внесшее ценности в депозит государственного учреждения; работники, не получившие своевременно заработную плату; отдельные организации и лица, в пользу которых произведены удержания из заработной платы*).

deprecation — обесценивание; амортизация; изнашивание; скидка на порчу товара ◇ 1. **deprecation of money** — обесценение денег (*падение покупательной способности денег по отношению к товарам — внутреннее обесценение; снижение их валютного курса — внешнее обесценение*); 2. **physical deprecation** — физический износ (*материальное снашивание элементов основного капитала и постепенная утрата ими потребительской стоимости в процессе производственного потребления и под влиянием естественных сил природы*).

depression — упадок; депрессия; кризис ◇ 1. **depression of the market** — вялое настроение рынка; понижательное состояние рынка (*когда цены установились на более низком уровне и проявляют тенденцию к дальнейшему понижению вследствие затоваривания рынка; сокращается число совершаемых сде-*

лок); 2. **depression of trade** — застой в торговле; 3. **depth of the depression** — глубина депрессии (*самая низкая конъюнктура рынка в период кризиса, характеризуемая падением цен и наибольшей пассивностью субъектов рынка*).

description — описание; вид; род; сорт ◇ 1. **sale by description** — продажа по описанию; 2. **choice descriptions** — отборные сорта.

design — проект; конструкция; чертеж; план; рисунок; узор; образец; проектировать; конструировать; предназначать ◇ 1. **design patent** — патент на промышленный образец; 2. **defect in design** — дефект в конструкции; 3. **industrial design** — промышленный образец (*новая художественная форма промышленного изделия, машины и т. п.*); 4. **utility design** — промышленный образец предмета широкого потребления.

destination — назначение; место назначения; предназначение ◇ 1. **country of destination** — страна назначения; 2. **port of destination** — порт назначения.

destock — снижать или сокращать запасы; пользоваться запасами.

detention — задержка; простой (*судна*); **задержка** (*судна*) **сверх срока; возмещение за задержку судна сверх срока; задержание, арест.**

devalue — обесценивать; девальвировать ◇ **devaluation** — девальвация (*снижение официального или центрального курса валюты по отношению к иностранным валютам; используется как средство уменьшения дефицита платежного баланса*).

development — развитие; эволюция; движение; прогресс; рост; увеличение; распространение; разработка; создание; проектирование; улучшение; рационализация; строительство; эксплуатация; подготовительные работы; событие; обстоятельство; явление; фактор; вывод ◇ 1. **development drilling** — эксплуатационное бурение; 2. **development engineer** — инженер по рационализации; ведущий инженер; инженер-мелиоратор; 3. **development engineering** — разработка новых конструкций; 4. **development expenditures** — расходы на капитальное строительство; 5. **development of a new model** — конструирование новой модели; 6. **development of electric power** — расширение производства электрической энергии; 7. **development of land** — застройка земельных участков; мелиорация земли; 8. **development of the population** — рост численности населения; движение населения; 9. **development plan** — программа капитального строительства; строительная программа; 10. **development programme** — программа капитального строительства; строительная программа 11. **development well** — рабочая (*эксплуатационная*) скважина (*на нефтеносном или газоносном месторождении*); 12. **development work** — разработка; работа по совершенствованию; подготовительная работа; 13. **capital**

development — капитальное строительство; 14. **current developments** — текущие события; 15. **economic development** — экономическое развитие; 16. **economic developments** — события в экономической жизни; 17. **factory development** — строительство фабрик и заводов; 18. **a new development** — новое событие; новый фактор; новинка, новшество, нововведение; новое усовершенствование; 19. **new developments in engineering** — новости машиностроения; 20. **population development** — рост численности населения; движение населения; 21. **price development** — движение цен; 22. **recent developments** — новые или последние события; 23. **town development** — городское строительство, градостроительство; 24. **unexpected developments** — неожиданные обстоятельства.

deviation — отклонение; девиация ◇ **deviation clause** — девиационная оговорка (*условие в чартере о возможности захода судна в другие порты, помимо порта назначения*).

dicker — десяток; дюжина; мелкая сделка (*ам.*); заключать мелкие сделки (*ам.*); торговаться по мелочам.

difference — разница; разность; различие; отличие; расхождение; разногласие ◇ 1. **difference in exchange** — курсовая разница (*разница между курсом продавцов и покупателей*); 2. **difference in quality** — разница в качестве; 3. **to settle the differences** — урегулировать разногласия; 4. **to speculate in differences** — играть на разнице (бирж.); 5. **to split the difference** — согласиться на среднюю величину, поделить разницу пополам.

differential — дифференциальный; дифференцированный; различие; разница ◇ 1. **differential duties** — дифференциальные пошлины; 2. **differential tariff** — дифференцированный тариф (*таможенный тариф, позволяющий отдавать предпочтение определенным товарам или не пропускать их в зависимости от того, в какой стране они изготовлены*); 3. **differentials** — дифференции (*скидки или премии, устанавливаемые в случае, если качество доставленного товара не соответствует базисному качеству или условия поставки по срочному контракту отличаются от оговоренных*); 4. **wage differentials** — различия в зарплате; дифференциальные ставки зарплаты.

direct — прямой; непосредственный; руководить; управлять; давать инструкции; направлять; прямо; непосредственно ◇ 1. **direct bill of lading** — прямой коносамент (*документ на груз, не подлежащий перегрузке*); 2. **direct expenses** — прямые затраты (*связаны непосредственно с производством конкретной продукции или оказанием услуг*); 3. **direct investment** — реальные инвестиции; прямые инвестиции (*вложение капитала одной фирмы в производство какой-л. продукции в другой стране*); 4. **direct labour** — непосредственные трудовые затраты (прямо связаны с производством продукции или работ); 5. **direct loss-**

es — прямые потери; 6. **direct paper** — адресные коммерческие бумаги (*проданные эмитентом непосредственно инвесторам*); 7. **direct placement** — прямое размещение (*непосредственное размещение нового выпуска ценных бумаг; размещение не по подписке*); 8. **direct quotation** — прямая валютная котировка (установление курсов иностранных валют в национальной валюте); 9. **direct tax** — прямой налог (*устанавливается на доходы и имущество частных лиц, а также на наследство и отчисления на социальное страхование*); 10. **direct traffic** — прямое сообщение; 11. **direct transit trade** — прямой транзит; 12. **to direct a letter** — адресовать письмо.

direction — руководство; управление; направление; указание; распоряжение; наставление; адрес (*на письме и т. п.*)**; дирекция; правление** ◇ 1. **under the direction of** — под руководством; 2. **directions** — инструкции, директивы; 3. **directions for use** — инструкции по применению.

director — директор; член правления; руководитель ◇ 1. **board of directors** — правление (*акционерного общества*); дирекция; 2. **managing director** — директор-распорядитель.

directory — справочник; справочная книга; адресная книга ◇ 1 **telephone directory** — телефонный справочник; 2. **trade directory** — указатель фирм; справочная книга о фирмах.

disagio — дизажио (*вычет из установленного курса или нарицательной цены*).

disburse — уплачивать; оплачивать.

disbursement — выплата; расходы, издержки; издержки по обслуживанию судна (*мор.*) ◇ **disbursement account** — счет издержек (*агента или капитана*), дисбурсментский счет.

discharge — разгрузка; выгрузка; уплата, выплата; исполнение (*обязательства*)**; освобождение от обязательств, долгов; разгружать(ся); выгружать; уплачивать, погашать** (*долги*)**; исполнять** (*обязанности, обязательство*)**; освобождать от обязательств, долгов** ◇ 1. **to discharge a cargo** — выгружать груз; 2. **to discharge a debt** — уплатить (погасить) долг; 3. **discharge of a contract** — прекращение обязательств из договора; 4. **discharge of a debt** — погашение долга; 5. **discharge of an obligation** — исполнение обязательства; 6. **discharged bankrupt** — освобожденный от долгов несостоятельный должник; восстановленный в правах банкрот; 7. **discharging** — передача товаров или денежных средств, хранимых длительное время; 8. **order of discharge** — освободительный приказ суда (*освобождающий несостоятельного должника от долгов*).

discount — скидка; дисконт, учет векселей; учитывать, дисконтировать (*векселя*)**; предвосхищать, заранее учитывать, действовать в ожидании чего-л.; не принимать в расчет; относиться с недоверием** ◇ 1. **to discount a bill** — учесть вексель; 2. **discount**

bank — учетный банк (*совершает операции купли-продажи векселей*); 3. **discount bond** — дисконтная облигация (*продается по цене ниже номинала, как правило, на вторичном рынке*); 4. **discount for cash** — скидка за наличный расчет; 5. **discount house** — дисконтер (*учетный дом — лондонские финансовые учреждения, осуществляющие на внутреннем рынке операции купли-продажи казначейских и обычных векселей; в настоящее время насчитывается 72 учетных домов, имеющих "особые" отношения с банком Англии; в США — магазин низких цен, продающий товары по более низким ценам по сравнению с обычными ценами в других магазинах*); 6. **discount market** — учетный рынок (*внутренний денежный рынок*); 7. **discount off (on, from) the initial price** — скидка с исходной цены; 8. **discount prices** — цены со скидкой (*скидка с установленной цены; скидка по сравнению с котировками товара, сдаваемого в другие сроки и т. п.*); 9. **discount rate** — учетная ставка (*процент, взимаемый: банком с суммы векселя при покупке его банком до наступления срока платежа; центральным банком при учете правительственных ценных бумаг или кредита под них; в США — процентная ставка, которой пользуется Федеральный резервный банк при предоставлении средств на короткий срок депозитным учреждениям*); учетный процент, курс (*представляет собой разницу между номиналом ценной бумаги и суммой, уплаченной при ее покупке*); 10. **discount securities** — дисконтные кредитные обязательства (*выпускаются в обращение со скидкой и оплачиваются по наступлении срока их погашения по полной, номинальной, стоимости; к ним относятся, напр., казначейские векселя*); 11. **discount window** — учетное окно (*заемные средства, предоставленные федеральными резервными банками избранным депозитным учреждениям — ам.*); 12. **to discount the market** — действовать в ожидании изменения конъюнктуры рынка; заранее учитывать возможное повышение или понижение цен; 13. **allowance granted (given) discount** — предоставленная скидка; 14. **at a discount** — со скидкой; ниже нарицательной цены; 15. **bank of discount** — учетный банк; 16. **cash discount** — скидка за наличный расчет; 17. **extra discount** — дополнительная скидка; 18. **less discount of 5 per cent** — со скидкой в 5 процентов; за вычетом 5 процентов; 19. **rate of discount** — учетная ставка (*см.* discount rate); учетный процент; курс; 20. **to take on discount** — принимать к учету, учитывать (векселя); 21. **trade discount** — скидка розничным торговцам, 22. **discounted cash flow** — дисконтированный поток наличных средств (*метод определения сравнительной эффективности будущих инвестиционных проектов путем сравнения величины дисконтированных ожидаемых от них поступлений с современной стоимостью инвестиций*); 23. **bills discounting** — учет векселей

лей (*покупка банком или специализированным кредитным учреждением векселей до истечения их срока; банк досрочно уплачивает держателю векселя сумму на которую выписан вексель за вычетом учетного процента*).

discovery — предоставление сведений (*по требованию суда*); **открытие** ◇ **discovery of documents** — истребование документов; представление документов.

discredit — дискредитация; недоверие; лишение кредита; дискредитировать; не доверять ◇ **the report (the news) is discredited** — этому сообщению отказываются верить.

dishono(u)r — отказ от акцепта (векселя), **в платеже** (по векселю); **отказать в акцепте** (векселя), **платеже** (по векселю).

disinflation — дефляция (*уменьшение, путем различных мероприятий финансового и экономического характера, количества находящихся в обращении бумажных денег и неразменных банкнот с целью повышения их покупательной способности, уменьшения уровня розничных цен, сокращения бюджетного дефицита и т. д.*).

disinvestment — сокращение капиталовложений; продажа или реализация капиталовложений ◇ **external disinvestment** — продажа заграничных капиталовложений; сокращение заграничных капиталовложений.

dispatch — отправка; быстрота; быстрое исполнение; депеша; официальное донесение; посылать; отправлять; быстро выполнять ◇ 1. **dispatch (money)** — диспач (*премия за более быструю погрузку или выгрузку по сравнению с нормами, обусловленными в чартерпартии — мор.*); 2. **dispatch clerk** — диспетчер (служащий фирмы, в функции которого входит запись начала и окончания каждого производственного задания, доведение рабочих заданий до конкретного исполнителя, сбор данных о выполненной работе; обязан следить за тем, чтобы производственный процесс протекал в соответствии с планом-графиком, предотвращать простои оборудования и рабочих путем своевременной выдачи дополнительных заданий и пр.); 3. **dispatch loading only** — диспач только за досрочную погрузку; 4. **dispatch station** — станция отправления; 5. **to hasten dispatch** — ускорить отправку; 6. **with dispatch** — быстро; 7. **dispatcher** — диспетчер (*см.* dispatch clerk); экспедитор (*лицо, занимающееся отправкой или рассылкой чего-л.*).

disposable — свободный; находящийся в распоряжении ◇ **disposable income**—доход, остающийся после уплаты налогов.

dispute — спор; конфликт ◇ 1. **dispute resolution** — разрешение конфликта; 2. **beyond (without) dispute** — бесспорно; 3. **industrial (trade, labour) dispute** — трудовой конфликт; 4. **the matter in dispute** — спорный вопрос; 5. **to settle a dispute** — уладить или урегулировать спор.

dissolution — расторжение; ликвидация; расформирование; роспуск; растворение ◇ **dissolution of partnership** — ликвидация товарищества.

distrain — налагать арест на имущество (в обеспечение долга — *юр.*) ◇ 1. **distrainee** — лицо, у которого описано имущество (*в обеспечение долга*); 2. **distrainor** — лицо, налагающее арест на имущество (*в обеспечение долга*).

distress — бедствие; налагать арест на имущество (*юр.*) ◇ 1. **distress cargo** — груз судна, терпящего бедствие; 2. **distress goods** — непринятый товар; товар обанкротившегося владельца; 3. **distress rates** — вынужденные низкие ставки; 4. **distress selling** — продажа по крайне низким ценам; 5. **commercial distress** — угнетенное состояние торговли.

distribution — распределение; раздача; рассылка; размещение ◇ 1. **distribution costs** — издержки обращения (*затраты живого и овеществленного труда, связанные с обращением товаров, их хранением, транспортировкой, предпродажной подготовкой и т. п.*); 2. **geographical distribution** — географическое размещение; 3. **regional distribution** — распределение по районам (странам).

distributor — распределитель; распределительная организация; торговец; оптовик; импортер-оптовик.

diversification — многообразие; множественность; разносторонность; разностороннее развитие ◇ 1. **diversification of the economy** — разностороннее развитие экономики; 2. **export diversification** — диверсификация экспорта (*увеличение количества видов и наименований продукции, предназначенных для экспорта; обеспечивает возможности для хозяйственных маневров, преодоления неблагоприятной внешней конъюнктуры, ускорения обновления ассортимента вывозимой продукции*).

dividend — дивиденд ◇ 1. **dividend cover** — покрытие по дивидендам (*число, показывающее во сколько раз прибыль компании превышает сумму выплачиваемых ею дивидендов*); 2. **dividend of account** — предварительный дивиденд; 3. **dividend payment** — оплата дивиденда; дивиденд к оплате; 4. **dividend restraint** — дивидендное ограничение (*преднамеренное ограничение размеров выплат дивидендов держателям акций баз права на фиксированный дивиденд; часто является предметом государственной политики и осуществляется с помощью дополнительного налога на дивидендные выплаты*); 5. **dividend tax** — дивидендный налог (*выплачивается компаниями с ограниченной ответственностью в дополнение к корпорационному налогу и берется из прибыли до выплаты дивидендов*); 6. **dividend warrant** — доверенность на получение дивидендов (*указывается получатель суммы денег в банке, общая сумма денег, налоговые выплаты и сумма к выплате*); 7. **dividend yield**

— норма дивиденда (*процентное соотношение текущего дивиденда и рыночной стоимости акции*); 8. **cash dividend** — дивиденд (*в виде денежной выплаты*); денежный дивиденд; 9. **cum dividend** — цена с дивидендом (*отражаемое в цене акций право покупателя на получение очередных дивидендов; непосредственно перед выплатой дивидендов такое право не предоставляется; в этом случае акции продаются по цене ex div — англ.*); 10. **ex dividend (ex div)** — без дивиденда (*исключается право получения текущего дивиденда по акциям*); 11. **interim dividend** — предварительный дивиденд (*распределение прибылей компанией за промежуточный период, обычно за какую-то часть года, напр., за квартал, полугодие*); 12. **stock dividend —** дивиденд, оплаченный акциями; 13. **surplus dividend** — бонус (*дополнительное вознаграждение, премия; дополнительная скидка в соответствии с условиями сделки*).

division — деление; разделение; отдел; отделение; раздел ◇ international division of labour — международное разделение труда.

docket — ярлык; этикетка (*с указанием адреса грузополучателя*); **выписка; перечень; реестр дела** (*юр.*); **краткое содержание документа; выписка из судебного решения** (*юр.*); **квитанция таможни об уплата пошлины; декларация продавца** (*бирж.*); **прикреплять ярлыки; маркировать; вносить в роспись, в реестр; делать надпись с кратким изложением содержания документа.**

document — документ; документировать; подтверждать документами ◇ 1. documents against acceptance (DM) — документы против акцепта (*условие о выдаче покупателю грузовых документов после акцептования им тратты; применяется в международной торговле*); 2. **documents against payment (D/P)** — документы за наличный расчет (*условие о выдаче импортеру грузовых документов только при уплате суммы счета наличными*); 3. **document of title (to the goods)** — товарораспорядительный документ; 4. **basic document** — первичный документ; 5. **negotiable document** — оборотный документ; 6. **shipping document** — грузовые (погрузочные) документы; грузовой манифест (*документ, в котором сведены все коносаментные партии, погруженные на данное судно; необходим для таможенной "очистки" судна в иностранном порту*); грузовой план (*план размещения грузов в грузовых помещениях судна*); грузовой список (*перечень грузов, подлежащих погрузке на данное судно, составляется при перевозке нескольких партий генеральных грузов*); погрузочный ордер (*поручение предприятия-экспортера порту на отгрузку экспортного груза морским транспортом; содержит все необходимые для перевозчика данные по условиям поставки и обращения с грузом*); таймшит (*ведомость учета времени стоянки судна при погрузке и* *выгрузке*); штурманская расписка (*судовой документ, подтверждающий принятие груза к перевозке; является основанием для выписки коносамента; отражает факт перехода ответственности за груз грузоотправителя на судно; дата, поставленная на расписке, должна соответствовать фактической дате погрузки данного груза на судно*); 7. **documented collection** — документарное инкассо; инкассирование коммерческих документов (*банковская операция, по которой банк получает по поручению своего клиента причитающиеся ему денежные средства от третьих лиц на основании расчетных документов; счетов, отгрузочных и страховых документов*).

documentary — документированный; документальный ◇ 1. **documentary bill** — документированная тратта (*переводной вексель, сопровождаемый товарораспорядительными документами*); 2. **documentary collection** — документарное инкассо; 3. **documentary credit** — документарный аккредитив (*форма расчетов и финансирования во внешней торговле; аккредитив может быть подтвержденным или неподтвержденным, отзывным или безотзывным; при аккредитивной форме расчетов экспортер получает товар немедленно, а импортеру предоставляется кредит*); 4. **documentary draft** — документированная тратта (*см.* documentary bill); 5. **documentary letter of credit** — товарный аккредитив (*используется в расчетах между продавцом и покупателем во внутреннем и международном торговом обороте, выплаты по нему производятся против товарных документов*).

domicil(e) — местожительство; юридический адрес; страна постоянного местожительства; домициль (*иное, чем местожительство векселедателя, место платежа по векселю, указывается на векселе — фин.*); **обозначить место платежа** (по векселю); **домицилировать** ◇ 1. **to domicile a bill** — домицилировать вексель (*указать на векселе место платежа, иное, чем местожительство векселедателя*).

Dow Jones index (DJ; — the Dow Jones) — индекс Доу-Джонса (*статистическая средняя величина из курсов акций, используемая для ежедневных котировок акций на Нью-Йоркской фондовой бирже*).

dormant — бездействующий ◇ 1. **dormant balance** — остаток на текущем счету, не используемый клиентом в течение продолжительного времени; 2. **dormant partner** — компаньон, не принимающий активного участия в ведении дел.

division — вниз; наличный; наличными ◇ 1. **down-drift** — снижение, понижение; 2. **down price clause** — пункт, предусматривающий понижение цены; 3. **downtrend** — тенденция к понижению; 4. **downturn** — понижение, уменьшение; 5. **downturn in prices** — понижение цен; 6. **downward** — спускающийся, понижающийся; 7. **cash down** — наличные деньги; 8. **cotton is down a cent** — хлопок понизился в цене на 1 цент; 9. **draw-down** — получение средств от финансовых учреждений (*средства состоят из кредитов МВФ, кредитов в евровалюте от банков или корпоративных кредиторов; гарантируются отечественным банком*); 10. **money down** — наличные деньги; 11. **to bring down** — снижать цены; 12. **to go down** — понижаться (о ценах); ухудшаться (о качестве); 13. **to pay 20% down** — уплатить 20% наличными; 14. **to put down** — снижать цены.

draft — **чертеж; план; эскиз; проект; черновик; тратта** (*переводной вексель — безусловный письменный приказ одного лица другому, на которого выставлен вексель, уплатить по предъявлении этого документа или в назначенный срок определенную сумму денег предъявителю или указанному в тратте лицу; строго формальный документ с обязательными признаками: наименование "вексель" в тексте документа, безусловный приказ о платеже, наименование плательщика, указание срока платежа, места платежа, наименование лица, кому или по приказу кого платеж должен быть совершен, дата и место составления векселя, подпись векселедателя; отсутствие какого-л. признака лишает этот документ силы векселя*); **получение; использование; скидка на провес; партия груза** (*взвешиваемая одновременно*) ◇ 1. **draft at ... days for ...** — тратта сроком на ... дней на сумму ...; 2. **draft bill** — законопроект; 3. **draft drawing advice** — авизо о выставлении тратты (*официальное уведомление о выставлении переводного векселя при акцептной форме расчетов*); 4. **draft of contract** — проект контракта; 5. **draft on funds (reserves)** — использование средств (резервов); 6. **draft payment advice** — авизо об оплате тратты (*официальное уведомление поставщика об оплате получателем переводного векселя в акцептном банке*); 7. **draft treaty** — проект договора; 8. **draft terms** — условие о производстве платежа векселем; 9. **banker's draft** — Банковская тратта (*оплачивается по предъявлении, выставляется самим банком или от его имени, приравнивается к наличным денежным средствам и не может быть возвращена без оплаты; часто используется во внешней торговле; синоним переводного векселя*); 10. **data draft** — датированная тратта (*срок ее действия считается от числа, которым она датирована*); 11. **demand draft** — тратта с платежом по предъявлении; 12. **documentary draft** — документированная тратта (*сопровождаемая товарораспорядительными документами*); 13. **dollar draft** — тратта, выставленная в долларах; 14. **return draft** — обратный переводной вексель, ретратта, рикамбио (*документ, по которому лицо, оплатившее опротестованный вексель, предъявляет требование о возмещении суммы векселя, процентов, пени и расходов по протесту к лицу, обя-*

занному по векселю); 15. **time draft** — тратта на определенный срок; 16. **to advise of a draft** — известить о выставлении тратты; 17. **to issue a draft** — выставить тратту.

drain — **истощение; расход; убыль; утечка; отлив** ◊ 1. **a drain of gold** — отлив золота; 2. **a drain on the gold reserve** — истощение (уменьшение) золотого запаса; 3. **external drain** — востребование золота из-за границы; внешний натиск на золотой запас; 4. **internal drain** — натиск на золотой запас изнутри страны; 5. **to drain away** — истощаться.

draw — **тащить; чертить; получать; брать** (*деньги*); **черпать; прибегать; пользоваться; составлять, оформлять** (*документ*); **обращать, привлекать** (*внимание*); **выписывать, выставлять** (*чек, тратту*); **трассировать** (*выдавать переводной вексель, переводить уплату денег на другое лицо*) ◊ 1. **to draw a bill** — выставить тратту; 2. **to draw an inference** — вывести заключение, сделать вывод; 3. **to draw a salary** — получать оклад, зарплату; 4. **to draw at ... days' sight** — выставить тратту (*трассировать*) сроком на ... дней по предъявлении; 5. **to draw at long (short) data** — выставить долгосрочную (*краткосрочную*) тратту; 6. **to draw at sight** — выставить тратту, срочную по предъявлении; 7. **to draw in one's expenditure** — сокращать чьи-л. расходы; 8. **to draw money from a bank** — получать деньги в банке; 9. **to draw on a bank (on an account)** — брать деньги из банка (*со счета*); 10. **to draw on a person for $ ... at ... days (months)** — выставить тратту на какое-л. лицо на ... долларов сроком на ... дней (месяцев); 11. **to draw on demand** — выставить тратту, срочную по предъявлении; 12. **to draw on the reserves** — получать из резервов, прибегать к резервам, пользоваться резервами; 13. **to draw supplies** — получать снабжение, снабжаться; 14. **to draw up (a contract)** — составлять договор); 15. **we wish to draw your attention to the fact that ...** — мы обращаем ваше внимание на то, что (*корр.*).

drawback — **недостаток; препятствие; возврат пошлины; уступка** (*в цене*) ◊ 1. **drawback goods** — товары, в отношении которых требуется возврат таможенных пошлин; 2. **drawback duty** — возвратная пошлина (*сумма импортных таможенных пошлин, подлежащая возврату плательщику при вывозе готовой продукции, полученной в результате обработки или переработки ранее ввезенных товаров; средство повышения конкурентоспособности экспортных товаров*).

drawee — **трассат** (*лицо, на которое выставлена тратта; лицо, акцептующее вексель и берущее тем самым обязательство уплатить по переводному векселю до наступления срока платежа — фин.*).

drawer — **трассант** (*лицо, выставившее тратту или выписавшее вексель, содержащий требование к другому лицу заплатить *указанную там сумму, — отвечает за акцепт и платеж по векселю — фин.*) ◇ **drawer of a cheque** — чекодатель (*трассант, кредитор*).

drawing — чертеж; рисунок; получение; пользование; расходование; выставленная тратта (*переводной вексель, являющийся безусловным письменным приказом одного лица другому, на которого выставлен вексель, уплатить по предъявлении этого документа или в назначенный срок определенную сумму денег предъявителю или указанному в тратте лицу*); **трассирование; выставление тратты** (способ погашения задолженности в иностранной валюте; составная часть вексельного оборота, валютных операций); **тираж; погашение** ◇ 1. **drawings from sterling balances** — расходование стерлинговых авуаров; 2. **drawings on importers** — тратты, выставляемые на импортеров; 3. **to make drawings upon the reserves** — получать из резервов, пользоваться резервами.

due — причитающийся (to — кому-л.); срочный; должный, надлежащий; ожидаемый, должный прибыть (*о судне, поезде, товаре, письме и т. д.*) ◇ 1. **due bill** — документ, подтверждающий обязательство продавца вручить ценные бумаги покупателю; вексель, подлежащий оплате; дата платежа; 2. **due data** — дата платежа (*по векселю*); 3. **in due course (in due time)** — в свое время; 4. **to be due to something** — быть вызванным, обусловленным чем-л.; быть обязанным чему-л.; 5. **to fall (to become) due** — наступать сроку платежа; 6. **the debt is due** — срок уплаты долга наступил; 7. **the mail is due tomorrow** — почта должна прибыть завтра; 8. **till due** — до срока платежа; 9. **when due** — когда наступит срок платежа, по наступлении срока платежа.

dues — пошлины; сборы; налоги ◇ **dock dues** — доковые сборы; плата за стоянку в доке.

dump — заниматься демпингом; практиковать демпинг; выбрасывать товар на рынок в больших количествах ◇ 1. **dumping** — демпинг (*продажа товаров по бросовым ценам, в убыток с целью закрепиться на рынке; для борьбы с ним вводят специальные пошлины; в рамках ГАТТ принят антидемпинговый кодекс*); вывоз по бросовым ценам; 2. **dumping duty** — антидемпинговая пошлина; 3. **dumping legislation** — законы по борьбе с демпингом; 4. **currency dumping** — валютный демпинг.

duty — долг; обязанность; пошлина; таможенная пошлина (on — на); сбор (on — с) ◇ 1. **duty for revenue** — фискальная пошлина (*таможенная пошлина, устанавливаемая с целью получения доходов в госбюджет; обычно на потребительские товары, не производимые в данной стране*); 2. **duty free** — беспошлинный, беспошлинно; 3. **duty-free importation** — беспошлинный ввоз (*ввоз на территорию государства товаров, ценностей или иных предметов, безусловно освобождаемых от уплаты тамо-*

женной пошлины, налогов и сборов; это предметы личного пользования, почтовые отправления, некоторые товары; освобождение последних способствует ввозу товаров, не производимых в данной стране, созданию смешанных и совместных предприятий, развитию гуманитарного обмена); 4. **duty paid —** оплаченный пошлиной; 5. **duty paid price** — цена, включающая пошлину; 6. **conditionally duty-free importation —** условно-беспошлинный ввоз (*ввоз в страну товаров или иных предметов без обложения пошлинами, сборами и налогами при условии обратного вывоза этих предметов в установленные сроки; применяется к предметам, имеющим индивидуальные признаки; транспорту, осуществляющему международные перевозки, выставочному и ярмарочному имуществу и экспонатам, научным приборам и т. п., а также предметам, предназначенным для переработки или окончательной отделки с последующим вывозом за границу готовых изделий*); 7. **countervailing duty** — компенсационная пошлина; уравнительная пошлина (*пошлина на импорт; ее устанавливают в повышенном размере для того, чтобы воспрепятствовать субсидированию экспорта, осуществляемому другой страной*); 8. **custom(s) duty** — таможенная пошлина (*государственный налог на пропускаемые через границу товары при их транзите, ввозе и вывозе, размер определяется таможенными тарифами*); 9. **death (estate) duties** — наследственные пошлины; налог на наследство; 10. **differential duty —** дифференциальная пошлина; 11. **drawback duty** — возвратная пошлина (*сумма импортных таможенных пошлин, подлежащая возврату плательщику при вывозе готовой продукции, полученной в результате обработки или переработки ранее ввезенных товаров; средство повышения конкурентоспособности экспортных товаров*); 12. **exempt from duty** — освобожденный от пошлины; 13. **excise duty** — акциз (*государственный косвенный налог на продукты массового потребления*); акцизный сбор; 14. **import duty** — импортные пошлины (*налог, которым государство облагает ввозимые из-за границы товары; ставки пошлин обычно увеличиваются с возрастанием степени обработки товаров, т. е. для сырья они ниже, чем для готовых изделий; устанавливаются в твердой сумме с единицы измерения товара или в виде процента к цене; если действуют обе ставки, то взимается большая*); 15. **key industry duty** — пошлина для защиты важных отраслей промышленности; 16. **retaliatory duty** — карательная пошлина; 17. **revenue duty —** фискальная пошлина (*таможенная пошлина, устанавливаемая с целью получения доходов в госбюджет; обычно на потребительские товары, не производимые в данной стране*); 18. **specific duty** — специфическая пошлина (*пошлина с единицы длины, веса, объема и т. д.*); 19. **transit duty** — транзитная пошлина.

E

earmark — предназначать; помечать отличительным знаком; откладывать; бронировать; блокировать; ассигновать ◇ **earmarked gold** — золото центрального банка страны, депонированное в центральном банке другой страны.

earn — зарабатывать; получать (*доход, прибыль*); **приносить** (*доход, прибыль, проценты*); **приносить доход** ◇ 1. **earned (operating) income** — производственная прибыль; прибыль от непосредственных операций предприятия; 2. **earned surplus** — нераспределенная прибыль; 3. **earning assets** — активы доходные (*активы, приносящие банку, корпорации доход*); 4. **earning yield** — коэффициент относительной доходности (*условный показатель доходности, который определяется как отношение величины всей полученной компанией за последний годовой период прибыли в расчете на 100 акций к текущей их цене*); 5. **earnings** — доход; прибыль; заработок; поступления; 6. **earnings per hour** — часовая зарплата; 7. **dollar earning commodity** — товар, являющийся источником получения долларов; 8. **equity earnings** — доход от обыкновенных акций; 9. **exchange earnings** — поступления иностранной валюты; 10. **hourly earnings** — часовая зарплата; 11. **ploughed back earnings** — капитализированная прибыль (*прибыль компании, которая не распределяется, а вновь инвестируется*); 12. **retained earnings** — нераспределенная прибыль.

earnest — задаток ◇ 1. **earnest money** — задаток; 2. **in earnest** — в виде задатка; 3. **to give something in earnest to bind contract** — дать что-л. в виде задатка в знак заключения контракта.

ease — слабеть; снижаться, понижаться (*о ценах*); **облегчать(ся); ослабление** (*медленное или незначительное снижение рыночных цен*) ◇ 1. **ease off** — медленное понижение (*ситуация на рынке, когда курсы ценных бумаг умеренно снижаются, несмотря на отсутствие ярко выраженной тенденции к реализации бумаг*); 2. **prices eased during the afternoon** — цены несколько снизились посла полудня; 3. **the copper situation shows no signs of easing** — на рынке меди незаметно признаков понижения цен; 4. **to ease customs formalities** — упростить таможенную процедуру.

easy — легкий; удобный; выгодный; вялый, застойный, не имеющий спроса ◇ 1. **easy money** — дешевые деньги; низкая стоимость займов, низкий ссудный процент (*ситуация, складывающаяся на рынке, когда в результате денежной политики и ослабления ограничений резко увеличивается предложение де-*

нежных и кредитных ресурсов, как правило, по низким или умеренным процентным ставкам); 2. **the market is easy** — настроение рынка понижательное (*состояние конъюнктуры рынка, когда цены установились на более низком уровне и проявляют тенденцию к дальнейшему понижению);* 3. **rubber is easy** — спрос на каучук небольшой; 4. **to buy (to sell) on easy terms** — покупать (*продавать*) на выгодных условиях; покупать (*продавать*) в рассрочку; 5. **easier** — более легкий, удобный, выгодный; более слабый, умеренный, пониженный (*о ценах, спросе);* 6. **prices (quotations) are easier** — цены снизились, цены более умеренные; 7. **the market is easier** — повышательная тенденция приостановилась и цены понижаются (*состояние конъюнктуры рынка*).

economic — хозяйственный; экономический; рентабельный; оправдывающий расходы; экономный, бережливый (*уст.*) ◇ 1. **economic conditions** — хозяйственная конъюнктура; 2. **economic cycle** — промышленный (*экономический*) цикл; 3. **economic effectiveness** — экономическая эффективность (*оценочный показатель результативности деятельности предприятий; определяется как отношение результатов к затратам);* 4. **economic freight rates** — рентабельные фрахтовые ставки.

economy — хозяйство; народное хозяйство; экономика; экономия, бережливость; (pl.) меры экономии; сбережения; экономичность; структура, организация ◇ 1. **economy measures** — меры экономии; 2. **closed economy** — экономика закрытая (*в теории — полностью изолированная от международной торговли — отсутствие экспорта, импорта или движения капитала; на практике — экономика с жесткими ограничениями, налагаемые на торговлю и движение капитала*); 3. **market economy** — рыночная (неплановая) экономика; 4. **national economy** — народное хозяйство; 5. **planned economy —** экономика плановая (*экономика, в которой распределение ресурсов в централизованном порядке контролируется правительством; в международной статистике термин применялся для обозначения социалистических стран);* 6. **rural economy** — сельское хозяйство; 7. **economies** — меры экономии; сбережения.

effect — следствие; результат; действие; сила; действительность; влияние; цель; содержание; значение; смысл; производительность; работа (*тех.*); совершать; выполнять; производить ◇ 1. **effects** — имущество; собственность; 2. **in effect** — в действительности; в сущности; 3. **no effect (N/E)** — нет средств (*надпись банка на чеке, означающая, что чек не может быть оплачен из-за отсутствия средств на текущем счету чекодателя);* 4. **to effect insurance** — застраховать; 5. **to effect payment** — производить платеж; 6. **to come into effect** — вступать в силу; 7. **to go into effect** — вступать в силу; 8. **to have a bear-**

ish (bullish) effect — вызвать понижение (*повышение*) цен (*результат игры на бирже на понижение или повышение*); 9. **to have the desired effect** — иметь желательный результат; подействовать; 10. **to take effect** — вступать в силу.

effective — **действительный; эффективный; полезный; действующий; имеющий силу** ◇ 1. **effective exchange rate** — эффективный валютный курс (*комбинированный показатель в вида индекса, характеризующего положение валюты данной страны в сравнении с валютами основных ее торговых партнеров; в качестве весов индекса принимаются объемы внешней торговли*); 2. **effective consumer demand** — платежный спрос (*спрос на товары и услуги, обеспеченный денежными средствами покупателей*); 3. **effective data** — дата вступления в силу; 4. **effective measures** — действительные меры; 5. **effective output** — действительная производительность, отдача; 6. **effective sterling** — с выплатой в фунтах стерлингов; 7. **effective yield** — реальная доходность (*фактический размер относительной прибыли, получаемой инвестором, который держит, а затем продает ценную бумагу*).

efficiency — **производительность; продуктивность; отдача (*техн.*); полезное действие; коэффициент полезного действия; деловитость; умелость; работоспособность** ◇ **efficiency test** — испытание для определения коэффициента полезного действия.

efficient — **эффективный; действенный; производительный; квалифицированный; умелый; работоспособный.**

eligible — **подходящий; приемлемый; годный** ◇ 1. **eligible acceptance** — акцепт, годный для учета; 2. **eligible bankers acceptance** — приемлемый банковский акцепт (*банковский акцепт может считаться приемлемым, если банк-акцептант может его продать, не создавая предписываемых резервов, или если Федеральный резервный банк примет такой акцепт в качестве обеспечения при предоставлении кредита — ам.*); 3. **eligible bills (paper)** — приемлемые векселя, ценные бумаги (*которые принимаются Банком Англии для переучета*); 4. **eligible liabilities** — приемлемые обязательства (*обязательства, включаемые в резервные активы английских банков*).

embargo — **эмбарго; запрещение; запрет; накладывать эмбарго; запрещать ввоз или вывоз; задерживать; реквизировать** ◇ 1. **embargo on certain import (export) goods** — частичное эмбарго (*запрещение на ввоз или вывоз отдельных видов товаров*); 2. **embargo setby regulations** — закрепленное уставом запрещение; 3. **complete embargo** — полное запрещение; 4. **temporary embargo** — временное запрещение; 5. **to be under an embargo** — быть под запретом; 6. **to lay (to place) an embargo on (upon)** — наложить эмбарго на; 7. **to take off an embargo** — снимать эмбарго.

embark — грузить(ся); садиться или сажать на судно; приступать; начинать ◇ to embark on a programme — приступать к выполнению плана.

emergency — непредвиденный случай; крайняя необходимость; авария ◇ 1. emergency amortization — амортизация при чрезвычайных обстоятельствах; 2. **emergency funds** — обязательные резервы банка (*средства коммерческих банков и др. кредитных институтов, которые должны храниться в центральном банке для обеспечения операций этого банка в соответствии с нормами обязательных резервов*); 3. **emergency measures** — экстренные или чрезвычайные меры; 4. **in a case of emergency** — в случае крайней необходимости.

employ — служба; занятие; употреблять; применять; использовать; держать на службе; предоставлять работу ◇ 1. to be in the employ of — работать или служить у кого-л.; 2. **employee** — работник по найму; служащий; 3. **engineering employee** — инженерно-технические работники; 4. **government employee** — государственный служащий; 5. **wage employee** — рабочий; 6. **employer** — наниматель; работодатель; предприниматель; владелец предприятия; 7. **employer's liability** — ответственность работодателя.

emporium — рынок; торговый центр; товарный склад; товарная база; большой магазин.

encash — получать наличными деньгами; инкассировать (*предъявлять документ к платежу и получать следуемые к уплате деньги*) ◇ 1. **encashment** — получение наличными деньгами; инкассирование; наличные поступления.

encouragement — ободрение; поощрение; содействие ◇ encouragement of trade — содействие торговле.

endorse (indorse) — расписываться на обороте (*документа*); **делать передаточную надпись** (*на обороте векселя, чека и т. п.*); **индоссировать; жировать; отмечать на обороте, вписать, сделать отметку** (*в документе*); **подтверждать ◇ 1. endorse a bill in blank** — сделать на векселе бланковую передаточную надпись; 2. **to endorse a bill to a person** — переводить вексель на какое-л. лицо, индоссировать вексель в пользу какого-л. лица; 3. **endorsee (indorsee)** — жират, индоссатор (*лицо, в пользу которого сделана передаточная надпись*); 4. **endorser (indorser)** — лицо, расписавшееся на обороте; индоссант (*лицо, делающее на обороте документа передаточную надпись*); жирант.

endorsement (indorsement) — подпись на обороте (*документа*); **индоссамент,** (*передаточная надпись на обороте векселя, чека, коносамента, складского варранта и т. д., удостоверяющая переход прав по этому документу к другому лицу; также является гарантией акцепта и платежа, так как индоссант отвечает за них*); **жиро** (*передаточная надпись на векселе, чеке* *и т. п.; письменный приказ клиента банку о перечислении определенной суммы с текущего счета клиента на текущий счет третьего лица*); **подтверждение; основание иска** (*на обороте судебной повестки — юр.*) ◇ 1. **endorsement for collection** — передаточная надпись только для инкассо; передаточная надпись “валюта на инкассо”; 2. **endorsement in full** — полный индоссамент; 3. **endorsement to an endorser** — передаточная надпись в виде перепоручительской надписи; 4. **endorsement without recourse** — безоборотная передаточная надпись (*держатель векселя не может вернуть его индоссанту*); 5. **blank (general) endorsement** — бланковая передаточная надпись (*баз указания лица, которому уступается документ; а этом случае вексель оплачивается по предъявлении*); 6. **qualified endorsement** — передаточная надпись, содержащая специальное условие; 7. **restrictive endorsement** — ограниченный индоссамент (*вексель с надписью, которая исключает переуступку его другому лицу*); 8. **special endorsement** — именная передаточная надпись.

enforce — принуждать; взыскивать; настаивать; вводить в действие (*юр.*) ◇ 1. **to enforce a security** — обратить взыскание на обеспечение; 2. **to enforce by action** — принудительно осуществить посредством иска; взыскать в судебном порядке; 3. **to enforce payment** — взыскать платеж; принудить к платежу; 4. **to enforce the rights of a person** — предъявить иск, основанный на чьих-л. правах; осуществить чьи-л. права посредством иска.

enforcement — принуждение; взыскание (*юр.*) ◇ 1. **enforcement of a writ of execution** — приведение в исполнение исполнительного листа; 2. **enforcement of judgement** — приведение в исполнение судебного решения принудительным путем; 3. **by enforcement** — принудительным путем.

engagement — дело; занятие; приглашение; свидание; встреча; обязательство ◇ 1. **without engagement** — без обязательства; 2. **to meet one’s engagement** — выполнить обязательства.

engineer — инженер; механик; машинист ◇ 1. **engineers** — техническая фирма (в названиях фирм); 2. **construction engineers** — строительная фирма.

engineering — техника; машиностроение; инжиниринг ◇ 1. **engineering department** — технический отдел; 2. **engineerings** — акции и облигации машиностроительных компаний (*бирж.*).

enter — входить; поступать; вносить; записывать; вступать; подавать таможенную декларацию; декларировать; вступать во владение ◇ 1. **entered for warehouse** — поступило на таможенные склады; 2. **to enter a protest** — заявить протест; 3. **to enter a ship at the custom house** — подавать в таможню декларацию о судне; 4. **to enter an item in an account** — внести статью в счет; 5. **to enter goods** — декларировать товары (*на таможне*); 6. **to enter into a contract** — вступить в договор, заключить договор; 7. **to enter into obligations —** принимать на себя обязательства.

entitlement — право; документ, дающий право на что-л. ◇ 1. **foreign exchange entitlement** — свидетельство на право получения валюты (*для оплаты импортируемых товаров*); 2. **import entitlement** — свидетельство на право ввоза товаров.

entrepôrt — склад; пакгауз; склад для транзитных грузов (*фр.*) ◇ **entrepôrt trade** — транзитная торговля; реэкспортная торговля.

entrepreneur — предприниматель; владелец предприятия (*фр.*) ◇ **small entrepreneur** — владелец мелкого предприятия.

entry — вход; вступление; въезд; бухгалтерская запись, проводка; занесение (*в список, в торговые книги*); **таможенная декларация; статья** (*в словаре, справочнике и т. п.*); **вступление во владение** (*юр.*) ◇ 1. **entry visa** — виза на въезд; 2. **double entry book-keeping —** двойная бухгалтерия; 3. **to make an entry** — сделать бухгалтерскую запись, проводку; 4. **entry for free goods** — декларация о грузах, необлагаемых пошлиной; 5. **entry for home use ex ship** — декларация о грузах, подлежащих немедленной выгрузке; 6. **entry for warehousing** — декларация о грузах, подлежащих хранению в приписных складах; 7. **entry inwards** — декларация по приходу; 8. **entry outwards** — декларация по отходу; 9. **transit entry —** декларация транзитная (*декларация о необлагаемых пошлиной транзитных грузах*); 10. **warehouse entry** — декларация о грузах, подлежащих хранению в приписных складах.

equalization — уравнение; уравнивание ◇ 1. **equalization fund** — фонд валютного регулирования; 2. **equalization of costs difference** — уравнивание стоимости производства; 3. **equalization tax** — уравнительный налог.

equalize — уравнивать ◇ 1. **to equalize costs of production** — уравнять издержки производства; 2. **to equalize the difference** — устранить разницу.

equate — уравнивать ◇ **equated time of payment** — средний срок платежа.

equity — справедливость; беспристрастность; право (*юр.*); **маржа** (*разность между оценочной стоимостью товара и размером выданной под него ссуды; между ценой по срочному контракту и последующей котировкой; между максимальным и минимальным количеством товара*); **доля акционера в средствах предприятия; обыкновенная акция; акция баз фиксированного дивиденда** ◇ 1. **equity in assets** — превышение средств предприятия над его обязательствами; 2. **equity of redemption** — право выкупа заложенного имущества; 3. **equity shares** — обыкновенные акции; 4. **equity value of ordinary shares** — доля владельцев обыкновенных акций в средствах предприятия;

5. **the law of equity** — право справедливости (*название совокупности норм, установленных канцелярским судом в Англии и дополняющих общее право*); 6. **stockholder's equity** — доля акционера в средствах предприятия; 7. **equities** — обыкновенные акции (*дают акционерам право голоса при решении дел акционерного общества; дивиденд по этим акциям выплачивается после выплат по привилегированным акциям и зависит от размеров прибыли общества*); 8. **industrial equities** — обыкновенные акции промышленных предприятий.

error — ошибка; упущение ◇ 1. **errors and omissions excepted** (*сокр.* **E. & O. E.**) — исключая ошибки (и пропуски) (*приписка в конце счета или фактуры, дающая право на последующее исправление неточностей);* 2. **errors excepted** (*сокр.* **E. E.**) — исключая ошибки (*и пропуски*); 3. **clerical error** — канцелярская ошибка, описка; 4. **to be in error** — ошибаться; 5. **to neglect, to overlook, to make an error** — допустить ошибку.

escrow — условно врученный документ; трехстороннее соглашение; эскроу (*депонирование у третьего лица денежной суммы на имя др. лица с тем, чтобы она была выдана ему лишь после выполнения известного условия*) ◇ 1. **delivery in escrow** — условное формальное вручение; 2. **the acceptance is to be placed in escrow with the N. Bank** — акцептованная тратта должна быть передана на хранение банку Н. для передачи ремитенту лишь после осуществления известного условия; 3. **to place money in escrow with ...** — внести деньги на условный счет в ....

essential — существенный; неотъемлемый; необходимый; весьма важный; эфирный ◇ **essential elements** — существенные элементы; реквизиты (*непременный элемент сделки или документа, при отсутствии которого последний утрачивает силу*).

estate — имущество; имение; плантация; земельный участок ◇ 1. **bankrupt's estate** — имущество несостоятельного должника; 2. **personal estate** — движимое имущество; 3. **real estate** — недвижимое имущество.

estimate — оценка; исчисление; подсчет; смета; калькуляция; оценивать; исчислять; подсчитывать (at — в); составлять смету; определять на глаз ◇ 1. **estimated proceeds** — сумма предполагаемой выручки (*сумма, которая должна быть выручена согласно смете*); 2. **the losses are estimated at 500 pounds** — убытки оцениваются в 500 фунтов; 3. **estimates** — предположения; сметные предположения; 4. **budget(ary) estimates** — бюджетные предположения.

Eurobond — Еврооблигация (*международные обычные или конвертируемые облигации, ценные бумаги на предъявителя, представляющие собой долговые обязательства заемщика по долгосрочному займу в евровалюте, но не в валюте страны* *эмитента; выпуск и размещение их осуществляется эмиссионным синдикатом).*

eurocheck — еврочек (*чеки, принимаемые к оплате в любой из стран-участниц европейской банковской системы; выдаются без предварительного денежного взноса и оплачиваются в счет банковского кредита сроком до месяца*).

Eurocurrency — Евровалюта (*иностранные валюты, в которых коммерческие банки осуществляют безналичные депозитно-ссудные операции за пределами стран-эмитентов этих валют*).

Eurodollar — евродоллар (*временно свободные денежные средства в американских долларах, помещенные организациями и частными лицами различных стран на счета в западноевропейских банках, т. е. это не наличные деньги, а банковские счета*).

European Currency Unit (ECU) — Европейская валютная единица, ЭКЮ.

even — равный; одинаковый; тот же самый; четный; выравнивать(ся) ◇ 1. **even lot** — точный лот (*партия товара, цена которого определяется официальными котировками цен на бирже*); 2. **to even out** — выравнивать(ся); 3. **to break even** — избежать убытка, закончиться без прибыли и убытка, не дать ни прибыли, ни убытка; 4. **evening up** — выравнивание (*покупка и продажа с целью сбалансирования существующей рыночной позиции*).

eventual — возможный; конечный ◇ 1. **eventual losses** — возможные убытки; 2. **the eventual result** — конечный результат.

ex — без; с; франко (*определенная часть расходов по транспортировке, погрузке, страховке; совершается за счет продавца и не оплачивается покупателем*) ◇ 1. **ex all** — без привилегий (*лишение права получения дополнительных привилегий по акциям*); 2. **ex cap** — без капитализации (*лишение права превращения в капитал доходов по акциям*); 3. **ex coupon** — без купона (*об облигации, продаваемой без купона на право ближайшего получения процентов*); 4. **ex dividend** (сокр. **ex div**) — без дивиденда (*об акции, продаваемой без права получения ближайшего дивиденда*); 5. **ex mill (factory)** — франко-завод; с завода (*условие поставки, по которому покупатель получает с заводского склада товар, и в этот момент он становится собственностью купившего, который несет все дальнейшие расходы по доставке*); 6. **ex interest** — без купона (*об облигации, продаваемой без купона на право ближайшего получения процентов*); 7. **ex officio** — по служебному положению; по должности; 8. **ex pit transactions** — внерыночные сделки (*торговые сделки, заключенные вне рынка, биржевого круга; термин используется в основном, если речь идет о фиксации цен при покупке товаров за* *наличный расчет*); 9. **ex quay** — франко-причал (*условие, при котором покупатель получает товар, доставленный к причалу*); 10. **ex rights** — без права (*лишение права продавать акции за наличные, предусмотренное компанией для своих акционеров*); 11. **ex ship** — франко-судно (*цена товара доставляемого в порт без стоимости разгрузочных работ и доставки его покупателю*); 12. **ex store** — франко-склад (*продажа товаров со склада или из другого складского помещения, минуя магазин*).

examination — осмотр; рассмотрение; исследование; проверка; экспертиза ◇ 1. **examination of account** — проверка счетов; 2. **examination of a claim** — рассмотрение претензии; 3. **(up)on examination** — при рассмотрении, при проверке.

excess — избыток; излишек; превышение ◇ 1. **excess liquidity** — избыточная ликвидность (*наличные деньги и быстро реализуемые активы, превышающие их обычную потребность*); 2. **excess profit** — сверхприбыль; 3. **excess reserves** — избыточные резервы (*разность между суммой резервов, помещенных в Федеральный резервный банк и суммой необходимых резервов, установленной ФРС*); 4. **excess weight** — избыточный вес.

exchange — обмен; биржа; размен денег; расчеты посредством девиз; операции с иностранной валютой; иностранная валюта; девизы (*платежные средства: переводные векселя, чеки и др. платежные поручения, подлежащие оплате за границей в инвалюте, предназначенные для международных банков*); курс (*иностранной валюты, девиз*); **обменивать; разменивать** ◇ 1. **exchange certified stocks** — освидетельствованные товары (*товары, прошедшие проверку на качество и признанные годными к поставке по срочным контрактам*); 2. **exchange acquisition** — биржевая скупка (*метод выполнения приказа о покупке крупного пакета акций на Нью-Йоркской фондовой бирже, состоящий в накапливании предложений о продаже акций и последующем оформлении приказа о их покупке*); 3. **exchange as per endorsement** — по курсу, указанному на обороте векселя; 4. **exchange broker** — биржевой маклер; вексельный маклер; маклер по покупке и продаже иностранной валюты; 5. **exchange business** — биржевые сделки, биржевые операции; операции с иностранной валютой; 6. **exchange clause** — валютная оговорка (*условие международных кредитных, платежных, торговых и др. соглашений для страхования от риска обесценения валютного платежа*); 7. **exchange control** — валютный контроль, валютное регулирование; 8. **exchange controls** — валютные ограничения (*вводятся для ограничения определенных видов сделок, связанных с иностранной валютой, между гражданами данной страны; могут распространятся на ввоз-вывоз драгоценных металлов, поддерживают курс валюты, валютное положение страны*); 9. **exchange distribution** — биржевое распространение (*метод* *выполнения приказа о продаже крупного пакета акций на Нью-Йоркской фондовой бирже, состоящий в накапливании предложений о покупке акций и последующем оформлении приказа о их продаже*); 10. **exchange for physical** — сделка обменная на бирже (*сделка "обмен за наличные" в соответствии с которой покупатель передает продавцу свой долгосрочный фьючерсный контракт в обмен на наличный товар в эквивалентном размере или же соответствующий краткосрочный фьючерсный контракт в обмен на товар по согласованной цене*); 11. **exchange gain or loss** — курсовой доход или потеря (*разница, возникающая при пересчете сумм по финансовым документам из одной валюты в другую, подсчитываемая в случае, если за отчетный период произошли изменения в соотношении курсов этих валют*); 12. **exchange list** — биржевой бюллетень; 13. **exchange loss** — потеря валюты; сокращение валютных резервов; потери на курсе; 14. **exchange of commodities** — товарообмен; 15. **exchange of goods** — товарообмен; 16. **exchange price** — *биржевая цена* (*цена на товары, реализуемые в порядке биржевой торговли, данные о них систематически публикуются, так как позволяет судить об уровне и динамике цен на соответствующие товары*); *17.* **exchange rate** — обменный курс (*по которому одна валюта обменивается на другую или на золото*); 18. **exchange restrictions** — валютные ограничения; ограничения в переводе иностранной валюты; 19. **exchange transactions** — сделки с иностранной валютой; биржевые сделки; 20. **exchange transfer** — валютный трансферт (*банковская операция по взаимному обмену между коммерческими банками двух стран заранее согласованных валютных сумм*); 21. **exchanges** — товарообмен; 22. **arbitration of exchange** — валютный арбитраж; вексельный арбитраж (*покупка и продажа валюты, векселей и др. на различных рынках с целью получения прибыли за счет разницы цен одинаковых биржевых объектов*); 23. **bill of exchange** — тратта; переводной вексель (*безусловный письменный приказ кредитора должнику уплатить по предъявлении этого документа или в назначенный срок определенную сумму денег предъявителю или указанному в тратте лицу*); 24. **commodity exchanges** — товарообмен; 25. **commodity (goods) exchange** — товарная биржа (*организационная форма оптовой, в т. ч. международной торговли массовыми товарами, с устойчивыми и четкими качественными параметрами, реализуемыми по образцам и стандартам, установлен минимальный размер партии, заключаются, в основном, срочные сделки, что не предполагает фактического наличия товара в момент сделки*); 26. **difference in exchange** — курсовая разница (*разница между курсом продавцов и покупателей*); 27. **dollar exchange** — девизы в долларах; 28. **forced rate of exchange** — принудительный валютный курс (*официальный фиксированный курс обмена иностранной валюты, вводимый в условиях валютных ограничений на обмен валюты данной страны*); 29. **foreign exchange** — иностранная валюта (*денежные знаки иностранных государств*); 30. **foreign exchanges** — курсы иностранной валюты; вексельные курсы; 31. **forward exchange** — валютная срочная сделка (*иностранная валюта, продаваемая или покупаемая на срок по курсу, установленному в момент сделки*); 32. **freely convertible (foreign) exchange** — свободно обратимая иностранная валюта; 33. **future exchange** — валютная срочная сделка (*см.* forward exchange); 34. **in exchange for** — в обмен на; 35. **medium of exchange** — средство международных расчетов; средство обмена; 36. **mint par of exchange** — монетный (золотой) паритет (*соотношение между валютами в золоте*); 37. **paper exchanges** — девизы (*см.* exchange); 38. **par of exchange** — интервалютарный паритет; валютный паритет (*соотношения между валютами различных стран, устанавливаемые в законодательном порядке, является основой валютного курса, который обычно отклоняется от паритета*); 39. **pegged exchange** — искусственно поддерживаемый курс; 40. **piece of foreign exchange** — девиза; 41. **rate of exchange** — валютный курс (*цена денежной единицы одной страны, выраженная в денежной единице др. страны; на его колебание влияют состояние платежного баланса, степень обесценения денег, отток или приток в страну краткосрочных капиталов и пр.*); вексельный курс; 42. **rules of the exchange** — биржевые правила; 43. **stock exchange** — фондовая биржа (*организационная форма систематических операций по купле-продаже ценных бумаг, золота, валюты*); 44. **with exchange** — с прибавлением расходов по инкассированию (*надпись на переводном векселе — ам.*).

exchequer — казначейство; казна ◇ **exchequer bill** — казначейский вексель.

excise — акциз; акцизный сбор (*государственный косвенный налог на продукты массового потребления*); **взимать, облагать акцизным сбором** ◇ 1. **excise duty** — акциз; акцизный сбор; взимать, облагать акцизным сбором; 2. **excise tax** — акциз; акцизный сбор; взимать, облагать акцизным сбором; 3. **universal excise** — универсальный акциз (*форма косвенного обложения населения, взимается с выручки от реализации товаров массового потребления, способствует повышению товарных цен*); 4. **the Excise** — акцизное управление.

execute — выполнять; исполнять; осуществлять; оформлять (*юр.*); **совершать;** (*договор, доверенность и т. п.*) **приводить в исполнение** (*судебное решение — юр.*) ◇ 1. **to execute a contract** — совершить договор; исполнить договор; 2. **to execute a conveyance** — осуществить передачу прав собственности; 3. **to**

execute an order — выполнить заказ; 4. **to execute a power of attorney** — совершить доверенность; 5. **to execute a writ (of execution)** — привести в исполнение исполнительный лист.

execution — выполнение; исполнение; выполнение формальностей; оформление (*договора, доверенности и т. д.*); приведение в исполнение (*судебного решения — юр.*) ◇ 1. **execution by outcry** — товарообменные сделки, заключаемые устно в пределах биржевого круга; 2. **execution of a contract** — оформление договора; исполнение договора; 3. **execution of an order** — выполнение заказа; 4. **adequate execution** — исполнение надлежащим образом; 5. **prior execution** — досрочное исполнение; 6. **reciprocal execution** — встречное исполнение; 7. **writ of execution** — исполнительный лист; 8. **to entrust smb. with the execution** — возложить исполнение на к-л.

exempt — освобожденный; свободный; изъятый; освобождать; изымать ◇ 1. **exempt from duties** — беспошлинный; 2. **to exempt from taxes** — освобождать от налогов; 3. **exemption** — освобождение; льгота; привилегия; 4. **exemption clause** — льготная оговорка (*включается в контракт по продаже товаров, снимает ответственность с продавца за нарушение гарантии или несоответствие кондиции или за то и другое*).

exercise — осуществление; проявление; осуществлять; использовать (*право*); **проявлять** ◇ 1. **to exercise** — применить право на покупку или продажу, предоставленное условиями контракта об опционах; 2. **exercise price** — цена, по которой держатель опциона может купить или продать соответствующую ценную бумагу.

exhibit — экспонат; документ, представляемый как доказательство; вещественное доказательство (*юр.*) **показывать; выставлять; экспонировать** (*на выставке*).

exodus — массовый отъезд ◇ 1. **exodus of capital** — бегство капитала; 2. **brain exodus** — утечка умов (*эмиграция ученых и специалистов*).

expansion — экспансия; расширение; увеличение ◇ 1. **expansion of the currency** — увеличение выпуска банкнот; 2. **export (import) items of expansion** — товары, экспорт (*импорт*) которых увеличился (*стат.*).

expenditure — трата; расход(ы) ◇ 1. **expenditure above the line (above-line expenditure)** — бюджетные государственные расходы над чертой (*расходы на содержание государственного долга, вооруженных сил и государственного аппарата — англ.*); 2. **expenditure below the line (below-line expenditure)** — бюджетные государственные расходы под чертой (ссуды и займы муниципалитетам и национализированным отраслям промышленности, расходы на капитальное строительство ведомства и т. п. — *англ.*); 3. **expenditure on public account** — государственные расходы; бюджетные расходы; 4. **government capital expenditures** — капитальные расходы (*денежные затраты, связанные с вложениями в основной капитал и прирост запасов за счет государственных фондов, кредитов, собственных средств организаций*); 5. **supply expenditure** — бюджетные расходы на содержание вооруженных сил и государственного аппарата (*англ.*).

expense — трата; расход ◇ 1. **additional expenses** — дополнительные расходы; 2. **anticipated expenses** — планируемые расходы; 3. **at my (our, your, etc.) expense** — **за** мой (наш, ваш и т. д.) счет; 4. **currant expenses** — текущие расходы; 5. **to defray expenses** — взять на себя (покрыть) расходы; 6. **to cut down expenses** — сократить расходы; 7. **extra expenses** — дополнительные расходы; 8. **heavy expenses** — значительные расходы; 9. **incidental expenses** — непредвиденные расходы; 10. **law (legal) expenses** — судебные издержки; 11. **overhead expenses** — накладные расходы (*расходы на управление и хозяйственное обслуживание производства; включаются в себестоимость продукции*); 12. **stipulated expenses** — предусмотренные расходы; 13. **total of expenses** — сумма расходов; 14. **unforeseen expenses** — непредвиденные расходы.

export — вывоз; экспорт; экспортирование; статья экспорта ◇ 1. **export balance (of trade)** — экспортный торговый баланс; активное сальдо торгового баланса (*превышение стоимости вывоза товаров и услуг из данной страны над ввозом за определенный промежуток времени*); 2. **export credit insurance** — экспортно-кредитное страхование (*осуществляется частными компаниями и государственными организациями для защиты интересов экспортеров, которым гарантируется обязательная оплата товаров после их доставки*); 3. **export credits** — экспортные кредиты (*предоставляются иностранным фирмам и государствам для закупки ими товаров в стране-кредиторе в форме фирменного кредита экспортера импортеру-покупателю или финансового кредита, предоставляемого банком, либо государством*); 4. **export diversification** — диверсификация экспорта; 5. **export duty** — экспортная пошлина; 6. **export house** — экспортный дом (*торговый дом, специализирующийся на продаже практически всех категорий товаров во всем мире, занимается всеми аспектами международной торговли*); 7. **export list** — список экспортных товаров; 8. **export of capital** — вывоз капитала; 9. **export quotas** — экспортные квоты (*устанавливаются в соответствии с международными соглашениями о товарообмене, по которому страны-экспортеры определенного товара устанавливают лимиты на его экспорт*); 10. **export refunds** — экспортные дотации (*выдаются экспортерам зерновых, согласно политике ЕЭС*); 11. **export subsidy** — экспортные дотации (*средства, выделяе-*

мые государственным бюджетом экспортерам в целях поощрения вывоза товаров); 12. **export turnover** — оборот по экспорту (*объем экспортных операций*); 13. **articles of export** — предметы вывоза; 14. **exports** — предметы вывоза; статьи экспорта; 15. **invisible exports** — невидимые статьи экспорта; 16. **value of exports** — ценность экспорта, стоимость экспорта; 17. **volume of exports** — объем экспорта.

exporter — экспортер ◇ **net exporter of a commodity** — нетто-экспортер какого-л. товара (*страна, во внешнеторговом балансе которой экспорт данного товара превышает его импорт*).

express — экспресс (поезд); **курьер; срочное письмо; срочная пересылка** (*товаров, денег — ам.*); **определенный; точно, ясно выраженный; прямой; специальный; срочный; выражать; отправлять срочной почтой; отправлять** (груз) **через посредство транспортной конторы** ◇ 1. **express agreement** — прямое (специальное) соглашение; 2. **express condition** — прямое условие; 3. **express company** — транспортная контора; 4. **express delivery** — срочная доставка; 5. **express goods** — груз большой скорости.

extension — продление (*срока*); **расширение; распространение** ◇ 1. **extension of the time of payment** — продление срока платежа; 2. **reserve for extension** — резерв для расширения предприятия.

extent — размер; степень; мера ◇ 1. **orient of business** — размер (объем) операций; 2. **to the extent of** — до размера (*суммы*); в пределах.

external — внешний; наружный ◇ 1. **external accounts** — внешние счета; счета по внешним расчетам; 2. **external payments account** — платежный баланс; 3. **external trade credit** — внешнеторговый кредит.

extinguish — погашать; аннулировать ◇ 1. **to extinguish a debt** — погасить долг.

extra — особая плата, приплата; наценка; добавочный, дополнительный; экстренный; особый; специальный; экстраординарный; высший сорт; особо; дополнительно, сверх того; вне- ◇ 1. **extra allowance** — особая скидка; 2. **extra charge** — особая плата; 3. **extra charges** — дополнительные расходы; экстренные расходы; 4. **extra dividend** — дополнительный дивиденд; 5. **extra discount** — особая скидка; 6. **extra-European trade** — внеевропейская торговля; 7. **extra freight** — дополнительная уплата фрахта; 8. **extra profit** — экстраординарная прибыль; 9. **extra risks** — особые риски (*страх.*); 10. **packing is charged extra** — за упаковку берется особая плата; 11. **extras for size and quality** — приплата в зависимости от размера и качества; 12. **no extras** — баз всяких приплат.

F

fabricate — производить; выделывать; изготовлять; фабриковать; собирать из готовых частей ◇ 1. **fabricated parts** — готовые части массового производства; запасные части; 2. **fabricating works** — фабрика; завод по обработке цветных металлов.

face — лицевая сторона; стоять лицом к; стоять перед; сталкиваться ◇ 1. **face of a bill — лицевая сторона векселя;** 2. **face value** — нарицательная цена; номинал (*стоимость, проставленная на лицевой стороне ценной бумаги, обычно, облигации или сертификата; установленная, обозначенная на банковском билете, чеке, др. ценных бумагах или товаре цена*); 3. **to face realities** — сталкиваться с реальными фактами; считаться с реальными фактами.

facilities — удобства; льготы; услуги; благоприятные условия; приспособления; средства; устройства; оборудование; мощности; заводы ◇ 1. **facility fee** — комиссия за предоставление кредита (*уплачивается заемщиками банку*); 2. **banking facilities** — банковские услуги, банковские операции; 3. **credit facilities** — кредит(ы); 4. **dockage facilities** — доки; 5. **emergency facilities** — оборудование или заводы военного назначения; 6. **loading facilities** — погрузочные устройства; 7. **parking facilities** — места для стоянки автомобилей; 8. **port facilities** — портовые устройства; 9. **storage facilities** — склады, складское хозяйство; 10. **transport facilities** — транспортные средства.

factor — фактор; агент; комиссионер; фактор (*движущая сила, причина*)**; множитель; коэффициент** ◇ 1. **the Factors Act** — закон о факторах (*англ.*); 2. **an important factor** — важный фактор; 3. **long-term (long-run) factor** — фактор долговременного действия; 4. **short-term (short-run) factor** — фактор кратковременного действия; 5. **factoring** — факторинг (*разновидность торгово-комиссионной операции, сочетающейся с кредитованием оборотного капитала клиента; включает инкассирование дебиторской задолженности клиента, кредитование и гарантию от колебаний кредитных и валютных рынков; факторинговая компания покупает счета клиентов на условиях оплаты до 90% отфактурованных поставок и оплаты оставшейся части за вычетом процентов за кредит в оговоренные сроки вне зависимости от поступления платежей от должников; факторинг используется, в основном, мелкими и средними предпринимателями*).

factory — фабрика; завод ◇ **factory-made** — фабричные изделия.

fail — на иметь успеха; терпеть неудачу; не удаваться; обманывать ожидания; быть недостаточным; обанкротиться ◇ 1. **the crops**

failed — урожай был плохой; 2. **the negotiations have failed** — переговоры были безуспешными; 3. **this firm failed last year** — эта фирма обанкротилась в прошлом году; 4. **if the seller fails to deliver the goods** — если продавец не сдает товар; 5. **in the event of the arbitrators failing to agree** — если арбитры не придут к соглашению; 6. **failing** — в случае отсутствия, невыполнения, несовершения; за неимением.

failure — неуспех; неудача; провал; недостаточность; нехватка; банкротство; несостоятельность; прекращение платежей; (*в сочетании с инфинитивом указывает на невыполнение действия*) ◇ 1. **failure to deliver** — несдача; 2. **failure to pay** — неуплата.

fair — выставка; ярмарка; благоприятный; честный; беспристрастный; подходящий; порядочный; значительный; довольно хороший ◇ 1. **fair allowance** — достаточная скидка; 2. **fair average quality (FAQ)** — справедливое среднее качество; по среднему качеству (*условие в продажах зерна и некоторых других товаров, — определяется на основе выборок из различных сортов*); 3. **fair average quality standard** — стандартный образец справедливого среднего качества; 4. **fair average quality of the season's shipment at time and place of shipment** — справедливое среднее качество сезонных отправок в месте и по времени отправки; 5. **fair claim** — справедливое требование, справедливая претензия; 6. **fair offer** — подходящее предложение; 7. **fair price** — сходная цена; 8. **fair quantities** — значительные количества; 9. **fair rate of exchange** — благоприятный курс; 10. **fair supply** — достаточный запас; довольно хорошее снабжение; 11. **fair wear and tear** — нормальная убыль и износ; 12. **trade fair** — торговая ярмарка (*крупный, периодически действующий и открытый рынок, собирающийся регулярно в одних и тех же местах, в определенное время года и в установленный срок для демонстрации образцов товаров и заключения коммерческих сделок*).

fairly — справедливо; беспристрастно; довольно; достаточно ◇ 1. **fairly active** — довольно оживленный; 2. **fairly steady** — довольно устойчивый.

fall — падать, спадать, понижаться; падение, понижение; осень (*ам.*) ◇ 1. **fall in exchange** — падение курса; 2. **fall in (of) prices** — падение цен; 3. **fall rye** — озимая рожь; 4. **fall trade** — осенняя торговля; 5. **falling market** — рынок с понижательной тенденцией (*для него характерны падающие цены*); 6. **falling tendency** — тенденция к понижению; 7. **to fall back** — уменьшаться; сокращаться; 8. **to fall back (up)on** — прибегать к; 9. **to fall back on the reserves** — прибегнуть к резервам; 10. **to fall behind** — отставать; 11. **to fall in —** истекать (*о сроке векселя, долга*); 12. **to fall into a category** — относиться к категории, попадать под категорию; 13. **to fall in with** — соглашаться с; 14. **to fall off** — отпадать; 15. **fall-off** — падение; понижение; 16. **to fall short** — не хватать; не достигать; 17. **to fall short of expectations** — не оправдать ожиданий; 18. **prices are falling** — цены понижаются; 19. **the weight falls short by 20 lbs.** — недостача в весе составляет 20 фунтов.

fancy — фантастический; модный; высшего качества ◇ 1. **fancy articles (goods)** — модные товары; галантерея; 2. **fancy fabrics** — модные ткани; 3. **fancy price** — дутая цена; 4. **fancies** — галантерея; предметы роскоши; безделушки; модные товары.

fast — прочный; крепкий; стойкий; закрепленный; скорый; быстрый ◇ **fast as can (FAC)** — как можно быстрее (*разновидность коммерческих условий поставки и оплаты товаров в международной торговле, предполагают обязанность продавца нести все издержки по доставке товара к борту судна в сроки, исключающие простой погрузо-разгрузочных технических средств на судне*); 2. **fast color** — прочная краска.

fault — недостаток; дефект; неисправность; ошибка; вина ◇ 1. **to find fault with** — жаловаться на что-л.; 2. **party in (at) fault** — виновная сторона; 3. **party not in (at) fault** — невиновная сторона; 4. **through your (his, their) fault** — по вашей (его, их) вине.

favour — любезность; одолжение; привилегия; благоприятствование; благосклонность; спрос; польза; интерес; письмо; быть благосклонным; оказывать любезность; благоприятствовать; помогать ◇ 1. **balance in your favour** — остаток (*сальдо*) в вашу пользу; 2. **check in your favour** — чек на ваше имя (*корр.*), 3. **in our (your, their) favour** — в нашу (вашу, их) пользу; на наше (ваше, их) имя (*корр.*); 4. **the sorts most in favour** — наиболее ходкие сорта; 5. **these articles are in great favour** — эти товары пользуются большим спросом; 6. **these goods are out of favour now** — на этот товар в данный момент нет спроса; 7. **to be in favour of** — благосклонно относиться к чему-л.; 8. **to come into favour** — сделаться ходким; 9. **to do a favour** — оказать любезность, одолжение.

fee — вознаграждение; гонорар; взнос; сбор ◇ 1. **fees charged at a fix rate** — сборы по установленной таксе; 2. **agency fee for services** — оплата услуг, предоставляемых агентством; 3. **to charge fees** — взимать сборы; 4. **charges to cover customs fees** — сборы для возмещения таможенных расходов; 5. **commitment fee** — комиссионные (*плата, взимаемая банком за неиспользованную часть кредита*); 6. **customs fees** — таможенные сборы (*сборы для возмещения таможенных расходов; взимаются в связи с ввозом, вывозом или транзитом товаров для покрытия услуг таможни, иногда вводятся в протекционистских целях*); 7. **import and export license fee** — лицензионный сбор (*сбор за выдачу разрешения на ввоз и вывоз товаров*).

fetch — приносить (*доход, деньги*); **продаваться** ◇ **to fetch a high price** — продаваться по высокой цене.

fiduciary — основанный на доверии; доверенный; порученный; доверенное лицо ◇ 1. **fiduciary currency** — кредитные деньги; 2. **fiduciary issue** — выпуск банкнот, не покрытых золотом (*обеспечивается государственной гарантией, выпуск регулируется парламентом Англии*); 3. **fiduciary standard** — бумажно-денежный стандарт.

figure — цифра; цена; рассчитывать; исчислять ◇ 1. **to buy at a high (low) figure** — купить по высокой (низкой) цене; 2. **to figure out** — вычислять; 3. **to figure up** — подсчитывать.

fill — наполняться); выполнять (заказ) ◇ 1. **to fill in** — заполнять, вписать (в документ); 2. **fill, or kill** — "исполнить или аннулировать" (*поручение о покупке или продаже ценной бумаги по указанной клиентом цене, это поручение должно быть выполнено сразу по поступлении к брокеру, в противном случае оно немедленно аннулируется*); 3. **to fill up** — заполнять; 4 **to fill up (или** *ам.* **out) a form** — заполнить бланк, анкету.

finance — финансовое дело; финансировать ◇ 1. **finance companies** — финансовые компании (*кредитно-финансовые учреждения, специализирующиеся на кредитовании отдельных отраслей или предоставлении отдельных видов кредитов, проведении финансовых операций; по сферам специализации делятся на: кредитующие продажи в рассрочку потребительских товаров длительного пользования; обслуживающие систему коммерческого кредита в промышленности; предоставляющие мелкие ссуды индивидуальным заемщикам*); 2. **finance indexation** — финансовые показатели (*плановые, отчетные или расчетные данные, характеризующие различные стороны деятельности. связанные с образованием и использованием денежных фондов и накоплений организаций*); 3. **finance results** — финансовые результаты (*выраженный в денежной форме экономический итог хозяйственной деятельности организации в целом и ее отдельных подразделений; определяется путем сопоставления суммы затрат с полученными доходами по итогам работы за год по всем видам деятельности*); 4. **high finance** — финансовая аристократия; крупный финансовый капитал; крупные финансовые операции; крупное мошенничество (*ам.*); 5. **finances** — финансы (*экономическая категория, отражающая экономические отношения в процессе создания и использования фондов денежных средств*); доходы; 6. **financing with public guarantee** — финансирование с государственной гарантией; 7. **aim of financing** — цель финансирования; 8. **project to be financed** — объект финансирования; 9. **public finance** — государственный бюджет; 10. **to use financing as required** — использовать финансирование по назначению.

financial — финансовый ◇ 1. **financial accounting standards (FAS)** — стандарты бухгалтерского учета финансовой деятельности в США (*разрабатываются независимой Палатой стандартов бухгалтерского учета финансовой деятельности (FASB), применяются не только в бухгалтерском учете, но и при общем экономическом анализе результатов деятельности компании; наиболее широко известен Стандарт N 8 по определению уровня инфляции*); 2. **Financial Accounting Standards Board (FASB)** — Палата стандартов бухгалтерского учета финансовой деятельности; 3. **financial blockage** — финансовая блокада (*прекращение или ограничение финансовых отношений какого-л. государства или международной финансово-кредитной организации с блокируемой страной с целью оказания на нее экономического или политического давления*); 4. **financial charge** — финансовые расходы (*общая сумма проектных платежей и комиссий, взимаемых с заемщика за предоставление ему кредита*); 5. **financial condition** — финансовое состояние (*соотношение между суммами активов, обязательств и акционерным капиталом на определенную дату*); 6. **financial institutions** — кредитно-финансовые институты (*организации, использующие свои средства главным образом для приобретения финансовых активов; депозитов, кредитов, облигаций; обычно подразделяются на две группы в соответствии с особенностями деятельности: недепозитные посредники, например, компании по страхованию жизни, собственности и от несчастных случаев, пенсионные фонды; депозитные посредники, получающие средства преимущественно путем принятия депозитов у различных вкладчиков, к этой группе также относятся коммерческие банки, ссудо-сберегательные ассоциации, взаимно-сберегательные банки, кредитные союзы и др.*); 7. **financial investment** — финансовые инвестиции (*вложения в финансовые институты; в акции, облигации и др. ценные бумаги, объекты тезаврации, банковские депозиты*); 8. **financial lease** — финансовая аренда (*договор об аренде, согласно которому весь риск и преимущества, связанные с владением активом, переходят к получателю независимо от того, происходит ли при этом смена собственника или нет*). 9. **financial policy** — финансовая политика (*совокупность мероприятий государства по организации и использованию финансов путем распределения финансовых ресурсов между социальными группами населения, отраслями деятельности и регионами страны; изменения финансового законодательства и структуры государственного бюджета*); 10 **financial position** — финансовое состояние, положение (*наличие* у *предприятия необходимых денежных средств для осуществления нормальной хозяйственной деятельности и своевременного проведения денеж-*

ных расчетов); 11. **financial programming** — финансовое программирование (*применение программно-целевого метода при составлении государственного бюджета и сметы доходов и расходов других звеньев финансовой системы; включает прогнозирование общего уровня расходов и их основных групп, установление приоритетов и пропорций финансирования в ходе разработки бюджетной политики; формирование программ расходов по намеченным мероприятиям*); 12. **financial report** — финансовый отчет компании (*обязательная форма отчетности, предусмотренная для всех организаций; включает: общий баланс, отчет о прибылях и убытках, доклад руководства компании об изменении финансового положения; для акционерных компаний сопровождается заключением внешних аудиторов и должен быть опубликован в печати; правила составления регулируются торговым и налоговым правом*); 13. **financial standing** — финансовое положение, состояние; 14. **financial statement** — финансовый отчет (*см.* **financial report**); 15. **financial year (FY)** — отчетный год (*в бухгалтерском учете — финансовый год; может совпадать с календарным или перекрывать другой период времени, например, с мая текущего по апрель следующего года; как правило, состоит из 12 месяцев*).

finding — приговор (*суда*); **решение** (*присяжных — юр.*) ◇ 1. **findings** — выводы (*комиссии*); заключение (арбитража); 2. **findings on percentage of impurities** — заключение о проценте содержащихся примесей.

fine — пеня; штраф; хороший; прекрасный; хорошего качества; первоклассный; чистый; высокопробный; мелкий; тонкий; мелкозернистый; штрафовать; налагать пеню; штраф ◇ 1. **fine bill** — первоклассный вексель (*учитываются с более высоким дисконтом — разницей между ценой ценных бумаг в настоящий момент и на момент погашения или ценой номинала*); 2. **fine bullion** — чистое золото (*в слитках*); 3. **fine grained** — мелковолокнистый; 4. **fine powder** — тонкий порошок; 5. **fine rate** — низкая ставка процента по займу (*наиболее низкие приемлемые курсы с минимальным разрывом между курсом покупателя и продавца*); 6. **fine tuning** — “точная настройка” (*гибкая налоговая и денежная политика, проводимая в точном соответствии с колебаниями экономической конъюнктуры*); 7. **to impose a fine** — наложить штраф.

firm — фирма, торговая фирма; торговый дом; крепкий; твердый; стойкий; устойчивый (*твердый, устойчивый рынок, где цены имеют повышательную тенденцию*); *приказ о купле или продаже, который можно выполнить без последующего подтверждения в течение определенного времени;* ◇ 1. **firm dealing in imports (exports)** — импортная (экспортная) фирма; 2. **firm offer (bid)** — твердое предложение (*предложение на* *продажу партии товара, обязывающее продавца до получения ответа другой стороны или до истечения указанного в предложении срока для ответа не делать других предложений и не продавать товар*); 3. **firm price** — твердая цена; 4. **firm quote** — твердая котировка (*на международном валютном рынке означает, что дилер желает совершить сделку по данному определенному курсу*); 5. **all-purpose firm** — универсальная фирма; 6. **export-import firm** — экспортно-импортная фирма; 7. **the market is firm** — настроение рынка твердое (*характеристика состояния конъюнктуры рынка, когда цены установились на более высоком уровне и проявляют тенденцию к дальнейшему повышению*); 8. **prices remain firm** — цены остаются устойчивыми; 9. **firmness of exchange (market, price)** — устойчивость курса (*рынка, цены*); 10. **firmer** — более устойчивый; 11. **the market is firmer** — настроение рынка более устойчивое (*характеристика состояния конъюнктуры рынка, при котором настроение рынка устойчивое, и цены проявляют тенденцию к повышению*).

first — начало; первый экземпляр (*векселя*)**; первый** ◇ 1. **first being unpaid** — первый экземпляр векселя не оплачивается; 2. **first-class** — первоклассный; 3. **first-class paper** — первоклассные ценные бумаги (*учитываются с более высоким дисконтом*); 4. **first cost** — фабричная цена (*материальные издержки плюс оплата труда плюс общезаводские расходы*); покупная цена; себестоимость (*фабричная цена плюс издержки на реализацию*); 5. **fist in, first out (FIFO)** — правило “первым прибыл — первым обслужи” (*обслуживание в порядке поступления, принцип бухгалтерского учета, в соответствии с которым при оценке запасов компании исходят из того, что товары потребляются в порядке очередности их закупки, т. е. купленные раньше потребляются раньше; метод расчета процентов при досрочном частичном изъятии некоторых видов вкладов, при котором изымаемой считается сумма, первой принятая на вклад*); 6. **fist line reserves** — валютные резервы (*централизованные запасы золота и иностранной валюты, находящиеся в центральных банках и валютно-финансовых органах страны*); 7. **first notice day** — первый день уведомления (*первый день, когда продавцы товаров могут информировать покупателей через расчетную палату о своем намерении поставить реальный товар против срочного контракта*); 8. **first option** — право преимущественной покупки (*право выбора количества поставляемого товара, размеров партий, способов платежа, портов отгрузки и т. д., предоставляемое покупателю внешнеторговым договором*); 9. **first quality** — высший сорт, высшее качество; 10. **first rate** — первоклассный; 11. **in the first place** — прежде всего, в первую очередь; 12. **right of first refusal** — право преимущественной покупки; 13. **firsts**—товары высшего качества.

fiscal — финансовый; фискальный ◇ 1. **fiscal agent** — налоговый агент; 2. **fiscal drag** — “финансовый тормоз” (*метод оказания воздействия на частный сектор экономики путем увеличения государственных доходов за счет доходов и денежных средств частного сектора*); 3. **fiscal law** — налоговое право (*совокупность юридических норм, устанавливающих виды налогов в данном государстве, порядок их взимания и регулирующие отношения*); 4. **fiscal year (FY)** — бюджетный год (*период, на который составляется государственный бюджет, время начала и окончания бюджетного года может не совпадать с календарным*); финансовый год.

fix — устанавливать; закреплять; фиксировать; приготовлять; приводить в порядок; улаживать; зафрахтовать ◇ 1. **to fix a price** — установить цену; 2. **we will fix it up with the ship owner** — мы договоримся об этом с судовладельцем; 3. **fixing** — установление (*цены, курса и пр.; на некоторых международных валютных рынках или биржах — ежедневная встреча, в ходе которой официально устанавливаются курсы различных валют путем приведения в соответствие с изменившимися условиями рынка уровня цен их покупки и продажи; участниками встречи являются коммерческие и центральные банки; последние могут осуществлять интервенцию для поддержания курса на определенном уровне*); 4. **fixings** — принадлежности; оборудование (*ам.*).

fixed — неподвижный; постоянный; неизменный; твердый; фиксированный ◇ 1. **fixed assets** — основные средства, основной капитал (*земля, здания, сооружения, оборудование, основные средства производства и др. активы, необходимые компании для осуществления производственной деятельности, срок амортизации которых превышает один год; учитываются на счетах по стоимости за вычетом амортизации*); 2. **fixed capital** — основные средства, основной капитал; 3. **fixed (overhead) charges** — фиксированные (накладные) расходы (*расходы на управление и хозяйственное обслуживание производства, включаемые наряду с основными затратами в себестоимость продукции; носят фиксированный характер и не связаны с изменяющимся уровнем производства*); 4. **fixed deposit** — срочный вклад (*подлежит погашению по истечении установленного срока с уплатой процента, фиксированного на весь период*); 5. **fixed exchange rate** — фиксированный валютный курс (*обменный курс валюты с фиксированным паритетом или центральный курс относительно золота, доллара США или других валют*); 6. **fixed interest securities** — ценные бумаги с твердым процентом; 7. **fixed payments** — фиксированные (рентные) платежи (*форма изъятия в доход государства части прибыли предприятий, получение которой обусловлено факторами, не зависящими от их деятельности; один из платежей прибыли в бюджет*); 8. **fixed prices** — твердые цены; 9. **fixed price contract with redetermination** — контракт с корректировкой фиксированной цены; 10. **fixed price-redeterminable prospective contract** — контракт с фиксированной начальной ценой, пересматриваемой на определенных этапах выполнения работ; 11. **fixed rate loan** — заем с твердой процентной ставкой (*заем с фиксированной ставкой процента, установленной на весь срок его действия, предоставляемый на определенный период времени*); 12. **fixed rate of interest** — твердый процент, постоянный процент.

flat — плоский; ровный; неоживленный, вялый, слабый (*о рынке, спросе*); **единообразный; категорический; прямой; твердый; окончательный** ◇ 1. **flat commission** — единообразная ставка комиссии; 2. **flat fee contract** — контракт с заранее согласованной ценой; 3. **flat income bond** — облигация с окончательным доходом (*цена которой включает в себя всю сумму невыплаченных процентов — ам.*); 4. **flat price** — одинаковая цена (*на все предметы, сорта и т. п.*); 5. **flat refusal** — категорический отказ; 6. **flat taxation** — пропорциональное обложение (*система налогообложения, при которой ставки устанавливаются в едином проценте к доходу налогоплательщика независимо от его величины*); 7. **the market is flat** — на рынке вялое настроение (*состояние конъюнктуры рынка, когда не производится сделок, и цены стоят на более низком уровне*).

flaw — недостаток; порок; пятно; упущение (*юр.*); **ошибка** (*в документе*); **делать недействительным** (*юр.*).

flight — полет; бегство ◇ 1. **flight capital** — капитал, вывозимый за границу; горячие деньги (*капитал, вывозимый за границу из опасения его обесценения, налогового обложения и т. д.*); 2. **flight movement of capital** — движение капитала, вывозимого за границу; 3. **flight of capital** бегство капитала за границу (*отток капитала из страны, перемещение в течение небольшого промежутка времени в большом объеме краткосрочных ссудных капиталов за границу в связи с более высокой ставкой банковского процента, возможностью получения выигрыша от курсового соотношения, нестабильного валютного положения в стране и др.*).

float — плавать; спускать на воду; сплавлять (*лес*); **пускать в ход, учреждать, образовать; выпускать, размещать** (*акции, заем*); **свободно колебаться** (*о курсах валют*); **вводить плавающий курс; флоат** (*разрыв во времени, часто происходящий в процессе инкассации чеков Федеральной резервной системой США; Федеральные резервные банки зачисляют средства на резервные* *счета банков в течение 2 дней от даты получения чеков, но для их обработки и получения по ним возмещения может понадобиться больше времени, т. е. некоторые банки могут получить кредит на срок до того момента, когда в федеральный резервный банк поступят платежи*) ◇ 1. **to float a company** — образовать (учредить) акционерное общество; 2. **to float a loan** — разместить заем; 3. **clean float** — чистые колебания валютного курса (*колебания курса валюты на валютных рынках при отсутствии официального вмешательства*); 4. **floating** — текущий; текучий; 5. **floating assets** — оборотные средства (*денежные средства компании, используемые на финансирование текущей деятельности*); 6. **floating capital** — оборотный капитал (*стоимость средств производства и рабочей силы, целиком переносящаяся в процессе производства на продукт*); 7. **floating charge** — долговое обязательство или переуступка права владения всеми активами компании, используемое в качестве обеспечения кредита; 8. **floating debt** — краткосрочный долг; краткосрочный государственный долг; текущая задолженность; 9. **floating exchange rate** — плавающий валютный курс (*режим свободно колеблющихся курсов валют, основанный на использовании рыночного механизма валютного регулирования*); 10. **floating interest rate** — плавающая процентная ставка (*процентная ставка по среднесрочным и долгосрочным кредитам, размер которой не фиксируется на весь срок кредита, а пересматривается через согласованные промежутки времени*); 11. **floating policy** — генеральный (постоянный) полис (*свидетельство, выдаваемое страховой компанией лицу или учреждению, застраховавшему в нем свою собственность, в котором оговаривается предполагаемая стоимость страхуемых товаров; страховая премия определяется после окончательного уточнения стоимости товаров — мор., страх.*), 12. **floating prime rate** — праймрейт (*плавающая учетная ставка для первоклассных заемщиков*); 13. **floating rate note** — долговое обязательство с плавающей ставкой (*долговое обязательство со сроком погашения от 5 до 7 лет, процентная ставка по которому изменяется в зависимости от рыночных условий каждые 6 месяцев; обычно гарантируется минимальная ставка процента*); 14. **floating rate (of exchange)** — плавающий (свободно колеблющийся) курс валюты; 15. **floating supply** — ценные бумаги или товары, свободно обращающиеся на рынке; в частности, количество ценных бумаг или товаров, имеющихся в наличии для немедленной продажи на рынке ценных бумаг или товаров.

floor — пол; минимальная цена; минимальный уровень; минимальный; операционный зал фондовой биржи или товарного рынка ◇ 1. **floor broker** — брокер из операционного зала (*брокер, биржевой маклер, выполняющий поручения членов фондо-*

вой биржи за комиссионное вознаграждение); 2. **floor prices** — минимальные цены (*не могут быть уменьшены в связи с влиянием политических, экономических и торговых факторов*); 3. **floor trader** — биржевой маклер, обычно осуществляющий операции в операционном зале за свой счет или выполняющий поручения, в которых он имеет долю участия.

fluctuation — колебание; изменение (*цен, спроса*) ◇ 1. **fluctuation in exchange (in prices)** — колебание курса валюты (цен); 2. **market fluctuation** — колебание цен на рынке; 3. **change fluctuations** — случайные колебания; 4. **random fluctuations** — случайные колебания; 5. **seasonal fluctuations** — сезонные колебания.

foot — нога; фут; нижняя часть; доходить до; подытоживать; подсчитывать ◇ 1. **at the foot here of** — в конце этого письма или документа; 2. **the expenses foot (up) to $ 50** — расходы доходят до 50 долларов; 3. **to foot the bill** — заплатить по счету; нести расходы; нести последствия (*разг.*); 4. **to set on foot** — пустить в ход; 5. **footings** — итог (*заключительная строка баланса, свидетельствующая о том, что совокупные активы равны сумме обязательств плюс собственные средства*).

force — сила; действительность; действие; принуждение; заставлять; принуждать ◇ 1. **force majeure** — форс-мажор (*непреодолимая сила*); непреодолимое препятствие; чрезвычайные обстоятельства; 2. **the contract (law, tariff) in force** — действующий контракт (закон, тариф); 3. **labour force** — рабочая сила; число работающих, численность рабочих и служащих (*в стране в целом, в какой-л. отрасли промышленности, на предприятии*); трудовые ресурсы; 4. **to force down prices** — снижать, сбивать цены; 5. **to force the market** — оказывать давление на рынок; 6. **to force up the exchange** — искусственно повысить курс; 7. **to force up prices** — повышать, набивать цены; 8. **work force** — рабочая сила; число работающих, численность рабочих и служащих (*в стране в целом, в какой-л. отрасли промышленности, на предприятии*); трудовые ресурсы; 9. **forced** — принудительный; 10. **forced exchange** — принудительный курс; 11. **forced rate of exchange** — принудительный валютный курс (*официальный фиксированный курс обмена иностранной валюты, вводимый в условиях валютных ограничений на обмен валюты данной страны*).

forfeit — штраф; конфискация; утрата права; конфискованная вещь; потерять право; неустойка.

form — установленный образец; бланк; формуляр; анкета; составлять; учредить, образовать; основать ◇ 1. **to form a company** — учредить акционерное общество; 2. **application form** — заявка (*специальный бланк при предложении ценных бумаг для продажи*); 3. **documentary bill lodgement form** — бланк инкассового поручения по документированной тратте (*тратта, сопровождаемая товаро-распорядительными документами*); 4. **in due form** — по форме; в надлежащей форме; по правилам; 5. **to fill out a form** (*ам.*) — заполнить бланк, анкету, формуляр; 6. **to fill up a form** — заполнить бланк, анкету, формуляр.

formality — формальность ◇ 1. **custom house formalities** — таможенные формальности; 2. **statutory formality** — предписанная законом форма.

formation — образование; учреждение; составление ◇ 1. **capital formation** — прирост основного капитала; 2. **gross (fixed) capital formation** — валовый прирост основного капитала.

forward — будущий; срочный (*через определенный срок*); **заблаговременный; отправлять; посылать; экспедировать; вперед; дальше; форвард** (*операция на валютном рынке, по которой валюта поставляется на срок через оговоренное время по согласованному на момент сделки курсу*) ◇ 1. **forward contract** — срочная сделка (*заключается в урегулирование валютной операции со сроком исполнения через согласованный промежуток времени*); 2. **forward cover** — покрытие для выполнения срочных сделок; 3. **forward exchange** — валютная срочная сделка (*иностранная валюта, продаваемая или покупаемая на срок по курсу, установленному в момент сделки*); 4. **forward freight** — фрахт, уплачиваемый в порту выгрузки; 5. **forward intervention** — форвардная интервенция (*осуществляется на форвардном рынке с целью изменения курса своей валюты при сделках за наличный расчет, воздействия на ставки процента по срочным сделкам в национальной валюте*); 6. **forward market** — рынок для заключения срочных сделок; 7. **forward maturities** — сроки погашения срочных сделок (*даты, на которые падают сроки исполнения срочных сделок, отличающиеся от сроков исполнения сделок за наличный расчет на условиях "спот"*); 8. **forward purchase** — покупка на срок (*договор о поставке больших партий товаров, покупке акций на конкретную дату по установленной в момент сделки цене*); 9. **forward quotation** — цена по срочной сделке; 10. **forward rate** — курс по срочной сделке; 11. **forward sale** — продажа на срок (*сделка за наличный расчет по поставке товара оговоренного количества и качества на определенную дату в будущем; цена устанавливается заранее или за день до поставки*); 12. **forward transaction** — форвардная операция (*внебиржевые срочные валютные сделки, совершаемые банками и корпорациями по телефону или телефаксу на договорной основе*); 13. **contract for forward delivery** — сделка на срок, срочная сделка (*операции купли-продажи с платежами в определенный соглашением срок по курсу, зафиксированному в момент сделки*); 14. **rate of forward** — курс форвард (*курс валюты по срочным сделкам*); 15. **forwarding — экспеди-**

торская работа; отправка; 16. **forwarding agent** — экспедитор (*лицо, занимающееся отправкой или рассылкой чего-л.*); 17. **forwarding business** — экспедиторская контора, транспортная контора; 18. **forwards** — сделка срочная; продажа на срок (*сделка за наличный расчет по поставке товара оговоренного количества и качества на определенную дату в будущем, цена устанавливается заранее или за день до поставки; сделка на фондовой или товарной бирже, по которой платеж осуществляется через определенный срок по курсу, зафиксированному в контракте, а поставка товара через указанный срок — от нескольких месяцев до 1-2 лет; заключается обычно в расчете на перепродажу контракта и получения прибыли; владельцы контрактов на срок не связаны обязательствами перед продавцами и покупателями, а имеют отношение только с расчетной палатой биржи*); 19. **we have forwarded your letter** — мы переслали ваше письмо (*корр.*).

fractional — дробный ◇ 1. **fractional currency** — разменные монеты; 2. **fractional movement in the index** — незначительное изменение индекса (*в долях единицы*).

franchise — привилегия; льгота; франшиза (*предусмотренный условиями страхования убыток в размере определенного процента стоимости груза, который не покрывается страховщиком; право на создание коммерческого предприятия, предоставляемое на определенный период и зафиксированное в договоре — страх.*) ◇ **franchises** — монопольные права и привилегия (*в балансе*).

free — свободный; вольный; освобожденный; незанятый; лишенный; бесплатный; свободный от расходов, оплаты расходов по доставке товара в указанный пункт; франко (*условия поставки, обозначающие, что определенная часть расходов по транспортировке, погрузке, страховке совершается за счет продавца и не оплачивается покупателем*)**; не несущий ответственности за убытки, вызванные чем-л.** (*страх.*)**; открытый; доступный** ◇ 1. **free along side ship (f.a.s.)** — франко вдоль борта судна, фас (*условие об обязанности продавца доставить за свой счет груз к борту судна*); 2. **free access** — свободный доступ; 3. **free bunker** — франко бункер (*условие об обязанности продавца бункерного угля доставить и уложить уголь в бункера судна*); 4. **free delivered** — доставка-франко; 5. **free enterprise zone** — зона свободного предпринимательства (*часть государственной территории, где осуществляется совместное предпринимательство согласно принятому законодательству, которое обычно предусматривает различные льготные режимы по налогообложению, аренде, таможенному обложению и т. п., что создает привлекательные условия для иностранных инвестиций*); 6. **free imports** — беспошлинные товары; 7. **free in and out (f.i.o.)** — условие ФИО (*судно свободно от расходов по погрузке и выгрузке, погрузка и выгрузка оплачиваются фрахтователем*); 8. **free into barge** — франко баржа; 9. **free list** — список импортных товаров, не облагаемых таможенной пошлиной в данной стране; 10. **free of all average (f.o.a.)** — свободно от всякой аварии; 11. **free of charge** — безвозмездно, бесплатно; 12. **free of (from) particular average (f.p.a.)** — условие “свободно от частной аварии” (*стандартное условие страхования судов и грузов; в этом случае убытки от частной аварии не подлежат возмещению, возмещаются убытки от общей аварии, полной гибели судна, пропажи без вести, столкновения судов*); 13. **free of turn** — независимо от очереди у причала (*ожидание очереди у причала за счет фрахтователя*); 14. **free offer** — свободное предложение (*предложение без обязательств, не связывающее продавца и не устанавливающее срока для ответа; такое предложение на одну партию товара может быть послано нескольким возможным покупателям для выявления спроса; если сторона, получившая С. П., принимает его условия и направляет продавцу подтверждение, то это равносильно контрпредложению или твердому предложению*); 15. **free on board (f.o.b.)** — свободно на борту, франко борт, ФОБ (*условие об обязанности продавца доставить и погрузить товар на борт судна*); 16. **free on board and stowed** — франко борт и штивка (*условие об обязанности продавца, помимо погрузки на судно, нести также расходы по укладке груза в трюме*); 17. **free on board truck** — франко борт грузового автомобиля; 18. **free on board vessel** — франко борт судна (*ам.*); 19. **free on rail (f.o.r.)** — франко рельсы, франко вагон; 20. **free overside** — франко строп судна в порту разгрузки (*условие об обязанности покупателя нести все издержки с момента оставления грузом судового стропа*); 21. **free port** — вольная гавань, порто-франко (*морской порт, в пределах которого ввозимые товары, следующие по транзиту или реэкспортируемые, не облагаются таможенными пошлинами и не подвергаются таможенному контролю*); 22. **free receiver** — франко-получатель (*далее указывается адрес* (*склад*) *грузополучателя; по этому условию продавец обязан доставить товар к получателю за свой счет; встречается редко*); 23. **free reserves** — резервы свободные (*превышение резервов над суммой займов, полученных от федеральных резервных банков*); 24. **free trade zone** — зона свободной торговли (*преференциальные зоны торговли, в пределах которых поддерживается свободная от таможенных и количественных ограничений международная торговля промышленными товарами; наиболее известные — ЕЭС и ЕАСТ*); 25. **free zone** — свободная зона (*зона на территории государства — например, морской *порт, аэропорт, пакгауз и др. — в пределах которой осуществляется беспошлинный ввоз иностранных товаров*).

freehold — безусловное право собственности на недвижимость; фригольд (*юр.*).

freight — фрахт; груз; фрахт; плата за провоз; фрахтовать ◇ 1. **freight account** — счет за перевозку грузов; 2. **freight advance** — аванс фрахта (*предварительная плата в счет фрахта; если фрахт оплачивается в порту назначения, аванс может быть выдан в размере 1/3 причитающейся суммы для оплаты судовых расходов; сумму аванса записывают в коносамент*); 3. **freight bill** — счет за перевозку грузов; 4. **freight car** — товарный вагон; грузовик; 5. **freight carrier** — грузовое судно; 6. **freight charges** — стоимость провоза; 7. **freight clause** — условие (*чартера*) о фрахтовой ставке и порядке уплаты фрахта; 8. **freight collect** — "взыскать фрахт" (*фрахт подлежит уплате грузополучателем в порту назначения — отметка в коносаменте*); 9. **freight forward** — фрахт, оплачиваемый в порту назначения; 10. **freight forwarder** — экспедитор груза; 11. **freight home** — обратный фрахт; 12. **freight note** — спецификация груза; счет за фрахт (*выписывается владельцем судна грузоотправителю с указанием величины платы за фрахт*); 13. **freight outwards (outward freight)** — груз, отправляемый за границу; 14. **freight paid** — фрахт уплачен; фрахт до места назначения; 15. **freight prepaid** — фрахт уплачен в порту погрузки; 16. **freight rate** — фрахтовая ставка; цена фрахта (*цена морской перевозки грузов, установленная обычно на один порт погрузки и выгрузки; остальные условия регулируются надбавками*); 17. **freight release** — разрешение на выдачу груза (*надпись, сделанная на коносаменте владельцем судна, позволяющая импортеру получить груз немедленно по прибытии его в порт назначения при авансировании фрахта грузоотправителем*); 18. **freight tonnage** — грузовместимость в обмерных тоннах (*обмерная фрахтовая тонна — 1,12 м. куб.*); 19. **freight turnover** — грузооборот; фрахт, плата за провоз; 20. **advance freight** — аванс фрахта (*стоимость фрахтования, выплачиваемая для покрытия расходов в порту погрузки с тем, чтобы грузоотправитель мог индоссировать коносамент, а получатель — получить товар на условиях немедленной поставки*); 21. **collect freight** — фрахт подлежит уплате грузополучателем в порту назначения (*отметка в коносаменте*); 22. **cost and freight (c. and f.)** — условие каф — стоимость и фрахт (*условие продажи, в силу которого расходы по фрахту до определенного пункта несет продавец, право собственности и весь риск утраты или повреждений товара переходят с продавца на покупателя в порту погрузки*); 23. **cost, insurance, freight (c.i.f.)** — условие СИФ — стоимость, страхование, фрахт (*условие продажи, в силу которого расходы по страхованию и фрахту несет продавец, право собственности и весь риск утраты или повреждений товара переходят с продавца на покупателя в порту погрузки*); 24. **cost, insurance, freight and commission (c.i.f. and c.)** — стоимость, страхование, фрахт и комиссия посредника; условие СИФ, включая комиссию посредника (*условие продажи, в силу которого расходы по страхованию и фрахту, оплате услуг посредника несет продавец*); 25. **cost, insurance, freight and exchange (c.i.f. and e.)** — стоимость, страхование, фрахт и курсовая разница; условие СИФ, включая курсовую разницу (*условие продажи, в силу которого расходы по страхованию и фрахту, разнице курсов несет продавец*); 26. **home freight** — обратный фрахт; 27. **homeward freight** — обратный фрахт; 28. **stop for freight** — "задержать до уплаты фрахта" (*инструкция судовладельца своему агенту о невыдаче груза получателю впредь до уплаты фрахта*).

frustration — расстройство; тщетность договора, недостижимость цели договора; фрастрейшен (*возникновение не по вине сторон обстоятельств, при которых договор утрачивает смысл — юр.*) ◇ **frustration clause** — оговорка о расстройстве рейса (*пункт в полисе мор, страхования; об освобождении страховщика от ответственности за возможную неудачу рейса во время военных действий*).

fulfil(l)ment — выполнение; исполнение ◇ 1. **fulfilment of a contract** — выполнение договора; 2. **in fulfilment of your instructions** — во исполнение ваших указаний (*корр.*).

function — функция; назначение; функционировать; действовать; выполнять функции ◇ 1. **functions** — должностные обязанности; 2. **functional** — функциональный; 3. **functionary** — должностное лицо; чиновник; официальный.

fund — запас; резерв; фонд; капитал, консолидировать; помещать деньги в государственные бумаги ◇ 1. **accumulation fund** — фонд накопления (*часть национального дохода, направляемая на расширение воспроизводства и развитие материальной базы непроизводственной сферы, прирост запасов и резервов*); 2. **Consolidated Fund** — консолидированный фонд (*счета казначейства Англии, на которые поступают доходы от налогообложения, идущие затем на финансирование правительственных расходов*); 3. **consumption fund** — фонд потребления (*часть национального дохода, предназначенная для удовлетворения потребностей населения и содержания непроизводственной сферы*); 4. **co-op share fund** — паевой фонд (*часть средств кооператива, состоящая из паевых взносов, уплачиваемых членами кооператива*); 5. **equalization fund** — фонд валютного регулирования; 6. **guarantee fund** — резерв для оплаты гарантированных обязательств третьих лиц; 7. **International**

Monetary Fund (the Fund) — Международный валютный фонд (*межправительственная валютно-кредитная организация по сотрудничеству в международной торговле и валютной сфере; вырабатывает правила регулирования валютных курсов, контролирует их, содействует обратимости валют, предоставляет членам МВФ кредиты*); 8. **money market fund** — фонд денежного рынка (*взаимный фонд, средства которого размещаются только в инструменты денежного рынка*); 9. **mutual fund** — взаимный фонд (*инвестиционная компания открытого типа, т. е. компания, постоянно продающая и выпускающая свои акции, которые не обращаются на бирже*); 10. **National Insurance Fund** — государственный страховой фонд; 11. **purchase fund** — обязательство эмитента (*обязательство заемщика выкупить назад определенное количество выпущенных ценных бумаг в течение установленного периода, если цена облигаций упадет ниже курса их выпуска*); 12. **reserve fund** — резервный капитал (*часть выпущенного, но не оплаченного капитала, которую общее собрание компании решило истребовать только в случае ликвидации; не может быть переведен в действующий капитал без разрешения суда*); 13. **sinking fund** — фонд погашения (*обязательства заемщика вне зависимости от движения цен на вторичном рынке возместить часть выпуска ценных бумаг в течение установленного периода путем осуществления платежей на специальный счет; или задолженности любого иного происхождения*); амортизационный фонд; 14. **stabilization fund** — фонд валютного регулирования; 15. **funded reserve** — запасной капитал (*капитал, помещенный в ценные бумаги*); 16. **funds** — фонды; средства; капитал; государственные ценные бумаги; платежные средства; 17. **deposited funds** — депонированные средства (*денежные средства, отданные на хранение в банки и др. финансово-кредитные институты*); 18. **emergency funds** — обязательные резервы банков (*средства коммерческих институтов, которые они обязаны хранить в центральном банке для обеспечения своих операций в соответствии с нормами обязательных резервов*); 19. **federal funds** — федеральные средства, федеральные резервные фонды (*остатки на резервных счетах, которые американские банки — члены ФРС предоставляют друг другу в кредит, обычно на очень короткий период; федеральные фонды также включают в себя некоторые другие виды кредитов, предоставляемых депозитными институтами друг другу и федеральным агентством*); 20. **foreign funds** — иностранные фонды; иностранный капитал; 21. **frozen funds** — замороженные средства; 22. **insufficient funds** — недостаточные средства; 23. **loan of funds temporarily available** — ссуда временно свободных денежных средств; 24. **New York funds** — с платежом в Нью-Йорке; чеком на Нью-Йорк; 25. **no funds** — нет покрытия (*отметка банка на неоплаченном чеке, означающая, что чекодатель не имеет средств на своем счете*); 26. **reserve fund** — резервный капитал (*часть выпущенного, но не оплаченного капитала, которую общее собрание компании решило истребовать только в случае ликвидации; не может быть переведен в действующий капитал без разрешения суда*); 27. **short-term (foreign) funds** — (иностранный) капитал для краткосрочных вложений, краткосрочный (иностранный) капитал; 28. **to convert (to turn) funds over** — пускать средства в оборот.

future — будущее; будущий ◇ 1. **for the future** — на будущее время; 2. **in (the) future** — в будущем; 3. **future delivery** — будущая поставка; 4. **future exchange** — срочная биржа; 5. **future orders** — дальнейшие заказы; 6. **futures** — фьючерсы; сделки на срок, срочные сделки, контракты (*операции купли-продажи с платежами в определенный соглашением срок по курсу, зафиксированному в момент сделки*); товары, покупаемые или продаваемые на срок (*бирж.*); 7. **red futures contract month** — фьючерсный контракт "красного месяца" (*поставка по нему назначается в месяце, отстоящем более чем на год от даты заключения сделки*).

G

gain — увеличение; прирост; прибыль; выигрыш; повышение (цен, курсов); **зарабатывать; добывать; выигрывать; извлекать пользу, выгоду; получать, приобретать; достигать, добиваться; повышаться** ◇ 1. **to gain 15 points** — повыситься на 15 пунктов; 2. **gaining market** — повышательная рыночная конъюнктура (*спрос значительно превышает предложение, происходит рост цен и числа заключаемых сделок*); 3. **gains** — доходы; выгода.

gamble—спекуляция; рискованное дело; спекулировать (на бирже).

gap — промежуток; интервал; расхождение; разрыв, несоответствие, нестыковка, (сроков требований обязательств по банковским операциям); **дефицит; пробел** ◇ 1. **gap in the balance of payments** — дефицит платежного баланса; 2. **gapping** — расхождение сроков банковских требований и обязательств (*обычно в результате заимствования на короткие и размещения на длинные сроки*).

Gencon — Дженкон (*типовая чартер-партия для генеральных грузов*).

general — общий; полный; генеральный; главный; обычный

◇ 1. **general act** — генеральный акт (*документ, которым оформляется приемка импортных грузов портом назначения от судна по количеству мест, весу и качеству; по импортным грузам, поставленным на условиях СИФ, этот документ подтверждает выполнение обязательств иностранного поставщика*); 2. **general agent** — генеральный агент, представитель (*уполномочен действовать в интересах принципала-хозяина товара, руководителя фирмы — в любых вопросах коммерции.*); 3. **General Agreement on Tariff and Trade (GATT)** — Генеральное соглашение по тарифам и торговле (*ГАТТ — многостороннее международное соглашение, регулирующее режим взаимной торговли и торговую политику стран-участниц, способствовало ликвидации многих ограничений в торговле, снижению таможенных барьеров.*); 4. **general average loss** — потеря по общей аварии (*ущерб и убытки вследствие произведенных намеренно и сознательно чрезвычайных расходов или частичных повреждений в целях спасения от общей грозящей опасности транспортных средств и груза; убытки распределяются пропорционально их стоимости между владельцами.*); 5. **general cargo** — генеральный груз (*смешанный, сборный груз, тарный и штучный груз*), смешанный общий груз; 6. **general conditions of delivery** — общие условия поставки (*правила, регулирующие отношения между организациями разных государств по внешнеторговой поставке; не носят нормативный характер и действуют только в том случае, если в контракте есть ссылка на них, обеспечивают стандартизацию договорных условий*); 7. **general contract chartering** — фрахтование по генеральному контракту (*фрахтование, по которому судовладелец обязуется в течение определенного времени перевезти обусловленное количество груза, выделяя для перевозки судно оговоренной грузоподъемности; используется, в основном, для перевозки массовых сухих грузов*); 8. **general license** — простая лицензия (*лицензиар сохраняет право самостоятельного использования предмета лицензионного соглашения и выдачи лицензий третьим лицам; при этом лицензиат обычно не вправе выдавать сублицензии*); 9. **general mortgage bond** — облигации, обеспечиваемые полной закладной на собственность корпорации (*ам.*); 10. **general obligation bond** — долговые обязательства, выпускаемые администрацией штата или муниципалитетом, не облагаемые. налогом; обеспечением их служит доверие к эмитенту (*ам.*); 11. **general partner** — полный товарищ (*принимает участие в управлении, имеет право заключать договора от имени фирмы, ответственность не ограничена, должен отчитываться о своих доходах, имеет право только на долю в общей прибыли, не может конкурировать с фирмой*); 12. **general power of attorney** — общая доверенность; 13. **general property tax** — личный налог (*форма прямого обложения дохода налогоплательщика с учетом предоставляемых льгот; взимаются с физических и юридических лиц*); 14. **general system of preferences (GSP)** — общая система преференций (*система снижения тарифов и увеличение квот для поощрения экспорта из развивающихся стран*); 15. **general tariff** — общий таможенный тариф (*установлен на импорт товаров из стран, не являющихся участниками ГАТТ, имеет, как правило, более высокий уровень*); 16. **open general license** — открытая генеральная лицензия (*предоставляет лицензиату — лицу или фирме, купившей лицензию, — исключительное право на ее использование в течение всего срока действия лицензионного соглашения*).

gilt — **золоченый; позолоченный** ◇ 1. **gilt-edged securities** — золотообрезные ценные бумаги, государственные ценные бумаги; первоклассные ценные бумаги, гарантированные ценные бумаги; 2. **gilt-edged risk** — первоклассный риск (*страх.*).

giro — **счет жиро** (*разновидность безналичных расчетов, проводимых банками и сберегательными кассами путём перечисления сумм с одного счета на другой*) ◇ 1. **giro account** — счет жиро; 2. **giro cheque** — жирочек (*чек, содержащий приказ чекодателя банку о перечислении с его счета жиро на счет чекодержателя определенной суммы денег; используются для безналичных расчетов в пределах одного банка*).

glut — **избыток; пресыщение; перепроизводство; затоваривание; насыщать** ◇ **the market is glutted with these goods** — рынок завален этим товаром.

go — **движение; попытка; сделка; успех; идти; функционировать; передаваться; вступать; обращаться** ◇ 1. **go around** — обходить; информировать по очереди (*указания ФРС дилерам, осуществляющим операции с государственными ценными бумагами на свободном рынке, позволяющие регулировать спрос и предложение на свободном рынке ценных бумаг*); 2. **go-between** — посредник (*лицо, физическое или юридическое, связывающее стороны, желающие заключить сделку; работает обычно за счет поручителя и от его имени*); 3. **go-go fund** — фонд капиталовложений с высокой долей риска или общий инвестиционный траст-фонд (*используется для получения в результате спекулятивных операций прироста стоимости, превышающего средний уровень*); 4. **go-go stock** — ходкий товар (*пользующаяся на рынке повышенным спросом партия фондовых ценностей; практически то же, что и “выигрышные акции”*); 5. **going concern** — функционирующий концерн (*нефинансовая компания, прекращение деятельности которой не предвидится рынком; способна своевременно платить по своим обязательствам и проводить операции, приносящие ей прибыль*).

gold — золото ◇ 1. **gold certificates** — золотые сертификаты (*документ, удостоверяющий право собственности на золото, хранящееся в банке депозитарии — ам.*); 2. **gold clause** — золотая оговорка (*платеж, размер которого привязан к цене на золото или выражен непосредственно в золоте*); 3. **gold fix** — процедура установления цены на золото на свободном рынке (*производится два раза в день пятью лондонскими домами, занимающимися операциями с золотом*); 4. **gold premium** — премия на золото (*особая плата за размен эмиссионным банком своих банкнот на золото*); 5. **gold reserves** — золотые резервы (*часть резервов центрального банка страны в виде золота*); 6. **market value of gold** — рыночная стоимость золота; 7. **private holding of gold** — тезаврация золота частными лицами (*сбережение у себя на дому вместо внесения в банк или сберегательную кассу*); 8. **golds** — биржевые акции и облигации золотопромышленных компаний.

goods — товар; товары; груз ◇ 1. **good till cancelled (GTC)** — "пока не будет исполнен" (*приказ брокеру о покупке или продаже, действующий до тех пор, пока приказ не будет исполнен или до его отмены заказчиком*); 2. **goods exchange** — товарная биржа (*организационная форма оптовой, в т. ч. международной, торговли массовыми товарами, с устойчивыми и четкими качественными параметрами, реализуемыми по образцам и стандартам; установлен минимальный размер партии, заключаются, в основном, срочные сделки*); 3. **goods in process** — незавершенное производство; 4. **goods in transit** — товары в пути; транзитный груз; 5. **goods on approval** — товар на пробу (*с правом возвращения его обратно продавцу*); 6. **goods on consignment** — консигнационная отправка товара (*владелец товара отправляет его своему комиссионеру за границу для продажи*); 7. **goods on hand** — наличные товары; 8. **goods placed in storage** — сданный на хранение груз; 9. **acceptance of goods** — приемка-сдача груза; 10. **assortment (variety, range) of goods** — ассортимент товаров; 11. **capital goods** — основной капитал; основные средства (*производственные здания, сооружения, земля, машины и оборудование, переносящие свою стоимость на производимый товар по частям*); товары производственного назначения; 12. **consumer goods** — товары потребительского назначения; 13. **credit against goods** — подтоварный кредит (*используется в расчетах между продавцом и покупателем во внутреннем и международном торговом обороте, выплаты по нему производятся против товарных документов*); 14. **demand of goods** — отзыв товара (*распоряжение покупателя поставщику об отгрузке товара*); 15. **durable goods** — товары длительного пользования; 16. **final (finished) goods** — готовые изделия; 17. **investment goods** — средства производства (*материальные факто-*

ры производства: средства труда и предметы труда); 18. **long and heavy goods** — длинномеры и тяжеловесы; 19. **marked-down (reduced) goods** — уцененный товар; 20. **possessor of the goods** — владелец товара (*физическое или юридическое лицо, фактически имеющее товар в данный момент*); 21. **producers' goods** — средства производства (*материальные факторы производства: средства труда и предметы труда*).

goodwill — престиж фирмы; добрая воля; благоприятное отношение; репутация; стоимость деловых связей и репутации предприятия; стоимость фирмы, цена фирмы.

grace — отсрочка; передышка ◇ 1. **days of grace** — льготные дни (*для уплаты по векселю*); 2. **to grant a month's grace** — предоставить отсрочку на месяц (*для выполнения обязательств*).

grade — сорт; качество ◇ 1. **base grade** — базисный сорт (*сорт товара, рассматриваемый в контракте в качестве стандартного*); 2. **lower grades of cotton** — более низкие сорта хлопка; 3. **top grade** — высший сорт; высший класс; 4. **contract grades** — стандартная система показателей качества (*набор показателей качества определенного товара, поставляемого по срочным контрактам; обычно предусматривает и шкалу уровней качества для выплат премий и неустоек*).

grant — субсидия; дотация; безвозвратная ссуда; дар; пособие; единовременная денежная выплата; передача права на имущество; давать; предоставлять; допускать ◇ 1. **to grant an advance** — предоставить аванс; 2. **to grant a patent** — выдать патент; 3. **to grant an allowance (a discount)** — предоставить скидку; 4. **grant-element** — грант элемент (*интегральный показатель международной статистики для сопоставления условий предоставления кредитов и займов; учитывает следующие параметры: срок предоставления, льготный период и ставку процента*).

grantee — лицо, получающее дар, субсидию, пособие; лицо, к которому переходит право на имущество; цессионарий.

grantor — лицо, дающее субсидию, дотацию; даритель; лицо, передающее право на имущество другому лицу; цедент.

gratuitous — безвозмездный; выгодный только для одной стороны (*о договоре — юр.*).

gross — валовой; брутто; масса; чрезвычайный; большой ◇ 1. **gross amount** — сумма брутто (*валовой доход без вычета расходов*); 2. **gross balance** — предварительный (пробный) баланс; 3. **gross domestic product (GDP)** — валовой внутренний продукт, ВВП (*выражает совокупную стоимость конечных товаров и услуг, созданных внутри страны в рыночных ценах*); 4. **gross for net** — вес брутто за нетто (*условные обозначения для проведения расчетов и установления цены по весу брутто, когда проверка веса нетто нецелесообразна или цена* *тары мало отличается от цены самого товара*); 5. **gross margin** — валовая прибыль (*разница между доходом и расходом без каких-л. вычетов*); 6. **gross national product (GNP)** — валовой национальный продукт. ВНП (*общая стоимость товаров и услуг, произведенных за определенный период времени в стране, включая государственные и частные расходы, вложения в основной капитал, нетто изменения оборотных фондов, чистый экспорт; реальный рост производства после учета роста цен*); 7. **gross operating income** — валовая выручка от продажи; 8. **gross product** — валовая продукция (*показатель, характеризующий объем продукции, произведенной отраслью, предприятием в стоимостном выражении*); 9. **gross profit** — валовая прибыль (*разница между доходом и расходом без каких-л. вычетов*); 10. **gross quotation** — валовая цена (*цена, включающая стоимость перевозки, страхования и разные мелкие расходы — ам.*); 11. **gross return** — валовая прибыль (*разница между доходом и расходом без каких-л. вычетов*); 12. **gross returns** — валовая сумма поступлений; 13. **gross sale** — валовая выручка от продажи; 14. **gross spread** — спред — общая разница (*разница между ценой, полученной эмитентом за выпущенные ценные бумаги, и ценой, уплаченной инвестором за эти ценные бумаги, равная сумме продажной скидки и комиссий за управление и размещение; разница между курсом покупателя и курсом продавца*); 15. **gross weight** — вес брутто (*вес товара с тарой и упаковкой*); 16. **gross yield** — доход-брутто (*доход по ценным бумагам до уплаты налогов*); 17. **by the gross** — оптом, большими партиями; 18. **in the gross** — оптом, большими партиями.

ground — грунт; земля; почва; основание; мотив; сесть на мель; обосновывать ◇ 1. **ground for complaint** — основание для жалобы, претензии; 2. **to hold (to keep, to stand) one's ground** — удерживать свои позиции; 3. **to gain ground** — продвигаться вперед; делать успехи; увеличиваться, повышаться (*о ценах*); 4. **to give (to lose) ground** — отступать; уменьшаться, понижаться (*о ценах*).

guarantee — гарантия; залог; поручительство; поручение; гарантировать; ручаться; обеспечивать; страховать ◇ 1. **guarantee** — лицо, которому дается гарантия (*обычно, когда в одном и том же предложении встречается также слово* guarantor); 2. **to guarantee against loss** — гарантировать возмещение убытка; 3. **guaranteed stock** — гарантированные акции (*акции, уплата дивиденда по которым гарантируется другой корпорацией*); 4. **continuing guarantee** — поручительство, не ограниченное сроком; 5. **contract of guarantee** — договор поручительства; 6. **letter of guarantee** — гарантийное письмо (*документ, излагающий характер и объем обязательств, которые прини-*

мает поручитель в части определенных условий контракта, например, условий перевозки, платежа).

guarantor — лицо, дающее гарантию; поручитель; гарант; авалист (*лицо, дающее поручительство за лицо, обязанное по векселю*).

H

hammer — молоток; ковать; объявлять несостоятельным должником (*бирж.*) ◇ 1. **to bring (to come) under the hammer** — продавать(ся) с аукциона; 2. **hammered** — "объявлен банкротом" (*относится к члену фондовой биржи Великобритании, который не может выплатить долги*).

hand — рука; подпись; сторона; указатель; передавать; вручать ◇ 1. **bills in hand** — вексельный портфель; 2. **hand-to-mouth** — минимальный; ограниченный; не про запас; 3. **hand-to-mouth deliveries** — поставки, удовлетворяющие только насущные потребности (*без каких-л. запасов*); 4. **in hand** — в руках; в исполнении; 5. **to get out of hand** — выйти из под контроля; 6. **on hand** — наличный; имеющий в распоряжении; 7. **orders on hand** — портфель заказов; 8. **note of hand** — простой вексель; соловексель (*письменное долговое обязательство строго установленной формы, выписываемое заемщиком и дающее векселедержателю бесспорное право требовать от должника уплаты обозначенной суммы по истечении срока векселя; плательщиком по П. В. является сам векселедатель; обязательными признаками П. В. являются; наименование "вексель" в тексте документа; безусловный приказ о платеже определенной суммы денег; имя плательщика, указание срока и места платежа; дата и место составления векселя; подпись векселедателя, отсутствие любого из признаков лишает документ силы векселя*); 9. **to put an order in hand** — приступить к исполнению заказа; 10. **second hand** — бывший в употреблении, подержанный; 11. **under one's hand and seal** — за чьей-л. подписью и печатью.

handle — обращаться с чем-л.; управлять; ухаживать (*за машиной*); **производить транспортную обработку** (грузов); **обрабатывать, перерабатывать, пропускать** (*грузы*); **переносить, грузить, выгружать; перегружать; торговать чем-л.; иметь дело** (*с каким-л. товаром*); **титул** ("*фигура*"— "*титул*" — *общее целое число в обозначении котировки курса покупателя и продавца; например, если ценная бумага котируется "101-106" по курсу покупателя и "101-110" курсу продавца, то 101 — является фигурой; предполагается, что стороны, участвующие в опера-*

циях, знают “фигуру” и, таким образом, предлагают рынку только две различающиеся стороны котировки) ◇ 1. **handling capacity** — пропускная способность; 2. **handling charges** — плата за транспортную обработку груза.

head — человек; глава; главный; возглавлять; направляться; держать курс; озаглавливать; голова; головка; верхушка; передняя часть; нос (*судна*) ◇ 1. **head office** — главная контора; 2. **head quarters** — главное управление; 3. **to be at the head of a business** — возглавлять предприятие.

hard — твердый; крепкий; жесткий; тяжелый; трудный; настойчивый; упорный; твердо; крепко; сильно; настойчиво; упорно ◇ 1. **hard and fast rule** — жесткое правило; 2. **hard cash** — наличные деньги; 3. **hard currency** — свободно конвертируемая валюта (*валюта, свободно обмениваемая на любую другую иностранную валюту*), 4. **harden** — твердеть; крепнуть; повышаться; 5. **prices are hard** — цены стоят на высоком уровне; цены не падают; 6. **hardening** — рынок, для которого характерна медленная повышательная тенденция; стабилизирующаяся цена; 7. **rubber is hardening** — спрос (цена) на каучук медленно повышается.

heavy — тяжелый; большой; крупный; вялый; бездеятельный (*о рынке*) ◇ 1. **heavy expenses** — большие расходы; 2. **heavy goods** — тяжелые грузовые места; тяжеловесы; 3. **heavy imports (exports)** — значительный импорт (экспорт); 4. **heavy order** — крупный заказ; 5. **the market is heavy** — на рынке вялое настроение.

hedge — хедж (*форма страхования цены или прибыли при совершении фьючерсных сделок; продажа срочного контракта на товарной или фондовой бирже, обеспечивающая страхование от предполагаемого в будущем изменения цен*); **хеджировать** (*бирж.*) ◇ 1. **hedging** — хеджирование (*срочная валютная сделка, заключенная для страхования от возможного падения цены при совершении долгосрочных сделок; термин, используемый в биржевой и коммерческой практике для обозначения различных методов страхования валютного риска*).

high — высшая точка; высокая цена; высокий; значительный; главный; высший; верховный ◇ 1. **high price** — высокая цена; 2. **high quality** — высшее качество; 3. **exchange is high** — курс стоит высоко; 4. **new high** — новая повышенная цена; новое повышение цены; новая высшая точка.

hire — наем; плата за наем; нанимать ◇ 1. **hire-purchase** — покупка или продажа в рассрочку; 2. **to hire out** — сдавать внаем; 3. **hiring** — хайринг (*среднесрочная аренда машин, оборудования, транспортных средств и т. п.*).

hold — трюм (*мор.*); **держать(ся); содержать в себе; вмещать; владеть; иметь; полагать; считать; придерживаться мнения; при-**

знавать; выносить решение (*юр.*); **иметь силу; проводить** (*собрание*) ◇ 1. **to be held** — находиться в распоряжении; 2. **held covered** — считается застрахованным (*первые слова страховой оговорки об ответственности страховщика в случае изменения рейса, пропуска или ошибки в описании страхового интереса — страх.*); 3. **to hold back** — воздерживаться; сдерживаться; 4. **to hold good** — оставаться в силе; иметь силу; 5. **to hold out** — выдерживать; предлагать; 6. **to hold shares in a company** — владеть акциями какого-л. общества; 7. **to hold to terms** — настаивать на выполнении условий; 8. **to hold up delivery** — приостановить сдачу.

holding — владение; вклад; запас; участок земли; 1. **holding company** — холдинг-компания; компания-держатель (*компания, владеющая контрольными пакетами акций других компаний*); компания-учредитель; 2. **holding trust** — холдинговый трест, холдинг-трест (*компания, владеющая акциями других компаний на началах доверительной собственности; компания, распоряжающаяся акциями своих клиентов*); 3. **holdings** — вклады; авуары (*различные активы, за счет которых производятся платежи и погашения обязательств их владельца; в международных расчетах — средства банка за границей в иностранной валюте*); 4. **bank holding company** — холдинговая банковская компания (*компания, владеющая каким-л. банком или контролирующая его деятельность; Совет управляющих Федеральной резервной системы контролирует деятельность таких компаний — ам.*); 5. **cash holding in bank** — денежная наличность в банках; 6. **foreign exchange holdings** — авуары в иностранной валюте; 7. **debenture holder** — облигационер (*держатель облигаций*).

honour — честь; уважение; акцептовать (тратту); **оплатить** (*тратту, чек*) ◇ 1. **to honour a draft** — акцептовать тратту; оплатить тратту; 2. **to honour a cheque** — уплатить по чеку; 3. **to honour one's commitments** — выполнить свои обязательства; 4. **acceptance for honour** — акцепт за честь (*акцептование опротестованной тратты третьим лицом для спасения кредита или репутации трассанта, т. е. лица, выставившего тратту*); 5. **to meet due honour** — быть акцептованным или быть оплаченным (*о векселе*).

hot money — горячие деньги; спекулятивный иностранный капитал ◇ 1. **hot money inflow(s)** — прилив горячих денег; 2. **hot treasury bills** — “теплые” казначейские векселя (*векселя, имеющие полный срок обращения на момент их выпуска — англ.*).

hour — час ◇ 1. **hours of exchange** — часы, в которые открыта биржа; 2. **by the hour** — почасовой; 3. **office hours** — часы работы (*в учреждениях*), служебные часы, присутственные часы.

house — дом; торговая фирма; банк; палата; биржа ◇ 1. **accep-**

tance house — акцептный банк (*банк, специализирующийся на получении, по поручению клиентов, причитающихся им сумм на основании расчетных документов; осуществляет кредитование внешней торговли под обеспечение тратт*); 2. **commission house** — комиссионная палата (*брокерская фирма, осуществляющая сделки на наличный товар или срочные сделки по поручению клиентов и получающая доход за счет взимаемого с клиентов комиссионного вознаграждения, размер которого определяется на договорной основе*); 3. **confirming house** — комиссионная фирма (*выполняет поручения иностранных импортеров по закупке товаров в Англии*); 4. **discount house —** дисконтер, учетный дом (*лондонские фирмы, осуществляющие на внутреннем рынке операции купли — продажи казначейских и обычных векселей*); магазин низких цен (*в США — магазин, продающий товары по более низким ценам по сравнению с обычными ценами в других магазинах*); 5. **factoring house —** кредитно-финансовый внешнеторговый банк; 6. **finance house** — банк по финансированию продаж в рассрочку; 7. **issuing house —** эмиссионный банк, национальный банк, резервный (*агент правительства по обслуживанию госбюджета, наделен монопольным правом выпуска банкнот, регулирует денежное обращение и валютный курс, хранит государственные золотовалютные резервы, временно свободные и обязательные резервы других банков, предоставляет им кредиты*); 8. **trade house** — торговый дом (*внешнеторговая организация, осуществляющая экспортно-импортные операции по широкой номенклатуре товаров и услуг, международную кооперацию, научно-техническое сотрудничество, кредитно-финансовые операции*); 9. **wholesale house —** оптовая фирма; 10. **the house —** биржа.

hundred — сто; сотня ◇ 1. **by hundreds —** сотнями; на сотни; 2. **five in the hundred —** пять процентов; 3. **one hundred per cent —** на сто процентов; вполне.

hypothecation — залог; ипотека ◇ 1. **advances against hypothecation of goods —** ссуды под залог товаров; 2. **hypothecation value —** залоговая стоимость.

I

idle — бездействующий; незанятый; безработный; неиспользуемый; холостой (*тех.*) ◇ 1. **idle capacity—резервная** мощность; 2. **idle capital (money)** — мертвый капитал; 3. **idle time** — простой; перерыв в работе; 4. **the market is idle** — на рынке царит застой.

imbalance — нарушение, отсутствие равновесия; нарушать равновесие; выводить из равновесия ◇ **imbalance in trade** — расхождение между стоимостью экспорта и импорта; пассивный торговый баланс.

immunity — освобождение; изъятие; иммунитет; неприкосновенность ◇ **immunity from taxation** — освобождение от налогов.

imperfect — несовершенный; дефектный; неполный; недостаточный ◇ **imperfect entry** — предварительная таможенная декларация.

implication — подразумеваемое (*юр.*); **смысл; скрытый смысл; значение; вывод; заключение; вовлечение; презумпция** (*юр.*) ◇ 1. **by implication** — по смыслу; 2. **financial implications** — финансовое значение; финансовые последствия.

import — импорт; ввоз ◇ 1. **import and export license fee** — лицензионный сбор (*сбор за выдачу разрешения на ввоз и вывоз товаров*); 2. **import deposit** — импортный депозит (*инструмент ограничения импорта путем требования от импортера заранее внести часть стоимости ввозимых товаров в конвертируемой валюте*); 3. **import duty** — импортные пошлины (*налог, которым государство облагает ввозимые из-за границы товары; ставки пошлин обычно увеличиваются с возрастанием степени обработки товаров; например для сырья ставки ниже, чем для готовых изделий; устанавливаются в твердой сумме с единицы измерения товара или в виде процента к цене, если действуют обе ставки, то взимается большая*); 4. **import entry** — заявление (*в таможню*) о прибывшем импортном товаре; 5. **import for consumption** — специальный импорт (*общий импорт минус реэкспорт, т. е. импорт товаров для внутреннего потребления*); 6. **import license** — импортная лицензия (*документ, разрешающий импортеру ввозить в страну определенные товары*); 7. **import quotas** — импортные квоты (*четкие лимиты, установленные на физические объемы определенных видов товаров, которые могут импортироваться за установленный период времени, выражаются, как правило, в натуральных единицах, иногда — в стоимостных показателях; нетарифные способы ограничения ввоза некоторых товаров в страну; экономический показатель, характеризующий значимость импорта для национального хозяйства и его отдельных отраслей*); 8. **import relief** — сокращение импорта (*уменьшение конкурентного давления на национальное производство путем установления таможенных пошлин или количественных ограничений на ввоз импортных товаров*); 9. **import restrictions** — ограничения по импорту (*разнообразные меры, направленные на уменьшение объема импорта и контроль за ним; к ним относятся импортные депозиты, лицензии и квоты; могут иметь целью ликвидацию бюджетного дефици-*

та страны или защиту определенного сектора ее экономики); 10. **import substitution** — замещение импорта (*сокращение импорта и валютных затрат путем поощрения развития собственного производства*); 11. **import turnover** — оборот по импорту (*объем импортных операций*); 12. **importation** — ввоз, импорт; 13. **conditionally duty-free importation** — условно-беспошлинный ввоз (*ввоз в страну товаров или иных предметов без обложения пошлинами, сборами и налогами при условии обратного вывоза этих предметов в установленные сроки; применяется к предметам, имеющим индивидуальные признаки; транспорту, осуществляющему международные перевозки, выставочному и ярмарочному имуществу и экспонатам, научным приборам и т. п., а также предметам, предназначенным для переработки или окончательной отделки с последующим вывозом за границу готовых изделий*); 14. **duty-free importation** — беспошлинный ввоз (*ввоз на территорию государства товаров, ценностей или иных предметов, безусловно освобождаемых от уплаты таможенной пошлины, налогов и сборов; это предметы личного пользования, почтовые отправления, некоторые товары, освобождение последних способствует ввозу товаров, не производимых в данной стране, созданию смешанных и совместных предприятий, развитию гуманитарного обмена*); 15. **imports** — импорт (*когда речь идет о стоимости или количестве ввезенных товаров*); предметы ввоза; статьи импорта; 16. **imports in bond** — импортные товары, не оплаченные пошлиной; 17. **imports for consumption** — специальный импорт (*общий импорт минус реэкспорт*); импорт товаров для внутреннего потребления; 18. **invisible imports** — невидимый импорт (*услуги, оплаченные в иностранной валюте, например, перевозка, страхование и т. п.*); 19. **quantitative regulation of imports** — контингентированный ввоз (*установленная фиксированная доля товаров какой-л. страны во ввозе или вывозе другой страны*); 20. **retained imports** — специальный импорт (*см.* imports for consumption); 21. **value of imports** — стоимость импорта; 22. **visible imports** — видимый импорт (*товары, фактически ввезенные и проданные в данной стране*).

importer — импортер ◇ **net importer of a commodity** — страна, являющаяся в конечном итоге импортером какого-л. товара (*когда импорт данного товара превышает его экспорт*); нетто-импортер какого-л. товара.

impose — налагать; облагать; вводить; навязывать; обманом продать ◇ 1. **to impose a tax** — обложить налогом; 2. **to impose bargaining quotas** — установить контингенты (*установить предельные нормы ввоза, вывоза или транзита некоторых товаров в определенные страны с целью получения торговых уступок или заключения более выгодного торгового договора*).

impost — налог; таможенная пошлина.

improve — улучшать; перерабатывать; облагораживать; совершенствовать; улучшаться; подниматься, повышаться (о цене, спросе) ◇ **the state of the market has improved** — состояние рынка улучшилось (*с точки зрения продавцов*).

inactive — бездеятельный, бездействующий; вялый; несамодеятельный ◇ 1. **inactive securities (stocks)** — неходкие ценные бумаги (*акции*); 2. **the market is inactive** — на рынке заключается мало сделок; настроение рынка бездеятельное.

incentive — стимул; побуждение; побудительный фактор; мотив; стимулирующий; побудительный ◇ 1. **incentive wage** — прогрессивная система зарплаты (*ам.*); 2. **tax incentives** — налоговые льготы (*частичное или полное освобождение юридических или физических лиц от налогов; являются одним из элементов налоговой политики; преследуют социальные или экономические цели*).

incidence — сфера действия; охват; влияние; бремя ◇ **incidence of taxation** — налоговое бремя; распределение налогового бремени; охват налоговым обложением.

incidental — случайный; побочный; связанный (с чем-л. — to) ◇ 1. **incidental expenses** — случайные (непредвиденные) расходы; 2. **incidental object** — привходящая цель; 3. **right to indemnity and all incidental rights** — право на возмещение и все связанные с этим права.

income — доход; доходы; приход ◇ 1. **income account** — счет доходов; счет расходов; 2. **income bond** — доходные облигации (*в Великобритании — облигации с фиксированным процентом, выпускаемые страховыми компаниями; немедленная рента; в США — облигации, по которым проценты выплачиваются только при наличии прибыли у компании и с одобрения ее директоров, однако выплата основной суммы долга гарантирована*); 3. **income statement** — отчет о результатах; счет прибылей и убытков; 4. **income tax** — подоходный налог (*прямой налог на получаемые юридическими и физическими лицами доходы, зависит от размеров доходов; иногда называется налогом на прибыль*); 5. **income tax allowance** — льготы по уплате подоходного налога (*система разрабатывается в каждом государстве, направлена на защиту различных категорий населения и стимулирования определенных видов деятельности*); 6. **income yield** — норма прибыли (*может быть получена в следующем году в виде процентов, выплачиваемых по ценной бумаге — англ.*); 7. **gross income** — валовой доход; 8. **national income** — национальный доход (*часть стоимости совокупного общественного продукта, остающаяся после возмещения потребленных средств производства; обобщающий показатель экономического развития страны*); 9. **net income** — чистый доход; чистая прибыль (*прибыль предприятия после уплаты налогов и др. платежей из прибыли*); 10. **net income of society** — чистый доход общества (*часть национального дохода, которая выступает как прибавочный продукт*); 11. **net invisible income** — активное сальдо по невидимым статьям экспорта и импорта (*превышение поступлений от невидимого экспорта над платежами за невидимый импорт*); 12. **real income** — реальный доход (*индивидуальная покупательная способность определенная на базе заработной платы, скорректированной на инфляцию*); 13. **statement of income** — отчет о результатах; счет прибылей и убытков; 14. **taxable income** — облагаемый доход (*часть валового дохода юридических и физических лиц, подлежащая обложению налогом*); 15. **yearly income** — годовой доход (*показатель, используемый при определении продажной стоимости производства или земли, когда их цена измеряется величиной среднегодовой прибыли или ренты; цена устанавливается равной N годовых доходов*).

incoming — прибытие; входящий; поступающий ◇ 1. **incoming advice** — входящее авизо; 2. **incoming mail** — входящая почта; 3. **incomings** — доходы.

inconvertible — не могущий быть свободно обмениваемым; не подлежащий свободному обмену; неразменный; неконвертируемый ◇ **inconvertible currency** — необратимая валюта.

incorporate — соединять(ся); объединять(ся); включать в состав; зарегистрировать как корпорацию; включать в число членов; вводить в состав; инкорпорировать; объединенный ◇ 1. **incorporated (Inc.)** — зарегистрированный как корпорация (в названиях корпораций США); зарегистрированный в качества юридического лица, 2. **incorporated trustee —** доверительный собственник, зарегистрированный как корпорация, 3. **incorporation**—объединение; регистрация корпорации.

"Incoterms" — "Инкотермс" (*международные правила по толкованию торговых терминов, изданные Международной Торговой Палатой на основании обобщения мировой коммерческой практики; представляет собой свод правил, носящих факультативный характер*).

increment — возрастание; увеличение; приращение; прирост; прибыль ◇ 1. **increment value** — прирост стоимости; 2. **increment value duty** — налог на прирост стоимости; 3. **incremental costs of circulation** — дополнительные издержки обращения.

incur — нести; терпеть; принимать (брать) на себя; подвергаться чему-л. ◇ **to incur expenses** — производить расходы.

indebtedness — задолженность; сумма долга.

indemnify — возмещать; возмещать убытки; компенсировать; застраховать, обезопасить ◇ 1. **to indemnify a person** — возместить убытки лица; 2. **indemnification** — возмещение (убытка); компенсация.

indemnity — возмещение; компенсация; гарантия от убытков, ущерба ◇ 1. **indemnity bond** — гарантийное письмо; 2. **indemnity for clean bills of lading** — гарантийное письмо при подписании чистых коносаментов (*товарораспорядительных документов, содержащих условия морской перевозки*); 3. **contract of indemnity** — договор гарантии от убытков; 4. **insurance indemnity** — страховое возмещение.

indent — индент; заказ на товары (*посылаемый комиссионеру из-за границы*); **ордер; документ с отрывным дубликатом** ◇ 1. **closed indent — заказ, закрытый по импорту** (*в нем указывается конкретный поставщик-экспортер*); 2. **indentor** — заказчик; лицо, посылающее индент; 3. **indenture** — контракт (*договор, в котором оговариваются обязательства эмитента ценной бумаги и права ее держателя*).

index — индекс; коэффициент; числовой показатель; указатель; снабжать указателем ◇ 1. **index-linking** — индексация (*привязка суммы контракта, кредита, зарплаты к индексу роста цен; средство защиты от инфляции*); 2. **index number** — индекс; 3. **index of competitiveness** — индекс конкурентоспособности (*позволяет оценить динамику изменения уровня конкурентоспособности товара под влиянием различных факторов за определенный период*); 4. **index of cost of living** — индекс прожиточного минимума (*см.* cost of living index); 5. **index of import (export, wholesale) prices** — индекс импортных (экспортных, оптовых) цен; 6. **index of industrial production** — индекс промышленного производства; 7. **classified index**—систематический указатель; 8. **consumer price index** — индекс цен на товары массового потребления; индекс потребительских цен (*отражает динамику стоимости корзины потребительских товаров и услуг; основной показатель уровня инфляции*); 9. **cost of living index** — индекс прожиточного минимума (*индекс стоимости жизни — индекс цен и тарифов фиксированного набора товаров и услуг, взвешенных по структуре семейных расходов*); 10. **Dow-Jones index** — индекс Доу-Джонса (*средний показатель курсов акций группы крупнейших компаний США; арифметическая невзвешенная средняя ежедневных котировок акций на момент закрытия биржи; показатель текущей хозяйственной конъюнктуры*); 11. **import (export, wholesale) price index** — индекс импортных (экспортных, оптовых) цен; 12. **industrial production index** — индекс промышленного производства (*служит для определения физического объема производства добывающей и обрабатывающей промышленности и коммунального обслуживания*); 13. **NYSE common stock index** — индекс Нью-Йоркской фондовой биржи (*составной общий индекс, характеризующий все акции, допущенные к обращению на бирже*); 14. **quantum index** — индекс физического объема (экспорта или импорта); количественный индекс; 15. **retail price index (RPI)** — индекс розничных цен (*ежемесячный показатель изменения розничных цен на потребительском рынке*); 16. **volume index** — индекс физического объема; 17. **wholesale price index (WPI)** — индекс оптовых цен (*используется для прогнозирования движения потребительских цен на 2-3 месяца*); 18. **indexation** — индексация (*см.* index-linking); 19. **finance indexation** — финансовые показатели.

indirect — непрямой; косвенный; побочный ◇ 1. **indirect exchange** — косвенный валютный (девизный, вексельный) арбитраж; 2. **indirect quotation** — косвенная валютная котировка (*приравнивание единицы национальной валюты к определенному количеству каких-л. иностранных денежных единиц*); 3. **indirect taxes** — косвенные налоги (*к ним относится, например, акцизный сбор — государственный косвенный налог на продукты массового потребления*).

industrial — промышленный; производственный ◇ 1. **industrial bank** — банк потребительского кредита (*функционирует за счет кредитов коммерческих банков, выдачи краткосрочных и среднесрочных ссуд на приобретение товаров длительного пользования*); 2. **industrial bonds** — облигации промышленных предприятий; 3. **industrial collateral** — обеспечение в виде акций промышленных предприятий; 4. **industrial production index** — индекс промышленного производства (*служит для определения физического объема производства добывающей и обрабатывающей промышленности и коммунального обслуживания*); 5. **industrial revenue bonds** — облигации, выпускаемые муниципальными органами США для финансирования проектов промышленного развития; некоторые их виды не облагаются налогами; 6. **industrial shares (stocks)** — акции промышленных предприятий.

industry — промышленность; отрасль промышленности ◇ 1. **cottage industry** — надомная промышленность; 2. **engineering industry** — машиностроение; 3. **extractive industry**—промышленность первичной переработки сырья и сельскохозяйственной продукции; 4. **domestic industry** — отечественная промышленность; 5. **home industry** — отечественная промышленность; 6. **import-saving industry** — отрасли промышленности, позволяющая обходиться (полностью или частично) без импорта; 7. **machine-building industry** — машиностроение; 8. **manufacturing industry** — обрабатывающая промышленность; 9. **public industries** — государственные отрасли промышленности; 10. **state industries** — государственные отрасли промышленности.

inflation — инфляция ◇ 1. **cost(s) inflation** — систематическое увеличение издержек производства; 2. **runaway inflation** — необузданная инфляция; гиперинфляция (*исключительно быстрый* *рост цен на товары и услуги и денежной массы в обращении, что ведет к расстройству платежного оборота и нарушению нормальных хозяйственных связей*); 3. **suppressed inflation** — латентная (скрытая) инфляция; подавленная инфляция.

infrastructure — инфраструктура.

initial — начальный; первоначальный; ставить инициалы; парафировать (*договор*) ◇ 1. **initial cost** — первоначальная стоимость; начальные затраты; 2. **initial loss** — обычный размер потерь (*термин кредитного страхования, означающий средний размер потерь за ряд лет*); 3. **initialling of a contract** — парафирование контракта (*подписание договора инициалами лиц, разрабатывавших его, в подтверждение предварительной договоренности*).

injunction — приказ; судебное предписание (запрещение — *юр.*) ◇ **restrictive injunction** — судебное запрещение.

innovation — новшество; новаторство.

input — затраты (*на производство*); **потребляемый фактор; ввод; пуск; запуск** ◇ 1. **input-output** — затраты-выпуск; 2. **input-output model** — модель затрат-выпуска; 3. **industrial input** — пуск в промышленное производство; 4. **rate of input** — норма запуска в производство.

inquire (enquire) — спрашивать; узнавать; справляться; наводить справки; осведомляться; (*с предлогом* **into**) **выяснять; исследовать; расследовать** ◇ 1. **to inquire about a person, a thing** — наводить справки о ком-л., о чем-л.; 2. **to inquire about the financial standing of a firm** — осведомляться о финансовом положении фирмы; 3. **to inquire for goods** — осведомляться, запрашивать о возможности покупки товара; 4. **to inquire of a person** — осведомляться у кого-л.; запрашивать кого-л.; послать запрос кому-л.

inquiry (enquiry) — запрос; спрос; справка; наведение справок; исследование; расследование; обследование ◇ 1. **to send an inquiry for goods** — послать запрос на товар; 2. **there is little (no) inquiry for these goods** — на этот товар мало (нет) спроса; 3. **to institute (to make) inquiries** — наводить справки; собирать сведения.

inroad — набег; вторжение ◇ **inroads into raw material stocks** — использование запасов сырьевых материалов.

inscribe — надписывать, вписывать (in, on — на, в); заносить в список; регистрировать ◇ **inscribed stock** — именные (зарегистрированные) ценные бумаги (*именные акции, которые принадлежат определенному физическому или юридическому лицу и регистрируются в книге собственников, т. к. свидетельства не выдаются на руки; в уставе акционерного общества может быть записано, что именные акции продаются только с согласия других акционеров или руководства компании*).

inspection — осмотр; проверка; инспектирование; бракераж

◇ 1. **inspection certificate** — акт осмотра; 2. **luggage inspection** — таможенный досмотр багажа; 3. **scheduled export inspection** — предусмотренное при экспорте инспектирование; 4. **sample inspection** — выборочная проверка; 5. **selective inspection** — выборочная проверка; 6. **to buy subject to inspection and approval** — купить с условием предварительного осмотра и одобрения.

instal(l)ment — частичный взнос; очередной взнос; часть; партия ◇ 1. **instalment credit** — покупка с оплатой в рассрочку (*метод покупки товаров в кредит, предусматривающий выплату их стоимости и процентов за кредит по частям; купленный товар остается собственностью продавца до тех пор, пока не будет выплачена последняя часть, тем самым товар является обеспечением кредита*); 2. **instalment credit company** — компания для финансирования продаж в рассрочку (*англ.*); 3. **by instalment** — в рассрочку; 4. **the first instalment of goods ordered** — первая партия заказанных товаров; 5. **by monthly (semiannual, weekly) instalment** — ежемесячными (полугодовыми, недельными) взносами; 6. **collection instalment** — взнос инкассо (*взнос по документу, подлежащему оплате в срок и предъявляемому должнику банком*).

instance — пример; отдельный факт, случай; просьба; предложение; инстанция (*юр.*) ◇ 1. **at the instance of Messrs. A.** — по просьбе (предложению) фирмы А.; 2. **in the first instance** — сначала; во-первых.

institute — институт; учреждение; общество; объединение; учреждать; основывать; вводить ◇ 1. **Institute** — Объединение лондонских страховщиков (в страховых оговорках); 2. **to institute legal proceedings against a person** — начать судебный процесс против кого-л.; предъявить кому-л. иск; 3. **institution** — установление; учреждение; общество; объединение.

instruction — указание; инструкция; предписание; маркировка ◇ 1. **instructions to the contrary** — противоположные инструкции; 2. **to contravene instructions** — действовать вопреки инструкции; 3. **legible instructions** — четкая маркировка; 4. **warning instructions** — предупредительная маркировка.

instrument — инструмент; орудие; прибор; аппарат; документ ◇ 1. **bearer instrument** — документ на предъявителя; 2. **negotiable instrument** — оборотный документ (*денежный документ, передача прав по которому производится простым вручением или вручением с индоссаментом без оформления договора об уступке требования по обязательству другому лицу*).

insufficient — недостаточный ◇ **insufficient funds** — недостаточное покрытие (*отметка банка на неоплачиваемых векселях и чеках*).

insurance — страхование; страховая премия ◇ 1. **insurance appraisal** — страховая оценка (*стоимость имущества, принима-*

емая для целей страхования; процесс определения стоимости имущества; служит исходным показателем для всех последующих расчетов по страхованию); 2. **insurance liability** — страховая ответственность (*обязанность страховщика выплачивать страхователю в силу закона или договора страховое возмещение или страховую сумму в случае наступления предусмотренного условиями страхования события*); 3. **insurance on a contingency basis** — страхование на случай возникновения чрезвычайных обстоятельств; 4. **insurance payments** — страховые платежи; 5. **insurance policy** — полис (*документ страховщика, подтверждающий сделку о страховании*); 6. **insurance premium** — страховая премия (*выплачивается страховщику ежегодно в установленный срок*); 7. **insurance treaty** — договор страхования (*соглашение между страхователем и страховщиком, регулирующее их взаимные обязательства в соответствии с условиями данного вида страхования или конкретно зафиксированными страховыми случаями, которым подвергается застрахованное имущество*), 8. **insurance with average** — страхование с включением случаев частной аварии; 9. **compulsory insurance** — обязательное страхование; 10. **export credit insurance** — экспортно-кредитное страхование (*осуществляется частными компаниями и государственными организациями для защиты интересов экспортеров, которым гарантируется обязательная оплата товаров после их доставки*); 11. **extra rate of insurance** — дополнительная ставка страховой премии (*платы за страхование*); 12. **liability insurance** — страхование ответственности; 13. **personal insurance** — личное страхование; 14. **property insurance** — имущественное страхование (*объектом являются всевозможные материальные ценности*); 15. **to cancel insurance** — аннулировать страхование; 16. **to effect insurance** — заключить страхование; 17. **voluntary insurance** — добровольное страхование; 18. **insurances** — акции и облигации, выпущенные страховыми обществами (*бирж.*).

insure — страховать, застраховать (against — от; with — у, в); обеспечивать ◇ 1. **to insure against breakage** — застраховать от поломки; 2. **insured** — страхователь (*лицо, отдающее на страх имущество*); застрахованный; 3. **insurer** — страховщик (*лицо, принимающее на страх имущество*).

intake — впуск; прием; поглощение; потребление; поступление; приток ◇ **intake quantity** — погруженное количество.

intensity — сила; интенсивность; напряженность; емкость ◇ 1. **capital intensity** — капиталоемкость; 2. **labour intensity** — трудоемкость (*затраты труда на производство единицы продукции*).

intensive — интенсивный; напряженный; требующий больших

затрат; емкий; 1. **capital intensive** — капиталоемкий; 2. **labour intensive** — трудоемкий.

interest — интерес; важность; значение; заинтересованность (*материальная*); **доля** (*в чем-л.*); **выгода; интерес; имущественное право; проценты, процентный доход; интерес** (объект — *страх.*); **заинтересовывать** ◇ 1. **interest arbitrage** — процентный арбитраж (*вложение средств в различные финансовые инструменты, приносящие доход в виде процентов, или в другие страны для получения прибыли от более высоких ставок процента*); 2. **interest bearing securities** — процентные бумаги; 3. **interest charges** — подлежащие уплате проценты; оплаченные проценты; 4. **interest cover** — процентное покрытие (*способность заемщика заплатить сумму процентов по наступившим платежам из имеющихся финансовых ресурсов*); 5. **interest date** — срок уплаты процентов; 6. **interest in land** — право на недвижимость; 7. **interest money** — проценты; 8. **interest on bonds** — проценты по облигационным займам; 9. **interest on loan capital** — ссудный процент (*плата кредитору за пользование ссуженными деньгами или материальными ценностями; зависит от величины, срока и характера ссуды*); 10. **interest parity** — процентный паритет (*соотношение между двумя валютами в случае, когда разница в процентных ставках прямо отражается на размере дисконта или премии форвардного, т. е. срочного курса валюты*); 11. **interest periods** — процентные периоды (*различные процентные ставки и периоды, за которые начисляются суммы процентов по возобновляемым кредитам с периодически пересматриваемой ставкой процента; начисленные проценты могут выплачиваться в разные моменты времени*); 12. **interest rate** — процентная ставка (*относительная величина процентных платежей, устанавливаемая обычно за годовой интервал, которые выплачиваются заемщиком кредитору за пользование кредитом в течение определенного периода времени; компенсирует кредитору потери права немедленной реализации денежных средств и их инфляционное обесценение в течение срока действия кредита, а также риск, связанный с предоставлением займа, уровень процентных ставок колеблется в зависимости от предложения и спроса на кредит, прогнозов инфляционных процессов*); 13. **interest rate exposure** — открытая процентная позиция (*образование прибыли или потери в связи с возможными переменами в уровнях процентных ставок*); 14. **interest risk** — процентный риск (*опасность потерь банков в результате превышения процентных ставок, выплачиваемых ими по привлеченным средством над ставками по предоставленным кредитам; величина определяется: суммой позиций, продолжительностью разрыва между сроками выхода привлеченных и размещенных* *средств, амплитудой колебания процентных ставок*); 15. **interest time** — процентный период (*часть общего срока средне и долгосрочного кредита, предоставленного по плавающей процентной ставке, в течение которого процентная ставка фиксируется на неизменном уровне, определенном соглашением между кредитором и заемщиком*); 16. **accrued interest** — наросшие (начисленные) проценты; 17. **arrears of interest** — просроченные проценты; 18. **bearing interest** — процентный, приносящий проценты; 19. **compound interest** — сложные проценты (*начисление процентов на процентный доход*); 20. **cum interest** — включая проценты, с процентами; 21. **covered interest arbitrage** — процентный арбитраж с целью страхования (*получение займа в валюте с последующей конверсией ее в другую и продажей по срочному контракту*); 22. **ex interest** — исключая проценты, без процентов; 23. **insurable interest** — страхуемый интерес; 24. **leasehold interest** — арендное право; 25. **past due interest** — просроченные проценты; 26. **short interest** — проценты по краткосрочным займам; доход от краткосрочных вложений; 27. **interests** — заинтересованные лица, круги, организации; капиталисты; капитал; 28. **banking interests** — банковские круги; банки; 29. **to have a controlling interest in a company** — иметь контрольный пакет акций какой-л. компании; 30. **to secure interests** — привлечь участников; 31. **shipping interests** — судоходные компании; 32. **vested interests** — право владения (*закрепленные законом имущественные права на товары или землю; собственность переходит во владение, когда установлен законный владелец, его права не могут быть кем-л., кроме самого владельца, ограничены или приостановлены*); традиционные (стародавние) права.

interim — промежуток времени; предварительный дивиденд; временный; промежуточный; предварительный ◇ 1. **interim certificate** — временное свидетельство; 2. **interim receipt** — временная расписка.

intermediate — промежуточный; посреднический ◇ 1. **intermediate credit** — кредит среднесрочный (*предоставляется на сроки от двух до семи лет*); 2. **intermediate party** — посредник (*связывает стороны, желающие заключить сделку; действует в области перевозки, хранения, страхования, сбыта товаров и пр.; работает за счет поручителя и получает от него вознаграждение; к П. относятся: брокер, дилер, комиссионер, консигнатор, маклер, оптовый покупатель, промышленный агент, торговый агент*); 3. **intermediate product** — полуфабрикат; 4. **intermediate trade** — посредническая торговля.

international — международный ◇ 1. **International Bank for Reconstruction and Development (World Bank)** — Международный банк реконструкции и развития, МБРР (*предоставляет* *средства на оказание помощи развивающимся странам для осуществления инвестиционных программ и программ развития*); 2. **international bid** — международные торги (*конкурсная форма размещения заказов на закупку на мировом рынке оборудования или привлечения подрядчиков для сооружения различных объектов, оказанию инжиниринговых и консультационных услуг*); 3. **International Chamber of Commerce (ICC)** — Международная торговая палата (*объединяет торговые палаты и банковские ассоциации различных стран мира; штаб-квартира находится в Париже; при ICC действует арбитражный суд для урегулирования международных торговых споров*); 4. **international cheque (check)** — туристский чек; 5. **International Commodities Clearing House (ICCH)** — Международная расчетная товарная палата (*производит клиринговые операции для Лондонской товарной биржи, а также для австралийского рынка опционов, Сиднейской биржи срочных сделок и Гонконгской товарной бирж*); 6. **international debt issue** — выпуск долговых обязательств, размещаемых и продаваемых за пределами страны-заемщика (*к ним относятся иностранные облигации и еврооблигации*); 7. **International Development Association (IDA)** — Международная ассоциация развития, МАР (*филиал Международного банка реконструкции и развития, предоставляющий льготные займы развивающимся странам под конкретные проекты экономического развития*); 8. **International Labor Organization (ILO)** — Международная организация труда, МОТ (*специализированное учреждение ООН, задачами которого являются защита интересов трудящихся, улучшение условий труда и социальное обеспечение населения*); 9. **International Monetary Fund (IMF)** — Международный валютный фонд, МВФ (*специализированное учреждение ООН, целью которого является содействие развитию международной торговли и сотрудничеству в валютной сфере; в число задач входит разработка правил регулирования валютных курсов и контроль за их соблюдением, устранение валютных ограничений, предоставление государствам-членам кредитов для выравнивания платежных балансов*); 10. **international standard** — международный стандарт (*документы, устанавливающие качественные характеристики товаров и применяемые во взаимной торговле между странами*).

intervention — интервенция; вмешательство.

inventory — инвентарь; опись; инвентаризация; наличные товары; товарные запасы; запасы; материально-производственные запасы; незавершенное производство ◇ 1. **inventory adjustment(s)** — доведение запасов до нормального состояния; 2. **inventory taking** — инвентаризация (*ам.*); 3. **“perpetual inventory” system of stocks** — запасы, регулируемые по системе “постоянно возобновляемых размеров”.

invest — помещать; вкладывать (*капитал*); **инвестировать; облекать** (*полномочиями*) ◇ 1. **to invest capital in an undertaking** — вложить капитал в предприятие; 2. **to invest a person with power of attorney** — выдать кому-л. доверенность; 3. **investor** — вкладчик (*капитала*); владелец ценных бумаг; инвестор; 4. **institutional investors** — учреждения-вкладчики (*инвестиционные тресты, банки, страховые общества, кассы взаимопомощи, жилищно-строительные общества, тред-юнионы и т. д.*).

investment — вложение капитала; помещение капитала; инвестирование; вклад капитала; инвестиция ◇ 1. **investment bank** — банк, занимающийся размещением ценных бумаг; 2. **investment company** — инвестиционная компания (*финансово-кредитный институт, аккумулирующий денежные средства частных инвесторов путем эмиссии собственных ценных бумаг и вкладывающий эти деньги в акции и облигации в своей стране и за рубежом*); 3. **investment cooperation** — инвестиционное сотрудничество (*международные экономические отношения, позволяющие использовать преимущества участия в международном разделении труда*); 4. **investment goods** — средства производства; 5. **investment portfolio** — портфель ценных бумаг; 6. **investment stocks** — первоклассные ценные бумаги; 7. **investment performance requirements** — требования к иностранным инвестициям (*условия размещения иностранного капитала в стране, установленные ее правительством; обязательства экспорта определенной части выпускаемой продукции, обеспечения занятости местных трудовых ресурсов и др.*); 8. **investment trust** — инвестиционный трест (*финансовая компания, инвестирующая свой капитал в акции и облигации других компаний*); 9. **direct investment** — прямые инвестиции (*инвестиции в производство какого либо продукта в другой стране и участие в управлении компанией*); 10. **finance investment** — финансовая инвестиция (*вложения в финансовые институты: акции, облигации и др. ценные бумаги*); 11. **intangible investment** — интеллектуальные инвестиции (*подготовка и повышение квалификации специалистов, передача опыта, лицензий, ноу-хау, совместные научные разработки и др.*); 12. **portfolio investments** — портфельные инвестиции (*инвестиции в ценные бумаги только для получения дохода*); 13. **public investments** — государственные капиталовложения; 14. **reserve fund investments** — ценности, в которые вложен резервный капитал; 15. **temporary investments** — краткосрочные инвестиции.

invisible — невидимый ◇ 1. **invisible earnings** — поступления от невидимых статей экспорта; 2. **invisible exports** — невидимый экспорт, невидимые статьи экспорта (*статьи приходной части платежного баланса кроме поступлений за экспорт товаров*);

3. **invisible imports** — невидимый импорт, невидимые статьи импорта (*статьи расходной части платежного баланса, кроме платежей за импорт товаров; услуги, оплаченные в иностранной валюте, например, перевозка, страхование и т. п.*); 4. **invisible supply** — "невидимые запасы" (*запасы, особенно товарные, находящиеся вне коммерческих каналов; точное их количество определить невозможно, но теоретически они имеются на рынке*); 5. **invisibles** — "невидимые" статьи платежного баланса (*составляют часть текущего платежного баланса и отражают поступления за экспорт и импорт услуг; перевозки, туризм, страхование, оказание банковских услуг*).

invite — приглашать; просить ◇ 1. **to invite tenders** — назначать торги; открывать подписку на акции или облигации; принимать к рассмотрению предложения; 2. **to invite subscriptions for a loan** — открыть подписку на заем.

invoice — счет-фактура; счет; фактура; выписать счет ◇ 1. **invoice amount** — общая сумма фактуры (*сумма счета на отправленный или отпущенный покупателю товар, содержащего подробные данные о роде, количестве и стоимости товара и обозначение всех относимых за счет покупателя расходов*); 2. **invoice price** — фактурная цена (*цена реальной сделки купли продажи; может изменяться на сумму транспортных и страховочных издержек*); 3. **invoice tare** — вес упаковки, указанный в фактуре; 4. **to invoice back** — "отфактурировать обратно" (*рассчитаться с продавцом в случае непоставки последним товара — бирж.*); 5. **to make out an invoice** — выписать фактуру.

IOU (I owe you) — долговая расписка (я должен вам).

irredeemable — не подлежащий выкупу; невыкупаемый ◇ 1. **irredeemables** — ценные бумаги, не подлежащие выкупу или погашению (*в частности, английские правительственные акции, долговые обязательства и займы, по которым не установлен срок погашения; перспектива их выкупа практически отсутствует*).

issue — выпуск; эмиссия; выдача; выставление (*тратты*); **издание; выпуск; спорный вопрос; разногласие; предмет обсуждения; проблема; исход; результат; выпускать; пускать в обращение; издавать; выставлять** (тратту) ◇ 1. **issue price** — цена выпуска (*цена, по которой ценные бумаги продаются в момент выпуска: по нарицательной стоимости или паритету, с дисконтом или премией; иногда выпуск может быть оплачен частично; это означает, что в дальнейшем стоимость выпущенных ценных бумаг будет оплачена отдельными взносами*); 2. **issue system** — эмиссионная система (*законодательно установленный порядок выпуска в обращение денежных знаков; составная часть денежной системы*); 3. **issue to shareholders (on bonus terms)** — выпуск новых акций, распределяемых только между акционерами (*той же компании*); 4. **bonus issue** — выпуск бесплатных акций (*распределяемых между акционерами за счет капитализации резерва*); 5. **capitalization issue** — выпуск бесплатных акций (*см.* bonus issue); 6. **current issue** — эмиссия текущая (*подразумевается последняя эмиссия правительственных ценных бумаг, выпущенная на рынок, в том числе через аукцион*); 7. **currency issue** — эмиссия бумажных денег; 8. **fiduciary issue** — банкноты доверительные (*выпуск банкнот, не покрытых золотом — обеспечивается государственной гарантией, выпуск регулируется правительством*); 9. **government issue** — казначейская эмиссия (*выпуск в обращение казначейских билетов и государственных ценных бумаг; осуществляется государственными финансовыми органами в целях покрытия бюджетного дефицита*); 10. **in the issue** — в результате; в конечном итоге; в итоге; 11. **scrip issue** — выпуск бесплатных акций (*см.* bonus issue); 12. **to issue bank notes** — выпускать банкноты в обращение; 13. **to issue a bill (of exchange)** — выставить тратту (*переводной вексель, содержащий письменный приказ заемщику об уплате последним определенной суммы третьему лицу — ремитенту*); 14. **to issue bonds** — выпускать облигации; 15. **to issue a draft** — выставить тратту; 16. **to issue a letter of credit** — выдать аккредитив (*письменное поручение кредитного учреждения другому об оплате торговых документов или выплате денег из забронированных средств*); 17. **to issue a law** — издать закон; 18. **to issue a receipt** — выдать расписку; 19. **issued capital** — выпущенный акционерный капитал (*часть номинального капитала, на которую выпущены акции (паи) для распределения между пайщиками компании; компания не обязана выпускать акции на весь номинальный капитал*); 20. **issues** — ценные бумаги (*документы, выражающие право владения или отношения по займу, например, акции, облигации, векселя, закладные листы, выпускаемые ипотечными банками под залог недвижимого имущества*); 21. **capital issues** — ценные бумаги; 22. **side issues** — второстепенные вопросы; 23. **issuing bank**—эмиссионный, национальный, резервный банк (*агент правительства по обслуживанию госбюджета, наделен монопольным правом выпуска банкнот, регулирует денежное обращение и валютный курс, хранит государственные золотовалютные резервы, временно свободные и обязательные резервы других банков, предоставляет им кредиты*); 24. **issuing house** — эмиссионный, национальный, резервный банк (*см.* issuing bank). **item — статья** (*в счете, списке, балансе и т. п*); **пункт; позиция; параграф; статья** (*экспорта, импорта*); **вид товара, товар** ◇ 1. **balancing item —** уравновешивающая статья; 2. **capital items** — статьи движения капитала (*в платежном балансе*).

J

job — работа; задание; сдельная работа; изделие (*тех.*), **работать сдельно; спекулировать; заниматься маклерским делом** ◇ 1. **job classification** — классификация основных ставок зарплаты рабочих (*ам.*); 2. **job evaluation** — разряд (*для установления зарплаты*); расценка сдельной работы; 3. **job lot** — отдельная партия; одиночный заказ на партию; единица торговой сделки; 4. **job number** — номер заказа.

jobber — оптовый торговец или оптовая фирма (*занимающая перепродажей купленных у импортеров или фабрикантов товаров*); **комиссионер; маклер** (*ам.*); **джоббер** (*спекулянт на фондовой бирже, профессиональный биржевик, заключающий оптовые сделки по продаже акций и ценных бумаг за собственный счет — англ.*) ◇ 1. **jobbers turn** — джобберская разница между ценой покупателя и продавца (*джоббер всегда выставляет две цены на акции и ценные бумаги — покупателя и продавца, последняя выше первой, разница остается джобберу*); 2. **stock jobber** — джоббер; профессиональный биржевик (*англ.*).

jobbery — спекуляция; сомнительные операции; использование служебного положения в незаконных целях.

joint — соединенный; объединенный; общий; совместный; совокупный ◇ 1. **joint account** — общий счет; за общий счет (*соглашение между фирмами о распределении риска и финансовой ответственности при приобретении на рынке ценных бумаг или подписке на новую эмиссию ценных бумаг*); 2. **joint action** — сообща возбужденный иск; совместное действие; 3. **joint and several liability (responsibility)** — ответственность совместная и каждого лица за себя; 4. **joint owner** — совладелец; 5. **joint proprietor** — совладелец; 6. **joint stock** — акционерный капитал; капитал товарищества; 7. **joint stock bank** — акционерный коммерческий банк; 8. **joint stock company** — акционерная компания или банк с ограниченной ответственностью (*англ.*); 9. **joint venture** — совместное предприятие (*форма делового сотрудничества, включающая совместное управление и распределение риска между предприятиями разных стран*); 10. **equity joint venture** — совместное предприятие совладельцев капитала.

judg(e)ment — приговор; решение суда; суждение; мнение ◇ 1. **judgement creditor** — кредитор, притязания которого признаны судом; 2. **judgement debt** — присужденный долг; 3. **judgement debtor** — должник, против которого вынесено решение суда; 4. **judgement for the plaintiff** — решение суда в пользу истца.

jump — скачок; резкое повышение, увеличение; подскакивать; резко повысится, увеличиться ◇ **the price jumped to ...** — цена подскочила до ....

K

keep — держать; хранить; держаться; оставаться; продолжать (*делать что-л.*); **вести** (*счета, книги и т. п*) ◇ 1. **to keep back** — удерживать, задерживать; держаться в стороне; воздерживаться от покупки; 2. **to keep books** — вести бухгалтерские книги; 3. **to keep to** — придерживаться чего-л.; держаться чего-л.; соблюдать; 4. **to keep to terms of the contract** — соблюдать условия контракта; 5. **to keep up** — удерживаться, оставаться устойчивым (о ценах); поддерживать; 6. **to keep up with the demand** — удовлетворять спрос в достаточном количестве, быть достаточным для удовлетворения спроса; 7. **prices keep rising** — цены продолжают повышаться; 8. **prices keep steady** — цены держатся устойчиво; 9. **prices keep up** — цены остаются устойчивыми.

kerb — неофициальная биржа ◇ 1. **kerb prices** — цены на неофициальной бирже, цены по внебиржевым сделкам; 2. **kerb-stone broker** — внебиржевой маклер (*работает в те часы, когда биржа официально не функционирует*).

key industry — важная (ведущая) отрасль промышленности ◇ 1. **key industry duty** — пошлина для защиты важнейших отраслей промышленности.

know-how — знание специальных способов или технологии производства; ноу-хау; технология производства; секреты производства.

L

labour — труд; работа; рабочая сила ◇ 1. **labour force** — рабочая сила (*общая численность занятых на производстве работников и зарегистрированных безработных или оценка численности безработных в экономике*); 2. **labour power** — рабочая сила; 3. **green labour** — необученная рабочая сила; 4. **instruments of labour** — средства труда; 5. **labourer—рабочий** (неквалифицированный).

land — земля; земельный участок; площадь; суша; выгружать(ся), высаживаться); доставить на берег ◇ 1. **land bank** — банк долгосрочного сельскохозяйственного кредита; 2. **land cadastre** — земельный кадастр (*реестр, содержащий сведения об оценке и средней доходности земли, которые используются для исчисления налогов*); 3. **land carrier(s)** — компания, занимающаяся сухопутными перевозками; 4. **landed terms** — на условиях с выгрузкой на берег (*условие сделок, указывающее, что цена включает стоимость лихтерования и выгрузки в порту назначения*).

last — последний; прошлый; окончательный; крайний; последнее письмо; ласт (различная мера для различных товаров); **продолжаться; длиться; хватать; в последний раз** ◇ 1. **last-in-first-out (LIFO)** — ЛИФО (*метод бухг. учета товаро-материальных ценностей по цене последней поступившей или изготовленной партии, позволяет учитывать конъюнктуру рынка при составлении отчетных балансов для налогообложения; метод расчета процентов при досрочном изъятии части вклада, обеспечивающий вкладчику выигрыш в процентных суммах, так как при этом методе считается, что изъяты последние по времени поступления суммы*); 2. **last payment** — последний платеж; 3. **last price** — окончательная цена.

law — закон; право; суд; судебный процесс ◇ 1. **by-law (bye-law)** — постановление местной власти или какой-л. организации (акционерного общества, ассоциации, правления ж. д. и т. п.); устав (организации); 2. **law merchant** — торговое право; 3. **law of property** — право собственности; 4. **blue sky laws** — законы "голубого неба" (*законы штатов США, изданные в защиту покупателей и для предотвращения выпуска сомнительных ценных бумаг*); 5. **commercial law** — торговое право; 6. **fiscal law** — налоговое право (*совокупность юридических норм, устанавливающая виды налогов, порядок их взимания, субъектов налога и т. п.*); 7. **judiciary law** — судебная практика; 8. **statute law** — право, выраженное в законах; законы; статусы; 9. **to hold good in law** — быть юридически обоснованным; 10. **to observe the law** — соблюдать закон.

lay — класть; положить ◇ 1. **lay time** — время стоянки (*максимальный период времени, в течение которого фрахтователь может использовать судно для погрузки или разгрузки, не уплачивая денег за простой судна — мор.*); 2. **to lay away** — запасать; резервировать; 3. **to lay claim to something** — предъявлять права или претензию на что-л.; 4. **to lay down rules** — устанавливать нормы, правила; 5. **to lay off** — увольнять (*обычно временно*); выполнение операции (*которая компенсирует предыдущую, для сбалансирования и выравнивания позиции*); 6. **to lay over** — откладывать; 7. **lay days** — стояночное время;

сталийное время (*период времени в днях, оговоренный в чартере, для погрузки и разгрузки судна*).

leads and lags — ускорение или затягивание расчетов по внешнеторговым сделк*ам.*

lease — аренда; сдача внаем; договор найма, аренды; срок аренды; сдавать в аренду ◇ 1. **lease (leasing) arrangement** — договор аренды (*договор имущественного найма, по которому одна сторона — арендодатель — предоставляет другой стороне — арендатору — имущество во временное пользование за определенную плату; договор может предусматривать последующий выкуп арендованного имущества*); 2. **financial lease** — финансовая аренда (*договор об аренде, согласно которому весь риск и преимущества, связанные с владением активом, переходят к получателю независимо от того, происходит ли при этом смена собственника*); 3. **to let out on lease** — сдавать в наем, сдавать в аренду; 4. **to take a lease of** — брать в наем, брать в аренду; 5. **to take on lease** — брать в наем, брать в аренду; 6. **leasehold** — пользование на правах аренды; арендованный; 7. **leasehold interest** — арендное право; 8. **leaseholds** — арендованное имущество; 9. **leasing** — лизинг (*долгосрочная аренда машин и оборудования, транспортных средств, сооружений производственного назначения и др.; арендная форма экспорта машин и оборудования; форма кредитования экспорта товаров длительного пользования*); 10. **leveraged lease** — частичный лизинг (*предоставление в аренду одним владельцам только части оборудования; остальная часть предоставляется другим владельцам*); 11. **leaseholder** — арендатор; съемщик.

legal — юридический; правовой; законный; судебный ◇ 1. **legal list** — законный список (*действующий в США перечень инвестиций, свой в каждом штате, по которому определенные учреждения, банки, страховые компании могут вкладывать средства в то или иное предприятие*); 2. **legal rate of interest** — законный размер процентов; 3. **legal tender** — законное платежное средство (*должно приниматься в соответствии с действующим законодательством в оплату задолженности*); закономерное предложение (*документов, сдачи и т. п.*); 4. **legal tender notes** — казначейские билеты (*бумажные деньги, выпускаемые казначейством*).

lend — давать взаймы; ссужать ◇ 1. **to lend long** — предоставить долгосрочную ссуду; 2. **to lend money on documents** — выдать ссуду под залог документов; 3. **to lend money on goods** — выдать ссуду под товар; 4. **lender** — заимодавец; кредитор; 5. **lending** — займы; кредиты; кредитование; 6. **lending margins** — надбавка, установленная сверх согласованной базовой ставки, (*напр., ЛИБОР, которую заемщик соглашается вы-*

платить банку, предоставляющему кредит в евровалюте; 7. **lending rate (of interest)** — ссудный процент.

letter — письмо; буква ◇ 1. **letter of advice** — уведомление; 2. **letter of attorney** — доверенность (*документ, дающий определенные полномочия для действий от имени лица, его выдавшего*); 3. **letter of authority** — доверенность; 4. **letter of collection** — инкассовое поручение (*поручение клиента банку о получении причитающихся первому денежных средств от третьих лиц на основании расчетных документов, акцепта ценных бумаг и товарных документов*); 5. **letter of guarantee** — гарантийное письмо (*документ, излагающий характер и объем обязательств, которые принимает поручитель в части определенных условий контракта, напр., условий перевозки, платежа*); 6. **letter of indemnity** — гарантийное письмо (*документ, излагающий характер и объем обязательств, которые принимает поручитель в части определенных условий контракта, напр., условий перевозки, платежа*); 7. **latter of inquiry** — запрос, письменный запрос; 8. **registered letter** — заказное письмо; 9. **to remain a dead letter** — остаться только на бумаге.

letter of credit — аккредитив; аккредитивное письмо; кредитное письмо ◇ 1. **letter of credit interest** — проценты по аккредитиву; 2. **anticipatory letter of credit** — предварительный аккредитив (*аккредитив для оплаты еще не отгруженных товаров, выплата по нему производится против складской расписки или подобных документов, а не против коносамента*); 3. **back-to-back letter of credit** — компенсационный аккредитив (*открывается покупателем в пользу продавца под обеспечение без отзывного аккредитива, открытого на имя покупателя лицом, которому покупатель перепродал товар*); 4. **blank credit** — бланковый аккредитив (без указания суммы); 5. **circular letter of credit** — циркулярный аккредитив; 6. **clean letter of credit** — чистый аккредитив (*выплата по которому производится без предоставления продавцом отгрузочных документов*); 7. **collection letter of credit** — аккредитив без взноса наличных денег; 8. **commercial letter of credit** — товарный аккредитив (*используется во внешней торговле; импортер открывает аккредитив на определенных условиях в пользу экспортера; выплаты по нему производится чаще всего против отгрузочных документов*); 9. **confirmed letter of credit** — подтвержденный аккредитив (*имеющий гарантию банка, через который будет производиться оплата аккредитива, о выплате указанной в нем суммы вне зависимости от поступления средств из банка, а котором аккредитив был открыт*); 10. **direct letter of credit** — авизованный аккредитив (*выставленный банком на определенного корреспондента*); 11. **divisible letter of credit** — делимый аккредитив (*ак-*

кредитив, который может передаваться частями одному или нескольким лицам; аккредитив, по которому сумма может получаться частями пропорционально стоимости отгружаемых партий товара); 12. **documentary letter of credit** — товарный аккредитив (*выплата по которому производится против отгрузочных документов*); 13. **irrevocable letter of credit** — безотзывный аккредитив (*открытый на определенный срок без права аннулирования или изменения условий до его истечения*); 14. **negotiation letter of credit** — учетный аккредитив (*аккредитив в виде учета банком трат, выставленных экспортером на покупателя*); 15. **open letter of credit** — чистый аккредитив (*выплата по которому производится без предоставления продавцом отгрузочных документов*); 16. **packing letter of credit** — аккредитив для оплаты еще не отгруженных товаров (*выплата по нему производится против складской расписки или подобных документов, а не против коносамента*); 17. **paid letter of credit** — денежный аккредитив (*документ, подтверждающий внесение в банк клиентом особой суммы денег и поручение о выплате держателю аккредитива указанной в нем суммы*); 18. **"red clause" letter of credit** — аккредитив с красным условием (*аккредитив с условием, по которому банк выплачивает авансом часть суммы аккредитива против представления, вместо коносамента, складской расписки или другого подобного документа*); 19. **revocable letter of credit** — отзывный аккредитив (*его действие может быть прекращено до наступления указанного в нем срока*); 20. **revolving letter of credit** — револьверный аккредитив (*автоматически возобновляемый на прежних условиях аккредитив*); 21. **straight letter of credit** — подтвержденный безотзывный аккредитив (*ам.*); авизованный аккредитив (*выставленный банком на определенного корреспондента*); 22. **transferable letter of credit** — переводной аккредитив (*предоставляет право лицу, в пользу которого он открыт, на основании данного аккредитива открывать аккредитив в другом банке в пользу других лиц или свою*).

level — уровень; уровень цен; выравнивать ◇ 1. **level of commodity prices at wholesale** — индекс оптовых цен; 2. **level of living** — уровень жизни (*совокупность условий жизни населения страны, соответствующих достигнутому уровню ее экономического развития; характеризует экономическое положение населения*); 3. **peak level** — высший уровень, высшая точка (*о ценах, курсах*).

leverage — "рычаг" (*соотношение вложений капитала в ценные бумаги с фиксированным и нефиксированным доходом, высокий уровень этого показателя означает, что владельцы обыкновенных акций выигрывают, когда доходы фирмы выше сред-*

него, в противоположной ситуации это снижает доход по обыкновенным акциям).

levy — сбор; взимание; обложение; налог; взимать; облагать ◇ 1. **capital levy** — налог на капитал; 2. **excess profit levy** — дополнительный налог на сверхприбыль (*англ.*).

liability — ответственность; обязательство; долг; подверженность; склонность ◇ 1. **liability insurance** — страхование ответственности (*предметом служат возможные обязательства страхователя по возмещению ущерба третьим лицам*); 2. **liability submitted for payment** — предъявленное к оплате денежное обязательство; 3. **to admit liability** — признать себя ответственным; 4. **cancelled liability** — погашенное денежное обязательство; 5. **contingent liability** — условное обязательство; условный долг; 6. **to discharge a person from a liability** — освободить кого-л. от ответственности; 7. **to incur a liability** — принимать на себя обязательство; 8. **insurance liability** — страховая ответственность (*обязанность страховщика выплачивать в силу закона или договора страховое возмещение или страховую сумму по наступлении страхового случая*); 9. **limited liability** — ограниченная ответственность; 10. **limited liability company** — акционерное общество с ограниченной ответственностью (*ее члены являются независимыми юридическими лицами с правом заключения сделок, ответственность по обязательствам кампании ограничена номинальной стоимостью имеющихся у каждого члена акций (паев), то есть имуществом компании*); 11. **net foreign liability** — сальдо внешней задолженности страны; 12. **reserve liability** — резервная ответственность акционеров (*не оплаченная акционерами часть стоимости акций, которая может быть истребована при ликвидации компании*); 13. **reserve liability** — резервный капитал (*часть выпущенного, но не оплаченного капитала, которую общее собрание компании решило истребовать только в случае ликвидации; не может быть переведен в действующий капитал баз разрешения суда*); 14. **liabilities** — пассив (*часть бухг. баланса, отражающая источники финансирования средств предприятия*); обязательства; 15. **current liabilities** — краткосрочные обязательства; 16. **to meet liabilities — выполнить обязательства.**

liable — ответственный (for — за); обязанный; подлежащий (to — чему-л.); подверженный (to — чему-л.); склонный (to — к) ◇ 1. **liable to duty (to taxes)** — подлежащий обложению пошлиной (налогами); 2. **liable to variations** — подверженный колебаниям; 3. **primarily liable** — ответственный в первую очередь.

liberalization — снятие ограничений; либерализация ◇ 1. **liberalization of imports** — снятие импортных ограничений; 2. **liberalization of trade** — снятие торговых ограничений; либерализация торговли.

LIBOR (London Interbank Offered Rate) — ЛИБОР (Лондонская межбанковская ставка для займов в евродолларах).

license (**licence** — *англ.*) — **разрешение; лицензия; разрешать; давать разрешение, право; выдать патент** ◇ 1. **export (import) license** — экспортная (импортная) лицензия; лицензия на ввоз (вывоз) товаров; 2. **full license** — лицензия полная (*лицензиар утрачивает право самостоятельного использования предмета лицензионного соглашения и выдачи лицензий третьим лицам на весь период действия соглашения; при этом он остается собственником предмета лицензионного соглашения и по истечении срока действия договора или при наступлении оговоренных условий в полном объеме обретает права на предмет соглашения*); 3. **open general license** — открытая генеральная лицензия (*предоставляет лицензиату — лицу или фирме, купившей лицензию, — исключительное право на ее использование в течение всего срока действия лицензионного соглашения*); 4. **patent license** — патентная лицензия (*разрешение, выдаваемое патентовладельцем др. лицу или фирме на промышленное и коммерческое использование изобретения в течение указанного срока за определенное вознаграждение*); 5. **purchased license** — закупленная лицензия; 6, **transshipment license** — лицензия на перегрузку товара; 7. **under license** — по лицензии; 8. **validity of license** — срок действия лицензии; 9. **licensee** — лицензиат (*лицо, которому передается право использования лицензии*); 10. **licensing agreement** — лицензионное соглашение (*соглашение о передаче прав на использование лицензий, ноу-хау, товарных знаков на определенных условиях*); 11. **licensor** — лицензиар (*лицо, которое владеет патентом, ноу-хау и т. п.*).

lien — право удержания (*имущества*); **залоговое право; привилегированное требование, преимущественное требование** (*юр.*) ◇ 1. **lien holder** — лицо, воспользовавшееся своим правом удержания; 2. **maritime lien** — морское залоговое право (*на корабль или перевозимый груз, позволяет владельцам этого права получить обратно принадлежащие им деньги*); 3. **possessory lien** — право кредитора удерживать собственность должника (до уплаты долга); 4. **vendor's lien** — право продавца удерживать товар (до уплаты покупной цены); 5. **to discharge somebody's lien** — удовлетворить требование лица, осуществляющего право удержания; 6. **to exercise a lien** — использовать право удержания.

life — жизнь; срок; продолжительность ◇ 1. **average life** — показатель "средняя продолжительность жизни" (*срок действия кредита с учетом его погашений или выплат в фонд возмещения*); 2. **life—cycle** — жизненный цикл; цикл развития; 3. **commodity life-cycle** — жизненный цикл товара (*совокуп-*

ность взаимосвязанных процессов от начала внедрения на рынке конкретного товара до его окончательного ухода из сферы потребления); 4. **product life-cycle** — жизненный цикл продукции (*совокупность взаимосвязанных процессов создания и последовательного изменения состояния продукции от формирования к ней исходных требований до окончательной ее эксплуатации или потребления; основные стадии жизненного цикла; разработка, изготовление, обращение и реализация, эксплуатация или потребление, утилизация*); 5. **useful life** — срок полезности (*период времени, в течение которого какой-л. актив будет использован владельцем; обычно "срок полезности "короче "физической жизни" этого актива*).

lift — поднимать(ся); грузить; забирать; повышать (*цены*); **снимать** (*запрещение*) ◇ 1. **lift away** — увозить; 2. **to lift restrictions** — снимать ограничения; 3. **lifting capacity** — грузоподъемная сила.

limit — предел; граница; предельная норма; предельное количество; предельная цена; лимит; ограничивать ◇ 1. **limit move** — сдвиг лимита (*цена, которая в течение периода времени, установленного для совершения сделок, превысила разрешенный лимит, зафиксированный в контракте или предусмотренный в правилах совершения операций на рынке, или упала ниже него — бирж.*); 2. **limit order** — лимитный приказ (*приказ брокеру, которым клиент устанавливает лимит либо на цену, либо на время исполнения сделки или на то и другое вместе — бирж.*); 3. **limit up and down** — движение вверх и вниз в пределах установленного лимита (*максимально разрешенное повышение и понижение цены в течение срока действия сделки по сравнению с ценой за предыдущий день — бирж.*); 4. **daylight exposure limit** — ограничения дневные (*временные ограничения, налагаемые на деятельность банка по совершению валютных сделок в течение всего рабочего дня либо в целом, либо относительно определенной валюты*); 5. **to exceed the limit** — превысить лимит; 6. **to fix a limit** — установить лимит; 7. **to go beyond the limit** — превысить лимит; 8. **position limit** — позиция лимитированная (*максимальный размер позиции на рынке срочных контрактов при игре на повышение или на понижение по отдельному наименованию товара, который в соответствии с CFTC (Комиссией по торговле на рынках срочных товарных сделок) или правилами валютного регулирования допускается держать или контролировать одному лицу*); 9. **price limit** — лимитированная цена (*максимально допустимое увеличение или снижение цен на рынке в течение торгового сезона, может также обозначать обусловленную цену по заказу брокеру с ограниченными условиями; на рынке срочных сделок лимиты устанавливаются участниками и могут изменяться в зависи-*

мости от условий рынка); 10. **stop limit** — стоп-лимит (*приказ о покупке ценных бумаг по определенному курсу, после достижения оговоренного уровня цены стоп-лимит действует как приказ, ограниченный условиями*); 11. **time limit** — предельный срок; 12. **time limit order** — приказ, ограниченный по времени (*приказ брокеру совершить покупку или продажу в определенное время: на открытие рынка, его закрытие, середину рабочего дня или в течение недели*); 13. **trading limit** — торговый лимит (*максимальное количество товара, которое может быть куплено или продано любым лицом за один день, в течение которого производятся сделки; максимальная фьючерсная позиция, которую разрешается держать любому лицу; максимально разрешенное движение цен в течение одного дня*); 14. **limitation** — исковая давность (*срок для защиты по иску лица прав, которые нарушены*).

limited — ограниченный ◇ 1. **Limited** — с ограниченной ответственностью (*слово в конце названий англ. акционерных обществ; часто сокращенно Ltd.*); 2. **Limited and reduced** — с ограниченной ответственностью и уменьшенным капиталом (*в конце названий английских акционерных обществ с ограниченной ответственностью, капитал которых уменьшен по постановлению суда*); 3. **limited liability** — ограниченная ответственность (*ограничение возмещения убытков от хозяйственной деятельности суммой вложенного капитала в акционерное общество*); 4. **limited-partner** — товарищ-вкладчик (*отвечает по обязательствам товарищества в пределах внесенного им вклада, не имеет права принимать участие в управлении компанией и заключать договоры от ее имени*).

line — линия; строка; черта; линия (*судоходная, железнодорожная и т. п.*); **специальность; сфера деятельности; отрасль; род, сорт товара; товар; вид ценных бумаг; предел; лимит; страховые операции** ◇ 1. **line of business** — отрасль торговли; 2. **line of credit** — кредитный лимит; 3. **line of goods** — сорт товара; 4. **line of merchandise** — сорт товара; 5. **above (below) the line** — над (под) чертой (*о доходах и расходах в английском бюджете*); 6. **assemble line** — сборочный конвейер; 7. **consumer lines** — потребительские товары; 8. **demand line of credit** — кредитная линия (*договор с банком о предоставлении кредита по первому требованию*); 9. **flow line** — поточная линия; 10. **first-class lines** — первоклассные товары; 11. **in line with** — в соответствии с; 12. **on the usual lines** — обычным образом; на обычных основаниях; 13. **railway lines** — акции и облигации, выпущенные железнодорожными компаниями; 14. **transfer line** — автоматическая линия; 15. **to bring into line** — приводить в соответствие; 16. **to produce on the line** — производить в большом количестве; 17. **to write a line** — "начертить линию" (*указать сумму, которую страховщик готов принять на риск; указать часть риска, которую страховщик готов принять на себя — страх.*).

liquid — жидкий; ликвидный; быстро реализуемый ◇ 1. **liquid assets** — ликвидные активы (*наличные деньги и быстро реализуемые активы*); 2. **liquid market** — ликвидный рынок (*рынок, на котором сделки купли-продажи осуществляются без каких-л. ограничений*); 3. **liquidate** — ликвидировать (*закрыть длинную позицию в государственных ценных бумагах и других активах, включая срочные сделки по товарам*); 4. **liquidity** — ликвидность (*наличные, наличная позиция, международные платежные средства, приравненные к наличным; емкость рынка и его способность амортизировать внезапные изменения в спросе и предложении без соответствующего значительного колебания цен*); 5. **liquidity ratio** — банковский коэффициент ликвидности (*соотношение различных статей актива баланса кредитного учреждения со статьями пассива, характеризует способность банков обеспечить своевременность выполнения обязательств*); 6. **liquidity ratios** — коэффициенты ликвидности (*отражают способность заемщика оплатить краткосрочные обязательства; соотношение ликвидных активов и краткосрочных обязательств являются критерием оценки состояния баланса компании*); 7. **excess liquidity** — избыточная ликвидность (*ликвидность банков: наличные деньги и быстрореализуемые активы, превышающая их обычную потребность*).

liquidation — ликвидация ◇ 1. **liquidation of debts** — погашение долгов; 2. **compulsory liquidation** — принудительная ликвидация; 3. **to go into liquidation** — приступить к ликвидации; ликвидироваться.

list — список; перечень; составлять список ◇ 1. **list prices** — прейскурантные цены; 2. **listing** — допуск ценных бумаг на биржу (*если выпущенные ценные бумаги зарегистрированы на бирже, то можно производить операции по их купле-продаже — бирж.*); 3. **lists closed** — закрытие списков (*список заявок на приобретение по подписке выпускаемых ценных бумаг закрывается на дату, установленную организаторами выпуска*); 4. **competitive list** — конкурентный лист (*документ, обобщающий информацию о технико-экономических показателях, качестве, ценах и коммерческих условиях реализации товара*); 5. **pricelist** — прейскурант (*справочник цен и сортов товаров*); 6 **to enter in a list** — вносить в список; 7. **to make out a list** — составлять список.

loan — заем; ссуда; кредит; давать взаймы; ссужать ◇ 1. **loan at (on) call** — онкольная ссуда, ссуда до востребования; 2. **loan at interest** — ссуда под проценты; 3. **loan at short notice** — краткосрочная ссуда; 4. **loan business** — ссудные операции; 5. **loan capital** — капитал заемный (*образуется за счет средств от выпуска облигаций и банковского кредита*); капитал ссудный (*денежный капитал, предоставляемый в ссуду его собственником на время на условиях возвратности, за плату в виде процента*); 6. **loan for indefinite term** — бессрочная ссуда; 7. **loan interest rate** — процент займа; 8. **loan market** — рынок заемных средств (где осуществляются операции по средне- и долгосрочному финансированию); 9. **loan (money) on call** — онкольный кредит (*краткосрочный кредит, который погашается по первому требованию; процентные ставки по нему ниже*); 10. **loan on collateral** — заем (ссуда) под двойное обеспечение; 11. **loan stock** — долгосрочные процентные ценные бумаги (*выпускаются компанией часто в виде необеспеченных долговых обязательств*); 12. **loan value** — стоимость кредита (*сумма, которую заемщик уплачивает кредитору за пользование кредитом*); 13. **loan with (without) strings** — заем обусловленный (*не обусловленный*) политическими или экономическими выгодами для заимодавца; 14. **back to back loan** — компенсационный заем (*соглашение о предоставлении займа в иностранной валюте с целью предотвратить или нейтрализовать валютный риск или валютные ограничения; при этом возможны потери в результате различия процентных ставок по займу*); 15. **bank loan-holder** — должник банка по ссуде; 16. **call loan** — ссуда до востребования (*денежный заем, подлежащий возврату по первому требованию*); 17. **to call a loan** — потребовать возврата ссуды; 18. **completed loan** — оформленный заем; 19. **day-to-day loans** — однодневные займы; суточные деньги (*ссуда, предоставляемая банком вексельному биржевому брокеру для покупки переводных векселей, подлежит возврату в течение дня; обычно возобновляется; в случае, если денежная сумма не возвращается в срок, брокер обязан уплатить официально установленный Английским банком для подобных случаев процент, который выше процентных ставок клиринговых банков*); 20. **dealer loan** — кредит дилерский (*однодневный кредит, предоставляемый дилеру под залог*); 21. **fixed rate loan** — заем с твердой процентной ставкой (*заем с фиксированной ставкой процента, установленной на весь срок его действия, предоставляемый на определенный период времени*); 22. **long loan** — долгосрочный заем; долгосрочная ссуда (*денежный заем, предоставляемый на длительный срок, свыше 10 лет; долгосрочный внешний государственный заем может предоставляться на срок от 10 до 45-60 лет*); 23. **long sighted loan** — долгосрочная ссуда; 24. **long term loan** — долгосрочная ссуда; 25. **to meet a loan** — покрыть ссуду, оплатить ссуду; 26. **to negotiate a loan** — заключить заем; 27. **open loan** — заем, подписка на который еще на закончена; 28. **real estate loan** — ипотечный кредит (*долгосрочная ссуда под залог недвижимости — земли и городских строений; ставки по ссудам зависят от финансового положения заемщика; неуплата задолженности в срок ведет к потере недвижимости*); 29. **repayment of a loan** — погашение займа (*возврат государством-должником по истечении срока суммы долга; элемент управления государственным долгом*); 30. **to raise a loan** — сделать заем; 31. **short loan** — ссуда краткосрочная (*ссуда, предоставляемая на срок меньше года*); 32. **short sighted loan** — ссуда краткосрочная; 33. **soft loan** — льготный заем; 34. **short sighted loan** — краткосрочный заем, краткосрочная ссуда; 35. **stock exchange loan** — биржевая ссуда (*ссуда, предоставляемая брокерам под ценные бумаги, котирующиеся на бирже*); 36. **term loan** — срочная ссуда (*предоставляется на фиксированный период времени, обычно свыше года*); 37. **time loan** — ссуда, предоставленная на определенный срок.

lodge — помещать; давать на хранение; депонировать (in, with — в, у); **подавать** (*жалобу*); **предъявлять** (*требование*); **открывать** (*кредит, аккредитив*) ◇ 1. **to lodge an appeal** — подать апелляцию; 2. **to lodge a credit in favour of a person** — открыть кредит в пользу кого-л.

lodg(e)ment — депонирование денежной суммы; денежный вклад; передача документов; передаваемые документы ◇ **lodg(e)ment form** — бланк инкассового поручения (*при передаче банку на инкассо векселей, грузовых документов и т. п.*).

long — длинный; долгий; длительный; долго; давно; на долгий срок ◇ 1. **long basis** — лица или фирмы, покупающие товар за наличные и страхующие его стоимость путем одновременного заключения сделки по продаже на срок; 2. **long bill** — долгосрочный вексель; чрезмерный счет; 3. **long contract** — контракт, купленный в расчете на повышение цены (*бирж.*); 4. **long hedge** — длинный хедж (*покупка фьючерсных контрактов в ожидании фактических покупок на рынке за наличный расчет*); 5. **long loan** — долгосрочная ссуда (*денежные заем, предоставляемый на длительный срок, свыше 10 лет, долгосрочный внешний государственный заем может предоставляться на срок от 10 до 45-60 лет*); 6. **long position** — длинная позиция (*ситуация, когда покупка товара, валюты или ценных бумаг должна сопровождаться соответствующей продажей, игра на повышение*); 7. **long rate** — учетный процент для долгосрочных векселей; 8. **long sterling** — долгосрочный вексель, подлежащий оплате в фунтах стерлингов; 9. **long (-term) credit** — долгосрочный кредит (*предоставляется для обеспечения расширенного воспроизводства основного капитала на срок свыше 7 лет*); 10. **to be long** — спекулировать на повышение (*бирж.*); 11. **to be long of (in) something** — выдерживать что-л. в расчете на повышение цены; быть покрытым чем-л. (*бирж.*); 12. **to draw at a long data** — выставить долгосрочный вексель; 13. **to lend long** — ссужать на долгий срок; 14. **long-dated stocks** — ценные бумаги с долгим сроком погашения; 15. **long-range planning** — долгосрочное планирование; перспективное планирование.

look — смотреть ◇ 1. **to look down** — иметь тенденцию к понижению, слабеть (о ценах); 2. **to look up** — улучшаться (о делах); повышаться (о ценах); 3. **tin is looking up** — цена на олово повышается.

lose — терять; нести потери, убытки; проигрывать ◇ 1. **losing market** — падающие цены; понижательная конъюнктура рынка; 2. **to be lost** — потеряться; погибнуть.

loss — потеря; утрата; гибель; убыль; убыток ◇ 1. **loss and gain account** — счет прибылей и убытков; 2. **loss leader** — рекламная продажа (*товар, продаваемый с убытком с целью привлечения покупателей);* 3. **loss on exchange** — потеря на курсе; 4. **loss through default** — убыток от неисполнения обязательств; 5. **to bear a loss** — нести убыток; принять убыток на свой счет; платить за потерю; нести ответственность за потерю; 6. **concealed loss** — (*ам.*) скрытая недостача (*вследствие кражи в пути из грузового места без заметного повреждения упаковки*); 7. **dead loss** — чистый убыток, чистая потеря; 8. **heavy losses** — существенные убытки; 9. **initial loss** — обычный размер потерь, средний размер потерь за ряд лет (*термин кредитного страхования*); 10. **to make good a loss** — возместить убыток; 11. **stop loss order** — стоп-приказ (*приказ брокеру, действующему на фондовой бирже или товарном рынке, произвести покупку или продажу в случае, когда цена достигнет определенного уровня*); 12. **to incur losses** — нести (понести) убытки; 13. **losses on stock** — убытки в результате уменьшения стоимости товарных запасов; 14. **losses sustained** — понесенные убытки; 15. **to suffer losses** — нести (понести) убытки.

lot — партия товара, груза; серия; сортировать; разбивать на партии (*для аукционной продажи*) ◇ 1. **lot money** — вознаграждение аукционисту (*за каждую проданную партию товара*); 2. **lot production** — серийное производство; 3. **even lot** — точный лот (*партия товара, цена которого определяется официальными котировками цен на бирже*); 4. **lob lot** — отдельная партия (*одиночный заказ на партию; единица торговой сделки*); 5. **odd lot** — неполный лот (*партия ценных бумаг, которая больше или меньше обычной партии, принятой за единицу сделки на рынке*); 6. **regular lot** — стандартный лот (*установленное минимальное количество товара в контракте — бирж.*); 7. **round lot** — полный лот (*партия ценных бумаг, являющаяся единицей *сделок на бирже, или любое количество таких единиц; напр., на Нью-Йоркской фондовой бирже — 100 акций*).

luggage — багаж ◇ 1. **luggage examination** — досмотр багажа; 2. **luggage ticket** — багажная квитанция; 3. **luggage inspection** — таможенный досмотр багажа.

lumpsum (lump sum) — паушальная сумма (*общая сумма без дифференцирования составляющих частей*); **крупная сумма** ◇ 1. **lumpsum charter** — чартер, в котором обусловлена твердая сумма фрахта; 2. **lumpsum freight** — (*мор.*) твердая сумма фрахта (*вне зависимости от того, сколько фактически погружено на судно*); 3. **lumpsum premium** — паушальная страховая премия, общая твердая сумма страховой премии (*страх.*); 4. **lumpsum price** — паушальная цена; цена на круг (*цена для своего количества товара вне зависимости от сортов, качества и т. п.*).

M

machine — машина; механизм; станок; двигатель; мотор; подвергать механической обработке; обрабатывать на станке ◇ 1. **automatic transfer machine** — автоматическая линия; 2. **machine works** — машиностроительный завод.

maintain — сохранять; поддерживать; утверждать ◇ 1. **to maintain an action** — предъявить иск; 2. **to be maintained** — удерживаться (*о ценах, спросе*); 3. **prices are maintained** — цены удерживаются на прежнем уровне.

maintenance — эксплуатация; уход; содержание; обслуживание; поддержка, сохранение; утверждение ◇ 1. **maintenance cost** — эксплуатационные расходы; 2. **maintenance facilities** — техническое обслуживание; 3. **maintenance margin** — маржа за пользование депозитом (*выплачивается при любых обстоятельствах; является составной частью первоначальной маржи, но обычно меньшего размера*); 4. **maintenance of a trade mark** — содержание товарного знака; 5. **maintenance service** — техническое обслуживание; 6. **resale price maintenance** — поддержание цен при перепродаже товаров; поддержание розничных цен.

manage — управлять; заведовать; стоять во главе; справляться; удаваться; устраивать; регулировать ◇ 1. **managed currency** — регулируемая валюта; 2. **managed exchange rates** — регулируемые курсы валюты; 3. **managed float** — управляемое колебание курса валюты (*такое, на которое оказывают влияние интервенции центрального банка*); 4. **management**—управление;

заведование; администрация; дирекция; 5. **management fee** — комиссия за управление (*плата банкам за организацию выпуска ценных бумаг или предоставление консорциального кредита; комиссия, уплачиваемая маклерам инвестиционной компанией*); 6. **management group** — группа управления (*финансовые организации, тесно взаимодействующие с ведущим менеджером при распределении ценных бумаг и определении их стоимости*); 7. **management stock** — директорские акции (*акции, дающие особые права а отношении голосования*); 8. **debt management** — управление долгом (*контроль и регулирование государством долга по уровню процентной ставки, форме собственности и срокам погашения ценных бумаг*); 9. **managing agent**—агент — распорядитель; 10. **managing director** — директор-распорядитель.

manager — заведующий; управляющий ◇ 1. **assistant manager** — помощник заведующего; заместитель заведующего; 2. **branch manager** — заведующий отделением; 3. **general manager** — генеральный управляющий; **lead manager** — ведущий менеджер (*возглавляет выпуск ценных бумаг, напр.: в евровалютах, и обычно отвечает за связь с заемщиком, организацию выпуска, подготовку контрактов и объявления о выпуске ценных бумаг, является также основным ответственным лицом за создание синдиката по выпуску ценных бумаг и группы продажи, а также за размещение ценных бумаг; как правило, на ведущего менеджера возлагаются основные обязательства по выкупу и размещению ценных бумаг в случае, когда они не размещены в полном объеме*); 5. **sales manager** — заведующий отделом продаж.

manpower — рабочая сила; кадры; людские ресурсы.

manufacture — производство; обработка; изготовлять; выделывать ◇ 1. **manufactured goods**—товары фабричного производства; промышленные товары; готовые изделия; 2. **manufactures** — изделия; фабрикаты.

margin — разница; разность; остаток; маржа (*разность между двумя показателями — оценочной стоимостью товара и размером выданной под него ссуды; в биржевых сделках — между ценой по срочному контракту и последующей котировкой; между максимальным и минимальным количеством товара*); **гарантийный задаток; гарантийный взнос** (*бирж.*); **колебание; колебание цены** ◇ 1. **margin business** — спекулятивная сделка на разницу; сделка с маржей; сделка с частичной оплатой (*на биржевых рынках акции могут быть куплены "с маржей" то есть покупатель платит наличными немедленно только часть цены, прибегая тем самым к кредиту брокера*); 2. **margin call** — требование гарантийного взноса, требование уплаты разницы; требование о дополнительном обеспечении (*если це-*

ны на срочном товарном рынке или рынке ценных бумаг изменяются в направлений, противоположном прогнозу торговца или спекулянта, то последний может получить требование о внесении дополнительного залога с целью поддержать внесенное ранее обеспечение); 3. **margin of fluctuation** — пределы колебания (*курса валюты, цены — в этих пределах брокер имеет полномочие клиента купить или продать товар*); 4. **margin of preference** — разность на льготном тарифе (*выигрыш, полученный за счет уплаты льготных таможенных пошлин*); 5. **margin of profit** — прибыль; размер прибыли; скидка розничным торговцам с обязательных розничных цен (*установленных товаропроизводителями*); размер прибыли розничных торговцев; 6. **margin requirements** — требуемые резервы (*дополнительные резервные обязательства по кредитным инструментам; в США — часть резервов, требуемая ФРС и биржей, для совершения первоначальной кредитной сделки или поддержания счета у брокера*); 7. **gross margin** — валовая прибыль (*разница между доходом и расходом до уплаты налогов*); 8. **narrow margin** — небольшая прибыль.

marginal -— написанный на полях; находящийся на краю; близкий к пределу; почти убыточный; мало доходный; незначительный; небольшой ◇ 1. **marginal cost(s)** — предельно высокая себестоимость (*превышение которой делает предприятие убыточным*); 2. **marginal cost producer** — предприятие с предельно высокой себестоимостью продукции, мало прибыльное предприятие.

mark — знак; клеймо; штамп; марка; надпись на товаре; признак; уровень; марка (*денежная единица*); **отмечать; обозначать; клеймить; метить; штамповать; маркировать; ставить расценку** (*на товарах*); зарегистрировать (сделку) ◇ 1. **to mark down** — понизить (*цену, курс*); 2. **to mark out** — разметить; выделять; предназначать; 3. **to mark time —** выжидать; не продвигаться вперед; топтаться на месте; 4. **to mark up** — повысить (*цену*); повыситься (*в цене*); 5. **marked check** — (*ам.*) чек с условным секретным знаком (*во избежание подделки*); 6. **trade mark (trademark)** — торговый знак; фабричная марка (*имя, термин, знак, символ, рисунок или их сочетание, предназначенное для идентификации товаров или услуг конкретного продавца или производителя и дифференциации их от товаров и услуг конкурентов*).

market — рынок; биржа; продажа; торговля; сбыт; спрос; рыночная цена; цены на рынке; покупать или продавать на рынке; торговать; сбывать ◇ 1. **market amount** — "сумма рынка" (*сумма, обычно принимаемая за минимальную для совершения операций на рынке, особенно на валютном*); 2. **market averages** — средние рыночные цены или средние биржевые курсы;

3. **market capacity** — емкость рынка; 4. **market deals** — операции на рынке; 5. **market forces** — рыночные силы (*условия, влияющие на спрос и предложение на свободном рынке и определяющие цены; поведение продавцов и покупателей, кредиторов и заемщиков*); 6. **market if touched (MIT)** — товарный заказ (*заказ на продажу или покупку товара по специально оговоренной цене*); 7. **market investigation** — конъюнктурные исследования (*анализ сложившегося состояния рынка, определение тенденций к его изменению; в ходе исследований анализируются рыночная стоимость и объем выпуска товаров, динамика изменения производства на мировом рынка и отдельных странах, техническая политика, спрос на новые товары и организация сбыта, ценообразование, экспорт и импорт, составляются краткосрочные прогнозы*); 8. **market hours** — часы, установленные для производства рыночных или биржевых операций; 9. **market order** — рыночный заказ (*заказ на покупку или продажу ценных бумаг или совершение сделки на срок по наиболее благоприятной достижимой цене на момент выхода на рынок; поручение брокеру купить или продать по существующей рыночной цене*); 10. **market participant** — участник рынка (*лицо, покупающее и продающее от имени своих клиентов, а также за свой собственный счет*); 11. **market position** — положение на рынке (*взаимозависимость между спросом и предложением по определенному виду ценностей при данной цене*); 12. **market quotations** — рыночные или биржевые котировки (*курсы ценных бумаг или цены товаров биржевой торговли, регистрируемые и публикуемые котировальной комиссией соответствующей биржи*); 13. **market rate** — (*англ.*) биржевой курс; рыночный учетный процент (*лондонских банков и вексельных маклеров; процент взимаемой банком с суммы векселя при покупке его банком до наступления срока платежа*); 14. **market swing** — конъюнктурный период (*ам.*); 15. **market trend** — тенденция рынка (*основное направление в движении и развитии цен на рынке без учета кратковременных колебаний*); 16. **market value** — рыночная стоимость (*текущая цена на товар, ценные бумаги, валюту; уровень цены, на котором они могут быть куплены или проданы; стоимость основных фондов*); 17. **the market is advancing** — настроение рынка повышательное, цены на рынке повышаются; 18. **the market is barely steady** — цены на рынке без перемен, но проявляют тенденцию к понижению; 19. **the market is dull** — настроение рынка вялое (*мало сделок, цены проявляют тенденцию к понижению*); 20. **the market is easier** — повышательная тенденция приостановилась и цены понижаются; цены понижаются; 21. **the market is easy** — настроение рынка понижательное (*цены установились на более низком уровне и*

проявляют тенденцию к дальнейшему понижению); 22. **the market is firm** — настроение рынка твердое (*цены установились на более высоком уровне и проявляют тенденцию к дальнейшему повышению*); 23. **the market is firmer** — настроение рынка более устойчивое (*настроение рынка устойчивое, и цены проявляют тенденцию к повышению*); 24. **the market is flat** — на рынке вялое настроение (*не производится сделок, и цены стоят на более низком уровне*); 25. **the market is off** — цены на рынке понижаются; на рынке заметно ослабление спроса; 26. **the market is quieter** — на рынке производится меньше сделок, и цены проявляют тенденцию к понижению; 27. **the market is quietly steady** — на рынке производится мало сделок, но цены почти не изменились; 28. **the market is steadier** — понижение цен приостановилось, и цены проявляют тенденцию к повышению; цены проявляют тенденцию к повышению; 29. **the market is very steady** — настроение рынка устойчивое, причем цены проявляют слабую тенденцию к повышению; 30. **the market is weak** — настроение рынка слабое (*цены на рынке значительно ниже и продолжают понижаться*); 31. **at the market, at the best** — "наилучшим образом" (*поручение брокеру о немедленной продаже или покупке по наилучшей достижимой цене*); 32. **at the close (the opening) of the market** — при закрытии (*открытии*) биржи; 33. **bear market** — рынок "медведей" (*рынок, на котором цены в целом падают и наблюдается тенденция ускорения этого падения*); 34. **bid market** — рынок продавца (*повышательная рыночная конъюнктура, когда спрос значительно превышает предложение, происходит рост цен и числа заключаемых сделок*); 35. **bond market** — рынок ценных бумаг с фиксированным процентным доходом (*основной или вторичный рынок ценных бумаг, выпущенных различными эмитентами*); 36. **bull market** — рынок "быков" (*рынок, где наблюдается тенденция возможного повышения цен в результате высокого спроса*); 37. **buyers' market** — рынок покупателя (*понижательная или низкая товарная конъюнктура рынка, когда предложение значительно превышает спрос, снижаются рыночные цены, сокращается число совершаемых сделок*); 38. **capital market** — рынок ценных бумаг, заемных средств (*где осуществляются операции по среднесрочному и долгосрочному финансированию*); 39. **cash market** — рынок наличного товара; 40. **congested market** — перегруженный рынок (*состояние рынка, где господствующее положение занимают несколько частных лиц или группировок, что может затруднить ликвидацию открытых позиций обычным путем*); 41. **currency market** — валютный рынок (*система устойчивых экономических и организационных отношений по операциям купли-продажи иност-*

ранных валют и платежных документов в иностранных валютах; привязан к крупным банковским и валютно-биржевым центрам); 42. **depth of market** — глубина рынка (*масштабы деловой активности, не вызывающие изменения цен; отражает ликвидность рынка*); 43. **either way market** — рынок двусторонний (*когда на межбанковском депозитном рынке курсы покупателя и продавца идентичны*); 44. **falling market** — падающие цены (*характерны для понижательной конъюнктуры товарного рынка*); 45. **forward market** — рынок для заключения срочных сделок; 46. **gaining market** — рынок продавца (*см.* bid market); 47. **grey market** — серый рынок (*неофициальный рынок, или рынок, не попадающий под официальный контроль, на котором продажа осуществляется по крайне высоким спекулятивным ценам*); 48. **liquid market** — рынок ликвидный (*рынок, на котором сделки купли-продажи осуществляются без каких-л. ограничений*); 49. **loan market** — рынок заемных средств (*производятся операции по средне- и долгосрочному кредитованию*); 50. **money market** — денежный, валютный рынок; рынок ссудного капитала; 51. **money market fund** — фонд денежного рынка (*взаимный фонд, средства которого размещаются только в инструменты денежного рынка*); 52. **open market** — рынок вольный, торги (*состязательный способ купли-продажи товаров, размещения заказов, выдачи подрядов путем привлечения покупателем (заказчиком) предложений нескольких контрагентов, выбора наиболее выгодного из них и заключения на основе него сделки; наиболее широко эта форма продажи используется в торговле машинами и оборудованием, оказании технических услуг, строительстве*); 53. **organized market** — биржа или аукционный зал; 54. **outside market** — неофициальная биржа; 55. **secondary market** — рынок вторичный (*рынок без посредников, на котором совершаются операции по покупке и продаже иностранных долговых обязательств и внутренних ценных бумаг после первоначального их выпуска на первичный рынок, средства от продажи поступают держателю бумаги (инвестору), а не корпорации или правительственному органу, выпустившим ее; при товарных сделках — продажа или перепродажа посредником, а не первоначальным продавцом*); 56. **sellers' market** — рынок продавца (*см.* bid market); 57. **stock market** — фондовая биржа (*организационная форма систематических операций по купле-продаже ценных бумаг, золота, валюты*); 58. **trading market** — вялое настроение рынка; 59. **terminal market** — срочная биржа (*место, где заключаются фьючерсные сделки с поставкой товара и платежами в определенный соглашением срок — через несколько месяцев, даже свыше 1-2 лет — по курсу, зафиксированному в момент сдел-*

ки; заключаются обычно для перепродажи), 60. **to break into (to enter) a new market** — выход на рынок; 61. **to check the market** — свериться с рынком (*запросить у нескольких фирм котировки ценной бумаги, находящейся во внебиржевом обороте, с тем, чтобы установить, какая котировка лучшая и сколько акций можно купить или продать по прокотированным ценам; запросить котировки по любым фондовым ценностям с тем, чтобы определить, сильно ли изменился рынок для них с тех пор, как они были проданы или по ним давалась котировка; интересоваться конъюнктурой и объемом рынка в целом или конкретного инструмента*); 62. **to find a market** — пользоваться спросом; 63. **to meet with a ready market** — находить быстрый сбыт; 64. **to play the market** — спекулировать на бирже; 65. **two-tier market** — рынок двухъярусный (*валютный рынок с двойным режимом, при котором один курс валюты является свободным и зависит от действия рыночных сил, а другой — регулируется правительством путем интервенций или контроля, напр., курсы бельгийского финансового и конвертируемого франков*); 66. **marketability** — реализуемость (*показатель легкости, с которой что-л. может быть продано или куплено*).

marketing — торговля; продажа; сбыт; маркетинг ◇ 1. **marketing costs** — издержки обращения; 2. **marketing difficulties** — трудности сбыта.

match — парная вещь; подходящая (по качеству) **вещь; подбирать под пару; равняться; подходить** (*по качеству*) ◇ **match order** — одновременное поручения разным маклерам о покупке и продаже фондов или товаров (*бирж.*).

mature — созревать; наступить (*о сроке платежа, векселя*); **сделаться срочным; подлежать погашению или оплате** ◇ 1. **maturing bonds (stocks)** — выходящие в тираж облигации; 2. **1995 maturing loan** — заем, подлежащий погашению в 1995 г.; 3. **maturity** — срок (*платежа, векселя*); срок погашения; срок действия долгового обязательства (*период, в течение которого срочный контракт может быть реализован посредством фактической поставки товара*); 4. **maturity data** — дата истечения срока (*дата платежа или поставки по срочным контрактам; последняя дата погашения облигации, кредита*); 5. **at maturity** — в срок, при наступлении срока; 6. **before maturity** — раньше срока; 7. **prior to the maturity** — раньше срока.

means — средство(а); способ(ы); денежные средства ◇ 1. **means of payment** — средство платежа; платежные средства; 2. **means test** — проверка материального положения (*проводится для предоставления права на пособие по безработице и т. п.*); 3. **ample means** — (более чем) достаточные средства; 4. **insuf-**

ficient means — недостаточные средства; 5. **the price is by no means high** — цена отнюдь не высока.

measure — мера; размер; мероприятие; масштаб; мерило; критерий; измерять ◇ 1. **measure of damages** — размер возмещения убытков; 2. **measure of prices** — масштаб цен; 3. **to resort to measures** — прибегать к мерам; 4. **unit of measure** — единица измерения.

measurement — измерение; замер; размеры ◇ 1. **measurement account** — справка о результатах обмера грузовых мест (*для определения ставки фрахта*); 2. **measurement cargo (measurement goods)** — объемный груз (*за перевозку которого плата взимается не по весу, а по объему*).

mediator — посредник (*лицо, фирма или организация, стоящая между производителем и потребителем товаров и содействующая их обращению; в юридической практике — те лица и фирмы, которые способствуют продавцам и покупателям в заключении и исполнении контрактов*).

medium — средство; способ; посредничество; посредник; агент; средний ◇ 1. **medium of circulation** — средство обращения; деньги; 2. **medium quality** — средний сорт; среднее качество; 3. **medium term forecasts** — прогноз среднесрочный (*экономический прогноз на срок от семи кварталов до четырех лет*); 4. **circulating medium** — средство обращения; деньги; 5. **mediums** — ценные бумаги британского правительства на срок от 5 до 15 лет.

meet — встречать; удовлетворять; оплачивать; покрывать; преодолевать ◇ 1. **to meet a claim** — определить обоснованность иска; подготовить возражения против иска; оспаривать иск; удовлетворить иск; 2. **to meet competition** — выдержать конкуренцию; 3. **to meet the crisis** — преодолеть кризис; 4. **to meet the delivery date** — поставить в требуемый или установленный срок; 5. **to meet sales** — выполнить обязательства по продажам; 6. **to meet with due protection** — быть акцептованным (*получить согласие на оплату векселя в виде надписи акцептанта на векселе*); быть оплаченным.

melon — крупный дополнительный дивиденд; дивиденд в форме бесплатных акций; сумма необычайно высоких прибылей на бирже, предназначенных для распределения (*ам.*) ◇ **to cut the melon** — распределить крупный дополнительный дивиденд; распределить дивиденд в форме бесплатных акций.

member — член; участник ◇ 1. **member bank** — банк-член расчетной палаты; банк-член федеральной резервной системы (*ам.*); 2. **members rate** — комиссия, взимаемая за выполнение поручения от имени участника фондовой биржи; 3. **sailing group members** — участники группы, занимающейся размещением ценных бумаг (*в группу входят все члены синдиката, а так-*

же представители других банков и дилеры; участники отчитываются перед менеджером, управляющим эмиссией, о результатах подписки, в зависимости от этих результатов, а также положения и репутации участников, они получают часть выпускаемых бумаг, участники группы не несут риска, связанного с размещением бумаг на условиях "андеррайтинг")

memorandum — меморандум; памятная записка; записка; заметка ◇ 1. **memorandum of association** — договор об учреждении акционерного общества; 2. **insurance memorandum** — меморандум (*оговорка в морском полисе об ограничении ответственности страховщика за частичное повреждение различных грузов — страх.*).

mercantile — коммерческий; торговый ◇ 1. **mercantile agency** — торговое агентство; кредит-бюро; справочная контора о кредитоспособности (*ам.*); 2. **mercantile agent** — комиссионер (*посредник в торговых сделках; лицо, выполняющее за особое вознаграждение торговые поручения от своего имени, но за счет комитента*); 3. **mercantile bank** — торговый банк; 4. **mercantile paper** — вексель, выданный под товар.

merchant — купец, оптовый торговец ◇ 1. **merchant bank** — торговый банк (*банк, первоначально специализировавшийся на финансировании международной торговли и обладавший значительным количеством информации о стране, с которой имел дело; в настоящее время действует также как эмитент акций, облигаций, привлекая кредиты, акционерный капитал, работая с векселями и иностранной валютой; выступает как консультант компаний; некоторые торговые банки проводят операции с драгоценными металлами*); 2. **merchant banker** — торговый банк; акцептный банк (*англ.*); 3. **merchant quantities** — крупные партии, большие количества.

merger — поглощение; слияние; объединение; фузия (*слияние нескольких предприятий в одно; обычно таким путем объединяются предприятия, производящие однородную продукцию или один и тот же продукт разной степени готовности*); **новация** (*юр.*) ◇ 1. **conglomerate merger** — слияние разнородных предприятий; 2. **cross-frontier merger** — слияние предприятий, находящихся в двух соседних странах.

monetary — денежный; валютный; монетный; монетарный ◇ 1. **monetary agreement** — валютное соглашение; денежное соглашение; 2. **monetary base** — монетарная база (*совокупность элементов денежной массы, состоящей из суммы денег, находящихся в банках, на руках у частных лиц, банковских депозитов в центральном банке; расширение монетарной базы должно определять потенциальный рост количества денег в обращении*); 3. **monetary compensation amount (MCA)** — величина валютной компенсации (*регулирование валютных кур-*

сов, направленное на ликвидацию разницы между "зелеными валютами" и фактической оценкой курса валют стран-членов ЕЭС; рассчитывается еженедельно; позволяет субсидировать импорт продовольственных товаров для стран со слабыми валютами, т. к. дает возможность снижать цены, рассчитанные на базе "зеленых валют" высокого уровня, до более низкого уровня, даваемого реальной оценкой курса, одновременно делает экспорт этих стран более дорогим; для стран с сильными валютами экспорт становится дешевле, а импорт дороже, однако при этом имеется гарантия того, что цены, по которым оплачивается продукция фермеров в этих странах, не будет снижаться); 4. **monetary item** — денежная сумма (*актив или обязательство, требующие платежа в форме фиксированной суммы денег без поправок на случай возможных колебаний валюты*); 5. **monetary policy —** денежно-кредитная политика (*регулирование центральным банком страны количества денег в обращении с целью обеспечения доступности кредита в объемах и по ставкам, отвечающим интересам государства*); 6. **monetary unit** — денежная единица; 7. **International Monetary Fund (IMF)** — Международный валютный фонд (*межправительственная валютно-кредитная организация по сотрудничеству в международной торговле и валютной сфере; вырабатывает правила регулирования валютных курсов, контролирует их, содействует обратимости валют, предоставляет членам МВФ кредиты*).

money — деньги ◇ 1. **money at call** — займы до востребования; 2. **money at short notice** — краткосрочные займы (*предоставление денег в долг на срок не более 24 часов с уплатой очень низкой процентной ставки*); 3. **money in cash** — наличные деньги, кассовая наличность; 4. **money loan** — денежная ссуда; заем денег; 5. **money market** — денежный, валютный рынок; рынок ссудного капитала (*совокупность однородных национальных кредитных и депозитных рынков, где центральный банк, коммерческие банки и финансовые институты совершают операции по краткосрочным ценным бумагам*); 6. **money market (center) bank** — банк денежного рынка (*обычно является одним из крупнейших в стране и играет активную роль во всех секторах денежного рынка; располагается в одном из главных финансовых центрах страны*); 7. **money market certificates (MMC)** — сертификаты денежного рынка (*сокр. СДР депозитные сертификаты сроком на 6 месяцев, эмитируемые банками и сберегательными институтами США, с минимальными номиналом 10 000 дол., ставка по которым привязана к ставке процента, установленной по обязательствам министерства финансов США в ходе последнего из аукционов*); 8. **money market fund** — фонд денежного рынка (*взаимный фонд, средства которого размещаются только в инструменты денежного рынка*); 9. **money of account** — расчетная денежная единица; 10. **money on loan** — денежные ссуды; 11. **money pressure** — недостаток денег; денежный голод; стесненный кредит; высокая стоимость займов; 12. **money rate** — денежный курс; процент по займам; ссудный процент (*плата кредитору за пользование ссуженными деньгами или материальными ценностями*); 13. **money supply** — денежная масса; количество денег в обращении (*в узком смысле — количество денег, состоящее из наличности и депозитов; в более широком смысле к ним можно отнести и различные категории срочных и сберегательных депозитов, депозитных сертификатов; в самом широком смысле включает в себя все, что может быть классифицировано как "деньги"*); 14. **money trading bank** — банк потребительского кредита (*выдает краткосрочные и среднесрочные ссуды на приобретение потребительских товаров длительного пользования*); 15. **call money** — процентный денежный вклад (*на внутренних финансовых рынках и еврорынке — помещение денег в банк на условиях выплаты их вкладчику по его требованию*); ссуда до востребования (*денежный заем, подлежащий возврату по первому требованию*); 16. **cheap money** — деньги с низкой покупательной силой; дешевые деньги; невысокая стоимость займов; нестесненный кредит; 17. **dear money** — дорогие деньги; высокая стоимость займов (*ситуация на денежном рынке, при которой высокая стоимость займов приводит к ограничению кредита*); 18. **easy money** — легкие деньги (*ситуация на денежном рынке, возникающая при избыточном предложении кредита, вызывающая падение ссудного процента*); 19. **earnest money** — задаток (*денежная сумма или иная имущественная ценность, которая при заключении договора передается одной стороной другой стороне в счет причитающейся по договору суммы с целью удостоверить заключение договора и обеспечить исполнение взаимных обязательств; если сторона, давшая залог, не исполнит обязательств, то она его теряет; если сторона, получившая залог, нарушит условия договора, то она обязана вернуть залог*); 20. **hard money** — металлические деньги; 21. **hot money** — горячие деньги (*перемещение больших масс спекулятивных краткосрочных капиталов между странами в поиске более надежного и прибыльного помещения; "наплыв горячих денег" в какую-л. страну обостряет ее хозяйственное, финансовое положение*); 22. **lawful money** — законное платежное средство; 23. **purchasing power money** — покупательная способность денег (*способность денежной единицы обмениваться на определенное количество товаров и услуг; зависит, в основном от стоимости и цен обслуживаемой товарной массы и* *структуры товарооборота*); 24. **ready money** — наличные деньги; 25. **tight money** — тяжелые деньги (*ситуация на денежном рынке, возникающая при недостаточном предложении кредита, вызывающая рост ссудного процента*); 26. **time money** — деньги, данные взаймы на определенный срок; 27. **moneys** — монетные системы; денежные суммы; 28. **monies** — денежные суммы.

monopoly — монополия ◇ 1. **monopoly clause** — монопольная оговорка; 2. **to curb a monopoly** — ограничить деятельность монополии; 3. **to restrict a monopoly** — ограничить деятельность монополии.

month — месяц ◇ 1. **bill (draft) at three months** — тратта срочная через три месяца; 2. **bill at three months date** — тратта срочная через три месяца от даты трассирования; 3. **bill at three months sight** — тратта срочная через три месяца от даты акцепта; 4. **contract month** — договорный (*контрактный*) месяц (*месяц, когда истекает срок действия срочного контракта*); 5. **early next month** — в первых числах будущего месяца; 6. **red futures contract month** — фьючерсный контракт "красного месяца" (*поставка по нему назначается в месяце, отстоящем более чем на год от даты заключения сделки*); 7. **monthly** — ежемесячный; помесячный; месячный; 8. **monthly increments** — ежемесячная надбавка (*термин ЕЭС, определяющий ежемесячное увеличение интервенций, цен, целевых цен и цен продавца с целью обеспечить компенсацию за хранение товаров и стимулирование упорядочения рынка*).

moratorium — мораторий.

mortgage — ипотека (*залог недвижимого имущества для получения ссуды; долговое свидетельство о залоге недвижимости, выдаваемое банком*); залог; заклад; закладная ◇ 1. **mortgage bank** — ипотечный банк (*банк, выдающий долгосрочные ссуды под залог недвижимости; земли и городских строений*); 2. **mortgage bond** — закладной лист; 3. **mortgage credit** — ипотечный кредит.

movement — движение; динамика; изменение; оживление (*на рынке*); **передвижение** ◇ 1. **downward movement** — понижение (*цен*); 2. **long-term (short-term) capital movement** — движение долгосрочного (*краткосрочного*) капитала; 3. **population movement** — естественное движение населения; движение населения (географическое); 4. **upward movement** — повышение (цен).

multilateral — многосторонний ◇ **multilateral treaty** — многосторонний договор.

multiple — кратное число (количество, сумма); **сложный; составной; многократный; кратный; многообразный** ◇ 1. **multiple exchange rate** — множественный валютный курс (*использование страной нескольких валютных курсов для разных опера-*

ций; напр., иностранные инвестиции, туризм, импорт сырья могут осуществляться по льготному курсу, в то время как менее важные статьи по более высокому курсу); 2. **multiple rates of exchange** — множественность валютных курсов; 3. **multiple shop** — магазин с большим количеством однотипных филиалов; 4. **multiple tariff** — многоколонный тариф (*ставки таможенного тарифа на импортируемый товар от максимального до минимального значений, минимальная ставка применяется для товаров тех стран, которым предоставлен режим наибольшего благоприятствования*); 5. **multiples** — однотипные магазины (одной фирмы); 6. **in multiples of** — в количествах (суммах), кратных чему-л.

municipal — муниципальный; городской ◇ **municipals** — муниципалы (*ценные бумаги, эмитируемые правительствами штатов и местными властями США, а также их агентствами*).

N

name — название; имя; фамилия; называть; указывать; назначать ◇ 1. **name day** — второй день ликвидационного периода (*бирж.*); 2. **in the name of** — от имени кого-л.; на имя кого-л.; 3. **trade name** — фирма, название фирмы; товарное наименование.

nation — нация; народ; страна; государство ◇ 1. **most favoured nation clause** — оговорка о наибольшем благоприятствовании; 2. **national** — национальный; народный; государственный; 3. **national bank** — национальный банк (*банки, принадлежащие полностью или частично национальному капиталу и действующие в его интересах; название коммерческих банков США, деятельность которых регулируется федеральным законодательством; в некоторых странах название центрального банка*); 4. **national currency** — национальная валюта; 5. **national debt** — государственный долг (*суммарная задолженность государства как следствие хронического бюджетного дефицита*); 6. **national income** — национальный доход; 7. **national price level** — уровень внутренних цен.

nature — особенность; характер; свойство; род; сорт; класс ◇ 1. **nature of demand** — характер ущерба или убытка; 2. **goods of such nature** — товары такого рода.

negotiability — обращаемость; способность к обращению; возможность передачи, пуска в обращение (*чека, векселя.*).

negotiable — могущий быть переуступленным, купленным, проданным ◇ 1. **negotiable copy** — действительный экземпляр; экземпляр документа, могущий служить предметом сделки; 2. **negotiable document** — оборотный документ; оборотный кредитно-денежный документ (*ам.*); 3. **negotiable instruments** — оборотные документы; 4. **negotiable order of withdrawal (NOW)** — "НАУ" счет; текущий счет, приносящий доход (*фактически представляет собой чековый счет, средствами по которому можно распоряжаться, только выставляя банковские тратты; может быть открыт только физическими лицами и некоторыми некоммерческими организациями; занимает промежуточное положение между текущим и сберегательным счетом; владельцы могут при уведомлении за 30 дней выписывать "обращающиеся приказы об изъятии" и использовать их для платежей как чек*); 5. **negotiable securities** — оборотные ценные бумаги; 6. **nonnegotiable** — не подлежащий передаче; недействительный; 7. **not negotiable** — не подлежащий передаче; недействительный.

negotiate — вести переговоры; договариваться о; заключить (*в результате переговоров*)**; передавать; переуступать; пускать в обращение** (*векселя, чеки и т. п.*)**; получить деньги или уплатить** (*по векселю, чеку и т. п.*)**; инкассировать; продать** ◇ 1. **to negotiate a bill to a bank** — учесть вексель в банке; продать вексель банку; 2. **to negotiate a bill of lading** — переуступить коносамент; 3. **to negotiate a cheque** получить деньги по чеку; разменять чек; выплатить по чеку; 4. **to negotiate a sale** — заключить сделку на продажу товара; 5. **to negotiate with a view to concluding an agreement** — вести переговоры с целью заключения договора; 6. **to negotiate with someone for something** — вести переговоры с кем-л. о чем-л.; 7. **negotiated sale** — согласованный выпуск (*выпуск ценных бумаг, когда цена и другие условия реализации определены в ходе переговоров между подписчиками и эмитентом*); 8. **negotiated wage increase** — повышение зарплаты в результате переговоров с предпринимателями; 9. **negotiation** — ведение переговоров; переговоры; продажа, передача, переуступка (*векселя, чека и т. п.*); учет (*векселя*); выплата (*по чеку, векселю*); обращение (*векселя*); 10. **negotiation letter of credit** — аккредитив учетный (*аккредитив в виде учета банком тратт, выставленных экспортером на покупателя*).

net(t) — чистый; нетто; без вычетов; сальдо; приносить, получать чистый доход ◇ 1. **net amount** — сумма нетто (*чистый доход, за вычетом всех расходов*); 2. **net assets** — стоимость имущества за вычетом обязательств; 3. **net avails** — чистая выручка; сумма векселя за вычетом дисконта (*скидка при учете векселей, соответствует плате за банковский кредит*); 4. **net cap-**

ital movement — сальдо движения капиталов; 5. **net cash** — наличными без скидки; 6. **not cost** — чистая стоимость (*за вычетом скидок, включая все расходы*); 7. **net liabilities** — сумма обязательств за вычетом стоимости легко реализуемого имущества; 8. **net income** — чистая прибыль; доход (*прибыль предприятия после уплаты налогов и др. платежей из прибыли*); 9. **net income of society** — чистый доход общества (*часть национального продукта, которая выступает как прибавочный продукт*); 10. **net invisible income** — активное сальдо по невидимым статьям экспорта и импорта (*превышение поступлений от невидимого экспорта над платежами за невидимый импорт*); 11. **net(t) price** — цена нетто (*цена после вычета всех скидок; цена, с которой не делается скидка; цена, не включающая расходы по перевозке, страхованию и пр.*); 12. **net profit** — чистая прибыль; доход (*прибыль, остающаяся в распоряжении компании, после расчетов с государством, банками и др. контрагентами*); 13. **net profit ratio** — коэффициент рентабельности (*рентабельность изделия или группы изделий, взвешенная на их удельный вес в общем выпуске продукции, применяется для определения влияния сдвигов в ассортименте и качестве выпускаемой сравнимой товарной продукции на величину прибыли планируемого года*); 14. **net surplus** — нераспределенная прибыль; 15. **net weight** — вес нетто (*вес самого товара без тары и упаковки, цена чаще всего устанавливается по весу нетто*); 16. **gross for net** — вес брутто за нетто (*условные обозначения для проведения расчетов и установления цены по весу брутто, когда проверка веса нетто нецелесообразна или цена тары мало отличается от цены самого товара*).

nomenclature — номенклатура.

nominal — номинальный; нарицательный; ничтожный ◇ 1. **nominal capital** — разрешенный к выпуску акционерный капитал; основной капитал; уставный капитал (*величина его определяется уставом предприятия и составляет сумму номинальных цен акций, которая может быть частично оплачена; государство, как правило, устанавливает минимальный размер уставного капитала, который не может быть увеличен без решения собрания акционеров*); капитал номинальный (*установленная учредителями сумма, на которую предполагается выпустить акции*); 2. **nominal damages** — ничтожное возмещение убытков (*юр.*); 3. **nominal partner** — номинальный партнер (*не участвует в делах фирмы и не имеет от нее доходов, но позволяет использовать свое имя в названии фирмы*); 4. **nominal price** — номинальная цена (*котирующая на рынке цена, по которой, однако, не заключались сделки*); нарицательная цена (*цена, обозначенная на ценной бумаге*); прейскурантная цена до вычета скидки; ничтожная цена; 5. **nominal value** — номинальная (нарицательная) стоимость.

nostro account — счет ностро (*счет, который банк имеет у своего корреспондента, напр., в иностранном банке; условия ведения этого счета оговариваются при установлении корреспондентских отношений; обычно предусматривается валюта счета, порядок производства платежей и др.*).

notarial — нотариальный ◇ 1. **notarial charges** — нотариальные пошлины; 2. **notarially** — нотариально; нотариальным порядком; **to attest notarially** — нотариально заверить.

note — заметка; запись; накладная; примечание; ссылка; извещение; авизо (*письмо, уведомляющее получателя о посылке векселя, товара, перевода денежных средств*); **долговая расписка; простой вексель; кредитный, банковский билет; банкнота; счет; делать заметки, записывать; отмечать; принимать к сведению; сделать нотариальную отметку** ◇ 1. **note issue** — эмиссия бумажных денег; эмиссия банкнот; сумма банкнот, выпущенных эмиссионными властями; 2. **note of hand** — простой вексель, соло-вексель (*письменное долговое обязательство строго установленной формы, выписываемое заемщиком и дающее векселедержателю бесспорное право требовать от должника уплаты обозначенной суммы по истечении срока векселя; плательщиком по векселю является сам векселедатель; обязательными признаками векселя являются: наименование "вексель" в тексте документа; безусловный приказ о платеже определенной суммы денег, имя плательщика, указание срока и места платежа, дата и место составления векселя, подпись векселедателя; отсутствие любого из признаков лишает документ силы векселя*); 3. **to note a bill** — сделать на векселе нотариальную отметку об отказе трассата от акцепта или уплаты (*вместо учинения формального протеста*); 4. **bank note** — банкнота, кредитный билет (*беспроцентные обязательства, выпускаемые государственными или частными эмиссионными банками; основной вид кредитных денег; выпускаются для покрытия государственных расходов, ссудных операций банков и обеспечиваются золотом, товарными документами и другими ценностями*); 5. **berth note** — договор догруза (*применяется для оформления перевозок массовых грузов при неполной загрузке линейных судов генеральными грузами, а также перевозки трамповыми судами дополнительных партий грузов из того же порта, в котором грузится судно*); 6. **bond anticipatory notes (BANs)** — муниципальные облигации (*краткосрочные кредитные обязательства властей штата или муниципалитетов, выпускаемые с целью привлечь средства для финансирования каких-л. проектов; проценты по этим облигациям освобождены от обложе-*

ния федеральным налогом; делятся на две основные категории: общего характера и специальные); 7. **bought note** — брокерская записка о совершенной сделке (*посылаемая покупателю*); 8. **broker's contract note** — брокерская записка о совершенной сделке; 9. **confirmation note** — (письменное) подтверждение договора; 10. **collateral note** — обеспеченный вексель; 11. **closed cover note** — закрытый ковернот (*документ, выдаваемый страховым брокером, когда страхование совершено как окончательное*); 12. **covering note (cover note)** — ковернот (*временное свидетельство о страховании, выдаваемое брокером страхователю до выдачи страхового полиса*); 13. **demand note** — простой вексель, срочный по предъявлении; 14. **floating rate note** — долговое обязательство с плавающей ставкой (*долговое обязательство со сроком погашения от 5 до 7 лет, процентная ставка по которому изменяется в зависимости от рыночных условий каждые 6 месяцев, обычно гарантируется минимальная ставка процента*); 15. **freight note** — счет за фрахт (*выписывается владельцем судна грузоотправителю с указанием величины платы за фрахт*); 16. **legal tender notes** — казначейские билеты; 17. **open cover note** — открытый ковернот (*документ, к которому требуются дополнительные инструкции страхователя или генеральный, или открытый полис*); 18. **promissory note** — простой вексель, прямой вексель; долговое обязательство (*см.* note of hand); 19. **sale note** — брокерская записка о совершенной сделке (*посылаемая продавцу*); 20. **sold note** — брокерская записка о совершенной сделке (*посылаемая продавцу*); 21. **Treasure notes** — казначейские ноты (*разновидность бумажных денег, выпускаемых Министерством финансов или специальными государственными финансовыми органами в порядке казначейской эмиссии; один из видов среднесрочных государственных обязательств; выпускаются на предъявителя; вид рыночных государственных ценных бумаг*); 22. **weight note** — весовой сертификат, отвес (*документ, подтверждающий вес поставленного товара; является бесспорным доказательством веса*); 23. **noted bill** — вексель с нотариальной отметкой об отказе трассата от его акцепта или оплаты; 24. **to have a bill noted** — сделать на векселе нотариальную отметку об отказе трассата от акцепта или уплаты (*вместо учинения формального протеста*); 25. **notes payable** — векселя к платежу; 26. **notes receivable** — векселя к получению; 27. **Treasury notes** — (*ам.*) казначейские билеты; налоговые сертификаты (*вместо* U.S. Treasury tax notes).

notice — извещение, уведомление; объявление; заявление; предупреждение; внимание; замечать; отмечать; обращать внимание ◇ 1. **notice day** — день уведомления (*в этот день может быть выставлено уведомление о намерении осуществить по-*

ставку по срочному контракту); 2. **notice of protest** — протест (*нотариальный акт о неплатеже по векселю в срок или об отказе в его акцептовании*); 3. **delivery notice** — извещение о поставке (*письменное извещение расчетной палаты о намерении продавца поставить товар против открытой им короткой позиции по срочной сделке*); 4. **formal notice** — официальное извещение (*предупреждение*); 5. **legal notice**—установленное законом извещение (*предупреждение*); 6. **loan at short notice** — краткосрочная ссуда (*ссуда, предоставляемая на срок меньше года*); 7. **money at a short notice** — краткосрочный заем (*предоставление денег в долг на срок не более 24 часов с уплатой очень низкой процентной ставки*); 8. **subject to 3 months' notice** — с условием предупреждения за три месяца; 9. **to bring to one's notice** — доводить до сведения; 10. **to give notice** — извещать; предупреждать.

notification — извещение; сообщение; предупреждение; нотификация (*уведомление векселедержателем индоссанта, векселедателя или авалистов о неакцепте или неоплате векселя*).

novation — новация (*прекращение по соглашению сторон обязательства путем замены его новым обязательством — юр.*); **перевод долга.**

nude — очевидный; ясный; недействительный (*юр.*) ◇ **nude fact** — очевидный факт.

nullity — недействительность; ничтожность ◇ 1. **nullity of contract** недействительность договора; 2. **nullity suit** — иск о признании чего-л. недействительным; 3. **action for nullity** — иск о признании чего-л. недействительным; 4. **plea of nullity** — иск или ходатайство о признании чего-л. недействительным.

number — число; количество; номер; порядковый номер; сумма; цифра; выпуск; экземпляр; номер; нумеровать; насчитывать ◇ 1. **a number of firms** — ряд фирм; 2. **a great number of** — большое количество; много; 3. **in number** — количеством; в количестве; 4. **in round number** — в круглых цифрах.

O

obligation — обязательство; обязанность; долговое обязательство; облигация; принудительная сила (закона, договора) ◇ 1. **obligation to meet the delivery date** — обязательство в отношении срока поставки; 2. **offer without obligation** — свободное предложение (*предложение без обязательств, не связывающее продавца и не устанавливающее срока для ответа, та-*

кое предложение на одну партию товара может быть послано нескольким возможным покупателям для выявления спроса; если сторона, получившая свободное предложение, принимает его условия и направляет продавцу подтверждение, то это равносильно контрпредложению или твердому предложению); 3. **to be under an obligation to somebody** — быть связанным обязательством (иметь обязательство) по отношению к кому-л.; быть в долгу перед кем-л.; 4. **to discharge an obligation** — уплатить по обязательству; 5. **to meet one's obligations** — покрыть свои обязательства; уплатить по обязательств*ам*.

obligator — должник; лицо, дающее обязательство (*ам., юр.*).

obligee — лицо, которому дается обязательство; веритель (*юр.*).

obligor — лицо, дающее обязательство; должник (*юр.*).

obsolescence — устарелость; моральный износ.

octroi — внутренняя пошлина (*пошлина на товар, ввозимый в какой-л. район из другого района той же страны*); **городская таможня** (*учреждение, где взимаются внутренние пошлины*).

odd — добавочный; нечетный; непарный; разрозненный; лишний; случайный; странный; необычный ◇ 1. **odd-come-short** — остаток; 2. **odd lot** — неполный лот (*партия ценных бумаг больше или меньше обычной партии, принятой за единицу сделки на рынке*); 3. **two hundred odd** — сверх двухсот; двести с лишним.

offer — предложение; оферта (*официальное предложения для участия в международных торгах по размещению заказов на оборудование, промышленное строительство и т. п.; формальное предложение определенному лицу заключить сделку с указанием полных условий*); **предлагать; случаться; представиться; возникать; появляться** ◇ 1. **to offer guarantee** — предлагать гарантию; 2. **counter offer** — встречное предложение, контроферта (*ответ возможного покупателя на полученное предложение продавца, содержащий неполное согласие с предложенными условиями и ряд новых условий для заключения сделки*); 3. **cable offer** — предложение по телеграфу; 4. **firm offer** — твердое предложение (*предложение на продажу партии товара, связывающее продавца до получение ответа другой стороны или до истечения указанного в предложении срока для ответа*); 5. **free offer** — (*ам.*) свободное предложение (*предложение без обязательств и установленного срока ответа, с сохранением права продавца продать товар до получения ответа от возможного покупателя; если последний принимает условия, то он направляет подтверждение*); 6. **on offer** — в продаже; 7. **tender offer** — (*ам.*) тендерное предложение (*публичное предложение держателей акций одной корпорации акционерам другой корпорации купить акции за наличный расчет или иное обеспечение; действует ограниченное время при соблюдении определенных условий*); 8. **to close with an offer** —

принять предложение; 9. **offered market** — положение, когда предложение превышает спрос на определенном рынке, или на определенный вид ценных бумаг; 10. **offered rate** — курс, по которому банк или дилер намереваются совершить операцию; 11. **offeree** — лицо, которому делается предложение; 12. **offerer** — лицо, делающее предложение; оферент; 13. **offering** — предложение; 14. **secondary offering** — перераспределение (*вторичное распределение — вторичное предложение ценных бумаг для продажи; в США перераспределение пакета акций вновь созданной компании после предложения их через фирмы, реализующие ценные бумаги*).

office — контора; канцелярия; бюро; управление; министерство; ведомство; учреждение; услуга ◇ 1. **office expenses** — административные расходы; 2. **branch office** — контора отделения; 3. **cash office** — касса; 4. **head office** — главная контора; 5. **principal office** — главная контора; 6. **officer** — чиновник; должностное лицо; служащий.

official — официальный; служебный; государственный; публично-правовой; служебное лицо; должностное лицо; служащий ◇ 1. **official bank rate** — официальная ставка; 2. **official discount rate** — официальная процентная ставка (*процентная ставка, применяемая центральными банками в их операциях с коммерческими банками и др. кредитными институтами при покупке и учете государственных краткосрочных обязательств и переучете частных коммерческих векселей; дает возможность влиять на уровень учетных и др. процентных ставок коммерческих банков и, в известной мере, на объем операций всего кредитного рынка*); 3. **official hours** — присутственные часы на бирже; часы, в которые открыта биржа; 4. **official import and export list** — официальная классификация импортных и экспортных товаров (*англ.*); 5. **official rate** — официальный курс (*установленный центральным банком*); 6. **official reserves** — официальные резервы в иностранной валюте (*предназначены для обеспечения требований правительства по оплате текущих и краткосрочных обязательств; являются активом в платежном балансе страны*); 7. **official settlements account** — официальный расчетный счет (*раздел платежного баланса США, отражающий перемещение доллара за границу и в резервы*); 8. **official test** приемочное испытание; официальное испытание; 9. **official valuation** — официальная оценка; таможенная оценка; 10. **official value** — стоимость по таможенной оценке.

offset — зачет; возмещение, компенсация; вознаграждение; зачитывать; возмещать, компенсировать; вознаграждать; сводить баланс ◇ 1. **offset contract** — сделка “оффсет” (*форма встречной торговли, предполагающая обмен товарами и услугами, а* *также предоставление возможности вкладывать капитал взамен различного рода услуг и льгот; чаще используется при торговле дорогостоящей военной техникой, поставках комплектующих изделий*); 2. **as an offset against** — в виде зачета, вознаграждения за, компенсации за.

off-shore — офшор, "офф-шор" (*термин, применяемый для характеристики мировых финансовых центров, а также некоторых видов операций; в центрах* (*на рынках*) *"офшор" кредитные учреждения* (*национальные и иностранные*) *осуществляют операции с нерезидентами в иностранной для данной страны валюте, внутренний рынок ссудных капиталов изолируется от внешнего путем отделения счетов резидентов от счетов нерезидентов, предоставления последним налоговых льгот, освобождения от валютного контроля и т. п., таким образом, кредитные учреждения центра "офшор" только пользуются территорией страны пребывания для проведения операций за ее пределами, не участвуя во внутренней экономической деятельности*) ◇ **off-shore company** — офшорная компания.

offtake — продажа товара; количество проданного товара; забранный товар; выпуск продукции.

omnibus — охватывающий несколько предметов; употребляющийся для различных целей ◇ 1. **omnibus bill of lading** — коносамент на мелкий штучный груз; 2. **omnibus quota** — общая квота; общий контингент (*установленная для некоторых товаров предельная норма их ввоза, вывоза или транзита в определенные страны, выраженная в весовых или стоимостных единицах*); 3. **omnibus resolution** — общая резолюция по ряду вопросов.

oncost — накладные расходы.

open — открытый; доступный; открываться; назначаться ◇ 1. **to open a credit with a bank** — открыть кредит в банке; 2. **open account** — открытый счет (*одна из форм расчетно-кредитных отношений между продавцом и покупателем, при которых первый отгружает товар покупателю и направляет в его адрес товарораспорядительные документы, относя сумму задолженности в дебет счета, открытого им на имя покупателя; в обусловленные контрактом сроки последний погашает сбою задолженность*); 3. **open cheque** — открытый чек, некроссированный чек (*оплачивается наличными и по безналичному расчету*); 4. **open cover** — генеральный полис (*при страховании оговаривается предполагаемая стоимость страхуемых товаров; страховая премия определяется после окончательного уточнения стоимости товаров — мор., страх.*); 5. **open cover note** — открытый ковернот (*документ, к которому требуются дополнительные инструкции страхователя* *или генеральный, или открытый полис*); 6. **open credit** — открытый кредит (*кредитные возможности, которые имеет покупатель, без немедленного подтверждения его кредитоспособности; они могут быть лимитированы, коммерческий кредит, используется при расчетах между постоянными контрагентами; по нему суммы задолженностей относят на дебет счета покупателя без оформления векселей; погашение без гарантии, его порядок согласуется между контрагентами*); 7. **open-end contract** — контракт баз оговоренного срока действия; 8. **open-end investment company** — инвестиционная компания открытого типа; 9. **open general license** — открытая генеральная лицензия (*предоставляет лицензиату, то есть лицу или фирме, купившей лицензию, исключительное право на ее использование в течение всего срока действия лицензионного соглашения*); 10. **open letter of credit** — аккредитив чистый (*аккредитив, выплата по которому производится без предоставления продавцом отгрузочных документов*); 11. **open loan** открытый заем (*заем, подписка на который еще не закончена*); 12. **open market** — вольный рынок (торги); 13. **open policy** — (*мор., страх.*) генеральный полис; невалютированный полис; нетаксированный полис (*при страховании оговаривается предполагаемая стоимость страхуемых товаров и указывается только наивысший предел страхуемой суммы; страховая премия определяется после окончательного уточнения стоимости товаров*); 14. **open position** — открытая позиция (*складывающееся на определенный момент несоответствие покупок и продаж фондовых или валютных ценностей, биржевых товаров одного вида; неликвидированные срочные контракты; контроль за размером открытой позиции осуществляется оценкой возможного результата закрытия позиции по текущим рыночным курсам*); 15. **open trade** — спекулятивная торговля; биржевая торговля; 16. **to be open to do something** — быть склонным, быть готовым сделать что-л.; 17. we are **open to buy** — мы готовы купить (*корр.*).

opening — открытие; удобный случай; возможность; начальный; первый; вступительный ◇ 1. **opening price** — цена при открытии биржи; 2. **a good opening** — выгодная возможность; хорошие перспективы.

operate — производить операции (*торговые, финансовые*); **разрабатывать; эксплуатировать; работать; действовать; управлять** (*машиной*).

operating — эксплуатационный; рабочий (*о механизме; режиме и т. п.*); **оперативный; текущий** ◇ 1. **operating conditions** — условия работы; 2. **operating costs** — эксплуатационные расходы; текущие расходы (*расходы на содержание и эксплуатацию оборудования — одна из статей калькуляции себестои-*

мости продукции; включают расходы по текущему уходу и ремонту оборудования, износ малоценных инструментов, амортизацию и пр.); 3. **operating expenses** — эксплуатационные расходы; текущие расходы; 4. **operating income** — доход от операций; 5. **operating profit** — доход от операций; 6. **operating ratio** оперативный коэффициент; показатель (*при анализе баланса*).

operation — действие; работа; эксплуатация; операция (*торговая, финансовая*); сделка; спекуляция ◇ 1. **to come into operation** — начать действовать; вступить в силу; 2. **to put into operation** — пустить в эксплуатацию; ввести в действие; привести в действие; 3. **operations** — обработка грузов (*мор.*); 4. **forward operations** — срочные сделки (*операции купли-продажи с платежами в определенный соглашением срок по курсу, зафиксированному в момент сделки*); 5. **operational** — эксплуатационный; 6. **operational service**—эксплуатационная служба.

operator — оператор; машинист; механик; фабрикант; владелец; спекулянт (*бирж.*).

option — выбор; право выбора; усмотрение; опцион (*право выбора способа, формы, объема, техники исполнения обязательства, представленные одной из сторон условиями договора или право отказа от исполнения обязательств при обстоятельствах, обусловленных договором; соглашение, которое представляет одной из сторон в биржевой сделке купли-продажи право выбора между альтернативными условиями; эти права приобретаются при уплате премии, размер которой определяется с учетом риска колебаний цен и курсов*); **преимущественное право на покупку или продажу** ◇ 1. **option deal for the call** — (*бирж.*) сделка с предварительной премией (*приобретаемое при уплате определенной премии право купить ценные бумаги или товар по установленной заранее цене в течение определенного времени*); 2. **option deal for the put** — (*бирж.*) сделка с обратной премией (*приобретаемое при уплате определенной премии право продать ценные бумаги или товар по установленной заранее цене в течение определенного времени*); 3. **option money** — премия; 4. **option of exchange** — валютный опцион (*право выбора альтернативных валютных условий контракта, связанных с формой, способами и местом платежа, правильное формулирование условий связано с получением существенных выгод и потерь по данному контракту*); 5. **option on the goods** — преимущественное право купить товар (*право выбора количества поставляемого товара, размеров партий, способов платежа, портов отгрузки и т. д., предоставляемое покупателю внешнеторговым договором*); 6. **option operator** — спекулянт, совершающий сделки с премией; 7. **option price** — курс премий, размер премий; 8. **buyer's op-**

tion — сделка с предварительной премией; 9. **to have an option on the goods** — иметь преимущественное право купить товар; 10. **sailer's option** — сделка с обратной премией.

order — приказ; предписание; распоряжение; инструкция; поручение; ордер; заказ; исправность; порядок; последовательность; приказывать; распоряжаться; давать указания; заказывать ◇ 1. **order bill of lading** — ордерный коносамент (*товарораспорядительный документ, предоставляющий его держателю право распоряжения грузом; содержит условия морской перевозки, а также указание "приказу отправителя" или "приказу получателя"*); 2. **to order bill of lading** — ордерный коносамент; 3. **order cheque** — ордерный чек (*чек, выписанный в пользу определенного лица или по его приказу; чекодержатель может передать его новому владельцу с помощью индоссамента*); 4. **order number** — номер заказа; порядковый номер; 5. **order of the court** — судебный приказ, судебное распоряжение; 6. **order of the day** — порядок дня; повестка; 7. **alternative order** — альтернативный приказ (*приказ купить или продать определенные ценные бумаги по лимитированной цене*); 8. **board order** — "по обусловленной ставке" (*поручение брокеру о покупке или продаже а случае, когда цены достигнут определенного уровня*); 9. **charging order** — судебное взыскание (*арест товаров должника в пользу кредитора с правом продажи при неуплате долга в установленный срок*); 10. **cheque to order** — ордерный чек (*чек, выписанный в пользу определенного лица*); 11. **day order** — "в течение дня" (*биржевой приказ на покупку или продажу товара по определенной цене в течение только одного дня; в случае невыполнения приказа, он автоматически аннулируется*); 12. **delivery order** — деливери-ордер (*документ, содержащий распоряжение о выдаче товара со склада или о выдаче части груза по коносаменту в порту назначения, — обязателен для перевозчика только в случае согласия последнего, что должно быть подтверждено соответствующей надписью на этом документе*); 13. **limit order** — лимитный приказ (*приказ, которым клиент устанавливает лимит либо на цену, либо на время исполнения сделки или на то и другое вместе*); 14. **market order** — рыночный заказ (*заказ на покупку (продажу) ценных бумаг или совершение сделки на срок по наиболее благоприятной достижимой цене на момент выхода на рынок*); 15. **payable to order** — отметка "подлежит оплате по указанию" (*в случае, если в векселе указано имя ремитента и отсутствуют ограничения на передачу векселя др. лицу*); 16. **stop order (stop loss order)** — стоп-приказ (*приказ брокеру, действующему на фондовой бирже или товарном рынке, произвести покупку или продажу в случае, когда цена достигнет определенного уровня*); 17. **time**

(limit) order — приказ, ограниченный по времени (*приказ брокеру совершить покупку или продажу в определенное время; на открытие рынка, его закрытие, середину рабочего дня или в течение недели*); 18. **to be on order** — быть заказанным; производиться или строиться по заказу; 19. **to be ordered** — получить распоряжение; 20. **cash order** — тратта, срочная по предъявлении (письменный приказ кредитора заемщику о уплате определенной суммы третьему лицу по предъявлении данного документа); 21. **to complete an order** — закончить выполнение заказа; 22. **execution of order** — выполнение заказа; 23. **in order that (to)** — для того, чтобы; 24. **in working order** — готовый к эксплуатации; готовый к работе; на полном ходу; 25. **money order** — денежный перевод; 26. **non-repeat order** — разовый заказ; 27. **on order** — заказанный; 28. **out of order** неисправный; 29. **to place an order with a firm** — поместить заказ у фирмы; 30. **postal order** — денежный перевод.

ordinary — обыкновенный; обычный; ординарный; простой ◇ 1. **ordinary capital** — обыкновенный капитал (*капитал компании, состоящий из накопленных доходов и активов после того, как держателям первоочередных требований, напр., привилегированных акций, а также кредиторам и др. получателям вне компании были выплачены причитающиеся им суммы*); 2. **ordinary dividend** — (*ам.*) обычный дивиденд; общий дивиденд (*часть прибыли, составляющей обыкновенный капитал, которая распределяется между его владельцами*); 3. **ordinary shares** — обыкновенные акции; ординарные акции; акции с нефиксированным дивидендом (*дают акционерам право голоса при решении дел акционерного общества; дивиденд по этим акциям выплачивается после выплат по привилегированным акциям и зависит от размеров прибыли общества*); 4. **ordinary stock** — обыкновенные акции; ординарные акции; акции с нефиксированным дивидендом; 5. **deferred ordinary stock** — (*англ.*) акции обыкновенные класса А (*второочередные обыкновенные акции, обыкновенные акции с отсроченным дивидендом, уплачиваемым после выплаты фиксированного дивиденда по акциям “B” Stock; держатель не имеет права голоса*); 6. **preferred ordinary shares** — (*англ.*) акции обыкновенные (ординарные) с фиксированным дивидендом; акции обыкновенные класса Б (*привилегированные обыкновенные акции; дивиденд по ним уплачивается до выплаты по другим обыкновенным акциям*); 7. **to lay up in ordinary** — ставить на прикол.

original — первоначальный; подлинный; оригинальный; оригинальный, незаимствованный; подлинник; оригинал ◇ 1. **original capital** — основной капитал (*производственные здания, сооружения, земля, машины и оборудование, переносящие свою стоимость на производимый товар по частям*); 2. **original cost**

— первоначальная стоимость; покупная цена; себестоимость (*выраженные в денежной форме текущие затраты предприятия на производство и реализацию продукции, работ и услуг*); 3. **original maturity** — истечение срока действия ценных бумаг на дату, на которую эти бумаги были выпущены; 4. **original shares** — акции первого выпуска; подлинные акции.

outbid — предложить более выгодные условия; предложить более высокую цену (*на аукционе*).

outflow — отлив; истечение; утечка ◇ **outflow of capital** — отлив капитала (*снижение объема инвестиций в данную отрасль или в экономику данной страны*).

outgoing — уходящий ◇ 1. **outgoing freight** — фрахт в один конец; 2. **outgoings** — расходы; издержки; платежи; переводы (за границу).

outlay — расходы; издержки; затраты ◇ **capital outlay** — капитальные затраты.

output — выпуск; продукция; производство; выработка; добыча; производительность; мощность; отдача; выход; вывод (*техн.*); **итог; результат.**

outright — прямой; полный; окончательный; полностью; целиком; сразу ◇ 1. **outright owner** — неограниченный собственник; 2. **to buy outright** — купить за наличные; купить с условием немедленной сдачи (*ам.*); 3. **to own outright** — владеть полностью.

outside — крайний; наибольший; посторонний; не связанный с чем-л.; не принадлежащий к чему-л.; наружная сторона ◇ 1. **outside audit** — внешняя ревизия; 2. **outside broker** — маклер, не являющийся членом биржи; 3. **outside market** — неофициальная биржа (*заключение сделок в часы, когда биржа официально не работает*); 4. **outside price** — крайняя цена; 5. **outsider** — посторонний; находящийся вне чего-л.; не принадлежащий к чему-л.; аутсайдер (*предприятие, не входящее в монополистическое объединение; непрофессиональный биржевик*); кулисье (*неофициальный биржевой маклер*); 6. **outsiders** — непосвященные круги; непосвященные лица.

outstanding — неуплаченный; невыполненный; выпущенный в обращение (*о ценных бумагах*); **непроданный; нереализованный; неразрешенный; выдающийся** ◇ 1. **outstanding amount** — неуплаченная сумма; невостребованная сумма; 2. **outstanding capital stock** — акционерный капитал, выпущенный в обращение (*часть номинального капитала, на которую выпущены акции (паи) для распределения между пайщиками компании; компания не обязана выпускать акции на весь номинальный капитал*); 3. **outstanding liabilities** — непокрытые обязательства; 4. **outstandings** — неоплаченные счета; счета дебиторов; неуплаченные суммы; задолженность.

outturn (out-turn) — выгрузка; выгруженное количество; ведомость выгруженного товара; действительные результаты; выполнение плана ◇ **outturn of the budget** — исполнение бюджета.

overall — полный; всеобщий; всеобъемлющий ◇ **overall balance** — итоговый баланс.

overcharge — назначение завышенной цены, запрос; перебор; завышенная цена; завышенный расход (*в счете*); **назначать завышенную цену, считать слишком дорого; считать больше, чем следует; перегружать.**

overdraft — овердрафт (*вид краткосрочного кредита; представляется списанием средств сверх остатка на текущем счете клиента; обычно составляется соглашение о максимальной сумме овердрафта, условиях предоставления, порядке погашения; в отличие от обычных ссуд объем кредита меняется в зависимости от поступления сумм на текущий счет*); **превышение кредита (в банке); задолженность банку** ◇ **daylight overdraft** — дневной овердрафт (*наличие отрицательного остатка на депозитном счете в течение нескольких часов рабочего дня; при наличии овердрафта кредитно-финансовый институт, допускающий его, подвергается кредитному риску*).

overhead — верхний ◇ 1. **overhead charges** — накладные расходы (*затраты на хозяйственное обслуживание производства и управление*); общие расходы; торговые расходы; 2. **overheard costs** — накладные расходы (*расходы на хозяйственное обслуживание производства и управления*); 3. **overhead expenses** — накладные расходы; общие расходы; торговые расходы; 4. **overhead price** — общая цена; цена, включающая все расходы; 5. **overheads** — накладные расходы.

overinflation — чрезмерно раздутый выпуск (*ценных бумаг, бумажных денег*) ◇ **overinflation of securities** — чрезмерно раздутый выпуск ценных бумаг.

overinvoicing — фактурирование по завышенным ценам.

overrule — отменить; аннулировать; отвергать; отклонять ◇ **to overrule a claim** — отклонить претензию.

overtime — сверхурочно; сверхурочное время; сверхурочная работа; сверхурочные ◇ 1. **overtime goods** — невостребованные в срок грузы; 2. **overtime request** — заявление о таможенном осмотре грузов в неустановленные часы; 3. **to pay for overtime** — уплатить за сверхурочную работу.

overtrading — чрезмерное развитие торгово-промышленной деятельности; торговля в размере, выходящем за рамки имеющихся средств; чрезмерное расширение продаж в кредит; затоваривание.

overturn — оборот; продажная стоимость реализованной продукции.

owe — быть должным; быть в долгу перед кем-л.; быть обязанным.

owing — должный; причитающийся; обязанный ◇ **owing to** — вследствие, по причине, благодаря.

own — собственный; владеть ◇ 1. **on one's own account** — самостоятельно; 2. **owned by** — принадлежать кому-л.; 3. **owner** — собственник; владелец; 4. **ownership** — собственность; владение; право собственности; 5. **ownership capital** — собственный капитал (*средства, полученные от выпуска и продажи акций, и резервный фонд*); уставной капитал (*организационно-правовая форма капитала, величина которого определяется уставом или договором об основании предприятия, включает номинальную стоимость выпущенных акций, сумму вложений государственных средств или частных паевых взносов, стоимость основных и оборотных средств*).

P

pace — скорость; темп ◇ **to keep pace with the demand** — удовлетворить спрос в достаточном количестве.

package — тюк; кипа; место (*груза*); пакет; пачка; упаковка; пошлина с товарных тюков; расходы по упаковке; ряд взаимосвязанных фактов, предложений т. п.; совокупность товаров или услуг, составляющие предмет единого соглашения ◇ 1. **package cargo** — сборный груз; грузы в упаковке; 2. **package deal** — соглашение о покупке или продаже нескольких видов товаров или услуг за паушальную (твердо установленную) сумму; 3. **package freight** — сборный груз (*ам.*); 4. **package goods** — товары, продающиеся в стандартной упаковке (*ам.*); 5. **to claim a package (deal)** — требовать заключения соглашения с профсоюзом по целому ряду вопросов (*заработной платы, дополнительных льгот, условий труда и пр.*).

packing — упаковка; укупорка; производство консервов; набивка; прокладка (*тех.*) ◇ 1. **packing extra** — упаковка за счет покупателя; 2. **packing list** — упаковочный лист; 3. **packing house** — мясохладобойня; консервная фабрика; 4. **packing industry** — консервная промышленность; 5. **packing not included** — цена баз упаковки; 6. **packing plant** — мясохладобойня; консервная фабрика; 7. **extra packing** — специальная упаковка.

pact — пакт; договор ◇ 1. **to enter into a pact** — заключить договор; 2. **nude pact** — договор, не имеющий исковой силы; договор, не основанный на встречном удовлетворении.

panic — паника; замешательство ◇ 1. **panic price — низкая цена;** 2. **financial panic** — финансовая паника.

paper — бумага; бумажные денежные знаки; банкноты; вексель, векселя; тратта, тратты; оборотные кредитно-денежные документы; девизы; документ; газета; доклад (*письменный*) ◇ 1. **paper circulation** — обращение бумажных денежных знаков; обращение банкнот; обращение векселей; 2. **paper currency** — (*англ.*) обращение бумажных денежных знаков; обращение банкнот; бумажные денежные знаки; банкноты; оборотные кредитно-денежные документы; 3. **paper exchanges** — иностранная валюта; девизы (*платежные средства в иностранной валюте, переводы, чеки, аккредитивы, векселя, банкноты и монеты, при помощи которых осуществляются международные расчеты*); 4. **paper gain (loss)** — оценочная прибыль (убыток) (*оценка величины нереализованной прибыли или потерь в расчете на сумму капитала, инвестированного в ценные бумаги, путем сравнения текущей рыночной цены и первоначальной стоимости*); 5. **paper profit** — бумажная прибыль (*потенциальная прибыль, не реализованная из-за того, что не достигнуто увеличение стоимости активов*); 6. **accommodation paper** — дружеские векселя (*безденежные, не связанные с реальной коммерческой сделкой; выписываются контрагентами друг на друга с целью получения денег путем учета таких векселей в банках*); 7. **bank paper** — первоклассные векселя (*учитываются с более высоким дисконтом — разницей между ценой ценных бумаг в настоящий момент и на момент погашения или ценой номинала*); 8. **business paper** — краткосрочный торговый вексель (*основанное на торговых сделках обязательство по оплате партии товара, поставленной на определенных условиях*); 9. **commercial paper** — оборотные кредитно-денежные документы; деловые бумаги (*род почтовых отправлений бандеролью*); коммерческий вексель (*простой или переводный вексель корпорации, правительственного агентства или банковской холдинг-компании, как правило, не имеющий специального обеспечения, но подкрепленный неиспользованными банковскими кредитными линиями и применяемый для краткосрочного кредитования; такие векселя имеют срок действия до 270 дней; продаются с дисконтом к номиналу непосредственно инвестору или дилерам, последние в свою очередь продают их инвесторам*); 10. **commodity paper** — подтоварные векселя (*основанные на торговых сделках обязательства по оплате партии товара, поставленного на определенных условиях, — форма коммерческого кредита*); документированные тратты; 11. **government paper** — государственная ценная бумага (*облигации, казначейские векселя и др. государственные обязательства, выпускаемые центральным правительством, местными органами* *власти с целью размещения займов и мобилизации денежных ресурсов; различают рыночные и нерыночные государственные ценные бумаги; первые свободно продаются и покупаются на денежном рынке; вторые могут в любой момент быть обменены на деньги*); 12. **negotiable paper** — векселя, выданные первоклассными фирмами.

par — паритет; нарицательная цена, номинальная цена, номинал; равенство ◇ 1. **par bond** — облигация, продаваемая по номинальной цене; 2. **par of exchange** — интервалютарный паритет; валютный паритет (*соотношения между валютами различных стран, устанавливаемые в законодательном порядке, является основой валютного курса, который обычно отклоняется от паритета*); вексельный паритет; 3. **par of exchange** — валютный курс (*цена денежной единицы одной страны, выраженная в денежной единице др. страны; на его колебание влияют состояние платежного баланса, степень обесценения денег, отток или приток в страну краткосрочных капиталов и пр.*); 4. **par value** — нарицательная цена, номинал (*стоимость, проставленная на лицевой стороне ценной бумаги, обычно, облигации или сертификата; установленная, обозначенная на банковском билете, чеке, др. ценных бумагах или товаре цена*); 5. **above (below) par** — выше (ниже) паритета (*о курсе валют*); выше (ниже) нарицательной цены, номинала (*о ценных бумагах, банкнотах, чеках и т. д.*); 6. **at par** — по паритету; по нарицательной цене, по номиналу; 7. **mint par of exchange** — монетный (золотой) паритет (*соотношение между валютами в золоте*).

parcel — пакет; пачка; тюк; сверток; посылка; часть; доля; партия товара; парцель (*часть пароходного груза*); **мелкая партия груза; делить на части; дробить** ◇ 1. **parcel post** — почтовая посылочная служба; 2. **parcel receipt** — квитанция на мелкие партии груза (*заменяющая коносамент*); 3. **parcel ticket** — квитанция на мелкие партии груза; 4. **bill of parcels** — фактура, накладная (*счет на отправленный или отпущенный покупателю товар, содержащий подробные данные о виде, количестве и стоимости товара и обозначение всех относимых за счет покупателя расходов*).

parent — предок; причина; учредитель; родительский; основной ◇ 1. **parent bank** — банк, владеющий контрольным пакетом акций другого банка; контролирующий банк; банк-учредитель; 2. **parent company** — контролирующая компания; материнская компания (*компания, владеющая контрольным пакетом акций другой компании, но, в отличие от холдинговой компании, сама может проводить те или иные операции, производить определенные товары*); основное общество; компания-учредитель; компания, эксплуатирующая патент.

parity — равенство; паритет; аналогия ◇ 1. **currency parity** — валютный паритет (*законодательно устанавливаемое соотношение между двумя валютами, являющимися основами валютного курса*); 2. **purchasing power parity** — паритет покупательной способности (*соотношение между валютами по их покупательной способности к определенному набору товаров и услуг по определенной товарной группе или по всему общественному продукту; практически не совпадает с официальным валютным курсом*).

part — часть; доля; экземпляр (*коносамента, переводного векселя — как часть комплекта*); **сторона; участие; разделять(ся); отделять(ся)** ◇ 1. **part cargo** — частичная загрузка (*согласие владельца судна на чартер, в соответствии с которым судно не будет полностью загружено, а неиспользуемое пространство оплачиваться не будет*); 2. **part owner** — совладелец; совладелец судна; 3. **part time workers** — занятые неполное время; 4. **one part bill of lading out of a set of three** (*сокр.* **1/3 Bill of Lading**) — один экземпляр коносамента из комплекта, состоящего из трех экземпляров; 5. **to part with** — выпустить товар из своего владения; 6. **partial** — частичный; неполный; пристрастный; 7. **partial acceptance** — неполный акцепт (*принятие к платежу только части суммы векселя*); 8. **partial delivery** — частичная поставка.

participate — участвовать ◇ 1. **participating bonds** — облигации, дающие, сверх процентного дохода, право на участие в распределении прибыли; 2. **participating policy** — страховой полис, дающий право на участие в распределяемой прибыли страхового общества; 3. **participating preference capital** — привилегированный капитал с дополнительным правом (*капитал, владельцы которого имеют право не только на получение фиксированных платежей из прибыли, но при определенных условиях и на долю в остатке прибыли*); 4. **participating preference shares** — привилегированные акции, дающие право на дополнительный дивиденд (*сверх фиксированного*); 5. **participation** — участие; 6. **participation fee** — комиссия за участие (*взимается банком за участие в обеспечении кредита, напр., на еврорынке*); 7. **society in participation** — простое товарищество.

particular — особый; особенный; частный; деталь; подробность; отдельный; определенный; специфический; достопримечательный; требовательный; разборчивый; тщательный.

partner — участник; товарищ; член товарищества; компаньон ◇ 1. **dormant partner** — компаньон, не участвующий активно в деле и не известный клиентуре; 2. **general partner** — полный товарищ (*принимает участие в управлении, имеет право заключать договора от имени фирмы, ответственность не ограничена, должен отчитываться о своих доходах, имеет право* *только на долю в общей прибыли, не может конкурировать с фирмой*); 3. **limited partner** — товарищ-вкладчик (*отвечает по обязательствам товарищества в пределах внесенного им вклада, не имеет права принимать участие в управлении компанией и заключать договоры от ее имени*); 4. **nominal partner** — номинальный партнер (*не участвует в делах фирмы и не имеет от нее доходов, но позволяет использовать свое имя в названии фирмы*); 5. **silent partner** — компаньон, не участвующий активно в деле, но фигурирующий как член фирмы.

partnership — товарищество; участие; партнерство ◇ 1. **general partnership** — полное товарищество (*с неограниченной ответственностью членов товарищества*); 2. **limited partnership** — товарищество на вере; коммандитное товарищество (*разновидность акционерного предприятия, участники которого делятся на несущих полностью риск по предприятию всем своим имуществом — обычно такой риск берет на себя один участник — и коммандитистов, или вкладчиков, отвечающих только вложенным в предприятие капиталом*); 3. **ordinary partnership** — полное товарищество (*см.* general partnership).

pass — проходить; передавать; переходить (*в другие руки*); **превышать; заносить** (*на счет*); **проводить запись** (*бухг.*); **пропускать; одобрять; принимать; иметь хождение** (*о денежных знаках*) ◇ 1. **to pass an account** — пропустить счет, утвердить счет; 2. **to pass an amount to a person's credit (debit)** — занести сумму на чей-л. кредит (дебет); 3. **to pass an amount to the credit (debit) of a person's account** — записать сумму в кредит (дебет) счета какого-л. лица; 4. **pass book** — банковская расчетная книжка; 5. **to pass on to somebody** — передавать кому-л.; перекладывать на кого-л.; 6. **to pass a test** — выдержать испытание.

passive — пассивный ◇ 1. **passive balance** — пассивное сальдо; пассивный баланс; 2. **passive bonds** — (*ам.*) беспроцентные облигации.

past — прошлое; прошлый; минувший; предшествующий ◇ 1. **past consideration** — (*юр.*) предшествующее встречное удовлетворение; 2. **past due** — просроченный; опоздавший; 3. **past due bill** — просроченный вексель; 4. **during the past week** — в течение минувшей недели; 5. **for a long time past** — в течение долгого времени в прошлом; 6. **for some time past** — (за) последнее время; 7. **in the past** — в прошлом.

patent — патент; диплом; привилегия; жалованная грамота; патентовать; патентованный; явный ◇ 1. **patent applied for** — заявка на патент подана; 2. **patent coverage** — защита путем патентования; 3. **patent duration** — срок действия патента; 4. **patent fees** — патентная пошлина; 5. **patent license** — патентная лицензия (*разрешение, выдаваемое патентовладельцем-лицензиаром др. лицу или фирме-лицензиату на промыш-*

ленное и коммерческое использование изобретения в течение указанного срока за определенное вознаграждение); 6. **patent in force** — действующий патент; 7. **patent life** — срок действия патента; 8. **patent period** — срок действия патента; 9. **patent suit** — иск о нарушении прав из патента; 10. **to abandon (to drop) a patent** — дать истечь сроку действия патента; 11. **design patent** — патент на промышленный образец; 12. **expired patent** — патент, срок которого истек; 13. **to let (to permit) a patent lapse** — дать истечь сроку действия патента; 14. **provisional patent** — предварительное охранное свидетельство.

pattern — образец; образчик; модель; шаблон; узор; рисунок; характер; структура ◇ 1. **pattern of trade** — характер торговли; структура торговли; 2. **pattern post** — образцы без цены (*род почтового отправления*); 3. **shifting investment pattern** — меняющееся направление капиталовложений.

pawn — залог (*имущество или ценные бумаги, предоставляемые заемщиком в качестве обеспечения кредита*); **заклад; закладывать, отдавать в залог** ◇ 1. **pawnbroker** — ростовщик, ссужающий деньги под залог; 2. **in (at) pawn** — в закладе.

pay — платить; уплатить; оплатить; быть рентабельным; быть выгодным; приносить доход; плата; оплата; заработная плата; жалование ◇ 1. **payback method** — метод определения срока окупаемости долгосрочных инвестиций (*широко применяемый прием ориентировочной оценки длительности периода окупаемости долгосрочных инвестиций путем деления инвестированной суммы на величину ежегодного обратного притока капитала*); 2. **payback period** — период окупаемости (*длительность периода, необходимого для того, чтобы сумма, инвестированная в проект, полностью вернулась*); 3. **pay day** — день платежа (*последний день ликвидационного периода — бирж.*); платежный день, день выдачи заработной платы; 4. **pay list** — платежная ведомость; 5. **pay roll** — платежная ведомость; 6. **payup** — разница в стоимости между продажей пакета ценных бумаг и покупкой другого пакета по более высокой цене; 7. **to pay back** — выплачивать; оплачивать; возвращать (деньги); 8. **to pay a bill —** оплатить счет; оплатить тратту; 9. **to pay by (in) instal(l)ments** — платить частями, платить в рассрочку; 10. **to pay a call** — уплатить взнос за акцию; 11 **to pay down** — платить наличными; 12. **to pay for** — оплачивать; 13. **to pay in** — вносить (деньги); 14. **to pay in kind** — платить натурой, товарами; 15. **to pay net cash** — платить наличными без скидки; 16. **to pay off** — расплатиться сполна; рассчитаться с кем-л.; дать расчет (рабочим). увольнять; 17. **to pay on account** — уплатить в счет причитающейся суммы; 18. **to pay one's way** — окупаться; быть безубыточным; 19. **to pay out** — выплачивать; 20. **to pay up** — выплатить сполна; 21. **to pay wall** —

приносить хороший доход; 22. **extra pay** — добавочная плата; 23. **sick pay** — оплата дней, пропущенных по болезни; пособие по болезни; 24. **take-home pay** — реальная зарплата; 25. **paid letter of credit** — денежный аккредитив; аккредитив с внесенным покрытием (*документ, подтверждающий внесение в банк клиентом особой суммы денег и соответствующее поручение этого банка корреспонденту, т. е. другому банку, о выплате держателю акции указанной в ней суммы*); 26. **paid in capital** — оплаченная часть акционерного капитала; 27. **paid in surplus** — доход от эмиссии; учредительский доход (*доход от эмиссии бумаг по ценам выше номинальных*); 28. **paid up capital** — оплаченная часть акционерного капитала (*часть основного акционерного капитала, оплаченная акционерами; соотношение между оплаченным и неоплаченным капиталом определяется акционерным обществом; имущественный вклад в общество производится полностью, без отсрочки*).

payable — подлежащий уплате, оплате; оплачиваемый ◇ 1. **payable as per endorsement** — подлежащий оплате по курсу, указанному на обороте векселя; 2. **payable to bearer** — подлежит оплате предъявителю (*в случае, если в векселе не указано конкретное лицо, получающее платеж, или сделана бланковая передаточная надпись*); 3. **payable to order** — подлежит оплате по указанию (*в случае, если в векселе указано имя ремитента и отсутствуют ограничения на передачу векселя др. лицу*); 4. **payable with exchange** — подлежит оплате с прибавлением расходов по инкассо (*надпись на векселе*); 5. **accounts payable** — счет кредиторов; кредиторы по расчетам; кредиторская задолженность (*денежные средства, временно привлеченные предприятием и подлежащие возврату соответствующим юридическим и физическим лицам*); 6. **bills payable** — векселя к платежу; 7. **to make a bill payable at the ... Bank** — домицилировать (*обозначить место платежа*) вексель в таком-то банке; 8. **payables** — суммы, подлежащие уплате; кредиторы (*статья в балансе*); расчетные документы (*оформленные в письменном виде требования или поручения юридических лиц на перечисление денежных средств в безналичном порядке*).

payee — лицо, получающее платеж; ремитент (*получатель денег по переводному чеку или векселю*) ◇ 1. **account payee only** — только на счет получателя (*надпись на кроссированном чеке*); 2. **alternative payee** — каждый из двух совместных получателей платежа (*по векселю или чеку*).

paying — рентабельный; выгодный; доходный; оплачивающий ◇ 1. **paying agent** — посредник при платежах (*банк заемщика, оплачивающий основной долг и проценты*); 2. **paying capacity** — платежеспособность; 3. **paying-in slip** — бланк, заполняемый в банке при взносе суммы на текущий счет.

payment — платеж; уплата; плата ◇ 1. **payment by the piece** — сдельная оплата труда (*форма оплаты труда по количеству произведенных единиц продукции установленного качества*); 2. **payment for hono(u)r supra protest** — оплата опротестованной тратты третьим лицом (*если переводной вексель не оплачен и опротестован, то для спасения репутации трассанта, тратта может быть акцептована третьим лицом, чье имя не указано на векселе*); 3. **payment forward** — наложенный платеж; 4. **payment in full of all demands** — уплата в полное погашение долга; 5. **payments under a licensing agreement** — лицензионные платежи (*устанавливаются в лицензионных договорах, исходя, как правило, либо из действительной экономической отдачи от использования лицензии, либо исходя из предполагаемой прибыли лицензиата; могут предусматриваться процентные отчисления, т. е. роялти, от стоимости производимой или продаваемой лицензионной продукции или выплаты твердо установленных, т. е. паушальных, сумм, либо сочетание того и другого; в отдельных случаях устанавливаются минимальные гарантированные Л. п., не зависящие от объемов производства и продажи, с указанием сроков выплат*); 6. **appropriation of payment** — отнесение платежа к определенному долгу (*если должник имеет не одну задолженность, кредитор определяет, к какой из них отнести платеж*); 7. **balance of payments** — баланс платежный (*соотношение между поступлениями средств на счет и платежами по обязательствам*); 8. **clearing payments** — расчеты в форме клиринга (*взаимный зачет платежей по чекам в рамках одного государства*); 9. **currency of payment** — валюта платежа (*валюта, в которой по согласованию сторон происходит фактическая оплата товаров по внешнеторговой сделке или погашение международного кредита; иногда предусматривается право выбора валюты платежа одним из контрагентов; при несовпадении валюты платежа с валютой, в которой установлена цена при заключении сделки, в договоре должен быть определен курс пересчета*); 10. **down payment** — первоначальная оплата; 11. **draft payment advice** — авизо об оплате тратты (*официальное уведомление поставщика об оплате получателем переводного векселя в акцептном банке*); 12. **external payments** — платежи за границу; расходная часть платежного баланса; 13. **external payments account** — внешнеторговый платежный баланс (*соотношение между валютными поступлениями и платежами данной страны за определенный период, отражает все внешнеэкономические связи*); 14. **in default of payment** — в случае неплатежа; 15. **in payment for** — в уплату за что-л.; 16. **insurance payment** — страховой платеж; 17. **fix payment** — фиксированный (рентный) платеж (*изъятие в доход государст-*

ва части прибыли организаций, получение которой обусловлено факторами, не зависящими от их деятельности); 18. **overdue payment** — просроченное погашение; 19. **progress payment** — постепенные платежи; 20. **sight payment** — платеж по предъявлении грузовых документов; платеж по предъявлении тратты; 21. **transfer payments** — трансфертные платежи (*передаточные платежи, выплаты частным предпринимателям и населению из государственного бюджета; форма перераспределения средств государственного бюджета*); 22. **to effect payment** — производить платеж; 23. **to enforce payment** — взыскать платеж, принудить к платежу.

peg — искусственно поддерживать (*курс, цену*); **охранять от колебаний** (курс, цену) ◇ 1. **pegged exchange** — искусственно поддерживаемый валютный (вексельный) курс; 2. **pegged market** — рынок без изменения (*когда цены сохраняются на прежнем уровне*); 3. **pegging** — установление фиксированного центрального курса валюты или паритета и окончание его свободного колебания; 4. **crawling peg** — “ползучая поддержка” (*метод, с помощью которого возможно устойчивое повышение или понижение валютных курсов*).

penalty — штраф; санкция; штрафная неустойка; договорная неустойка ◇ 1. **penalty clause** — пункт о штрафной неустойке (*пункт в договоре, где указывается конкретная сумма штрафа, которую обязана выплатить сторона, нарушившая договор*); 2. **exaction of a penalty** — взыскание штрафа; 3. **heavy penalty** — большая неустойка; 4. **on (under) penalty of** — под страхом чего-л.; 5. **subject to a penalty** — при условии штрафа; 6. **to charge a penalty** — наложить штраф.

per cent (per centum; per cent., per ct., p.c.) — процент со ста, на сотню; со ста фунтов (стерлингов); за сто фунтов ◇ 1. **interest at 6 per cent per annum** — проценты в размере 6 процентов годовых; 2. **loan at 3 per cent** — трехпроцентный заем; 3. **5 shillings per cent** — 5 шиллингов со ста фунтов страховой стоимости (*страх.*); 4. **Treasury bills issued at 99 pounds per cent** — казначейские векселя, выпущенные по цене 99 фунтов за сто фунтов; 5. **three-per-cents** — трехпроцентные бумаги.

percentage — процент, процентное отношение, процентная норма; содержание (*в процентах*); **комиссионное вознаграждение** (*в процентах*); **процентное отчисление; количество** (*размер, доля, часть*) **в процентах** ◇ 1. **percentage analysis of operations** — анализ баланса предприятия с помощью процентных отношений; 2. **the percentage are as follows** — количества (доли, размеры) в процентах следующие; 3. **percentage earnings** — прибыль, соотнесенная с номинальной стоимостью используемого капитала.

performance — выполнение; исполнение; исполнение договора;

производительность (*машины*); **характеристика** (*работы машины*) ◇ 1. **performance bond** — гарантия исполнения (*инструмент, гарантирующий точное выполнение контракта; если условие не выполняется, то от банка, выставившего обязательство или гарантию, потребуют выплатить компенсацию*); 2. **investment performance requirements** — требования к иностранным инвестициям (*условия размещения иностранного капитала в стране, установленные ее правительством; обязательства экспорта определенной части выпускаемой продукции, обеспечения занятости местных трудовых ресурсов и др.*); 3. **specific performance** — исполнение в натуре (договора).

peril — опасность; риск ◇ 1. **peril points** — (*ам.*) пределы снижения импортных пошлин (*установленные Тарифным комитетом*); 2. **perils clause** — условие о морских опасностях; 3. **perils insured** — страховые риски (*случайности и опасности, вследствие возможного возникновения которых страховщик берет на себя обязательство выплатить пострадавшей стороне сумму страхового возмещения; обстоятельства, которые могут служить причиной убытка, не должны быть следствием умышленных или грубых действий со стороны страхователя; круг рисков, покрытых страхованием, строго оговаривается в условиях страхования*); 4. **perils of the sea clause** — условие о морских опасностях; 5. **excepted perils** — исключенные риски (*риски, по которым перевозчик не несет ответственности*).

period — период; промежуток времени; срок; продолжительный срок ◇ 1. **period contract** — долгосрочный договор; 2. **period of grace (grace period)** — льготный срок, льготные дни (для оплаты векселя); льготный период (*период времени, в течение которого сумма основного долга не погашается; начало льготного периода совпадает с началом срока действия кредита; льготные периоды зачастую предусматриваются условиями кредитования развивающихся стран*); 3. **period of limitation** — срок давности; 4. **broken period** — срочная валютная сделка на нестандартный срок (*стандартными сроками считаются: 1, 2, 3, 6 и 12 месяцев*); 5. **crediting period** — срок кредитования (*период пользования банковскими ссудами; полный срок — период от начала использования кредита до окончательного его погашения; включает: период использования, льготный период и период погашения*).

permanent — постоянный; неизменный; продолжительный, длительный; прочный; консолидированный ◇ 1. **permanent assets** — основные средства (*производственные здания, сооружения, земля, машины и оборудование, переносящие свою стоимость на производимый товар по частям*); 2. **permanent debt** — консолидированный долг; 3. **permanent investment**—длительное капиталовложение; 4. **permanent loan** — консолидированный заем; 5. **permanent medium**—устойчивая валюта.

permit — разрешение (*письменное*)**; разрешительное свидетельство; лицензия; пропуск; разрешать; позволять** ◇ 1. **permit to lade** — (*ам.*) разрешение таможни на погрузку; 2. **exchange permit** — валютное разрешение; разрешение на перевод валюты.

person — лицо ◇ 1. **artificial person** — юридическое лицо; 2. **juristic person** — юридическое лицо (*учреждение, организация, предприятие и пр., которые по закону являются субъектами, то есть носителями гражданских прав и обязанностей; могут самостоятельно приобретать имущественные права, вступать в обязательства, быть истцом и ответчиком в суде; каждое юридическое лицо имеет свое наименование, различные общественные, благотворительные и другие неприбыльные организации могут иметь статус юридического лица*).

personal — личный ◇ 1. **personal chattels** — (*юр.*) движимое имущество; 2. **personal estate** — движимое имущество (*юр.*); 3. **personal insurance** — личное страхование (основой отношений страхования являются события личной жизни); 4. **personal property** — движимое имущество (*юр.*); 5. **chattels personal** — движимое имущество (*юр.*).

personalty — (*юр.*) **движимое имущество** ◇ 1. **gross personalty** — общая валовая стоимость движимого имущества; 2. **net(t) personalty** — общая чистая стоимость движимого имущества.

personnel — персонал; личный состав; укомплектовывать личным составом.

petition — прошение; петиция; ходатайство ◇ **to file one's petition in bankruptcy** — объявить себя несостоятельным должником; ходатайствовать об учреждении конкурса.

petty — мелкий; незначительный ◇ 1. **petty average** — (*мор.*) малая авария; 2. **petty cash** — касса для мелких расходов; мелкие суммы (любой небольшой фонд наличных средств; часто счет денежных авансов, который периодически восполняется до определенной суммы на основании представленных заемщиками соответствующих денежных оправдательных документов, а также расписок на сумму, израсходованную начиная с предыдущего пополнения); 3. **petty dealer** — мелкий торговец, розничный торговец; 4. **petty wares** — галантерея, галантерейные товары; мелкие скобяные товары.

piece — штука; отдельный предмет; кусок; часть; участок ◇ 1. **piece of goods** — штучный товар; ткани в кусках; 2. **piece wage** — поштучная оплата; сдельная оплата.

pilot — лоцман; летчик; пробный; опытный; экспериментальный; предварительный; вспомогательный ◇ 1. **pilot census** — пробная перепись; 2. **pilot factory** — опытный завод.

pit — часть биржевого зала, отведенного для торговли определенным товаром; биржа (товарная — *ам.*); **шахта; рудник.**

place — место; помещать; размещать; передавать; продавать; сбывать; записывать; заносить (*на счет*); **назначать, подавать** (*суда*); **исчислять; оценивать** ◇ 1. **to place an agency in somebody's hands** — передавать кому-л. агентство; назначать кого-л. агентом; 2. **to place business** — помещать или размещать заказы; 3. **to place cover** — застраховать, заключить договор страхования; 4. **to place an issue** — выпускать акции или облигации в обращение; 5. **to place a loan** — размещать заем; выпускать заем; 6. **to place the matter into the hands of a solicitor** — передавать дело поверенному; 7. **place of business** — торговое помещение; контора; 8. **place of decimal (decimal place)** — десятичный знак; 9. **place of delivery** — место сдачи, поставки; место доставки; 10. **to place on record** — записать; зарегистрировать; запротоколировать; 11. **bill on another place** — вексель, подлежащий оплате в другом городе; 12. **in place of** — вместо; 13. **to take the place of** — замещать; 14. **placings** — размещения (*метод представления акций частной компании на свободном рынке, когда эмиссионный банк или брокер размещают акции у заинтересованных вкладчиков, брокер получает разницу между продажной и покупной ценой акций*); 15. **placement** — помещение (капиталов); 16. **placement of funds** — капиталовложение, инвестиция; 17. **direct placement** — прямое размещение (*прямое размещение новых выпусков ценных бумаг непосредственно среди институциональных инвесторов, а не по подписке*); 18. **private placement** — частное размещение ценных бумаг (*размещение вновь выпущенных фондовых ценностей или обязательств среди определенной группы инвесторов; в этом случае синдикат, размещающий ценные бумаги, не выбрасывает их на рынок*).

plaint — иск; жалоба ◇ **plaint note** — исковое заявление.

plaintiff — истец ◇ **counsel for the plaintiff** — адвокат(ы) со стороны истца.

plan — план; проект; схема; чертеж; планировать; проектировать; намереваться ◇ 1. **cargo plan** — грузовой план (*план размещения грузов в грузовых помещениях судна с учетом свойств грузов, полного использования провозной способности судна, разумной организации грузовых работ в портах погрузки и выгрузки, обеспечения мореходности судна*); 2. **counter plan** — встречный план.

plant — растение; завод; фабрика; станция; оборудование; установка; комплект машин; (*ам.*) **здания и оборудование** (*статья баланса*).

plateau — плоскогорье; плато; уровень ◇ 1. **to be on a plateau** — находиться на одном и том же уровне; 2. **price plateau** — уровень цен.

plea — заявление (*истца, ответчика*); (*юр.*) **возражение ответчика; оправдание; объяснение; предлог.**

pledge — залог; заклад; поручительство; отдавать в залог, закладывать ◇ 1. **to assign a pledge** — переуступить залог; 2. **to hold goods as pledge (in pledge)** — владеть товаром в качестве залогодержателя, владеть товаром на праве залога; 3. **to redeem a pledge** — выкупить из заклада, выкупить заложенное имущество; 4. **to take goods in pledge** — выдать ссуду под залог товара; 5. **pledged goods** — заложенный товар; 6. **pledgee** — залогодержатель (*лицо, выдавшее ссуду под залог имущества*); 7. **pledger** — залогодатель (*лицо, отдавшее имущество в залог*).

plough — пахать ◇ 1. **to plough back** — превращать в капитал; капитализировать (*о прибылях или резервах акционерной компании*); 2. **to plough back profit into reserves** — превращать прибыль в резервный фонд.

point — (*бирж., стат.*) **пункт** (*минимальная величина колебания цены, курса или индекса*); **место; точка;** (*предел*); **точка** (*отделяющая десятичную дробь от целого числа*); **момент, вопрос, дело; главное; смысл; суть; указывать** ◇ 1. **point at issue** — спорный момент; 2. **point of entry** — пункт ввоза; входной пункт; 3. **point of sale (POS)** — "на месте продажи", ПОС (*организационная форма немедленной оплаты, позволяющая переводить средства со счета на счет, устанавливать платежеспособность предполагаемого заемщика, сверять правильность заполнения чеков и оказывать сопутствующие услуги во время покупки; терминалы ПОС расположены в зонах торговли и позволяют клиентам соответствующих финансовых институтов осуществлять расчеты при помощи дебет-карточек*); 4. **points of defense** — возражение ответчика; 5. **in point of fact** — фактически; в действительности; 6. **on points of fact** — (*юр.*) по существу; по вопросам факта; с фактической точки зрения; 7. **to point out** — указывать, обращать внимание; 8. **delivery points** — пункты поставки (*пункты, определяемые товарными биржами, куда могут быть поставлены товары или финансовые инструменты, проданные по срочным контрактам*); 9. **to make a point of** — считать весьма важным; настаивать на чем-л.; 10. **support point** — "точка поддержки" (*предел, по достижении которого центральный банк может осуществить интервенцию с целью поддержания курса валюты, как правило национальной; уровень, по достижении которого участники рынка могут объединить усилия по поддержанию курса валюты или ценных бумаг*); 11. **ten points off (on)** — скидка (надбавка) в десять пунктов.

policy — политика; страховой полис ◇ 1. **policy duty** — гербовый сбор по полисам; 2. **policy risk** — политический риск; 3. **"all loss or damage" policy** — полис страхования от любой утраты или любого повреждения; 4. **“all risks” policy** — полис страхования от всех рисков; 5. **blanket policy** — бланковый полис (*покрывает различные типы риска, напр., собственность может быть застрахована от пожара, кражи и т. д.*); 6. **Export Credits Guarantee Department (E. C. G. D.) contracts policy** — договорный полис, выдаваемый Департаментом гарантии экспортных кредитов (*покрывает риск английского экспортера с момента заключения сделки до получения платежа*); 7. **financial policy** — финансовая политика (*составная часть экономической политики; организация и использование финансов для осуществления функций и государственных задач*); 8. **fire (insurance) policy** — полис страхования от огня; 9. **fleet policy** — корабельный полис (*морской страховой полис, действие которого распространяется на суда, принадлежащие одному владельцу или управляемые одним лицом*); 10. **floating policy** — (*мор., страх.*) генеральный полис (*по условиям страхования застрахованными считаются все получаемые или отправляемые страхователем грузы в течение определенного срока; при страховании оговаривается предполагаемая стоимость страхуемых товаров; страховая премия определяется после окончательного уточнения стоимости товаров*); 11. **f.p.a. policy** — полис на условиях “free from particular average” (*свободно от частной аварии*); 12. **general policy** — генеральный полис; 13. **increased value policy** — полис с оговоркой о праве страхователя увеличить стоимость застрахованного объекта; 14. **isurance policy** — полис (*документ страхового органа, подтверждающий сделку о страховании*); 15. **interest policy** — полис, покрывающий действительный имущественный интерес страхователя; 16. **life policy** — полис страхования жизни; 17. **mixed policy**—смешанный полис; 18. **named policy** — разовый полис; 19. **open cover policy** — открытый полис (*полис, не оплаченный гербовым сбором, по которому страховщик обязуется впоследствии выдать полис, оплаченный гербовым сбором*); 20. **open policy** — невалютированный полис, нетаксированный полис (*в котором указан только наивысший предел страхуемой суммы, величина страховой премии определяется после того, как уточняется фактическая стоимость застрахованных товаров*); 21. **participating policy** — полис страхования с участием в прибылях страхового общества; 22. **S. G. (Ships, Goods) policy** — полис страхования судов и грузов; 23. **valued policy** — валютированный полис, таксированный полис (*в котором точно указана согласованная стоимость объекта страхования*).

pool — объединение; общий фонд; объединенные запасы; пул (*соглашение картельного типа между конкурентами, особенно соглашение о передаче прибылей для распределения между все-*

ми участниками; временное объединение спекулянтов на бирже; общий фонд; род фермерской кооперации по сбыту пшеницы в Канаде, Австралии, США); **объединять в общий фонд; создавать общий фонд** ◇ 1. **bear (bull) pool** — объединение спекулянтов, играющих на понижение (повышение); 2. **"bobtail pool"** — "неполноценный союз" (*формальное объединение группы участников финансовых рынков, члены которой действуют практически независимо друг от друга*); 3. **money pool** — (*бирж., ам.*) денежный пул (*банковский консорциум для финансирования биржевых маклеров*); 4. **to pool interest** — действовать сообща.

population — население; поголовье ◇ 1. **business population** — все торгово-промышленные предприятия страны (*ам.*); 2. **(economically) active population** — самодеятельное население; 3. **(gainfully) occupied population** — самодеятельное население.

port — порт; гавань ◇ 1. **port charges** — портовые сборы; 2. **port of documentation** — порт приписки; 3. **free port** — вольная гавань.

position — положение; место; позиция; положение, состояние; остаток, сальдо; позиция (*время, в течение которого судно может прибыть под погрузку — мор.*); **позиция, срочная позиция** (*месяц сдачи товара по сделкам на срок*); (*бирж.*) **срочный контракт, сделка на срок** ◇ 1. **position limit** — лимитированная позиция (*максимальный размер позиции на рынке срочных контрактов при игре на повышение или на понижение по отдельному наименованию товара, который в соответствии с CFTC — Комиссией по торговле на рынках срочных товарных сделок — или правилами валютного регулирования допускается держать или контролировать одному лицу*); 2. **closed position** — закрытая позиция (*завершение расчетов по сделке: покупка товара или ценных бумаг после их продажи и наоборот*); 3. **distant position** — отдаленная срочная позиция; 4. **dollar position** — остаток на долларовых счетах; сальдо по расчетам в долларах; 5. **financial position** — финансовое состояние предприятия (*уровень обеспеченности необходимыми денежными средствами для осуществления нормальной хозяйственной деятельности и своевременного проведения денежных расчетов*); 6. **long position** — длинная позиция (*превышение покупок над продажами; ситуация, когда покупка товара, валюты или ценных бумаг должна сопровождаться соответствующей продажей — игра на повышение*); 7. **naked position** — незастрахованная (нехеджированная) длинная или короткая позиция (*бирж.*); 8. **near position** — близкая срочная позиция; 9. **net position** — остаток; сальдо; 10. **open position** — открытая позиция (*несоответствие покупок и продаж фондовых или валютных ценностей, биржевых товаров одного вида на определенный момент времени*); неликвидированные срочные контракты (*т. е. по ним не были осуществлены расчеты*); 11. **short position** — короткая позиция (*превышение продаж над покупками, ситуация, когда товар, валюта или ценные бумаги были проданы и требуется покрыть продажу соответствующей покупкой*); 12. **statistical position** — положение (*на рынке какого-л. товара*) или конъюнктура (*соотношение спроса и предложения*) рынка какого-л. товара на основании статистических данных; 13. **to be in a position** — быть в состоянии, иметь возможность.

positive — положительный; вполне определенный; точно выраженный; прямой; точный; верный; достоверный; уверенный ◇ 1. **positive balance of trade** — активный торговый баланс; активное сальдо торгового баланса; 2. **positive carry** — положительный результат хранения (*нетто-доход по ценным бумагам, образующийся в результате того, что поступающие купонные платежи превышают издержки рефинансирования соответствующих инвестиций*); 3. **positive information** — достоверные сведения.

possession — владение, обладание ◇ 1. **to be in one's possession** — находиться в чьем-л. владении; 2. **to be in possession of something** — владеть чем-л.; 3. **to be in the possession of somebody** — находиться в чьем-л. владении; 4. **immediate possession** — немедленное вступление во владение; 5. **possessions** — имущество; 6. **possessor** — владелец; собственник; 7. **possessor of the goods** — владелец товара (*физическое или юридическое лицо, фактически имеющее товар в данный момент*); 8. **possessory lien** — право кредитора (*право кредитора удерживать собственность должника до уплаты долга*).

post — почта; почтовая корреспонденция; должность; отправлять по почте; (*бухг.*) **переносить в главную книгу; вывешивать; расклеивать** (*объявления, рекламу*); **объявлять** ◇ 1. **post free** — пересылка по почте бесплатно; пересылка за счет отправителя; 2. **post office saving bank** — сберегательная касса при почтовом отделении; 3. **post paid** — пересылка по почте оплачена; почтовые расходы оплачены; 4. **sample post** — образец без цены; 5. **posting of the Bank Rate** — опубликование учетной ставки Английского банка; 6. **to keep posted up** — находится в курсе; 7. **postage** — почтовая оплата, сбор; почтовые расходы; 8. **postage included** — с включением стоимости пересылки; 9. **postal** — почтовый; 10. **postal order** — денежный перевод по почте; 11. **postal rate**—такса за пересылку по почте.

postponement — отсрочка ◇ 1. **postponement due to an emergency** — отсрочка ввиду чрезвычайных обстоятельств; 2. **postponement due to force-majeure clause** — отсрочка на основании форс-мажорной оговорки; 3. **postponement of payment** — отсрочка платежа; 4. **legal postponement** — законная отсрочка.

power — способность; возможность; власть; сила; полномочие; право; доверенность; энергия; мощность; производительность; могущество; держава ◇ 1. **power of attorney** — полномочие, доверенность (*документ, дающий право его держателю действовать от имени лица, выписавшего доверенность* (*принципала*)*; часто используется при реализации товаров в другой стране через доверенных лиц*); 2. **power of substitution** — право передоверия; 3. **purchasing power** — покупательная способность (*возможность покупателя приобретать товары и услуги, основанная на личных доходах и кредитоспособности*); 4. **purchasing power of money** — покупательная способность денег; 5. **emergency powers** — чрезвычайные полномочия; 6. **to draw money by power of attorney** — получить деньги по доверенности; 7. **to exercise a power of attorney** — действовать в силу доверенности; 8. **to furnish a person with full power** — выдать кому-л. общую доверенность; 9. **to use power** — использовать полномочия.

practice — практика; практическая деятельность; применение; действие; привычка; обыкновение; установившийся порядок ◇ 1. **practice of the trade** — торговое обыкновение, торговая практика (наиболее распространенные общепринятые условия заключения сделок в данной сфере торговли); 2. **to put into practice** — осуществлять; применять.

precaution — предосторожность; мера предосторожности; предостережение ◇ 1. **mark of precaution** — маркировка о бережном обращении (на таре); 2. **measures of precaution** — меры предосторожности.

precedence — предшествование; первенство; старшинство; преимущество; преимущественное значение; предшествовать; иметь преимущественное значение по сравнению с; превосходить по важности, значению ◇ 1. **to take precedence of** — предшествовать; иметь преимущественное значение по сравнению с; превосходить по важности, значению; 2. **those matters take precedence of other matters** — эти вопросы важнее других.

precedent — прецедент; предшествующий ◇ **condition precedent** — предварительное условие (*юр.*).

precondition — предпосылка; предварительное условие; непременное условие.

precontract — более ранний договор (*препятствующий заключению нового договора*).

pre-emption (preemption) — покупка прежде других; (*ам.*) **преимущественное право на покупку, преимущественное право на покупку государственной земли;** (*ам.*) **право наложения ареста на товар** ◇ 1. **right of pre-emption** — преимущественное право на покупку; преимущественное право на покупку государственной земли; (*ам.*) право наложения ареста на товар (*используется таможней, если есть подозрение, что стоимость товара занижена импортером*); 2. **pre-emptive right** — преимущественное право (*право держателей акций сохранять свою долю участия в контроле и капитале компании в случае выпуска дополнительного числа акций*).

pre-enter — подавать предварительную таможенную декларацию; предварительно декларировать.

prefer — предпочитать ◇ 1. **preferred dividend** — дивиденд по привилегированным акциям; 2. **preferred creditor** — привилегированный кредитор (*имеет право на платеж или удовлетворение своего требования к должнику прежде, чем другие, что учитывается при банкротстве фирмы-должника*); 3. **preferred ordinary shares** — (*англ.*) привилегированные обыкновенные акции, обыкновенные акции класса Б (*обыкновенные, ординарные, акции с фиксированным дивидендом, который уплачивается до выплаты дивиденда по другим обыкновенным акциям*); 4. **preferred common stock** — привилегированные обыкновенные акции (*см.* preferred ordinary shares); 5. preferred share — привилегированная акция (*предлагаются уже имеющимся акционерам или подписчикам по цене ниже рыночной; дают право на получение дохода в виде твердого, заранее определенного процента*); 6. **preferred stock(s)** — привилегированные акции (*ам.*).

preference — предпочтение; преимущество; льгота; преимущественное право ◇ 1. **preference as to assets** — преимущество в отношении раздела имущества; 2. **preference bond** — преимущественная облигация; 3. **preference debenture** — преимущественная облигация; 4. **preference share** — привилегированная акция, акция с фиксированным дивидендом (*см.* preferred share); 5. **preference stock** — привилегированная акция; 6. **general system of preference** — всеобщая система преференций (*система таможенных льгот, предоставляемых развивающимся странам: снижаются таможенные пошлины на готовые изделия этих стран*).

preferential — пользующийся предпочтением; предпочтительный; льготный; преференциальный ◇ 1. **preferential (trade) agreement** — преференциальный торговый договор (*соглашение о предоставлении исключительных и преимущественных прав продажи определенных видов товаров*); 2. **preferential debts** — долги, погашаемые в первую очередь (*при банкротстве все долги классифицируются как обеспеченные и необеспеченные*); 3. **preferential railroad (railway) rates** — льготный железнодорожный тариф; 4. **preferential tariff** — преференциальный таможенный тариф; преференциальный режим (*осо-*

бый льготный экономический режим, предоставленный одним государством другому без распространения на третьи страны; чаще всего в виде скидок или отмены таможенных пошлин на ввозимые товары, льготного кредитования и страхования внешнеторговых операций, специального валютного режима, предоставления финансовой и технической помощи); 5. **preferential (trade) agreement** — преференциальный торговый договор (*соглашение о предоставлении исключительных и преимущественных прав продажи определенных видов товаров*).

prejudice — ущерб; нанесение ущерба; ограничение; ограничение прав; предубеждение; наносить ущерб; предубеждать; ставить под сомнение ◇ 1. **to the prejudice of** — в ущерб кому-л.; 2. **without prejudice to** — без ущерба для кого-л.

premises — вводная часть договора об аренде; вводная часть договора; вышеупомянутое; упомянутые выше пункты; помещение здание, здания ◇ **bank premises** — банковские здания; стоимость банковских зданий (*статья в балансах банков*).

premium — страховая премия; премия; надбавка; приплата к номинальной стоимости; лаж (*отклонения в сторону превышения рыночной цены золота, выраженной в бумажных деньгах, от золотого номинала в них; отклонения в сторону превышения рыночного курса денежных знаков, векселей и др. ценных бумаг от их нарицательной стоимости — фин.*); **премия** (в сделках с премией — *бирж.*); **награда** ◇ 1. **premium for the call** — предварительная премия; сделка с предварительной премией (приобретаемое при уплате определенной премии право купить ценные бумаги или товар по установленной заранее цене в течение определенного времени — бирж.); 2. **premium for the put** — обратная премия; сделка с обратной премией; 3. **premium price** — цена с надбавкой (*цена выше номинала*); 4. **additional premium** — премия дополнительная (*дополнительный страховой взнос, уплачиваемый страхователем за включение в ранее согласованные условия страхования дополнительных рисков*); 5. **at a premium** — с премией; выше номинала; выше паритета (*соотношения между денежными единицами разных стран по количеству золота или их покупательной способности*); 6. **conversion premium** — конверсионная премия (выплачивается за выкуп облигаций до наступления срока их погашения); 7. **gold premium** — премия на золото (*особая плата за размен эмиссионным банком своих банкнот на золото*); 8. **to fetch a premium** — продаваться с надбавкой; продаваться по цене выше номинала или паритета; 9. **insurance premium** — страховая премия (*очередной денежный взнос страховому обществу, производимый страхователем, взносы обеспечивают покрытие возможных рисков*); 10. **redemption premium** — выкупная премия (*превышение цены, по которой заем или цен-*

ные бумаги возвращаются заемщиком, над первоначальной ценой или номинальной стоимостью); 11. **to sell at a premium** — продаваться с прибылью, пользоваться большим спросом; стоять выше номинала; стоять выше паритета; 12. **share premium** — премия по акциям (*премия, получаемая при продаже акций по цене, превышающей их номинальную стоимость*).

prepay (prepaid) — оплачивать заранее; франкировать (*оплатить вперед стоимость пересылки, провоза*) ◇ 1. **prepaid expenses** — оплаченные заранее расходы; расходы будущих лет (*статья баланса*); 2. **prepaid income** — доходы будущих лет; 3. **prepaid reply** — с оплаченным ответом.

prepayment — предварительная оплата ◇ 1. **prepayment of charges** — франкирование; оплата провозной платы в пункте отправления; 2. **prepayments** — авансы, полученные от заказчика (*статья баланса*).

present — наличный; существующий; настоящий; настоящее время; письмо; представлять; предъявлять; передавать; подавать; передавать на рассмотрение; показывать; обнаруживать ◇ 1. **present goods** — наличный товар; 2. **to present for payment** — представить к платежу; 3. **by the present** — настоящим письмом; 4. **presents — (*юр.*)** документ.

presentation — представление; предъявление; подача ◇ 1. **presentation draft** — тратта (переводный вексель), срочная по предъявлении; 2. **on presentation** — по предъявлении.

president — президент (*глава государства*); (*ам.*) **президент, председатель правления** (*банка, промышленной или торговой корпорации*); **директор, главный управляющий** (*в банках и корпорациях*); **глава ведомства, учреждения.**

pressure — давление; сжатие; прессование ◇ 1. **pressure for money** — безденежье; денежный голод; 2. **pressure of business** — большое количество (скопление) срочных дел; 3. **pressure on the money market** — угнетенное состояние денежного рынка; напряжение (напряженное состояние) денежного рынка; 4. **financial pressure** — финансовые затруднения; 5. **wage pressure** — требование повышения заработной платы.

prevail — преобладать; господствовать; превалировать; существовать; быть распространенным; превозмогать; достичь цели ◇ 1. **prevailing party** — сторона, выигравшая дело; 2. **prevailing prices** — существующие цены, общераспространенные цены; 3. **prevailing tone** — преобладающее настроение (на бирже, рынке).

price — цена; назначать цену; оценивать; расценивать ◇ 1. **price advance** — повышение в цене; 2. **price c. and f.** — цена на условии стоимость и фрахт, цена каф (*включает цену товара и расходы по его транспортировке до порта назначения*); 3. **price ceiling** — максимальная цена (установленная властями); 4. **price c.i.f.** — цена СИФ (*включает цену товара, затраты на транспортировку до порта назначения, затраты на страхование, пошлины и сборы*); 5. **price competition** — ценовая конкуренция (*продажа товаров и услуг по более низким ценам, чем у конкурента*); 6. **price current** — прейскурант (*справочник цен и сортов товаров*); 7. **price cutting** — снижение цен (конкурентами); 8. **price ox lighter (ex quay, ax ship, ax warehouse)** — цена с баржи (с пристани, с судна, со склада); цена франко баржа (франко пристань, франко судно, франко склад); 9. **price exclusive of** — цена без включения в нее; 10. **price f.a.s.** — цена франко вдоль борта судна, цена фас (*включает цену товара, транспортные и др. расходы до момента погрузки товара на борт судна*); 11. **price f.o.b.** — цена франко борт, цена ФОБ (*включает цену товара, транспортные и др. расходы, страховку до погрузки на борт судна, цену погрузки*); 12. **price f.o.r.** — цена франко рельсы, цена франко вагон, цена фор; 13. **price limit** — предельная цена, лимитированная цена (*максимально допустимое увеличение или снижение цен на рынке в течение торгового сезона; цена по заказу брокера с ограниченными условиями, устанавливаемая участниками на рынке срочных сделок*); 14. **price of free** — цена-франко (*оптовая цена, установленная с учетом предусмотренного порядка возмещения транспортных расходов по доставке продукции заказчику*); 15. **price plus** — цена облигации, включая наросшие проценты; 16. **price risk** — ценовой риск (*риск изменения цены долгового обязательства вследствие роста или падения текущего уровня процентных ставок*); инфляционный риск; 17. **price ring** — объединение предпринимателей или торговцев, созданное для повышения цен; 18. **actual price** — фактическая цена (*цена, по которой фактически совершается сделка*); 19. **all-round price** — полная цена (*включая все надбавки к базисной цене*); 20. **asked price** — цена, требуемая продавцом; курс продавцов (*цены, выгодные для продавца, высокие цены*); 21. **base price** — базисная цена (*публикуется в различных справочниках, прейскурантах; отражает общую динамику цен за предшествующий период, используется при заключении контрактов на срочную поставку небольших партий товара; при долгосрочных связях применяют скидки и надбавки*); 22. **basis price** — базисная цена (*установленная для основного сорта, наиболее известной марки; может быть привязана к каким-л. показателям качества, принятым за базисные; предусматриваются возможные отклонения от базисного качества и поэтому разрабатывается шкала надбавок и скидок*); 23. **bid price** — цена, предлагаемая покупателем; курс покупателей; 24. **blanket price** — цена общая (*цена за весь купленный товар, состоящий из материалов или предметов разных сор-*

тов, размеров и т. д.); 25. **bonus to a price** — надбавка к цене (*устанавливается в зависимости от особых требований покупателя, в частности, при выполнении специального, индивидуального заказа — за повышенное качество товара, предоставление дополнительных услуг и т. д.*); 26. **bottom price** — крайняя цена, самая низкая цена; 27. **buyers' prices** — цены, выгодные для покупателей; низкие цены; 28. **buying price** — покупная цена; 29. **cash price** — цена при условии уплаты наличными (*в оптовой торговле может означать также платеж в течение определенного короткого срока*); 30. **clearing price** — клиринговая цена (*ежедневная цена, по которой расчетная палата осуществляет расчеты по всем сделкам между ее членами*); 31. **close prices** — цены, незначительно отличающиеся одна от другой; 32. **closing price** — цена при закрытии биржи, заключительный курс (*диапазон цен, зарегистрированный на бирже перед ее закрытием*); 33. **comparable price** — сопоставимая цена (*цены какого-л. определенного года или на определенную дату; условия, принимаемые за базу при сопоставлении в стоимостном выражении объемов производства, товарооборота и др.*); 34. **consumer price** — розничная цена (*устанавливается на товар, продаваемый в личное потребление в небольших количествах; по этим ценам осуществляется торговля в розничной сети и посылочная торговля*); 35. **contract price** — контрактная цена (*цена, фиксируемая в контракте, реальная цена сделок; является коммерческой тайной*); 36. **cost plus price** — цена с приплатой (*условие продажи, в силу которого к существующей цене добавляется определенный процент; практикуется в период резких колебаний цены*); 37. **cost price** — себестоимость; 38. **delivery price** — цена поставки (*устанавливается расчетными палатами на поставки товара по срочному контракту*); 39. **discount price** — цена со скидкой (*с установленной цены, по сравнению с котировками товара, сдаваемого в другие сроки и т. п.*); 40. **duty-paid price** — цена, включающая пошлину (*которая должна быть уплачена продавцом*); 41. **exchange price** — биржевая цена; 42. **first cost price** — цена покупная; себестоимость (*фабричная цена плюс издержки на реализацию*); 43. **in bond price —** цена без включения в нее пошлины (*которая должна быть уплачена покупателем); 44. **invoice price** — цена фактурная (*цена реальной сделки купли-продажи, может меняться на сумму транспортных и страховых издержек*); 45. **loco price** — цена франко место нахождения товара, цена локо (*цена на месте нахождения товара*); 46. **market price** — существующая рыночная цена; 47. **net(t) price** — цена нетто; цена после вычета всех скидок; цена, с которой не делается скидка; цена, не включающая расходы по перевозке, страхованию и пр.; 48. **nominal**

price — номинальная цена (*котирующая на рынке цена, по которой, однако, не заключались сделки; прейскурантная цена до вычета скидки*); 49. **opening price** — цена (курс) при открытии биржи; 50. **option price** — курс премий; размер премий; 51. **overhead price** — цена общая (*цена, включающая все расходы*); 52. **premium price** — цена с надбавкой (*к установленной цене, по сравнению с котировками товара, подлежащего сдаче в др. сроки и т. д.*); цена выше номинала; 53. **recovery of price** — восстановленная цена (*повышение цены после понижения*); 54. **reserve price** — резервированная цена; низшая отправная цена (*ниже которой продавец не согласен продавать свой товар на аукционе*); 55. **settlement price** — цена расчетная (*средняя цена на товар, определяемая на конец операционного дня; служит для определения колебания цен на следующий дань и размеров залогового обеспечения по срочным контрактам*); 56. **sliding price** — скользящая цена (*устанавливается на изделия с длительным сроком изготовления и позволяющая учитывать изменения в издержках производства за этот период*); 57. **spot price** — цена с немедленной сдачей, цена спот (*устанавливается при совершении сделок на наличные товары или валютных сделок, предполагающая немедленную оплату*); 58. **tender price** — цена, предложенная на торгах; 59. **trade price** — цена для оптовых покупателей; 60. **transfer price** — внутрифирменная трансфертная цена (*распространена при обмене товарами и услугами между развитыми и развивающимися странами; основой является развитие производственной международной кооперации; используется при обмене между дочерними предприятиями, филиалами, отделениями фирм, особенно при поставках комплектующих изделий; сведения о них составляют коммерческую тайну, а уровень, по оценкам, в 3–4 раза ниже*); 61. **wholesale price** — оптовая цена крупных партий товара; 62. **wide prices** — широкий курс (*курс ценных бумаг со значительной разницей между курсом покупателей и курсом продавцов*).

primage — прибавка к фрахту; вознаграждение капитану с фрахта ◇ **primage and average accustomed** — обычная добавка к фрахту за пользование грузовым устройством судна, покрытие лоцманских и других расходов (*оговорка в коносаменте*).

primary — первоначальный; первичный; основной; главный, основной ◇ 1. **primary deposits** — действительные (фактические) депозиты; 2. **primary goods** — сырье, сырые материалы; 3. **primary producing countries** — страны, производящие сырье.

prime — первоначальный; первичный; превосходный; отличный; прекрасный; главный, основной ◇ 1. **prime contract** — глобальный контракт (*содержит широкий диапазон взаимных обязательств сторон и общую стоимость таких обязательств;*

в его рамках могут заключаться более конкретные обязательства); 2. **prime contractor** — генеральный подрядчик; 3. **prime cost** — себестоимость; 4. **prime entry** — предварительная или первоначальная декларация; 5. **prime goods** — отборный товар.

principal — хозяин; глава; принципал (*лицо, уполномочивающее др. лицо действовать в качестве агента; лицо, участвующее в сделке за свой счет; глава, хозяин*); **доверитель; комитент** (*лицо, дающее поручение др. лицу* (*комиссионеру*) *заключить определенную сделку или ряд сделок от имени последнего, но за счет комитента*); **заказчик; участник договора** (*в отличие от посредника*); **лицо, действующее от собственного имени; основная сумма, капитальная сумма, капитал; общая сумма; главный должник; главный; основной** ◇ 1. **principal and interest** — капитал (*сумма, на которую начисляются проценты*) и проценты; 2. **principal supplier** — основной поставщик (*страна, поставляющаяся основное количество определенного товара в другую страну, страна-импортер снижает тарифы и др. таможенные барьеры для данного товара, страна-экспортер обязуется снять ограничения на его экспорт*).

prior — прежний; предшествующий; предварительный; преимущественный ◇ 1. **prior preference stock** — привилегированные акции, пользующиеся преимуществом перед другими привилегированными акциями (той же акционерной корпорации — *ам.*); 2. **prior to** — до, перед; 3. **priority** — приоритет; первенство; старшинство; преимущественное право; очередность.

private — частный; личный; конфиденциальный; секретный ◇ 1. **Private** — вход посторонним воспрещен (*надпись на дверях*); 2. **private affair** — частное дело, личное дело; 3. **private agreement** — частное соглашение; 4. **private bank** — частный коммерческий банк; 5. **private business** — частное дело, личное дело; 6. **private company** — частная (закрытая) компания (*имеет ограниченное число членов с лимитированным правом на передачу своих акций; не имеет права объявлять публичную подписку на акции*); 7. **private discount rate** — частная (рыночная) учетная ставка (*процент, взимаемый банком с суммы векселя при покупке его банком до наступления срока платежа*); 8. **private income** — личный доход (*от ценных бумаг, капиталовложений*); 9. **private matter** — частное дело, личное дело; 10. **private placement** — частное размещение ценных бумаг (*размещение вновь выпущенных бумаг в форме фондовых ценностей или обязательств минуя рынок ценных бумаг*); 11. **private rate of discount** — частная (*рыночная*) учетная ставка (*см.* private discount rate); 12. **private sale** — продажа по частному соглашению (*когда все условия оговариваются только для данной сделки*); 13. **to do something in one's private capacity** — сделать что-л. в качестве частного лица.

privatization — приватизация.

privilege — привилегия; преимущество; (*ам.*) **сделка с премией** (*приобретаемое при уплате известной премии право купить или продать ценные бумаги или товары по установленной цене в течение определенного времени*); **давать привилегию.**

procedure — процедура ◇ 1. **procedure in bankruptcy** — конкурс (*передача кредиторам управления имуществом несостоятельного должника — юр.*); 2. **procedure of customs** — таможенная процедура.

proceeding — поступок; действие ◇ 1. **proceedings** — процесс; судебный процесс; (*юр.*) судебное дело; процессуальное действие; производство (судебное); дела; протоколы; труды (научного общества); 2. **to delay proceedings** — задержать возбуждение судебного дела; 3. **to institute (legal) proceedings (to take proceedings) against a parson** — начать судебный процесс против кого-л.; 4. **to withdraw proceedings** — прекратить судебное дело.

proceeds — вырученная сумма, выручка; доход ◇ 1. **application of proceeds** — употребление (использование) вырученной суммы или дохода; 2. **estimated proceeds** — предполагаемая выручка; сумма, которая должна быть выручена согласно смете; 3. **gross proceeds** — валовая выручка; 4. **remittance of proceeds** — перевод вырученной суммы.

process — процесс; ход; течение; движение; судебный процесс; вызов в суд; (*юр.*) **предписание** (суда); **процесс** (*тех.*); **способ; обрабатывать; перерабатывать; возбуждать процесс** ◇ 1. **goods in process** — незавершенное производство; 2. **processing tax** — налог на товар, подвергнутый обработке; 3. **processor** — лицо или предприятие, занимающееся переработкой товаров.

procure — приобретать; доставать; добывать ◇ 1. **procuring agency** — организация по снабжению; 2. **procurable** — могущий быть полученным, купленным, заготовленным; доступный; продажный; 3. **procuration** — полномочие; доверенность; приобретение; получение.

produce — продукт; продукты; сельскохозяйственные продукты; результат; производить; вырабатывать; давать; представлять, предъявлять; доставлять; вызывать, быть причиной ◇ 1. **produce broker** — маклер по сбыту продуктов; 2. **produce market** — рынок продуктов; торговля продуктами; 3. **to produce a rise in prices** — вызвать повышение цен; 4. **net produce** — чистый доход; чистая прибыль (*прибыль предприятия после уплаты налогов и др. платежей из прибыли*); 5. **comparable produce** — сравнимая продукция (*все виды продукции, выпускаемые отраслью, предприятием в данном году, производство которых освоено в базисном году; сюда относят также изделия с частичными изменениями конструкции, технико-экономических параметров и др., если это не вызвало утверждения нового* *стандарта или технических условий как на изделия другой модели*); 6. **producer** — производитель; 7. **produces' goods** — средства производства.

product — продукт; продукция; изделие; фабрикант; результат; произведение (*мат.*) ◇ 1. **product life-cycle** — жизненный цикл продукции (*совокупность взаимосвязанных процессов создания и последовательного изменения состояния продукции от формирования к ней исходных требований до окончательной ее эксплуатации или потребления; основные стадии жизненного цикла: разработка, изготовление, обращение и реализация, эксплуатация или потребление, утилизация*); 2. **product cost** — себестоимость продукции (*выраженные в денежной форме текущие затраты предприятий на производство и реализацию продукции, работ, услуг*); 3. **gross product** — валовая продукция; 4. **gross domestic product** — валовой внутренний продукт (*совокупная стоимость конечных товаров и услуг, созданных внутри страны, в рыночных ценах; рассчитывается по доходам, по расходам и по добавленной стоимости*); 5. **gross national product (GNP)** — валовой национальный продукт (*сокр. ВНП — общая стоимость товаров и услуг, произведенных за определенный период времени в стране, включая государственные и частные расходы, вложения в основной капитал, нетто изменения оборотных фондов, чистый экспорт; реальный рост производства после учета роста цен — инфляции*); 6. **finished products** — готовые изделия; 7. **potential gross national product** — потенциальный валовой национальный продукт (*продукт, который может быть произведен в стране при условии рационального использования всех производственных мощностей*); 8. **waste product(s)** — отходы.

production — производство; выработка; добыча; производительность; продукция; предъявление ◇ 1. **costs of production** — издержки производства (*затраты труда и капитала на производство товара*); 2. **industrial production index** — индекс промышленного производства (*служит для определения физического объема производства добывающей и обрабатывающей промышленности и коммунального обслуживания*); 3. **weekly (monthly) production** — еженедельная (месячная) производительность или выработка.

profit — прибыль; доход; польза; выгода; пользоваться; извлекать выгоду, пользу; получать прибыль ◇ 1. **profit and loss account** — счет прибылей и убытков; 2. **profit margin** — относительная величина прибыли (*показатель чистого дохода в процентах к объему реализации или капитала*); 3. **profit sharing** — участие в прибылях; 4. **profit taking** — реализация (откачивание) прибыли (*конверсия "бумажной прибыли в наличность", продажа длинной позиции или покрытие короткой* *позиции; материализация прибыли может произойти, напр., после того, как акции перестали представлять интерес в качестве предмета инвестиционной и спекулятивной деятельности, обычно прибыль откачивается после того, как произошел подьем рыночной конъюнктуры*); 5. **to profit by a transaction** — получать прибыль от сделки; 6. **to profit over a transaction** — получать прибыль от сделки; 7. **after-tax profit** — прибыль за вычетом подоходного налога; чистая прибыль; 8. **clear profit(s)** — чистый доход; 9. **distributed profits** — распределенная прибыль (*часть прибыли акционерного общества, распределенная среди акционеров в виде дивидендов, осуществляется после уплаты налогов и платежей в бюджет, образования резервов и фонда развития производства и т. п.*); 10. **excess profit** — сверхприбыль; 11. **gross profit(s)** — валовая прибыль (*излишек выручки над затратами капитала, плюс внереализационные доходы; разница между доходом и расходом до уплаты налогов*); 12. **monopoly profit** — доход от монополии, патента и т. п.; 13. **net profit** — чистая прибыль (*прибыль, остающаяся в распоряжении компании, после расчетов с государством, банками и др. контрагентами*); 14. **paper profit** — бумажная прибыль (*потенциальная прибыль, не реализованная из-за того, что не достигнуто увеличение стоимости активов*); 15. **ploughed back profit** — капитализированная прибыль (*прибыль компании, которая не распределяется, а вновь инвестируется*); 16. **promotional profit**—учредительная прибыль (*доход, получаемый учредителями акционерного общества в виде разницы между суммой, полученной от реализации акций, и действительным капиталом, вложенным в предприятие*); 17. **pure profit** — расчетная прибыль; 18. **undivided profits** — нераспределенная прибыль; 19. **to fix the profit** — определить прибыль; 20. **to sell at a profit** — продаваться с прибылью; 21. **profitable** — прибыльный; доходный; выгодный; рентабельный; полезный; 22. **profitable business** — прибыльная сделка; доходное предприятие; 23. **profiteer** — спекулянт; спекулировать.

profitability — рентабельность.

proforma — ради формы ◇ 1. **proforma account** — фиктивный счет; ориентировочный счет; 2. **proforma bill** — дружеский вексель (*безденежные, не связанные с реальной коммерческой сделкой векселя; выписываются контрагентами друг на друга с целью получения денег путем учета таких векселей в банках*).

progress — прогресс; развитие; продвижение; успехи; прогрессировать; развиваться; продвигаться; делать успехи; совершенствоваться ◇ 1. **to be in progress** — выполняться; развиваться; вестись; 2. **to make progress** — делать успехи; 3. **negotiations are in progress** — ведутся переговоры; 4. **progressive** — прогрессивный; прогрессирующий; постепенный.

prohibitive — запретительный; препятствующий; запрещающий ◇ 1. **prohibitive duty** — запретительная пошлина (*настолько высока, что равносильна запрещению ввоза товаров*); 2. **prohibitive price** — чрезмерно высокая цена (*лишающая возможности купить товар*); недоступная цена; 3. **prohibitive tariff** — запретительный тариф.

promise — обещание; обязательство; обещать; обязываться ◇ 1. **promisee** — (*юр.*) лицо, которому дано обязательство; кредитор; лицо, получившее простой вексель; векселедержатель; 2. **promisor** — (*юр.*) лицо, давшее обязательство; должник; лицо, выдавшее простой вексель; векселедатель; 3. **promissory** — заключающий в себе обязательство; 4. **promissory note** — простой вексель (*обязательство векселедателя об уплате определенной суммы лицу, которому вексель был первоначально выдан, или, по указанию последнего, другому лицу; имеет все реквизиты переводного векселя, кроме наименования плательщика*); прямой вексель, соло-вексель; долговое обязательство.

promoter — учредитель, основатель (*акционерного общества*); **грюндер** ◇ 1. **promoters' shares** — учредительские акции (*акции, распространяющиеся среди учредителей компании и дающие им некоторые преимущественные права в решении важнейших вопросов, связанных с деятельностью акционерной компании; имеют дополнительное количество голосов и т. п.*); 2. **promoters' stock** — (*ам.*) учредительские акции (*только для учредителей акционерного общества, дают им преимущественные права; достаточно редки, т. к. по законам некоторых стран их выпуск запрещен*); 3. **promotional profit** — учредительская прибыль.

promotion — поощрение; содействие развитию; учреждение, основание (*акционерного общества*) ◇ 1. **promotion money** — расходы по учреждению (*акционерного общества*); 2. **expenses of promotion** — расходы по учреждению (*акционерного общества*).

prompt — день платежа; срок платежа; быстрый; немедленный; срочный; промптовый; с немедленной сдачей и оплатой (*о товарах*); **своевременный; аккуратный; побуждать** ◇ 1. **prompt chartering** — срочное фрахтование (*договор перевозки, в соответствии с которым судно должно быть готово к погрузке сразу же или в течение нескольких дней после заключения фрахтовой сделки*); 2. **prompt date** — день сдачи товара и производства платежа (*бирж.*), 3. **prompt delivery** — немедленная сдача (*в биржевой практике часто означает сдачу в течение 14 дней со дня заключения контракта*); немедленная доставка; 4. **prompt note** — памятная записка о сроке платежа (*посылаемая продавцом покупателю*); 5. **prompt payment** — немедленный платеж; своевременная уплата; 6. **prompt ship** — промптовое судно (*могущее стать под погрузку в короткий *срок);* 7. **prompt shipment** — немедленная отправка (*в бирж. практике часто означает, что коносаменты должны быть датированы не позже 14 дней со дня подписания контракта*); 8. **prompt vessel** — промптовое судно (*см.* prompt ship).

property — собственность, имущество; право собственности (на — in); земельная собственность; земельный участок; свойство ◇ 1. **property capital** — фиктивный капитал (*представлен в ценных бумагах; превышает сумму действительного капитала, участвующего в хозяйственной деятельности*); 2. **property insurance** — имущественное страхование; 3. **property tax** — (*англ.*) поимущественный налог; налог на доход с недвижимого имущества; 4. **freehold property** — полная земельная собственность (в отличие от арендованной); земельный участок, свободный от уплаты ренты за пользование им; 5. **intellectual property** — интеллектуальная собственность (*совокупность объектов авторского и изобретательского права; литературные, научные и художественные произведения, исполнительская деятельность, звукозапись, радио и телепередачи, изобретения, открытия, промышленные образцы, товарные знаки и др.*); 6. **leasehold property** — арендованная земельная собственность; 7. **personal property** — движимое имущество; 8. **real property** — недвижимое имущество.

proportion — отношение; пропорция; процентное отношение; соотношение; соразмерность; часть; доля; распределять; соизмерять ◇ 1. **proportion of reserves to liabilities** — отношение резервов к обязательствам; 2. **the demand is out of (all) proportion to the supply** — спрос не соразмерен с предложением, совершенно не соразмерен с предложением (*т. е. значительно выше или ниже предложения*); 3. **proportions** — размер; размеры.

proposition — заявление; предложение; план; проект; задача; дело; (*ам., разг.*) проблема ◇ **a business proposition** — приемлемое предложение; выгодное предложение.

proprietary — права собственности; класс собственников; составляющий чью-л. собственность; патентованный ◇ 1. **proprietary articles (goods)** — изделия (товары), право производства которых принадлежит одной фирме; 2. **the proprietary classes** — класс собственников; 3. **proprietary company** — контролирующее общество; акционерное общество, владеющее землей, которую оно продает по частям или сдает в аренду; 4. **proprietary interest** — вещное право, имущественное право; 5. **proprietary rights** — права собственности; 6. **proprietor** — собственник, владелец.

prosecute — (*юр.*) преследовать судебным порядком; вести; выполнять ◇ 1. **to prosecute a company** — (*юр.*) возбудить иск против компании; 2. **prosecution** — (*юр.*) судебное преследование; обвинение (*обвиняющая сторона*); истец и его правозаступники; ведение; исполнение; 3. **to appear for the prosecution** — выступать в суде в качестве адвоката истца или в качестве представителя обвинения; 4. **prosecutor** — обвинитель; истец.

prospectus — проспект (*документ, характеризующий основные детали новой эмиссии фондовых ценностей или обязательств*); **публикация об организации акционерного общества** (*с целью привлечения подписчиков на акции*).

protect — защищать, ограждать, охранять, предохранять; покровительствовать; акцептовать (*тратту, срочную через известный промежуток времени*); **оплатить** (*чек, тратту, срочную по предъявлении — фин.*).

protection — защита; ограждение; охрана; предохранение (from, against — от); покровительство; (*фин.*) **протекционизм; акцептование** (*тратты, срочной через известный промежуток времени*); **оплата; пропуск; паспорт** ◇ 1. **consumer's right protection** — охрана прав потребителей (*общественное движение и административно-правовая деятельность государства по защите интересов и прав потребителей*); 2. **to find due protection** — (о тратте) акцептовать тратту; быть акцептованной; быть оплаченной; 3. **to give a draft due protection** — акцептовать тратту; оплатить тратту; 4. **to give protection to a bill** — акцептовать тратту; оплатить тратту.

protest — протест; протест (*по векселю*), **опротестование** (*векселя*); **морской протест; протестовать; (о)протестовать** (*вексель*); **совершить протест** (*по векселю*); **учинить протест** (*по векселю*) ◇ 1. **acceptance supra protest** — акцепт для спасения кредита, акцепт за честь (*акцептование опротестованной тратты третьим лицом для спасения кредита или репутации трассанта, т. е. лица, выставившего тратту*); 2. **notice of protest** — протест (*нотариальный акт о неплатеже по векселю в срок или об отказе в его акцептовании*); 3. **to make a protest** — заявить протест; 4. **payment supra protest** — уплата для спасения кредита, уплата за часть, акцептовать за честь; 5. **to return a bill under protest** — возвратить вексель с протестом; 6. **under protest** — против воли, вынужденно.

provide — снабжать; заготовлять; обеспечивать; предоставлять, давать ◇ 1. **to provide against** — принимать меры против чего-л.; запрещать (*юр.*); 2. **to provide for** — обеспечить что-л.; заботиться о чем-л.; предусматривать; 3. **to provide a person with funds** — предоставить деньги кому-л.; 4. **to provide that** — предусматривать, что; 5. **to provide with an acceptance** — снабдить акцептом, акцептовать (*принять обязательство оплатить переводной вексель при наступлении указанного в нем срока*).

provision — снабжение; заготовка; приготовление; обеспечение; предоставление; резерв; (*бухг.*) **провизия** (*удерживаемая на* *счете предприятия сумма денег на покрытие вынужденных целевых расходов; амортизацию, реновацию, пополнение фондов, а также по обязательствам, величина которых не известна заранее*); (*юр.*) **мера, мера предосторожности; условие, оговорка, положение** (договора и т. п.), **снабжать продовольствием** ◇ 1. **to make provision** — предусматривать; обеспечивать; приготовлять деньги; резервировать деньги; 2. **provisions** — продовольственные товары; пищевые продукты.

proviso (provisoes) — условие, оговорка ◇ **with the proviso** — с оговоркой.

proxy — полномочие; доверенность; уполномоченный; доверенный; представитель ◇ 1. **by proxy** — по доверенности; через доверенного; через представителя; 2. **to stand proxy to someone** — действовать в качестве чьего-л. представителя или уполномоченного, голосовать от его имени.

public — публичный; общественный; публично-правовой; государственный 1. **public contracts** — государственный заказы; 2. **public deposit** — депозиты публично-правовых учреждений (*денежные средства или ценные бумаги, отданные на хранение в банки и сберкассы, финансово-кредитные институты, вклады в банки и сберкассы, записи в банковских книгах, подтверждающие требования клиентов к банку*); 3. **public finance** — государственный бюджет; 4. **public funds** — государственные ценные бумаги; государственные средства; 5. **public revenue** — государственные доходы; 6. **public sale** — аукцион (*публичный торг для продажи товаров, обладающих индивидуальными свойствами, под руководством специального лица (аукционера); владельцы товаров заблаговременно доставляют их на склады или специальные места, где товары и однородные партии их (лоты) выставляются для предварительного осмотра и опробования; во время торгов покупателем становится тот, кто предложил максимальную цену; по завершении торгов покупатель подписывает стандартный договор*); 7. **public securities** — ценные бумаги, выпущенные публично-правовыми учреждениями; 8. **public service** — коммунальные услуги; 9. **public stock** — государственные ценные бумаги; 10. **public trading** — государственная торговля; 11. **public utilities** — коммунальные предприятия (*государственные и частные предприятия, обеспечивающие энерго- и водоснабжение, газ, телекоммуникации*); 12. **publicity** — публичность, гласность; реклама.

purchase — покупка; закупка; купля; покупать; закупать; приобретать ◇ 1. **purchase for future delivery** — покупка на срок (*с платежами в определенный соглашением срок по курсу, зафиксированному в момент сделки*); 2. **purchase fund** — обязательство эмитента (*обязательство заемщика выкупить назад определенное количество выпущенных ценных бумаг в тече-*

ние установленного периода, если цена облигаций упадет ниже курса их выпуска); 3. **purchase trial** — приемное испытание; 4. **at 10 years' purchase** — стоимостью, равной десятикратному годовому доходу; 5. **contract of purchase** — договор купли-продажи (*торговый документ, содержит условия на которых одна сторона (продавец) передает другой стороне (покупателю) какой-л. товар, знания, опыт, результаты творческой деятельности, оказывает услуги, выполняет работы за определенную оплату; подробно оговариваются права и обязанности сторон с учетом особенностей производимых работ, товаров, сроков и видов их поставки*); 6. **counter purchases** — встречные закупки (*осуществляются на основании обязательств, принятых экспортером как условия продажи его товаров в страну импорта, с целью возмещения расходов на оплату импорта при недостатка инвалютных средств*); 7. **forward purchase** — покупка на срок (*см.* purchase for future delivery); 8. **hire-purchase** — покупка в рассрочку (*метод покупки товаров в кредит, предусматривающий выплату их стоимости и процентов за кредит по частям; купленный товар остается собственностью продавца до тех пор, пока не будет выплачена последняя часть, тем самым товар является обеспечением кредита*); 9. **outright purchase** — окончательная покупка; 10. **year's purchase** — годовой доход (*показатель, используемый при определении продажной стоимости производства или земли, когда их цена измеряется величиной среднегодовой прибыли или ренты; цена устанавливается равной N годовых доходов*); 11. **purchasing power** — покупательная способность (*возможность покупателя приобретать товары и услуги, основанная на личных доходах и кредитоспособности*); 12. **purchaser** — покупатель; 13. **to find ready purchasers** — пользоваться хорошим спросом.

purpose — цель; намерение; результат; успех ◇ 1. **for the purpose** — с целью; 2. **for the legal purpose** — с юридической точки зрения; 3. **to no purpose** — безрезультатно; напрасно; тщетно.

put — (*бирж.*) **опцион на продажу, обратная премия, сделка с обратной премией** (*приобретаемое при уплате определенной премии право продать ценные бумаги или товар по установленной заранее цене в течение определен. времени*); **класть; помещать; ставить; приводить** (в какое-л. состояние); **оценивать; определять** ◇ 1. **put and call** — двойной опцион; стеллаж (*приобретаемое при уплате определен. премии право продать или купить ценные бумаги или товар по установленной заранее цене в течение определенного времени*); 2. **to put aside** — откладывать, резервировать; 3. **to put by** — откладывать, сохранять; 4. **to put down** — записывать (на счет); урезать (расходы); 5. **to put forward** — приводить, выдвигать, выставлять (доводы, требования и т. д.); 6. **to put goods on the market** — выпускать товар в продажу; 7. **to put in** — вставлять (в документ); предъявлять (требования); 8. **to put off** — откладывать (на какой-л. срок); 9. **put option** — сделка с обратной премией; опцион продавца (*право продать ценные бумаги или товары по обусловленной цене в течение определен. периода времени в ожидании снижения цен*); 10. **put premium** — обратная премия; сделка с обратной премией; 11. **to put someone in funds** — снабжать кого-л. деньгами; 12. **to put through** — приводить к концу; заключать (сделку); 13. **to put up** — повышать (цены); упаковывать; выставлять (на продажу); вывешивать (объявления); останавливаться (в гостинице и т. д.); вносить; 14. **to put up for (to, on, at) auction** — выставлять на аукционе; 15. **option deal for the put** — сделка с обратной премией (бирж. — *см.* put); 16. **to give for the put** — продать обратную премию; 17. **to take for the put** — купить обратную премию (*приобрести при уплате определен. премии; право продать ценные бумаги или товар по установленной заранее цене в течение определен. времени*).

pyramiding — возведение пирамиды (*приобретение дополнительных ценных бумаг или товаров путем продажи нереализованных бумажных прибылей*).

Q

qualification — квалификация, пригодность; ценз; свойство, качество; оговорка; ограничение ◇ **property qualification —** имущественный ценз.

qualified — квалифицированный; пригодный; правомочный; условный, ограниченный ◇ 1. **qualified acceptance** — акцепт с оговорками; 2. **qualified purchase** — покупка с оговорками.

quality — качество; свойство; высокое качество; род, сорт, класс ◇ 1. **quality goods** — товар высокого качества; 2. **quality requirement** — кондиции (*условия о качестве и упаковке товара*); 3. **average quality** — среднее качество; 4. **fair average quality** — справедливое среднее качество; по среднему качеству (*условие в продажах зерна и некоторых других товаров*); 5. **inferior in quality** — худшего качества; 6. **landed quality** — качество выгруженного товара; 7. **merchantable quality** — качество, пригодное для торговли; 8. **shipped quality** — качество во время погрузки; 9. **shipping quality** — обычное экспортное качество; 10. **superior in quality** — высшего качества.

quantitative — количественный ◇ 1. **quantitative restrictions** —

количественные ограничения, контингентирование (*установление предельного количества товара, могущего быть импортированным в какую-л. страну; установление доли какой-л. страны во ввозе или вывозе другой страны*); 2. **quantitative regulation of foreign trade** — контингентирование (*форма государственного регулирования внешней торговли путем установления экспортных и импортных квот*); 3. **quantitative regulation of imports** — контингентирование ввоза.

quantity — количество; сумма; физический объем; большое количество ◇ 1. **quantity production** — массовое производство; 2. **in quantities** — в большом количестве; 3. **in quantity** — в большом количестве.

quarantine — карантин; подвергнуть карантину ◇ 1. **quarantine dues** — карантинный сбор; 2. **quarantine fees** — карантинный сбор; 3. **to subject to quarantine** — подвергнуть карантину.

quarter — четверть; квартал (года); **квартирная** (арендная) **плата за квартал; квартал** (города); **место, сторона; четверть; квартет** (*мера веса, объема*); **четверть доллара, 25 центов** ◇ 1. **quarter day —** квартирный день (*первый день квартала, когда наступает срок платежа за аренду, процентов по займам и т. п.*); 2. **quarters** — круги; помещение; квартира; 3. **to be several quarters in arrear** — задолжать за несколько кварталов (квартирную плату, аренду и т. п.); 4. **from the highest quarters** — из авторитетных источников.

quid pro qua — услуга за услугу; компенсация ◇ **transfers involving no quid pro quo of money** — односторонние переводы денежных сумм.

quittance — квитанция; оплата; освобождение (*от уплаты долга, от обязательства и т. п.*).

quota (*pl.* **quotas) — квота; контингент; контрольная цифра при выпуске продукции; предельная норма; доля; часть** ◇ 1. **bargaining quotas** — контингенты, установленные с целью получения торговых уступок; 2. **global quota** — общая квота; 3. **import quota** — импортные квоты (*четкие лимиты, установленные на физические объемы определенных видов товаров; которые могут импортироваться за установленный период времени; выражаются, как правило, в натуральных единицах, иногда — в стоимостных показателях*); 4. **to take up a quota** — использовать квоту; выбрать квоту; 5. **tariff quota** — тарифная квота (*применение льготных таможенных тарифов или отмена пошлин на ввоз определенного количества импортных товаров, либо действие этих условий в течение установленного срока*); 6. **export quotas** — экспортный контроль (*система мер по запрету, ограничению или контролю над определенными предметами вывоза путем введения разрешительного порядка экспорта отдельных категорий товаров*).

quotation — котировка; курс; расценка; цена; биржевая цена; предложение; оферта (*формальное предложение определенному лицу заключить сделку с указанием полных условий*); **цитирование; цитата** ◇ 1. **quotation c.i.f. (f.o.b., f.a.s., ex mill, ex warehouse, etc.)** — цена СИФ (ФОБ, фас, франко завод, франко склад и т. д.); 2. **quotation currency — валютная котировка** (*установление курсов иностранных валют в соответствии с действующими законодательными нормами и сложившейся практикой*); 3. **asked quotation** — курс продавцов (*наименьшая цена, по которой продавец согласен продать ценные бумаги или товар*); 4. **bid quotation** — курс покупателей; 5. **bound quotation** — котировка облигаций (*установление курсовой цены облигаций, при этом учитываются; экономическое положение страны и политическая конъюнктура, вид облигаций и условия их погашения, величина номинального процента, уровень ссудного процента, срочность размещения займа*); 6. **closing quotation** — котировка при закрытии биржи, заключительный курс; 7. **direct quotation** — прямая котировка валюты (*перевод иностранной валюты в национальные денежные единицы*); 8. **gross quotation** — цена, включающая стоимость перевозки, страхования и разные мелкие расходы (*ам.*); 9. **indirect quotation** — косвенная котировка валюты (*приравнивание единицы национальной валюты к определенному количеству каких-л. иностранных денежных единиц*); 10. **market quotations** — котировки рыночные или биржевые (*курсы ценных бумаг или цены товаров биржевой торговли, регистрируемые и публикуемые, передаваемые по каналам связи котировальной комиссией соответствующей биржи*); 11. **spot quotation** — котировка товара с немедленной сдачей.

quote — назначать; назначать цену, назначать ставку, котировать, расценивать; цитировать ◇ 1. **to quote c.i.f. (f.o.b., etc.)** — назначить цену СИФ (ФОБ и т. п.).

R

rail — рельс; рельсовый путь; железная дорога; перевозить (отправлять) по железной дороге ◇ 1. **railroad** — (*ам.*) перевозить (отправлять) по железной дорога; строить железную дорогу; 2. **railroad bill of lading** — ж.-д. накладная (*товарораспорядительный документ, выдаваемый перевозчиком, удостоверяющий принятие груза к перевозке ж.-д. транспортом с обязательством доставить его по назначению и выдать законно-*

му держателю; содержит краткое описание товаров и условий перевозки; отправляется получателю груза); 3. **railroad demurrage** — плата за хранение груза на станции сверх установленного срока; 4. **railroad export (freight) rates** — ж.-д. тариф для экспортных грузов; 5. **railroads** — железные дороги; ж.-д. акции; ж.-д. ценные бумаги; 6. **rails** — железнодорожные акции; 7. **railway** — перевозить (отправлять) по железной дороге; 8. **railway advice** — ж.-д. уведомление о прибытии груза; 9. **railway board** — управление железной дороги; 10. **railway car loadings** — ж.-д. погрузки; 11. **railway charges** — стоимость провоза по железной дороге; ж.-д. сборы; 12. **Railway Clearing House** — ж.-д. расчетная палата; 13. **railway securities** — ж.-д. ценные бумаги; 14. **railway-yard** — сортировочная станция; ж.-д. парк.

raise — **повышение; повышение заработной платы; поднимать; возбуждать; выдвигать; извлекать; повышать, увеличивать; добывать, занимать** (*деньги*); (*ам.*) **подделывать; собирать** (*налоги*) ◇ 1. **to raise difficulties** — чинить препятствия; 2. **to raise money on a thing** — получить ссуду под что-л.; 3. **to raise the wind** — (*жарг.*) добывать деньги; 4. **demand for (no-ceiling) cost of living raise** — требование (неограниченного) повышения ставок заработной платы в соответствии с изменением индекса прожиточного минимума; 5. **raised bill** — поддельный банковый билет.

range — **ряд, линия; группа; собрание; коллекция; ассортимент; номенклатура; ряд портов; порты; сфера, область, пределы; изменение; колебание; разница; движение (цен); классифицировать; колебаться** ◇ 1. **to range against something** — противостоять, противодействовать чему-л.; 2. **price range** — движение (колебание) курсов, цен; 3. **prices ranged between ... and ...** — цены колебались в пределах от ... до ...; 4. **rates from Odessa to Hamburg-Antwerp range** — фрахтовые ставки за перевозки от Одессы до одного из портов между Гамбургом и Антверпеном.

ratable — **оценочный; оцененный; подлежащий обложению налогом** (*особ, местным налогом*); **соразмеренный; относительный; соответственный** ◇ **ratable value** — оценочная стоимость; облагаемая стоимость.

rate — **размер; норма; ставка; фрахтовая, учетная ставка; тариф; такса; курс; цена; темп; скорость; пропорция; степень; процент; местный** (*коммунальный*) **налог; исчислять; таксировать; тарифицировать; устанавливать; облагать налогом** ◇ 1. **the Rate** — учетная ставка Английского банка (*официальная процентная ставка, устанавливаемая этим банком за предоставление кредитов; более высокий процент учета векселей*); 2. **rate and taxes** — коммунальные и государственные налоги; 3. **rate of conversion** — курс пересчета; 4. **rate of duty**

— ставка таможенной пошлины; 5. **rate of exchange** — валютный курс (*цена денежной единицы одной страны, выраженная в денежной единице др. страны; на его колебание влияют состояние платежного баланса, степень обесценения денег, отток или приток в страну краткосрочных капиталов и пр.*), вексельный курс; курс перевода; обменный курс; 6. **rate of forward** — курс форвард (*курс валюты по срочным сделкам*); 7. **rate of profit** — норма прибыли; 8. **rate of return** — норма прибыли; 9. **rate stipulated in contract** — контрактный курс; 10. **at the rate of** — в размере, по норме в; по ставке в; по курсу в; со скоростью в; 11. **Bank Rate** — учетная ставка Английского банка (*официальная процентная ставка, устанавливаемая этим банком за предоставление кредитов*); 12. **bank rate** — ставка банкового учета (*официально устанавливаемый центральным банком страны процент, взимаемый банком при учете векселей; берется с суммы векселя при покупке его банком до наступления срока платежа*); 13. **bound rate** — курс облигаций; 14. **central rate** — центральный курс (*курс национальной валюты по отношению к ЭКЮ; принят в рамках Европейской валютной системы, позволяет объединить валюты в систему фиксированных паритетов, на базе которых определяются взаимные курсы валют стран системы*); 15. **central bank rate** — официальная учетная ставка (*применяется центральными банками в операциях с коммерческими банками; способ регулирования рынка ссудных капиталов*); 16. **cross rate** — кросс-курс; 17. **curb rate** — курс иностранной валюты на “черном рынке”; 18. **deposit ceiling rates of interest** — депозитная процентная ставка; процентные ставки продажи депозитов (*максимальные процентные ставки по депозитным и сберегательным счетам в коммерческих банках, взаимносберегательных банках, кредитных ассоциациях и сберегательных союзах, гарантом которых является ФРС США; устанавливаются Советом управляющих ФРС США, Федерацией корпораций по страхованию депозитов, правлением Федерального банка жилищного кредитования и администрацией Национального кредитного союза*); 19. **discount rate** — учетный процент (*плата, взимаемая за авансирование денег путем покупки, т. е. учета, векселей и др. ценных бумаг до истечения их сроков, — представляет собой разницу между номиналом ценной бумаги и суммой, уплаченной при ее покупке*); 20. **exchange rate** — обменный курс; 21. **express rate** — тариф большой скорости; 22. **floating exchange rate** — плавающий валютный курс; 23. **floating interest rate** — плавающая процентная ставка; 24. **floating rate** — плавающий курс (*условия, при которых курс валюты может колебаться, выходя за установленные в соответствии с международным соглашени-*

ем рамки, без дискреционных интервенций); 25. **forced rate of exchange** — принудительный курс (*официальный фиксированный курс обмена иностранной валюты, вводимый в условиях валютных ограничений на обмен валюты данной страны.*); 26. **freight rate** — фрахтовая ставка (*цена морской перевозки грузов, установленная обычно на один порт погрузки и выгрузки; остальные условия регулируются надбавками*); 27. **hurdle rate** — нижний предел (*минимально приемлемый доход по инвестициям; компании часто устанавливают такую ставку и приступают к реализации только таких проектов или инвестиций, которые обещают им доход, превышающий расчетный минимум*); 28. **interest rate** — процентная ставка; 29. **lombard rate** — залоговая ставка (*ставка процента, по которой центральный банк предоставляет кредиты банкам под залог первоклассных ценных бумаг*); 30. **market rate (of discount)** — частная учетная ставка; рыночный учетный процент (*процент, взимаемый банком с суммы векселя при покупке его лондонским банком и вексельным маклером до наступления срока платежа — англ.*); 31. **mean rate** — средний курс; 32. **money rate** — денежный курс (*процент по займам*); ссудный процент (*плата кредитору за пользование ссуженными деньгами*); 33. **multiple exchange rate** — множественный валютный курс (*использование страной нескольких валютных курсов для разных операций; напр., иностранные инвестиции, туризм, импорт сырья; могут осуществляться по льготному курсу, в то время как менее важные статьи — по более высокому курсу*); 34. **official rate** — официальный курс (*курс, установленный центральным банком*); 35. **stock market values rate** — курс ценных бумаг (*цена, по которой продаются и покупаются ценные бумаги, — представляет собой капитализированный доход и равняется сумме денег, которая при предоставлении ее в кредит приносит в виде процента доход, равный доходу от ценных бумаг*); 36. **tariff rate** — тарифная ставка (*определяет размер оплаты труда рабочих за один час или день; ставки дифференцированы в зависимости от квалификации работников и отрасли*); 37. **through rate** — сквозная цена (*ставка за провоз, включая перевалку*); 38. **time rate (of exchange)** — курсы валюты по срочным сделкам; 39. **rates of competitiveness** — показатели конкурентоспособности; 40. **bound rates** — связанные ставки таможенного тарифа (*сохраняемые на основании соглашений с иностранными государствами, на уровне существующего таможенного тарифа*); 41. **continental rates** — курсы девиз (*платежных средств в иностранной валюте, предназначенных для Международных банков*) на европейские банки; 42. **priece rates** — сдельные ставки заработной платы.

rating — оценка; определение стоимости; оценка финансового

положения; рейтинг; отнесение к классу, разряду, категории; обложение налогом; сумма налога (*особ, местного*)**; номинальная мощность;** (*тех.*) **производительность** ◇ 1. **credit rating** — оценка кредитоспособности; 2. **financial rating** — оценка финансового положения.

ratio — отношение; относительная величина; пропорция; коэффициент; процент ◇ 1. **ratio of current assets to current liabilities** — коэффициент ликвидности (*отношение оборотных средств к краткосрочным обязательствам*); 2. **ratio of merchandise to sales** — оборот товарных запасов (*отношение товарных запасов к сумме продаж*); 3. **acid test ratio** — индекс критической оценки (*отношение суммы ликвидных активов к сумме долговых обязательств фирмы; такие активы состоят из наличных денежных средств, ценных бумаг, которые можно реализовать, и дебиторской задолженности*); 4. **balance sheets ratio** — основные статьи баланса (*основные показатели балансового отчета фирмы — уровень ликвидности, соотношение объема валовой прибыли и величины оборота, чистой и валовой прибыли, кредитов и величины оборота и др.*); 5. **cash ratio** — процент кассовой наличности (*отношение суммы наличности и аналогичных активов к сумме обязательств; применительно к банкам — отношение наличности к общей сумме обязательств по депозитам*); 6. **current ratio** — коэффициент ликвидности (*отношение оборотных средств к краткосрочным обязательствам*); 7. **liquidity ratio** — банковский коэффициент ликвидности (*соотношение различных статей актива баланса кредитного учреждения со статьями пассива; характеризует способность банков обеспечить своевременность выполнения обязательств*); 8. **merchandise turnover** — оборот товарных запасов (*отношение товарных запасов к сумме продаж*); 9. **net profit ratio** — коэффициент рентабельности (*обобщающий экономический показатель эффективности производства — отношение величины полученной прибыли к размерами основного и оборотного капитала*); 10. **quick ratio** — банковский коэффициент ликвидности (*см.* liquidity ratio); 11. **Reserve Ratio** — коэффициент резерва, процент резерва (*отношение резервов федеральных резервных банков к сумме депозитов и выпущенных банкнот — ам.*); 12. **savings ratio** — норма сбережения (*доля личного располагаемого дохода, остающаяся в распоряжении владельца и используемая для накопления или погашения долгов*).

ready — готовый; подготовленный; готовый, согласный; легко доступный; наличный; легкий; быстрый ◇ 1. **ready cash** — наличные деньги; 2. **ready-made** — готовое платье; 3. **ready money** — наличные деньги; 4. **ready-to-wear** — готовое платье; 5. **to meet a ready market** — легко продаваться, быстро продаваться; 6. **to meet with a ready sale** — легко продаваться, быстро продаваться.

real — реальный, действительный, настоящий, неподдельный, несомненный; недвижимый (*о собственности*) ◇ 1. **real estate (real property)** — недвижимое имущество, недвижимость; 2. **real estate bank** — земельный ипотечный банк (специализируется на выдаче долгосрочных ссуд под недвижимость); 3. **real estate investment trust** — компании по инвестициям недвижимости (в США); 4. **real estate loan** — ипотечный кредит; ипотечная ссуда (долгосрочные ссуды под залог недвижимости: земли и городских строений; ставки по ссудам зависят от финансового положения заемщика; неуплата задолженности в срок ведет к потере недвижимости); 5. **real estate tax** — налог на недвижимость; 6. **real gross national product (GNP)** — реальный национальный продукт (*реальный уровень национального производства после устранения влияния инфляции*); 7. **real income** — реальный доход (*индивидуальная покупательная способность, определяемая на базе заработной платы, скорректированной на инфляцию*); 8. **real market** — рынок, на котором дилер может совершить операцию на крупную сумму, или котировка на этом рынке; 9. **real money** — (*ам.*) металлические деньги; 10. **real wages** — реальная зарплата, реальный доход.

realize — понимать; осуществить; реализовать, превращать в деньги, продавать; получать, выручать (*цену, сумму*) ◇ 1. **to realize a profit** — получить прибыль; 2. **realization** — понимание; осуществление; реализация; превращение в деньги; продажа; получение; достижение (цены, суммы и т. д.); 3. **realization of a plan** — осуществление плана.

rebate — скидка; уступка; вычет; рабат (*скидка со всей суммы денег, необходимых для оплаты товара; предоставляется при оплате наличными, оптовой закупке и в ряде других случаев*); **вычет процентов; уменьшать; сбавлять; ценовая скидка** ◇ 1. **acceptance under rebate** — (*англ.*) тратта, оплаченная до наступления срока (*за вычетом процентов*); 2. **deferred (freight) rebate** — отсроченная скидка с фрахта (*предоставляемая судовладельцем постоянным клиентам после определенного срока*).

recall — отзыв (*должностного лица*); **отмена; брать обратно; вынимать потребовать обратно; изымать; отменять; отзывать** (*должностное лицо*); **вспоминать; напоминать** ◇ **to recall from circulation** — изымать из обращения (о денежных знаках и т. п.).

receipt — получение; расписка; квитанция; расписаться в получении; выдать расписку в получении ◇ 1. **receipt to the bearer** — квитанция на предъявителя; 2. **to acknowledge receipt** — подтвердить получение; 3. **against receipt** — под расписку;

4. **deposit receipt** — депозитная квитанция; сохранная расписка; депозитный сертификат (*документ на право владения определенными вложенными в банк средствами и получения по ним оговоренного процента*); 5. **depository receipt** — депозитное свидетельство; депозитная квитанция; 6. **dock receipt** — доковая квитанция (*документ о принятии груза для отправки*); 7. **receipts** — денежные поступления; выручка; приход; доход; 8. **receipts tax** — налог с оборота (*косвенный налог, взимаемый с оборота, в основном, отечественных товаров и услуг; берется со стоимости валового оборота предприятия или с выручки за вычетом материальных затрат*); 9. **receipted invoice** — счет, на котором имеется расписка продавца в получении суммы счета; 10. **warehouse receipt** — депозитное свидетельство (*документ, подтверждающий право его владельца на средства, размещенные на депозите*); 11. **warehouse-keeper's receipt** — (*англ.*) складская расписка; товарная квитанция (*документ, свидетельствующий о праве на владение товаром, хранящимся на товарном складе*).

receivable — могущий быть принятым; годный для приемки; подлежащий получению ◇ 1. **account receivable** — (*бухг.*) счета дебиторов, дебиторы по расчетам, дебиторы; 2. **debt receivable** — дебиторская задолженность (*сумма долгов, причитающихся предприятию от юридических и физических лиц в итоге хозяйственных взаимоотношений с ними*); 3. **receivables** — суммы, подлежащие получению; счета дебиторов, дебиторы (*бухг.*); неоплаченные долги, которые следует получить компании.

receive — получать; принимать ◇ 1. **received for shipment** — принято для погрузки (*первые слова в тексте коносамента*); 2. **received on account** — получено в счет причитающейся суммы; 3. **received tare** — вес тары базисной (*вес тары каких-л. мест груза или товаров, принятый для исчисления веса тары всей партии*); 4. **to receive payments** — получать платеж; 5. **receiver** — получатель; грузополучатель; ликвидатор (имущества несостоятельного должника); управляющий конкурсной массой; 6. **free receiver** — франко-получатель (*далее указывается адрес (склад) грузополучателя; по этому условию продавец обязан доставить товар к получателю за свой счет, — встречается редко*); 7. **receiving order** — постановление суда об открытии конкурса.

recession — понижение; уменьшение; падение; спад; уход; удаление ◇ 1. **recession from a contract** — отказ от договора; 2. **business recession** — спад деловой активности; 3. **material recession** — значительное понижение.

recipient — реципиент (*физическое или юридическое лицо, государство, получающее какой-л. платеж или доход*).

reclamation — рекламация (*претензия к качеству поставленной* *продукции, проданного товара, выполненной работы, содержащая требование об устранении недостатков или снижении цены, возмещении убытков, — предъявляется в случае поставок недоброкачественной продукции, ассортиментного несоответствия, некомплектности товара и изменения цен*).

recompense — возмещение; вознаграждение; компенсация; возмещать; вознаграждать; оплачивать; компенсировать.

reconcile — (*бухг.*) **согласовывать** (торговые книги, счета); **примирять; улаживать** ◇ 1. **reconcilement** — согласование (торговых книг, счетов — *бухг.*); примирение; улаживание; 2. **reconcilement blank** — бланк для подтверждения правильности выписки счета; 3. **reconciliation** — согласование (торговых книг, счетов — *бухг.*); 4. **reconciliation statement** — ведомость рекапитуляции выписки счета; ведомость анализа расхождений остатков двух корреспондирующих между собой счетов.

record — запись; протокол; официальный документ; (*pl.*) **документы; архив; отзыв; характеристика; рекорд; достижение; проделанная работа; записывать; регистрировать; протоколировать** ◇ 1. **at record** — на рекордном уровне; 2. **off the record** — не для опубликования (*ам.*); не подлежит оглашению; 3. **time record** — трудовой стаж; 4. **(up)on record** — записанный, зарегистрированный; запротоколированный.

recoup — возмещать, компенсировать; окупать; вычитать, удерживать ◇ 1. **to recoup oneself** — окупиться; 2. **recoupment** — возмещение; окупаемость; компенсация (*возмещение, вознаграждение за потерянное или уступленное; способ прекращения обязательства полностью или частично путем зачета взаимно предъявленных требований*); 3. **recoupment period —** срок окупаемости.

recourse — (*юр.*) **регресс; право регресса; право оборота** (*в вексельном обращении означает право векселедержателя требовать от надписателей и векселедателя опротестованного векселя уплаты его суммы*) ◇ 1. **endorsement (indorsement) without recourse** — безоборотный индоссамент, безоборотная надпись (*держатель векселя не может вернуть его индоссанту*); 2. **to take recourse against (upon) a person** — обратить взыскание на кого-л.; 3. **without recourse to me (to us)** — без оборота на меня (на нас).

recover — поправляться; отправляться; восстанавливаться; взыскивать; получать обратно; собирать; инкассировать; выиграть дело; (*юр.*) **получить возмещение за убытки** (*по суду*) ◇ 1. **to recover damages** — взыскать убытки; получить компенсацию за убытки; 2. **to recover debts** — взыскивать долги; 3. **to recover one's money** — получить свои деньги обратно.

recovery — восстановление; оживление; взыскание; получение обратно; возмещение; инкассирование ◇ 1. **recovery charges —**

расходы по инкассированию; 2. **recovery of price** — повышение цены (*после понижения*); 3. **legal action for recovery** — иск о взыскании; 4. **past recovery** — безвозвратно потерянный.

recur — повторяться ◇ **recurring debts** — текущая задолженность.

red — красный ◇ 1. **the red** — задолженность; долг; дефицит; убыток (*записываемый красными чернилами — бухг., ам.*); 2. **red clause** — красное условие (*условие аккредитива, согласно которому банк соглашается выплатить авансом часть суммы аккредитива против представления складской расписки или подобного документа*); 3. **red clause letter of credit** — аккредитив с красным условием (*аккредитив с условием, по которому банк выплачивает авансом часть суммы аккредитива против представления вместо коносамента складской расписки или другого подобного документа*); 4. **red futures contract month** — фьючерсный контракт "красного месяца" (*поставка по нему назначается в месяце, отстоящем более чем на год от даты заключения сделки*); 5. **red herring** — "копченая сельдь", т. е. отвлекающий маневр (напр. *предварительный проспект об эмиссии облигационного займа без указаний основных параметров; может быть выпущен до вступления в силу регистрационного заявления эмитента*); 6. **red ink position** — убыточность операций; 7. **to be in the red** (*ам.*) — быть в долгу; иметь задолженность; работать с убытком, быть убыточным; 8. **to come out of the red** — выпутаться из долгов; покрыть дефицит; начать давать прибыль; 9. **to pull oneself out of the red** — ликвидировать задолженность или дефицит.

redeem — выкупать; погашать; возвращать; ◇ 1. **to redeem a debt** — погасить долг, заплатить долг; 2. **to redeem pledged goods** — выкупить заложенный товар.

redemption — выкуп; погашение; возвращение; изъятие; ремитирование (*перевод денег посредством векселя*) ◇ 1. **redemption notice** — объявление о выкупе, объявление о погашении; 2. **redemption premium** — выкупная премия (*превышение цены, по которой заем или ценные бумаги возвращаются заемщиком, над первоначальной ценой или номинальной стоимостью*); 3. **redemption yield** — рост или снижение текущих доходов, вызванных получением прибыли или наличием убытков в связи с операциями по погашению задолженности; 4. **payment is made by redemption** — погашение произведено путем ремитирования (*переводом денег посредством векселя*).

rediscount — переучет (*покупка центральным банком до истечения срока государственных облигаций или др. финансовых инструментов, уже учтенных — дисконтированных — на денежном рынке*); **переучитывать** (векселя).

redraft — обратный переводной вексель; ретратта (*выставляет-*

ся лицом, оплатившим опротестованную тратту, на одного из участников тратты, по поручению которого она была оплачена) ◇ **account (bill) of redraft** — рикамбио (*счет расходов в связи с выставлением ретратты*).

reduce — уменьшать; снижать; понижать; сокращать ◇ 1. **to reduce to** — переводить, превращать (*в другую валюту, в другие меры и т. п.*); приводить к, доводить до; 2. **reduced output** — недостаточная производительность; недостаточная мощность; 3. **reduced tariff** — льготный тариф (*минимальные ставки таможенного обложения импортируемых товаров из тех стран, которым установлен режим наибольшего благоприятствования*).

reduction — уменьшение; снижение; понижение; сокращение; скидка; перевод; превращение (*в другую валюту, в другие меры и*) ◇ 1. **reduction in (of) the discount rate** — понижение учетной ставки; 2. **reduction of share capital** — уменьшение акционерного капитала.

reexport — реэкспорт (*продажа с вывозом за границу ранее импортированного и не подвергшегося переработке товара, провоз транзитом не является реэкспортом*).

referee — третейский судья ◇ 1. **official referee** — официальный третейский судья; 2. **referee in case of need** — лицо, платящее по опротестованному векселю по поручению векселедателя или надписателя (*так называемый* гонорат *или* нотадресат); лицо, которому должны быть переданы грузовые документы в случае отказа покупателя принять их и оплатить.

reference — ссылка; указание (to — на); справка; передача на рассмотрение; полномочия; компетенция; рекомендация; референция (*справка о службе, отзыв, характеристика. даваемая лицу или предприятию др. лицом (организацией), пользующимся доверием в деловых кругах; указываются деловые качества и кредитоспособность*); **отзыв; лицо, давшее или могущее дать рекомендацию; упоминание; отношение** ◇ 1. **reference bank** — референсный банк (*банк, ставка по кредитам которого используется при определении процентной ставки по финансовым инструментам, имеющим плавающую процентную ставку*); 2. **reference data** — материалы для справки; 3. **reference price** — минимальные импортные цены на определенные виды сельскохозяйственных продуктов, устанавливаемые в ЕЭС; 4. **reference standard** — эталон; 5. **reference works** — справочные издания; 6. **bank references** — банковские референции; 7. **proceedings on the reference** — процесс рассмотрения дела; арбитражное производство; 8. **terms of reference** — компетенция; круг полномочий; ведение.

refund — возврат; возмещение; возвращать; возмещать (*деньги*); **снова консолидировать; выпускать новые облигации с насту-**

пающим сроком оплаты ◇ 1. **to refund a sum** — вернуть сумму; 2. **refunding** — пролонгация долга (государственного) (*замена одного выпуска ценных бумаг другим, срок истечения которого переносится на более позднюю дату; чаще всего осуществляется прямым обменом; кроме того, замена одного выпуска другим с меньшим размером выплат по процентам, что снижает стоимость обслуживания долга*).

refusal — отказ; отклонение; право первого выбора; преимущественное право принять или отклонить оферту ◇ 1. **actual refusal** — фактический отказ; фактическое отклонение; 2. **flat refusal** — категорический отказ; 3. **to meet with a refusal** — быть отклоненным; 4. **statement of refusal** — заявление об отказе; фиксация отклонения.

refuse — отказать(ся); отвергать; отклонять ◇ 1. **to refuse (acceptance of) a bill** — отказаться от акцептования векселя; 2. **to refuse one's consent** — отказаться дать согласие.

register — книга для записей; журнал; список; реестр; регистр; указатель; регистрировать(ся); заносить в книгу, реестр, список, регистр; показывать; отмечать; регистрировать ◇ 1. **to register luggage on the railway** — отправить вещи багажом по железной дороге; 2. **register of transfers** — книга для регистрации перевода именных ценных бумаг с одного владельца на другого; 3. **registered bond** — именная облигация; 4. **registered capital** — разрешенный к выпуску капитал; уставной капитал (*капитал компании, величина которого определяется уставом предприятия и составляет сумму номинальных цен акций, которая может быть частично оплачена; государство, как правило, устанавливает минимальный размер уставного капитала, который не может быть увеличен без решения собрания акционеров*); 5. **registered commodity representative** — лицо, регистрирующееся в торговой комиссии и на биржах с целью найти партнеров по торговым сделкам своей фирмы (*ам.*); 6. **registered invention** — запатентованное изобретение; 7. **registered letter** — заказное письмо; 8. **registered security** — ценные бумаги, зарегистрированные в бухгалтерских книгах, выпускаемых на имя какого-л. владельца; 9. **acceptance register** — передаточная ведомость; 10. **to get luggage registered on the railway** — отправить вещи багажом по железной дороге; 11. **share register** — книга акционеров (*список имен, адресов и акций членов компании с ограниченной ответственностью, — содержит также даты вступления и выхода из компании, величину сумм, выплаченных по акциям*).

registrar — регистратор; архивариус; регистрационное бюро ◇ 1. **registrar in bankruptcy** — судья по рассмотрению дел о банкротствах; 2. **registrar of companies** — бюро по регистрации акционерных компаний.

registration — регистрация ◇ **registration fee** — регистрационный сбор.

registry — регистратура; регистрационное бюро; отдел регистрации; регистрация; регистрационная запись ◇ **registry office** — бюро (отдел) записи актов гражданского состояния.

regular — правильный; регулярный; равномерный; аккуратный; нормальный ◇ 1. **regular lot** — установленное минимальное количество товара в контракте (*бирж.*); 2. **regular way** — сделки с исполнением на следующий день (*бирж.*); 3. **regular way delivery** — система, действующая на рынках акций и облигаций США, когда платеж за проданные ценные бумаги, поставленные покупающему брокеру, осуществляется на пятый рабочий день после заключения сделки; 4. **regular warehouse** — хранилище, признанное пригодным для осуществления через него фактических поставок по контрактам; 5. **regulated commodities** — рынки срочных контрактов по всем видам товаров, регулируемые в США законом о товарообмене от апреля 1975 г.

regulation — регулирование; распоряжение; постановление; положение; устав ◇ 1. **regulation M** — правило M (*предоставляет с 1981 г. Совету ФРС США полномочия по регулированию потребительской аренды*); 2. **regulation Q** — правило Q (*предоставляет право ФРС США устанавливать максимальный уровень процентных ставок по депозитам, депозитным сертификатам на любой срок*); 3. **regulation T** — правило T (*ограничивает сумму кредита, предоставляемую клиенту брокером или дилером для покупки ценных бумаг в США*); 4. **regulation U** — правило U (*установлено ФРС США и регулирует размер кредита, предоставляемого банком своим клиентам для приобретения ценных бумаг*); 5. **administrative and legal regulation** — административно-правовое регулирование; 6. **fiscal regulation** — налоговое регулирование; 7. **quantitative regulation of foreign trade** — контингентирование (*форма государственного регулирования внешней торговли с помощью установления экспортных и импортных квот; обычно вводится на определенный период в связи с каким-то событием; защищает интересы национальной промышленности*); 8. **quantitative regulation of imports** — контингентирование ввоза (*установление фиксированной доли товаров какой-л. страны во ввозе или вывозе другой страны; защищает интересы национальной промышленности; способствует улучшению платежного баланса страны*); 9. **quarantine regulations** — карантинный надзор (совокупность мероприятий санитарно-охранного назначения для предотвращения занесения из-за границы инфекционных заболеваний, сельскохозяйственных вредителей и болезней).

reimbursement — возвращение (суммы); **оплата; возмещение; покрытие** ◇ 1. **reimbursement credit** — акцептно-рамбурсный кредит (*краткосрочное банковское кредитование торговых операций; осуществляется с помощью выставляемого продавцом на банк, указанный покупателем, переводного векселя и учета его в банке продавца до акцепта; банк, на который выставлен вексель, акцептует его и получает товаросопроводительные документы, которые передает покупателю против обязательства по уплате последним суммы, указанной в векселе*); 2. **reimbursement of fees** — возмещение взносов.

reimport — реимпорт (обратный ввоз в страну товаров, ранее вывезенных за границу и не подвергшихся там переработке); **реимпортировать** ◇ **reimports** — реимпортированные товары.

reinsure — перестраховывать (*передавать принятый на себя риск или часть риска другому страховщику — страх.*) ◇ 1. **reinsurance** — перестрахование (*страх.*); 2. **contingency reinsurance** — единовременное перестрахование; 3. **to effect the reinsurance** — перестраховывать; 4. **extraordinary reinsurance** — единовременное перестрахование; 5. **responsibility for risk under reinsurance** — ответственность за риски при перестраховании; 6. **reinsurer** — перестраховщик (*страховая компания, действующая на рынке перестрахования, где первоначальный страховщик перестраховывает часть первоначального риска*).

reinvestment — реинвестиции.

reject — отвергать; отклонять; отказываться от; отбрасывать; забраковывать ◇ 1. **to reject goods** — отказаться от товара; забраковать товар; 2. **rejected item** — предмет отклонения.

rejection — отклонение; отказ; браковка; бракераж (*выявление брака при освидетельствовании товаров официальными товароведами*) ◇ 1. **rejection note** — заявленный отказ; 2. **actual rejection** — фактический отказ, отклонение; 3. **flat rejection** — категорический отказ; 4. **statement of rejection** — заявление об отказе; фиксация отклонения.

relation — отношение; связь; взаимосвязь ◇ 1. **relation back** — (*юр.*) обратное действие; обратная сила (закона); 2. **relations on the stock exchange** — биржевые отношения; 3. **to break off relations** — разорвать отношения; 4. **to enter into relations** — установить отношения; 5. **to establish relations** — установить отношения; 6. **industrial relations** — трудовые отношения в промышленности; 7. **out of all relation** — несоразмерный.

relative — относительный; сравнительный ◇ **relative value** — относительная стоимость (*"привлекательность "одного рыночного инструмента по сравнению с другим, а для одного и того же инструмента — сравнительная "привлекательность" различных сроков рыночных инструментов*).

release — освобождение; разрешение; документ об освобождении от обязательства; (*юр.*) **расписка в передаче права или имущества;**

разблокирование; (*фин.*) **разблокированная сумма; освобождать; разрешать; отказаться от права; разблокировать; выпускать в продажу** ◇ 1. **release from liability** — освобождение от ответственности; 2. **release of a blocked account** — разблокирование счета (*отмена на определенных условиях органами государственной власти своего решения о лишении владельца банковского счета права свободно распоряжаться средствами*); 3. **to release goods against payment of** — освободить товар по уплате (соответствующей стороной) суммы; 4. **bank release** — освобождение товара (*разрешение на получение покупателем заложенного в банке товара после осуществления платежа по векселю*).

relet — передавать в субаренду; снова сдавать внаем, в аренду.

relief — облегчение; помощь; пособие; освобождение от уплаты; скидка (с налога) ◇ 1. **relief works** — общественные работы для безработных; 2. **relief from a fine** — освобождение от уплаты штрафа; 3. **import relief** — сокращение импорта (*уменьшение конкурентного давления на национальное производство путем установления таможенных пошлин или количественных ограничений на ввоз импортных товаров*).

remedy — средство; мера (*против чего-л.*); **средство защиты** (*юр.*); **средство удовлетворения; исправлять.**

remission — освобождение от уплаты (полностью или частично); **отказ** (от своего права); **уменьшение; ослабление** ◇ **remission of penalty** — освобождение от штрафа.

remit — пересылать; переводить (*деньги*); **уплатить; освобождать от уплаты; прощать, слагать** (*полностью или частично*); **отсылать обратно; направить на решение авторитетному лицу; откладывать** ◇ 1. **to remit a debt** — освободить от уплаты долга; 2. **remittee** — получатель (денежного перевода); 3. **remitter** — отправитель (денежного перевода); пересылка дела из одного суда в другой (*юр.*); ремитент (*лицо, в пользу которого выписан переводной вексель, первый векселедержатель*).

remittance — пересылка; перевод (*денег*); **денежный перевод** (*почтовый, телеграфный перевод, присланный чек т. п.*); **уплата; римесса** (*в международных расчетах — платежный документ в инвалюте, приобретаемый должником за национальную валюту у третьего лица и пересылаемый иностранному кредитору в погашение задолженности перед ним*) ◇ 1. **remittance cleared by a bank** — учтенный банком перевод; 2. **remittance data** — дата поступления перевода; 3. **cash remittance** — денежный перевод.

removal — перемещение; переезд; удаление; устранение; вычеркивание, исключение ◇ **removal from the stock exchange list** — исключение из списка котирующихся на бирже ценных бумаг.

remuneration — вознаграждение; оплата; компенсация; заработная плата.

render — давать; оказывать; представлять; делать ◇ 1. **to render an account** — представить счет; представить отчет; отчитаться; 2. **to render account** — представить отчет; отчитаться.

renew — обновлять; заменять новым; возобновлять; продлить; пролонгировать ◇ **to renew a draft** — пролонгировать тратту.

renewal — обновление; возобновление; пролонгация ◇ 1. **renewal bill** — пролонгационная тратта; 2. **renewal of a draft (of a bill)** — пролонгация тратты; 3. **renewal on new (different) terms** — возобновление на новых условиях; 4. **renewal previously specified** — ранее обусловленное возобновление; 5. **renewal rate** — процентная ставка за пролонгацию однодневных ссуд; 6. **actual renewal** — фактическое возобновление; 7. **completed renewal** — реализованное возобновление; 8. **profitability of a renewal** — рентабельность возобновления; 9. **reasonable renewal** — разумное возобновление; 10. **to specify renewal** — обусловить возобновление.

renovation — реновация основных фондов (*процесс обновления выбывающих в результате физического и морального износа элементов основных производственных фондов*).

rent — арендная плата; квартирная плата; рента; плата за хранение груза; наем; прокат; плата за прокат; арендовать; сдавать в аренду; отдавать в прокат ◇ 1. **for rent** — напрокат; внаем; 2. **rentable** — могущий быть сданным в аренду; внаем; могущий приносить рентный доход; 3. **rental** — арендная плата; сумма арендной платы; рентный доход; список арендаторов; 4. **renter** — арендатор; съемщик; 5. **rents** — рента; рентные бумаги. государственные бумаги.

renting — рентинг (*краткосрочная аренда машин и оборудования без права их последующего приобретения арендатором, владельцем обычно является рентинговое общество, сохраняющее право собственности на арендуемые ценности и осуществляющее расходы по ремонту машин и оборудования*).

repair — ремонт; починка; состояние; чинить; исправлять; ремонтировать; возмещать ◇ 1. **to repair a damage —** возместить ущерб; 2. **repairs bill** — счет за ремонт; дефектная ведомость; 3. **extensive repairs** — капитальный ремонт; 4. **minor repairs** — мелкий ремонт; 5. **running (permanent) repairs** — текущий ремонт; 6. **under repair** — в ремонте.

reparation — исправление; возмещение; репарации ◇ 1. **reparation deliveries** — репарационные поставки; 2. **reparation payments** — репарационные платежи.

repay — возвращать (*деньги*); **отдавать долг; уплачивать; выкупать; погашать** (*заем*); **вознаграждать; возмещать** ◇ 1. **repayable** — подлежащий уплате, возвращению, возмещению, выкупу, погашению; 2. **repayment —** уплата; возвращение; возмещение; выкуп; погашение; 3. **to arrange for repayment** —

организовать погашение; 4. **profit repayment** — срочное погашение; 5. **repayment of a loan** — погашение займа (*возврат государством-должником по истечении срока суммы долга; элемент управления государственным долгом*); 6. **repayment effected by the bank** — оформленное банком погашение.

report — сообщение; сведения; бюллетень; отчет; отчетный доклад; заключение; акт; отзыв; сообщать; делать официальное сообщение; докладывать; отчитываться ◇ 1. **report of substandard quality** — акт о несоответствии качества; 2. **to report a vessel at the custom house** — дать сведения таможне о судне, команде и грузе при прибытии в порт; 3. **examination report** — акт экспертизы; 4. **financial report of company** — финансовый отчет компании (*обязательная форма отчетности, предусмотренная законом для всех форм компаний с ограниченной ответственностью; должен сопровождаться заключением внешних аудиторов и публиковаться в печати*); 5. **inspection report** — акт государственной экспертизы; 6. **market report** — обзор состояния рынка; 7. **management report** — административный акт; 8. **official report** — официальное сообщение; официальный доклад; 9. **ship's report** — сведения, представляемые капитаном в таможню по прибытии судна; 10. **survey report** — акт осмотра и экспертизы; аварийный сертификат (*документ, подтверждающий размер и причины убытка в застрахованном имуществе — мор.*); 11. **reporting limit** — размер позиции (*сумма закупок или продаж на рынке, при достижении или превышении которого требуется ежедневное представление данных о виде товара, месяце отгрузки, а также о том, является ли эта позиция покрытой* (*хеджированной*) *или спекулятивной*).

representative — представитель; характерный; показательный; типичный; представляющий; изображающий ◇ 1. **representative money** (*ам.*) бумажные деньги, полностью обеспеченные золотом и серебром; 2. **sales representative** — комиссионер, агент по продаже товаров (*посредник в торговых сделках; лицо, выполняющее за особое вознаграждение торговые поручения от своего имени, но за счет комитента*).

repudiate — отвергать; не признавать; отказываться от (*обязательства*); **отказываться от уплаты; аннулировать** (*долги*) ◇ **repudiation** — отказ (*от обязательства*); отказ от уплаты; аннулирование (*долгов*).

repurchase — покупка ранее проданного товара; покупать обратно (*ранее проданный товар*) ◇ 1. **repurchase agreement** — соглашение о покупке ранее проданного (*обычно связано с операциями по ценным бумагам казначейства США или федеральных властей; как правило, операции совершаются на сумму 5 млн. долл. и выше; инструментом сделок являются в основ-*

ном кредитные соглашения, в соответствии с которыми держатели продают ценные бумаги по определенной цене и берут обязательство выкупить назад эти же и подобные бумаги в более позднюю дату, эти бумаги гарантируют сделку; дилеры на денежном рынке в Нью-Йорке посредством таких операций финансируют позицию; ФРС использует их для регулирования банковских резервов).

repute — репутация ◇ 1. **a firm of repute** — известная фирма; 2. **reputation** — репутация.

requirement — требование; нужда; потребность ◇ 1. **investment performance requirements** — требования к иностранным инвестициям (*условия размещения иностранного капитала в стране, установленные ее правительством; обязательства экспорта определенной части выпускаемой продукции, обеспечения занятости местных трудовых ресурсов и др.*); 2. **to meet the requirements** — удовлетворять требованиям; обеспечить потребности; 3. **quality requirement** — кондиции (*условия о качестве и упаковке товара*); 4. **reserve requirement** — требование резервов депозитов (*кредитные институты должны держать их отдельно в хранилище или центральном банке*).

requisite — необходимый; обязательный; необходимо, обязательно ◇ **requisite elements of documents** — реквизиты документов (*обязательные данные, предусмотренные действующими правилами или законом для документов, без которых они не могут служить основанием совершения операций*).

rescheduling — пересмотр условий действующих кредитов с целью достичь более благоприятных.

reservation — оговорка; условие; сохранение; оставление; сохранение в запасе; резервирование; резервация; заповедник ◇ 1. **reservation of profits** — резервирование прибылей; 2. **reservation of a right** — сохранение права; 3. **reservations** — (*ам.*) заказанные заранее комнаты, билеты и т. п.

reserve — запас; резерв; резервный фонд; оговорка; ограничение; сдержанность; незначительная активность; запасать; откладывать; резервировать; оговаривать (*право*); **предназначать; заранее заказывать** ◇ 1. **Reserve Bank**—Федеральный резервный банк (*акционерный банк, часть федеральной резервной системы — ФРС — США; выполняет функцию центрального банка в округе*); 2. **Reserve Banknotes** — федеральные резервные банкноты; 3. **reserve capital** — резервный капитал (*часть выпущенного, но не оплаченного капитала, которую общее собрание компании решило истребовать только в случае ликвидации; не может быть переведен в действующий капитал без разрешения суда*); 4. **reserve currency** — резервная валюта (*валюта страны, в которой центральные банки других стран хранят резервы и средства для международных расчетов; на-*

циональные кредитные деньги ведущих государств, которые принимаются к платежу во всем мире, используются центральными банками для международных расчетов); 5. **reserve fund** — резервный капитал (*часть собственных средств предприятия, образуемая за счет отчислений от прибыли; используется для покрытия потерь от операционной деятельности, пополнения основного капитала и выплат дивидендов в случаях, когда текущей прибыли оказывается недостаточно; порядок использования и пополнения определяется уставом организации*); 6. **reserve liability** — резервный капитал; 7. **reserve price** — резервированная цена (*низшая отправная цена, ниже которой продавец на согласен продавать свой товар на аукционе*); 8. **Reserve Ratio** — (*ам.*) отношение резервов федеральных резервных банков к сумме депозитов и выпущенных банкнот; процент резерва; 9. **reserve requirement** — требование резервов депозитов (*кредитные институты должны держать их отдельно в хранилище или центральном банке*); 10. **reserve requirements for banks** — требование закона в отношении резерва банков (*см.* reserve requirement); 11. **contingency reserve** — резерв на покрытие чрезвычайных потерь, резерв предусмотрительности; 12. **excess reserves** — избыточные резервы (*представляют собой разность общей суммы резервов, помещенных в Федеральный резервный банк, и общей суммы резервов, необходимых для удовлетворения резервных требований, установленных ФРС*); 13. **first line reserves** — валютные резервы (*централизованные запасы золота и иностранной валюты, находящиеся в центральных банках и валютно-финансовых органах страны; включают: резервные валюты, международные платежные средства МФВ; резервная позиция страны в МВФ; в условиях "плавающего курса" — основной инструмент поддержания валютного курса*); 14. **fixed capital in reserve** — основные средства, переведенные на консервацию; 15. **free reserves** — свободные резервы (*превышение резервов над суммой займов, полученных от федеральных резервных банков*); 16. **funded reserve** — запасный капитал, помещенный в ценные бумаги; 17. **hidden reserves** — резервы скрытые (в балансе) (*образуются из-за намеренного завышения оценки обязательств, необоснованного снижения активов, чрезмерной амортизации или других отступлений от существующих норм; наличие скрытых резервов рассматривается как проявление консервативной финансовой политики*); 18. **international reserves** — запасы золота и иностранной валюты; 19. **legal reserve** установленный законом резерв (*для банков*); 20. **minimum reserves** — минимальные резервы (*минимальная сумма резервов, которую коммерческий банк или другой депозитный институт обязан помещать в централь-*

ном банке; иногда под этим понимают зарегистрированные резервы); 21. **official reserves** — официальные резервы (*для обеспечения требований правительства по оплате международных текущих и краткосрочных обязательств*); 22. **surplus reserve** — резерв банка, превышающий обязательный резерв; 23. **tax reserve certificates** — налоговые сертификаты (*билеты государственного займа, которые в любое время обмениваются на наличные деньги, приносят проценты; процентная ставка выше, если сертификаты используются для оплаты налогов — англ.*); 24. **without reserve** — безоговорочно; без резервированной цены, по достижимой цене (*на аукционе*).

resident — резидент (*в налоговом праве юридическое или физическое лицо, имеющее постоянное место прибывания в данной стране; порядок отнесения к данной категории определяется законодательством страны; резидент подлежит налогообложению в данной стране на основе ее законодательства по всем доходам из любых источников, включая зарубежные; нерезиденты пользуются ограниченной налоговой ответственностью, т. е. налоги взимаются только с доходов, полученных в данной стране*).

resistance — сопротивление; противодействие ◇ 1. **resistance barrier** — уровень цены, при отклонении от которой в любую сторону может нарушиться нормальное функционирование рынка; 2. **consumer resistance** — нежелание покупать товары; нежелание потребителей платить высокие цены (*особенно в розничной торговле*); падение потребительского спроса; 3. **employer resistance** — сопротивление повышению зарплаты со стороны предпринимателей; 4. **sales resistance** — нежелание покупать товары; нежелание потребителей платить высокие цены (*особенно в розничной торговле*); падение потребительского спроса.

resource — способ; средство; вспомогательное средство ◇ 1. **resources** — средства; денежные средства; ресурсы; 2. **limited resources** — ограниченные средства; 3. **natural resources** — естественные богатства.

respite — отсрочка; отсрочка платежа ◇ 1. **to accord a respite of payment of a draft** — пролонгировать тратту; 2. **days of respite** — дни отсрочки, льготные дни.

respondent — (*юр.*) **ответчик;** (*стат.*) **опрашиваемое лицо.**

responsible — ответственный ◇ 1. **to hold responsible in damages** — считать ответственным за убытки; 2. **responsibility** — ответственность; солидность; платежеспособность (*фин.*); 3. **the responsibility rests with the buyer (seller)** — ответственность лежит на покупателе (*продавце*).

rest — остаток; остающаяся сумма; (*англ.*) **остальная часть; резервный фонд; оставаться** ◇ 1. **Rest** — нераспределенная прибыль (*позиция в отчетах о состоянии счетов банковского департамента Английского банка*); 2. **for the rest** — на остающуюся сумму; что касается остального; 3. **resting order** — приказ брокеру купить товар по более низкой или продать по более высокой цене, чем цена, превалирующая на рынке.

restitution — возвращение (*законному владельцу*); **возмещение ущерба; убытков; восстановление; восстановление в правах; реституция** ◇ 1. **to make restitution** — возместить убытки, ущерб; 2. **restitutions** — экспортные и другие субсидии производящим отраслям в рамках ЕЭС.

restrict — ограничивать ◇ 1. **to restrict the issue of paper money** — ограничить эмиссию бумажных денег; 2. **restriction** — ограничение; 3. **exchange restrictions** — валютные ограничения; 4. **restrictive** — ограничительный; ограниченный; 5. **restrictive endorsement** — ограниченный индоссамент (*вексель с надписью, которая исключает переуступку его другому лицу*).

result — результат; исход; получаться; последовать; проистекать ◇ 1. **to result from** — получаться из, происходить вследствие, являться результатом чего-л.; 2. **finance results** — финансовые результаты (*выраженный в денежной форме итог хозяйственной деятельности организации в целом и ее отдельных подразделений; определяется путем сопоставления произведенных затрат с полученными доходами*).

retail — розница; розничная продажа; продавать(ся) в розницу ◇ 1. **retail business** — розничное дело; розничное предприятие; 2. **retail dealer** — розничный торговец; 3. **retail price** — розничная цена (*устанавливается на товар, продаваемый в личное потребление в небольших количествах; по этим ценам осуществляется торговля в розничной сети и посылочная торговля*); 4. **retail price index (RPI)** — индекс розничных цен (*ежемесячный показатель изменения розничных цен на потребительском рынке*).

retain — удерживать; сохранять; (*юр.*) **нанимать** (*адвоката*) ◇ 1. **to retain possession of the goods** — удерживать у себя товар; 2. **retained earnings** — нераспределенная прибыль; 3. **retained imports** — специальный импорт (*общий импорт минус реэкспорт, импорт товаров для внутреннего потребления*).

retaliate — оплачивать тем же; применять репрессалии ◇ 1. **retaliation** — отплата; репрессалии (*средства международного принуждения*); 2. **retaliatory** — ответный, репрессивный; 3. **retaliatory tariff** — карательный тариф.

retire — изымать из обращения; выкупать; оплачивать; выходить в отставку; оставлять (*работу, должность*) ◇ 1. **to retire shipping documents** — оплатить погрузочные документы; 2. **retirement** — изъятие из обращения; выкуп; оплата; выход в отставку; оставление работы; выход на пенсию; выбытие оборудования; 3. **retirement pay** — пенсия за выслугу лет; 4. **retirement rate of discount** — размер скидки в случае досрочной оплаты документированной тратты.

retorsion — реторсия (*меры воздействия, предпринимаемые одним государством против другого в ответ на применяемую последним дискриминацию*).

retrospective — имеющий обратную силу (*юр.*) ◇ 1. **retrospective law** — закон, имеющий обратную силу; 2. **retrospective statute** — закон, имеющий обратную силу.

return — возвращение; отсылка; возврат; возмещение; доход; поступления; прибыль; выручка; оборот; ведомость; отчет; итоги операций; результаты выборов; возвращать; приносить (*доход*); **избирать** (*в парламент*) ◇ 1. **return draft** — обратный переводной вексель; ретратта; рикамбио (*документ, по которому лицо, оплатившее опротестованный вексель, предъявляет требование о возмещении суммы векселя, процентов, пени и расходов по протесту к лицу, обязанному по векселю*); 2. **in return** — в обмен; в замен; в оплату; 3. **bank return(s)** — публикация о состоянии счетов банка; банковский отчет (*краткий отчет центрального банка, отражающий его финансовое положение, публикуется еженедельно или ежемесячно*); 4. **sale and (or) return** — продажа или возврат (*продажа, при которой покупатель имеет право возвратить товар в течение определенного времени*); 5. **tax return** — налоговая декларация; 6. **to yield a fair (poor) return** — приносить хороший (малый) доход; 7. **returns** — возвращенный товар, чеки, векселя; произведенный возврат; 8. **annual (half-yearly, quarterly, etc.) returns** — поступления за год (полгода, квартал и т. д.); отчетные данные или итоги операций за год (полгода, квартал и т. д.); 9. **average returns** — средний доход; средний размер поступлений; 10. **on returns** — оговорка о возврате; 11. **ship's returns** — сведения о принятом на борт или выгруженном грузе; 12. **urgent returns** — срочный возврат.

revaluation — переоценка; ревалоризация (*повышение стоимости, цены до прежнего уровня — фин.*); **ревальвация** (*корректировка в сторону повышения паритета или центрального курса валюты*).

revenue — государственные доходы; доход ◇ 1. **revenue above the line** — бюджетные государственные доходы над чертой (*налоги, таможенные и акцизные пошлины, гербовый и лицензионный сбор — англ.*); 2. **revenue below the line** — бюджетные государственные доходы под чертой (*в основном поступления в погашение займов, предоставленных муниципалитетам и т. д.*); 3. **Revenue board** — департамент налогов и сборов; финансовое управление; 4. **revenue bond** — облигация, погашение которой гарантировано доходами (*напр., муниципальная* *облигация, гарантированная доходами от пошлин, рентными платежами, получаемыми от финансируемого объекта и др.*); 5. **revenue duty** — фискальная пошлина (*таможенная пошлина, устанавливаемая с целью получения доходов в госбюджет; обычно на потребительские товары, не производимые в данной стране*); 6. **revenue officer** — таможенный чиновник; 7. **revenue stamp** — гербовая марка; 8. **tax revenue** — доход от налогов; 9. **revenues** — доходные статьи.

reversal — отмена; аннулирование; кассация; изменение; изменение направления; изменение направления на обратное; резкое изменение; поворот; перелом (*в ходе какого-л. процесса*) ◇ **reversal of the falling price trend** — изменение динамики цен в сторону повышения.

reverse — противоположное; обратное; обратный; оборотный; перевернутый; противоположный; отменять; аннулировать; кассировать (*юр.*); **резко менять** (*направление*) ◇ 1. **to reverse the decline** — приостановить понижение; вызвать повышение (*цен*); 2. **to reverse an entry** — сторнировать исправить ошибочно сделанную запись (*бухг.*); 3. **to reverse the upward (downward) movement** — вызвать понижение (повышение) цен; 4. **reverse repurchase agreement** — сделка по выкупу ценных бумаг (*совершается по инициативе кредитора; для ФРС США средство временного отвлечения резервов путем покупки ценных бумаг с их последующей перепродажей*).

review — пересмотр; обозрение; обзор; просмотр; рассмотрение; пересматривать; обозревать; просматривать; рассматривать ◇ 1. **market review** — обзор рынка; 2. **month under review** — рассматриваемый месяц.

revocable — могущий быть отозванным, отмененным, аннулированным ◇ 1. **revocable credit** — отзывной аккредитив; отзывной кредит (*предоставленный под переводной вексель кредит, могущий быть отозванным в любой момент без предварительного уведомления*); 2. **revocable letter of credit** — отзывной аккредитив (*его действие может быть прекращено до наступления указанного в нем срока*).

rider — дополнительный пункт, дополнительная статья (к документу); **добавление** (*к решению присяжных заседателей*); **аллонж** (*полоска бумаги, приклеиваемая к векселю в случае, если на обороте его не хватает места для передаточных надписей*) ◇ **insurance rider** — дополнительные условия страхования (*написанные на страховом полисе или на полоске бумаги, прикрепленной к полису*).

rig — (*мор.*) **оснащать** (*судно*); **действовать нечестно; оказывать влияния нечестным путем** ◇ **to rig the market** — искусственно повышать или понижать цены, курсы.

right — право; справедливость; порядок; правый; справедливый;

правильный; лицевой; нужный; правильно; справедливо; надлежащим образом; как раз; исправлять ◇ 1. **right away** — сразу, немедленно; 2. **right to enforce** — право требовать по суду; 3. **to right oneself** — реабилитировать себя; 4. **by fight of** — в силу, по праву чего-л.; 5. **to be back to right** — прийти в нормальное состояние; 6. **to be in the right** — быть правым; 7. **to be within one's right** — быть вправе; 8. **to enjoy a right** — пользоваться правом; 9. **to prejudice a right** — нанести ущерб праву; 10. **sole right** — монопольное право; 11. **stock right** — право подписки на акции; 12. **rights** — привилегированные акции или облигации, предлагаемые уже имеющимся акционерам или подписчикам по цене ниже рыночной; 13. **rightful** — законный; принадлежащий по праву; справедливый; 14. **rightful owner** — законный собственник; законный владелец.

ring — ринг (*объединение спекулянтов, торговцев, фабрикантов, созданное для захвата контроля над рынком, искусственного повышения цен и т. п.*); **биржевое кольцо** (*круг членов биржи, имеющих исключительное право на заключение биржевых сделок; расположенные в виде круга места членов биржи в биржевом зале*); **звонить** ◇ 1. **to ring out —** досрочно ликвидировать контракт (*бирж.*).

rise — подъем; повышение; увеличение; повышение цен(ы); прибавка (*к зарплате*); **происхождение; начало; подниматься; повышаться; увеличиваться; повышаться в цене; вздорожать** ◇ **rise in the bank rate** — повышение ставки банковского учета; 2. **to hold for a rise** — держать на случай повышения цены; 3. **pay rise** — повышение зарплаты; прибавка к зарплате.

risk — риск; рисковать ◇ 1. **risk aversion** — степень риска, при которой инвестор не желает принимать его на себя; 2. **risk of currency deprecation** — валютный риск (*связан с изменением валютного курса*); 3. **risk of loss** — коммерческий риск (*вероятность неоплаты или просрочки платежей по обязательствам вследствие недобросовестности или неплатежеспособности*); 4. **risk premium** — возмещение, дополнительное вознаграждение при принятии риска на себя; 5. **aggregate risk** — совокупный риск (*полная ответственность банка перед клиентом по двум одновременно совершаемым сделкам: кассовой и форвардной*); 6. **all risk insurance** — страхование от всех рисков; 7. **credit risk** — риск при продаже в кредит или при предоставлении кредита; кредитный риск (*риск невыполнения заемщиком принятых обязательств, риск неплатежеспособности или банкротства клиента или партнера по сделке, нейтрализуется тщательным изучением финансового положения заемщика или контрагента, его репутации, требованием гарантий*); 8. **country risk** — региональный риск (*связан с предоставлением кредита или инвестициями в данной стране*);

9. **del credere risk** — риск при продаже в кредит или при предоставлении кредита; кредитный риск; 10. **interest risk** — процентный риск (*опасность потерь банка в результате повышения процентных ставок, выплачиваемых банком по привлеченным средствам, по сравнению со ставками по предоставленным кредитам; возникает, когда сроки предоставленных по фиксированным ставкам средств не соответствуют срокам привлеченных по фиксированным ставкам средств для рефинансирования кредита, когда процентные ставки по размещенным и привлеченным средствам банка регулируются различными правилами*); 11. **policy risk** — политический риск (*риск неоплаты или просрочки платежей по обязательствам, вызванные причинами политического характера*); 12. **price risk** — ценовой риск (*риск изменения цены долгового обязательства вследствие роста или падения текущего уровня процентных ставок*); инфляционный риск (*вызванный непредвиденным ростом издержек производства при выходе на новые рынки*); 13. **sovereign risk** — риск предоставления кредитов на слишком большие суммы (*приводит к тому, что банки обычно устанавливают контроль за лимитами по кредитам, предоставленным какому-л. правительству или организации под правительственную гарантию; такой риск более приемлем, чем риск, связанный с кредитами, не гарантируемыми правительством*).

rival — соперник; конкурент; соперничающий; конкурирующий; соперничать; конкурировать ◇ **rival firm** — конкурирующая фирма.

roll — сверток; связка; рулон; официальный документ; реестр; список; вращать(ся); катить(ся) ◇ 1. **roll back** — понижение рыночных цен (*посредством правительственных мероприятий*); 2. **rolling capital** — оборотный капитал (*стоимость средств производства и рабочей силы, целиком переносящаяся в процессе производства на продукт*); 3. **rollover** — ролловер (*пролонгация срока кредита путем выпуска новых долговых обязательств, обычно в обмен на старые; на рынке ценных бумаг — реинвестирование средств, высвобождающихся по мере истечения срока прежних эмиссий, в новые обязательства*); 4. **rollover credit** — ролловер кредит (*разновидность международных и национальных средне- и долгосрочных кредитов, предоставляемых по плавающим ставкам; процентная ставка по нему устанавливается каждые 3 или 6 месяцев, исходя их конъюнктуры рынка краткосрочных капиталов*).

roster — список, реестр.

rough — грубый; неотделанный; необработанный; черновой; приблизительный ◇ **rough balance** — приблизительное сальдо; брутто-баланс.

round — круглый; круговой; круглый; приблизительный; значительный; крупный; округлять; цикл; ряд; тур; раунд ◇ 1. **round figures** — круглые цифры; округленные числа; 2. **round lot** — полный лот; крупный пакет акций (*состоящий, напр., из 1000 или 5000 акций и являющийся предметом одной сделки, или любое количество таких единиц — бирж., ам.*); 3. **round off** — закруглять; 4. **round sum** — значительная, солидная сумма; округленная, приблизительная сумма; 5. **round tripping** — (*англ.*) заем средств в своем банке, для получения прибыли на разнице в процентных ставках краткосрочных кредитов и овердрафта; 6. **round turn** — полностью завершенная срочная товарная сделка; 7. **round voyage chartering** — фрахтование на круговой рейс (*фрахтование на рейс между двумя или более портами, при котором все судно или его часть предоставляется в распоряжение фрахтователя для перевозки груза в прямом и обратном направлении с возвращением в район первоначального отправления*).

royalty — плата за право разработки недр; арендная плата; пошлина; плата или отчисления за право пользования патентом, авторским трудом; лицензионная плата; роялти (*периодические отчисления продавцу (лицензиару) за право пользования предметом лицензионного соглашения; устанавливается в виде фиксированных ставок, выплачивается через согласованные промежутки времени в течение действия лицензионного соглашения*).

rule — правило; постановление; предписание; норма; устав; власть; господство; правление; постановлять; устанавливать; стоять на уровне; действовать; преобладать (*о курсах, ценах, ставках и т. п.*); **котироваться; господствовать; управлять** ◇ 1. **"rule of 72"** — "правило 72" (*прием приблизительного расчета числа лет, необходимого для удвоения капитала по сложному проценту; 72 делится на величину процентной ставки*); 2. **"rule of 78"** — "правило 78" (метод распределения на весь срок операции суммы процентов, начисляемых по кредиту); 3. **to rule the market** — господствовать на рынке; 4. **competition rules** — правила конкуренции (*международно согласованные нормы по контролю за деловой практикой и защите конкуренции; согласовано проводится в рамках международных организаций; бывают обязательные и рекомендательные*); 5. **to lay down a rule** — установить правило.

rummage — таможенный досмотр; (*мор.*) **обыск** (*судна*)**; остатки товаров; производить таможенный досмотр** (*судна*)**; обыскивать** (судно)**; перекладывать грузы** ◇ **rummage sale** — распродажа остатков; распродажа невостребованных грузов.

run — пробег; работа (*машины*)**; серия; приток; наплыв; спрос; наплыв требований; направление; тенденция; течение** (*време-

ни); **ходить; плыть; работать; вести** (*предприятие*); **управлять; эксплуатировать; течь; гласить; держаться на уровне** ◇ 1. **a run on the bank** — набег на банк, наплыв требований в банк, массовое изъятие вкладов из банка; 2. **to run a deficit (a surplus)** — иметь дефицит (излишек); 3. **to run dry** — иссякать, истощаться; 4. **to run into heavy selling** — продаваться с трудом, иметь плохой сбыт; 5. **to run into money** — обходится дорого; 6. **to run off** — истекать (о сроке); 7. **to run out** — истекать; оканчиваться; истощаться; 8. **to run to** — доходить до (о деньгах, о ценах); 9. **to run up** — повышаться; повышать; 10. **the run of the market** — тенденция рыночных цен; 11. **at a run** — подряд; 12. **long production run** — крупносерийное производство; 13. **paragraph 5 of the contract runs as follows** — пятый параграф контракта гласит следующее; 14. **running** — текущий; постоянный; непрерывный; сплошной; последовательный; линейный; 15. **running expenses** — эксплуатационные расходы (*текущие расходы предприятия, включающие затраты на оплату труда, сырье и материалы, энергоносители, амортизацию, научно-исследовательские и проектно-конструкторские работы, повышение квалификации кадров, налоги, благотворительность*); 16. **running days** — сплошные дни (*включая воскресенья и праздники — мор.*); 17. **running down clause** — пункт о столкновении (*оговорка о страховом полисе об ответственности страховщика за убытки от столкновения судна с другими судами*); 18. **running policy** — генеральный полис; постоянный полис (*при страховании оговаривается предполагаемая стоимость страхуемых товаров; страховая премия определяется после окончательного уточнения стоимости товаров — страх.*).

rush — натиск; напор; наплыв; бросаться; нестись ◇ 1. **rush hours** — часы пик, часы наплыва покупателей, пассажиров и т. п.; 2. **rush order** — срочный заказ; 3. **to rush an order** — срочно выполнить заказ; срочно отправить заказанный товар.

S

sacrifice — убыток; жертва ◇ 1. **sacrifice sale** — продажа в убыток; 2. **to sell at a sacrifice** — продавать в убыток.

safe — надежный; безопасный; верный; сохранный; осторожный; благоразумный; сейф; холодильник ◇ 1. **safe house** — солидная фирма; 2. **safe investment** — безопасное вложение капитала; 3. **safe keeping** — хранение, надежное хранение; 4. **safe load** — допускаемая нагрузка; 5. **to be considered safe for (a credit of) ...** — считаться кредитоспособным в размере ...; 6. **to be on the safe side** — не брать на себя риск; не рисковать; 7. **safekeep** — ответственное хранение (*принятие банками за определенную комиссию на хранение облигаций и инструментов денежного рынка*).

safeguard — гарантия; предосторожность; защита; охрана; охранять; гарантировать; защищать ◇ 1. **to safeguard industries** — защищать промышленность (*от иностранной конкуренции*); 2. **as a safeguard against** — в виде гарантии от; 3. **safeguards for one's interest** — защита чьих-л. интересов.

sag — ослабевать; понижаться (*о ценах*) ◇ 1. **sagging market** — рынок, на котором наблюдается непрерывное понижение цен или курсов; 2. **sagging off of prices** — понижение цен.

salary — жалование; платить жалование ◇ 1. **salary earners** — служащие; 2. **salaried man** — служащий.

sale — продажа; запродажа; сбыт; распродажа ◇ 1. **sale and leaseback** — продать и взять обратно в аренду (*вид кредита при продаже; переходящая собственность используется в качестве залога*); 2. **sale and (or) return** — продажа или возврат (*продажа, при которой покупатель имеет право возвратить товар в течение определенного времени*); 3. **sale for future delivery** — продажа на срок (*сделка на фондовой или товарной бирже, по которой платеж осуществляется через определенный срок по курсу, зафиксированному на момент сделки*); 4. **sale on approval** — продажа с подтверждением (продажа с сохранением права покупателя отказаться от товара, если он не удовлетворен его качеством); 5. **sale on arrival** — продажа товара, находящегося в пути; 6. **sale to arrival** — продажа товара, находящегося в пути; 7. **sale value** — продажная стоимость; 8. **advance sale of products** — запродажа будущих изделий; 9. **bargain and sale** — договор купли-продажи (*торговый документ, содержащий условия на которых одна сторона, продавец, передает другой стороне, покупателю, какой-л. товар, знания, опыт, результаты творческой деятельности, оказывает ус-*

луги, выполняет работы за определенную оплату; подробно оговариваются права и обязанности сторон с учетом особенностей производимых работ, товаров, сроков и видов их поставки — юр.); 10. **compulsory (forced) sale** — принудительная продажа; 11. **credit sale** — продажа в кредит (продажа с отсрочкой платежа); 12. **exchange sale** — биржевая продажа; 13. **exclusive sale of an article** — эксклюзивное право продажи (*исключительное право продажи какого-л. товара*); 14. **forward sale** — продажа на срок (*см.* sale for future delivery); 15. **gross sale** — валовая сумма продаж; 16. **hire-purchase sale** — продажа в рассрочку; 17. **invalid conditional sale** — аннулированная запродажа; 18. **net sale** — чистая сумма продаж; 19. **private sale** — продажа по частному соглашению (*когда все условия оговариваются только для данной сделки*); 20. **public sale** — аукцион (*публичный торг для продажи товаров, обладающих индивидуальными свойствами, под руководством специального лица — аукционера; владельцы товаров заблаговременно доставляют их на склады или специальные места, где товары и однородные партии их, т. е. лоты, выставляются для предварительного осмотра и опробования, во время торгов покупателем становится тот, кто предложил максимальную цену, по завершении торгов покупатель подписывает стандартный договор*); 21. **shipment sale** — продажа на экспорт; 22. **speedy sale** — срочная запродажа; 23. **urgent sale** — срочная запродажа; 24. **to effect a sale** — совершить продажу; 25. **to have the exclusive sale of an article** — иметь исключительное право продажи какого-л. товара; 26. **to take on sale** — брать на комиссию; 27. **to command a ready sale** — иметь постоянный хороший сбыт; 28. **to meet with a ready sale** — иметь хороший сбыт, быстро продаваться; 29. **bargain sale**—дешевая распродажа.

salvage — спасение имущества (*от огня*); **спасение судна или груза** (*на море*); **вознаграждение за спасение** (*на море*); **расходы по спасению; спасательное вознаграждение; спасенное имущество; спасенное судно или груз; утиль; спасать** ◇ 1. **salvage clause** — оговорка об участии страховщика в расходах по спасению (*страх.*); 2. **salvage lien** — право спасателя на удержание спасенного имущества (*в обеспечение получения вознаграждения за спасение*); 3. **salvage loss** — убыток при реализации спасенного имущества; 4. **salvage on cargo** — вознаграждение за спасение груза; 5. **salvage value** — стоимость спасенного имущества; сумма, которую можно выручить за имущество в случае его немедленной реализации; 6. **salvor** — спасатель.

sample — образец; проба; выборка; выбранная единица или группа; выборочное обследование (*стат.*); **отбирать образцы, пробы; испытывать; делать выборку; отбирать** ◇ 1. **sample grade** — самое низкое качество товара, приемлемое при его поставке по срочному контракту; 2. **sample method** — выборочный метод (*стат.*); 3. **sample of industrial enterprises** — выбранная группа промышленных предприятий; выборочное обследование промышленных предприятий (*стат.*); 4. **agreed upon sample** — согласованный образец; 5. **purchase (sale) by sample** — покупка (продажа) по образцу; 6. **unit sample** — средний образец (*взятый из нескольких мест однородной партии товара*); 7. **sampling plan** — план выборки; 8. **sampling unit** — единица выборки, единица отбора.

sanction — санкция (*утверждение высшей инстанцией какого-л. акта, придающее ему силу закона; часть статьи закона, в которой указываются правовые последствия нарушения данного закона*)**; одобрение; утверждение; подтверждение; репрессия.**

satisfaction — удовлетворение ◇ **satisfaction of a wand** — удовлетворение потребности.

satisfy — удовлетворять; выполнять; исполнять; убеждать ◇ 1. **to satisfy the demand** — удовлетворить спрос (требование); 2. **to satisfy on agreement** — исполнить договор; 3. **we are satisfied that ...** — мы убеждены в том, что ... (*корр.*).

save — спасать; сберегать; экономить; выгадывать; сберегать деньги; делать сбережения ◇ 1. **to save expense(s)** — экономить расходы; 2. **to save money** — сберегать деньги, экономить деньги, откладывать деньги; 3. **to save time** — выгадывать время; 4. **to save up** — делать сбережения.

saving — экономия; сберегающий; экономный; содержащий оговорку ◇ 1. **saving ratio** — норма сбережения (*доля личного дохода, остающаяся в распоряжении владельца и используемая для накопления или погашения долга*); 2. **savings** — сбережения; 3. **savings account** сберегательный счет (*вид счета в ссудо-сберегательных ассоциациях, занимающихся аккумуляцией сбережений населения и долгосрочным кредитованием — ам.*); 4. **savings bonds** — сберегательные боны; 5. **savings deposit** — вклад в сберегательной кассе (на неопределенный срок под процент); 6. **savings loan association** — ссудо-сберегательная ассоциация (*учреждение, привлекающее сберегательные вклады и предоставляющее средства для строительства домов под залог*); 7. **mutual savings bank** — (*ам.*) взаимно-сберегательный банк; (*англ.*) доверительно-сберегательный банк (*сберегательные учреждения, являющиеся универсальными и работающие с широким кругом лиц; такие банки принимают сберегательные депозиты отдельных вкладчиков и размещают основную часть их средств в кредиты на приобретение недвижимости; имеют право открывать текущие счета своим клиентам*).

scale — шкала; чашка весов; масштаб; размер; величина ◇ 1. **to**

scale down — понижать по определенной шкале; постепенно понижать (сокращать); осуществлять последовательные покупки в период падения цен на рынке при достижении обусловленных изменений в ценах; 2. **scale of charges** — шкала сборов, расходов; тариф (система ставок, по которым взимается плата за услуги); 3. **scale of living** — жизненный уровень; 4. **to scale up** — повышать; осуществлять последовательные продажи в период повышения рыночных цен; 5. **scale of wages** — шкала заработной платы; 6. **large-scale (small-scale) enterprise** — крупное (мелкое) предприятие; 7. **scales** — весы; 8. **a pair of scales** — весы; 9. **to turn the scales** — получить перевес, оказаться решающим фактором.

scalp — (*бирж.*) **продавать с небольшой прибылью** ◇ **scalper** — мелкий спекулянт (*осуществляющий быстрые покупки, довольствующийся небольшой прибылью*).

scarcity — недостаток; нехватка; дефицит; дороговизна; нужда; голод; редкость ◇ **scarcity price (value)** — повышенная цена (стоимость) в период нехватки товара.

schedule — добавочный лист (*к документу*); **добавочная статья; добавление; приложение; лист; список; опись; таблица; расписание; график; план; назначенный срок; приложить добавочный лист, статью; заносить в список; планировать; составлять график** ◇ 1. **schedule of commission charges** — тариф ставок комиссионного вознаграждения; 2. **schedule of usual tare weights** — тара-тариф (*таблица веса тары для различных товаров согласно таможенным правилам*); 3. **schedule tare** — (*ам.*) вес тары по тара-тарифу (*вес по таблице веса тары для различных товаров согласно таможенным правилам*); 4. **census schedule** — переписной лист; опросный лист; переписной бюллетень (*стат.*); 5. **customs schedule** — таможенная классификация товаров; таможенный тариф (*ам.*); 6. **to complete to schedule** — закончить срок.

scope — область; поле; сфера (деятельности); размах, свобода действий; возможности ◇ 1. **scope for investment** — возможности для капиталовложений; 2. **scope of inquiry** — область исследования.

score — выигрывать; достигать; бирка; два десятка; двадцать ◇ 1. **to score an advance** — повысится в цене; 2. **to score an advantage** — получить преимущество; 3. **to score a success** — достичь успеха; 4. **on this score** — на этот счет, этом отношении; 5. **threescore** — шестьдесят.

scrip (*pl.* **scrip и scrips**) **— предварительное свидетельство на акцию или облигацию** (*англ.*); **временная акция или облигация; сертификат на участие в подписке** (*временный документ, выдаваемый лицам, получившим акции; в более широком значении — любая форма ценной бумаги*); **свидетельство на часть**

акции ◇ 1. **scrip** — государственные облигации, выпущенные в обеспечение уплаты репараций или внешнего долга; 2. **scrip bonus** — бесплатная акция; 3. **scrip certificate** — предварительное свидетельство на акцию или облигацию (*англ.*); временная акция или облигация; сертификат на участие в подписке; свидетельство на часть акции; 4. **scrip dividend —** дивиденд в форме денежного обязательства (*ам.*); 5. **scrip issue**— свободный выпуск акций (*иногда осуществляется в форме выплаты дивидендов акциями*); 6. **instal(l)ment scrip** — квитанция об уплате взноса за акцию.

seal — печать; пломба; клеймо; скреплять печатью; запечатывать; плотно закрывать; изолировать; закупоривать ◇ 1. **to seal up** опечатывать; 2. **common seal** — корпоративная печать; 3. **customs seal** — печать таможни; таможенная пломба; 4. **impression of a seal** — оттиск печати; 5. **to affix the seal** — поставить печать, приложить печать; 6. **to put under seal** — наложить печать; опечатать; запечатать; 7. **under seal** — с приложением печати, за печатью, скрепленный печатью.

seat — место; членство; должность; местонахождение ◇ 1. **seat of the company** — местонахождение общества, компании; 2. **seat on the bench** — должность судьи; 3. **seat on the board (of directors) —** директорский пост; должность члена правления директоров.

second — второй экземпляр переводного векселя, секунда; второй, вторичный; второстепенный; поддерживать предложение (*на собрании*) ◇ 1. **second of exchange** — секунда (*второй экземпляр переводного векселя*); 2. **second-best** — второсортный, второго сорта; 3. **second-chop** — второсортный, второго сорта; 4. **secondhand** — подержанный; 5. **second-rate** — второсортный, второго сорта; 6. **second to none** — непревзойденный; 7. **seconds —** второсортный товар, второсортная продукция; 8. **secondarily** — во вторую очередь; 9. **secondarily liable** — ответственный во вторую очередь.

secondary — второстепенный; вторичный; побочный ◇ 1. **secondary liability** — условная ответственность; ответственность по гарантии; второочередная ответственность; второстепенная ответственность; 2. **secondary market** — вторичный рынок (*рынок без посредников, на котором совершаются операции по покупке и продаже долговых обязательств и внутренних ценных бумаг после первоначального их выпуска на первичный рынок*); 3. **secondary occupation** — побочное занятие; 4. **secondary offering** — вторичное предложение ценных бумаг для продажи, вторичное распределение (*в США — перераспределение пакета акций вновь созданной компании после предложения их через фирмы, реализующие ценные бумаги*); 5. **secondary products** — изделия обрабатывающей промышленности; 6. **to be of secondary importance** — иметь второстепенное значение, не являться самым существенным моментом.

secure — обеспечивать; гарантировать ◇ 1. **to secure a creditor** — предоставить обеспечение кредитору; 2. **to secure an order** — получить заказ; 3. **to secure a profit** — получить прибыль; 4. **secured bill** — вексель, обеспеченный товарными документами или ценными бумагами.

security — безопасность; надежность; охрана; защита; обеспечение; гарантия; залог; поручитель ◇ 1. **security by an advance** — обеспечение задатком; 2. **security clause** — оговорка о залоге; 3. **security for a claim through the court** — обеспечение иска судом; 4. **assignment of right to security** — переуступка прав на залог; 5. **insured security** — застрахованный залог; 6. **on the security of** — под обеспечение; под гарантию; 7. **pledged security** — залоговое обеспечение; 8. **property as security** — залог имущества; 9. **securities** — ценные бумаги; 10. **securities to bearer (bearer securities)** — ценные бумаги на предъявителя; 11. **securities transaction** — фондовые операции банков (*операции с ценными бумагами: кредитование под залог ценных бумаг и покупка ценных бумаг банками за свой счет; размещение вновь выпущенных ценных бумаг; покупка и продажа ценных бумаг по поручению и за счет клиентов; хранение и управление ценными бумагами клиентов*); 12. **corporation securities** — ценные бумаги, выпущенные корпорациями (*ам.*); ценные бумаги, выпущенные муниципалитетами (*англ.*); 13. **drawn securities** — ценные бумаги, вышедшие в тираж; 14. **gilt-edged securities** — котирующиеся ценные бумаги; первоклассные или гарантированные ценные бумаги; 15. **high yielding securities** — ценные бумаги с высоким доходом; 16. **listed securities** — ценные бумаги, котирующиеся на бирже, ценные бумаги, допущенные к биржевому обороту (*по которым допускающая комиссия биржи приняла положительное решение*); 17. **outstanding securities** — ценные бумаги, выпущенные в обращение; 18. **public securities** — государственные ценные бумаги; ценные бумаги, выпущенные публично-правовыми организациями; 19. **to hypothecate securities** — получить ссуду под ценные бумаги.

see — видеть; позаботиться о чем-л. ◇ 1. **to see about** — позаботиться о чем-л.; проследить за чем-л.; 2. **to see into** — рассматривать, вникать во что-л.; 3. **to see to** — присматривать за чем-л. позаботиться о чем-л.; 4. **seen or not seen** — независимо от того, видел ли покупатель товар или не видел (*условие продажи без гарантии качества товара — ам.*).

seek (sought) — искать; разыскивать; добиваться ◇ 1. **to be sought after (for)** — быть в спросе; 2. **lead is much sought after** — на свинец существует большой спрос.

segmentation — сегментация; деление ◇ **segmentation of market** — сегментация рынка (*разделение рынка на отдельные сегменты по какому-л. признаку, что позволяет более целенаправленно производить маркетинговые мероприятия, избежать лишних затрат в рекламе и сбыте, приспособить продукцию к потребностям определенной категории покупателей*).

seize — захватывать; налагать арест на; конфисковать; воспользоваться; наложение ареста; конфискация; захват ◇ 1. **to seize (upon) the opportunity** — воспользоваться удобным случаем; 2. **seizure** — наложение ареста; конфискация; 3. **seizure note** — акт о конфискации груза таможней.

self- — само- ◇ 1. **self-finance** — самофинансирование (*финансирование инвестиционных программ за счет аккумуляции внутренних фондов предприятия*); 2. **self-liquidating loan** — краткосрочная подтоварная ссуда (*автоматически погашающаяся при продаже товара — ам.*); 3. **self-sufficiency** — самообеспеченность; экономическая независимость; экономическая замкнутость; автаркия (*политика государства, направленная к обособлению национального хозяйства*); экономическая автономность.

sell (sold) — продавать(ся) ◇ 1. **to sell at best** — (*бирж.*) продавать по наиболее выгодной достижимой цене или по наилучшему достижимому курсу; 2. **to sell at a discount** — продавать(ся) ниже номинальной цены; продавать(ся) со скидкой; продавать с убытком; 3. **to sell a bear** — (*бирж.*) "продавать медведя" (*играть на понижение*); продавать на срок товары (ценные бумаги), которых нет в наличии; 4. **sell down** — предложение части вновь выпускаемых бумаг потенциальным участникам, минуя размещающий эти бумаги синдикат; 5. **to sell in bulk** — продавать оптом; продавать баз упаковки, насыпью, в навалку; 6. **to sell out** — (*бирж.*) распродавать; продавать контракт на сторону (*в случае неоплаты первоначальным покупателем товара или ценных бумаг в срок*); 7. **to sell out against the buyer** — (*бирж.*) продать контракт на сторону с отнесением разницы за счет первоначального покупателя; ликвидировать контракт в случае невзноса маржи клиентом брокера; 8. **to sell at a premium** — продавать(ся) выше номинальной цены; продавать(ся) с надбавкой; продавать с прибылью; 9. **to sell short** — играть на понижение (*бирж.*); продавать на срок товары (ценные бумаги), которых нет в наличии; 10. **to sell a spread** — продать маржу (*продать фьючерсный контракт на ближайший срок и купить на дальний*); 11. **selling** — продажа; 12. **selling agent** — агент по продаже (*продает товары одного или нескольких предприятий по договору на рынках с высокой конкуренцией; сам устанавливает цены и условия сбыта, может торговать изделиями конкурентов, очень тщательно изучает рынок*); 13. **selling hedge** — хедж (*прода-*

жа срочного контракта на торговой бирже, обеспечивающая страхование от предполагаемого в будущем изменения цен); 14. **selling group members** — участники группы, занимающейся размещением ценных бумаг (*в группу входят все члены синдиката, а также представители других банков и дилеры; участники отчитываются перед менеджером, управляющим эмиссией, о результатах подписки, в зависимости от этих результатов, а также положения и репутации участников, они получают часть выпускаемых бумаг, участники группы не несут риска, связанного с размещением бумаг на условиях "андеррайтинг"*); 15. **selling rate**—курс продавцов.

seller — продавец ◇ 1. **seller ten, twenty, thirty, etc.** — (*ам. бирж.*) обязательство продавца сдать ценные бумаги не позже, чем через десять, двадцать, тридцать дней и т. д.; 2. **best seller** — самый ходовой предмет; ходкая книга; бестселлер; 3. **sellers' market** — рыночная повышательная конъюнктура, рынок продавца (*ситуация, когда спрос значительно превышает предложение, происходит рост цен и числа заключаемых сделок*); 4. **seller's option** — выбор продавца (*право продавца определять время и место поставки, количество товара поставляемого во исполнение заказа*); 5. **sellers over** — (*англ.*) превышение предложения над спросом; 6. **sellers' prices** — цены, выгодные для продавца, высокие цены.

semi- — полу- ◇ 1. **semi-finished products** — полуобработанные изделия; полуфабрикаты; 2. **semi-manufactures** — полуфабрикаты; заготовки; 3. **semis** — полуфабрикаты; заготовки.

senior — старший; главный; пользующийся преимуществом, преимущественный ◇ 1. **senior issue** — ценные бумаги с фиксированным доходом, дающие преимущественное право при выставлении требований; 2. **senior lien** — преимущественное право удержания; 3. **senior partner** — главный компаньон, глава фирмы; 4. **senior security** — право на первоочередной возврат инвестированных средств при банкротстве компании; 5. **senior stock** — привилегированные акции; 6. **seniority** — старшинство; трудовой стаж.

sentiment — тенденция; настроение (*рынка*) ◇ **change in sentiment** — изменение настроения (*рынка*).

separate — отдельный, особый, специальный; сепаратный; отделять(ся); разделять; разъединять; сортировать; отсеивать ◇ 1. **separate account** — специальный счет; 2. **in separate lots** — отдельными партиями.

serial — серийный; последовательный; порядковый ◇ 1. **serial bonds** — облигации, выпускаемые и погашаемые сериями через определенные интервалы; 2. **serial discounts** — серийные (прогрессирующие) скидки (*скидки оптовым покупателям определенных партий однородных товаров*).

servant — служащий; служитель; слуга; прислуга ◇ 1. **civil servant** — государственный служащий, чиновник; 2. **public servant** — должностное лицо.

service — служба; обслуживание; сообщение; связь; эксплуатация; услуга; содержание; расходы по обслуживанию; уплата капитальной суммы или процентов (*по займам, облигациям*); (*юр.*) **вручение, предъявление** (*судебного документа*); **уплачивать капитальную сумму, проценты** (*по займам*) **или дивиденд; оплачивать, погашать** (заем, облигации); **обслуживать** ◇ 1. **service charge on a loan** — ссудный процент; уплата комиссии и процентов по займам (*плата кредитору за пользование ссуженными деньгами или материальными ценностями, ее величина зависит от срока, размера и обеспеченности ссуды*); 2. **to service interest charges** — уплачивать проценты; 3. **agency fee for services** — вознаграждение за услуги (*оплата услуг, предоставляемых агентством*); 4. **civil service** — гражданская служба; 5. **comprehensive service** — комплексные услуги; 6. **current service of a loan** — уплата процентов по займу; 7. **to go into service** — вступать в строй; 8. **to render service** — оказывать услуги; 9. **ship's agency service** — агентирование судов (*обслуживание судов в порту морским агентом по поручению судовладельца и от его имени; обычно это оформление судовых и грузовых документов, выполнение таможенных и портовых формальностей, организация погрузо-разгрузочных работ, сдача-приемка грузов, ремонтные судовые работы, снабжение судна топливом, водой, продовольствием и т. п.*).

set — ставить, класть; устанавливать; назначать; пускать в ход; приводить (*в определенное состояние*); **комплект; набор; ассортимент; ряд; группа; серия; прибор; аппарат; установка** ◇ 1. **to set about** — начать, приступить к; 2. **to set apart** — откладывать; 3. **to set aside** — откладывать; отклонять; аннулировать; 4. **to set down** — записывать; письменно излагать; 5. **to set forward** — выдвигать (*предложение*); 6. **set of bills** — комплект коносаментов, экземпляров переводного векселя; 7. **set off** — зачет (*суммы*); требование о зачете суммы; встречное требование; 8. **to set one's hand to a document** — подписать документ; 9. **to set oneself up in business** — открыть собственное дело; 10. **to set out** — выставлять на продажу, напоказ; 11. **to set the seal** — приложить печать, поставить печать; 12. **to set up** — начинать, основывать, учреждать, открывать; 13. **to issue (to draw) a bill in a set of three** — выставить тратту в трех экземплярах; 14. **setback** — регресс; спад; понижение; понижение цен.

settle — решать; разрешать; приходить к соглашению; улаживать; урегулировать; рассчитываться, расплачиваться, оплачивать, ликвидировать, покрывать; поселяться); оседать; засе-

лять; колонизировать ◇ 1. **to settle with creditors** — прийти к соглашению с кредиторами; расплатиться с кредиторами; 2. **to settle an account** — расплатиться по счету; 3. **to settle a bill** — оплатить счет, покрыть счет; уплатить по векселю.

settlement — решение; разрешение; соглашение; урегулирование; ликвидация, расчет, уплата, покрытие; ликвидация сделки; (*бирж.*) **ликвидационный период; расчетные дни** ◇ 1. **settlement days** — расчетные дни (*4 дня в середине месяца и 4 дня в конце месяца для закрытия сделок*); 2. **settlement of accounts** — покрытие задолженности по счетам; заключение книг, счетов; 3. **settlement of a bill** — покрытие счета; оплата векселя; 4. **settlement day** — день платежа (*последний день ликвидационного периода; платежный день, день выдачи заработной платы*); 5. **settlement house contracts** — договоры с централизованным расчетом (*контракты, расчет по которым производится через расчетную палату*); срочные контракты; 6. **settlement price** — расчетная цена (*средняя цена на товар, определяемая на конец операционного дня; служит для определения колебания цен на следующий день и размеров залогового обеспечения по срочным контрактам*); 7. **settlement terms** — условия расчетов по сделкам; 8. **settlement with creditors** — соглашение с кредиторами; расплата с кредиторами; 9. **to buy (to sell) for end settlement** — купить (продать) с условием ликвидации расчетов в конце месяца; 10. **to buy (to sell) for mid settlement** — купить (продать) с условием ликвидации расчетов в середине месяца; 11. **to buy (to sell) for the settlement** — купить (продать) с условием ликвидации расчетов в течение ближайшего ликвидационного периода; 12. **final settlement** — полный расчет; 13. **for end settlement** — ликвидация расчетов в конце месяца; 14. **for mid settlement**— ликвидация расчетов в середине месяца; 15. **for the settlement** — ликвидация расчетов в течение ближайшего ликвидационного периода; 16. **stock exchange settlement** — ликвидация сделок на фондовой бирже; ликвидационный период на фондовой бирже; 17. **settlements** — платежи центрального банка, сделанные с целью покрыть внешний дефицит и задолженность, связанную с интервенцией.

sever — рвать ◇ 1. **to sever one's connection with a firm** — порвать отношения с фирмой; 2. **severable** — отделимый; 3. **severable contract** — (*юр.*) делимый контракт (*содержит несколько независящих друг от друга обязательств*); 4. **severable breach** — (*юр.*) частичное нарушение.

severe — жестокий; строгий; суровый ◇ 1. **severe competition** — жестокая конкуренция; 2. **severe loss** — большой убыток; 3. **severe measures** — строгие меры.

shade — незначительное отличие; оттенок; немного понизить (цену) ◇ **a shade higher (lower)** — (о *ценах*) немного выше (*ниже*).

share — доля; часть; участие, доля участия; доля собственности; акция; делить; разделять; участвовать; быть пайщиком ◇ 1. **share capital** — акционерный капитал (*общая сумма акций, одобренных к выпуску или выпущенных компанией, может продаваться только в виде акций определенного номинала*); 2. **share certificate** — именное свидетельство на акцию или акции; акция; 3. **share list** — фондовая курсовая таблица; список акций; 4. **share (payable) to bearer** — акция на предъявителя; 5. **to share in profits** — участвовать в прибылях; 6. **share premium** — премия, получаемая при продажа акций по цене, превышающей их номинальную стоимость; 7. **share register** — книга акционеров (*список имен, адресов и акций членов компании с ограниченной ответственностью; содержит также даты вступления и выхода из компании, величину сумм, выплаченных по акциям*); 8. **shares without par value** — акции без нарицательной цены; погашенные акции; 9. **advanced shares** — вздорожавшие акции; 10. **bearer share** — акция на предъявителя (*имя владельца не указывается, выпускаются в более мелких номиналах для привлечения средств широких кругов населения, должны быть полностью оплачены*); 11. **bonus shares** — бесплатные акции (*форма выплаты высокого дивиденда акционерам за счет капитализации резерва, — распределяются обычно пропорционально количеству акций, принадлежащих каждому члену акционерного общества*); учредительские акции; 12. **co-op share** — пай в кооперативе; 13. **founders share** — учредительские акции (*только для учредителей акционерного общества, дают им преимущественные права; достаточно редки, т. к. по законам некоторых стран их выпуск запрещен*); 14. **ordinary shares** — обыкновенные акции, ординарные акции, акции с нефиксированным дивидендом (*выплаты по ним осуществляются только после выплат по привилегированным акциям, зависит от суммы акций и размеров прибыли; держатели этого вида акций имеют право голоса при решении дел акционерного общества*); 15. **original shares** — акции первого выпуска; подлинные акции; 16. **preferred ordinary shares** — акции обыкновенные (ординарные) с фиксированным дивидендом (*акции обыкновенные класса Б — привилегированные обыкновенные акции; дивиденд по ним уплачивается до выплаты по другим обыкновенным акциям — англ.*); 17. **to go shares** — входить в долю; 18. **underwriting share** — доля в консорциуме; доля участия в страховании.

shareholder — акционер; держатель акций ◇ **deferred shareholders** — держатели акций с отсроченным дивидендом.

sharp — резкий; острый; нечестный; недобросовестный ◇ 1. **sharp practice** — мошенничество; 2. **a sharp rise in prices** — резкое повышение цен.

shed — навес; сарай; амбар; ангар; депо; ронять; сбрасывать; понижаться ◇ **to shed a point** — понизиться на пункт (*о курсе, цене*).

ship — судно, корабль; грузить(ся); отгружать, отправлять (*морем; ам. — по железной дороге или автотранспортом*); **производить посадку** ◇ 1. **ship agent** — судовой агент; 2. **ship broker** — судовой маклер, судовой брокер (*агент владельца судовой компании, ведающий вопросами размещения грузов, страхования, фрахтования и т. п.*); 3. **ship chandler** — судовой поставщик; шипчандлер; 4. **ship list** — судовая роль, список экипажа; 5. **shipload** — корабельный груз; 6. **ship master** — капитан торгового судна; 7. **ex ship** — франко строп судно, с судна; 8. **to ship on consignment** — отправить на консигнацию; 9. **shipped quality** — качество при погрузке; 10. **shipped weight** — отгруженный вес (*устанавливается при отгрузке в пункте отправления и указывается в транспортном документе; в случае расчета по отгруженному весу риск возможной убыли за время пути несет покупатель*).

shipment — погрузка, отгрузка, отправка; груз, партия (*отправленного товара*) ◇ 1. **shipment in bulk** — погрузка без упаковки, насыпью, в навалку; 2. **shipment on consignment** — отправка на консигнацию (*вид комиссионной операции, при которой одна сторона поручает другой стороне продать товары со склада от своего имени и за свой счет*).

shipper — грузоотправитель; экспортер.

shipping — погрузка; отгрузка; отправка; экспедиция; судоходство; суда; тоннаж ◇ 1. **shipping combination** — картель судовладельцев; 2. **balance of shipping** — соотношение веса или объема ввезенных и вывезенных товаров; 3. **shippings** — акции и облигации судоходных компаний.

shop — лавка; магазин; цех; мастерская; предприятие; (*жарг.*) **"лавка"** (*дилерская компания, проводящая операции по купле-продаже инструментов денежного рынка или облигаций*); делать покупки (*в магазине*) ◇ 1. **shop hours** — часы торговли в магазинах; 2. **the shops** — фабрика, завод; 3. **shopkeeper** — лавочник; 4. **shopman** — (*ам.*) владелец лавки, магазина; продавец; рабочий.

short — короткий; краткий; краткосрочный; недостающий; неполный; нуждающийся; играющий на понижение, продающий без покрытия (*бирж.*); **не полностью; на короткий срок; без покрытия** (*бирж.*) ◇ 1. **short bill** — краткосрочная тратта (*подлежит оплате по требованию или в течение очень короткого периода*); 2. **short borrowing** — получение краткосрочных ссуд; краткосрочные ссуды; 3. **short (-term) credit** — кредит краткосрочный (*кредит сроком до одного года, обеспечивает кругооборот оборотного капитала*); 4. **short-date bill** — краткосрочная тратта; 5. **short dates** — стандартные периоды для депозитов на еврорынке от “на следующий день” до трех недель; 6. **short delivery** — неполная сдача; недостача при счете; 7. **short handed** — нуждающийся в рабочей силе; 8. **short hours** — короткий рабочий день; неполный рабочий день (*у частично безработных*); 9. **short interest** — доход от краткосрочных вложений; 10. **short loan** — краткосрочная ссуда (*ссуда, предоставляемая на срок меньше года*); 11. **short market** — рынок, на котором спекулянтами продано на срок без покрытия слишком много товара и ценных бумаг; 12. **short position** — короткая позиция (*превышение продаж над покупками; ситуация, когда товар, валюта или ценные бумаги были проданы и требуется покрыть ее соответствующей покупкой*); 13. **short rate** — курс для краткосрочных векселей; 14. **short sale** — продажа на срок без покрытия (*продажа акций, облигаций, инвалюты, товара, которых у продавца нет в наличии, осуществленная в ожидании падения цен*); 15. **short-sight bill** — краткосрочная тратта; 16. **short shipment** — часть груза, не принятая на судно; недогруз; 17. **short-term bill** — краткосрочная тратта 18. **short term capital account** — счет для учета движения краткосрочных капиталов в платежном балансе; 19. **short-term credit** — краткосрочный кредит (*сроком до 1 года*); 20. **short time** — короткое время короткий срок; неполная рабочая неделя; неполное число рабочих часов; 21. **to be short of stocks** — нуждаться в акциях для покрытия обязательств (*по проданным срочным контрактам*); 22. **to come (to fall) short** — оказаться ниже, меньше; не соответствовать; 23. **copper is very short to-day** — цены на медь сегодня гораздо выше цен, по которым ранее были заключены срочные сделки; 24. **in the short run** — в короткий срок; 25. **to sell short** — “продавать медведя” — играть на понижение (бирж.); продавать на срок товары (*ценные бумаги*), которых нет в наличии; 26. **shortage** — нехватка; недостаток; недостача 27. **shortfall** — недостаточность, недостаток; недостаточное или неполное выполнение; недостаточное поступление; снижение; уменьшение; 28. **shortfall of savings** — уменьшение сбережений; 29. **shortly** — вскоре; незадолго; коротко, сжато; 30. **shortly maturing loan** — краткосрочная ссуда; 31. **shorts** — (*бирж.*) спекулянты, играющие на понижение; краткосрочные ценные бумаги.

show — выставка; показывать; демонстрировать; выставлять; проявлять ◇ 1. **show case — витрина**; 2. **to show an advance in price** — показать повышение цены; 3. **to show a good tone** — быть устойчивым (*о ценах*); 4. **to show a loss** — показать убыток.

shunting — маневрирование, перевод на запасной путь (ж.-д.); **переключение** (*покупка товара на одну валюту и перепрода-*

жа его за другую, вид валютной спекуляции) ◇ **commodity shunting** — переключение.

shut — закрывать; запирать; закрытый; запертый ◇ 1. **to shut down** закрывать; прекращать работу (на предприятии); 2. **to shut out** — не допускать; 3. **to shut out goods** — отказать в принятии груза для перевозки (*из-за недостатка грузового помещения на судне — мор.*); 4. **to shut up** — закрывать (предприятие).

sight — вид; взгляд; предъявление; предъявлять (*тратту*); **акцептовать** (*тратту*) ◇ 1. **sight bill (of exchange)** — тратта, срочная по предъявлении (*подлежит оплате немедленно по предъявлении*); 2. **sight credit** — аккредитив (*вид банковского счета, дающий право выставлять на банк тратты, срочные по предъявлении*); 3. **sight entry** — предварительная таможенная декларация; 4. **sight rate** — курс чеков и векселей, срочных по предъявлении; чековый курс; 5. **at sight** — по предъявлении; 6. **bill of sight** — смотровая расписка (*документ, представляемый импортером в таможню для досмотра груза*); 7. **in sight** — ввиду.

sign — знак; признак; подписывать ◇ 1. **signs of better trade** — признаки улучшения торговли; 2. **to sign jointly** — подписывать совместно; 3. **to sign on behalf of someone** — подписывать от чьего-л. имени; 4. **to sign "per po"** — подписывать по доверенности.

signatory — подписавший (*документ*); **лицо или сторона, подписавшие документ** ◇ 1. **signatory power** — подписавшее государство; доверенность на право подписания документов; 2. **signer** — лицо или сторона, подписавшие документ.

signature — подпись ◇ 1. **counter signature** — скрепа, подпись, скрепляющая документ; 2. **fictitious (forged) signature** — поддельная подпись; 3. **over the signature** — за подписью; 4. **to witness a signature** — удостоверить подпись свидетелями, засвидетельствовать подпись.

single — единственный, одиночный; единичный; единый; одно-; моно- ◇ 1. **single bill** — тратта, выставленная в одном экземпляре; единственный экземпляр тратты; 2. **single cost** — себестоимость на единицу товара; 3. **single-entry bookkeeping** — простая бухгалтерия (*система ведения бухгалтерских документов, при которой хозяйственные операции регистрируются единственной записью*); 4. **single-line tariff** — одноколонный тариф (*таможенные тарифы, имеющие один уровень ставок обложения каждого вида импортируемых товаров*); 5. **single standard** — монометаллическая денежная система; 6. **single tax** — единый налог; 7. **single ticket** — билет в один конец; 8. **single-trip charter** — чартер-партия на рейс в один конец.

sink (sank, sunk) — понижаться; падать; помещать, вкладывать

(*капитал*); **вкладывать** (*капитал*) **в трудно реализуемое имущество; невыгодно помещать** (*капитал*); **погашать** ◇ 1. **to sink a debt** — погасить долг; 2. **to sink in price** — понизиться в цене; 3. **sinking** — понижение, падение (цен); погашение, амортизация; 4. **sinking fund** — амортизационный фонд (*средства на воспроизводство основных фондов или основного капитала*); фонд погашения; фонд возмещения задолженности (*обязательство заемщика вне зависимости от движения цен на вторичном рынке возместить часть выпуска ценных бумаг в течение установленного периода времени путем осуществления платежей на специальный счет; средства на погашение задолженности любого рода*); 5. **sinking fund bonds** — облигации, погашаемые из фонда погашения.

sister — сестра ◇ 1. **sister branch** — родственное отделение; филиал; 2. **sister ship** — (*страх.*) однотипное судно; судно того же владельца; 3. **sister ship clause** — оговорка об ответственности страховщика по убыткам при столкновении двух судов, принадлежащих одному владельцу.

skin — кожа; шкура ◇ 1. **skin day settlement** — на внутреннем рынке США сделка, заключаемая на день позже общепринятых сроков; 2. **fur skins** — пушнина.

skyrocket — резко повышаться; вызвать резкое повышение цен.

slack — застойный ◇ 1. **slack demand** — слабый спрос; 2. **slack period** — период затишья, бездействия; 3. **trade in slack** — торговля идет вяло.

sliding — скользящий; дифференциальный ◇ 1. **sliding scale** — скользящая шкала; счетная линейка; 2. **sliding-scale prices** — скользящие цены (*устанавливаются в торговых сделках на изделия с длительным сроком изготовления, позволяют учесть все изменения в издержках производства в процессе изготовления изделий*); 3. **sliding-scale tariff** — скользящий тариф; дифференциальный тариф (*провозная плата, относительно понижающаяся с увеличением расстояния*).

slip — скольжение; ошибка; талон; бланк (*в виде узкой полозки бумаги*); **дополнительные условия страхования** (*печатаются на полосках бумаги, приклеиваемых к страховому полису*) ◇ 1. **slip of the pen** — описка; 2. **deposit slip** — бланк, заполняемый при взносе суммы на текущий счет; 3. **(insurance) slip** — страховой талон, предварительная страховая записка; 4. **paying-in slip**—бланк, заполняемый при взносе суммы на текущий счет.

slump — резкое падение цен или спроса; кризис; резко падать (*о ценах, спросе*) ◇ **slump of security prices** — резкое падение курсов ценных бумаг.

smart — значительный; чувствительный ◇ 1. **smart drop in prices** — значительное падение цен; 2. **smart money** — отступные деньги; крупная штрафная неустойка; “верные” деньги (*инвестиции, произведенные людьми “с именем' удачное инвестирование в целях быстрого получения крупной прибыли на рынке; инвестиция, произведенная влиятельным участником рынка, невзирая на сложившуюся рыночную тенденцию в ожидании верного “дохода*).

smash — крах; банкротство; разориться, обанкротиться ◇ 1. **smashup** — крах; банкротство; разориться, обанкротиться; 2. **smashup of a business** — банкротство предприятия, разорение предприятия; 3. **to go to smash** — обанкротиться, разориться.

snake — “змея” (*система согласованного в установленных пределах колебания курсов ряда валют западноевропейских стран*).

social — социальный; общественный ◇ 1. **social insurance** — социальное страхование; 2. **social position** — общественное положение; 3. **social welfare** — социальное обеспечение.

society — общество; общество (*организация*); **кооперативный союз; кооперативное товарищество** ◇ 1. **society in participation** — простое товарищество; 2. **benefit (friendly, provident) society** — общество или касса взаимопомощи; 3. **mutual loan society** — кредитное кооперативное товарищество; общество взаимного кредита.

soft — мягкий ◇ 1. **soft currency** — неконвертируемая валюта; неустойчивая валюта; 2. **soft goods** — потребительские товары или быстро изнашивающийся и малоценный товар; 3. **soft loan** — льготный кредит, заем (*предоставляется в основном развивающимся странам по ставкам ниже рыночных на более длительный срок*); 4. **soft money** — бумажные деньги, банкноты; 5. **softness** — ослабление; снижение (*спроса, цен*).

sola — тратта или чек, выставленные в одном экземпляре ◇ 1. **sola bill** — тратта, выставленная в одном экземпляре; 2. **sola check** — чек, выставленный в одном экземпляре (*ам.*).

solvency — платежеспособность; кредитоспособность ◇ 1. **business solvency (financial solvency)** — платежеспособность; финансовая устойчивость; 2. **credit solvency** — кредитоспособность.

sort — род; сорт; вид; класс; качество; сортировать; разбирать ◇ 1. **to sort out** — рассортировывать, разбирать по сортам; распределять по категориям; 2. **of every sort** — разного рода, разного качества; 3. **sorting** — бракераж (*выявление брака при освидетельствовании товаров официальными товароведами*); 4. **sorting plant** — сортировка.

sound — здоровый; неиспорченный; нормальный; прочный; надежный; зондировать; разузнавать, нащупывать ◇ 1. **sound currency** — устойчивая валюта; 2. **sound quality** — доброкачественность; 3. **the firm is considered perfectly sound** — фирма считается совершенно надежной (*вполне платежеспособной*).

source — источник ◇ 1. **source of income** — источник дохода; 2. **source of supply** — источник снабжения; 3. **from a reliable source** — из достоверного источника.

sovereign — соверен; верховный; суверенный; независимый ◇ 1. **sovereign immunity** — юридическая доктрина, согласно которой в особых случаях суверенное государство не может быть преследуемо в судебном порядке; 2. **sovereign risk** — риск предоставления кредитов на слишком большие суммы.

space — пространство; место; место на судне; протяжение; расстояние; интервал; промежуток; промежуток времени ◇ 1. **space capacity** — производственные мощности, не используемые в экономике или не реализованные компанией; 2. **space of time** — промежуток времени.

span — промежуток времени ◇ **life span —** продолжительность жизни; время полной амортизации (*период, за который основные фонды полностью переносят свою стоимость на изготовляемый продукт*).

spare — резервный; свободный; запасной; экономить; щадить; обходиться баз чего-л.; удалять; запасная часть ◇ 1. **spare capacity** — производственные мощности, не используемые в экономике или непроданные компанией; 2. **spare capital** — свободный капитал; 3. **spare parts** — запасные части; 4. **to spare no expense** — не жалеть расходов.

special — специальный; особенный; отдельный; дополнительный; экстренный ◇ 1. **special acceptance** — акцепт с оговорками; частичный акцепт (*согласие на оплату расчетных документов или принятие предложения при выполнении определенного условия, согласие на уплату только части, суммы указанной в расчетных документах*); 2. **special account** — конто-сепарато (отдельный счет); 3. **special agency** — специальное агентство (*организация или представительство, созданное для реализации конкретной цели*); 4. **special bid** — специальное предложение цены на Нью-Йоркской бирже (*покупка большого числа акций по фиксированной цене, не ниже цены последней продажи или текущей рыночной цены в зависимости от того, какая выше*); 5. **special capacity** — производственные мощности, не используемые в экономике или не реализованные компанией; 6. **special contract** — специальный договор (*заключается на проектирование, монтажные работы, техническое обслуживание, поставку специализированной продукции и т. п.; содержит особые условия, относящиеся только к данному соглашению*); договор за печатью (*юр.*); 7. **special delivery** — срочная доставка; 8. **special deposits** — специальные права заимствования (*особые резервные активы МВФ, распределяемые по счетам* *центральных банков стран-членов МВФ пропорционально их квотам*); 9. **special drawing rights (SDR)** — специальные права заимствования (*международные платежные средства, особые резервные активы МВФ, распределяемые по счетам центральных банков стран-членов МФВ пропорционально их квотам; используются для безналичных международных расчетов; выполняют ряд функций международных денег, но не имеют собственной стоимости и реального обеспечения*); 10. **special endorsement** — именная передаточная надпись; 11. **special partner** — товарищ-вкладчик; 1. **special(i)ties** — ценные бумаги, пользующиеся особенным спросом (*бирж.*).

specialty — (*юр.*) **договор за печатью** ◇ **specialty contract** — (*юр.*) договор за печатью.

specie — (*ам.*) металлические деньги (*золотые, серебряные; золотые и серебряные слитки*) ◇ 1. **specie payment** — платеж звонкой монетой; 2. **in specie** — звонкой монетой.

specific — определенный, точный; специальный; специфический; удельный ◇ 1. **specific goods** — (*юр.*) определенный товар; товар, определенный индивидуальными признаками; 2. **specific monthly shipments** — ежемесячные отгрузки определенного количества товара; 3. **specific performance** — (*юр.*) исполнение в натуре (*договора*); 4. **specifically** — определенно; точно; 5. **(not) specifically enforceable contract** — договор, по которому (*не*) может быть взыскано исполнение в натуре.

specification — спецификация; перечень; подробное обозначение; технические условия; инструкция по обращению ◇ 1. **specification of quality** — технические условия; спецификация; 2. **safety specifications** — технические условия для обеспечения безопасности.

specimen — образец; образчик; экземпляр ◇ **specimen of signature** — образец подписи.

speculate — размышлять; делать догадки; строить предположения; спекулировать; играть на бирже ◇ 1. **to speculate for the fall (for the decline)** — играть на понижение; 2. **to speculate for the rise (for the advance)** — играть на повышение; 3. **to speculate in differences** — играть на разницу; 4. **speculation** — размышление; гадание; предположение; спекуляция; биржевая игра; 5. **heavy speculation** — спекуляция в больших размерах; 6. **speculator** — спекулянт; игрок на бирже; (*ам.*) покупатель или продавец, не прибегающий к хеджированию.

spell — короткий период времени ◇ 1. **spell of trading** — короткий период оживленной торговли; 2. **profitable spell** — короткий период получения больших прибылей.

spin — передавать (*в другую фирму*) ◇ **spin off** — передача части активов (*вновь образуемой дочерней компании с последующим пропорциональным распределением среди акционеров мате-*

ринской компании принадлежащих ей акций другой компании).

spiral — падать; спираль ◇ 1. **spiral balance** — пружинные весы; 2. **spiral price** — спираль цен (*постепенно ускоряющееся повышение цен*); 3. **inflationary price spiral** — инфляционная спираль цен; 4. **spiralling price —** постепенно с увеличивающейся скоростью повышающиеся или падающие цены.

split — дробление; разделение; расщепление (*выполнение поручения по покупке или продаже частями по различным ценам — биржж.*); **раздроблять; разбивать; разделять** ◇ 1. **split opening** — резкое понижение курса при открытии биржи (*биржж.*); 2. **split order** — поручение, выполняемое частями по различным ценам; 3. **split spread** — обычно кредиты в евровалютах с различными превышениями сверх базовой ставки ЛИБОР для различных сроков кредита; 4. **to split the difference —** разделить разницу пополам; 5. **to split a parcel on different bills of lading** — выдать на партию несколько коносаментов (*на количества, равные в сумме размеру партии*); 6. **stock split** — дробление акций (*обмен акций на двойное, тройное и т. д. количество акций с соответственно меньшей нарицательной стоимостью новой акции*); 7. **two for one (stock) split** — обмен акций на двойное количество акций (*с нарицательной стоимостью новой акции, составляющей половину прежней*).

spoil — портиться; добыча ◇ 1. **to spoil prices** — товары, продаваемые по значительно пониженным ценам; 2. **spoiled goods** — продавать по значительно пониженным ценам; 3. **to be spoiled in transit** — попортиться в пути; 4. **spoils** — государственные должности, распределяемые среди сторонников партии, победившей на выборах (*ам.*).

sponsor — поручитель; гарант; спонсор; финансирующее лицо; финансирующая организация; ручаться; гарантировать; финансировать ◇ **sponsor for a loan** — гарант займа.

spot — место; наличный товар; товар, готовый к сдаче; действительный или реальный товар; товар по кассовым сделкам; наличный, продаваемый на месте; кассовый; немедленно уплачиваемый; реальный; спот (*цена, по которой проводится продажа валюты или товара с немедленной или очень быстрой поставкой; вид сделки на наличные товары, предполагающий немедленную оплату; судно, имеющее тоннаж, примерно отвечающий требованиям фрахтования*) ◇ 1. **spot business** — сделка спот (*сделка на наличный товар*); сделка на товар с немедленной сдачей (*сделка с условием расчета и выполнения на второй рабочий день от ее совершения*); сделка на реальный товар; кассовая сделка; 2. **spot chartering** — срочное фрахтование (*договор перевозки, в соответствии с которым судно должно быть готово к погрузке сразу же или в течение нескольких* *дней после заключения фрахтовой сделки*); 3. **spot goods** — наличный товар; товар с немедленной сдачей; товар по кассовым сделкам; цена товара по кассовым сделкам; 4. **spot market** — рынок наличного товара; 5. **spot price —** цена спот (*цена с немедленной сдачей — устанавливается при совершении сделок на наличные товары или валютных сделок, предполагающая немедленную оплату*); 6. **on the spot** — на месте; немедленно; 7. **spots** — наличный товар; товар с немедленной сдачей; товар по кассовым сделкам; цена товара по кассовым сделкам.

spread — двойной опцион; (*ам., бирж.*) **стеллаж; спред** (*разница между ценой, полученной эмитентом за выпущенные ценные бумаги, и ценой, уплаченной инвестором за эти ценные бумаги; равна сумме продажной скидки и комиссий за управление и размещение; спекуляция с целью извлечения прибыли от изменения обычных соотношений между котировками на различные сроки поставки одного и того же товара*); **разница; разрыв** (*между ценами, курсами, издержками и т. д.*); **разница между курсом продавцов и курсом покупателей; разницы между курсами различного рода девиз** ◇ 1. **back spread** — арбитражная операция (*покупка и продажа валюты, векселей и др. на различных рынках с целью получения прибыли за счет разницы цен одинаковых биржевых объектов*) при незначительном отклонении цен или курсов; 2. **to buy a spread** — "откупить маржу" (*поручение о покупке ближайшего по сроку фьючерсного контракта и продаже контракта на отдаленный срок*); 3. **gross spread** — разница между курсом покупателя и курсом продавца; общая разница между ценой, полученной эмитентом за выпущенные ценные бумаги и ценой, оплаченной инвестором за эти ценные бумаги.

spurt — неожиданное повышение цен или курсов; неожиданно повышаться.

square — квадрат; прямоугольник; мера поверхности (= 100 кв. футов); квадратный; прямоугольный; рассчитавшийся; расплатившийся; упорядоченный; честный, прямой; рассчитываться, расплачиваться; урегулировать, упорядочить ◇ 1. **square deal** — честная сделка; 2. **to get the accounts square** — привести счета в порядок.

squeeze — взвинчивание цен (*бирж.*); **давление; принуждение; ограничение кредита; дорогие деньги, высокая стоимость займов; вынудить** (*игрока на понижение*) **купить по повышенным ценам** (*бирж.*); **стеснять, ограничивать** (*кредиты*); **сжимать** ◇ 1. **to squeeze down prices — снижать цены, сбивать цены;** 2. **to squeeze out** — принудительно ликвидировать сделку; 3. **credit squeeze** — ограничение кредита; дорогие деньги, высокая стоимость займов; 4. **liquidity squeeze** — стремление к увеличению коэффициента ликвидности банков; стеснение банковского кредита (*вызванное стремлением к увеличению коэффициента ликвидности*); 5. **money squeeze** — ограничение кредита; дорогие деньги, высокая стоимость займов.

stabilization — стабилизация; упрочение ◇ 1. **stabilization fund** — фонд для стабилизации валюты; 2. **stabilization of exchange** — стабилизация курса валюты.

staff — штат; состав служащих; персонал ◇ 1. **executive staff** — средний руководящий персонал; 2. **to reduce the staff** — сократить штат.

stag — спекулянт бумагами; спекулировать ценными бумагами ◇ 1. **to stag the market** — взвинтить курсы бумаг новых выпусков; покупать бумаги новых выпусков для их немедленной перепродажи по повышенным цен*ам.*

stagflation — стагфляция; спад (*значительное замедление промышленного развития при одновременной инфляции*).

stagnation — застой; стагнация (*застой, спад в производстве, торговле и т. п.*) 1. **general stagnation** — общий застой; 2. **to fall into stagnation** — прийти к застою.

stale — просроченный; запоздавший ◇ 1. **stale debt** — просроченный долг; 2. **stale demand** — требование или иск, которому истекла давность; 3. **stale documents** — грузовые документы, представленные с опозданием (*поступившие в банк на инкассо после прибытия судна с товаром в порт назначения*).

stamp — штамп; штемпель; печать; пломба; клеймо; марка; гербовая марка, печать; оттиск; отпечаток; штамповать, штемпелевать; отпечатывать; клеймить; наклеивать марку ◇ 1. **business stamp** — штемпель фирмы; печать фирмы; 2. **stamped paper** — гербовая бумага.

stand — стоять; быть; являться; находиться; оставаться (*в каком-л. состоянии*); **выдерживать; ларек; киоск; выставочная витрина; стенд** ◇ 1. **to stand by** — держаться; придерживаться; оставаться верным; 2. **to stand by a bargain** — не отступать от соглашения; помогать; поддерживать; быть наготове; 3. **to stand for** — поддерживать; стоять за; 4. **to stand good** — оставаться в силе; быть действительным; 5. **to stand good in law** — быть юридически обоснованным; 6. **to stand out for** — твердо держаться; не сдаваться; причитаться, подлежать уплате; 7. **to stand over** — остаться нерешенным; оставаться неоплаченным; 8. **Stand Poor's** — составной индекс 500 обыкновенных акций, котируемых на Нью-Йоркской фондовой бирже, который публикуется агентством Standard & Poor's; 9. **to stand security for a person** — поручиться за кого-л.; 10. **to stand to** — настаивать на; твердо придерживаться; 11. **to stand upon** — настаивать на.

standard — стандарт; норма; масштаб; эталон; образец; мера; уровень стандартный сорт, тип; стандартный образец; проба (*золота и серебра*); **денежная система; стандартный; нормаль-**

ный; типовой; установленной пробы ◇ 1. **Standard and Poor's** — Стэндард энд Пуурз (*организация, действующая в США и занимающаяся рейтингом облигаций и т. п.*); 2. **standard mark** — пробирное клеймо (*на золотых и серебряных изделиях или слитках*); 3. **standard of accumulation** — норма накопления (*важнейшая хозяйственная пропорция, характеризующая эффективность общественного воспроизводства; исчисляется как отношение фонда накопления к национальному доходу, использованному на потребление и накопление*); 4. **standard of emergency funds** — норма обязательных резервов банков (*устанавливаемые законом процентные отношения суммы обязательных резервов, образуемых по отдельным статьям банковских пассивов, к объему обязательств по соответствующим статьям; дифференцированы по ряду условий, задаются вилкой, в пределах которой центральный банк может производить оперативное регулирование нормы*); 5. **standard of price** — масштаб цен; 6. **standard sample** — типовой образец; 7. **standard specifications** — технические условия; 8. **standard of well-being** — уровень благосостояния; 9. **gold exchange standard** — золотодевизный стандарт; 10. **fiduciary standard** — бумажно-денежный стандарт; 11. **international standard** — международный стандарт (*документы, устанавливающие качественные характеристики товаров и применяемые в международной торговле; общепризнанными являются стандарты, разработанные Международной организацией по стандартизации*); 12. **up to the standard** — на уровне нормы, стандарта, качества стандартного сорта.

standby — резервный; запасной ◇ **standby credit** — кредит, используемый в случае необходимости; кредит стендбай (*соглашение с кредитором о том, что в случае необходимости определенная сумма денежных средств будет предоставлена в кредит в течение оговоренного периода времени*).

standing — положение; финансовое положение; репутация; продолжительность; стоящий; постоянный; постоянно действующий; установленный ◇ 1. **standing orders** — устав; положение; регламент; 2. **credit standing** — финансовое положение, кредитоспособность; 3. **a debt of old standing** — старый долг; 4. **of good (bad) standing** — пользующийся хорошей (плохой) репутацией.

standstill — остановка; бездействие; застой; простой ◇ **standstill agreement** — соглашение о приостановке каких-л. действий; соглашение о невостребовании долгов.

staple — основной товар (*страны*); **главный продукт; главный; основной** ◇ 1. **staple articles** — основные товары; 2. **staple goods** — основные товары; 3. **staple exports** — основные статьи экспорта.

start — основывать; начинать; учреждать; открывать; отправляться; пускать в ход (*машину*); приступать; возбуждать; начало; отправление ◇ 1. **to start bulk** — приступить к разгрузке; 2. **to start a business** — основать дело; открыть дело; 3. **to start a proposal** — выдвинуть предложение; 4. **to start a question** — возбудить вопрос; 5. **to take a start** — повысится; окрепнуть (*о ценах*); 6. **starting** — начало; отправление.

state — государство; штат; положение, состояние; заявлять, сообщать, указывать; излагать; констатировать; утверждать ◇ 1. **state-aided** — получающий дотацию, получающий финансовую помощь (*субсидию*) от государства; 2. **state bank** — государственный банк; 3. **state of the account** — состояние счета; 4. **state purchases** — государственные закупки; 5. **to state one's case** — изложить свои доводы.

stated — установленный; назначенный; определенный ◇ 1. **stated office hours** — установленные часы работы (*в учреждении*); 2. **stated salary** — твердый оклад.

statement — заявление; изложение; утверждение; отчет; отчет (*публикация*) о состоянии счетов; баланс; выписка счета (*ам.*); ведомость; таблица; расчет; смета; спецификация; сметная калькуляция ◇ 1. **statement analysis** — анализ баланса; 2. **statement of account** выписка счета; 3. **statement of accounts** — отчет; отчет о состоянии счетов; 4. **statement of affairs** — баланс и отчет о состоянии дел (*обанкротившегося предприятия*); 5. **statement of assets and liabilities** актив и пассив баланса (*актив отражает состояние, размещение и использование средств; пассив — показывает источники их образования*); 6. **statement of a claim** — исковое заявление; 7. **statement of defense** — возражение ответчика; 8. **statement of goods** — ведомость наличных товаров; 9. **average statement** — диспаша (*расчет убытков по общей аварии и распределение их между участниками перевозки, соразмерно стоимости судна, фрахта и груза; возмещаются страховщиком согласно диспаше*); 10. **bank statement** — публикация о состоянии счетов банка (*краткий отчет центрального банка, отражающий его финансовое положение, публикуется еженедельно*); 11. **carrier's statement** — коммерческий акт (*документ, определяющий недостачу, порчу, хищение груза при железнодорожных перевозках; служит основанием для предъявления требований стороне, допустившей порчу груза*).

station — место; стоянка; станция; железнодорожная станция; таможенный склад; почтовая контора (*ам.*) ◇ 1. **station of destination** — станция назначения; 2. **station of origin** — станция отправления; 3. **forwarding station** — станция отправления.

statistics — статистика ◇ **vital statistics** — статистика естественного движения народонаселения.

status — статус; положение; состояние; имущественное положение ◇ 1. **status inquiry** — запрос о финансовом положении фирмы; 2. **status quo** — статус-кво; то же положение; тот же порядок; существующее или существовавшее положение; 3. **financial status** — финансовое положение.

statute — статут (*устав, положение о правах и обязанностях каких-л. лиц или органов; в Англии и некоторых др. странах — название закона*); **закон; узаконение; законодательный акт парламента; устав** ◇ 1. **statute-barred** — просроченный в силу истечения исковой давности, неподсудный за давностью; 2. **statute law** — право, выраженное в законах; законы; 3. **statute of limitation(s)** — закон об исковой давности; 4. **to fall within the statute of limitation(s)** — подпадать под действие закона об исковой давности.

statutory — изданный на основании закона; имеющий силу закона; законодательный; статутный; установленный или предписанный законом; предписанный уставом ◇ 1. **statutory company** — акционерная компания, учрежденная на основании особого акта парламента; 2. **statutory declaration** — письменное показание под присягой; 3. **statutory meeting** — первое общее собрание акционеров; 4. **Statutory Rules and Orders** — (*англ.*) правила и приказы, имеющие силу закона; акты делегированного законодательства.

steady — твердый; устойчивый; постоянный; неуклонный; неизменный; делаться устойчивым, твердым ◇ 1. **steady decline** — неуклонное снижение; 2. **steady shipments** — регулярные отгрузки; 3. **to steady the fluctuation** — уменьшить колебание; 4. **prices remain steady at** — цены остаются без изменения на уровне.

stem — препятствовать; приостанавливать; преграждать; происходить; брать начало; ствол; день прибытия угля с шахты в порт погрузки ◇ **to stem the tide** — препятствовать развитию; становиться на пути.

step — шаг; мера ◇ 1. **to step up** — увеличивать(ся); ускорять(ся); 2. **to take legal steps against a person** — подать на кого-л. в суд, преследовать кого-л. в судебном порядке.

sterling — стерлинговый; фунт(ы) стерлингов; счета в фунтах стерлингов; стерлинги; английская валюта; установленной пробы; полноценный ◇ 1. **transferable sterling (account)** — переводные счета в фунтах стерлингов; 2. **to draw in sterling** — получать деньги из банка в фунтах стерлингов; выставить тратту в фунтах стерлингов.

stevedore — стивидор (*лицо, ведающее погрузкой или разгрузкой в морских портах*); **грузчик; укладывать грузы; грузить; разгружать** ◇ **stevedores** — стивидоры; фирма, выполняющая стивидорные работы.

stipulate — обусловливать; ставить условием ◇ 1. **to stipulate by contract** — установить договором; 2. **to stipulate for something** — условиться; договориться о чем-л.; 3. **stipulation** — условие; оговорка; соглашение.

stock — инвентарь; запас; склад; наличный товар; резерв; общее кол-во; парк; фонд; снабжать; иметь на складе; держать на складе ◇ 1. **stock in (on) hand** — товарная наличность, остатки товаров; 2. **stock-in-trade** — товарная наличность; остаток непроданных товаров (*на день заключения книг*); имущество; оборудование; 3. **stock of capital** — основной капитал; 4. **stock of gold** — золотой резерв; 5. **stock market** — рынок скота; 6. **stock of money in the country** — (*ам., стат.*) денежная масса; 7. **stock of orders** — портфель заказов (*совокупность заказов, которыми располагает фирма, предприятие на данную дату или определенный период*); 8. **stock taking** — инвентаризация (*составление описи имущества организации*), переучет; 9. **stock-taking sale** — распродажа товарных остатков (*по случаю инвентаризации*); 10. **to be out of stock** — не иметь на складе; не иметь в наличии; 11. **from stock** — со склада; 12. **glamour stock** — ходкий товар; пользующийся на рынке повышенным спросом; партия фондовых ценностей; практически то же, что и “выигрышные акции”; 13. **go-go stock** — ходкий товар; пользующаяся на рынке повышенным спросом партия фондовых ценностей; практически тоже, что и “выигрышные акции” 14. **to lay in a stock** — создать запас; 15. **to replenish the stock** — пополнить запас; 16. **to take stock** — инвентари(зи)ровать, делать переучет; оценивать, рассматривать (что-л. — of); 17. **to work on (to) stock** — работать на склад (*при отсутствии спроса*); 18. **stocks** — материальные запасы (*бухг.*); 19. **agent carrying stocks** — консигнационный агент (*агент по продаже партий товара за границей*); 20. **buffer stock** — резервный (буферный) капитал (*запас товаров, накопленный какой-л. международной ассоциацией для стабилизации цен и предложений*); 21. **certificated stocks** — освидетельствованный товар (*проверенный. на качество и признанный годными для поставок по срочным контрактам*).

stock — акционерный капитал; основной капитал; акция; фонды (*ам.*); **облигации; ценные бумаги** (*англ.*) ◇ 1. **the stock** — государственные ценные бумаги; государственный долг (*англ.*); 2. **stock account** — счет ценных бумаг; счет капитала (*англ.*); счет товара; 3. **stock broker** — биржевой маклер (посредник); 4. **stock broking** — фондовые операции; 5. **stock capital** — акционерный капитал (*собственность акционерного общества, товарищества, которой распоряжаются через контрольный пакет акций; средства от выпуска и размещения акций и облигаций*); основной капитал; 6. **stock certificate** — свидетельство на акцию; акция; 7. **stock company** — акционерное общество (*основная организационная форма крупного предприятия; образуется путем объединения индивидуальных капиталов через выпуск акций и облигаций*); 8. **stock dividend** — дивиденд в форме акций; 9. **stock jobber** — биржевой маклер, совершающий операции за собственный счет; торговец ценными бумагами (*англ.*); 10. **stock jobbery (stock jobbing)** — спекулятивные биржевые сделки (*англ.*); искусственное повышение или понижение курсов (*ам.*); мошеннические спекулятивные биржевые сделки; 11. **stock in treasure** — собственные акции в портфеле (*акции какой-л. корпорации, приобретенные этой же компанией — ам.*); 12. **stock market** — фондовая биржа (*организационная форма торговли ценными бумагами и валютой*); 13. **stock market values rate** — курсы ценных бумаг (*цена продажи или покупки ценных бумаг*); 14. **stock scrip** — свидетельство на часть акции (*ам.*); 15. **stock certificate** — свидетельство на акцию (*свидетельство на долю участия в акционерном капитале компании*); 16. **stock share** — акция основного капитала; 17. **“A” Stock** — (*англ.*) обыкновенные акции класса А; второочередные обыкновенные акции; обыкновенные акции с отсроченным дивидендом (*уплачивается после выплаты фиксированного дивиденда по акциям “B” Stock, держатель не имеет права голоса*); 18. **authorized capital stock** — собственный (уставной) капитал; 19. **“B” Stock** — (*англ.*) обыкновенные акции класса Б; привилегированные обыкновенные акции (*дивиденд по ним уплачивается до выплаты по другим обыкновенным акциям*); 20. **barometer stocks** — (*ам.*) акции, курсы которых являются показателем состояния фондового рынка; 21. **to be long of stock** — быть покрытым акциями; выдерживать купленные акции (*в расчете на повышение курса*); 22. **below par stock** — акции, выпускаемые со скидкой с нарицательной цены; 23. **bonus stock** — бесплатные акции (*форма выплаты высокого дивиденда*); учредительские акции (*распределяются среди учредителей компании и дают им некоторые преимущественные права*); 24. **callable preferred stock** — (*ам.*) привилегированные акции (*дают право на получение дохода в виде твердого, заранее определенного процента*), могущие быть выкупленными корпорацией у владельца; 25. **capital stock** — (*ам.*) акционерный капитал; основной капитал; акция; акции; 26. **common (capital) stock** — (*ам.*) обыкновенные акции; акции первого выпуска; основные акции; 27. **to convert shares into stock** — превратить акции в акционерный капитал (*могущий продаваться и покупаться в отличие от акций любыми частями*); 28. **Curb stock** — акции, котирующиеся на Нью-Йоркской бирже The American Stock Exchange (*но не котируются на бирже The New York Stock Exchange*); 29. **debenture stock** — (*ам.*) привилегированные акции 1-го класса (*дивиденд по которым уплачивается раньше дивиденда по всем другим акциям*); облигации; долговые обязательства (*англ.*); 30. **deferred common stock** — (*англ.*) обыкновенные акции класса А; второочередные обыкновенные акции; обыкновенные акции с отсроченным дивидендом; 31. **deferred ordinary stock** — (*англ.*) deferred common stock; 32. **dollar stock** — американские ценные бумаги (*англ.*); 33. **equity stock** — (*ам.*) обыкновенные акции; акции первого выпуска, основные акции; 34. **full-stock** — акция нарицательной стоимостью в 100 долларов (*ам.*); 35. **gilt-edged stock** — казначейские бумаги, облигации; 36. **guaranteed stock** — акции гарантированные (*акции, уплата дивиденда по которым гарантируется другой корпорацией*); 37. **halfstock** — акция нарицательной стоимостью в 50 долларов (*ам.*); 38. **inscribed stock** — именные акции и облигации (*на которые не выдаются свидетельства; имена владельцев заносятся в списки в учреждении, производящем эмиссию этих бумаг — англ.*); 39. **joint stock** — акционерный капитал (*собственность акционерного общества, товарищества, которой распоряжаются через контрольный пакет акций, средства от выпуска и размещения акций и облигаций*); 40. **listed stock** — акции, допущенные к обращению, котирующиеся на бирже; 41. **management stock** — директорские акции; акции, дающие особые права в отношении голосования; 42. **Non-Marketable Stock** — государственные ценные бумаги без права передачи владельцами другим лицам; 43. **ordinary stock** — обыкновенные акции; акции первого выпуска; основные акции (*ам.*); 44. **outstanding capital stock** — капитал акционерный выпущенный (*часть номинального капитала, на которую выпущены акции (паи) для распределения между пайщиками компании; компания не обязана выпускать акции на весь номинальный капитал*); 45. **par value stock** — акция, имеющая номинал; 46. **potential stock** — невыпущенная часть уставного акционерного капитала; 47. **preferred stock** — привилегированные акции (*дают право на получение дохода в виде твердого, заранее определенного процента*); 48. **prior stock** (*ам.*) привилегированные акции; 49. **preferred common stock** — обыкновенные акции класса Б; привилегированные обыкновенные акции (*англ.*); 50. **preferred ordinary stock** = preferred common stock (*англ.*); 51. **preference stock** — привилегированные акции; 52. **promoter's stock** — учредительские акции (*см.* bonus stock — *ам.*); 53. **redeemable preferred stock** — привилегированные акции; 54. **registered stock** — именные ценные бумаги; 55. **Treasure stock** — казначейские бумаги, облигации; 56. **treasure stock(s)** — собственные акции в портфеле (*акции какой-л. корпорации, приобретенные этой же компанией — ам.*); 57. **trustee stock(s)** — первоклассные ценные бумаги (*в которые опекунам разрешается по зако-*

ну помещать вверенные им капиталы); 58. **undated stock** — государственные ценные бумаги без указания срока погашения; 59. **unlisted stock** — акции, не допущенные к обращению на бирже, не котирующиеся на бирже.

stock exchange — фондовая биржа ◇ 1. **stock exchange bank** — банк, финансирующий фондовые операции; 2. **stock exchange collateral** — обеспечение в форме акций, допущенных к биржевому обороту; 3. **Stock Exchange Daily Official List** — официальный курсовой бюллетень Лондонской биржи; 4. **stock exchange loan** — биржевая ссуда (*ссуда под ценные бумаги, котирующиеся на бирже*); 5. **stock exchange securities** — ценные бумаги, допущенные к биржевому обороту; 6. **stock exchange settlement** — ликвидация расчетов на фондовой бирже.

stockholder — акционер; владелец акций (*ам.*); **акционер** (*англ.*); **владелец государственных ценных бумаг** (*англ.*); **владелец склада** ◇ 1. **stockholder of record** — владелец именных акций (*ам.*); 2. **stockholdings** — владение акциями; доля участия в акционерном капитале (*ам.*); 3. **stockpile** — запас; резерв; накапливать запас; 4. **stocktaking** инвентаризация; переучет товаров; 5. **physical stocktaking** — инвентаризация в натуре.

stop — остановка; прекращение; задержка; приостановка платежа, выдачи товара; письменная инструкция банку о приостановке платежа по чеку, векселю и т. п.; останавливать; прекращать; задерживать; приостановить платеж; удерживать ◇ 1. **stop for freight** — "задержать до уплаты фрахта" (*инструкция судовладельца своему агенту о невыдаче груза получателю впредь до уплаты фрахта*); 2. **stop limit** — стоп-лимит (*приказ о покупке ценных бумаг по определенному курсу; после достижения оговоренного уровня цены стоп-лимит действует как приказ, ограниченный условиями*); 3. **stop-loss order** — (*бирж.*) поручение биржевому маклеру продать или купить ценные бумаги по наилучшей достижимой цене, в случае, если курс соответственно понизится или повысится до определенного уровня (*с целью ограничения убытков*); 4. **stop order** — (*юр.*) инструкция банка о приостановке платежа по чеку, векселю и т. п.; приказ суда, запрещающий распоряжаться каким-л. имуществом (*в связи с оспариванием кем-л. права на это имущество*); 5. **stop-order — stop-loss order** (*бирж.*); 6. **to stop payment** — приостановить платеж (*по чеку, векселю и т. п.*); прекратить платежи; обанкротиться.

stoppage — остановка; задержка; прекращение работы; забастовка; удержание, вычет; приостановка платежей ◇ 1. **stoppage in transit** — (*юр.*) остановка товара в пути (*право продавца приостановить выдачу находящегося в пути товара несостоятельному покупателю*); 2. **stoppage of payment** — приостановка платежей.

storage—хранение; складирование; хранилище; склад; складированный товар; плата за хранение; складские расходы; стоимость хранения; запоминающее устройство (*компьютера*) ◇ 1. **storage in transit** — товар, снятый в пути для хранения; 2. *storage on hand* — количество товара на складе; 3. **bonded storage** — хранение товаров на таможенном складе; 4. **cold-storage chamber** — рефрижераторная камера.

store — запас; лавка; магазин (*ам.*); **скот; снабжать; хранить** (*на складе*); **помещать в склад; складировать; отдавать на хранение** ◇ 1. **in store** — про запас; 2. **to set store by** — придавать значение, ценить; 3. **storehouse** — склад; амбар; 4. **stores** — запасы; припасы; универсальный магазин (*англ.*); 5. **public stores** — правительственный склад; таможенный склад.

stow — грузить; укладывать груз; складывать; убирать; запасать ◇ 1. **to stow down** — убирать в трюм; 2. **to stow a ship** — грузить судно; 3. **stowed** — соответствующим образом упакованный и приготовленный к отправке груз.

stowage — штивка (*мор.*); **укладка; разравнивание; складочное место; стоимость укладки, штивки** ◇ 1. **stowage certificate** — свидетельство о штивке; 2. **stowage factor** — объем, занимаемый одной тонной груза в трюме; 3. **broken stowage** — мелкие грузовые места, используемые для заполнения свободных пространств в трюме.

straddle — двойной опцион; (*бирж., ам.*) **стеллаж** (*биржевая сделка, дающая право держателю ценных бумаг купить или продать по определенной цене; на товарном рынке — сочетание одновременной покупки товара с продажей другого*).

straight — прямой ◇ 1. **straight bill of lading** — именной коносамент (*выписанный на определенное лицо*); 2. **straight bound** — обычная облигация (*часто имеет номинал в евровалюте, не конвертируется в акцию; иногда могут быть погашены досрочно посредством выкупа или с помощью выкупного фонда*); 3. **straight loan** — ссуда, не покрытая обеспечением.

street — улица ◇ 1. **the Street** — (*англ.*) улицы поблизости от здания фондовой биржи; неофициальная биржа; внебиржевой оборот; 2. **to sell in the Street** — продавать на неофициальной бирже; продавать после закрытия биржи; 3. **street loans** — краткосрочные ссуды биржевым маклерам; суточные деньги; 4. **street market** — неофициальная биржа; внебиржевой оборот (*англ.*); 5. **street prices** — цены на неофициальной бирже; цены по внебиржевым сделкам.

strength — устойчивость; прочность; крепость; численность ◇ **the market gained strength** — рынок окреп.

strike — забастовка, стачка; ударять; чеканить (монеты); **бастовать** ◇ 1. **strike clause** — статья (пункт) о забастовках; 2. **strike on the job** — итальянская забастовка; 3. **token strike**

— предупредительная забастовка; 4. **to strike off** — вычеркивать; 5. **to strike out** — вычеркивать, зачеркивать; 6. to strike an average — выводить среднее число; 7. **to strike the balance** — подводить баланс.

stringency — недостаток; недостаток денег; строгость ◇ 1. **credit stringency** — стесненный кредит; 2. **money stringency** — недостаток денег

strong — крепкий; прочный; твердый, устойчивый (*о ценах*) ◇ 1. **strong box** — сейф; 2. **strong prices** — устойчивые цены; повышающиеся цены.

structure — структура; конструкция; устройство; строй; строение; здание; сооружение; дом ◇ 1. **structural** — строительный; структурный 2. **structural unemployment** — структурная безработица (*вызывается глубинными изменениями в экономике или отдельной отрасли*).

stub — корешок (чековой, квитанционной книжки — *ам.*).

sub- — суб-; под-; недо- ◇ 1. **sub-committee** — подкомиссия; 2. **subcompany** — дочерняя компания (*является юридическим лицом, самостоятельно ведет хозяйственную деятельностью материнское предприятие осуществляет контроль, так как владеет частью акций, но не несет никакой ответственности по обязательствам дочерней фирмы*); подконтрольная компания; 3. **sub-manager** — помощник управляющего, помощник заведующего; 4. **sub-subsidiary** — "внучатая" компания (*дочерняя компания подконтрольной компании*); 5. **sub-total** — частный итог.

subject — подданный; тема; вопрос; предмет; объект; субъект; подчиненный; подвластный; зависимый; при условии; подчинять; подвергать ◇ 1. **subject as aforesaid** — при соблюдении (с сохранением в силе) сказанного выше; 2. **subject matter** — содержание, предмет; существо; 3. **subject to** — при условии (если); в том случае, если; при соблюдении; с сохранением в силе; в зависимости от; поскольку это допускается, поскольку иное не содержится; 4. **subject to the foregoing** — при соблюдении (с сохранением в силе) сказанного выше; 5. **subject to the rights of a person** — поскольку это допускают чьи-л. права; 6. **to be subject to** — подлежащий; подчиненный чему-л.; ограниченный чем-л.; действительный или имеющий силу лишь в случае чего-л.; зависящий от чего-л.; уступающий место чему-л.; подверженный чему-л.; 7. **to be subject to a condition** — быть ограниченным условием; 8. **to be subject to a discount** — подлежать скидке; 9. **to be subject to market fluctuations** — зависеть от колебаний рынка; 10. **to be subject to (prior) sale** — быть действительным лишь в том случае, если товар не будет продан до получения ответа (*о посылаемых офертах*); 11. **the offer is subject to confirmation** — предложение делается без обяза-

складывать; подводить итог; суммировать; резюмировать; 4. **indemnity sum** — сумма возмещения убытков; 5. **invoice sum** — сумма счета; 6. **recovered sum** — взысканная сумма.

summary — краткое изложение; сводка; резюме; конспект; суммарный, краткий ◇ **summary of bills of lading** — (*ам.*) перечень грузов, указанных в коносаментах.

sundries — (*бухг.*) **разные расходы.**

superannuate — увольнять по выслуге лет; переводить на пенсию.

supercargo — суперкарго (*представитель фрахтователя на таймчартерном судне, наблюдающий за приемом и сдачей грузов и т. п.; представитель владельца груза, сопровождающий груз в пути*).

superdividend — дополнительный дивиденд; бонус.

supermarginal — выходящий за установленные проделы ◇ **supermarginal credit — кредит сверх установленного лимита.**

supermarket — магазин с самообслуживанием покупателей (*ам.*).

supplementary — дополнительный налог ◇ 1. **supplementary claim** — дополнительное требование; 2. **Supplementary Estimate(s)** — дополнительные бюджетные ассигнования; 3. **supplementary levy (EC)** — дополнительный налог, взимаемый в рамках единой сельскохозяйственной политики ЕЭС по некоторым сельскохозяйственным товарам, импортируемым в Общий рынок.

supply — снабжение; поставка; поступление; получение; запас; общее кол-во; общее количество (*товара*) **на рынке; предложение; снабжать, поставлять; доставлять; давать; удовлетворять; возмещать; замещать** ◇ 1. **supply on hand** — наличные запасы; 2. **aggregate supply** — совокупное предложение (*на макроэкономическом уровне — совокупное предложение товаров и услуг для удовлетворения совокупного спроса; товары и услуги, производимые и оказываемые внутри страны, а также импорт товаров и услуг*); 3. **available supply** — наличные запасы; 4. **competitive (rival) supply** — предложение со стороны конкурентов; 5. **floating supply** — повседневное предложение; 6. **money supply** — денежная масса (*количество денег в обращении: в узком смысле — количество денег, состоящее из наличности и депозитов; в более широком смысле — также различные категории срочных и сберегательных депозитов, депозитных сертификатов; в самом широком смысле — включает в себя все, что может быть классифицировано как "деньги"*); 7. **to be in short supply** — не хватать; поступать в недостаточном количестве; быть дефицитным; 8. **to be in surplus (in excess) supply** — иметься в избытке; 9. **supplies** — продовольствие; припасы; ассигнования на содержание вооруженных сил и государственного аппарата; 10. **ample supplies** —

обильные, достаточные запасы; 11. **direct supplies** — прямые поставки; непосредственное получение; 12. **fresh supplies** — новые поступления.

support — поддержка; поддержание, помощь; защита; подтверждение; закупка для поддержания цен или курсов, интервенционная скупка, интервенция; интерес, спрос; поддерживать (*цены*) **путем закупки; оказывать помощь** ◇ 1. **support of price** — поддержание цен, гарантирование цен; 2. **support price** — гарантированная цена; 3. **support point** — "точка поддержки" (*предел, по достижении которого центральный банк может осуществить интервенцию с целью поддержания курса валюты; уровень, по достижении которого участники рынка могут объединить усилия по поддержанию курса валюты или ценных бумаг*); 4. **supported** — поддерживаемый закупками (*о цене, курсе*); 5. **supporting factor** — фактор, стимулирующий спрос; 6. **supporting orders** — поручение на закупку для поддержания цен, курсов.

surcharge — перегрузка; добавочная нагрузка; завышенная цена; завышенный расход; перебор; дополнительный сбор; дополнительный расход; дополнительная премия (*страх.*); **дополнительный налог; доплата, приплата** (*к почтовому отправлению*); **штраф, пеня; перегружать; назначать завышенную цену, завышать; облагать дополнительным налогом, сбором; штрафовать, взыскивать** (*неправильно израсходованную сумму*).

surety — гарантия; ручательство; поручительство; порука; обеспечение; залог; гарант; поручитель ◇ 1. **surety for a bill** — аваль (*поручительство за лицо, обязанное по векселю*); 2. **surety on a bill** — авалист (*поручитель за лицо, обязанное по векселю*); 3. **to act as surety** — поручиться за кого-л.; 4. **as surety for** — в качестве поручителя за; в качестве гарантии чего-л.; 5. **joint surety** — совместный гарант, совместный поручитель; совместная гарантия, поручительство; 6. **to stand surety (del credere)** — принять на себя делькредере (*ручательство комиссионера перед комитентом за исполнение договора, заключенного комиссионером с третьим лицом*); гарантировать; поручиться за кого-л.; 7. **suretyship** — гарантия; ручательство; поручительство.

surplus — излишек; избыток; остаток; активное сальдо; активный баланс; прибыль; нераспределенная прибыль (*в балансах акционерных обществ*); **резервный капитал; излишний, избыточный; добавочный, прибавочный** ◇ 1. **surplus dividend** — дополнительный дивиденд, экстренный дивиденд, бонус (*дополнительное вознаграждение, премия; дополнительная скидка в соответствии с условиями сделки*); 2. **surplus earnings** — нераспределенная прибыль; 3. **surplus fund** — резервный фонд; 4. **surplus of goods** — товарные излишки; 5. **surplus reserve** —

резерв банка, превышающий обязательный резерв; резервный капитал; 6. **accumulated surplus** — нераспределенная прибыль; резервный капитал; 7. **capital surplus** — доход от эмиссии, учредительский доход: доход от эмиссии бумаг по ценам выше номинальных); 8. **export surplus** — превышение стоимости экспорта над стоимостью импорта, активное сальдо (торгового баланса), активный торговый баланс; 9. **lendable surplus** — излишек, свободный для предоставления займов; 10. **operating surplus** — резерв, образованный путем отчислений из прибылей от операций; 11. **paid in surplus** — доход от эмиссии, учредительский доход; 12. **profit and loss surplus** — нераспределенная прибыль; резервный капитал; 13. **trade surplus** — активное сальдо торгового баланса, активный торговый баланс.

surrender — отказ (от чего-л.); **передача, сдача, вручение; выдача; уступка; отказываться** (от чего-л.); **сдавать, передавать, уступать; вручать** ◇ 1. **surrender value** — сумма, вручаемая лицу, отказавшемуся от страхового полиса (*страх.*); 2. **surrender requirements** — требования сдачи валютной выручки; 3. **to surrender the export proceeds** — сдать выручку от экспорта товаров (*государству или центральному банку*).

surtax — добавочный подоходный налог; добавочная импортная пошлина (*ам.*); **облагать добавочным налогом.**

survey — обзор, обозрение; освидетельствование, исследование, обследование, изыскание; инспектирование; осмотр; таможенный досмотр; отчет об обследовании; съемка; межевание; план; обозревать; освидетельствовать, обследовать; производить исследования или изыскания; инспектировать; производить съемку; межевать ◇ **survey of current business** — обзор текущей хозяйственной деятельности.

surveyor — инспектор классификационного общества, инспектор кораблестроения, судовой эксперт; инспектор; контролер; таможенный досмотрщик; таможенный инспектор; оценщик страхового общества; топограф ◇ 1. **surveyor of customs** — таможенный инспектор (*ам.*); 2. **ship's surveyor** — инспектор классификационного общества, инспектор кораблестроения, судовой эксперт.

suspense — неизвестность; ожидание ◇ 1. **suspense account** — счет переходящих сумм; 2. **to keep in suspense** — держать в неизвестности; оттягивать; задерживать, откладывать.

suspension — приостановка; прекращение; временное отстранение (*от должности*); **временное лишение права заниматься чем-л.** ◇ ~ 1. **suspension of business** — приостановка торговли; застой в торговле; 2. **suspension of specie payments** — прекращение размена банкнот на золотые монеты.

sustain — терпеть; нести; подтверждать; поддерживать ◇ **to sustain losses** — терпеть убытки; нести потери.

swap — своп (*одновременная обменная операция по ценным бумагам; разность в процентных ставках по двум валютам на один и тот же срок; временная покупка с гарантией последующей продажи; линия кредита в резервной валюте между центральными банками*).

swing — колебание; резкое колебание; неожиданное скачкообразное движение конъюнктуры; колебаться; менять направление; поворачиваться ◇ 1. **swing credit** — допускаемое сальдо; предел взаимного кредитования по клиринговым расчетам; 2. **swing over** — резкое колебание; резкая перемена; 3. **to swing the balance of payment out of deficit** — вывести платежный баланс из дефицита; 4. **short-swing change — резкое колебание конъюнктуры в течение короткого периода.**

switch — изменить направление; (*бирж.*) **"перемена"** (*ликвидация обязательства по сдаче одних ценных бумаг и одновременная запродажа других*); **переход; переходить; переключение; переключаться; продажа товаров в какую-л. страну через другую страну** (*из валютных соображений*); **"включение"** (*операция по использованию блокированного счета в какой-л. стране для капиталовложений в этой же стране*); **покупка валюты на условиях "спот" и продажа ее на условиях "форвард"; валютная спекуляция на курсовой разнице** ◇ 1. **switch deal** — продажа товаров в какую-л. страну через другую страну (*из валютных соображений*); операция по использованию блокированного счета в какой-л. стране для капиталовложений в этой же стране; покупка валюты на условиях "спот" и продажа ее на условиях "форвард"; валютная спекуляция на курсовой разнице; 2. **switch transaction** — (*см.* switch deal); 3. **to switch into equities** — переходить на вложение капитала в обыкновенные акции (*вместо вложения в бумаги с фиксированным дивидендом*); 4. **switching** — "переключение" (*на товарных рынках замена одной открытой позиции на другую путем ликвидации одного срочного обязательства на поставку и принятие на этом же рынке другого*).

syndicate — консорциум; синдикат; синдицировать; объединить в консорциум ◇ 1. **syndicate agreement** — соглашение об организации консорциума; 2. **syndicate loan** — банковская ссуда консорциуму; 3. **syndicate manager(s)** — банк, ведущий дела консорциума; руководство консорциумом; 4. **syndicate offering** — предложение облигаций займа или ценных бумаг со стороны консорциума; 5. **distributing syndicate** — консорциум, организованный для размещения ценных бумаг; 6. **underwriting syndicate** — консорциум, гарантирующий реализацию займа или размещение новых ценных бумаг.

system — система; сеть ◇ 1. **contracting system** — постоянные связи на основе общего контракта; 2. **general system of prefer-**

ence — всеобщая система преференций (*система таможенных льгот, предоставляемых развивающимся странам*); 3. **issue system** — эмиссионная система (*законодательно установленный порядок выпуска в обращение денежных знаков; составная часть денежной системы*).

T

table — таблица; табель; реестр ◇ 1. **table of rates** — тариф; 2. **summary table** — сводная таблица; 3. **time table** — расписание; расписание поездов или движения поездов.

tabular — табличный; в виде таблиц ◇ 1. **tabular bookkeeping** — американская бухгалтерия; 2. **tabular data** — табличные данные; 3. **tabulate** — располагать в виде таблицы; вносить в таблицы.

tacit — молчаливый ◇ 1. **tacit agreement** — молчаливое соглашение; молчаливое согласие; 2. **tacitly** — молчаливо; 3. **the agreement will be tacitly extended** — договор будет автоматически продлен.

tag — ярлык, этикетка; бирка; прикреплять ярлыки; размечать (*товары*).

take — брать; покупать; брать цену; взимать; нанимать; снимать ◇ 1. **take-in** — обман; 2. **take out** — (*ам.*) тэйк-аут (*получение наличными прибыли, образующейся в результате продажи партии ценных бумаг и покупки другой партии по более низкой цене*); 3. **to take counsel's opinion** — запросить мнение юриста, получить заключение юриста; 4. **to take delivery** — принимать поставку (*товара*); 5. **to take down** — записывать под диктовку; получать и принимать часть акций на первичном рынке (*ам.*); 6. **to take effect** — вступать в силу; 7. **to take for the call** — продать предварительную премию (*приобретенное при уплате право купить ценные бумаги или товар по установленной заранее цене в течение определенного времени*); 8. **to take for the put** — купить обратную премию (*приобретаемое при уплате определенной премии право продать ценные бумаги или товар по установленной заранее цене в течение определенного времени*); 9. **to take in stock** — принимать в репорт ценные бумаги (*покупка банком ценных бумаг при условии их обязательного выкупа бывшими владельцем через определенный срок по более высокому курсу*); выдавать ссуду под репортные ценные бумаги (*вид спекулятивной операции*); 10. **to take legal advice** — советоваться с юристом; 11. **to take**

off — снимать; уменьшать(ся); 12. **to take out** — вынимать; получать (документ из учреждения), выбирать; 13. **to take over** — принимать от другого лица; 14. **to take possession** — вступать во владение; 15. **to take the risk** — взять на себя риск; 16. **to take up** — поднимать; занимать (*время, место*); принимать; предпринимать; браться за что-л.; выкупать; оплачивать; приобретать; подписываться на; взять на себя размещение (*ценных бумаг*), 17. **to take up a bill** — выкупить, оплатить, акцептовать тратту.

take-off — скидка; комиссия.

take-over — приемка; приобретение контрольного пакета акций какой-л. компании другой компанией; слияние компаний; слияние монополий.

taker — получатель; покупатель; предприниматель ◇ 1. **taker-in** — лицо, принимающее в репорт (*отсрочка биржевой сделки*) ценные бумаги (*бирж.*); 2. **taker of option money** — продавец премии (*бирж.*).

takings — поступления (*денежные*), **выручка.**

tale — категория; число; совокупность; сумма; число; рассказ ◇ 1. **tale quale** — тель-кель (*такой как есть; условие продажи без гарантии качества или условие об освобождении продавца от ответственности за ухудшение качества товара во время перевозки*); 2. **by tale** — по номинальной стоимости (*об оценке золотых монет*).

tally — бирка; ярлык, марка, фабричное клеймо, номер, опознавательный знак (*на товаре*); **подсчет, сверка; копия, дубликат; расчетная книжка** (*покупателя, купившего товар в рассрочку*); **единица счета** (по 10, 20 шт.); **отмечать; отсчитывать, подсчитывать, учитывать** (*количество груза при погрузке и выгрузке*); **сверять, проверять** (*принимаемый товар*); **соответствовать, совпадать, согласоваться, сходится (с — with)** ◇ 1. **tally business** — предприятие. осуществляющее продажу товаров с рассрочкой платежа; 2. **tally of cargo** — подсчет мест груза; 3. **tally trade** — торговля с рассрочкой платежа; 4. **tally shop** — предприятие, осуществляющее продажу товаров с рассрочкой платежа; 5. **the account does not tally** — счет не сходится; 6. **tally man** — счетчик, отметчик, контролер (*при погрузке и выгрузке*); присяжный счетчик, таллиман; лицо, продающее товар в рассрочку; лицо, продающее товар по образц*ам.*

talon — талон; талон купонного листа; свидетельство о возобновлении.

tamper — фальсифицировать; подделывать (*счета, документы*) ◇ **to tamper with accounts** — фальсифицировать счета.

tape — лента; тесьма; мерная лента; телеграфная бумажная лента; биржевой телеграфный аппарат; обвязывать тесьмой, лентой ◇ 1. **tape abbreviation** — сокращения биржевых терминов в телеграммах (*передаваемых по биржевому телеграфному аппарату*); 2. **tape line** — мерная лента; 3. **red tape** — канцелярщина; бюрократизм; волокита; 4. **taping and sealing** — обвязывание тесьмой и опечатывание (*ценных грузов*).

tare — вес упаковки, тары; тара; скидка на тару; определять вес тары ◇ 1. **tare allowance** — скидка с веса на тару (*делается при определении веса товаров*); 2. **actual tare** — действительный вес тары; 3. **average tare** — средний вес тары; 4. **clear tare** — действительный вес тары всех мест партии товара; 5. **customs tare** — вес тары, установленный таможенными правилами; 6. **estimated tare** — предполагаемый вес тары; 7. **invoice tare** — фактурный вес тары; 8. **legal tare** — вес тары, установленный таможенным тарифом; 9. **net tare** — действительный вес тары всех мест партии товара; 10. **original tare** — вес тары, установленной для отгрузки товара; 11. **real tare** — действительный вес тары; 12. **received tare** — вес тары каких-л. мест груза или товаров, принятый для исчисления веса тары всей партии; 13. **schedule of usual tare weights** — тара-тариф (*таблица веса тары для различных товаров согласно таможенным правилам*); 14. **schedule tare** — вес тары по тара-тарифу; 15. **super tare** — вес тары, превышающий нормальный; сверхтара (*дополнительная скидка с брутто-веса, когда тара превышает определенный вес*); 16. **faring for average** — определение среднего веса тары; 17. **faring regulations** — правила определения веса тары.

target — задание; намеченная цифра; плановая цифра ◇ **to hit the target** — достигнуть намеченной цели; выполнить плановое или производственное задание.

tariff — тариф; расценка; шкала ставок; шкала сборов; таможенный тариф; пошлина; тарифицировать; производить расценку; включать в тариф; облагать пошлиной ◇ 1. **tariff agreement** — соглашение о тарифах; 2. **tariff for bargaining purposes** — тариф для создания выгодных условий для переговоров; 3. **tariff quota** — тарифная квота (*применение льготных таможенных тарифов или отмена пошлин на ввоз определенного количества импортных товаров, либо действие этих условий в течение установленного срока*); 4. **tariff rates** — тарифные ставки (*определяют размер оплаты труда рабочих за один час или день; дифференцированы в зависимости от квалификации работников и отрасли*); таможенные ставки; 5. **tariff value** — ценность товара для целей таможенного обложения; 6. **ad valorem tariff** — стоимостный тариф, пошлина ад валорем (*определяется как процент к цене облагаемых товаров*); 7. **autonomous tariff** — автономный тариф (*устанавливается государством в одностороннем порядке*); 8. **bound tariff rates** — связанные ставки таможенного тарифа (*ставки, сохраняемые на основании соглашений с иностранными государствами на* *уровне существующего таможенного тарифа*); 9. **common community tariff (CCT)** — тариф ЕЭС (*порядковая и алфавитная классификация товаров; используется странами-членами ЕЭС во внутренней и внешней торговле*); 10. **compound tariff** — смешанный тариф, пошлины смешанного типа; 11. **conventional tariff** — конвенционный тариф, договорные (*конвенционные*) пошлины (*устанавливаются в соответствии с международными соглашениями и содержат более низкие ставки*); 12. **customs tariff** — таможенный тариф (*систематизированный по группам перечень облагаемых пошлинами товаров, беспошлинных, запрещенных к ввозу, вывозу или транзиту, а так же ставок таможенных пошлин*); 13. **differential tariff** — дифференцируемый тариф (*таможенный тариф, позволяющий отдать предпочтение определенным товарам или не пропускать их в зависимости от того, в какой стране они изготовлены*); 14. **double-column tariff** — двухколонный тариф (*максимальная и минимальная ставки таможенного тарифа на импортируемый товар; минимальная ставка применяется для товаров тех стран, которым предоставлен режим наибольшего благоприятствования*); 15. **flexible tariff** — гибкий тариф (*тариф, предназначенный для выравнивания цен на импортируемые и отечественные товары — ам.*); 16. **general tariff** — общий тариф, простой тариф, одноколонный тариф (*максимальная ставка обложения товара таможенной пошлиной; устанавливается на импорт товаров из стран, не являющихся участниками ГАТТ*); 17. **most favoured nation tariff** — тариф для стран, пользующихся режимом наибольшего благоприятствования в международной торговле (*условие, закрепленное в международных торговых соглашениях*); 18. **preferential tariff** — преференциальный режим (*особый льготный экономический режим, предоставленный одним государством другому без распространения на третьи страны; чаще всего вводятся скидки или отмена таможенных пошлин, льготное кредитование и страхование внешнеторговых операций, предоставление финансовой и технической помощи и др.*); 19. **prohibitive tariff** — запретительный тариф (*высокие ставки ввозных пошлин — 20% и более — устанавливаемые в целях ограждения внутреннего рынка*); 20. **reduced tariff** — льготный тариф (*минимальные ставки таможенного обложения импортируемых товаров из тех стран, которым установлен режим наибольшего благоприятствования*); 21. **revenue tariff** — фискальный тариф, фискальные пошлины; 22. **single-column tariff** — одноколонный тариф (*таможенные тарифы, имеющие один уровень ставок обложения каждого вида импортируемых товаров*); 23. **statutory tariff** — установленный законом тариф.

tax — налог; государственный налог (*англ.*); **пошлина; сбор; обла-**

гать налогом; таксировать; (*юр.*) **определять размер** (*судебных издержек*) ◇ 1. **tax anticipation certificates** — (*ам.*) налоговые сертификаты (*билеты государственного займа, которые в любое время обмениваются на наличные деньги, приносят проценты; процентная ставка выше, если сертификаты используются для оплаты налогов*); 2. **tax declaration** — налоговая декларация (*официальное заявление плательщика налогов о полученных им за истекший период доходов и распространяющихся на них налоговых льготах*); 3. **tax exempt** — свободный от налога; 4. **tax-free** — свободный от налога; 5. **tax havens** — налоговые гавани (*государства и территории, проводящие политику привлечения ссудного капитала из-за рубежа путем предоставления различных льгот на своей территории*); 6. **tax in kind** — натуральный налог; 7. **tax incentives** — налоговые льготы (*частичное или полное освобождение от налогов физических или юридических лиц; обычно преследует экономические или социальные цели*); 8. **tax lien** — право удержания имущества в обеспечение уплаты налога; 9. **tax on trade** — промысловый налог; 10. **tax reserve certificate** — налоговый резервный сертификат (*билет государственного займа, который в любое время обменивается на наличные деньги, приносит проценты; процентная ставка выше, если сертификат используется для оплаты налогов — англ.*); 11. **tax return** — налоговая декларация; 12. **after tax** — после удержания (*за вычетом*) налога; 13. **assessed tax** — имущественный налог; 14. **capital-gains tax** — налог на прирост капитала; 15. **company income tax** — налог с доходов акционерных компаний; 16. **death and gift tax** — налог с наследства и дарений; 17. **depreciated exchange tax** — пошлины на товары из стран с обесцененной валютой; 18. **direct tax** — прямой налог (*устанавливается на доходы и имущество частных лиц, а также на наследство и отчисления на социальное страхование*); 19. **dividend tax** — дивидендный налог (*выплачивается компаниями с ограниченной ответственностью в дополнение к корпорационному налогу и берется из прибыли до выплаты дивидендов*); 20. **excess profits tax** — налог на сверхприбыль; 21. **excise taxes** — акцизные сборы (*государственный косвенный налог на товары массового потребления*); 22. **to fix a tax** — устанавливать, обусловливать пошлину; 23. **general property tax** — личный налог (*взимается с физических и юридических лиц; облагаются доходы налогоплательщиков*); 24. **hidden tax** — косвенный налог (*налоги на товары и услуги, устанавливаемые в виде надбавки к цене или тарифу*); 25. **import turnover tax** — налог на продажу импортных товаров; 26. **income tax** — подоходный налог (*прямой налог на получаемые юридическими и физическими лицами доходы, зависит от размеров доходов; иногда называется налогом* *на прибыль*); 27. **legacy tax** — налог с наследства и дарений; 28. **sales tax** налог с оборота (*косвенный налог, взимаемый с оборота, в основном, отечественных товаров и услуг; берется со стоимости валового оборота предприятия или с выручки за вычетом материальных затрат*); 29. **selective employment tax** — налог на предпринимателей за находящихся у них на службе работников определенных категорий; 30. **single tax** — единый земельный налог; 31. **to be liable to tax** — подлежать обложению налогом; 32. **to be taxable** — облагаться пошлиной; 33. **to cut down the taxes** — снизить налоги; 34. **transfer tax** — налог на денежные переводы за границу; 35. **turnover tax** — налог с оборота (*косвенный налог, взимаемый с оборота товаров, произведенных внутри страны*); 36. **undistributed profit tax** — налог на нераспределенную прибыль (*обложение не распределенной на дивиденды части прибыли организаций, признаваемых в качестве отдельных налогоплательщиков, при взимании налога на прибыль корпораций; обеспечивает отсрочку обложения подоходным налогом*); 37. **use tax** — налог за пользование каким-л. предметом; 38. **value-added tax (V.A.T.)** — налог на добавленную стоимость (*косвенный налог на товары и услуги, которым облагается стоимость, добавленная на каждой стадии производства и реализации товара*).

taxable — облагаемый налогом, пошлиной; подлежащий обложению налогом, пошлиной ◇ 1. **taxable capacity** — налогоспособность; 2. **taxable income** — облагаемый доход; 3. **taxing capacity** — налогоспособность.

taxation — налоговое обложение; налоги; таксация (*юр.*) ◇ 1. **flat taxation** — пропорциональное налогообложение (*система налогообложения, при которой налоговые ставки устанавливаются в едином проценте к любому доходу налогоплательщика*); 2. **graduated taxation** — прогрессивное обложение (*система налогообложения, при которой налоговые ставки увеличиваются по мере роста доходов налогоплательщиков*); 3. **proportional taxation** — пропорциональное налогообложение.

team — бригада; группа ◇ **teamwork** — совместные усилия; взаимодействие.

technical — технический; формальный ◇ 1. **technical adviser** — технический консультант; 2. **technical conditions** — технические условия; 3. **technical decline** — изменение цен на рынке, вызванное воздействием внутренних факторов рынка (*объем, условия поставок и т. п.*) в отличие от внешних факторов предложения и спроса; 4. **technical terms** — технические термины; технические условия; 5. **technicality** — техническая сторона дела; 6. **technicalities** — технические детали; формальности.

technique (*часто* **techniques**) — **технические приемы; техноло-**

гия; техническое оснащение; техническая аппаратура ◇ **fundamental techniques** — основная технология.

technology — техника; технология.

temporary — временный; временный рабочий; временный служащий ◇ 1. **temporary admission of imports** — разрешение на ввоз товаров, предназначенных для реэкспорта; 2. **temporary investment** — краткосрочные инвестиции; 3. **temporary trade agreement** — временное торговое соглашение.

temporize — выжидать; стараться выиграть время; медлить; откладывать принятие решения.

tenancy — арендование; владение на правах аренды; владение; владение недвижимостью; срок найма; срок аренды; арендованная собственность, земля, дом.

tenant — арендатор; наниматель; съемщик; владелец недвижимости, земельной собственности; арендовать.

tend — направляться; вести к; действовать в определенном направлении; способствовать; иметь (проявлять) тенденцию, склонность.

tendency — тенденция; стремление; наклонность ◇ 1. **bearish (downward) tendency** — тенденция к понижению; 2. **bullish (upward) tendency** — тенденция к повышению; 3. **stronger tendency in prices** — тенденция цен к большей устойчивости, тенденция к некоторому повышению цен; 4. **the tendency was reversed** — тенденция резко изменилась.

tender — предложение; сумма, вносимая в уплату долга; тендер (*заявка, оферта, письменное предложение, извещение о намерении поставить товар по срочному контракту; форма предложения облигаций или казначейских векселей на рынке; приглашение поставщикам на конкурсной основе предложить товар или оборудование, оказать услуги определенного качества на основе разработанных устроителями торгов условий; официальное предложение уплатить долг или выполнить обязательства*); **смета подрядчика на торгах; торги; предлагать; подать заявку; оплатить долг; представлять** (*документы*) ◇ 1. **tender of delivery** — предложение сдачи; 2. **tender offer** — публичное предложение держателей акций одной корпорации акционерам другой корпорации, купить акции за наличный расчет или иное обеспечение; действует ограниченное время при соблюдении определенных условий (*ам.*); 3. **the tenders aggregated to ...** — общая сумма подписки на полученные заявления составила ...; 4. **tenders must be in by ...** — предложения (заявки, заявления) должны поступить к ...; 5. **auction by tender** — закрытые торги; 6. **awarded tender** — принятый для исполнения тендер; 7. **lowest tender** — предложение по самой низкой цене; 8. **international tender** — международные торги (*конкурсная форма размещения заказов на за-*

купку на мировом рынке оборудования или привлечения подрядчиков для сооружения и пусконаладки технических объектов и др. работ); 9. **to invite tenders** — назначить торги; объявить подписку (*на ценные бумаги*); 10. **tender list** — список участников торгов; 11. **to put out something to tender** — объявить торги на что-л.; 12. **common tender** — закономерное предложение; законное платежное сродство; 13. **conditional tender** — предложение под условием; 14. **good tender** — действительное предложение; 15. **lawful tender** — закономерное предложение; законное платежное средство; 16. **legal tender** — закономерное предложение; законное платежное средство; 17. **plea of tender** — заявление в суде о готовности удовлетворить денежные требования истца; 18. **to invite the public to tender for shares** — объявить о подписке на акции (*компания объявляет о подписке на акции обычно по курсу выше установленного минимума*); 19. **tenderer** — оферент; лицо, делающее предложение; участник торгов.

tenement — долгосрочное владение; земельная собственность, арендованная земельная собственность; многоквартирный дом.

tenor — содержание, смысл (*документа*); **текст** (*юр.*); **срок** (векселя *фин.*) ◇ 1. **tenor of a bill** — срок векселя; 2. **first (second) of the same tenor and date being unpaid** — если первый (второй) образец векселя с тем же сроком и той же датой не оплачен (*из текста переводного векселя*).

tentative — пробный; экспериментальный; предварительный; временный 1. **tentative inquiry** — предварительный запрос; предварительное обследование.

terminable — ограниченный сроком, срочный; могущий быть отмененным, прекращенным; подлежащий отмене, прекращению ◇ **terminable annuity** — срочная рента, срочный аннуитет (*срочный государственный заем с ежегодным погашением долга; платеж по такому займу*).

term — термин; срок; промежуток времени; предел; условие; постановление; договор; условия (*продажи, платежа, договора*); **сроки кредитования; плата за услуги; цена** ◇ 1. **term loan** — срочная ссуда (*на фиксированный период времени, обычно свыше года*); 2. **term of payment** — срок платежа; 3. **delivery on term** — сдача в определенный срок; 4. **for a term of** — на срок в; 5. **long term loan** — ссуда долгосрочная (*денежный заем, предоставляемый на длительный срок свыше 10 лет; долгосрочный внешний государственный заем может предоставляться на срок от 10 до 45-60 лет*); 6. **to set a term** — установить срок; установить предел; 7. **terms** — условия договоров купли-продажи, страхования, транспортировки и др. (*статьи договора, предусматривающие действия его участников в оп-*

ределенной области, при тех или иных обстоятельствах; сами ситуации, при наступлении которых контрагент имеет право на определенные действия или компенсации и т. п.); 8. **terms of contract** — условия контракта (*согласованные сторонами и зафиксированные в контракте предмет сделки, характеристики товара, цены, сроки исполнения обязательства, взаимные права и обязанности сторон*); 9. **terms of payment** — условия платежа; 10. **terms of trade** — условия торговли (*показатель изменения пропорций внешнеторгового обмена; соотношение индексов импортных и экспортных цен страны; опережающий рост экспортных цен характеризует улучшение условий торговли*); 11. **terms of trade on current account** — условия торговли по текущим операциям (*показатель, указывающий не только цены импортных и экспортных товаров, но и стоимость услуг и доходы от заграничных капиталовложений*); 12. **best terms** — самые благоприятные условия договора; самые низкие цены и самые благоприятные условия платежа; 13. **income terms of trade** — условия торговли по доходам (*отношение индекса общей стоимости экспорта к индексу импортных цен*); 14. **in ... terms (in terms of)** — в исчислении, исчисленный в; в ... выражении, выраженный в; в переводе на; с точки зрения, под углом зрения; 15. **in percentage terms** — в процентном исчислении, в процентах; 16. **in real terms** — в реальном исчислении; 17. **in set terms** — определенно; 18. **on the following terms and conditions** — с соблюдением постановлений и условий, изложенных ниже; на всех условиях, изложенных ниже; 19. **purchase and/or sale terms** — условия купли-продажи; 20. **turnkey terms** — условия "под ключ"; 21. **to bring a person to terms** — заставить кого-л. принять условия; 22. **to come to terms** — договориться; 23. **to comply with the terms** — соответствовать постановлениям, условиям.

terminable — ограниченный сроком, срочный; могущий быть отмененным, прекращенным; подлежащий отмене, прекращению ◇ **terminable annuity**—срочная рента, срочный аннуитет.

terminal — конечный; заключительный; срочный; пограничный; конечная станция; краткосрочное обязательство ◇ 1. **terminal charges** — плата за обработку грузов на ж.-д. станции; 2. **terminal contract** — срочные договоры (контракты) (*операции купли-продажи с платежами в определенный соглашением срок по курсу, зафиксированному в момент сделки*); 3. **terminal market** — срочная биржа (*где заключаются фьючерсные сделки с поставкой товара и платежами в определенный соглашением срок от нескольких месяцев до 1-2 лет по курсу, зафиксированному в момент сделки; заключаются обычно для перепродажи*); 4. **terminal prices** — цены по срочным сделкам; 5. **terminal receipt** — складская расписка; 6. **terminal transactions** — срочная сделка; продажа на срок (*сделка за наличный расчет по поставке товара оговоренного количества и качества или на определенную дату в будущем, цена устанавливается заранее или за день до поставки; сделка на фондовой или товарной бирже, платеж осуществляется через определенный срок по курсу, зафиксированному в контракте, а поставка товара через указанный срок, от нескольких месяцев до 1-2 лет; заключается обычно в расчете на перепродажу контракта и получение прибыли, владельцы контрактов на срок не связаны обязательствами перед продавцами и покупателями, а имеют отношения только с расчетной палатой биржи*); 7. **terminal wage** — выходное пособие.

terminate — положить конец, предел; прекращать; прекратить действие; кончать(ся); истекать; ограничивать; быть ограниченным ◇ 1. **termination** — конец; окончание; истечение срока; прекращение; прекращение действия; 2. **termination of an agreement** — прекращение действия соглашения; истечение срока соглашения.

territory — территория ◇ 1. **custom territory** — таможенная территория; 2. **self-governing territory** — самоуправляющаяся территория; 3. **statistical territory** — статистическая территория (*к которой относятся публикуемые статистические сведения по внешней торговле*).

test — испытание; проверка; проба; анализ; подвергать испытанию, проверке; исследовать; проверять ◇ 1. **check test** — контрольное испытание; 2. **export test** — испытание для отправки на экспорт; 3. **means fast** — проверка материального положения (*для предоставления права на пособие по безработице и т. п.*); 4. **monitoring test** — контрольное испытание; 5. **routine test** — контрольное испытание; 6. **to put to the test** — подвергать испытанию; 7. **to stand the test** — выдержать испытание; 8. **test trial** — контрольное испытание; 9. **works test certificate** — свидетельство о заводском испытании.

testimonial — аттестат; свидетельство, удостоверение; рекомендательное письмо.

testimony — показание; свидетельство (*письменное*); **доказательство.**

thing — вещь ◇ 1. **things** — имущество (*юр.*); вещи; 2. **things personal** — движимое имущество; 3. **things real** — недвижимое имущество.

third — третий; делить на три части ◇ 1. **third best** — третьесортный; низкого качества; 2. **third class-paper** — векселя недостаточно солидных фирм; 3. **third of exchange** — третий образец переводного векселя; 4. **third party** — третья сторона; 5. **third party risks** — риски третьих лиц (*страх.*); 6. **third person** —

третья сторона; свидетель (*юр.*); 7. **third rate —** третьесортный; третьеразрядный.

thrift — экономность; бережливость.

through — сквозной; прямой, прямого сообщения; беспересадочный; транзитный ◇ 1. **through bill of lading** — сквозной коносамент (*выдается в тех случаях, когда груз доставляется по назначению не одним судном, а с перевалкой на другое судно или иной транспорт; такая перевозка осуществляется либо одним перевозчиком, обслуживающим ряд пересекающихся между собой регулярных линий, либо по договоренности нескольких перевозчиков о совместной доставке товаров; наиболее широко используется при контейнерных перевозках*); 2. **through freight** — сквозная ставка фрахта; 3. **through put** — пропускная способность, производительность, общее количество работы (изделий), произведенных предприятием за определенный период времени; 4. **through rate** — сквозная цена (*ставка за провоз, включая перевалку*); 5. **through traffic** — транзит; прямое сообщение; сквозное сообщение; транзитные перевозки.

tick — кредит; доверие; движение цены вверх или вниз.

ticket — билет; этикетка, ярлык; удостоверение; прикреплять этикетки или ярлыки ◇ 1. **ticket day** — второй день ликвидационного периода на фондовой бирже; 2. **pawn ticket** — залоговая квитанция; 3. **price ticket** — этикетка с ценой.

tie — связывать ◇ 1. **tie-in sale** — условная продажа; 2. **to tie up the capital in something** — вложить капитал во что-л.; 3. **to be tied down to the price** — быть связанным ценой; 4. **tying requirements** — связывающие требования.

tight — недостаточный; стесненный; напряженный; плотный; непроницаемый ◇ 1. **tight money** — тяжелые деньги (*кредитно-денежная политика, направленная на ограничение предоставления кредитных ресурсов, результатом которой является повышение ставок процента; ситуация на денежном рынке, возникающая при недостаточном предложении кредита*); 2. **money is tight** — ощущается недостаток в деньгах; наблюдается стеснение кредита.

tightness — недостаток; стесненность; напряжение ◇ 1. **tightness of money** — недостаток денег; напряженность денежного рынка; стесненность кредита; 2. **manpower tightness** — нехватка рабочей силы.

till — касса; наличность кассы; денежный ящик ◇ 1. **till book** — кассовая книга; 2. **tin cash ratio —** коэффициент кассовой наличности (*количественное соотношение кассовых активов и краткосрочных пассивов, отражаемых в балансах банка*).

time — время; срок; раз; выбирать время; приурочивать; рассчитывать по времени ◇ 1. **time bargain** — сделка на срок, срочная сделка (*сделка за наличный расчет по поставке товара оговоренного количества и качества или на определенную дату в будущем, цена устанавливается заранее или за день до поставки; сделка на фондовой или товарной бирже, по которой платеж осуществляется через определенный срок по курсу, зафиксированному в контракте, а поставка товара через указанный срок, от нескольких месяцев до 1-2 лет, заключается обычно в расчете на перепродажу контракта и получения прибыли; владельцы контрактов на срок не связаны обязательствами перед продавцами и покупателями, а имеют отношения только с расчетной палатой биржи*); 2. **time bill** — вексель на срок (*вексель со сроком платежа через определенный промежуток времени*); долгосрочный вексель; расписание; 3. **time charter —** (*мор.*) тайм-чартер (*договор на аренду судна на время*); 4. **times covered** — коэффициент соотношения покрытия (*показывает во сколько раз доходы компании превосходят сумму дивидендов*); 5. **time deposit —** срочный вклад (*банковский депозит, предоставленный на фиксированный срок*); 6. **time discount** — скидка за досрочную уплату по счету или векселю; 7. **time lag** — отставание во времени, запаздывание; 8. **time loan** — ссуда на определенный срок; 9. **time of commodity crossing a frontier** — момент перехода товара через границу (*для учета экспорта и импорта; этим моментом считается: для водных перевозок — дата коносамента или водной накладной; для железнодорожных перевозок — дата штемпеля на пограничной станции; при авиаперевозках — дата выписки авианакладной*); 10. **time of maturity** — срок оплаты векселя; 11. **time (limit) order** — приказ брокеру, ограниченный по времени (*приказ совершить покупку или продажу в определенное время; на открытие рынка, его закрытие, середину рабочего дня или в течение недели*); 12. **time paper** — векселя (акцепты) со сроком платежа через определенный промежуток времени; 13. **time purchase** — покупка на срок (*бирж.*); 14. **time rate (of exchange)** — курс форвард (*курс валюты по срочным сделкам*); 15. **time sheet** — таймшит (*ведомость учета времени, затраченного на погрузку и выгрузку судна — мор.*); 16. **time study** — хронометраж; 17. **dead time** — тихий сон; вспомогательное время, простой (машины); 18. **in good time** — своевременно; 19. **interest time** — процентный период (*часть общего срока средне- и долгосрочного кредита, предоставленного по плавающей процентной ставке, в течение которого процентная ставка фиксируется на неизменном уровне, определенном по соглашению между кредитором и заемщиком*); 20. **new time dealing** — сделки в счет "нового времени" (*сделки на Лондонской фондовой бирже, заключаемые в течение двух дней, предшествующих новому расчетному периоду; позволя-*

ют получать отсрочку платежа по сделке до следующего расчетного дня); 21. **to be behind time** — опаздывать; 22. **to take time** — требовать времени; 23. **timing** — выбор момента; согласование во времени; срок; охватываемый период (*стат.*).

title — титул (*закрепленное документально право на владение товаром, переходящее от продавца к покупателю согласно условиям продажи*); **право на имущество** (*юр.*); **заглавие; название; надпись** ◇ 1. **title deed** — документ, подтверждающий право на имущество; 2. **title in (to) personal (real) property** — титул на движимое (недвижимое) имущество; 3. **good title** — обоснованный титул, законный титул; 4. **voidable title** — оспоримый титул; 5. **to make a good title** — доказать законный титул.

to — с точностью до; в дебет (*в бухгалтерских авизо, выписках счета и т. п. этот предлог указывает на отнесение суммы в дебет счета*) ◇ 1. **to goods $100** — указание на отнесение в дебет счета стоимости товаров в сумме 100 долларов; 2. **to the next lowest pound** — с точностью до ближайшего меньшего фунта; 3. **to two decimal points** — с точностью до двух десятичных знаков.

token — знак; символ ◇ 1. **token coin** — разменная монета; 2. **token imports** — импорт незначительных количеств товара; символический импорт; 3. **token money** — денежные знаки; 4. **in token of** — в знак чего-л.

tone — тенденция; настроение (*рынка*) ◇ 1. **bearish (bullish) tone** — понижательное (повышательное) настроение; 2. **easier tone** — понижательное настроение; 3. **good tone** — твердое настроение; 4. **prevailing tone** — преобладающее настроение.

tonnage — тоннаж; грузоподъемность; суда; большое количество; количество; тоннажный сбор; корабельный сбор ◇ 1. **tonnage certificate** — мерительное свидетельство; 2. **tonnage dues** — тоннажный сбор; корабельный сбор; 3. **tonnage bookings —** фрахтовые сделки; сделки на фрахтование судов; 4. **coastwise tonnage —** каботажные суда; 5. **deadweight tonnage** — полная грузоподъемность судна; дедвейт; 6. **displacement tonnage** — водоизмещение; 7. **dollar tonnage** — долларовый тоннаж (*судно, сдаваемое в наем с условием уплаты фрахта в долларах*); 8. **gross register tonnage** — брутто регистровый тоннаж (*объем помещений судна, выраженный в регистровых тоннах, дает представление о размерах всего судна в целом*); 9. **large (small) tonnage —** большие (малые) количества; 10. **register tonnage** — регистровая вместимость; регистровый тоннаж.

tool — орудие; станок; инструмент (*ручной*); **оборудовать** (*станками*) ◇ 1. **tool engineering** — инструментальное дело; 2. **tool shop** — инструментальный цех; 3. **machine tool** — механический станок.

top — верх, верхушка; высшая точка; высшая цена; высший ◇ **to**

lift (to raise) the top — (*бирж.*) дойти до новой высшей точки (*о ценах, курсах*).

total — общий; весь; целый; полный; итог; общая сумма; общее количество; итого, всего; составить в итоге, составить в общем, составить всего (*сумму, количество*); **доходить до, равняться** ◇ 1. **total assets** — сумма баланса (*общая стоимость имущества компании*); 2. **total claims —** общая сумма требований; 3. **total debt** — общая задолженность; 4. **total export** — общий экспорт; общая ценность вывоза; общий объем вывоза; 5. **total loss** — общая сумма потерь, убытков; полная гибель (*страх.*); 6. **estimated total** — итог (итого. всего) по смете, по подсчету; 7. **subtotal** — частный итог; 8. **to total up** — подводить итог, подсчитывать.

touch — соприкосновение; контакт; связь; сношения; касаться; доходить до ◇ 1. **to touch bottom** — дойти до самого низкого уровня (*о ценах, курсах*); 2. **to be in (out of) touch with** — находится (не находится) в контакте с кем-л.; быть (не быть) в курсе чего-л.

trade — торговля; торговцы; торговые круги; розничная торговля; клиентура; покупатели; отрасль (*торговли производства, промышленности*); **сделка; обмен** (*ам.*); **торговать; обменивать** ◇ 1. **trade balance** — торговый баланс; 2. **trade barrier** — торговый барьер (*искусственное ограничение свободного обмена товарами и услугами между странами, обычно практикуемое в виде тарифов, квот или валютного контроля*); 3. **trade bill** — торговый вексель (*выписывается и акцептуется торговцами; обычно учитываются банками по изменяющимся учетным ставкам*); 4. **trade board** — комиссия по вопросам заработной платы (*в какой-л. отрасли промышленности*); 5. **trade council** — объединение профессиональных союзов; 6. **trade fair** — торговая ярмарка (*крупный, периодически действующий и открытый рынок, собирающийся регулярно в одних и тех же местах, в определенное время года и в установленный срок для демонстрации образцов товаров и заключения коммерческих сделок*); 7. **trade house** — торговый дом; 8. **trade mark (trademark)** — товарный знак (*имя, термин, знак, символ, рисунок или их сочетание, предназначенное для идентификации товаров или услуг конкретного продавца или производителя и дифференциации их от товаров и услуг конкурентов*); 9. **trade price** — цена товаров, покупаемых розничным торговцем у оптовика для дальнейшей продажи; 10. **trade report** — торговый бюллетень; 11. **trade(s) union** — тред-юнион; профсоюз; 12. **adverse balance of trade (of payments)** — пассивный торговый баланс (платежный) (*пассивное сальдо торгового* (*платежного*) *баланса, когда сумма платежей превышает сумму поступлений*); 13. **balanced trade** — нетто-баланс (*торговый баланс, в ко-*

тором ценность экспорта равна ценности импорта); 14. **carrying trade** — транспортное дело; транспортная торговля; морская торговля; морские перевозки; 15. **compensation trade** — компенсационная торговля (*при которой экспортер дает свое согласие на получение в счет платежа товаров из страны-импортера*); 16. **custom of the trade** — торговое обыкновение; узанс; узанция; торговый обычай (*наиболее распространенные, общепринятые условия заключения сделок в данной сфере торговли*); 17. **external trade** — внешняя торговля (*торговля между странами, отражает участие государства в межхозяйственных связях, международном разделении труда, уровень развития; в значительной мере опосредствует результаты др. видов международного сотрудничества: научно-производственного, финансового и т. п., в Англии часто употребляется в отношении той сферы внешней торговли, когда товар, без завоза его в Великобританию, перепродается импортеру*); 18. **general trade** — (*стат.*) общая (генеральная) торговля (*общий внешний торговый оборот, включая транзитные товары*); 19. **home trade** — внутренняя торговля; каботаж; 20. **retail trade** — розничная торговля (*реализация товаров и услуг, предназначенных для личного потребления*); 21. **service trades** — обслуживающие отрасли; 22. **terms of trade** — условия торговли (*показатель изменения пропорций внешнеторгового обмена; соотношение индексов импортных и экспортных цен страны; опережающий рост экспортных цен характеризует улучшение условий торговли*).

trader — торговец; биржевой маклер (*посредник между сторонами при заключении сделок на фондовых и товарных биржах, действующий за счет клиентов и по их поручению*); **спекулянт; торговое судно** ◇ 1. **floor trader** — биржевой маклер-спекулянт; 2. **good trader** — добротный товар (*новая партия ценных бумаг, которая пользуется особым спросом на рынке и может быть раскуплена в полном размере*); 3. **tradesman** — торговец, розничный торговец; ремесленник.

trading — торговля; производственная деятельность; торговый ◇ 1. **trading bank** — коммерческий банк (*банковское учреждение, специализирующееся на приеме депозитов, краткосрочном кредитовании и расчетном обслуживании клиентов, занимаются также посредническими операциями; бывают частные и государственные*); 2. **trading capital** — оборотный капитал (*превышение текущих активов над краткосрочными обязательствами, позволяющее компании финансировать свои постоянные операции*); 3. **trading in futures** — сделки на срок; 4. **trading limit** — торговый лимит (*максимальное количество товара, которое может быть куплено или продано любым лицом за один день, в течение которого производятся* *сделки; максимальная фьючерсная позиция, которую разрешается держать любому лицу; максимально разрешенное движение цен в течение одного дня*); 5. **trading market** — вялое настроение рынка; 6. **trading year** — операционный год; 7. **unit of trading** — единица сделки (*минимальное количество товара или ценных бумаг, необходимых для проведения сделки купли-продажи*); единица торговли (*стандартный размер контракта на срочной товарной бирже, предполагающий поставку строго определенного количества товара; сделка может заключаться на 10, 20, 30 контрактов*).

traffic — движение; сообщение; транспорт; перевозки; грузооборот; фрахт; грузы; количество перевезенных пассажиров; торговля; торговля и транспорт; торговать (in — чем) ◇ 1. **traffic in transit** — транзит, сквозное сообщение; транзитные перевозки; 2. **freight traffic** — грузооборот; 3. **goods traffic** — грузооборот.

trained — обученный ◇ 1. **trained staff** — обученный персонал; 2. **trained workmen** — обученные рабочие.

trainee — проходящий подготовку; стажер.

training — обучение; подготовка ◇ 1. **in-plant training** — подготовка без отрыва от производства; 2. **in-service training** — подготовка без отрыва от производства; 3. **on-the-job training** — подготовка без отрыва от производства; 4. **vocational training** — профессиональная подготовка.

tramp — трамп; бродячее судно (*судно, перевозящее грузы по любым направлениям*) ◇ 1. **tramp navigation** — трамповое судоходство; 2. **tramping** — перевозка грузов по любым направлениям.

transaction — дело; сделка; операция (*торговая*); **ведение** (*дела*) ◇ 1. **barter transaction** — бартерный контракт (*простой обмен согласованных количеств одного товара на другой; оговаривается количество взаимопоставляемых товаров или сумма поставок*); 2. **call transaction** — онкольная сделка (*дающая право покупателю потребовать сдачу товара по цене, соответствующей котировке срочной биржи на дату по своему выбору*); 3. **commodity transaction of banks** — товарные операции банков (*предоставление банками ссуд под залог товаров и товарных документов*); 4. **compensation transaction** — простой компенсационный контракт (*предусматривает взаимную поставку товаров на равную стоимость; контракт предполагает согласование цен товаров; может предусматриваться неконвертируемое денежное сальдо*); 5. **forward transaction** — форвардная операция (*внебиржевые срочные валютные сделки, совершаемые банками и промышленно-торговыми корпорациями по телефону или телефаксу на договорной основе*); 6. **futures transaction** — фьючерсная сделка (*вид срочных сделок на товарной* *и фондовой бирже с оплатой через определенный срок по цене, установленной в контракте*); 7. **securities transaction** — фондовые операции банков (*операции с ценными бумагами*); 8. **spot transaction** — спот; сделка на наличный товар (*в т. ч. и биржевая сделка, предполагает немедленную поставку и оплату*); 9. **stock exchange transaction** — фондовая операция.

transfer — передача; передача в собственность, уступка (*права*); **трансферт** (*перевод иностранной валюты, золота из одной страны в другую, денег из одного финансового учреждения в другое; передача права собственности на именные ценные бумаги*); **перечисление** (денежных сумм); **перевоз грузов** (с одного склада на др.); **перенос** (*бухг.*) ◇ 1. **transfer agent** — агент по выдаче ценных бумаг и регистрации трансфертов; 2. **transfer by endorsement** — индоссаментный трансферт (*уступка путем передаточной надписи — индоссамента на обороте чека, векселя, коносамента и др.*); 3. **transfer line** — автоматическая линия; 4. **transfer of funds** — переводные операции (*операции кредитных учреждений и предприятий связи по выполнению поручений юридических и физических лиц на осуществление переводов денежных средств*); 5. **transfer of ownership** — передача права собственности; 6. **transfer of stock** — передача акций (*ам.*); передача облигаций, фондов (*англ.*); 7. **transfer of technology** — передача технологии (*передача новейших методов производства и распределения путем зарубежных инвестиций, международной торговли, лизинга, передачи патентных прав и обучения персонала*); 8. **transfer of payments** — трансфертные платежи (*выплаты частным предпринимателям и населению из государственного бюджета*); 9. **transfer permit to another warehouse** — разрешение таможни на перевоз грузов на другой склад; 10. **transfer price** — внутрифирменная трансфертная цена; 11. **transfer ticket** — трансфертный чек (*чек на Английский банк в расчетах между банками-членами расчетной палаты*); 12. **exchange transfer** — валютный трансферт (*банковская операция по взаимному обмену между коммерческими банками двух стран заранее согласованных валютных сумм*); 13. **register of transfers** — книга (регистр) трансфертов (*книга для регистрации перевода именных ценных бумаг с одного владельца на другого*).

transferable — могущий быть переданным, переуступленным; переводимый ◇ **transferable account** — переводной счет.

transferee — цессионарий (*лицо, в чью пользу что-л. передается или в чью пользу произведен трансферт*); **индоссат.**

transferor — цедент (*лицо, передающее или уступающее право на что-л.*); **индоссант.**

tranship — перегружать, переотправлять, переваливать (*с одного судна на другое*) ◇ **to tranship goods under bond** — перегружать товары под таможенным контролем; перегружать товары, не подвергающиеся таможенной очистке.

transshipment — перегрузка; переотправка; перевалка (*с одного судна на другое*) ◇ 1. **transshipment bond note** — декларация на транзитный или реэкспортный груз (*англ.*); 2. **transshipment delivery order** — разрешение таможни на беспошлинный транзит груза (*при перегрузке его с одного судна на другое*).

transit — транзит ◇ 1. **transit due** — транзитная пошлина; 2. **transit duty** — транзитная пошлина; 3. **transit entry** — декларация о необлагаемых пошлиной транзитных грузах; 4. **transit rates** — тариф на транзитные грузы; 5. **transit tariff** — транзитная пошлина; транзитные пошлины; 6. **transit zone** — транзитная зона (*портовая зона в прибрежном государстве, используемая как склад-распределитель для соседней страны, не имеющей выходов к морю; ее транзитные товары в зоне не облагаются таможенными пошлинами, не проходят импортный контроль и т. д.*); 7. **in transit** — транзитом; в пути.

transmission — передача; пересылка; передача; трансмиссия; привод (*тех.*).

transmit — отправлять, передавать, сообщать; передавать по наследству ◇ 1. **transmittal** — передача; отправление; 2. **letter of transmittal** — сопроводительное письмо; 3. **transmitter** — отправитель; передатчик (*тех.*).

transport — перевозка; транспорт; транспортное судно (*мор.*); **транспортировать; перевозить; переносить** ◇ **transport charges** — транспортные расходы.

transportation — перевозка; транспортирование; транспорт ◇ **transportation purchases (sales)** — покупка (продажа) транспортных услуг.

traveller (traveler) — путешественник; турист; вояжер; коммивояжер ◇ 1. **traveller on commission** — вояжер, получающий комиссию с суммы собранных им заказов; 2. **traveler's check** — туристский чек (*на суммы в долларах — ам.*); 3. **traveller's cheque** — туристский чек (*на суммы в фунтах стерлингов — англ.*); чек дорожный (*платежный документ, средство международных расчетов неторгового характера*); 4. **traveller's (traveler's) letter of credit** — аккредитивное письмо для путешественника; 5. **commercial traveller** — коммивояжер.

treasurer — казначей; (*ам.*) **кассир; заведующий кассой; заведующий финансовым отделом; секретарь** (*акционерной компании*).

treasury — казначейство ◇ 1. **the Treasury** — государственное казначейство; министерство финансов; 2. **treasury bills** — краткосрочные казначейские векселя (*краткосрочная ценная правительственная бумага, сроком не более года, регулярно поступающая в обращение; основа денежно-кредитной политики государства — англ.*); 3. **treasury bonds** — казначейские боны (*средне- и долгосрочные государственные обязательства*); долгосрочные казначейские векселя; собственные облигации в портфеле (*разрешенные к выпуску, но еще не выпущенные облигации какой-л. корпорации — ам.*); 4. **treasury note** — обязательства казначейства США сроком действия от года до 10 лет; 5. **Treasure notes** — казначейские ноты (*разновидность бумажных денег, выпускаемых министерством финансов или специальными государственными финансовыми органами в порядке казначейской эмиссии; один из видов среднесрочных государственных обязательств, выпускаемых на предъявителя*); 6. **Treasury Statement** — еженедельный отчет министерства финансов США (*ам.*); 7. **treasury stock** — собственные акции в портфеле (*акции, выпущенные компанией и ею выкупленные; по этим акциям дивиденды не выплачиваются, право голоса не предоставляется*); 8. **Secretary to (of) the Treasury** — министр финансов США; 9. **U. S. Treasury bills** — налоговые сертификаты США (*ам.*).

treat — обращаться; обходиться; пользоваться; поступать; вести переговоры; договариваться (with — c, for — o); иметь дело; обрабатывать; подвергать действию; обогащать (*руды, минералы*) ◇ **treatment** — обращение; обхождение; режим; обработка; переработка; обогащение (*руд, минералов*).

treaty—договор (*гл.обр. между государствами*); **конвенция; переговоры** ◇ 1. **treaty port** — договорный порт (*порт, открытый для торговли в силу международных соглашений*); 2. **reciprocal (trade) treaty** — торговый договор на основе взаимности; 3. **to be in treaty with someone for something** — вести переговоры с кем-л. о чем-л.

trend — тенденция; ход; движение; общее направление; общее направление движения; изменение; изменяться в каком-л. направлении; иметь тенденцию ◇ 1. **trend in (of) prices** — тенденция цен, направление движения цен; 2. **trend of affairs** — ход дел.

trespass — нарушение владения; нарушить владение (*юр.*) ◇ 1. **trespass to land** — нарушение владения недвижимостью; 2. **action of trespass** — иск из нарушения владения; 3. **trespasser** — нарушитель владения; правонарушитель.

tret — рефакция (*скидка на утечки, раструску и т. п.; скидка за повреждение товара*) ◇ **tare and tret** — скидка на тару и утечку (*или раструску и т. п.*).

trial — проба; испытание; опыт; пробный; испытательный; судебное разбирательство; судебный процесс ◇ **trial balance** — пробный баланс (*бухг.*).

tribunal — трибунал; суд ◇ **arbitration tribunal** — арбитражный суд.

trip — поездка; рейс; плавание ◇ 1. **trip charter** — рейсовый чартер; 2. **round trip** — рейс туда и обратно; 3. **single trip** — рейс в один конец.

trough — самая глубокая точка (*падения производства, цен и т. п.*).

truck — мена; товарообмен; оплата труда товарами, натурой; мелочный товар; (*ам.*) **овощи; обменивать; вести меновую торговлю; платить натурой, товарами; заниматься овощеводством; вагонетка; товарная платформа; грузовик; перевозить на грузовиках; грузить на платформы, грузовики** ◇ **trucking in bond** — перевозка со складов или на склады товаров, неочищенных пошлиной.

trust — вера; доверие; кредит; имущество; управляемое по доверенности (*юр.*)**; доверительная собственность; опека; имущество, вверенное попечителю; трест; концерн; доверять; давать в кредит** ◇ 1. **trust agreement** — договор о передаче имущества другому лицу на ответственное хранение и управление; 2. **trust company** — трест-компания (*один из видов коммерческих банков в США*); 3. **trust receipt** — сохранная расписка; 4. **trust territory** — подопечная территория; 5. **antitrust laws** — антимонопольные законы; 6. **bank trust** — доверительные операции банков; 7. **constructive trust** — доверительная собственность, возникающая в силу закона; 8. **court trust** — доверительная собственность, установленная по решению суда; 9. **equipment trust certificate** — траст-сертификат (*ценная бумага или облигация, гл.обр. в США, выпускаемая для оплаты покупки нового оборудования в авиации, на железных дорогах и т. п.; в качестве ее обеспечения выступает это оборудование; право собственности принадлежит кредитору до момента погашения суммы долга*); 10. **holding trust** — холдинг-трест (*компания, владеющая акциями других компаний на началах доверительной собственности; компания, распоряжающаяся акциями своих клиентов*); 11. **investment trust** — инвестиционный трест (*финансовая компания, инвестирующая свой капитал в акции и облигации других компаний*); 12. **to hold something in trust for someone** — владеть чем-л. в качестве доверительного собственника для кого-л.; 13. **voting trust** — воутинг-трест (*компания, распоряжающаяся голосами по акциям своих клиентов*); 14. **to trust a person up to ... pounds** — разрешить кому-л. кредит до ... фунтов.

trustee — доверительный собственник (*юр.*)**; попечитель, опекун; куратор; администратор** ◇ 1. **trustee for debenture holders** — представитель облигационеров; 2. **trustee of bankrupt's estate** — управляющий конкурсной массой; 3. **trustee corporation** — опекунская корпорация (*корпорация, осуществляющая права доверительной собственности — контроль и управление переданным имуществом в интересах третьих лиц*); 4. **trustee-**

ship — опека; опекунство; попечительство; соглашение о выполнении доверительных функций.

trustworthy — кредитоспособный; солидный; заслуживающий доверия.

turn — изменение; перемена; оборот; очередь; поворот; конец; вращаться; делаться; становиться; оказываться ◇ 1. **turn(a)round** — оборот судна; время на оборот судна в порту; 2. **turn in the market** — перемена в конъюнктуре рынка; 3. **to turn firm** — крепнуть (о ценах, курсах); 4. **to turn down** — отклонить (предложение); 5. **to turn into** — превращаться; 6. **to turn out** — выпускать изделия; выгружать; отказываться; 7. **to turn over** — передавать (другому лицу); перегружать; 8. **to turn to advantage** — оказаться прибыльным, выгодным; 9. **by turn** — по очереди; 10. **loading turn** — очередь на погрузку; 11. **out of turn** — вне очереди; 12. **jobber's turn** — разница между курсом покупателей и курсом продавцов.

turnover — оборот; текучесть; размер текучести (*рабочей силы*) ◇ 1. **turnover of capital** — оборот капитала (*процесс движения авансированного капитала, когда вся первоначальная стоимость возвращается в денежной форме*); 2. **turnover tax** — налог с оборота; 3. **export (import) turnover** — оборот по экспорту (импорту), объем экспортных (импортных) операций; 4. **annual turnover** — годовой оборот; 5. **import turnover —** оборот по импорту (*объем импортных операций*); 6. **labour turnover** — текучесть рабочей силы; 7. **merchandise turnover** — оборот товарных запасов (*отношение товарных запасов к сумме продаж*); 8. **total turnover** — общий оборот.

tutwork — сдельщина; аккордная работа.

U

uberrima tides — наивысшая добросовестность (*лат., юр.*) ◇ **contract uberrimae fidei** — договор, требующий наивысшей добросовестности (*обычно применяется к договору страхования*).

ultimate — последний; окончательный; конечный ◇ **ultimate consumer** — непосредственный потребитель.

ultimo — ультимо ◇ **per ultimo** — со сдачей или оплатой в конце месяца.

unapplied — остающийся без применения ◇ **unapplied funds —** капитал, не приносящий дохода; мертвый капитал.

unappropriated — не предназначенный (*для какой-л. цели*) ◇ 1. **unappropriated balance** — нераспределенная прибыль (*в* *балансах акционерных обществ*); 2. **unappropriated payment** — платеж, не отнесенный к определенному долгу.

uncovered — непокрытый; необеспеченный ◇ 1. **uncovered paper money** — необеспеченные бумажные деньги; 2. **uncovered sales** — продажи в бланк; продажи без покрытия; продажи спекулянтам, играющим на понижение.

underbid — сделать предложение по более низкой цене (*по сравнению с другими*).

undercharge — слишком низкая цена; преуменьшенный расход (*в счете*)**; взять или назначить слишком низкую цену; считать меньше, чем следует; недогрузить.**

undercut — сбивать цены, продавать по более низким ценам (*по сравнению с конкурентами*).

underinvoicing — фактурирование по заниженным цен*ам.*

underlying — основной; лежащий в основе; лежащий под чем-л.; преимущественный (*юр.*) ◇ **underlying lien** — преимущественное право удержания (*преимущественно право одного кредитора по сравнению с другими удерживать собственность должника до уплаты долга*).

underpin — подпирать; поддерживать (*спрос, цены*) ◇ **to underpin the market** — поддерживать цены или спрос на рынке (*искусственными мероприятиями*).

underwrite — подписывать(ся); принимать на страх (*суда, грузы — страх.*)**; гарантировать размещение** (*займа, ценных бумаг*).

underwriter — гарант; поручитель; морской страховщик ◇ **underwriter at Lloyd's —** член страхового объединения Ллойда (*которое занимается в основном морским страхованием; полис морского страхования подписывается несколькими членами объединения, каждый берет на себя ответственность только за часть общей страховой суммы — англ.*).

underwriting — морское страхование; гарантирование размещения (*займа, ценных бумаг*) ◇ 1. **underwriting commission** — комиссия (вознаграждение) за гарантию размещения займа или ценных бумаг; комиссия страховому маклеру; 2. **underwriting share —** участие в консорциуме для гарантии размещения займа или ценных бумаг; доля участия в страховании; 3. **underwriting syndicate** — подписной консорциум (*синдикат, гарантирующий реализацию займа или размещение новых ценных бумаг*).

undisclosed — необъявленный; неназванный ◇ 1. **undisclosed agent** — агент, не раскрывающий существования принципала; 2. **undisclosed buyer** — неназванный покупатель.

undistributed — нераспределенный ◇ 1. **undistributed profit** — нераспределенная прибыль; 2. **undistributed profit tax** — налог на нераспределенную прибыль.

unearned — незаработанный ◇ **unearned income** — непроизводственный доход; рентный доход.

unemployment — безработица ◇ 1. **unemployment exchange** — биржа труда; 2. **unemployment insurance** — страхование от безработицы.

unfair — несправедливый; пристрастный; недобросовестный; нечестный 1. **unfair competition** — недобросовестная конкуренция; 2. **unfair firm (unfair house)** — фирма, на выполняющая требований профсоюза в отношении ставок заработной платы; 3. **unfair practices in trade** — недобросовестные приемы в торговле.

unfavorable — неблагоприятный; пассивный (*о торговом или платежном балансе*).

unfunded debt — краткосрочные государственные займы, текущий долг.

uniform — однородный; однообразный; единообразный; постоянный ◇ 1. **uniform cargo** — однородный груз; 2. **Uniform Sale of Goods Act** — единообразный закон о продаже товаров (*ам.*); 3. **uniform warehouse receipt** — единообразная форма складской расписки.

union — союз (*государственное объединение*); **союз, соединение, объединение; профсоюз; тред-юнион** ◇ 1. **union wages** — заработная плата, требуемая или утверждаемая профсоюзом; 2. **closed union** — профсоюз с ограниченным числом членов; 3. **craft union** — профсоюз работников узкой профессии; 4. **crafts union** — профсоюз работников всех профессий в какой-л. отрасли промышленности, крупный профсоюз; 5. **credit unions** — общества взаимного кредита, кредитные союзы (*финансовые кооперативные организации в США, объединяющие частных лиц по какому-л. общему признаку, напр., лица наемного труда или проживающие в одной местности; предоставляют своим членам потребительский кредит с условием погашения его в рассрочку*); 6. **custom union** — таможенный союз (*соглашение группы стран о взаимной отмене таможенных тарифов и установлении единой тарифной политики по отношению к третьим странам*).

unit — единица; целое; единица (*измерения*); **агрегат** (*тех.*); **установка; комплект; секция; узел; элемент** ◇ 1. **unit of account** — расчетная единица (*используется для определения стоимости некоторых облигаций в евровалютах; любая гипотетическая единица для определения стоимости валюты*); 2. **unit of trading** — единица сделки (*минимальное количество товара или ценных бумаг, необходимых для проведения сделки купли-продажи*); единица торговли (*стандартный размер контракта на срочной товарной бирже, предполагающий поставку строго определенного количества товара; сделка может заключаться на 10, 20, 30 контрактов*); 3. **contract units** — стандартная система показателей качества (*набор показателей качества определенного товара, поставляемого по срочным контрактам*); 4. **European Currency Unit (ECU)** — валютная единица европейская — ЭКЮ (*расчетная единица, являющаяся основой европейской валютной системы; ее величина определяется на базе "корзины валют" стран, входящих в ЕЭС*); 5. **monetary unit** — валюта (*денежная единица данной страны*); 6. **trading unit** — обязательное минимальное количество, продаваемое по контракту (*сделки можно заключать на это количество или на количества, кратные минимальному — бирж.*).

universal — всеобщий; всемирный; универсальный ◇ **universal excise** — универсальный акциз (*форма косвенного обложения населения, взимается в основном с выручки от реализации товаров массового потребления, способствует повышению товарных цен; это налог с оборота или налог на добавленную стоимость*).

unlimited — неограниченный ◇ 1. **unlimited company** — общество с неограниченной ответственностью (*членов общества*); 2. **unlimited partnership** — полное товарищество (*его члены несут неограниченную солидарную ответственность по долгам товарищества перед кредиторами*).

unload — разгружать(ся); выгружать; массированный сброс на рынок (*большого количества товара, валюты и т. д.*); **избавляться от; выбрасывать, спускать** (*акции, облигации*); **получить прибыль, подрывая позиции других поставщиков** ◇ **to unload securities on the public** — выбросить ценные бумаги на рынок.

unrated — неоцененный; нетаксированный; неустановленный; не облагаемый или не обложенный налогом.

unsecured — необеспеченный; незакрепленный; неупакованный ◇ 1. **unsecured loan** — необеспеченная ссуда, необеспеченный заем; 2. **unsecured loans and notes** — необеспеченные займы и векселя (*ценные бумаги, выпускаемые компанией без вложения в них всех или части принадлежащих ей активов*).

unsettled — неурегулированный; нерешенный; неоплаченный (*о счете, долге*); **неустановившийся; неустойчивый; колеблющийся** (*о рынке, ценах*).

up — вверх (*передает значение повышения, увеличения, подъема*) ◇ 1. **up price clause** — пункт, предусматривающий повышение цены; 2. **the market is up again** — настроение рынка снова окрепло; 3. **prices are going up** — цены повышаются; 4. **up on** — выше чем; больше чем; 5. **the receipts are up on those of last year** — поступления выше прошлогодних; 6. **up to** — вплоть до; на уровне; в соответствии с; 7. **up to date** — до сегодняшнего дня; "ажур" (*бухг.*); современный; новейший; 8. **up to sample** — в соответствии с образцом.

upswing — подъем; внезапный подъем; экономический подъем;

расширение экономической деятельности; повышение хозяйственной конъюнктуры; повышение; повышение цен.

upward — направленный или двигающийся вверх ◇ 1. **upward movement** — повышательное движение (*цен, курсов*); 2. **upward revision of the tariff** — пересмотр тарифа в сторону повышения ставок; 3. **upwards** — вверх; 4. **upwards of** — выше, больше.

usage — обхождение; обращение; употребление; торговое, деловое обыкновение; узанс ◇ **in accordance with the general usage** — согласно общепринятой практике

usance — узансный срок ◇ **bill at usance** — вексель на срок, установленный торговым обычаем

use — пользование; употребление; применение; польза; применять; употреблять; использовать ◇ 1. **use factor** — коэффициент использования; 2. **to use up —** израсходовать; использовать; 3. **the stocks are used up** — запасы израсходованы. 4. **to be of use** — быть полезным; 5. **to come into use** — входить в употребление; 6. **to make use of** — применять, употреблять; использовать; (вос)пользоваться; 7. **value in use** — расходы эксплуатационные (*расходы на содержание и эксплуатацию оборудования — одна из статей калькуляции себестоимости продукции — включают расходы по текущему уходу и ремонту оборудования, износ малоценных инструментов, амортизацию и пр.*); 8. **used** — привыкший; бывший в употреблении; 9. **useful** — полезный; значительный; 10. **useful increase** — значительное увеличение; 11. **useful life** — срок полезности (*период времени, в течение которого какой-л. актив будет использован владельцем; обычно "срок полезности "короче физической жизни" этого актива*); 12. **user** — потребитель; пользующийся чем-л.; употребляющий что-л.; 13. **chief users** — главные потребители.

usufruct — узуфрукт (*право пользования чужим имуществом и доходами от него, но без права подвергать его изменениям — юр., лат.*).

usurer — ростовщик ◇ **usury** — ростовщичество; 2. ростовщические проценты.

utility — полезность; практичность; выгодность; предприятие общественного пользования ◇ 1. **utilities** — акции и облигации предприятий общественного пользования; 2. **public utility** — предприятие общественного пользования; 3. **public utility company (corporation)** — предприятие общественного пользования; 4. **public utilities** — предприятия общественного пользования; коммунальные сооружения, коммунальные услуги.

V

valid — действительный (*юр.*)**; действующий; имеющий или сохраняющий силу; веский; обоснованный; законный.**

validate — утверждать; ратифицировать; легализировать.

validity — действительность; обоснованность; легальность, законность~ statistical validity — статистическое обоснование.

valorization (valorization) — ревалоризация (валюты)**; установление цены путем государственных мероприятий.**

valuable — ценный ◇ 1. **valuable cargo** — ценный груз; 2. **valuables** — ценный вещи; ценности; драгоценности.

valuation — определение ценности, стоимости; оценка ◇ 1. **customs valuation** — таможенная оценка; определение ценности ввозимых товаров; 2. **intracompany valuations** — оценка товаров, отправляемых фирмами своим филиалам за границей (*стат.*).

value — ценность; стоимость; цена; фрахтовые ставки (*в обзорах фрахтового рынка*)**; стоимость; валюта** (*векселя, тратты*)**; сумма векселя; эквивалент (суммы векселя); валюта; оценивать; трассировать, выставлять вексель (тратту)** ◇ 1. **value added** — стоимость обработки (*стоимость, добавляемая на каждой стадии обработки сырья или полуфабрикатов*); 2. **value added tax (VAT)** — налог на добавленную стоимость (*система налогообложения продуктов на сумму стоимости, добавленной на каждом этапе производства и обмена*); 3. **value appraisement** — оценка стоимости, ценности; 4. **value c.i.f.** — стоимость по цене СИФ (*включает цену товара, затраты на страхование и расходы по транспортировке товара до порта назначения*); 5. **value date** — срок векселя; дата бухгалтерской записи; дата валютирования (*дата поставки средств в урегулирование сделки на валютном рынке*); 6. **value f.o.b.** — стоимость по цене ФОБ (*включает цену товара, транспортные и другие расходы до момента его доставки на борт судна*); 7. **value in account** — валюта в счет (*фраза в тексте тратты, означает, что тратта выставлена в счет общей задолженности трассата, а не в связи с продажей товара*). 8. **value in use** — эксплуатационные расходы (*расходы на содержание и эксплуатацию оборудования — одна из статей калькуляции себестоимости продукции — включают расходы по текущему уходу и ремонту оборудования, износ малоценных инструментов, амортизаций и пр.*) 9 **value letter** — ценное письмо; 10. **value spot —** сделка спот (*сделка с условием выполнения на второй рабочий день от ее совершения*). 11 **at value** — по цене дня; 12. **book value** — стоимость по торговым книгам; 13. **com-**

mercial value — рыночная стоимость; 14. **export value of imported merchandise** — ценность импортных товаров по экспортным ценам в стране отправления (*ам.*); 15. **face value** — нарицательная цена (*стоимость, проставленная на лицевой стороне ценной бумаги, обычно, облигации или сертификата*); 16. **foreign value of imported merchandise** — ценность импортных товаров по внутренним ценам в стране отправления (*ам.*); 17. **increased value policy** — полис с увеличивающейся стоимостью (*полис с оговоркой о праве страхователя увеличить стоимость застрахованного объекта*); 18. **in terms of value** — в ценностном выражении; 19. **intrinsic value** — действительная ценность; 20. **loan value** — стоимость кредита (*сумма, которую заемщик уплачивает кредитору за пользование кредитом*); 21. **market value** — курсовая стоимость; рыночная стоимость; 22. **no par value** — без нарицательной цены; 23. **par value** — нарицательная цена; номинал (*см.* face value); 24. **shipped value** — стоимость отгруженного товара; 25. **to the value** — стоимостью в; 26. **unit value —** индекс средних (единых) цен (*количественное выражение относительного изменения совокупного уровня цен*); средняя цена товарной единицы (*стат.*); 27. **valued policy** — валютированный полис; таксированный полис (*страховой полис, в котором точно указана согласованная стоимость объекта страхования*); 28. **closing values** — цена заключительная (*диапазон цен, курсов, котировок, зарегистрированных на бирже перед ее закрытием*); 29. **current values** — существующие рыночные цены.

variable—изменчивый; непостоянный; неустойчивый; колеблющийся; переменный ◇ **variable capital costs** — затраты переменного капитала; 2. **variable exchange** — неустойчивый курс; 3. **variable rate** — колеблющийся курс; 4. **variable rate mortgage** — закладная с изменяющийся ставкой процента (*документ по ипотечной ссуде со ставкой процента, изменяющейся в течение срока закладной обычно в соответствии с изменением основной ставки на выбранном рынке*).

variation — изменение; перемена ◇ **variation in prices** — колебание цен.

variety — множество; ряд; разнообразие; разновидность; сорт ◇ **variety shop** — галантерейная лавка (*ам.*).

vary — меняться; изменяться; разниться; менять; разнообразить.

vault — сейф; стальная камера; подвал ◇ **cash in vault** — наличность кассы; денежная наличность (*в кассе банка*).

velocity — скорость; быстрота ◇ **velocity of money** — скорость обращения денег (*показатель использования денежной единицы в течение данного периода времени; отношение объема валового национального продукта к величине денежной массы*).

vend — продавать (*юр.*) ◇ 1. **vendee** — покупатель; 2. **vender** —

продавец; торговец; торговец в разнос; 3. **vendition** — продажа.

vendue — аукцион ◇ vendue master — аукционист.

venture — венчурное предприятие; рискованное предприятие; коммерческое предприятие; спекуляция; отправка товара за границу на риск отправителя; объект спекуляции (*товары, ценные бумаги и т. д.*)**; сумма, подвергаемая риску; рисковать; спекулировать** ◇ 1. **venture capital** — рисковой капитал (*рискованное капиталовложение; характерно для прогрессивных в техническом отношении отраслей экономики; предоставляются обычно небольшим фирмам в расчете на быструю окупаемость и сверхприбыли*); 2. **joint venture** — совместное предприятие (*деловое сотрудничество, предполагающее совместное управление и распределение рисков и доходов между предприятиями-участниками*); 3. **to run the venture** — рисковать.

verbal — устный; словесный ◇ 1. **verbal agreement** — словесное соглашение; 2. **verbal understanding** — устная договоренность; словесное соглашение.

verification — проверка; сверка; исследование; удостоверение; подтверждение.

verify — сверять; проверять; засвидетельствовать; удостоверять; подтверждать ◇ 1. **to verify an account** — проверить счет; подтвердить правильность счета; 2. **to verify the books** — проверить торговые книги.

vessel — судно; корабль ◇ 1. **vessel bond** — залог судна (*ам.*); 2. **vessel papers** — судовые документы; 3. **vessel rating** — классификация судов (*регистрационным обществом*).

vest — облекать (*полномочиями*)**; наделять** (*правами*)**; давать право на владение; помещать** (*капитал*) ◇ 1. **to vest a person with rights** — наделять кого-л. правами; 2. **to vest property in a person** — передавать имущество в чье-л. владение; 3. **to vest rights in a person** — наделять кого-л. правами; 4. **vested** — облеченный; законный; принадлежащий no праву, закону; прикрепленный законным образом; закрепленный законом; 5. **vested capital** — инвестированный капитал (*долгосрочное вложение капитала в различные отрасли национальной экономики и за границей, а также в ценные бумаги, основные фонды с целью получения прибыли*); 6. **vested interests** — право владения (*закрепленные законом имущественные права на товары или землю; собственность переходит во владение, когда установлен законный владелец, его права не могут быть кем-л., кроме самого владельца, ограничены или приостановлены*), традиционные (*стародавние*) права; капиталовложения (*затраты на воспроизводство основных фондов*); 7. **vested rights** — принадлежащие права; законные права; закрепленные права.

veto — вето; запрещение; право вето; налагать вето; запрещать.

vidimus — заверенная копия; официальная проверка документов; выписка из документа.

violate — нарушать (*закон, договор*) ◇ 1. **violation** — нарушение; несоблюдение (*закона, договора*); отклонение; 2. **violation of cancelling** — нарушение канцелинга (*предельного календарного срока прибытия зафрахтованного судна в порт для погрузки; по истечении этого срока фрахтователь может расторгнуть договор*); 3. **violation of the contract** — нарушение договора; 4. **violation of a law** — несоблюдение закона; 5. **violation of regulations** — нарушение кодекса; 6. **fine (penalty) for violation** — пени (штраф) за нарушение.

vise (visa) — виза; визированный; визировать.

visible — видимый; очевидный; ясный ◇ 1. **visible items** — "видимые" статьи (*платежного баланса*); экспорт и импорт товаров; 2. **visible supply** — видимые запасы; 3. **visible trade** — "видимая" торговля; экспорт и импорт товаров.

void — недействительный; не имеющий силы; ничтожный; аннулировать; делать недействительным; уничтожать ◇ 1. **to consider null and void** — считать не имеющим силы; 2. **voidable** — оспоримый; могущий быть аннулированным; 3. **voidable act** — оспоримое действие; 4. **voidable contract** — оспоримый договор.

volume — объем; физический объем; величина; размер; емкость, вместимость; большое количество; том; книга ◇ 1. **volume index** — индекс физического объема; 2. **volume of business** — торговый оборот; 3. **volume sales** — продажа больших количеств, продажа крупных партий; 4. **volume of a transaction** — объем операции; 5. **definite volume** — определенный объем; 6. **delivery in full volume** — поставка в полном объеме; 7. **established volume** — установленный объем; 8. **specified volume** — обусловленный объем; 9. **to produce in volume** — производить в больших количествах; 10. **total volume** — общий объем.

voluntary — добровольный ◇ 1. **voluntary dissolution** — добровольная ликвидация; добровольное расформирование или расторжение; 2. **voluntary insurance** — добровольное страхование; 3. **voluntary settlement —** полюбовное соглашение.

vote — голос; право голоса; число голосов; голосование; вотум; решение; голосовать; решать; утверждать ◇ 1. **to vote a sum** — ассигновать сумму; утвердить сумму; 2. **to vote down a proposal** — отвергнуть предложение; 3. **one vote per share** — один голос на каждую акцию; 4. **to put to the vote** — поставить на голосование; 5. **to take a vote** — провести голосование; 6. **voteless** — не дающий права участия в голосовании; 7. **voteless share** — акции без права голоса на собраниях акционеров; безголосые акции; 8. **voter** — избиратель; участник голосования;

9. **voting** — голосование; участие в голосовании; участие в общем собрании акционеров; 10. **voting power** — право участия в голосовании; 11. **voting right** — право участия в голосовании; 12. **voting trust** — компания, распоряжающаяся голосами по акциям своих клиентов; 13. **sole voting power** — исключительное право участия в голосовании.

vouch — ручаться ◇ **voucher** — оправдательный документ; расписка; ваучер.

wage — заработная плата (*рабочих*) ◇ 1. **wages and salaries** — заработная плата рабочих и служащих; задолженность рабочим и служащим (*статья в балансе*); 2. **wage cut** — снижение заработной платы; 3. **wage labour** — наемный труд; 4. **dismissal wage** — выходное пособие; 5. **living wage** — прожиточный минимум (*минимум жизненных средств, необходимых для поддержания жизнедеятельности работника и его семьи, воспроизводства рабочей силы*); 6. **piece wages** — поштучная (заработная) плата; 7. **wagebill (wage bill)** — фонд заработной платы; 8. **real wages** — реальный доход (*индивидуальная покупательная способность, определенная на базе заработной платы, скорректированной на инфляцию*).

waive — отказаться от (*права, претензии, иска — юр.*) ◇ **to waive the lien** — отказаться от права удержания.

waiver — отказ от (*права, претензии, иска — юр.*)**; изъятие из общих правил; отступление; исключение; освобождение** (*от обязательств*) ◇ 1. **waiver of demand, notice and protest** — отказ от опротестования векселя; 2. **to allow a waiver** — освободить от обязательств; 3. **to grant a country a waiver** — предоставить какой-л. стране-участнице ГАТТ право отступить от правил ГАТТ.

want — нужда; необходимость; потребность (of — в); недостаток; нужда; бедность; отсутствие ◇ 1. **want of stock** — недостаточный запас товара; 2. **want of title** — отсутствие титула (*юр.*); 3. **to be in want of** — нуждаться в чем-л.; 4. **for want of** — за отсутствием, за неимением; 5. **for want to acceptance** — ввиду неакцептования.

ware — изделия; посуда ◇ 1. **small ware** — галантерейные товары; 2. **wares** — товары.

warehouse — склад; большой розничный магазин; магазин; складировать; хранить на складе ◇ 1. **warehouse clause** — условие страхования со склада на склад (*страх.*); 2. **warehouse-keeper's**

certificate (receipt) — складская расписка, товарная квитанция (*документ, свидетельствующий о праве на владение товаром, хранящимся на товарном складе — англ.*); 3. **warehouse-keeper's order** — разрешение таможни на выдачу груза со склада; 4. **warehouse loan** — ссуда на складированные товары; 5. **warehouse receipt** — товарная квитанция (*документ, свидетельствующий о праве владения товаром определенного качества и количества, хранящимся на выбранном товарном складе*); 6. **warehouse warrant** — складской варрант (*свидетельство о приеме товаров на хранение, по этому документу товар может быть заложен или продан — англ.*); 7. **bonded warehouse** — приписной таможенный склад; склад для хранения не оплаченных пошлиной грузов; 8. **cash and carry warehouse** — склад для отпуска товаров за наличный расчет; 9. **ex-warehouse** — франко-склад (*условие поставки, по которому продавец должен предоставить, товар в распоряжение покупателя на складе; с момента получения товара на складе покупатель становится собственником и несет все расходы по перевозке*); 10. **public warehouse** — склад общего пользования (*частновладельческий — ам.*); 11. **warehouse man** — рабочий или служащий на складе; владелец склада; управляющий складом; оптовый торговец (*особенно текстилем*).

warrant — полномочие; правомочие; удостоверение; свидетельство; купон (*облигации, акции*); **варрант; складской варрант** (*англ.*); **патент; приказ, предписание** (*суда*); **гарантировать; ручаться; подтверждать; оправдывать, окупать** (*затраты, усилия*) ◇ 1. **warrant in the name of ... —** доверенность на имя ...; 2. **warrant of attorney** — доверенность, выдаваемая адвокату; 3. **dividend warrant** — свидетельство или купон на получение дивиденда; процентный купон (*англ.*); 4. **distress warrant** — приказ о наложении ареста на имущество; 5. **share warrant (to bearer)** — предъявительское свидетельство на акцию, акция на предъявителя; 6. **warehouse warrant** — складской варрант (*свидетельство в приеме товаров на хранение, по этому документу товар может быть заложен или продан — англ.*); 7. **warranted free from** — оговорено, что страховщик не несет ответственности за (*страх.*); 8. **warrantable** — законный; допустимый; 9. **warrantee** — лицо, которому дается гарантия или поручительство; 10. **warrantor** — лицо, дающее гарантию; поручитель; гарант.

warranty — гарантия (*юр.*); **поручительство; оговорка; простое условие** (*юр., англ.*); **гарантия качества; официальная санкция** ◇ 1. **implied warranty** — подразумеваемая гарантия; 2. **Institute Warranties** — оговорки Объединения лондонских страховщиков, относящиеся к страхованию судов (*ограничивающие район плавания судов — страх.*); 3. **floating warranty** —

передаваемая гарантия качества (*гарантия качества продукции, даваемая производителем при продаже через посредническую фирму; претензии по качеству товара предъявляются к производителю*).

wash (sale) — фиктивная сделка.

waste — (*непроизводительная*) **трата; лишний; ненужный; негодный; бракованный; невозделанный; необработанный; непроизводительно тратить; расточать; истощать** ◇ 1. **waste utilization** — использование отходов; 2. **to run to waste** — тратиться непроизводительно; 3. **to waste money** — непроизводительно тратить деньги.

water — вода; разводнять (*об акционерном капитале*) ◇ 1. **waterborne** — доставляемый водой; 2. **waterpower plant** — гидроэлектростанция; 3. **watered capital** — разводненный акционерный капитал.

way — дорога; путь; колея; сторона; направление; способ; метод; средство; область; сфера ◇ 1. **ways and means** — способы и средства; средства для покрытия бюджетных расходов; 2. **ways and means advances** — ссуды казначейству для покрытия бюджетных расходов (*предоставляемые Английским банком — англ.*); 3. **to be in the retail way** — заниматься розничной торговлей; 4. **by way of** — в качестве, в виде; ради, с целью; 5. **to give way** — подаваться; уступать; снижаться, падать в цене; 6. **to pay one's way** — быть рентабельным, выгодным; 7. **waybill** — накладная; транспортная накладная; железнодорожная накладная; список пассажиров.

weak — вялый; бездеятельный; со снижающимися ценами (*о состоянии рынка*); **понижающийся** (*о ценах, курсах*) ◇ **weaker tendency in prices** — тенденция к понижению или дальнейшему понижению цен; 2. **weakness** — слабость; ослабление; понижение; бездеятельное настроение (*о состоянии рынка, ценах*); 3. **weakness in sterling** — ослабление (*понижение*) курса стерлингов; 4. **to develop weakness** — ослабнуть; понизиться.

wealth — богатство; изобилие ◇ 1. **mineral wealth** — полезные ископаемые; запасы полезных ископаемых.

wear — ношение; износ; изнашивание; изнашивать; стирать ◇ 1. **wear and tear (tear and wear)** — изнашивание; износ; убыль; износ основного капитала; 2. **fair tear and wear** — нормальная убыль и нормальный износ.

weigh — взвешивать; весить ◇ 1. **to weigh out** — отвешивать; развешивать; 2. **weigher** — весовщик; весы; 3. **weighing** — взвешивание; отвес; 4. **weighing charges** — сбор за взвешивание; 5. **certified lists of weighing** — заверенные отвесы; заверенные весовые спецификации.

weight — вес; тяжесть; груз; гиря; отягощать; подмешивать (*для увеличения веса*); **взвешивать** (*стат.*) ◇ 1. **weight account(s)** —

весовая спецификация, отвесы; 2. **weight allowance** — скидка с веса; скидка на провес; 3. **weight certificate** — весовой сертификат (*документ, подтверждающий вес поставленного товара; является бесспорным доказательством веса*); 4. **weight draft** — скидка на провес; 5. **weight note** — весовая спецификация, отвес; 6. **actual net weight** — реальный вес нетто (*чистый вес товара без упаковки*); 7. **dead weight** — вес туши, убойный вес; 8. **delivered weight** — выгруженный вес (*устанавливается при выгрузке в пункте назначения и указывается в документе проверки веса; в случае расчета по выгруженному весу риск возможной убыли за время пути несет продавец); 9. **gross weight** — вес брутто (*вес товара с тарой и упаковкой*); 10. **legal net weight** — легальный (*законный*) вес нетто (*вес брутто за вычетом скидки за тару по определенной норме*); 11. **natural weight** — натурный вес (*система мер сыпучих растительных товаров, таких как; зерно, подсолнечник и др.; характеризует показатели качества товара*); 12. **net weight** — вес нетто (*вес самого товара без тары и упаковки; цена чаще всего устанавливается по весу нетто*); 13. **out turn weight** — выгруженный вес; вес, установленный при сдаче товара; 14. **over weight** — перевес, излишек веса; 15. **shipped weight** — отгруженный вес (*устанавливается при отгрузке в пункте отправления и указывается в транспортном документе; в случае расчета по отгруженному весу риск возможной убыли за время пути несет покупатель*); 16. **short weight** — неполный вес, недовес; 17. **warrant weight** — вес, указанный в варранте.

welfare — благосостояние; состояние экономики; благополучие; благоденствие ◇ 1. **welfare allocations** — ассигнования на социальные нужды; ассигнования на культурно-бытовые мероприятия; 2. **(social) welfare** — социальное обеспечение; пособие по социальному обеспечению (*ам.*).

wharf — товарная пристань; набережная ◇ 1. **wharfage** — пристанские сборы; причальный сбор; 2. **wharfinger** — владелец товарной пристани; заведующий товарной пристанью; 3. **wharfinger's receipt** — расписка товарной пристани в приеме товара для отправки.

whole — целый; весь ◇ 1. **whole life policy** — полис страхования на случай смерти (*англ.*); 2. **wholly** — целиком; полностью; 3. **wholly manufactured goods** — готовые изделия.

wholesale — оптовая торговля; оптовый; оптом ◇ 1. **wholesale cost** — стоимость оптовая (*используется в расчетах между изготовителями товара и оптовыми торговцами*); 2. **wholesale price index (WPI)** — индекс оптовых цен (*используется для прогнозирования движения потребительских цен на 2-3 месяца*).

wide — широкий, обширный; большой, значительный ◇ 1. **wide margin** — значительная разница; большая маржа (*маржа —*

величина, выражающая разность между двумя определенными показателями); 2. **wide opening** — значительно разнящиеся курсы (*на какую-л. ценную бумагу*) при открытии биржи; 3. **wide prices** — курсы ценных бумаг и пр. со значительной разницей между курсом покупателей и курсом продавцов.

wild — необдуманный; сделанный наугад; рискованный; спекулятивный; крайне возбужденный.

wildcat — спекулятивный; рискованный; несанкционированный; неофициальный ◇ 1. **wildcat bank** — банк, занимающийся аферами; 2. **wildcat currency** — ничего не стоящие бумажные деньги.

wind up — ликвидировать (*фирму, компанию*); **сальдировать; подводить итог; выводить сальдо** ◇ 1. **windbill** — дружеский вексель; 2. **windfall** — неожиданная удача; 3. **windfall profit** — неожиданная прибыль (*в результате повышения стоимости товарных запасов*); 4. **winding up** — ликвидация (*фирмы, компании*); 5. **winding up by the court** — ликвидация по приказу суда; принудительная ликвидация; 6. **compulsory winding up of a company** — принудительная ликвидация компании; 7. **voluntary winding up** — добровольная ликвидация.

window — витрина ◇ **window dressing** — декорирование витрины; показ в лучшем виде (*по сравнению с действительностью*); затушевывание невыгодных сторон; вуалирование действительности; вуалирование баланса (*фин.*); "причесывание" или "подкрашивание" баланса (*приемы, имеющие целью создать видимость высокой ликвидности баланса*); умение показать товар лицом.

with — при; при наличии; с; благодаря; по причине; из-за; несмотря на ◇ 1. **with average** — с ответственность за частную аварию; 2. **with exchange** — с прибавлением расходов по инкассированию (*надпись на переводном векселе*).

withdraw — отменять; прекращать; отзывать; брать назад; изымать ◇ 1. **to withdraw a bill** — отозвать вексель; 2. **to withdraw a credit** — потребовать погашения кредита; закрыть кредит; 3. **to withdraw deposit** — изымать вклады; **to withdraw an order** — отозвать или отменить заказ; 5. **to withdraw a power of attorney** — отменить или уничтожить доверенность; 6. **to withdraw from business** — отойти от дел; 7. **to withdraw goods from a sale** — снять товар с аукциона; 8. **to withdraw goods from a warehouse** — вывезти товар со склада.

withdrawal — взятие назад; отозвание; изъятие; отвлечение; уход ◇ 1. **withdrawal of credit** — требование погашения кредита; закрытие кредита; 2. **withdrawal(s) of gold** — изъятие золота; изъятие депонированного золота; расходование золота (*из золотого запаса*); вывоз золота; убыль золота; сокращение золотого запаса; 3. **withdrawal of partner** — выход компаньона из товарищества; 4. **notice of withdrawal** — извещение о выкупе и погашении ценных бумаг; 5. **notice of withdrawal of funds** — заявление об изъятии вклада.

withhold — останавливать; отказывать в чем-л.; удерживать; не сообщать ◇ 1. **to withhold delivery** — приостановить сдачу; 2. **to withhold one's consent —** не давать согласия.

within — в пределах; в течение; не позже чем через ◇ 1. **within a person's power** — в пределах чьих-л. полномочий; 2. **payment is to be made within 30 days** — платеж должен быть произведен в течение 30 дней (*не позже, чем через 30 дней*).

witness — свидетель; свидетель подписи; доказательство; свидетельство; давать показания; удостоверять; свидетельствовать ◇ 1. **witness for defendant (for the plaintiff)** — свидетель со стороны ответчика (истца); 2. **witness to a signature** — свидетель подписи; 3. **in witness whereof** — в удостоверение чего; 4. **witness** — заверено; удостоверено.

word — слово; известие; сообщение; выражать словами; излагать; формулировать ◇ 1. **worded as follows** — изложенный, сформулированный следующим образом; 2. **to receive word** — получить известие; 3. **to send word** — известить; сообщить; 4. **wrongly worded** — неправильно изложенный; 5. **wording** — (точный) текст; формулировка; редакция; 6. **to change the wording of a clause** — изменить редакцию статьи; пункта.

work — работа; труд; произведение; изделие; сочинение; завод; мастерская; строительные работы; сооружения; механизм; обработка; работать; приводить в действие; управлять; эксплуатировать; обрабатывать; отделывать ◇ 1. **to work at —** заниматься чем-л.; работать над чем-л.; 2. **work by the day** — поденная работа; повременная работа; 3. **work by the piece (work the lob)** — поштучная работа; сдельная работа, сдельщина (*работа с оплатой по количеству произведенных единиц продукции установленного качества*); 4. **to work off** — распродать; сбыть; освободиться, отделаться; отработать (*задолженность*); 5. **to work off goods** — сбыть товары; 6. **work on hand** — выполняемая работа; 7. **to work on smth. —** влиять; действовать на; работать над чем-л.; 8. **to work over** — перерабатывать; 9. **work in progress** — незавершенное производство (*один из элементов оборотных средств, стоимость всей не законченной к определенной дате продукции*); 10. **work piece** — обрабатываемый предмет; обрабатываемая деталь; 11. **time work** — повременная работа; временная работа; 12. **works management** — заводоуправление.

workable — осуществимый; реальный; применимый; годный к обработке.

worker — рабочий; работник ◇ 1. **average worker** — работник массовой квалификации; 2. **casual worker** — временный рабочий; рабочий, не имеющий постоянной работы; 3. **general worker** — неквалифицированный рабочий; разнорабочий; 4. **manual worker** — рабочий физического труда; 5. **white-collar worker** — служащий.

working — работающий; рабочий; действующий; эксплуатационный ◇ 1. **working balance** — "рабочие" остатки на счетах, резервы, валютная часть общих денежных резервов центрального банка; 2. **working capital** — оборотный капитал (*превышение текущих активов над краткосрочными обязательствами, позволяющее компании финансировать свои текущие расходы*); 3. **working control** — контрольный пакет (*число акций, необходимых для осуществления контроля за деятельностью корпорации*); 4. **working order** — исправное состояние; 5. **working standard** — общепринятый стандарт; 6. **working stock** — производственные материалы; 7. **working team** — рабочая бригада; рабочая комиссия; 8. **working year** — хозяйственный или производственный год (*отчетный период*).

worth — стоящий; стоимость; ценность; цена ◇ 1. **to be worth** — стоить; оцениваться; расцениваться; обладать капиталом; приносить доход; заслуживать; 2. **to be worth a million** — иметь капитал в один миллион; 3. **to be worth $1,000 a year** — иметь или приносить годовой доход в 1000 долларов; 4. **of great worth** — очень ценный; очень дорогой; 5. **net worth** — стоимость имущества за вычетом обязательств; собственный капитал предприятия (*фин.*); 6. **worthless** — не имеющий ценности; ничего не стоящий.

worthiness — стоимость; достоинство ◇ **credit worthiness** — кредитоспособность.

writ — судебное предписание; судебный приказ; повестка ◇ 1. **writ of execution** — исполнительный лист; **writ of execution against goods** — исполнительный лист об обращении взыскания на товар; 3. **writ of summons** — судебная повестка, требование явиться в суд; 4. **to serve a person with a writ (to serve a writ upon a person)** — вручить повестку кому-л.

write (wrote, written) — писать; написать; письменно сообщить ◇ 1. **to write down** — частично списывать (*со счета*); 2. **to write off** — списывать (*полностью*); 3. **to write off bad debts** — списывать безнадежные долги; 4. **to write out** — выписывать, выставлять (*вексель, чек и т. п.*); 5. **write-offs** — списанные со счета суммы; 6. **to write up** — повысить стоимость по торговым книгам; 7. **written contract** — письменный договор; 8. **writer** — автор этого письма; пишущий это письмо; 9. **in writing** — в письменном виде; письменно; 10. **to put in writing** — изложить в письменном виде.

wrong — ошибочный; неправильный; неверный; правонарушение

◇ 1. **wrong calculation** — неверный расчет; 2. **wrongful** — незаконный; неправомерный; 3. **wrongful act** — незаконное, неправомерное действие.

Y

year — год ◇ 1. **year under review** — отчетный год; 2. **base year** — базисный год (*год, принятый за базу при определении экономического индекса*); 3. **business year** — хозяйственный год; 4. **finance year** — финансовый год (*отчетный период, за который определяется величина доходов и расходов, не обязательно совпадает с календарным годом*); 5. **fiscal year** — бюджетный год (*период, на который составляется государственный бюджет, время начала и окончания бюджетного года может не совпадать с календарным*); 6. **yearly** — годовой; годичный; ежегодный; 7. **yearly income** — годовой доход (*показатель, используемый при определении продажной стоимости производства или земли, когда их цена измеряется величиной среднегодовой прибыли или ренты; цена устанавливается равной N годовых доходов*); 8. **yearly sales** — годовой оборот; годовая сумма продаж; 9. **yearly settlement** — подведение итогов за год; годовой расчет; 10. **year's purchase** — годовой доход (*см.* yearly income).

yield — доход; доходность; процентный доход; приносить доход ◇ 1. **yield of bonds** — процентный доход по облигациям; 2. **to yield interest** — приносить процентный доход; 3. **to yield a loss** — принести убыток; 4. **yield to maturity** — доходность на момент погашения облигации; 5. **bond yield** — уровень дохода (*уровень ежегодного дохода по облигации, выраженный в процентах к ее цене; различают три вида процентного дохода: номинальный, текущий и итоговый, полученный на конец срока действия облигации*); 6. **earning yield** — коэффициент относительной доходности (*условный показатель доходности, который определяется как отношение величины всей полученной компанией за последний годовой период прибыли в расчете на 100 акций к текущей их цене*); 7. **gross yield** — доход-брутто (*доход по ценным бумагам до уплаты налогов*).

Z

zone — зона; пояс; район; устанавливать зоны. ◇ 1. **duty-free processing zone** — зоны производства для экспорта; 2. **free zone** — свободная зона; порто-франко (*часть территории государства; морской порт, аэропорт, склад и пр., в пределах которой ввозимые товары не облагаются таможенными пошлинами и не подвергаются таможенному контролю*); 3. **free industrial zone** — свободная промышленная зона; 4. **free trading zone** — свободная внешнеторговая зона; 5. **transit zone** — зона транзитная (*портовая зона в прибрежном государстве, используемая как склад-распределитель для соседней страны, не имеющей выходов к морю; ее транзитные товары в зоне не облагаются таможенными пошлинами, не проходят импортный контроль и т. д.*).

Appendix 1
RUSSIAN–ENGLISH ABBREVIATIONS

АК — акционерная компания — a joint-stock company
а/м — автомобиль — an automobile, car
АО — акционерное общество — a joint-stock company
АОН — автоматический определитель номера — a telephone call tracer
АСУ — автоматизированная система управления — Automatic Control System
АТС — автоматическая телефонная станция — automatic telephone exchange, ATX
АЭС — атомная электростанция — nuclear power plant/station
а/я — абонентский ящик — Post Office Box, POB
БМР — Банк международных расчетов — Bank for International Settlements, BIS
БНХ — баланс народного хозяйства — Balance of National Economy, BNE
б/у — бывший в употреблении — second-hand/used
ВВП — валовой внутренний продукт — gross domestic product, GDP
ВМ — видеомагнитофон — a video-cassette recorder, VCR
ВТБ — Внешторгбанк — the Bank for Foreign Trade
ВНП — валовой национальный продукт — gross national product, GNP
ВОИС — Всемирная организация по охране интеллектуальной собственности — World Intellectual Property Organization, WIPO
ВПК — военно-промышленный комплекс — Military and Industrial Complex
ВСК — Всероссийская страховая компания — the All-Russian Insurance Company
ВТАК — Внешнеторговая арбитражная комиссия — Foreign Trade Arbitration Commission, FTAC
ВТФ — Внешнеторговая фирма — Foreign Trade Company
ВЦ — вычислительный центр — computing centre
ГАИ — Государственная автомобильная инспекция — the State Automobile Inspection Board/Traffic Regulation Service
ГАТТ — Генеральное соглашение по тарифам и торговле — General Agreement on Tariffs and Trade, GATT
ГКЧС — Государственный комитет по чрезвычайным ситуациям — the State Committee for Emergency Situations
ГОСТ — Государственный стандарт — State Standard, GOST

ГОСТ — Государственный стандарт — State Standard, GOST

Госстандарт — Государственный комитет по стандартизации — the State Committee of the RF for Standardization, Metrology and Certification

ГТК — Государственный туристический комплекс — the State Tourist Complex

ДТ — дебет — debit

ЕБРР — Европейский банк реконструкции и развития — European Bank for Reconstruction and Development

ЕВС — Европейская валютная система — European Monetary System, EMS

ЕС — Европейский Совет — Council of Europe, CE

ЕЭС — Европейское экономическое сообщество — European Economic Community, EEC

ИТАР-ТАСС — Информационное телеграфное агенство России — Informational Agency of Russia, ITAR-TASS

ИЧП — индивидуально-частное предприятие — private business

Кас — касательно — regarding

КАФ — стоимость и фрахт — cost and freight, CAF

КБ — конструкторское бюро — design office

КТ — кредит — credit

к/т — кинотеатр — a cinema

МАГАТЭ — Международное агентство по атомной энергии — International Atomic Energy Agency, IAEA

МАК — Морская арбитражная комиссия — Maritime Arbitration Commission, MAC

МВП — малоценные и быстроизнашивающиеся предметы — low-value and rapidly amortizable articles

МБР — Министерство безопасности России — Ministry of Security of Russia

МБРР — Международный банк реконструкции и развития — International Bank for Reconstruction and Development, IBRD

МВД — Министерство внутренних дел — Ministry of Internal Affairs

МВФ — Международный валютный фонд — International Monetary Fund, IMF

МВЭС — Министерство внешнеэкономических связей — the Russian Ministry of Foreign Economic Relations, MINFER

МДС — Международное депозитное свидетельство — International depository receipt, IDR

Минфин — Министерство финансов — Ministry of Finance

МО — Министерство обороны — Ministry of Defence, MoD

МП — малое предприятие — a small business
МПС — Министерство путей сообщения — Ministry of Communications
м/р — микрорайон — a microdistrict
МСТА — Международный Совет по торговому арбитражу — International Arbitration, ICCA
МСТК — Международная стандартная торговая классификация — Standard International Trade Classification, SITC
МСХК — Международная стандартная хозяйственная классификация видов экономической деятельности — International Standard Industrial Classification of all Economic Activities, ISIC
МТП — Международная торговая палата — International Chamber of Commerce ICC
МТЦ — Международный торговый центр — International Trade Centre
МТЭ — Министерство топлива и энергетики — the Russian Ministry of Fuel and Energy, MFE
МФК — Международная финансовая корпорация — International Finance Corporation, IFC
"НАУ"-счет — текущий счет, приносящий доход — negotiable order of withdrawal, NOW account
НДС — налог на добавленную стоимость — value-added tax, VAT
НИСЕ— Нью-Йоркская фондовая биржа — New York Stock Exchange, NYSE
н/п — наложенный платеж — cash on delivery, COD; pay on delivery, POD
НПО — научно-производственное объединение — Scientific and Production Association
НТП — научно-технический прогресс — Scientific and Technological Progress
о/а — обратный адрес — return address
ОВиР — отдел виз и регистрации иностранных граждан — Department of Visas and Registration of Foreign Citizens
ООН — Организация Объединенных Наций — United Nations Organization, UN
ОТК — отдел технического контроля — Inspection Department
п. — пункт, параграф — paragraph, clause, para
ПБ — платежный баланс — balance of payments, BOP
ПМС ООН — Проект международных сопоставлений ООН — International Comparison Programme, ICP
ПО — производственное объединение — Production Association
ПОП — предприятие общественного питания — catering facility

ПТА — производственно-торговая ассоциация — Production and Trade Association PTA
п/х — пароход — a steamship, ss
п/ш — полушерстяной — wool-mixture
РАН — Российская Академия наук — Russian Academy of Sciences
РГБ — Российская государственная библиотека — Russian State Library
РФ — Российская Федерация — the Russian Federation, RF
РФБУ — рекомендованные формы бухгалтерского учета — Statements of Recommended Practice, SORP
СДР — специальные права заимствования — special drawing rights, SDR
СИФ — условия сиф — cost, insurance, and freight, CIF
СКВ — свободно конвертируемая валюта — free convertible currency, FCC
СНГ — Содружество независимых государств — the Commonwealth of Independent States, CIS
СНиП — строительные нормы и правила — construction rules and regulations
СНС — система национальных счетов — system of national accounts, SNA
Совмин — Совет министров — Council of Ministers
СП — совместное предприятие — a joint venture, JV
СПЗ — специальные права заимствования — special drawing rights, SDR
СФБУ — стандартные формы бухгалтерского учета — Statements of Standard Accounting Practice, SSAP
СЧ — счет — account
ТД — торговый дом — trading house
Тел. — телефон — telephone, tel.
ТИР — тир карнет (таможенное разрешение на провоз груза через границу автотранспортом при минимальных формальностях) — Transport International Routier, TIR
ТМЦ — товарно-материальные ценности — material assets
ТНК — транснациональная корпорация — a transnational corporation
ТОО — товарищество с ограниченной ответственностью — a limited liability company, Ltd
ТПК — торгово-промышленная компания — Trade and Industrial Company
т.р. — тысяча рублей — a thousand roubles; тысяч рублей — thousand(s) (of) roubles
т/х — теплоход — a motor ship, MS: a motor vessel, MV
ТЭК — топливно-энергетический комплекс — Fuel and

Energy Complex

ТЭО — технико-экономическое обоснование — technical-economical basis, feasibility study

УВД — управление внутренних дел — Internal Affairs Department

ФАО — Продовольственная и сельскохозяйственная организация ООН — Food and Agricultural Organization, FAO

ФАС — свободно вдоль борта судна — free alongside ship, FAS

ФОБ— франко-борт — free on board, FOB

ФРС — Федеральная резервная система — Federal Reserve System, the Fed

х/б — хлопчатобумажный — cotton

ЦБ — Центральный Банк Российской Федерации — the Central Bank, CB

Центробанк — Центральный Банк — the Central Bank

ЦОС — Центр общественных связей — Public Relations Centre

ЧИФ — чековый инвестиционный фонд — an investment fund

ЧП — частное предприятие — a private business

ч/ш — чистая шерсть — pure wool, 100% wool

ш/м — швейная машина — a sewing machine

ЭВМ — электронная вычислительная машина — electronic computer

ЭКЮ — европейская валютная единица — European Currency Unit, ECU

ЮНЕСКО — Организация Объединенных Наций по вопросам просвещения, науки и культуры — United Nations Educational, Scientific and Cultural Organization, UNESCO

Appendix 2
ENGLISH–RUSSIAN ABBREVIATIONS

a/c — account — счет, СЧ
AC — current account — текущий счет
ad, advertising, advertisement — реклама, рекламный
A/R — annual returns — отчетные данные, итоги операций за год
ARR — accounting rate of return — норма прибыли, ставка дохода
ATX — automatic telephone exchange — автоматическая телефонная станция, АТС
AWB — airway bill — авиатранспортная накладная
BA — British Airways — "Бритиш Эйруэйз"
BE — bill of exchange — переводной вексель; bill of entry — таможенная декларация
BIS — Bank for International Settlements — Банк международных расчетов, БМР
B/L — bill of lading — коносамент
BOP — balance of payments — платежный баланс, ПБ
CAF — cost and freight — стоимость и фрахт, КАФ
CB — the Central Bank of the Russian Federation — Центральный банк РФ, ЦБ
CCT — common community tariff — тариф ЕЭС (порядковая и алфавитная классификация товаров, используемая странами ЕЭС во внутренней и внешней торговле)
CD — certificate of deposit — депозитный сертификат
CD — compact disk — компакт диск
CE — Council of Europe — Европейский Совет, ЕС
CFR — cost and freight — стоимость и фрахт
CIF — cost, insurance and freight — условия сиф, СИФ
CIP — carriage and insurance paid to — провоз и страхование оплачены
CIS — the Commonwealth of Independent States — Содружество независимых государств, СНГ
CN — credit note — кредит-нота, кредитовое авизо
COD — cash on delivery — наложенный платеж, н/п
CPT — carriage paid to — провоз оплачен
CT — cable transfer — телеграфный перевод
DAF — delivered at frontier — франко-граница
DCS — the USA-Russia Defence Conversion Subcommittee — Американо-Российский подкомитет по конверсии
DD — demand deposit — вклад до востребования, бессрочный вклад

ECU — European Currency Unit — ЭКЮ
EEC — European Economic Community — Европейское экономическое сообщество, ЕЭС
EMS — European Monetary System — Европейская валютная система, ЕВС
EPA — the US Environmental Protection Agency — Американское управление по защите окружающей среды
Eximbank — Export–Import Bank of the United States — Американский экспортно-импортный банк
EXW — ex works — франко-завод, франко-склад
FAO — Food and Agricultural Organization — Продовольственная и сельскохозяйственная организация ООН, ФАО
FAS — free alongside ship — свободно вдоль борта судна, ФАС
FCA — free carrier — франко-перевозчик
FCC — free convertible currency — свободно конвертируемая валюта, СКВ
Fed — Federal Reserve System — Федеральная резервная система, ФРС
FOB — free on board — франко-борт, ФОБ
FT — Financial Times — “Файненшл Таймз”
FTAC — Foreign Trade Arbitration Commission — Внешнеторговая арбитражная комиссия, ВТАК
FY — fiscal year — финансовый год
FYE — fiscal year end — конец финансового года
GATT — General Agreements on Tariffs and Trade — Генеральное соглашение по тарифам и торговле, ГАТТ
GDP — Gross Domestic Product — валовой внутренний продукт, ВВП
G.M. — general manager — главный управляющий
GNP — gross national product — валовой национальный продукт, ВНП
GOST — State Standart, GOST — государственный стандарт, ГОСТ
Gosstandart — the State Committee of the RF for Standardization, Metrology and Certification — Государственный комитет по стандартам, Госстандарт
IAEA — International Atomic Energy Agency — Международное агентство по атомной энергии, МАГАТЭ
IBRD — International Bank for Reconstruction and Development— Международный банк реконструкции и развития, МБРР
ICC — International Chamber of Commerce — Международная торговая палата
ICCA — International Council for Commercial Arbitration — Международный совет по торговому арбитражу, МСТА

ICP — International Comparison Programme — Проект международных сопоставлений ООН, ПМС ООН

IDR — International Depository Receipt — Международное депозитное свидетельство, МДС

IFC — International Finance Corporation — Международная финансовая корпорация, МФК

IFS — Institute of Fiscal Studies — Институт финансовых исследований

IMF — International Monetary Fund — Международный валютный фонд, МВФ

Inc. — incorporated — зарегистрированный в качестве корпорации inv.— invoice — счет-фактура

ISIC — International Standard Industrial Classification of all Economic Activities — Международная стандартная хозяйственная классификация видов экономической деятельности, МСХК

IT — information technology — технология создания информационных систем и работы с ними

JAL — Japan Airlines — "Джапан Эйрлайнз"

JCTC — the USA–Russia Joint Commission for Technological Cooperation on Energy and Space — Американо-российская совместная комиссия по техническому сотрудничеству в области энергетики и космоса

JV — joint venture — совместное предприятие, СП

L/C — letter of credit — аккредитив

Ltd — limited, limited partner ship — товарищество с ограниченной ответственностью, ТОО

MAC — Maritime Arbitration Commission — Морская арбитражная комиссия, МАК

MOD — Ministry of Defence — Министерство обороны, МО

MFE — the Russian Ministry of Fuel and Energy — Министерство топлива и энергетики, МТЭ

MINFER— the Russian Ministry of Foreign Economic Relations — Министерство внешнеэкономических связей России, МВЭС

MIP — marine insurance policy — полис морского страхования

MS — motor ship — теплоход, т/х

N/A — data not available — "нет данных"

new account — новый счет

NOW accoun — negotiable order of withdrawal — текущий счет, приносящий доход, "НАУ" счет

NW — net worth — стоимость имущества за вычетом обязательств; собственный капитал предприятия

NYSE — New York Exchange — Нью-йоркская фондовая биржа, НИСЕ

OECD — the Organization for Economic Cooperation and

Development — Организация экономического сотрудничества и развития

para — paragraph — параграф, раздел, пункт, п.

PC — personal computer — персональный компьютер

per an.; p.a. — per annum — в год, ежегодно

per pro; pp — per procurationem — по договоренности

POB — post office box — абонентский ящик, а/я

POD — pay on delivery — наложенный платеж, н/п

PPP — purchasing power parity — покупательная способность валют

PTA — Production and Trade Association — производственно-торговая ассоциация, ПТА

RE — real estate — недвижимое имущество

Re: — regarding — касательно, Кас.

Rep. — representative — представитель

RF — the Russian Federation — Российская Федерация, РФ

RPI — retail price index — индекс розничных цен

SDR — special drawing rights — специальные права заимствования, СДР

SITC — Standard International Trade Classification — Международная стандартная торговая классификация, МСТК

SNA — System of National Accounts — система национальных счетов, СНС

Soc. — society — общество

SORP — Statements of Recommended Practice — рекомендованные формы бухгалтерского учета, РФБУ

SS — steamship — пароход, п/х

SSAP — Statements of Standard Accounting Practice — стандартные формы бухгалтерского учета, СФБУ

STP — Scientific and Technological Progress — научно-технический прогресс, НТП

tel. — telephone — телефон, тел.

TIR — Transport International Routier — тир карнет (таможенное разрешение на провоз груза через границу автотранспортом при минимальных формальностях), ТИР

TM — trade mark — торговая марка

TSE — Toronto Stock Exchange — фондовая биржа Торонто

Tokyo Stock Exchange— Токийская фондовая биржа

UCC — Uniform Commercial Code — Единый коммерческий кодекс

UN — United Nations Organization — Организация Объединенных Наций, ООН

UNESCO — United Nations Educational, Scientific and Cultural Organization — Организация Объединенных Наций по вопросам просвещения, науки и культуры, ЮНЕСКО

USAID — the US Agency for International Development — Американский комитет международного развития

VAT — value-added tax — налог на добавленную стоимость, НДС

VCR — a video-cassette recorder — видеомагнитофон, ВМ

VIP — very important person — очень важное лицо

V.P. — Vice-President — вице-президент

WB — way bill — транспортная накладная

WIPO — World Intellectual Property Organization — Всемирная организация по охране интеллектуальной собственности